漢字異體字 研究

李圭甲

이 저서는 2015년 대한민국 교육부와 한국연구재단의 지원을 받아 수행된 연구임(NRF-2015S1A5B1009684)

한자이체자 연구

漢字異體字研究

李圭甲

연세대학교 출판문화원

이규갑

현재 연세대학교 중문과 교수, 중국 華東師範大學 中國文字硏究與應用中心 特聘教授, 세계한자학회 부회장으로 재직하고 있으며, 한국중어중문학회 회장, 한국중국언어학회 회장을 역임 하였다.
주요 저술로는 "高麗大藏經異體字典", "漢字學教程" 등 다수가 있다.

한자이체자 연구

2022년 10월 20일 1판 1쇄

지은이 이규갑
펴낸곳 연세대학교 출판문화원
주소 서울특별시 서대문구 연세로 50
등록 1955년 10월 13일(제9-60호)
전화 02) 2123-3378~80
팩스 02) 2123-8673
전자우편 ysup@yonsei.ac.kr
홈페이지 http://press.yonsei.ac.kr
인쇄 네오프린텍(주)

ISBN 978-89-6850-673-4 (93700)

값 45,000원

无量义谛，尽在异体

— 读李圭甲先生新著《汉字异体字研究》 —

汉字体现语言的最大特点就在于结构形体与结构方式。无量义谛，尽在海量体相之中。基于此，调查研究汉字尤其是历史汉字的调查研究，异体字的维度就是回避不了的。但是，像李教授这样作为专题著作的形式，系统讨论汉字异体字的字体形态与字体分类，在中国也很少见到。原因在于李圭甲教授从上个世纪就率先开展高丽大藏经、华严石经等一次性刻定文献的系统整理、知识挖掘，积累了形态丰富的字体学数据化资源。同时，真正熟谙中土各类出土古文献古写本文献。在此基础上，新著贡献了异体字研究方法论、异体字文字学的形态学与类型学的科学理论架构。[1]

“异体字”这个术语，在历史汉字学知识体系中具有重要地位。历年的学术论文，都有大量的使用。但是，长期以来，“异体字”这个术语事实上又找不到准确对应的基础概念。“异体字”定义成立的基础在于汉语词汇学，汉字的基本属性在于形体。就字形属性而言，结构形体相同，自然就是同一个字；而不同结构形体，自然就是不同的字：初无所谓同音、同形、异形、异体、同源之类的区别属性。上述概念的使用，充其量只是在字与词发生联系即字形进入记录词语的实际使用过程当中，才有必要提出来的一些区别原则。换言之，也就是词本位参照下的结果。不同时代所面对的字形，都是历史积累的结果，体现着若干历时层次。假设要进行调查整理，数据挖掘，文字规范，标准制定，都有必

1　李圭甲等编著：《高丽大藏经异体字典》，高丽大藏经研究所2000年；《韩中历代时期别汉字字形表搞一一碑文所见字形为主》，韩国，学古房2007年.

要援引“异体字”这类术语。[2]但是，文献学文字学界所通行的相关概念术语，在具体文本调查整理过程中，乃至在本专业研究生在进行学位论文的撰写过程中，往往会感到存在难以取舍操作的实际困难。李先生的这部异体字专著，将会有众多需求者，无待预卜也。

共时性质的文字材料，进行共时异体字的调查整理提取。历时性质的文字材料，通过溯源明流的历时考辨过程，则可以排除某一时间层次上偶然混用所形成种种“体异用同”关系。但是，毋庸赘言，历时的整理其实是件很困难的事情，而基于某个共时的语言词汇层面才有可能做得比较彻底。使用的范围及频率，其实是很难调查清楚的事情。因此，像所谓“记录了相同词语，在另外的历史条件下也完全可以互相替换”一类表述，只不过是试图把话说得周延一些。到了具体调查研究提取过程中，却是无从把握的，也就是并不具有可操作性。

历史汉字调查表明，从隶变到隶古定的过程，草书流行到楷化的过程，中间所产生海量的形体，是属于所谓“过渡”性字体形态。观察汉字发展真实历史，概括异体关系的讨论，要考虑形体、使用和历史诸因素。《汉字异体字研究》上编第二章分析“生成原因”，专节讨论历史分期因素以及演变过程，正是从方法论上强调这些维度，并在下编贯彻于具体的异体字字体形态与分类的实践过程当中。

大量异体字体，存在于“过渡形态”当中。所谓“过渡形态”，是指在长期的使用和发展过程中，相对于最终为字汇所固定下来的字形，大量变异形体只起到了过渡性或曰中介性作用，所以曾被拟称为“过渡形态”。历史地看，每个被实际使用过的形体，都已凝固为客观存在，本无所谓“过渡”；而相对于历史字汇的静态固定，大量动态使用过程的字形则是被忽略的，充其量只是某种“过渡”阶段产物。字汇所贮存的形形色色的异体字，甚至呈现为所谓“疑难字”，往往就是由“过渡形态”演变的结果。

就实践层面而言，“过渡形态”是观察字形变化趋向的关键环节，也是构建汉字认知关联的途径。因此，努力复原文字变异的大量中介过渡状态，成为汉字发展史真实观察、客观描写的重要因素。梳理过渡形体，可以实现将被固定为

2　臧克和主编：《中国文字发展史 · 总序》第22——23页，上海：华东师范大学出版社，2015年.

静态的字形，置于动态的使用历史过程考察，为文字的理解提供前所未有的可能性，从而使复杂字际关系定义、各种所谓“疑难字”的辨识，不啻恢复业经失落的联系环节、重建认识线索。由此可见，汉字过渡性或曰中介性形体，对于拓展汉字发展的认知渠道具有不可替代的价值。

“过渡形态”调查过程，遵循“原形→过渡形（过渡Ⅰ–过渡Ⅱ–过渡Ⅲ…）→定形”复原模式，由此构成文字资源统计、文字规范标准研制，乃至汉字发展中考察字形取舍的关键环节。考察单位汉字演变，一项基本工作就是连缀业经讹误乃至中断的演变线索，复原当时社会文字生态环境。字形工具书编写，乃至“全字符集”建设，其字量的出入，事实上大量存在于过渡形态的取舍上面。换言之，为一个字形确立独立字位，真正需要讨论的就是符合汉字历史演进的规则。过渡形态的取舍，应从社会实际使用出发，调查其社会实际使用频率及其承前启后的影响地位。这种基于数据库的调查统计分析，是离不开文字知识大数据挖掘的。[3]如何建立保存人类书写记忆文本库，是大数据时代汉字文化圈人类富于智慧的一项重要课题。汉字的“过渡形态”和“中介图谱系列”理论，为汉字文化圈书面语文本的大数据挖掘提供了理论依据。“过渡形态”字段单位的设置，使得海量文本的数据化加工，具有了可操作性。依托该数据库，调查研究者具备了揭示人类认知行为发展规则与智力记忆传承的“第一手资料”。

专著上编，具有方法论意义。其“研究论”，特辟第四章“研究方法”。作者给出的技术路径是搜集——整理——考释，称得上是个中经验之谈：异体的提取，属于名副其实的“考释”工作。一般古文献异文异体处理，也就是停留在“整理”水平上，像字汇，罗列出一些所谓“疑难字”；像刻石，排比一些所谓“碑别字”：如此而已。真正达到作者这里所谓“考释”标准，其实是一种“超文本”的积累与识力。下面举出【浣––涚–浿】相关异体组为例。已知浣=，又因涚=浿、则有浣=浿：

【浣––涚–浿】唐开元二十四年《王氏妻清河崔夫人墓志》：“克躬節儉，每服浣濯之衣；推人豐華，自甘粗糲之食。”“浣濯”词形作“涚濯”，字形用。唐代《蔡君妻墓志》亦作。以完、皃相近混淆，衍生从氵从皃、浿形。南朝宋元

3　臧克和：《读字录》上册，“汉字认知”《过渡性形体价值》，上海古籍出版社2020年.

徽二年《明昙憘墓志》："第四叔烋之，員外郎東安、東莞二郡太守。"从完变换为从皃形，构成【莞–莧】异体。

【藐––】北魏《常季繁墓志》作，唐《礼佛图（阴）》作，唐《惟岳神道碑》作。【皃–皀】【貌–貇】楷化变异，成为联类。又，【藐––蕔】字形表《艸部》"藐"字楷书类，北魏《穆绍墓志》作，唐代《石二娘墓志》作。唐贞观八年《张妃夫人墓志铭》："至乃輟食存仁，斷機弘訓，蕔尒諸子，不墜風規。"

【邈––邈】北魏《元宝月墓志》作、北魏《元斌墓志》作、北魏《郑黑墓志》作、隋《李则墓志》作等。其中间过渡，为皃、艮符楷化多混。字汇归《豸部》的"貌"字条，有北魏《陈天宝造像》作、北魏《元弼墓志》作、隋代《段威墓志》皃字作、隋代《魏氏墓志》作等。

是异体形态联系的恢复与重构，除了对出土古文献的熟悉，还有对包括隶变隶古定、草书楷化两次汉字结构解体带来的书体类型之间转换、过渡联系规则的"超文本"见识。

新著下编，属于异体字类型论。作者逐一论列各种单位层级的异体字体形态类型及其分类原则，皆具足创新之意。

作者关于"异体类型"的论述，从最小的构成单位开始，第一章是笔画单位的变化，所带来字体的变异，包括笔画的增加、省略、变形、重复，还分析到笔画的增加、省略、变形及混用所导致异体类型。笔画作为分析字体形态单位，在西方写本文献字体学里也被使用。至于西方还将笔顺作为字体学单位之一，汉字字体学概念体系里是否有存在的必要？中土有关专业书籍里则是将"异写"行为性因素与体相性结构"异构"相并列，也拿来作为"异体"成因进行讨论。实际上，"行为性"非实体要素，从逻辑学上缺乏进入"异体"构成单位的基础。另外，笔画往往关联到"笔顺"的概念。汉字草书的笔顺，未必与行楷书相同；篆书与隶书也胥难一律。读者会看到，在李教授的"异体字"术语体系中，同样没有为笔顺留片席地。我们认为，这是符合实际的做法。

至于其他层级，作者论列了几乎所有重要的基本单位变异类型。诸如偏旁改变，导致构造变化，这些改变类型涉及省略、追加、替代，体现在声符替代、形符替代、形符、声符替代、形似偏旁替代等。由于像前面开端就注意到作者对于韩中第一手也即一次性写定或刻定古文献的真正熟谙，对于各种“体态”成因了然于胸，因此可以归纳出更加细致而契合实际的条例标准。例如，第三章，专论笔画、偏旁的复合变化，涉及笔画变化与偏旁生成及解体、偏旁生成及解体类型。又比如为“特殊类型异体字”辟出专章，涉及同形异体字、正字兼异体字、固定性非文字偏旁异体字、会意型异体字 等等。

出有为而持心印，外法相而无枝叶。李教授涵咏释典，复由此而沉潜字体。在佛家具功果，于六艺多建树。建德大藏经，有功第五游，立言异体字。李先生又性喜佳酿，往往陶情山水之间；凡各地水性之所宜，盖无不品味，大略无余地。曾记得，世界汉字学会某届年会在釜山举行。晚会席间，有客起身举盏询问者，其杯壁所刻夸张变形字符，端系何种字样，复又作何种相位？李教授端详良久，胸有成竹，目无全牛，遂叠五指，于异体结构笔画夸饰，揭示佛经文献所用，依随场合所作变相，一一从容道其所自来，一座皆为叹服。文章著述等身，名山事业可托，李教授将荣休于亚洲历史名庠延世大学。当此际，得奉读李教授新著，复遵嘱连缀数语，以为敬贺小引子。遥望宋版海印寺，摩挲唐刻华严经，感慨系之。因念东坡先生《浣溪沙 · 游蕲水清泉寺》：“山下兰芽短浸溪，松间沙路净无泥，萧萧暮雨子规啼。谁道人生无再少？门前流水尚能西，休将白发唱黄鸡！”

臧克和拜识

时在壬寅，序属仲夏，因树缘湖居，海上高校尚在疫情封控中

한없는 근본 의미들이 모두 異體에 담겨 있다.

– 이규갑 선생의 저서《漢字異體字硏究》를 읽고 –

한자가 언어를 표현하는 가장 큰 특징은 바로 한자의 구조와 그 구조를 만드는 방식에 있다. 근본적인 의미가 한없이 많더라도 그것들은 모두 수없이 많은 형체 안에 존재하게 된다. 그런 점에서 볼 때, 한자의 조사 연구, 특히 歷史漢字의 조사 연구에 있어서는 異體字라는 측면을 피할 수가 없는 것이다. 그런데 李教授와 같이 이렇게 전문적인 著作 형식으로 漢字 異體字의 字形 형태와 字體 분류에 대해 체계적으로 토론한 것은 중국에서는 거의 볼 수가 없다. 이는 李圭甲 교수가 지난 세기부터 선도적으로 高麗大藏經과 華嚴石經 같은 가장 기초적인 원시 한자 자료를 체계적으로 정리하고, 새로운 사실을 찾아내면서, 매우 다양한 형태의 字形學 데이터 자원을 축적했고, 동시에 중국에서 출토된 각종 古文獻과 古寫本 자료에 대해 상당 수준으로 숙지하고 있었기 때문이다. 이러한 기초 위에 이 책은 異體字의 연구방법론을 비롯하여 異體字 文字學의 형태학과 유형학에 관한 과학적인 이론을 구축하는 데 커다란 공헌을 하고 있다.[4]

"異體字"라는 용어는 歷史漢字學 지식 체계에 있어서 매우 중요한 위치를 차지하고 있어서, 이제까지의 학술 논문은 대부분 이 용어를 사용하고 있다. 그럼에도 불구하고 과거 오랫동안 "異體字"의 기본적인 개념을 정확하게 표현하는 말을 찾지 못한 채 지내왔다. "異體字"의 定義를 성립시킬 수 있는 기초는 漢語語彙學에 있고, 한자의 기초적 屬性은 형체에 있다. 字形의 속성이란 관점에서 본다면, 형체

4 李圭甲编著：《高丽大藏经异体字典》, 高丽大藏经研究所2000年；《韩中历代时期别汉字字形表搞——碑文所见字形为主》, 韩国, 学古房2007年.

구조가 같으면 동일한 글자라 할 수 있고, 형체의 구조가 다르면 자연히 다른 글자라고 하는 것이다. 처음부터 소위 同音이라든가 同形, 異形, 異體, 同源과 같은 구별성을 가진 속성이 있었던 것은 아니다. 그런데 이와 같은 개념은 기껏해야 字와 詞가 서로 관련을 갖게 되었을 때, 즉 字形이 단어를 기록하는 실체적인 사용 과정이 출현했을 때 비로소 나름대로의 구별 원칙을 만들어낼 필요가 생겨났을 것이고, 그때부터 그 개념이 사용되었다고 할 수 있다. 바꾸어 말하면 詞라는 것의 본래 자리를 참조하면서 만들어진 결과물이라 할 수 있다. 서로 다른 시기에 볼 수 있는 字形은 모두 역사가 누적되면서 만들어진 결과이며, 이들은 시대마다 약간의 다른 층위를 보여주고 있다. 만일 조사와 정리를 진행하면서 기초 데이터를 찾아내고, 문자의 규범과 자형의 표준을 정하려 한다면 모두 이 "異體字"라는 용어를 끌어다 써야만 할 것이다.[5] 그런데 文獻學과 文字學에서 통용되는 관련 용어들을 보면, 구체적인 문헌 조사 정리 과정에서는 물론, 문헌학 분야의 대학원생들이 학위논문을 작성하면서 용어의 취사 선택을 할 때도 상당한 곤란을 겪는 것으로 보인다. 그렇기 때문에 李先生의 이 異體字 專門著書는 많은 사람들이 필요로 할 것이라는 것은 말할 필요가 없을 것이다.

共時性을 가진 문자 재료는 共時異體字를 조사 정리 과정에서 얻어지는 것이다. 通時性을 가진 문자 재료는 通時的으로 명확하게 드러나는 변화 과정의 원류를 찾아가는 방법을 통하여 각 시기마다의 특징을 고증하면서 얻어진다. 어느 특정한 시기에 우연히 혼용되어 만들어지는 여러 종류의 "모양은 다르지만, 함께 사용하는" 관계는 배제시켜야 한다. 물론 通時的 정리는 상당히 어려운 일이며, 특정 시기의 共時的 언어의 어휘 층위를 근거로 하는 것이 보다 더 철저하게 할 수 있을 것이다. 사용 범위와 빈도는 사실 명확하게 조사하기가 매우 어렵다. 그래서 소위 "동일한 어휘로 기록한 것이지만, 서로 다른 역사 시기의 상황에서도 완전하게 서로 교환할 수 있는" 유형의 표현들은, 사실상 그 표현이 구체적인 것이 아니라 약간은 더 포괄적인 것이라 할 수 있을 것이다. 이러한 것들은 구체적인 조사 연구의 추출 과정에서는 오히려 세부적으로 파악할 것도 없고, 그렇다고 또 조작성이 있는 것도 아니다.

---

5 臧克和主编：《中国文字发展史 · 总序》第22——23页，上海：华东师范大学出版社，2015年.

通時的 한자 조사에서는 고대 자형부터 근대 자형에 이르기까지의 과정, 또 草書의 유행부터 楷書化의 과정 중에 만들어진 수많은 形體가 소위 "過渡期"性 字體 형태라는 것을 밝혀주고 있다. 진정한 한자 발전의 역사를 관찰하고, 異體 관계를 개괄하는 토론을 하기 위해서는 형체와 사용, 그리고 역사라는 여러 가지 요인과 요소를 고려해야 한다. 《漢字異體字研究》 上編의 제2장에서는 "생성의 원인"을 분석함에 있어서 역사 단계별 원인과 변화의 과정을 집중적으로 토론하고 있는데, 이는 바로 방법론에 있어서 그와 같은 차원을 강조하는 것이다. 한편 下編에서는 철저하게 구체적인 異體字의 字形 형태와 분류를 시도하고 있다.

대부분의 異體字形은 "過渡形態"에 위치하고 있다. 소위 "과도형태"라는 것은 최종적으로 이미 고정되어 버린 字形과는 상대되는 것이다. 이 異體字形이라는 대부분의 變異 형태는 장기간 동안 사용되고 발전하는 과정에서 過渡性 혹은 中介性 역할만 할 뿐이었기 때문에 "과도형태"라는 말로 불리게 된 것이다. 역사적으로 볼 때, 실제 사용되었던 글자 형체들은 모두 이미 객관적인 존재로 고정되었기 때문에 소위 "過渡"라는 말이 본래부터 없었다. 그런데 이와 같이 역사에서 靜態的으로 고정된 한자들과는 달리, 動態的으로 사용 과정 중에 있는 대량의 字形들은 홀시되고 있으며, 기껏해야 "과도"단계의 산물로 간주되고 있다. 한자 중에 존재하고 있는 형형색색의 異體字와 심지어 "疑難字"라 하는 것들은 종종 "過渡段階"에서 변화되어 나온 결과이다.

실천이라는 측면에서 볼 때, "過渡形態"라는 것은 자형 변화 추세의 중요한 변곡점을 관찰하는 것이고, 또한 한자의 認知와 관련된 경로를 구축하는 것이다. 그렇기 때문에 한자의 발전사를 진지하게 관찰하고 객관적으로 묘사하는 데 있어서 이렇게 수많은 문자 變異의 중간 과도형태를 복원하는 것은 매우 중요한 요소가 된다. 過渡形態를 정리함으로서, 이미 고정된 靜態의 字形들을 動態의 사용 역사 과정에 접목하여 고찰한다면, 이는 문자의 이해에 있어서 과거에 볼 수 없었던 새로운 가능성을 얻게 할 것이다. 나아가 복잡한 글자 관계의 定義와 각종 "疑難字"의 판별뿐만 아니라, 이미 사라진 연결 고리의 회복은 물론 판독의 단서를 다시 만들 수가 있을 것이다. 이렇게 볼 때, 한자의 過渡性 혹은 中介性 형체는 한자 발전의 인지 경로를 확장시키는 데 있어서 무엇과도 바꿀 수 없는 가치가 있다고 할 수 있다.

"과도형태"의 조사 과정은 "原形→過渡形(過渡Ⅰ－過渡Ⅱ－過渡Ⅲ···)→定形"의 복원 방식에 따라 이루어진다. 또한 이것으로부터 문자 자원의 통계와 문자 규범 표준이 제정되고, 나아가 한자 발전 과정에서 자형을 어떻게 취사 선택할 것인가 하는 중요한 포인트를 만들게 될 것이다. 한자의 변천 과정을 고찰하는 데 있어서 가장 기본적인 작업은 이미 잘못되었거나 혹은 중간에 끊어져 버린 변천 과정의 실마리를 연결하여 당시의 사회적 문자 생태환경을 복원하는 것이다. 字形 공구서의 편찬과 "자형자료집"의 제작에 있어서 그 글자 수의 차이는 사실상 과도형태의 글자들을 어떻게 취사 선택하는가에 따라 크게 달라질 수 있다. 바꾸어 말하면 하나의 글꼴을 독립된 字素로 확립시키려 한다면, 우리가 이 과정에서 진지하게 토론해야 할 것은 바로 그것이 한자의 역사 발전의 규칙에 부합되는 것인가를 파악하는 것이다. 과도형태를 취사 선택하려 할 때는 반드시 일상 사회에서 실제로 사용하는가의 여부에서 출발해야 하며, 그 사회에서 실제 사용하는 빈도와 그 전후로 이어지는 영향도 조사해야만 한다. 이와 같이 빅데이터에 근거해 조사하는 통계 분석은 빅데이터에서 얻어낸 문자 지식으로만 가능하다.[6] 인류가 글자로 기록한 원시 문자 자료를 어떻게 보존하느냐에 따라, 빅데이터 시대에 있어서 한자문화권의 사람들이 얼마나 많은 지혜를 활용할 수 있느냐가 결정될 수 있다. 한자의 "過渡形態"와 "中介圖譜 시리즈" 이론은 한자문화권의 書面語 원본을 정리한 빅데이터에서 그 이론의 근거를 끌어낼 수가 있는 것이다. "過渡形態" 글자 단계의 설정은 수많은 원본 자료의 디지털화 작업을 할 수 있도록 한다. 그 빅데이터에 의거하여 조사한 연구자는 인류에게 인지 행위의 발전 규칙을 보여주면서 아울러 지적 기억의 대물림까지 가능토록 하는 "제1차 원시자료"를 갖게 되는 셈이다.

이 책의 上編에서는 방법론에 대해서도 말하고 있는 바, 제4장의 "연구 방법"이 그것이다. 저자가 제시한 연구 방법의 경로는 "搜集－整理－考釋"이며, 이는 그의 경험에 의한 것이라 할 수 있다. 그에 의하면 異體의 추출조차도 명실상부한 "考釋" 작업에 속하는 것이라 한다. 고문헌의 異文과 異體를 처리하는 데 있어서 보통은 "整理"의 수준에 그치고 만다. 그래서 글자를 수집 정리했다는 것들을 보면 소위

6 臧克和：《读字录》上册，"汉字认知"《过渡性形体价值》，上海古籍出版社2020年.

"疑難字" 정도를 일부 나열해 놓았고, 刻石의 글자를 정리했다는 것들은 소위 "碑別字"라는 것들을 일부 늘어놓은 것에 불과하다. 그런데 저자의 관점에서 보면 진정으로 "考釋"의 표준에 도달하려면 바로 "하이퍼텍스트"와 같은 누적과 이의 식별 능력이 있어야 한다. 다음에서【浣-■-涚-湨】과 관련된 異體組를 예를 들어 보기로 한다. 이미 浣=■이라는 것을 알고 있고, 또 涚=湨이라는 것을 알기 때문에 결국 浣=湨이 된다는 것을 알 수 있을 것이다.

【浣-■-涚-湨】唐 开元二十四年의《王氏妻清河崔夫人墓志》에 "몸소 근검절약하며, 매번 깨끗하게 옷을 빨아(浣濯) 입었다. 사람들이 풍요롭게 살라고 했지만, 스스로 거친 음식 먹기를 즐겨 했다"라는 귀절이 나오는데, 여기에서 "浣濯"을 "涚濯"으로 하여 자형을 ■으로 했다. 唐代의《蔡君妻墓志》에서도 ■으로 쓰고 있는데, 이는 '完'과 '皃'의 자형이 비슷하여 혼동되면서 氵와 皃가 합쳐진 형태와 湨의 형태를 만들어 낸 것이다. 南朝宋 元徽二年의《明昙憘墓志》에도 "第四叔烋之，員外郎東安、東莞二郡太守"라는 말이 나오는데, 여기에서도 편방의 '完'이 '皃'으로 변환되어【莞-莧】의 異體를 만들어 낸 것이다.

【藐-■-■】'藐'가 北魏의《常季繁墓志》에는 ■로 기록되었고, 唐의《礼佛图(阴)》에는 ■, 唐의《惟岳神道碑》에는 ■로 기록되었다.【皃-貟】와【貌-貟】는 楷化하면서 변형되어 서로 관련성을 갖게 되었다. 또【藐-■-藐】는 모두 字形表《艸部》에서 "藐"字의 楷書이다. 北魏의《穆绍墓志》에는 ■로 쓰여져 있고, 唐代의《石二娘墓志》에는 ■로 기록되어 있다. 唐 贞观八年의《张妃夫人墓志铭》에 의하면 "음식을 물리면서도 仁을 지키고, 학문의 단절을 경계토록하며, 諸子를 훈육하면서도(藐尒諸子) 세상의 관습에 빠지지 않는다"라 하였다.

【邈-■-邈】'邈'이 北魏의《元宝月墓志》에는 ■이라 했고, 北魏의《元斌墓志》에는 ■, 北魏의《郑黑墓志》에는 ■, 隋의《李则墓志》에는 ■으로 쓰고 있는데, 그 중간에 과도기로서 '皃', '艮'과 같은 자형으로 楷化하면서 자주 혼용되고 있다. 字彙《豸部》의 '貌'字條에 의하면 北魏의《陈天宝造像》에는 ■, 北魏의《元弼墓志》에는 ■로 쓰여져 있고, 隋代의《段威墓志》에서는 '皃'를 ■로, 隋代의《魏氏墓志》에서는 ■로 쓰는 것들이 있다.

異體 形態의 연결 관계를 회복하고 다시 구성하려면 출토한 고문헌에 대한 깊은

이해는 물론, 고문자가 근대 문자 형태로 변화되는 과정과 草書의 楷書化가 이루어지는 과정에 대해 잘 알아야 한다. 즉 이 두 차례의 과정에서 한자의 구조가 해체되면서 수반되는 書體 類型 간의 전환과 자형 변화 과정의 연결 규칙으로서의 하이퍼텍스트에 대한 식견이 있어야만 한다.

이 著書의 下編은 異體字의 類型論이라 할 수 있다. 저자는 각 층차 단위별로 異體字形의 類型과 분류 원칙을 하나씩 열거하고 있는데, 이들 모두가 독창적인 것이라 할 수 있다.

저자는 "異體類型"을 논함에 있어서 가장 작은 구성 단위부터 시작하고 있다. 제1장은 필획의 변화가 가져오는 字體의 변화로서 필획의 증가와 생략, 변형, 중복을 포함하고 있으며, 나아가 필획의 증가와 생략, 변형 및 혼용 등이 가져오는 異體類型에 대해 분석하고 있다. 필획을 字體 형태의 단위로 하여 분석하는 것은 西方의 필사본 문헌의 字體學에서도 사용되고 있다. 그런데 서방에서는 筆順까지도 字體學 단위의 하나로 간주하지만, 漢字字體學의 개념 체계에서는 그 존재의 필요성이 있을지 의문이다. 중국에서 이 분야에서는 "異寫"라는 행위성 요소와 體相性 構造인 "異構"를 같은 위치에 놓고, "異體"의 형성 원인을 토론한다. 사실상 "행위성"은 비실체적인 요소로서, 논리학적으로 보면 "異體"의 구성 단위의 기초로 보기는 어렵다. 이 외에도 필획은 종종 "筆順"의 개념과 연관된다. 그러나 漢字 草書의 필순은 楷書의 필순과 동일한 것으로 처리할 필요는 없고, 篆書와 隸書도 역시 모두 같이 처리될 수 있는 것들이라 할 수 있다. 독자들도 알 수 있듯이 李教授의 "異體字" 용어 체계 중에도 筆順을 위한 여지는 전혀 보이지 않는다. 이것이 실제에 부합되는 방법이라 할 수 있다.

다른 층차의 분석에 있어서도, 저자는 중요한 기본 단위의 모든 變化類型에 대해 서술하고 있다. 예컨대 偏旁이 변화되면서 구조의 변화가 일어나는데, 이러한 변화 유형으로는 편방의 省略과 追加, 代替를 통하여 聲符가 대체되는 것과 形符가 대체되는 것, 形符와 聲符가 모두 대체되는 것, 類似 형체의 편방으로 대체되는 것 등이 있다. 앞에서 언급된 바와 같이 저자는 韓·中 양국을 통틀어 이 분야의 一人者로서, 원시 기초자료인 필사본과 판각본 고문헌에 대한 깊은 지식을 갖고 있으면서, 각종 글자 "형태"의 형성 원인에 대해 분명하게 파악하고 있다. 그래서 더욱 정교하면서도 각 조목별 표준에 실제적으로 부합되는 결론을 도출해낼 수가 있었던 것이다. 예컨대 제3장에서는 筆劃과 偏旁의 복합적 변화에 대해 토론하면서, 筆劃의 변화와 偏旁의 생성 및 해체, 그리고 偏旁 생성과 해체의 유형까지 설명하고 있다. 또 "特殊類型異體字"를 따로 묶어 집중적으로 다루면서 "同形異體字"와 "正字兼異體字", "固定性非文字偏旁異體字", "會意型異體字"와 같은 것들도 이에 속한다.

"나아가 행함에 心印을 지니고, 밖으로 法相이 드러남에 枝葉은 보이지 않는다". 李教授는 佛經을 즐겼고, 나아가 불교 문헌을 통해 字形에 대해 깊이 공부했다. 佛家에 공덕을 쌓았고, 학문에도 많은 업적을 축적했다. 大藏經에 덕을 쌓았고, 글자 연구에 공적을 남겼으며, 異體字에 대해서는 正見을 밝혔다. 또 李先生은 술을 좋아하고 왕왕 山水를 즐기기도 하여 각 지역의 맛있는 술이 있으면 반드시 이를 구해 음미하면서 찾아가지 않은 곳이 없다. 언젠가 부산에서 개최되었던 世界漢字學會 때의 일로 기억된다. 만찬이 진행되던 중 어느 한 사람이 일어나 잔을 들고서 그 잔의 벽에 새겨진 꽤 심하게 변형된 형체의 글자를 여러 사람들에게 보이면서 그것이 어떤 글자이고 또 어떤 위치에 있는 것인지에 대해 물었다. 李教授가 잠시 동안 자세히 살펴보더니 마음 속으로 어떤 感을 잡은 듯했다. 그리고는 마침내 그것에 대해 완전히 파악했는지 다섯 손가락을 접으면서 異體 構造의 필획을 그려가며, 그것은 불교 문헌에서 사용된 것이며 상황에 따라 모양이 바뀐다면서 그것이 만들어지는 과정을 하나하나 설명하니 좌중의 모든 사람들이 감탄해 마지않았다. 학문적 저술의 분량을 자기 몸집만큼이나 많이 쌓았고, 두루 여행하면서 얻은 식견은 누구나 가히 의탁할 만한 그가 이번에 아시아에서 오랜 역사를 자랑하는 명문 대학인 延世大學校에서 영예로운 정년 퇴임을 맞이하게 되었다. 이 시기에 마침 송구스럽게도 李教授의 새 저술을 얻어 읽을 수 있게 되었고, 또 글을 부탁을 받은 바도 있으니, 나름대로 몇 마디 엮어서 축하의 序文으로 삼고자 한다. 宋板 海印寺(譯註:高麗大藏經)를 멀리 바라보면서 唐刻 華嚴經(譯註:華嚴石經)을 어루만지니 감개가 무량하다. 그래서 東坡 선생의《浣溪沙 · 游蕲水清泉寺》가 생각나 그것을 적어본다. "山下兰芽短浸溪，松间沙路净无泥，萧萧暮雨子规啼。谁道人生无再少？门前流水尚能西，休将白发唱黄鸡!" 산 아래의 난초는 싹이 물에 잠기고, 솔 사이 모랫 길은 진흙없이 깨끗한데, 쓸쓸한 저녁비에 두견새는 울어댄다. 어느 누가 한번 늙어지면 청춘이 다시 없다고 말했는가? 문 앞을 흐르는 물은 아직도 서쪽으로 흘러갈 수 있으니, 그저 백발이라고 黃鷄(譯註:세월의 빠름을 탄식하는 노래)만 노래하지 말 것이라!

臧克和 삼가 씀

壬寅年 仲夏에 上海의 대학들은 아직도 疫病으로 봉쇄 상태에서 因樹緣湖居가

自序

한자는 우리가 볼 수 있는 고대 문헌 속에서 실제로 사용되고 있는 글자이지만, 일부의 경우, 字形이 正字形과 달라서 전문가들도 쉽게 알 수 없는 한자들도 존재한다. 이들 중에는 자주 사용되었거나 널리 알려져 있어 쉽게 正字를 알 수 있는 것들도 있으나, 그렇지 못한 것들도 적지 않다. 더욱이 筆寫本 古文獻의 경우, 글자의 상당 부분이 正字 자형으로 이루어져 있지 않아서, 언뜻 보아서는 무슨 글자인지 알기 어려운 한자, 즉 讀音과 意味는 완전히 동일하지만 字形은 다른 형체로 쓰여져 있는 것들이 많다. 더욱이 거기에 시기적인 유행이 加味된 글자체로 쓰여진 경우도 많아 자료 접근에 어려움을 더하고 있다. 이와 같이 正字와 같으나 자형만 다른 글자를 異體字라 하는데, 이에 대한 이해가 부족하다면 고문헌의 완전한 해독은 보다 어려워질 수밖에 없는 것이다.

이와 같이 만들어진 異體字의 역사는 매우 오래되었다. 사실상 한자가 기록물의 형태로 남아있는 古文字 중 가장 오래된 甲骨文을 보더라도 동일한 글자가 약간씩 자형을 달리하는 것이 허다하다. 그 이후로 이어진 金文이나 戰國文字도 마찬가지의 현상을 보여주고 있다. 아이러니한 것은 古文字가 隸變된 후인 楷書에 이르러서는 사실상 漢字 字形의 통일이 이루어져야 했음에도 불구하고, 이 시기에도 새로운 異體字가 수없이 만들어지고 사용되어 왔다는 점이다.

본 서적은 이러한 異體字에 대한 연구 결과이다. 현재까지는 이러한 異體字에 대한 총체적인 연구를 시도한 바가 없다. 즉 異體字의 생성 원인이나, 유형, 일부 문헌에 출현하는 異體字의 특징 등 각각의 분야에서 매우 단편적이면서 부분적인 연구를 진행한 바가 있지만, 異體字의 변천 과정, 각 유형간의 관계를 포함하는

異體字의 전체적인 면에서 고찰한 연구는 없다. 해외의 경우에도 마찬가지로 본 연구와 같이 총체적이면서 깊이 있는 연구는 없었다고 해도 과언이 아니다. 이에 따라 이 분야에 대한 전반적이면서도 체계적이고 깊이 있는 연구가 이루어져야 할 필요성을 느껴 본 연구를 진행하게 되었다. 이러한 연구 결과로서의 본 서적이 갖는 특징을 몇 가지로 요약하면 다음과 같다.

첫째, 異體字의 모든 분야를 망라했다. 이제까지의 異體字에 대한 연구는 모두 단편적인 분야에 대한 연구들 뿐이었고, 또한 그 연구 성과들을 합쳐보아도 異體字의 모든 분야를 망라하지 못하고 있었다. 특히 會意型異體字라든가 固定性非文字偏旁異體字와 같은 特異한 異體字에 대한 분야는 전혀 연구가 이루어지지 않았다. 그러나 본 연구는 본인이 이제까지 보아온 모든 분야의 異體字를 망라하고자 노력함으로서, 이 연구 성과를 통해 異體字의 모든 문제점을 해결하는 데 최대한으로 도움을 줄 수 있도록 하였다.

둘째, 異體字를 체계적으로 구분하였다. 異體字는 그것의 構造나 形成過程의 차이로 인해 다양한 모습을 보이고 있다. 그렇기 때문에 이에 대한 체계적인 구분이 되지 않는다면, 異體字의 특성을 제대로 파악하는 데 상당한 어려움을 가질 수 밖에 없게 된다. 그런데 기존의 연구들은 대부분 이러한 체계적인 구분이 없이 단편적인 연구만 진행하다 보니 분석 결과에 있어서 적지 않은 문제점을 惹起하고 있다. 그러나 본 연구는 異體字를 체계적으로 구분함으로서 이러한 문제점을 극복하였다.

셋째, 체계적인 구분을 바탕으로 異體字에 관한 이론적 체계를 구축하였다. 즉 異體字의 구성과 생성 원인, 변천 유형 등에 대한 이론적인 설명을 함으로서 향후 異體字 연구에 많은 도움이 되도록 했다.

넷째, 異體字의 유형별로 그에 대한 이론 체계를 구축해나가는 과정에서 그 이론 체계를 뒷받침하는 實例를 충분히 제공하여, 독자들이 異體字의 이론 체계의 이해하는 데 있어서 최대한으로 어려움을 느끼지 않도록 했다. 본 서적에는 각종 異體字를 설명하는 과정에서 많은 실증 자료를 제시했으며, 이들은 본 이론 체계를 뒷받침하는 가장 중요한 요소로 작용하고 있다. 이들 실증 자료로 사용된 異體字들은 초기에는 "高麗大藏經"에 출현하는 異體字를 많이 사용했으나, 후기에는 臺灣教育部에서 제작한 "異體字典"에 수록된 異體字形을 주로 활용했다.

나에게 있어서 異體字와의 인연은 30년 전으로 올라간다. 1993년 봄, 海印寺의 宗林 스님은 高麗大藏經의 電算化라는 커다란 願力을 세우고 이를 실행에 옮기고자 그 일과 관련된 여러 분야의 전문가들을 모으기 시작했다. 당시만 해도 컴퓨터가 지금과 같이 발달된 시기가 아니었다. 그래서 漢字를 컴퓨터상에 구현하는 데 있어 일정한 수량의 正字를 처리하는 것은 커다란 문제가 없으나 수많은 異體字들을 처리하는 것은 사실상 불가능하던 시절이었다. 그런데 高麗大藏經에는 수많은 異體字가 존재하고 있으니 大藏經의 電算化하는 과정에서 異體字를 어떻게 처리할 것인가에 대해 깊은 고심을 하지 않을 수가 없었다. 그때 나는 전공이 漢字라는 인연으로 영광스럽게도 그 사업에 참여하게 되었고, 그때부터 高麗大藏經에 보이는 異體字에 대해 연구하기 시작했다. 이것이 시발점이 되어 결국 高麗大藏經 電算化의 완성과 함께 2000년에는 "高麗大藏經異體字典"까지 편찬하게 되었다.

그러나 이것만으로는 異體字에 대한 모든 것을 알기에는 너무 부족하기에 다시 좀 더 연구 범위를 확대시켜 異體字 전반에 대한 연구를 통하여 異體字에 대한 전반적인 이론 체계를 구축할 필요성을 느끼게 되었다. 그래서 異體字의 각종 類型에 대해 조사하고 정리하면서 이들을 종합적으로 묶는 작업을 진행함으로서 본 저술을 완성하게 된 것이다. 한편으로 본 연구는 字形을 수집하고 정리하는 매우 꾸준하면서도 지루한 단순 작업의 연속이 필수적으로 수반되기 때문에 주위의 도움이 없으면 결코 쉬운 일이 아니다. 다행히 2015년에 한국연구재단의 우수학자지원사업에 선정되어 본 저술을 완성시키는 데 커다란 도움을 받을 수가 있었다.

내용이 완성된 후에는 원고의 내용에 문제점이 없는지 하나 하나 읽으면서 확인하고 수정해주는 작업에는 연세대학 중문과 대학원 博士課程에 있는 玄英姬의 도움을 받았다. 그는 본래의 문장을 꼼꼼히 살펴보면서 잘못된 것을 수정하여 원고의 최종 완성을 도왔다. 그 후 출판사를 통해 편집된 원고의 교정 작업은 同 中文科 大學院 碩士課程의 羅柔理가 흔쾌히 맡아주었다. 그는 漢字學에 관해 매우 흥미를 갖고 공부를 해왔기 때문에 본 원고의 교정에 상당한 열정을 갖고 교정 작업에 임했다. 이들의 이러한 교정 작업은 겉으로 그 공이 드러나지도 않으면서 속으로는 매우 힘든 작업이다. 이들의 헌신이 있었기에 본 저술이 무난히 세상에 나올 수가 있었다. 이에 다시 한번 이 자리를 빌어 고마움을 표시한다.

이 책이 나오기까지는 많은 시간과 노력이 필요했다. 그리고 나름대로의 연구 성과를 모두 담으려고 노력했다. 異體字의 모든 것을 다 섭렵하고자 하는 욕심을 있었지만 결과적으로는 부족한 점이 아직도 많이 보인다. 여기에서 다하지 못한 모자란 점은 後人의 補完을 기대하고, 잘못된 점은 賢學의 叱正을 구할 뿐이다.

童崗　李圭甲 삼가 씀

2022年 7月 炎天에　新村에서

目次

上篇 : 異體字 研究論

下篇 : 異體字 類型論

【上篇】

異體字 硏究論

第1章

異體字 概況

인문학의 연구 대상은 문헌에서 시작된다. 다시 말하자면 문헌의 내용을 학습하는 방법부터 시작하며, 문헌 내용을 학습하면서 전통적 문화 유산에 녹아있는 선조들의 정신을 고찰하고, 이를 통해 현재와 미래의 나아갈 바를 성찰한다. 우리의 전통 문화 유산은 대부분 한자로 기록되어 있고, 또한 현재 우리가 실제 사용하는 상용 어휘의 대부분이 한자어이므로, 기본적인 한자 학습은 필수적이다. 현재 우리가 볼 수 있는 고대 문헌 속에서 실제로 사용되고 있는 글자이지만, 그것이 正字가 아니기 때문에 일반인들이 쉽게 알 수 없는 한자들이 매우 많다. 그 중에는 자주 사용되었거나 널리 알려져 있어 쉽게 正字를 알 수 있는 것들도 있으나, 그렇지 못한 것들도 매우 많다. 더욱이 문헌의 대부분이 正字 자형으로 이루어져 있는 것이 아니라, 언뜻 보아서는 무슨 글자인지 알기 어려운 한자, 즉 讀音과 意味는 완전히 동일하지만 字形은 다른 형체로 쓰여져 있고, 거기에 시기적인 유행이 加味된 글자체로 쓰여진 경우가 대다수여서 자료 접근에 어려움을 더하고 있다.

그 예로 우리나라 보물 1040호인 華嚴石經은 비록 殘片의 형태로 보존되어 있지만, 불교 사상적인 측면에서 뿐 아니라 문자학적인 측면에서 연구 가치가 매우 높은 실물 자료이다. 이 가운데 "宊 · 寐"과 같은 자형이 존재하는데, 이 두 글자는 모두 '寂'字의 다른 형태로서, 漢字 字形을 전문적으로 연구하지 않은 사람이면 좀처럼 판별해내기 어렵다.

이와 같이 正字와 讀音과 意味가 같으면서 字形이 다른 글자를 異體字라 한다. 대부분의 한문 문헌에는 異體字들이 그 수를 헤아리기 어려울 정도로 자주 나타나고 있다. 따라서, 한문 문헌에 대한 올바른 이해를 위해서는 異體字에 대한 연구가 필수적이라고 할 수 있다.

1 異體字의 定義

異體字의 定義를 내리기 위해서는 우선 異體字에 대응되는 正字의 개념이 확립되어야 한다. 우리가 한자를 사용함에 있어서 모두가 공동으로 인지하는 정형화된 형체를 正字라고 부른다. 이에 반해, 異體字는 正字와 동일한 글자로 인식되고,

또한 正字와 동일한 글자로 사용되었음에도 불구하고, 형체 상에 있어서 正字와 일부의 차이가 있는 자형을 일컫는다. 그렇다면 공동으로 인지하는 정형화된 자형, 즉 필획 구조가 字書의 규범에 부합하는 표준자형인 正字를 어떻게 규정할 것인가? 모든 글자마다 하나의 자형만을 표준자형으로 규정할 수만 있다면 이는 매우 쉬운 문제이나, 사실상 여기에는 또 다른 문제점이 존재하고 있어 표준자형을 규정한다는 것은 그리 간단한 것이 아니다. 이 문제점을 살펴보면 다음과 같다.

첫째, 실질적으로 字音과 의미가 완전히 같아 동일한 글자임에도 불구하고 모두 사용되고 있으며 자전에서도 이들 중에 어느 것이 正字라고 판별하지 못하는 글자들이 있다. 예컨대 "무리"라는 의미와 "군"이라는 字音을 가지는 "群"과 "羣"은 모두 正字로 인식되고, 또한 혼용되고 있어 어느 것이 진정한 正字인지 구분할 방법이 없으며, "탄식"의 의미를 가지는 "歎"과 "嘆"도 마찬가지의 현상을 나타낸다. 이와 같은 것들은 모두 하나의 正字群 혹은 異體字群으로 간주될 수 밖에 없으며, 이를 約定俗成이나 혹은 향후의 문자 생활을 위해 많은 사람들의 동의를 얻어 이 중의 하나를 正字로 공인하는 과정이 없이, 임의대로 그 중의 하나를 正字로 하고 나머지를 異體字로 지정한다는 것은 옳지 못한 방법이다.

둘째, 시기마다 正字의 기준이 다르다. 한자는 시대에 따라 그 형체를 달리해왔고, 그 과정에서 시대마다 당시를 살아가던 많은 사람들에 의해 묵시적으로 인정된 표준자형이 있었으며, 또한 당시의 字典에서도 이를 인정해왔다. 그러나 시대에 따라 형체를 달리했기 때문에 시기마다 달라진 형태의 正字가 존재할 수밖에 없었으며, 그것이 正字의 기준을 모호하게 한다. 예컨대 "歌"와 "謌"의 경우 漢代의 『說文解字』에서는 "歌"가 正字로 되어 있는 반면, 唐代의 『干祿字書』에는 두 글자를 모두 正字로 간주하고 있다.

셋째, 지역마다 正字의 기준이 다르다. 한자는 중국에서만 사용하는 것이 아니라 한국이나 일본 등에서도 사용되고 있다. 그런데 동일한 시대라 할지라도 지역에 따라 正字로 사용되는 글자가 다를 수가 있는데, 예를 들어 현 시점을 기준으로 할 때 한국에서 正字로 사용되는 "線"의 경우, 대만에서는 "綫"을 正字로 사용하고 있으며, 중국 대륙에서는 簡化字인 "线"을 正字로 간주하고 있다.

넷째, 우리가 일반적으로 정의하는 正字의 자형과 비교할 때, 偏旁에서의 차이는 전혀 없고 오직 필획 부분에서 약간의 차이가 있는 것들이 많은데, 그 차이가 크지 않을 경우 어느 정도까지를 異體字로 간주할 것인가에 대한 결정을 하기가 매우 어렵다. 예컨대 필획의 차이가 매우 적지만, 어떤 글자는 正字와 확연히 달라 다른 글자로 오인하기 쉬운 것이 있는가 하면, 어떤 글자는 그것이 어떤 글자인지 쉽게 알 수 있는 것들도 있다. 이런 경우에 그 경계의 범주를 정하기가 쉽지 않다.

이와 같이 正字의 기준을 정하는 근거가 쉽지 않음에도 불구하고, 正字의 기준이 정해져야만 正字의 자형이 정해지고, 正字의 자형이 정해져야 한자의 학습은 물론 異體字의 기준까지 규정할 수가 있을 것이다. 그렇다면 正字의 기준은 어떻게 정하는 것이 가장 합리적일 것인가? 이를 위해서는 正字의 기준을 정하는 목적이 무엇이고, 正字형의 규정으로 인해 얻을 수 있는 효과가 무엇인가를 파악하는 것이 우선일 것이다.

먼저 正字의 기준을 정하는 가장 큰 목적은 바람직한 문자 생활이다. 또한 문자 생활의 가장 큰 목적은 의사의 소통이므로 누구나 인지하고 가장 많이 사용하는 문자를 正字형으로 규정해야만 하며, 하나의 正字형이 정해져야만 문자의 학습과 사용이 용이하게 되는 것은 물론 異體字의 구별까지 가능하게 하는 효과를 얻을 수 있게 된다. 이와 같은 목적을 위해서는 正字의 기준을 현재 사용되는 한자의 표준자형으로 삼는 것이 가장 효과적일 것이다. 다만 현재의 표준자형의 경우 중국과 한국, 일본 등 한자 사용국마다 약간의 차이가 있을 수가 있으므로 각 지역마다 표준자형을 정하는 것이 가장 이상적이다. 그러나 古文獻의 연구라든가 기타의 문자 생활이라는 측면에서 볼 때 가장 합리적인 기준은 韓中日 세 나라의 字典에서 모두 근거로 삼고 있는 『康熙字典』의 자형을 표준자형으로 하면서, 이 중에서 현시대의 자형과 크게 차이나는 것만을 수정하는 방식의 근거 기준 마련이 합리적일 수도 있다. 또한 이와 같은 근거 기준에 의해 만들어진 자형은 학계의 많은 사람들이 공인하는 과정을 거쳐, 정부나 혹은 유력한 관련 기관의 차원에서 확정 공포해야만 향후의 문자 생활에 있어서 그 자형의 공신력을 얻을 수가 있을 것이다.

현재로서는 표준자형이 규정된 것이 없지만, 일반적으로 사용되는 正字는 『康熙字典』의 자형 중 현대의 자형과 크게 차이나지 않는 것을 표준자형으로 하는, 어떻게 본다면 약간은 모호한 正字 기준에 따라 異體字를 설명할 수 밖에 없다. 그런 측면에서 설명한다면 異體字란 正字와 讀音과 意味가 같으면서 字形은 다른 글자인 것이다.

그러나 이것은 다시 廣義와 狹義의 異體字로 나누어 볼 수 있는데, 廣義의 異體字란 단순히 形體만 다른, 즉 그 글자들의 본래의 音이나 意味가 어떠한 관계가 되었든 전혀 상관치 않는 것이다. 예컨대 "보충 설명을 한다"는 의미로서의 '註'를 '注'字로 사용하는 경우, 엄밀히 보면 '注'는 '註'의 假借字이나, 그 글자들의 본래의 意味야 어찌되었든 "보충 설명을 한다"라는 의미로 사용된 환경에서는 字形이 다르게 나타나므로 이것도 異體字의 範疇에 넣을 수가 있다. 또 '須'와 '鬚'는 지금은 다른 의미로 사용되는 글자이다. 須는 "모름지기"의 의미로 사용되고 있고, 鬚는 "수염"의 의미로 사용되고 있다. 그러나 본래 "수염"을 의미하는 글자는 '須'였으며, 이것이 후대로 내려오면서 假借되어 "모름지기"의 의미로 변하자, 본래의 의미를 보존시켜주기 위해서 '須'의 形符인 '髟'를 추가하여 지금의 '鬚'字를 만들어 "수염"의 의미로 사용하고 있다. 그렇게 본다면 '須'字와 '鬚'字의 관계는 古今字라 볼 수 있다. 그러나 이 역시 각기 일정 시기 동안 모두가 수염의 의미로 사용되었으면서도 字形은 다르기 때문에 異體字의 범주에 귀속시킬 수가 있다.

그러나 狹義의 異體字란 위의 경우와는 약간 다르다. 狹義의 異體字란 동일한 시기에 字意와 字音은 같으면서도 字形이 다른 것을 지칭한다. 즉 "裏"와 "裡", "群"과 "羣"은 모두가 "안"과 "무리"라는 字意와 "리"와 "군"이라는 字音을 가지면서 字形은 偏旁의 위치에 따라 각기 다르게 나타나고 있다. 또 "鮮"과 "鱻", "煙"과 "烟"은 모두 "신선하다"와 "연기"라는 의미와 "선"과 "연"이라는 字音을 가지면서도 字形은 각기 다른 形符를 가지면서 모양이 다르게 나타나고 있다. 또 "氷"과 "冰"의 경우와 같이 俗體字가 異體字로 되는 것도 있으며, "禮"와 "礼", "萬"과 "万", "無"와 "无" 같이 근원이 불분명한 古字가 異體字로 되는 경우도 있다. 이러한 것이 진정한 의미의 異體字, 즉 狹義의 異體字라 말할 수 있다. 그러면 廣義의 異體字에 속하는 假借字나 古今字가 狹義의 異體字의 개념과 어떻게 다른가? 우선 假借字와 異體字의 차이점에 대해 살펴보기로 한다.

狹義의 異體字와 假借字의 구별은 그 글자들의 本意가 동일한가의 與否, 즉 本意로 사용될 경우도 그 글자들이 서로 바꾸어 쓸 수 있는가에 의해 구별된다. 狹義의 異體字는 本意가 동일한 반면, 假借字는 本意가 완전히 다르고, 다만 字音만 동일할 뿐이다. 예컨대 우리가 문장의 내용을 보충하는 방법으로서 "脚註"라는 용어를 사용한다. 그때 註는 위에서 설명한 바와 같이 "보충 설명"한다는 의미가 있다. 그러나 동일한 경우에 "脚註"를 "脚注"로 사용하기도 한다. 이때의 "注"는 물론 "보충 설명"의 의미로 사용된 것이다. 이때는 "註"와 "注"를 바꾸어 쓸 수가 있다. 그러나 "注"의 本意는 "물을 댄다"로서, 위의 경우는 "注"가 단순히 "註"와 字音이 같기 때문에 일시적으로 차용된 것뿐이며, 그 외에는 本意가 서로 다르기 때문에 "註"와 "注"를 서로 바꾸어 사용할 수가 없다. 예컨대 "注"가 本意로 사용되는 "注射"나 "注入"을 "註射"나 "註入"으로 쓸 수가 없다.

반면에 狹義의 異體字의 경우는 이와 다르다. 狹義의 異體字는 本意가 같고 字形만이 다르기 때문에 항상 서로 통용될 수 있다. 예컨대 "參"과 "叅"은 모두 字音이 "참"이고, 字意가 "참여하다"로서 동일하며, 字形만이 筆寫法의 차이로 인해 다르게 나타나고 있다. 그렇기 때문에 "參與 · 參觀 · 同參" 등 "參"字로 쓰여진 어떠한 경우에도 "叅與 · 叅觀 · 同叅"과 같이 바꾸어 쓸 수가 있다. 筆寫法의 차이에서 오는 것이 아닌 狹義의 異體字의 경우도 마찬가지이다. 예컨대 "杯"와 "盃"는 모두가 "잔"이라는 本意를 갖고 있다. 그렇기 때문에 "杯"로 쓰여진 모든 것은 어떠한 경우에도 "盃"로 쓸 수가 있다. 예컨대 "杯盤 · 木杯 · 玉杯 · 三杯" 등을 "盃盤 · 木盃 · 玉盃 · 三盃"로 써도 전혀 상관이 없다. 이와 같이 異體字는 서로 混用할 수 있다는 점이 假借字와의 가장 큰 차이점이라 할 수 있다.

狹義의 異體字와 古今字의 구별도 이와 비슷하다. 狹義의 異體字는 어떠한 상황에서도 서로 바꾸어 쓸 수가 있는 반면, 古今字는 일정한 환경 아래서만 互用할 수 있을 뿐, 그 환경을 벗어나면 古字와 今字는 互用이 불가능하다. 예컨대, "要"는 본래 人體 중의 허리를 의미하는 글자로서 本意는 당연히 "허리"이다. 그런데 이것이 假借되어 "반드시"의 의미로 사용되고 허리라는 의미가 사라지자 후에 肉字를 추가하여 지금의 "腰"를 만들었다. 즉 "要"는 "腰"의 本字로서 이 두 글자의 관계는 古今字의 관계가 된다. 그런데 허리를 자르는 刑罰인 "要斬"이나 喪服의 허리에 묶는 띠인 "要経"에서 "要"는 허리의 의미로 사용되었기 때문에 "要"를 모두 "腰"로 바꾸어도 전혀 상관이 없다. 즉 "要"가 허리의 의미로 사용되는 環境 아래서는 이 두 글자의 互用이 가능하다. 그러나 만일 "要"가 "반드시"의 의미로 사용된 "必要"나 "重要"의 경우는 "要"를 腰字로 대체하여 사용할 수가 없다. 이같이 古今字는 특정한 경우에만 서로 바꾸어 쓰는 것이 허용된다는 점이 狹義의 異體字와의 차이점이다. 그렇기 때문에 狹義의 異體字가 진정한 異體字이며, 通假字나 古今字와 같은 廣義의 異體字는 部分異體字라 할 수 있는데, 우리가 통상 異體字라 함은 바로 狹義의 異體字를 가리키는 것이다.[7]

2 異體字의 名稱

앞에서도 언급한 바와 같이 正字와 讀音과 意味가 같으면서 字形만 다른 글자를 異體字라 하지만, 처음부터 이 명칭을 사용한 것은 아니다. 이러한 글자의 명칭으로서 가장 먼저 사용된 것은 許愼의 『說文解字』에 나오는 重文이라 할 수 있다. 『說文解字』敍에 의하면 『說文解字』에 수록된 正文은 모두 9,353字이고, 重文은 1,163자이다. 許愼은 『說文解字』를 편찬하면서 『說文解字』에 수록한 글자를 540部로 나누고, 각 部가 끝날 때마다 해당 部에 수록한 글자의 수를 밝혔는데, 여기에서 正字를 "文", 異體字를 "重"이라 표기했다. 예컨대 第3部인 "示"部의 경우, 맨 마지막에 "文 六十, 重 十三" 이라 밝혀 놓았는데, 여기에서 "重"이란 바로 重文이란 말이고, 이는 바로 異體字를 지칭하는 말이다.

『說文解字』에는 또 異體字와 관련하여, "或"이라는 용어를 자주 사용하고 있는데, 이는 후에 或體라는 명칭으로 발전된 字形 說明 用語이다. 예컨대 『士部』의 "婿，壻或從女"라 설명에서 "或"이란 바로 或體를 말한다. 이 "或"을 "或文"이라 하지 않고, "或體"라 한 것은 淸代의 王筠이 이를 "或體"라 命名한 것에서 유래하였다. 그는 『說文釋例 · 或體』에서 "『說文』之有或體也，亦謂一字殊形而已，非分正俗于其間也。自大徐體所謂或作某者，小徐間謂之俗作某，于是好古者概視或體爲俗字，或微言以示意，或昌言以相排，是耳食也"라 하여, 『說文解字』의 釋形 체계에서의 "或"을 "或體"라 불렀는데, 이는 바로 지금의 異體字를 가리키는 것이다.

또 위에서 王均이 말한 "好古者概視或體爲俗字"라는 문장에서 보이는 바와 같이 과거에는 或體, 즉 異體字는 俗字라고 불려왔다. 俗字는 또 俗體字라는 명칭으

7 이상 "異體字의 定義"에 관한 記述은 拙著 『漢字學教程』 p.p.365-369의 내용을 수정한 것임.

로도 사용되고 있는데, 그 의미는 規範字形이 아니라 일반인들 사이에서 通俗的으로 사용되는 字形을 말하는 것이다. 즉 본래는 원칙적으로 規範的인 字形을 사용해야 함에도 불구하고, 書寫者가 日常에서 글자를 쓸 때 자기의 편리나 혹은 다른 목적으로 字形을 일부 바꾸어 쓴 글자를 俗字라 한다. 이것은 말 그대로 俗世에서 일상적으로 사용하는 字形이므로 원칙적으로는 公文書에 사용할 수가 없다. 그러나 현실에서는 公文書에도 많은 俗字가 사용되고 있다.

이와 같이 正字와 字音과 字義가 같으면서 字形만 다른 異體字는 重文, 或體, 俗字 등과 같은 여러 異稱이 존재하고 있다. 이러한 명칭이 만들어지게 된 배경을 보면 서로 약간씩의 차이점을 보여주고 있다. 즉 重文은 단순히 본래의 正字와 다른 글자를 뜻하는 것이라면, 或體와 異體字는 보다 구체적이면서 직접적으로 正字와 形體面에서 차이가 있음을 표현하고 있다. 그런가 하면 俗字와 俗體字는 이러한 글자들이 어느 분야에서 만들어지고 사용되는가라는 측면에서 설명한 말이다. 즉 직접적으로 字形의 차이라는 측면에서 설명하는 말이라기 보다는, 字形의 차이가 있지만 그것보다는 이러한 字形이 만들어지고 사용되는 분야가 어디인가 하는 측면을 강조하는 用語라 할 수 있다.

그런데 이러한 글자들은 모두 字形이 다름으로 인해 생성된 用語이므로, 正字와 字形 차이라는 본질적 측면에서 본다면 俗字보다는 或體나 異體字라는 용어가 보다 더 구체적이면서 명확한 설명을 하는 것이라 할 수 있다. 하지만 현재는 重文과 或體는 거의 사용하지 않고 있으며, 俗字와 異體字라는 용어가 混用되고 있는 상황이다. 다만 俗字와 異體字 중에서도 과거에는 주로 俗字라는 용어를 사용했다. 근래 들어 비록 관습에 의해 俗字라는 용어가 아직도 많이 사용되고 있지만, 異體字라는 용어가 점점 더 많이 사용되고 있다. 그러나 용어의 구체성이라는 측면에서 본다면 異體字라는 용어가 보다 더 합당하기 때문에 향후에는 俗字라는 용어보다는 異體字라는 용어로 모아질 것이라 생각된다. 이는 마치 漢字學이라는 용어가 과거에는 小學이라 했다가 20세기에 들어서서야 구체적인 명칭인 文字學으로 바뀌었고, 이것도 최근에 와서는 보다 더 직접적인 표현으로 漢字學이라는 용어를 사용하기 시작된 것과 같다고 할 수 있다.

3 異體字의 範圍

異體字는 正字와 字形이 다른 것을 뜻하며, 字形이 다르다는 것은 곧 正字와 필획의 형태가 다르다는 것을 말한다. 필획의 형태가 다른 것은 크게 두 가지 유형으로 나뉜다. 첫째, 필획의 형태가 본래 자형에서 약간 변화된 것들이다. 이는 글자를 쓰는 과정에서 필획의 형태를 변화시킨 것들인데, 이 변화에는 필획의 단순한 변형뿐만 아니라, 필획의 증가나 감소도 포함될 수 있다. 또한 이러한 변화의 수준이 어느 정도인가에 따라 변화 이전의 본래 자형을 쉽게 유추할 수도 있고, 좀 더 어려울 수도 있다. 어쨌든 이와 같이 글자를 쓰는 과정에서 필획을 약간 변화시켜 쓴 글자를 異寫字라 한다. 또 하나는 단순한 필획의 변화를 넘어서 기존 正字의 偏旁을 다른 것으로 代替하거나 생략 혹은 증가시키는 경우도 있고, 偏旁을 代替 혹은 생략이나 증가시키지는 않았지만 기존의 偏旁 위치를 바꾸어 글자의 構造를 변화시킴으로서 正字와 전혀 다른 字形으로 나타나는 것도 있다. 이와 같이 단순한 필획 차원을 넘어서 偏旁의 구성을 달리하는 글자를 異構字라 한다.

異構字나 異寫字 모두 본래의 正字 형태와 다르다는 점에서 이들은 모두 異體字라고 볼 수도 있다. 특히 異構字의 경우에는 그것들이 본래의 字形과 확연히 다르므로 이를 異體字라 하는 것에는 전혀 문제가 없다. 그러나 異寫字의 경우는 약간 다르다. 異寫字 중에 筆劃數의 增減없이 단순히 형태만 조금 변형시킨 경우는 본래의 글자를 쉽게 추정할 수 있을 뿐만 아니라, 또 실제적인 筆寫에 있어서 이와 같은 변형을 하는 것은 매우 일반적인 현상이므로 이를 모두 異體字의 범주에 넣기에는 무리가 있다. 그렇기 때문에 이와 같은 異寫字의 경우에는 그 변화된 수준에 따라 異體字로 간주할 수도 있는 것이 있고, 異體字로 간주할 필요가 없는 것들도 있다. 이렇게 본다면 異構字는 異體字에 포함시키는 것이 마땅하고, 異寫字의 경우는 그 변화의 수준을 정하여 일정 수준을 넘어서는 경우만을 異體字로 간주하는 것이 합당할 것이다.

그렇다면 위와 같은 내용을 모두 담아낼 수 있는 기준은 어떻게 정하는 것이 좋을까? 異體字는 正字와 字形이 다른 것을 말하므로 正字의 字形과 비교할 때 筆劃의 加減 與否가 異體字의 與否를 결정짓는 첫 번째의 척도가 될 것이다. 즉

異構字와 같이 偏旁에 다른 것을 사용했든 안했든, 異寫字라 할지라도 筆劃數가 다른 것은 바로 正字와 字形이 다르다는 것을 의미하므로 異體字가 될 수밖에 없다. 두 번째는 소위 異構字로서, 비록 筆劃數가 같더라도 그 글자를 구성하는 성분이 다른 경우나, 구성 성분은 같더라도 그 성분들의 위치가 다른 경우는 異體字가 된다. 다만 일부 異寫字의 경우와 같이 단순히 劃形(傾斜度, 傾斜方向, 曲直, 長短, 삐침)이 다르거나, 두 획이 交叉 혹은 相接하는 경우에 交叉劃의 돌출 여부가 다르더라도 異體字로 보지 않는 것이 타당할 것이다. 그러나 이 異體字의 범주에 넣지 않는 것들도 그것이 한 글자 안에서 이러한 조건이 두 번 이상 동시에 출현하는 異寫字의 경우라면 字形이 正字形과 현격하게 달라진 형상이 되므로 異體字의 범주에 넣어야 할 것이다. 이와 같은 것을 감안하여 총체적으로 종합 정리하면 다음과 같다.

(1) 正字의 字形과 비교할 때 筆劃의 加減이 있을 경우
蜜(蜜) 發(癹) 微(微) 收(収) 決(决)
(2) 筆劃의 加減은 없으나, 문자의 구성 성분이 다른 경우
剛(剛) 數(數) 器(器) 吳(吴) 夸(夸)
(3) 筆劃의 加減도 없고 문자의 구성 성분도 같으나 자형 구조상 上下, 左右, 內外 등의 위치가 다른 경우
胸(胷) 懈(懈) 臂(臂)
(4) 다음과 같은 경우는 異體字로 간주하지 않되, 해당 사항이 한 글자에서 두 번 이상 출현할 때는 異體字로 본다.
① 劃形(傾斜度, 傾斜 方向, 曲直, 長短, 삐침)만 다른 글자
② 두 획이 交叉 혹은 相接하는 경우에 交叉劃 혹은 相接劃의 突出 여부가 다른 경우
養(養) 變(變) 藉(藉)
(5) 위의 (4)항 기준에 의해 한 가지에만 해당되지만 전체적인 字形이 正字形과 현저히 다르다고 판단되는 경우
那(那) 景(景) 鵲(鵲) 放(放)[8]

8 拙著『高麗大藏經異體字典』(高麗大藏經研究所出版部, 2000), p.11

이러한 범주를 정한다고 해도 실제 하나의 正字에 대응하는 異體字를 선정하는 과정에서는 또 다른 문제가 발생한다. 즉 A라는 正字의 異體字와 B라는 正字의 異體字가 공교롭게도 동일한 형태로 나타날 경우, 즉 자형이 A正字=C異體字, B正字=C異體字일 경우 C異體字의 正字를 A와 B 중에서 어떤 것으로 삼아야 할 것이냐 하는 문제이다. 다른 하나는 어떤 글자가 그 자체로서 正字인데, 다른 글자의 異體字로도 사용되는 경우가 있다. 그렇다면 이것을 正字로 보아야 할 것인가? 아니면 異體字로 보아야 할 것인가 하는 문제이다. 예컨대 "睟"는 "똑바로 보다"란 의미를 가진 자체 正字이나 純粹에서의 "粹"의 異體字로 쓰이기도 한다. 이런 경우에는 부득이 前者의 경우 하나의 異體字가 두 개의 正字를 보유하는 것으로 정리하고, 後者의 경우 正字이면서 다른 正字의 異體字로 간주한다.[9]

4 異體字의 研究 目的

異體字는 正字가 아님에도 불구하고 실제 문헌에서는 많이 사용되어 왔던 것이 현실이다. 그러므로 異體字에 대한 체계적인 정리는 매우 필요하다. 하지만 과거에는 이들에 대한 체계적인 연구가 진행되지 않은 채, 예전부터 전해오는 방식대로 문헌에 출현하는 글자마다 암기하고 사용하는 과정을 되풀이해왔다. 그러나 이제는 이들에 대한 보다 체계적인 연구가 필요하다. 이와 같은 상황에서 異體字를 연구하는 목적을 좀 더 자세히 살펴보면 다음과 같다.

첫째, 異體字의 해독 능력을 배양하기 위해서이다. 인문학의 연구 대상인 고문헌에는 많은 양의 異體字가 존재한다. 그렇기 때문에 고문헌을 해석하려면 반드시 異體字에 대한 학습이 선행되어야 한다. 그러나 이렇게 선행되어야 할 異體字 학습이 이루어져 있지 않은 현실에서 異體字 학습을 용이하게 하기 위해서는 이에 대한 研究가 필요하다.

둘째, 異體字의 正字化를 위해 연구해야 한다. 正字가 아닌 異體字로 쓰여 있는 대량의 漢籍 내용을 보다 많은 사람이 연구하고 이해하려면, 그 안에 쓰여진 異體字

9 拙著 『漢字學教程』(차이나하우스, 2009) p.370.

를 보다 알기 쉬운 正字體로 바꿔주는 기본적인 작업이 필수적이다. 그렇게 하기 위해서는 異體字을 알아야 하기 때문에 이를 위해 전문적인 異體字 연구가 반드시 필요하다.

셋째, 과거의 한자 자료에 대한 전통적인 오류를 바로 잡기 위해서이다. 과거의 異體字 해독 능력은 나름대로 훌륭했다 하더라도, 그것이 종합적으로 이루어지지 못하다보니 부분적으로 누락되거나 오류가 있는 것들도 상당히 많다. 그렇기 때문에 보다 체계적이면서 종합적인 異體字 연구는 학술적인 면에서는 漢字 典籍뿐 아니라 실물 한자 자료에 대한 전통적인 오류를 바로잡을 수 있다.

넷째, 漢籍의 전산화에 필요하다. 漢籍의 전산화 작업은 글자의 인식에 기반을 두고 있다. 그런데 漢籍에 사용된 正字 뿐만 아니라 異體字에 대한 解讀이 모두 이루어졌다고 하더라도, 그 한자를 컴퓨터 안에 구현할 수 있는 기반이 마련되어야 한다. 그런데 각 한자 사용국마다 자신들만의 고유한 漢字 코드 시스템을 갖추고 있어서, 이를 모두 통합할 수 있는 체계가 필요하다. 다행히 현재는 한자를 사용하는 국가들이 모여 한자 코드의 통일 작업을 진행하여 상당한 성과를 거두었는데, 이 작업에 있어서 각 국가가 소유하고 있는 문헌상의 字形에 관한 정보 교류와 해당 異體字에 대한 정보처리 방법 등을 위해서는 異體字에 대한 연구가 필요하다.

다섯째, 異體字와 관련된 전반적인 이론 체계를 세우기 위해서이다. 현재도 나름대로의 異體字 연구 성과를 바탕으로 이를 다방면에서 활용하고 있다. 그러나 아직도 字典에 수록되지 않은 채, 단기간에 출현했다가 사라진 異體字形에 대한 考釋이나 이들 자형의 출현 원인과 소멸 과정 등에 대해서는 이론적인 체계를 세우고 있지 못하다. 그래서 이들을 종합적으로 수집하여 異體字의 전반적인 현상에 대한 이론 체계를 구축할 필요가 있다. 이와 같은 문제점을 해결하기 위해서는 異體字形과 正字形의 일대일 대응이라는 단선적인 고찰에서 탈피하여 正字形의 변천과 역사적 軌를 같이 하는 異體字形의 변화과정을 통시적으로 고찰해야 한다. 이와 같은 통시적인 고찰이 선행되어야 자전에 수록되지 않은 특수한 異體字形의 정체를 밝힐 수 있을 뿐 아니라 이들의 생성 원인 및 유통 소멸에 관한 체계적인 설명이 가능하고, 향후 자형 변천의 과정 및 변천 유형에 대한 이론을 구축할 수 있다. 그래서 본 연구에서는 異體字形의 시간적 변화에 따른 변천 과정과 정형화 과정, 그리고 이론적인 字形變遷史의 구축을 본 연구의 최종 목적으로 한다.

5 異體字와 誤字

誤字나 異體字는 모두 正字와 字形이 다르다는 점에서는 일치하고 있다. 즉 正字와 字形이 다르다는 측면에서는 마찬가지이다. 正字와 字形이 다른 것 중 어떤 것은 誤字로 간주되어 수정이 필요하고, 어떤 것은 異體字로 인정되어 교정이 필요 없게 된다. 그러면 이 둘을 구별짓는 境界는 무엇일까? 그 境界를 구별하기 위해서는 먼저 誤字나 異體字에 대한 定義를 명확히 해야 하고, 이를 근거로 판단해야 할 것이다.

그렇다면 誤字는 무엇을 말하는 것인가? 誤字는 말 그대로 잘못된 글자를 말한다. 여기에서 잘못되었다는 것은 字形이 正字와 다르다는 것을 말한다. 또한 잘못되었다는 말은 바로 "그렇게 해서는 안된다"는 뜻을 내포하고 있는 말이다. 다시 말해, 正字와 字形이 다르며, 이에 따라 그렇게 字形을 다르게 써서는 안되는 글자를 말한다.

이에 비해 異體字의 의미는 약간 다르다. 異體字도 역시 말 그대로 字形이 다른 글자를 말한다. 그러나 字形이 다르다고 해서 그것이 잘못되었다는 것은 아니고, 단순히 字形이 다를 뿐이라는 것이다. 다시 말해 異體字는 字形이 正字와는 다르지만, 그것이 잘못된 것은 아니고, 이미 約定俗成이 되어 正字와 함께 통용되는 글자로써, 그러한 글자를 사용해도 잘못된 글자로 간주되지 않는 글자를 말한다.

위와 같은 定義 아래 誤字와 異體字의 境界를 간단히 말한다면, 正字와 字形이 다른 글자가 約定俗成 되었는가의 與否이다. 즉 約定俗成이 되었다면 異體字로 간주되고, 그렇지 않으면 誤字로 인정되는 것이다. 그런데 이 約定俗成의 여부를 판단하는 기준이 매우 애매하기 때문에 일부 異體字들이 誤字로 간주되기도 하고, 또 반대로 誤字가 異體字로 간주되기도 한다. 예컨대, "因"으로 기록되어야 할 곳에 ""이라 기록되었을 경우, 이는 正字와 字形이 다르기 때문에 이를 "因"의 誤字로 볼 수도 있고 "因"의 異體字로 볼 수도 있다. 이런 경우에 그 판단 기준은 대부분 해당 글자 사용의 반복성이다. 즉 반복적으로 사용되면 約定俗成으로 판단하여 異體字로 간주해야 하고, 그렇지 않다면 誤字로 판단하면 될 것이다. 그런 측면에서 볼 때 위의 ""은 여러 문헌에서 수없이 발견되고 있으므로 異體字로

간주하는 것이다.

그런데 이러한 것들 중에는 그 경계가 더욱 모호한 것들도 적지 않다. 특히 異體字 중에서 제3의 正字와 동일한 字形을 갖고 있는 경우는 더욱 판별이 어렵다. 이러한 異體字는 대체적으로 筆寫 誤謬의 累積에 의해 생성된다. 예컨대 至(巫), 首(酋), 皃(完), 四(皿)과 같은 글자들은 본래 正字인 巫, 酋, 完, 皿을 書寫하는 과정에서 일부의 筆劃들이 그 모양이 바뀌는 과정이 여러 차례 반복되면서 점차 더 변화가 심화되면서 결과적으로 다른 正字形과 동일한 모양으로 바뀐 것이다.

그렇다면 이것을 誤字로 볼 것인가? 아니면 異體字로 간주해야 할 것인가? 그 경계를 명확하게 구분하기는 어렵지만 대체적으로 다음과 같은 두 가지의 방법을 통하면 대략적인 구분이 가능할 것이다. 첫째는 전후 문장의 맥락으로 보아 그 글자의 正字가 무엇인지를 파악하여 해당 글자를 故意로 그렇게 쓴 것인지를 판단해야 한다. 그 자형이 갖고 있는 글자대로 해석할 경우, 전혀 문맥이 통하지 않는다면 이는 誤字이거나 아니면 전혀 다른 正字의 異體字가 될 것이다. 誤字와 달리 異體字는 故意性이 있는 것이기 때문에 비록 正字와 字形이 다르더라고 그 故意性이 쉽게 드러난다면 誤字일 가능성보다는 異體字일 가능성이 높다.

둘째는 동일한 字形이 반복 사용되는 경우이다. 이는 위에서 말한 約定俗成이라 할 수 있다. 이 約定俗成은 역시 故意性과 관련이 있는 것으로서, 비록 다른 正字形과 동일하다고 하더라도 그것이 계속 반복된다면 이는 異體字로 보는 것이 옳을 것이다. 그런데 글자들 중에는 이 둘의 중간 경계에 있는 것들도 적지 않다. 즉 故意性이 엿보이기도 하지만 반복성이 별로 드러나지 않는 것들이 그것이다. 이러한 경우는 그것을 판단하기는 쉽지 않을 것이다.

다음에서는 이러한 誤字와 異體字의 境界에 있는 글자 중에서 異體字로 판단될 수 있는 것들에 대해 살펴보기로 한다.[10]

枕(枕)骨 : 上之審反. 正作煩(煩). 又經音義作冗 · 煩(煩)二同. 下堂反. 咽也. 頸也. 彼非.(『可洪音義』 卷13)

10 이하 "異體字와 誤字"의 예문들은 拙稿 "劃分與其他正字同形的異體字與誤字之界"(漢語史學報, 2016.6)와 "日本金剛寺本『玄应音义』的误字与异体字"(語言研究, 2016.4)에서 일부를 취해 수정한 것임.

『可洪音義』의 설명에서는 '枕'에 대해 "枕,.....正作煩(煩),.....冗 · 煩(煩)二同"이라 말하고 있다. 이에 의하면 '煩(煩)'은 '枕'의 正字가 된다. 그런데 '煩'과 '枕'은 字音이나 字義上 모두 서로 연결될 수 있는 고리가 전혀 없다. 그렇다면 이 '枕'의 正字는 '煩'이 아닐 가능성이 있다. 이와 동일한 문장으로 "枕骨, 上之審反. 頭骨玉枕也. 正作頕 · 枕二形.(『可洪音義』 卷8)"이 있는데, 이에 의하면 '枕'은 '頕'이다. '枕'과 '頕'은 聲符가 '冘'로서 동일하고, 또 '枕'의 의미가 '頕'의 形符인 '頁'과 통하므로 '頕'의 異體字로 볼 수가 있다. 그렇다면 위에서 '頕'을 '煩'으로 기록한 것은 誤字일 수가 있는 것이다.

그러나 偏旁의 字形이 유사함으로 인해 서로 通用이 일반화되어 異體字로 성립되는 경우가 있는데, 만일 偏旁인 '冘'가 '火'와 자주 통용된다면 이 '煩'은 誤字가 아니라 '頕'의 異體字가 될 수 있다. 그런데 실제로 '冘'와 '尤'나 '火'와 '尢', '冘'와 '冗', '大'와 '火', '尤'와 '尢'는 字形의 유사함으로 인해 "就(就) · 黙(黙) · 紞(紞) · 耽(耽) · 尖(尖) · 耿(耿) · 訧(訧)"에서와 같이 偏旁에서 자주 바꾸어 쓰기도 한다. 자주 바꾸어 쓴다는 것은 반복성이 있다는 뜻이며, 그런 관점에서 보면 '頕'을 고의로 '煩'으로 기록할 가능성은 충분하다. 그렇다면 위와 같은 '煩'은 '頕'의 誤字가 아닌 異體字로 간주하는 것이 옳을 것이다.

沈靜 : 上直林反. 『字樣』作沈. 『說文』従人出, 今以沈字. 又音審, 别作沉, 文(文)林反. 扵義無據. 但一體二呼耳.(『可洪音義』 卷28)

위에서 '沈'의 讀音에 대해 "上直林反.....文(文)林反"이라 설명하고 있다. 그런데 여기에서 '沈'의 聲母로 사용된 '文'은 字形으로만 본다면 '文'이다. 그러나 '沈'의 古音은 "澄母 · 侵韻"이고, '文'의 古音은 "微母 · 文韻"이므로 '沈'의 聲母와 '文'의 聲母는 전혀 일치하지 않으므로 이것은 '文'이 아니다. '文'과 유사한 자형으로 '丈'이 있는데, 만일 '文'이 '丈'이라면 '丈'의 古音이 "澄母 · 陽韻"이므로 '沈'의 聲母와 일치하게 된다. 그렇다면 이 '文'은 '丈'의 誤字이거나 異體字가 될 것이다. '丈'의 異體字에는 '丈'이 있고, 또 '杖'의 異體字에 '杖'이 있는데, 이들은 '文'의 異體字인 '文'과 '斑'의 異體字인 '斑'에서의 '文'과 字形이 매우 유사하다. 이는 '丈'과 '文'의 書寫 과정에서 나타난 현상이다. 그런데 이와 같이 유사한 자형이 여러 곳에서 혼용되고 있다면 반복성이 있는 것이기 때문에 '文'이 비록 '文'의 형태를 취하고 있다고 하더라도 이를 '丈'의 異體字로 간주할 수 있을 것이다.

戍達 : 上啇(**啇**)遇反. 西天四姓之一也. 一者婆羅門, 此言浄行也. 二者刹帝利王種也, 此言上田主. 三者吠舍, 此言商賈. 四者戍達羅, 此言農人(『可洪音義』卷1)

위에서 '戍'의 字音에 대해 "啇(**啇**)遇反"이라 말하고 있다. '戍'의 反切上字인 '**啇**'은 자형상으로 보면 '啇'이 분명하다. 그렇지만 '戍'의 古音이 "書母 · 虞韻"인데 반해, '啇'의 古音은 "端母 · 錫韻"으로서 聲母가 전혀 다르다. 그렇기 때문에 이 '**啇**'을 '啇'으로 보는 것은 옳지 않다. 字形의 類似性으로 볼 때 이 '**啇**'과 유사한 字形으로 '商'이 있다. 또한 이 '商'의 古音은 "書母 · 陽韻"이기 때문에 '商'의 聲母는 '戍'의 聲母와도 일치한다. 그렇다면 이 '**啇**'은 '商'으로 보는 것이 옳을 것이다. 그렇다면 이 역시 '商'의 誤字로 볼 것인가? 아니면 異體字로 간주해야 할 것인가? 이를 위해 다음의 예를 살펴보자.

戍達 : 上啇遇反(『可洪音義』卷16)

啇賈 : 始羊反. 下公戶反. 行賣曰啇, 坐賣曰賈(『玄應音義』卷23)

위의 『可洪音義』에서도 '戍'의 反切上字로 '商'이 아니라 '啇'의 형태로 나타나고, 『玄應音義』에서도 "商賈"를 "啇賈"로 기록하고 있다. 이 외에도 '商'이 '啇'으로 나타나는 경우가 적지 않다. 그렇다면 반복성이 있다는 말이 되므로 '商'을 '啇'으로 기록한 것은 誤字라기 보다는 異體字로 보는 것이 타당할 것이다.

佉岐 : 上去迦反. 下巨攴(**攴**)反.(『可洪音義』卷5)

"佉岐"의 '岐'에 대한 讀音으로 "巨攴(**攴**)反"이라 말하고 있다. 그런데 본래 글자인 '岐'는 字音이 "群母 · 支韻"인데 반해, 反切下字로 사용된 '攴'의 字音은 "滂母 · 覺韻"이기 때문에 字音이 전혀 맞지 않는다. 그런 반면에 '攴'과 유사한 字形인 '支'의 字音은 "章母 · 支韻"으로서 '岐'와 疊韻이다. 그렇기 때문에 여기에서 '**攴**'은 '攴'이 아니라 '支'로 보는 것이 타당하다. 또한 "佉岐, 音祇(『可洪音義』卷23)"와 "佉秖, 上丘迦反. 下求臂反. 經自切(『可洪音義』卷5)"에서 보이는 바와 같이, 다른 곳에서의 "佉岐"의 字音을 說明하는 것을 보면 '岐'의 字音은 모두 韻母가 이와 비슷하다. 그렇게 본다면 이 '攴'은 正字가 '支'임이 분명하다.

그런데 '攴'과 '支'는 자형의 유사성으로 인해 실제 書寫에 있어서 서로 통용되는 현상이 빈번히 일어나고 있다. 예컨대 "攲(攲)·攸(攸)·政(政)·敎(敎)"와 같은 것이 이에 속하며, 또한 '勅'의 異體字로는 '敕' 외에도 '敕'이 있어서, 이 '攴'과 '支'가 통용되고 있음을 더욱 확실히 증명해주고 있다. 이는 곧 반복성을 뜻하므로 여기에서의 이 '攴'은 '支'의 異體字라 할 수 있을 것이다.

羇(敧)折 : 上居宜反. 筋(筯)取物也. 正作欹也. 下之舌反.(『可洪音義』卷23)

위의 說解에서 '羇'는 字音이 "居宜反"이라 하고, 正字는 '欹'라 설명하고 있다. 이와 동일한 어휘에 대한 설명으로『可洪音義』卷15에서는 "攲(犄)折, 上居宜反. 筯取物也. 下旨熱反. 上正作攲"라 기록하고 있는데, 여기에서는 '羇'를 '犄'로 표기했으며, 字音은 "居宜反"이고 正字는 '攲'라 말하고 있다. 그러나 字音이 "居宜反"이라 밝혀 놓은 것을 근거로 한다면, 이들의 正字는 '欹'나 '攲'가 아니라 '敧'로 보는 것이 가장 타당하다. 偏旁이 '攴'이나 "支·欠" 등으로 사용되는 글자들은 그 偏旁 자형이 비슷하여 서로 통용하는 현상이 자주 보인다. 그렇기 때문에 위에서의 "欹·攲"는 모두 '敧'의 異體字라 할 수 있다.

또 '羇'의 說解에서는 "筋(筯)取物也"라 말하고 있는데, 여기에서 '筯'는 字形上으로는 분명히 '筋'이 되지만, 만일 이것이 '筋'이라면 문맥이 매끈하지 않게 된다. 그런데 卷15에서는 이것을 '筯'로 기록하고 있다. 前後의 문맥으로 본다면 이 '筯'는 '筯'로 보는 것이 타당할 것이다. '筯'를 '筋'으로 기록한 것은 역시 偏旁의 자형인 '月'과 '且'의 字形이 유사하여 이를 바꾸어 쓴 것으로 보인다. 이와 같이 '月'과 '且'가 "日·目·耳·旦·具·貝"등과 같은 偏旁과 자주 통용되는 것은 異體字에서 자주 보이는 현상 중의 하나이며, 이러한 예로서 "睔(聯)·聏(晒)·助(貼)·趄(𨒪)·助(耵)·胇(聉)"와 같은 글자들이 있다. 그렇기 때문에 '筯'를 '筋'으로 기록한 것은 誤字라기 보다는 異體字로 보는 것이 타당할 것이다.

修揵 : 音乾. 此云里(里)花.(『可洪音義』卷12)

위에서 "修揵"에 대한 설명으로 "此云里(里)花"라 말하고 있는데, 여기에서 "里花"가 무엇을 말하는지 분명하지 않다. 이를 위해 이와 관련된 다른 기록을 살펴보기로 하자.

搔揵 : 上蘇刀反. 下巨焉反. 此云黒花.(『可洪音義』 卷13)
蘇健提 : 亦云須乾提. 此云黒花.(『可洪音義』 卷9)
須揵提 : 中音乹. 亦云修乹提, 此云黒花 (『可洪音義』 卷2)

위의 내용을 살펴보면 “修揵”은 “里花”가 아니라 “黑花”로 추정된다. 불교에서 중요한 꽃인 蓮花의 종류는 수십 종이 있다. 그 중의 하나가 梵語로 “saugandhika”라 하는 꽃인데, 그 이름은 향이 좋다는 뜻을 가지는 것으로서 꽃의 색깔에 따라 黑色과 赤色이 있다고 한다. 위에서 표제자로 사용되는 “修揵”과 “搔揵 · 蘇健提 · 須揵提”은 모두 이 “saugandhika”의 音譯字이다. 이렇게 본다면 위에서 “**里**花”라 한 것은 “黑花”를 가리키는 것이며, ‘黑’의 異體字로 ‘**里**’가 사용된 경우가 거의 없지만, ‘黑’이 偏旁으로 사용될 때는 이와 같이 하단부의 ‘灬’가 생략되어 ‘里’로 변화되는 경우는 자주 나타나며, 그러한 예로는 “黝(黝) · 黟(黟) · 黨(黨) · 黫(黫) · 黚(黚) · 黚(黚) · 黶(黶) · 黴(黴)” 등이 있는데, 이런 것을 보면 이는 반복성이 상당하다는 것을 알 수 있다. 그렇게 본다면 이 ‘**里**’는 단독으로 사용될 때는 ‘黑’의 誤字가 될 수도 있지만, 偏旁으로 사용될 때는 異體字의 하나가 되기 때문에 이는 異體字와 誤字의 중간에 있는 것이라 할 수 있을 것이다.

輸屢(**屬**) : 下力遇反. 疋(**正**)作屢.(『可洪音義』 卷21)

위의 “輸屢(**屬**)” 중, 아래 글자인 ‘**屬**’가 字音은 “力遇反”이며, 또한 “疋(**正**)作屢”라 설명하고 있다. 그런데 여기에서 이 ‘**正**’의 字形은 ‘疋’이므로, 이를 “疋作屢”라 설명하면 문맥이 전혀 통하지 않는다. 그런데 이 “輸屢”가 『可洪音義』의 다른 곳에서도 출현하고 있는데, 그것을 열거하면 다음과 같다.

輸屢 : 力遇反. 正作屢.(『可洪音義』 卷12)
輸屢 : 上束朱反.下錄句反.(『可洪音義』 卷12)

위에 의하면 “**正**作屢”의 ‘**正**’는 ‘疋’이 아닌 ‘正’으로 보아야 한다. 본래 ‘疋’은 ‘正’에서 파생되어 온 글자로서, 본래는 동일한 글자였는데, 후대로 오면서 독립된 다른 글자가 되었으며, ‘正’이 ‘**正**’으로 기록된 예는 古籍에서 자주 보이고 있다.

즉 반복성이 상당히 강한 것이기 때문에, 이 '疋'은 '疋'의 형태를 취하고 있지만 사실은 '正'의 異體字라 할 수 있다. 그런데 위를 근거로 한다면 여기에서 '屬'는 '屢'라 할 수 있다. 이 字形이 다른 문헌에서 발견되는 것이 거의 없다. 즉 반복성이 거의 없다고 할 수 있다. 그렇기 때문에 이 '屬'는 '屢'의 誤字로 보는 것이 타당하다.

한편 '疋作某'의 예와 동일한 文型을 취하면서도 '正'의 異體字가 아닌 誤字로 간주될 수 밖에 없는 경우가 존재하는데 그 예는 다음과 같다.

仇迦 : 上音求. 王(王)作仇.(『可洪音義』 卷22)

위의 "王(王)作仇"에서 '王'은 字形上으로 보면 분명한 '王'이지만, 문맥상으로 본다면 앞의 경우와 같이 '正'으로 보아야 할 것이다. 이는 '王'과 '正'의 字形이 類似함으로 인해 발생한 것이다. 그렇지만 '正'이 '王'으로 기록되는 경우는 거의 없기 때문에 여기에서의 '王'은 '正'의 異體字가 아닌 誤字로 간주하는 것이 옳다.

射堋(堋) : 步加(加)反.(『可洪音義』 卷25)

위의 "射堋(堋)"에서 '堋'의 字音에 대해 "步加(加)反"이라 설명하고 있는 바, 이 "步加(加)反"이 정확한 反切인가를 알기 위해서는 먼저 '堋'이 어떤 글자인가에 대해 정확한 판단이 필요하다. '堋'과 관련하여 "射堋(堋)"에 대한 다른 곳의 기록을 보면 다음과 같다.

射堋 : 音朋.『字略』云, 射, 的也. 亦即射垛, 音徒果反.(『玄應音義』 卷18)
射堋 : 音朋.『字略』射, 的也. 亦即射垛也. 垛音, 徒果反. (『慧琳音義』 卷73)
射堋 : 音朋.(『可洪音義』 卷20)

위의 기록을 보면 이 '堋'은 字音이 '朋'인 것이 분명하며, 그렇다면 이 '堋'은 바로 '堋'의 異體字임을 알 수 있다. 이 '堋'의 字音에 대한 反切을 보면 "步加(加)反"이라 되어 있는데, 여기에서 反切下字로 사용된 '加'는 자형 상으로 보면 분명한 '加'이지만, 이 '加'의 古音이 "見母 · 麻韻"로서 '堋'의 古音인 "幫母 · 登韻"과 비교하면 韻母가 전혀 다르다. 그렇다면 이 '加'는 '加'가 아니라는 것을 알 수 있다. 이와 관련된 다른 기록을 보자.

射堋 : 步弘反.(『可洪音義』 卷25)

위의 기록에 의하면 이 '加'는 '加'가 아니라 '弘'이다. '弘'의 古音은 "匣母 · 登韻"이므로, 이 글자의 韻母는 '堋'의 韻母와도 일치한다. 그렇다면 '加'는 '弘'의 異體字이거나 誤字라는 것이 분명해진다. 그런데 여기에서 이와 같이 사용된 것 외에 '加'가 '弘'으로 사용된 다른 예를 거의 찾을 수가 없다. 그렇다면 이 '加'는 '弘'의 異體字라기 보다는 誤字로 보는 것이 타당할 것이다.

雨(丙)(金剛寺本玄應音義, 降雹條)

降雹, 蒲角反. 鄭玄注『禮記』云陽爲丙, 陰起脅之凝而爲雹.

"雹"을 설명하는 『禮記』의 내용 중 "雨" 자에 해당하는 글자를 金剛寺本『玄應音義』에서는 "丙"의 모양을 가진 "丙"로 표시하고 있다. 이를 "丙"으로 간주한다면 이는 곧 "雨"를 "丙"으로 바꾼 격이 되는데, 그렇다면 이 문장은 "云陽爲丙, 陰起脅之凝而爲雹"이 되어 문맥이 전혀 통하지 않게 된다. 그러므로 이 "丙"는 비록 字形上으로는 "丙"과 비슷하지만, "丙"이 아닐 확률이 높다. 이와 관련하여 동일한 내용으로 初雕本 高麗大藏經과 燉煌寫本에서는 다음과 같이 기록하고 있다.

初雕本 : 降雹, 蒲角反. 鄭玄注『禮記』云陽爲雨, 陰起脅之凝而爲雹.

敦煌寫本 : 降雹, 蒲角反. 鄭玄注『禮記』云陽爲雨, 陰起脅之凝而爲雹.

위의 기록들을 보면 "丙"는 "雨"일 가능성이 매우 높다. 즉 "雨"의 字形을 윤곽만 간단히 줄여 쓴 "雨"의 異體字로 보는 것이 타당할 듯하며, 이러한 경우와 비슷한 異體字로서 실제로 "㒳(宋元以來俗字譜)"도 존재하고 있다. 그렇게 본다면 반복성은 충분하며, 결론적으로 이는 異體字로 보는 것이 옳을 것이다.

蔑 : 蔑(金剛寺本, 輕蔑條)

輕蔑, 字體作懱, 同. 莫結反. 『說文』相輕傷也.

金剛寺本에서는 "輕蔑"을 "輕蔑"로 기록하고 있다. 이와 관견된 내용으로서 初雕本과 敦煌寫本에서는 다음과 같이 기록하고 있다.

初雕本 : 輕蔑, 字體作懱, 同. 莫結反. 『說文』相輕傷也.

敦煌寫本 : 輕蔑, 字體作懱, 同. 莫結反. 『說文』相輕傷也.

위의 기록들을 보면 初雕本과 敦煌寫本에서 "輕蔑"로 기록된 것이 金剛寺本에서는 "輕夢"로 기록되었다. 初雕本에서 "蔑"은 "蔑"의 異體字이므로, 위의 표제자는 "輕蔑"이 된다. 그러나 金剛寺本의 자형은 "夢"으로서 사실상 "夢"의 형체를 취하고 있다. 그렇기 때문에 이는 "蔑"의 誤字로 간주해도 좋을 것이다. 그러나 뒤에 이어지는 문장이 "字體作懱, 同"인 것으로 보아, 내용상으로 볼 때 金剛寺本에서의 "夢"은 "夢"을 뜻하는 것은 아니라 "蔑"의 異體字로 보인다. 즉 "蔑"의 字形과 비슷하게 쓰는 과정에서 "夢"으로 쓰게 된 것으로 추정된다. 이와 동일한 예로서 "魏梁州刺史元演墓誌"에 "蔑"을 "夢"으로 기록한 것이 보인다.

賛(金剛寺本『玄應音義』, 輦轝條)

賛轝, 力展反. 『說文』人輓車也. 在車前人引之也. 古者卿大夫亦乘輦. 自漢以來 , 天子乘之.

金剛寺本의 "賛"은 字形上으로 "贊"의 異體字와 동일한 형태이다. 그런데 위에서 "賛"의 설명을 보면, 字音이 "力展反"으로서 "贊"과는 거리가 멀다. 뿐만 아니라 字義도 위의 설명에서 알 수 있듯이 "人輓車也. 在車前人引之也. 古者卿大夫亦乘輦. 自漢以來 , 天子乘之"라 하여, "贊"과는 전혀 상관없음을 보여주고 있다. 이에 비해 "輦"은 中古音이 위와 같은 "力展切"이고, 字義도 "손수레"이다. 이러한 것들을 바탕으로 "賛"의 字形을 추정해볼 때, 이는 "贊"이 아니라 "輦"의 字形을 변형시켜 쓴 異體字로 볼 수 있다. 이와 관련하여 初雕本 高麗大藏經과 燉煌寫本의 내용을 보면 이러한 면모를 확인할 수 있다.

初雕本 : 輦轝, 力展反. ......天子乘之.

敦煌寫本 : 輦轝, 力展反. ......天子乘之.

위에서 보여주듯이 "賛"은 初雕本 高麗大藏經과 敦煌寫本에서는 "輦"으로 쓰여 있다. 그렇다면 반복성이 있다는 것이므로 이는 異體字로 간주해도 좋을 것이다.

第2章

異體字의 生成

異體字도 하나의 글자이기 때문에 다른 것들과 마찬가지로 수시로 새롭게 생성되고 또한 변천해 간다. 한자가 초기에 만들어졌을 때는 正字나 異體字의 개념이 존재하지 않았고, 正字로 지정된 字形도 없었다. 그렇기 때문데 異體字의 생성을 어느 시기부터로 규정할 것인가에 대한 좀 더 많은 논의가 이루어져야 하겠지만, 여기에서는 甲骨文 단계에서부터 존재하는 異體字群으로서의 異體字부터 생성된 것으로 보고, 異體字의 생성 및 이와 관련된 사항들에 대해 알아보기로 한다.

1 異體字의 生成 原因

이미 존재하고 있는 문자를 근거로 그것을 모방하거나 변형해 만든 글자와 달리 漢字는 초기부터 자체적으로 만들어진 것이다. 이러한 글자들은 한 사람에 의해 만들어진 것이 아니라 여러 사람이 오랜 시간을 거치면서 많은 글자를 만든 것이며, 그 중에서 사람들에 의해 公認되어 사용된 것들이다. 그러나 초창기에는 하나의 자형만을 공인한 것이 아니라 유사한 자형을 가지고 있으며 본래의 字義를 구현할 수 있으면 모두 같은 글자로 간주했다. 이러한 것은 漢字의 생성 및 발전 과정과 일치해 象形의 단계부터 출현되고 있어 甲骨文이나 초기의 金文 時期에 나타나는 象形字나 혹은 초기의 表意文字들에서 매우 빈번하게 보인다.

篆文 時期에 와서는 한자의 定形化가 어느 정도 이루어지면서 본래 獨體文이었던 글자의 異體字는 대부분 자취를 감추게 되었다. 이는 獨體文으로 된 異體字들은 단순히 필획만 차이나는 것들이 대부분이어서, 많은 사람이 이해하고 쉽게 쓸 수 있는 자형만이 남았기 때문이었다. 물론 合體字 중에서도 단순히 필획만 차이나는 글자들은 獨體文의 경우와 같게 나타났다. 그러나 두 개 이상의 獨體文을 합쳐 만드는 合體字의 경우는 글자를 만드는 사람이 合體字를 만들 때 어떠한 偏旁을 사용하느냐, 즉 偏旁으로서 어떠한 獨體文을 선택하느냐에 따라 異體字들이 생성된 것들이 많았다. 물론 동일한 偏旁을 사용한 것들도 있지만, 그런 경우에는 偏旁의 위치를 바꾸는 등 구조적인 변화를 꾀했다. 이로 인해 合體字로 된 異體字의 생명력은 매우 강하여 현재까지 남아 있는 것들도 적지 않다.

이 중에서 가장 보편적이고도 다양하게 나타나는 異體字는 形聲의 방법에 의해 만들어진 것이었다. 形聲의 방법에 의한 異體字들은 形符나 혹은 聲符 중에 어느 하나가 완전히 다른 글자로 구성되어 있었다. 그래서 그 중에는 비록 도태되는 글자들도 있었지만, 대부분이 후대까지 남았다. 그 결과 중국과는 달리 한국에서는 '綫'과 '線'의 경우처럼 本字보다 異體字가 더 많이 사용되었고, 나아가 현재 한국에서는 '線'을 正字로 간주하고 있다.

이와 같은 異體字가 만들어지는 원인은 여러 가지가 있겠지만, 그 중에서도 중요한 몇 가지만 열거하면 다음과 같다.

(1). 글자를 만들기 위해 취하는 문자 요소, 즉 字素의 선택이 사람마다 다르기 때문이다. 이것은 한자를 처음 만들 때 주로 나타난 현상으로서 대개 獨體文을 만드는 과정에서 많이 나타났다. 獨體文인 초기의 甲骨文이나 金文時期의 象形文들은 필획 수나 글자의 방향 등이 매우 다르게 나타나고 있다. 이는 象形文 自體가 사물을 그린다는 특수한 방법이었기 때문에 글자를 만드는 사람들이 그 글자의 의미와 부합되기만 하면 造字하는 과정에서 구체적인 필획 수나 방향 등에 크게 구애받지 않았으며, 또 사용하는 사람들도 그것을 그대로 따랐기 때문이다. 예컨대, '中'字의 경우 ''으로 쓰기도 하지만 ''으로 쓰기도 하는 등 일정치가 않다. 이러한 것은 대체적으로 隷書의 단계에 이르러서는 거의 사라지고, 定型化가 이루지면서 하나의 字形으로 통일되었다.

合體字의 경우도 마찬가지였다. 合體字를 만들기 위해 偏旁으로서의 獨體文을 선택하는 경우에 그 글자를 만들기 위해서는 반드시 어떤 하나의 글자만을 선택해야만 한다는 규약이 있는 것이 아니다. 그렇기 때문에 만들고자 하는 合體字와 의미상으로 관련되는 獨體文은 어느 것이나 선택이 가능할 뿐만 아니라, 造字하는 사람도 각기 달라 자기 나름대로 獨體文을 선택하는 경우가 종종 있었다. 이러한 과정에서 자연스럽게 동일한 의미와 독음을 갖는 글자가 여러 개 만들어지게 되었으며, 이들이 異體字가 되었다.

예컨대, "탄식하다"의 의미를 갖는 글자는 "嘆"과 "歎"으로서 이 두 글자는 사실상 같은 글자이며, 둘 중의 하나가 異體字이다. 이것은 이 글자를 만드는 과정에서 "堇"은 그대로 두고, 나머지 하나를 선택하는 과정에서 어떤 사람은 탄식이 "입"과 관련이 있으므로 "口"를 취하여 "嘆"을 만들었고, 어떤 사람은 "하품"과 연관지을 수 있다고 생각해서 "欠"을 선택하여 "歎"을 만든 것이다. 그러므로 "嘆"과 "歎" 모두가 本義인 "탄식하다"의 의미를 충실히 표현하면서도 字形은 다르게 나타나는 것이다. 즉 "欠"과 "口"는 同一字族이기 때문에 이와 같이 어떤 글자를 선택해도 "탄식"의 의미에는 전혀 손상이 가지 않는다. 이렇듯 合體字의 異體字들은 合體字를 구성하고 있는 偏旁들을 同一字族에 속하는 다른 偏旁으로 대체할 수 있는 文字群이 많으므로 그것으로 인한 異體字의 출현 가능성은 매우 높다.

(2). 筆寫의 편리성을 위해서이다. 이는 異體字의 생성 원인 중에서 가장 기본적이면서도 중요한 원인이라 할 수 있다. 漢字 字形의 변천 과정은 크게 보면 간편성과 구별성을 극대화하는 방향으로 흘러가고 있다. 즉 본래의 글자를 어떻게 하면 보다 간편하게 쓸 수 있을까 하는 욕구로 인해 字形이 점차 간소화되어 가는 경향을 띠게 된다. 그러면서도 동시에 어떤 글자라도 다른 글자와 혼동되지 않고 구별되어야 하는 차별화를 추구하게 된다. 이러한 발전 과정에서 간소화는 漢字의 중요한 발전 방향이 되고 있으며, 그 일환으로 발생한 것이 異體字이다. 즉 본래의 글자를 보다 편리하게 쓰기 위해서는 필획의 간소화가 이루어져야 할 수 밖에 없다.

이러한 현상은 獨體文과 合體字 모두에게서 나타나고 있다. 獨體文의 경우는 필획을 생략한다든가 필획을 변형시키는 방법으로 나타나고, 合體字의 경우는 獨體文과 마찬가지로 偏旁 일부의 필획을 생략하거나 변형하는 것 외에도, 偏旁 그 자체를 필획 수가 적은 다른 偏旁으로 대체하는 방식으로도 나타난다. 예컨대 獨體文인 '馬'의 경우를 '㶣'로 쓰는 경우도 있고 '龜'를 '亀'로 쓰기도 한다. 또한 合體字의 偏旁으로 사용된 獨體文에서 필획을 변형시키는 것도 있는데, 예를 들면 '迎'을 '迊 · 迚"으로, '安'을 '安'으로 쓰기도 한다. 특히 '迎'의 경우, 우측 偏旁은 획수의 변화가 전혀 없이 단순히 偏旁인 "卬"의 필법을 바꾼 것이다. 즉 "卬"에서 좌측 偏旁의 첫획인 "ノ"을 먼저 쓰고, 그 아래에 다음 필획과 우측 偏旁의 첫 필획을 연결한 후, 다시 여기에 우측 偏旁의 마지막 획인 세로 획을 그어 "巾"의 형태를 만듦으로서 전체적으로 "帀"의 형태가 되도록 한 異體字이다. 또 특히 '安'의 경우는 偏旁인 '宀'과 '女'를 묶어서 쓰면서 전체적으로는 필획 수를 줄이고 있다.

일반적인 合體字에서 많이 보이는 현상은 偏旁 그 자체를 대체하는 방식이다.

즉 이미 하나의 글자가 존재하지만 그 글자의 필획수가 많아 사용하기에 불편한 경우, 形符를 자형이 간단한 同一字族의 다른 글자로 대체하여 새로운 異體字를 만들게 된다. 또 形聲字의 경우에는 聲符도 동일한 音이면서 자형이 간단한 다른 글자로 바꾸어 異體字를 만드는 경우들이 모두 이에 속한다. 예컨대, 前者에 해당되는 것으로서 "餱"의 경우 形符인 "食"字가 字形이 복잡하므로 同一字族인 "米"로 바꾸어 異體字인 "糇"를 만든 것이 그것이다. 그리고 後者의 예로는 "管"의 聲符인 "官"을 자형이 간단하면서도 同一 字音(사실은 疊韻)인 "完"으로 바꾸어 새로운 異體字인 "筦"을 만든 것이 있다. 또 심지어는 形符와 聲符를 모두 바꾼 것이 있는데, 이때 形符는 同一字族이어야 하고 聲符는 同一音이라는 조건을 충족시켜야 하며, 그러한 예로서 "饕"를 "叨"로 簡化한 것이 있다.

(3). 誤字에서 발전하는 경우이다. 즉 본래는 誤字이었는데, 이 誤字를 계속 반복하여 사용하다 보니 많은 사람들이 이 誤字를 誤字로 여기지 않고 일상적으로 사용하면서 자연스럽게 異體字로 발전된 것들이다. 한자는 자형이 복잡하고 다양하여 자형을 잘못 인식하는 경우가 많다. 그런데 그 잘못 쓴 글자를 후세의 사람들이 수정을 가하지 않고 그대로 사용하는 경우에 새로운 異體字가 생겨난다. 예컨대, "徑"에서 偏旁인 "彳"을 "人"으로 잘못 인식하여 "俓"으로 쓴 예가 있는가 하면, "昈"에서 "日"을 "目"으로 잘못 보고 "目戶"로 쓴 경우가 바로 그것이다. 다만 이러한 것들은 단순히 초기에는 誤字의 상태였지만, 후에 이것이 고정되면서 異體字로 발전된 경우라 할 수 있는 것도 있다.

그러나 뒤에서도 거론되겠지만 이러한 글자들은 처음에는 誤字에서 시작된 것들이 많았지만, 異體字를 사용하는 관습이 많아지면서 아예 고의적으로 위와 같이 자형이 비슷한 글자를 서로 바꾸어 사용하게 됨에 따라 이들이 처음부터 誤字인지 異體字인지 구별하기가 어렵게 된 것도 많다. 그러나 결과적으로는 이러한 것들이 일상화됨에 따라 위와 같은 경우는 모두 異體字로 간주하게 되었다.

(4). 字意를 具體化하기 위해 異體字를 만드는 경우이다. 앞에서도 언급된 바와 같이 漢字의 발전은 간소화와 동시에 구별화의 경향을 나타내면서 발전한다. 그런데 이 중에서 구별화를 위한 것은 상당수가 字形上으로는 簡化가 아닌 繁化의 경향을 띠게 된다. 즉 본래의 상태로도 意味가 나타나고 있지만, 그 의미를 보다 분명하게 한다든지, 혹은 문명의 발달에 따라 재료가 바뀌는 경우에, 그 의미에

적합하게 하기 위해 形符를 추가한다든가 혹은 다른 글자로 바꾸는 경우가 있다.

예컨대, 前者의 경우로서 "尊"이 있는데 이는 "존귀하다"의 의미이다. 그런데 그 의미를 보다 더 강조하기 위해 "높다"는 의미를 지닌 "阜"를 추가해 만든 "阝尊"이 바로 그것이다. 이외에도 "원망하다"는 의미를 강화하기 위해 "怨"의 異體字를 "惌"으로 쓴다든가, 혹은 "조화"가 갖는 평온한 마음을 강조하기 위해 "和"에 "心"을 추가한 異體字로 "惒"가 만들어지는 것들이 여기에 속한다. 다만 여기에서 '怨'의 異體字인 '惌'은 위와 같이 전체적인 의미를 강조하기 위해 상단부의 偏旁인 '夗'을 의미가 더 강한 '死'로 교체했다고 볼 수 있지만, 한편으로는 '夗'의 字形이 변해서 '死'로 바뀐 것으로도 볼 수 있다. 즉 두 가지 가능성 모두 존재한다고 볼 수 있다.

(5). 字形의 安定性을 위해 만들어진다. 漢字는 기본적으로 正方形으로 되어 있어 안정성과 균형미를 갖추고 있으나, 일부의 글자 중에는 이와 다른 것들도 있다. 이런 경우에 자형의 안정성과 균형미를 위해 偏旁이나 필획의 방향 혹은 위치를 바꾸어 전체적인 균형을 추구하기도 한다. 그러나 일부의 異體字들은 偏旁對 偏旁의 교환이 아닌 필획묶음 차원의 위치 바꿈으로 인해 字形을 통한 字義의 파악이 전혀 이루어지지 않도록 한 것들도 상당히 많다. 다음에서 字形의 균형을 위한 異體字例를 살펴보면 다음과 같다.

炏. 正字는 "炙"이다. 이 字形은 비록 上下構造로 되어 있지만, 상단부의 偏旁이 右上에서 左下로 흐르는 비스듬한 형체이기 때문에 실제로 글자를 쓸 때는 하단부의 偏旁 "火"와 전체적인 균형을 이루기가 쉽지 않다. 그래서 上下構造를 左右構造로 바꾼 것이며, 아울러 上端部의 偏旁인 "肉"의 字形이 변형되면서 "夕"과 흡사한 형태로 되었기 때문에 字形도 "夕"으로 대체했다.

髻. 正字는 "髻"로서 역삼각형의 구조로 되어 있는 글자이다. 이러한 구조로 된 글자들은 하단부의 偏旁이 그것 自體로도 나름대로 좌우로 구성되어 상단부의 偏旁과 균형을 이루어야 하지만, 이 글자의 하단부인 "吉"도 역시 上下構造로 된 글자이기 때문에 "髻" 전체로는 약간 불안정한 형체가 되고 있다. 그러한 단점을 막기 위해 "髻"와 같이 偏旁의 위치를 바꾸어 안정을 꾀하고 있다.

帣. 正字는 "希"이다. 이 글자의 상단부 필획은 교차된 짧은 획 두 개로 이루어졌기 때문에 아래의 偏旁인 "巾"과 합칠 경우 正方形이 되기가 쉽지 않다. 그래서 상단부의 필획을 좌우 균형을 이루는 긴 필획들로 바꾸어 上下의 균형을 이루도록 조절한 경우이다.

弘. 正字는 "引"이다. "引"의 자형은 좌우 구조로 균형을 이룬 듯이 되어 있지만 실질적으로 우측 구조가 세로의 한 획에 불과하기 때문에 좌우의 균형을 이루기가 어렵다. 그런 단점을 보완하기 위해 우측 필획을 하나 추가하고 약간 기울여 "人"의 형체가 되게 함으로서 전체적인 균형을 맞추도록 하였다.

𦯬. 正字는 "苦"이다. 이 글자는 상단부의 "++"가 중단부 필획들인 "十"의 형태와 비교하여 너무 크다는 느낌을 주고 있다. 그래서 이 둘을 바꾸어 "𦯬"와 같이 만들어 전체적인 안정감을 주도록 만들었다.

(6). 字音의 변화에 적응하기 위해서이다. 이것은 본래 形聲字에서 聲符를 다른 聲符로 대체하거나 추가시킨 異體字들이다. 이 과정에서 일부 글자들은 聲符 기능이 강화된 글자들도 있지만, 기능 강화 보다는 편리상 비슷한 음을 가진 글자들로 대체한 경우도 많았다. 그 방법으로는 聲符를 대체하는 것과 聲符를 추가하는 것이 있는데, 이에 속한 예들은 뒤에 있는 "聲符代替異體字" 부분에서 자세히 다루므로 여기에서는 생략하기로 한다.

(7). 訛變되어 만들어지는 경우이다. 古文字가 후대로 변화 발전해가는 과정에서 대부분은 字形이 字義를 손상시키지 않으면서 변화되었다. 그렇지만 일부의 경우는 字形이 많이 변하면서 본래의 字義를 파악할 수 없을 정도의 전혀 새로운 글자가 됨으로써 古文字의 도움없이는 전혀 字源을 고찰할 수 없는 것들이 있다. 예컨대 "화살을 쏘다"의 의미를 지닌 "䠶"는 訛變되어 "射"로도 쓰고 있는데, 이것이 바로 異體字이다.

(8). 避諱이다. 피휘의 방법은 여러 가지가 있는데, 그 중에서 異體字를 유발하는 방법은 기존의 글자에서 한 두획을 생략하는 방식이다. 이 방법은 唐初부터 시작된 것으로 알려졌다. 일반적으로 알려진 가장 대표적인 避諱의 예로는 孔子의 이름인 "丘"에서 한 획을 생략하여 "𠀉"로 쓰는 것이 있다. 또 "敬"의 異體字인 "茍"은 송나라 태조 趙匡胤의 조부인 趙敬의 "敬"과 같은 글자이기 때문에 필획을 하나 생략하여 위와 같이 쓴 것이다. 이 외에도 '敬'과 同音을 가진 글자라 하여 '竟'도 避諱하여 하단부의 우측 필획을 생략하기도 한다.

(9). 其他. 그 원인을 분명히 알 수 없는 異體字들이 많이 있다. 현재까지 드러나는 현상으로 보면 모두가 簡化를 위한 것으로 보인다. 그러나 簡化를 하는 基準이 모호하거나 근거가 어디에 있는지 분명치 않는 것들이 적지 않다. 이러한 것에는 소위 "古體字"라고 불리는 것들이 많다. 예컨대 "無"는 "无"로, "禮"는 "礼"로, "萬"은 "万"으로 쓰는데, 그것들이 대부분 古體字라고는 하지만, 古體字의 字源이 과연 현재 사용하는 글자의 字源과 일치하는지도 분명치 않고, 또한 그것을 취하게 된 근거도 분명치 않다. 또 "卷"의 異體字인 "𠔈"과 "政"의 異體字인 "㣼"과 같은 것도 그 원인을 명확하게 밝히기가 곤란하다.[1]

2 異體字의 時期別 變遷 過程

漢字가 만들어진 초기 시기라 할 수 있는 甲骨文이나 金文의 시기에는 아직 正字의 개념이 완전하다고 볼 수 있는 시기가 아니다. 그렇기 때문에 이 시기에 만들어진 글자들은 동일한 글자라 할지라도 만든 사람에 따라 약간씩 다른 형태인 것들이 상당수 존재했다. 다시 말해 이 시기의 字形들은 후대와 달리 正字가 어떤 것이라고 특정 지을 수 있는 것이 아니었다. 그러나 隸·楷書의 정착과 함께 正字의 개념이 확립되면서 異體字에 대한 개념도 자연스럽게 정립되었다. 이 단계부터는 일부 특이한 것을 제외하고는 거의 대부분의 글자에 있어서 하나의 正字가 존재하고, 그것과 字形이 다른 것은 異體字로 간주되었다.

그런데 이러한 異體字는 正字에서 변형되어 만들어진 것도 있지만 그렇지 않은 것도 많았다. 다시 말해 異體字 형태의 變形은 반드시 隸楷書의 正字形에서 시작된 것이 아니라, 그보다 더 오래된 字形에서 변화되어 만들어진 것들이 존재하고 있다. 예컨대 異體字形이 甲骨文이나 金文의 형태에서 變形되기 시작하여 隸·楷書의 正字形과 다른 각도로 變形된 것도 있고, 어떤 경우에는 小篆이나 古文에서 變形이 시작되어 異體字가 된 것들도 존재한다. 즉 隸·楷書가 정착되기 전에 만들어진 異體字는 대부분 후대에 正字라 특정지어진 글자와 마찬가지로 이미 만들어져

1 이상 "異體字의 生成 原因"은 拙著『漢字學教程』p.p.370-375의 내용을 수정한 것이다.

내려온 것들이다. 그러나 隸·楷書의 정착된 이후로는 대부분의 異體字가 正字를 변형시킴으로서 만들어진 것이기 때문에, 隸·楷書의 정착 전후를 기준으로 異體字의 성립 배경은 약간씩 다를 수가 있다.

다음에서는 甲骨文부터 출현하는 각종 異體字들이 金文을 거쳐 지속적으로 후대로 발전하면서 끊임없이 생성되는 異體字 중 일부만을 취해 도표로 만든 것이다.

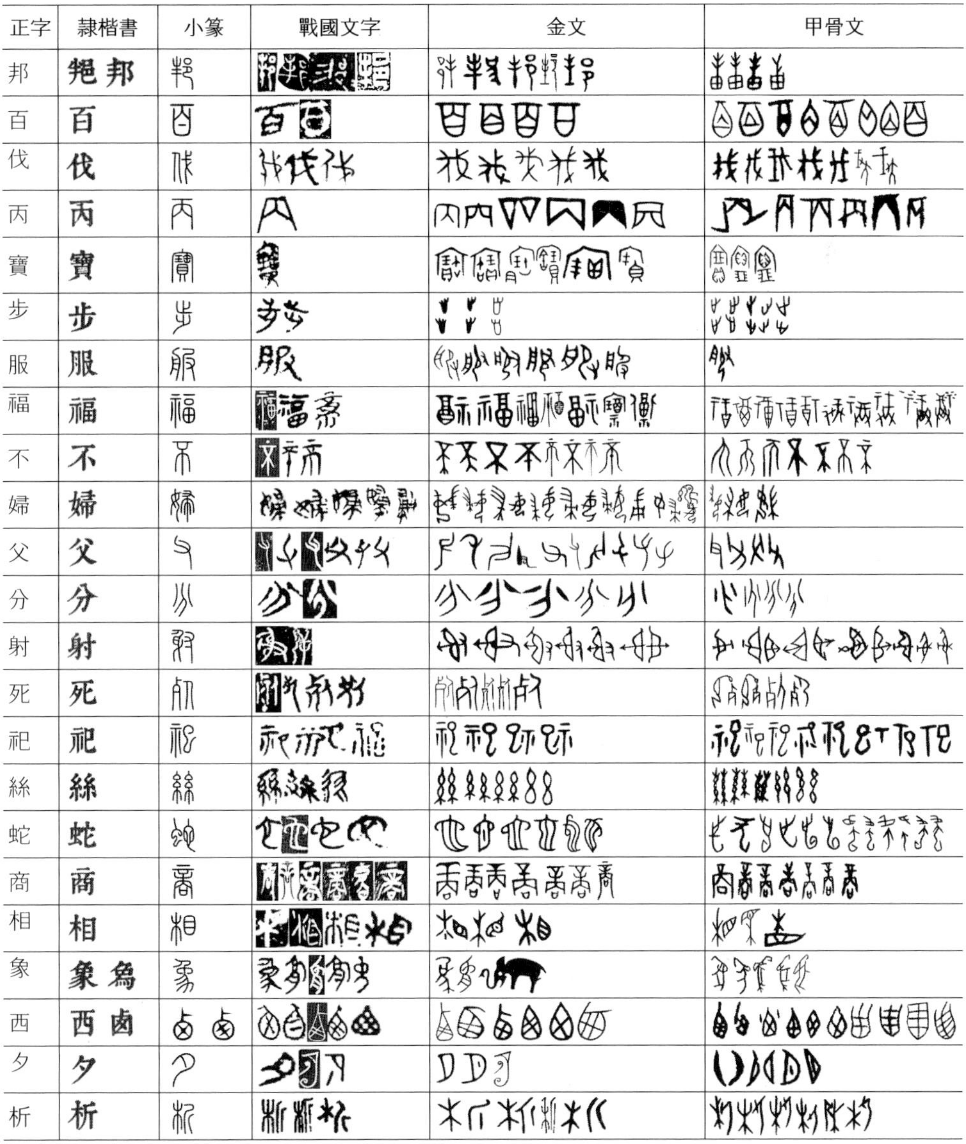

石	石
先	先
盛	盛
聖	聖
歲	歲 [illegible]
召	召
東	東
孫	孫
受	受 [illegible]
水	水
獸	獸
首	[illegible] 首
宿	[illegible] 宿
戌	戌
乘	乘 椉
矢	矢
新	新
臣	臣
辛	辛
室	室
氏	氏
亞	亞
兒	兒
我	我 [illegible]
安	安
野	野 埜
若	若
羊	羊
御	御 [illegible]
魚	魚

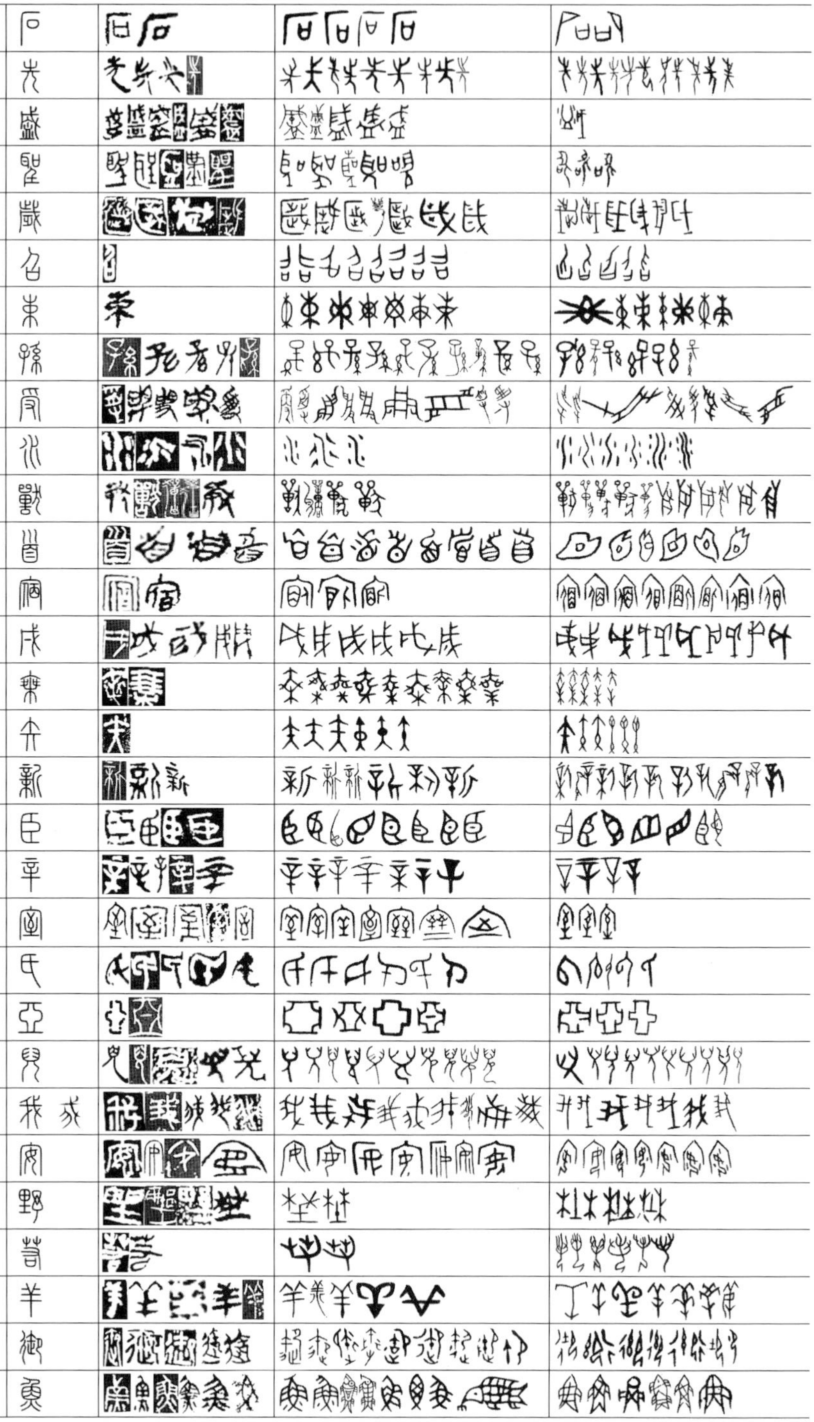

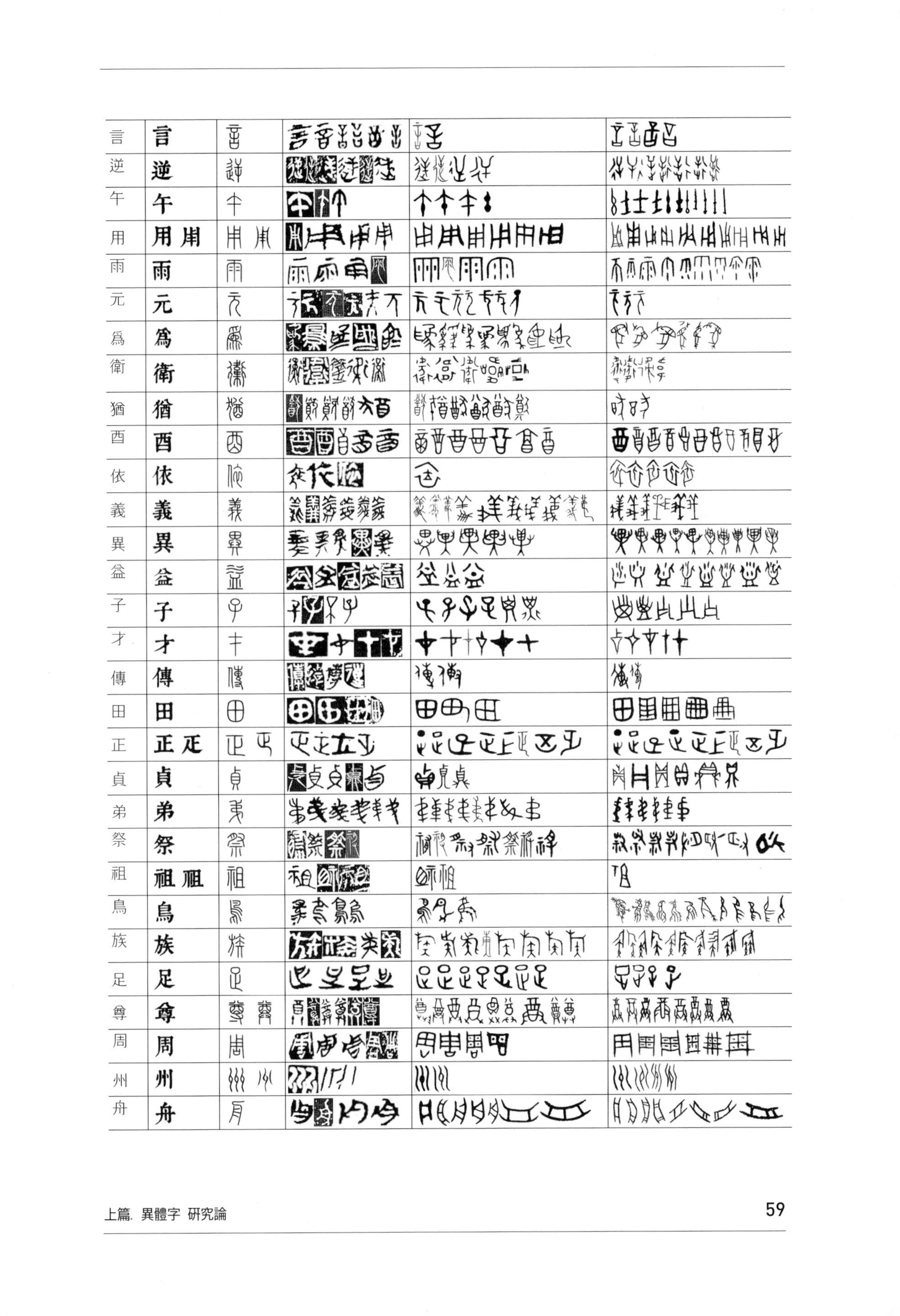

言	言				
逆	逆				
午	午				
用	用 甪				
雨	雨				
元	元				
爲	爲				
衛	衛				
猶	猶				
酉	酉				
依	依				
義	義				
異	異				
益	益				
子	子				
才	才				
傳	傳				
田	田				
正	正 疋				
貞	貞				
弟	弟				
祭	祭				
祖	祖 祖				
鳥	鳥				
族	族				
足	足				
尊	尊				
周	周				
州	州				
舟	舟				

中	**中**				
卽	**卽**				
止	**止**				
至	**至 至**				
盡	**盡**				
辰	**辰 辰**				
疾	**疾 疾**				
執	**執**				
集	**集**				
次	**次**				
此	**此**				
采	**采**				
冊	**冊**				
責	**責 賫**				
千	**千**				
天	**天**				
川	**川**				
薦	**薦**				
妾	**妾**				
聽	**聽**				
追	**追**				
祝	**祝 祝**				
出	**出**				
取	**取**				
沈	**沈**				
土	**土**				
敗	**敗**				
豐	**豐**				
學	**學**				
咸	**咸**				

奚	奚	
解	解	
兄	兄	
好	好	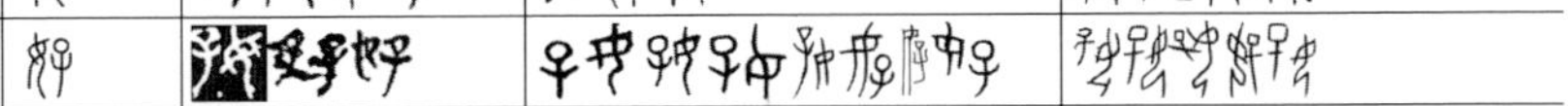
虎	虎	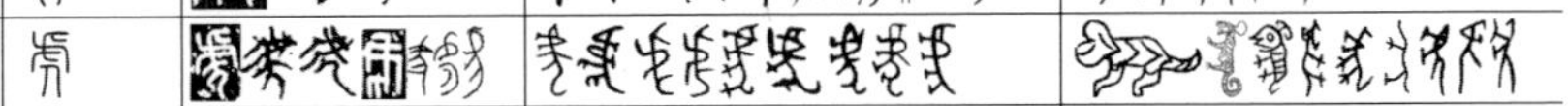
或	或	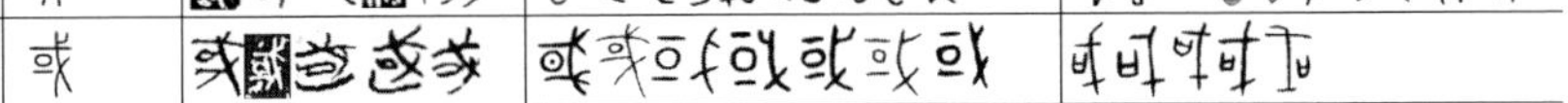
禾	禾	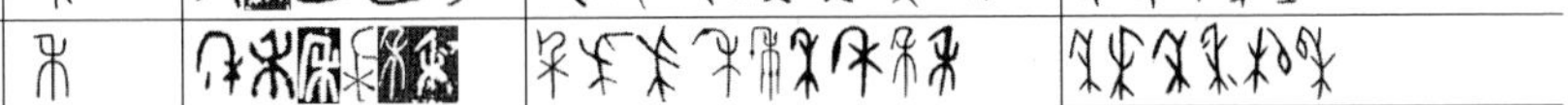
黃	黃	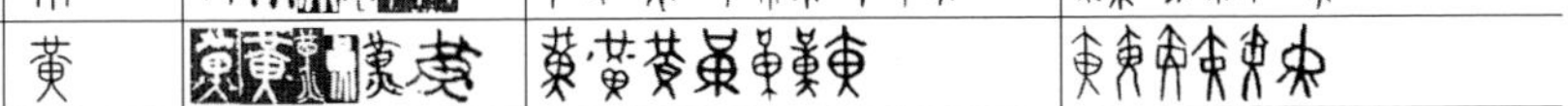
效	效	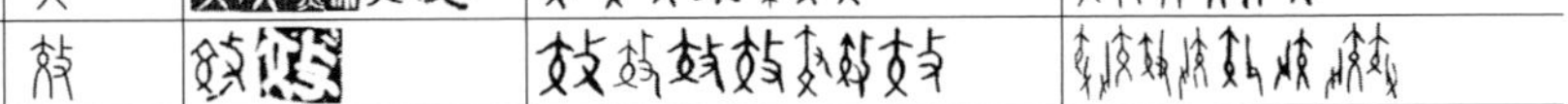
休	休	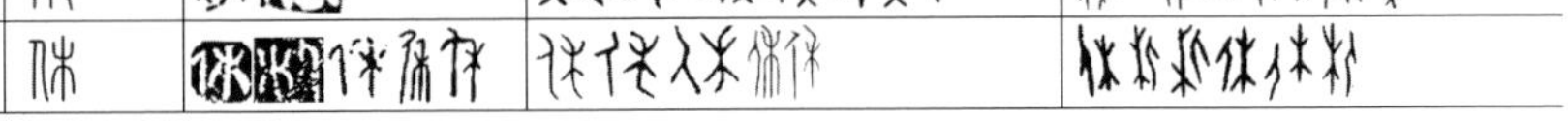

위의 도표[2]에서 알 수 있듯이 異體字는 甲骨文 시기부터 끝없이 만들어져왔으며, 小篆에 이르러 어느 정도 定型化되면서 正字가 확립되었다고 할 수 있다. 물론 小篆과 隷·楷書에서 正字가 확립되었지만, 그 이후로도 異體字는 앞에서 이미 언급되었던 다양한 원인으로 지속적으로 생성되었다.

2 本 圖表에 보이는 例字들은 尹智榮의 『韓國 漢字 教育書에 나타난 漢字 字源 分析例 考察』, 延世大學校 碩士學位論文, 2009, 〈附錄 1〉에서 일부 취한 후, 본 도표의 목적에 맞도록 다시 구성 정리한 것임.

第3章

異體字의 研究 成果

異體字에 대한 연구는 漢代의 설문해자에서 시작되었다고 할 수 있다. 『說文解字』에 나오는 重文이 異體字이므로 중문에 대한 언급은 바로 異體字에 대한 연구가 존재했음을 말해주는 것이다. 그러나 본격적인 異體字에 대한 연구는 唐代에 이르러 字樣學의 흥성과 함께 이루어졌다고 할 수 있다. 唐代는 수많은 異體字가 만들어지고 사용되었던 시기였기 때문에 이에 대한 연구가 활발해진 것은 매우 자연스런 일이다. 그래서 이 시기에 顔眞卿의 『干祿字書』를 비롯하여 張參의 『五經文字』와 같은 字樣學 연구의 효시가 될 만한 硏究書들이 출현한 것이다.

이러한 저술들은 異體字 연구에 있어서 분명히 효시의 역할을 한 것은 틀림없다. 그러나 異體字에 대한 제대로 된 연구는 근래 들어 본격화되었다고 할 수 있다. 좀 더 구체적으로 말하면 20C 말에 오면서 異體字에 대한 연구가 새로운 국면을 맞이하게 되었으며, 21C로 넘어오면서 더욱 활발한 연구가 진행되었다. 지역적으로 본다면 한국을 비롯하여 중국 대륙 및 대만, 일본 등지에서 모두 나름대로 많은 연구를 진행하였다.

이 중에서 한국과 중국, 대만의 연구는 커다란 틀에서 볼 때 각자의 특징을 나타내고 있다. 즉 대만의 경우는 교육부의 주관 아래 데이터베이스에 치중하여 수많은 異體字를 모으고 이를 정리하였다. 그리고 이를 온라인으로 볼 수 있는 異體字字典을 만들었는데, 현재까지 수록된 異體字의 글자 수로는 가장 방대한 규모를 자랑하고 있다.

중국의 경우는 異體字의 考釋에 가장 많은 노력을 하고 있다. 즉 모든 異體字 자체에 대한 考釋을 위주로 연구해 그것의 正字가 무엇인지를 밝히는 작업을 주로 하고 있으며, 이에 대한 성과도 가장 크다고 할 수 있다. 반면에 한국의 경우는 異體字의 생성과 발전 유형 등과 같은 자형의 변천과 관련된 이론적 정리에 강점을 보이고 있다. 다음에서는 중국과 한국에서의 異體字 연구 성과에 대해 좀 더 자세히 살펴보기로 한다.

1 중국에서의 異體字 연구 동향

중국의 경우 1950년대 이전까지의 異體字 연구는 대부분 古文獻이나 金石文에서 異體字를 輯錄하고 그것을 표준 자형인 正字와 대조하는데 치중되어 있을 뿐, 異體字의 범주라던가 異體字와 正字의 관계, 異體字의 유형이나 특징 등등에 관한 이론적인 연구는 이루어지지 않았다.

중국에서 異體字 연구가 文字學 연구의 한 분야로 공인된 것은 1980년대 이후부터이다. 1950년대 이후, 漢字 簡化 작업이 추진되면서 異體字 정리의 필요성이 제기되기는 하였으나 별다른 연구 성과를 내지 못했고, 그 후 20여 년간 후속 작업이 이어지지 않다가, 1980년대 전후 敦煌學이 흥성하고 고적의 정리와 연구에 대한 필요성이 대두되면서 敦煌文件의 해독 및 고적 정리, 사전 편찬 등을 위한 異體字 연구가 시작된 것이다.

중국과 대만의 異體字 전반에 관한 1980년대의 주요 저서 및 논문으로는 다음과 같은 것들이 있다.

「敦煌卷子俗寫文字與俗文學之研究」(潘重規, 『孔孟月刊』, 1980년 7기)
「整理異體字的設想」(劉又辛, 『辭書研究』, 1980년 3기)
「唐代正字學考」(施安昌, 『故宮博物院月刊』, 1982년 3기)
「小談異體字的處理」(沈建民, 『辭書研究』, 1984년 6기)
「談大型漢語辭書對異體字的處理」(邵世强, 『詞典研究叢刊(7)』, 1986년)
『字樣學研究』(曾榮汾, 臺灣學生書局, 1988년)
「論漢唐間的異體字及「干祿字書」(趙超, 『出土文獻研究續集』, 文物出版社, 1989년)
『敦煌變文集校議』(郭在貽.張涌泉, 岳麓書社, 1990년)
『顔眞卿書「干祿字書」(施安昌, 紫禁城出版社, 1990년)

또, 1990년대 이후에도 異體字에 관한 소논문이 계속 발표되고 있고, 1995년 이후부터는 異體字를 종합적으로 다룬 개론서도 출간되었으며, 최근에는 異體字와 漢字文化學을 연계한 논문들이 발표되고 있는데 그 예를 들면 다음과 같다.

「從異體字産生之特點說漢字發展的規律與前景」(黃榮發, 『安慶師範學院學報, 1990년 3기)
「關于漢字規範化問題的探討-兼談繁簡字和異體字」(李長仁, 『松遼學刊』, 1990년 3기)
「俗字研究與古籍整理」(郭在貽 · 張涌泉, 『古籍整理與研究』, 中華書局, 1991년 5기)
「談異體字整理」(高更生, 『語文建設』, 1991년 10기)

「評『現代漢語詞典』對異體字的處理」(陳抗, 『中國語文』, 1994년 4기)
『漢語俗字研究』(張涌泉, 岳麓書社, 1995년)
『敦煌俗字研究』(張涌泉, 上海教育出版社, 1996년)
「淺論異體字工具書編纂的原則」(梁梅, 『廣西師院學報』, 1997년 4기)
「異體字的文化鏡象作用」(暴希明, 『殷都學刊』, 1999년 3기)
「異體字的文化史料價值」(田恒金, 『漢字文化』, 1999년 4기)
「異體字與漢字學研究」(王繼洪, 『上海大學學報』, 1999년 4기)

2 한국의 異體字 연구 동향

한국에서의 異體字 연구는 문화유산의 정리 및 漢字 電算化 작업을 위한 필요성에서 1994년부터 뒤늦게 시작되었는데, 그 연구 개황은 다음과 같다.

「韓 · 中 俗字의 比較」(鄭愚相, 『국어생활』 제17호, 1989)
「"廣韻"의 異體字 硏究」(강윤옥, 成均館大學校 대학원, 석사학위논문, 1990)
「漢代 石刻文字의 異體字 硏究」(河永三, 『中國人文科學』 제9집, 1990)
「形聲異體字의 樣相考」(李圭甲, 『中國語文學論集』 제6호, 1994)
「高麗大藏經 異體字 硏究」(李圭甲, 『中國語文學論集』 제7호, 1995)
「朝鮮 後期 民間 俗字 硏究」(河永三, 『中國語文學』 제27집, 1996)
「同一字族硏究」(李圭甲, 『中國語文學論集』 제9호, 1997)
「唐代字樣著作에 나타난 正字觀 및 그 理論根據」(李景遠, 『中國語文論叢』 제12집, 1997)
「韓國本「千字文」의 異體字 比較 硏究」(申東姬, 『서지학연구』 제13집, 1997)
「唐石經楷書硏究」, 柳東春, 『中國言語硏究』 제7집, 1998)
「高麗大藏經의 異體字 處理方案」(李圭甲 · 金愛英, 『中國語文學論集』 제11호, 1999)
「正字와 異體字에 대한 考察」, 李景遠, 『中語中文學』 제23집, 1999)
「原本『玉篇』殘卷 古文 硏究」, 金愛英, 『中語中文學』 제27집, 2000)
「異體字의 正義.分類 및 考釋方法에 관하여」(金始衍, 『中國語文學論集』 제15호, 2000)

「高麗時代 漢字에 대한 硏究」(裵宰奭 · 李圭甲 · 康惠根, 『中國語文學論集』 제16호, 2001)

「『原本玉篇殘卷.言部』考」(金始衍, 『中國語文學論集』제16호, 2001)

「王仁昫『刊謬補缺切韻』에 수록된 異體字 연구-形符改換字例를 중심으로」(李景遠, 『中國語文學論集』 제17호, 2001)

「異體字란 무엇인가?-正字와 상대되는 개념과의 비교를 중심으로」(康惠根, 『中國學論叢』 제11집, 2001)

「『原本玉篇殘卷.糸部』 標題字 字形考」(金始衍, 『中國語文學論集』 제19호, 2002)

우리나라에서의 異體字 연구는 짧은 연구 역사 기간으로 인해 異體字의 범주를 확정하거나 개별 異體字를 판독하는데 치중되어 왔다. 그러나 최소한 異體字의 판독에 대한 연구만큼은 괄목할만한 성장을 거듭하여 2000년에는 우리나라 최초의 異體字典인 『高麗大藏經異體字典』이 출간되었다.

물론, 중국이나 일본 등지에서 편찬된 異體字典이 있기는 하지만, 이 『高麗大藏經異體字典』에는 異體字 29,478종을 수록하고 있어서 단일 텍스트로는 세계 최대 규모라고 할 수 있다.

이처럼 방대한 내용의 異體字典이 편찬됨에 따라 고대 문헌을 보다 정확하게 해석할 수 있게 되었다. 예를 들어 보자. 19세기 후반 일본에서 발견된 原本『玉篇』의 殘卷에는 '讘'의 反切下字로 '燚'字가 쓰이고 있는데, 자형의 訛變이 심하여 正字를 추정하기가 쉽지 않다. '讘'의 『廣韻』 反切이 "而涉切"이기 때문에 '燚'의 正字를 '涉'으로 보기 쉽지만, 原本 『玉篇』에서 '山-止'.'崴-歲'.'穢-穢'.'仚-仙' 등과 같이 '止'와 '山'의 자형이 통용되는 경우가 많은 것과, 하단부의 '少'가 『高麗大藏經異體字典』에 수록된 '步'의 異體字 '歩'의 하단부와 동일한 것 등에 의거하여 '燚'는 두개의 '步'로 구성된 것으로 볼 수 있다. 더 나아가 '步'는 甲骨文.金文.小篆字形이 로, 두 개의 '止'로 구성되어 있고, 두개의 '步'는 결국 네개의 '止'로 구성된 셈이므로, '燚'은 '涉'字가 아니라 '𣦖'字인 것이다.

현재까지 이루어진 연구 성과를 보면 한국의 경우도 적지 않은 논문이 발표되었지만, 중국의 경우는 석박사 논문만 해도 거의 이백편에 이르고, 일반 논문은 천여편을 훌쩍 뛰어 넘는다. 이처럼 異體字에 대한 연구 성과가 쌓이면 쌓일수록 고대 문헌을 보다 정확히 파악할 수 있게 되고, 또 아직까지 판독되지 않은 수많은 글자들이 존재하기 때문에 異體字 판독 작업은 앞으로도 계속될 것으로 보인다. 다음은 한국을 비롯해 중국 등에서 현재까지 발표된 저술과 논문의 목록이다.

한국

단행본

『韓國俗字譜』(金榮華, 서울亞細亞文化社, 1986)

『高麗大藏經異體字典』(李圭甲, 高麗大藏經硏究所, 2000)

『漢字異體字典』(國立國語硏究院, 2002)

석사논문

「"廣韻"의 異體字 硏究」(강윤옥, 成均館大學校 대학원, 석사학위논문, 1990)

「「千字文」의 異體字 硏究」(신동희, 中央大學校 대학원, 석사학위논문, 1995)

「張有『復古編』異體字 硏究」(김응춘 慶北大學校 대학원, 석사학위논문, 1997)

「異體字硏究: 定義와 分類를 중심으로」(李鏡淑, 충남대학교 대학원, 석사학위논문, 1999)

「朝鮮後期 古文書에 나타난 異體子 硏究」(유미정, 원광대학교 동양학대학원, 석사학위논문, 2003)

「異體字 연구-형부통용문제를 중심으로」(박경란, 성균관대학교 대학원, 석사학위논문, 2005)

「陟州東海碑에 나타난 許穆 篆書의 異體字 硏究」(유남경, 대전대학교 대학원, 석사학위논문, 2006)

「甲骨文 異體現象 硏究」(金赫, 延世大學校 대학원, 석사학위논문, 2009)

「『곽점초간』「성자명출」과 『상박초간』「성정론」 異體字 연구: 육서 비교를 통한 구조적인 측면에서」(고예니, 전북대학교 교육대학원, 석사학위논문, 2008)

「한국 상용한자 異體字 연구」(김미라, 경성대학교 대학원, 석사학위논문, 2011)

「韓國二十世紀代表性字典所收異體字硏究」(장, 소림, 부산대학교 대학원, 석사학위논문, 2014)

「漢字 異體字의 유형 연구: -『中韓辭典』을 위주로-」(장범, 건국대학교 대학원, 석사학위논문, 2015)

「中國 簡體字와 韓 · 日 俗字比較硏究: 韓 · 中 · 日 公用漢字 808자를 위주로」(안경랑, 건국대학교 대학원, 석사학위논문, 2016)

박사논문

「韓日兩國의 異體字 硏究: (16~19世紀 漢字學習書를 中心으로)」(이건상, 중앙대학교, 박사학위논문, 1998)
「原本『玉篇』殘卷 異體字 硏究」(김시연, 延世大學校 大學院, 박사학위논문, 2002)
『한국 문집 소재 異體字 연구: 고려말기에서 조선후기까지의 문집을 대상으로』(조성덕, 성균관대학교 대학원, 박사학위논문, 2015)
「劉漢翼의 『字林補註』 硏究: 異體字를 중심으로」(김민성, 부산대학교 대학원, 박사학위논문, 2015)
「隋唐字樣著作正俗字譜」(李景遠, 『國立臺灣師範大學』, 1997)

일반논문

「韓 · 中 俗字의 比較」(鄭愚相, 『국어생활』 제17호, 1989)
「『廣韻』의 異體字 硏究」(姜允玉, 成均館大學校, 1990)
「漢代 石刻文字의 異體字 硏究」(河永三, 『中國人文科學』 제9집, 1990)
「形聲異體字의 樣相考」(李圭甲, 『中國語文學論集』 제6호, 1994)
「漢字文化圈의 漢字異體字에 대한 考察」(구석규, 『語文硏究』 22권4호, 1994)
「高麗大藏經 異體字 硏究」(李圭甲, 『中國語文學論集』 제7호, 1995)
「朝鮮 後期 民間 俗字 硏究」(河永三, 『中國語文學』 제27집, 1996)
「『三國史記』의 異體字 硏究」(李圭甲, 『中國語文學論集』 제8호, 1996)
「同一字族硏究」(李圭甲, 『中國語文學論集』 제9호, 1997)
「唐代字樣著作에 나타난 正字觀 및 그 理論根據」(李景遠, 『中國語文論叢』 제12집, 1997)
「韓國本「千字文」의 異體字 比較 硏究」(申東姬, 『서지학연구』 제13집, 1997)
「漢字 異體字表의 編纂體例 試探」(李景遠, 『中國語文學論集』 제10호, 1998)
「唐石經楷書硏究」, 柳東春, 『中國言語硏究』 제7집, 1998)
「韓國 漢文文獻의 正字와 異體字 辨別에 관한 硏究」(沈慶昊, 『연구보고서:國際文化코드 提案漢字의 標準化에 대한 硏究(上卷)』, 1998)
「統一新羅 以前의 漢字에 대한 硏究」(林東錫 · 李圭甲.康惠根, 『中國語文學論集』

제10호, 1998)
「正字와 異體字에 대한 考察」(李景遠, 『中語中文學』 제23집, 1998)
「高麗大藏經의 異體字 處理方案」(李圭甲·金愛英, 『中國語文學論集』 제11호, 1999)
「正字와 異體字에 대한 考察」, 李景遠, 『中語中文學』 제23집, 1999)
「原本『玉篇』殘卷 古文 硏究」, 金愛英, 『中語中文學』 제27집, 2000)
「『原本玉篇殘卷』淺探-異體字를 중심으로」(金愛英.金始衍, 『中國語文學論集』 제14호, 2000)
「異體字의 正義.分類 및 考釋方法에 관하여」(金始衍, 『中國語文學論集』 제15호, 2000)
「華嚴石經과 房山石經의 異體字形 比較」(李圭甲, 『中國語文學論集』 제19호, 2001)
「高麗時代 漢字에 대한 硏究」(裵宰奭·李圭甲·康惠根, 『中國語文學論集』 제16호, 2001)
「『原本玉篇殘卷.言部』考」(金始衍, 『中國語文學論集』제16호, 2001)
「『原本玉篇殘卷.言部』 異體偏旁考-214개 部首字를 중심으로」(金始衍, 『中國語文學論集』 제17호, 2001)
「原本玉篇殘卷.欠部考」(李圭甲·金始衍, 『中國語文學志』 제9집, 2001)
「王仁昫『刊謬補缺切韻』에 수록된 異體字 연구-形符改換字例를 중심으로」(李景遠, 『中國語文學論集』 제17호, 2001)
「異體字란 무엇인가?-正字와 상대되는 개념과의 비교를 중심으로」(康惠根, 『中國學論叢』 제11집, 2001)
「藏經音義隨函錄의 標題字 字形 淺探」(李圭甲, 『中國語文學論集』 제19호, 2002)
「華嚴石經과 房山石經의 異體字形 比較」(李圭甲, 『中國語文學論集』 제20호, 2002)
「『原本玉篇殘卷.糸部』 標題字 字形考」(金始衍, 『中國語文學論集』 제19호, 2002)
「特殊異體字 硏究」(金愛英·金始衍, 『中國語文學誌』 12권0호, 2002)
「異體字와 異體字의 類型」(이건상, 『인문학연구』 제5집, 2002)
「異體字 '閒'자에 관한 소고」(이종구, 『中語中文學』 31권, 2002)
「異體字로 본 高麗本 楞嚴經의 系統」(李丞宰, 『口訣硏究』 11권11호, 2003)
「원본, 송본『옥편』언부 異體字의 내원 및 등급 속성의 변화에 대한 비교 연구 -『옥편』 두 판본의 특징, 가치, 교감의 득실을 겸하여 논함-〉(李景遠, 『중국언어연구』

16권, 2003)
「한국 소재 異體字의 생성원인 연구-고려 이전 시기를 중심으로-」(金愛英 · 金始衍, 『中國語文學論集』 제23호, 2003)
「異體字 等級 屬性 硏究의 주요 사항 및 그 方法論」(李景遠, 『중국어문학논집』 25권, 2003)
「曾侯乙鐘 銘文 異體字 考察」(박석홍, 『중국문학연구』 28권0호, 2004)
「18~19세기 토지 매매문서에 나타난 異體漢字의 造字 類型에 대하여」(손환일, 『韓國思想과 文化』 24권24호, 2004)
「中國 所在 異體字의 生成原因 硏究」(李圭甲 · 金愛英 · 金始衍, 『중국어문학논집』 27호, 2004)
「중국 역대 자서에 나타난 異體字 등급의 속성에 대한 연구-한대 설문에서 청대 강희자전까지〉(李景遠, 『중국언어연구』 21권, 2005)
「『三國史記』의 異體字 硏究」(李圭甲, 『中國語文學論文集』 第8號, 2005)
「異體字 偏旁의 分離 및 統合 現象 考察」(李圭甲, 『中國語文學論集』 제30호, 2005)
「韓國 所藏 華嚴經 版本 異體字形 考察」(金愛英 · 李圭甲, 『中國語文學論集』 第27號, 2005)
「顔愍楚『俗書證誤』의 異體字 변별 유형 및 文字觀」(李景遠, 『中國語文論譯叢刊』 14권, 2005)
「初雕大藏經의 異體字 類型 考察」(李鏡淑, 『中國語文學論集』 34호, 2005)
「中國 異體字形의 通時的 變化樣相 小考」(金愛英 · 金始衍, 『中語中文學』 36권, 2005)
「形符增加異體字 분석을 통한 形符의 역할 고찰 : 『說文解字』(或體)를 대상으로」(윤창준, 『中國學硏究』 35권0호, 2006)
「『伍倫全備諺解』 異體字의 유형 분석」(鄭蓮實, 『中國學硏究』 40호, 2007)
「사전에서의 異體字 처리 형식에 대한 분석-『現代漢語規範詞典』과 『現代漢語詞典』을 대상으로」(이창호 · 김현철, 『중국어문학논집』 44호, 2007)
「居延漢簡의 異寫字와 異構字」(홍영희, 『中國學硏究』 41호, 2007)
「異體字 整理의 現況과 展望(1) : 異體字의 基本 概念과 近現代 字表 整理의 比較를 중심으로」(허철, 『한국한자한문교육학회』 제20집, 2008)
「英國圖書館藏本 『六祖壇經』 異體字 硏究」(金愛英, 『中國語文學論集』 第53號, 2008)

「敦煌寫本과 高麗大藏經『金剛經』의 異體字」(鄭蓮實, 『中國語文學論集』 第56號, 2009)
「漢字構形要素로 본 敦煌寫本 異體字類型과 淵源, 그리고 그 特徵 : −敦煌 스타인본 妙法蓮華經 중심으로−」(李鏡淑, 『漢文學報』 20호, 2009)
「敦煌本과 再雕本 『阿毗達磨大毘婆沙論』의 異體字」(鄭蓮實, 『중국언어연구』 29권, 2009)
「언어,교육: 古地圖 京兆 四大門 지역 한자 異體字 비교 연구」 (李景遠, 『比較文化研究』 21호, 2010)
「우리나라 漢籍 자료에 나타난 異體字의 樣相과 偏旁 變異 規律에 대한 연구」(李景遠, 『中國語文論譯叢刊』 第27輯, 2010)
「異體字와 引書異文으로 본 三國志演義 초기 텍스트: 嘉靖壬午本과 葉逢春本의 對校를 중심으로」(민경욱, 『中國小說論叢』 31권, 2010)
「同形異體字의 類型 및 造字過程 考察」(李圭甲, 『中國言語研究』 37호, 2011)
「異體字義生成, 造字, 應用發展 및 整理」(李鏡淑, 『인문학연구』 83권2호, 2011)
「『性情論』 第1幹의 『性自命出』과 비교를 통한 異體字 考察」(崔南圭, 『中國人文科學』 第48輯, 2011)
「異體字字形類似偏旁의 互用類型地圖構築 ―木 · ネ · 禾 等과 日 · 月 · 目 等을 중심으로―」(李圭甲, 『中國言語研究』 43호, 2012)
「戰國文字에서 기원한 異體字形 考察」(金愛英, 『中國言語研究』 40호, 2012)
「朝鮮後期異體字專門書『奇字彙』考察」(金愛英, 『中國語文學論集』 第76號, 2012)
「『新撰字鏡』 異體字 유형 연구―火部와 灬部를 중심으로」(김영경, 『中國文學研究』 제48집, 2012)
「異形偏旁의 結合에 의한 會意型異體字 生成原因研究」(李圭甲, 『中國言語研究』 47호, 2013)
「通假字와 異體字가 混在되는 原因과 그 整理」(李鏡淑, 『중국어문학논집』 第79號, 2013)
「異體字 聲符 分析을 통한 聲符의 意味表出考察 − 丏 · 面 · 免 · 鼻을 중심으로−」(金愛英, 『외국학연구』 24권, 2013)
「최남선 『신자전』 '속자' 고」(河永三, 『中國語文論譯叢刊』 第33輯, 2013)
「論文: 『字典釋要』俗字考」(나도원, 『중국문학연구』 53권0호, 2013)
「異體字 字形類似偏旁의 通用 類型 地圖 構築」(李圭甲, 『中語中文學』 第59輯,

2014)
「異文結合 異體字 硏究」(金愛英 · 張東烈, 『中國語文學論集』 第88號, 2014)
「偏旁 殳, 攴(攵)의 이체 양상 고찰」(정연실, 『中國學硏究』 69권0호, 2014)
「非正字形偏旁이 固定的으로 사용되는 異體字의 생성 고찰」 (李圭甲, 『中國言語硏究』 57호, 2015)
「훈민정음 초성 제자원리의 '異體字' 관련 문제점 분석」(정우영, 『國語學』 제80권0호, 2016)
「字義 離隔度로 본 異體字의 代替偏旁과 正字 偏旁과의 관계」(李圭甲, 『中國文化硏究』 第32輯, 2016)
「『譯語類解』異體字類型小考」(韓家俊 · 李春永, 『동아인문학』 36호, 2016)
「『班馬字類』 異體字 初探」(장동열, 『한국중어중문학회 학술대회 자료집』, 2016)
「唐代 王維 詩의 異體字 解讀에 關한 小考」(신의선, 『中國人文科學』 第62輯, 2016)
「甲骨文"中"字의 異體字形 및 造字本義에 관한 文字學的考察」(김혁, 『中國學論叢』 52권0호, 2016)
「조선시대 『字類註釋』에 나타나는 "俗字"의 존재 양상」(곽현숙, 『중국문학연구』 63호, 2016)
「崔溥『漂海錄』六種版本俗字探討」(강윤옥, 『중국학보』 77호, 2016)
「筆劃變化異體字的偏旁生成與解體現象考察」(李圭甲, 『한자연구』 12월, 2017)
「『신찬자경』의 異體字 유형 분류 - 간략화와 증번화를 중심으로」(김영경, 『중국학』 통권67호, 2019)
「한국문헌 소재 異體字 정형화 방안 (1)-口가 포함된 자형을 중심으로-」(조성덕, 『東洋學』 제75호, 2019)
「『禪門拈頌集』形似異體字考察」(金愛英, 『중국어문학논집』 118호, 2019)
「'國'字의 문화사: 근대 중국의 國號와 俗字-太平天国과 中華民國을 중심으로-」(都重萬, 『중국사연구』 118호, 2019)
「異體字에 대한 인문학적 고찰」(김수경, 『漢字漢文敎育』 5월, 2020)
「『譯語類解補』異體字硏究」(韓家俊 · 蒲超傑, 『동아인문학』 제53집, 2020)
「한국문헌 소재 異體字 정형화 방안 (1)目이 포함된 자형을 중심으로-」(조성덕, 『동방한문학』 제82호, 2020)
「고대 동아시아 목간자료를 통해 본 "參"의 異體字와 그 용법」(방국화, 『목간과문자』 제25호, 2020)

「論道教文獻的俗字研究價值」(牛尚鵬, 『한자연구』 제28권, 2020)
「한자의 異體字 분화 현상 고찰」(김은희, 『中國語文學論集』 第126號, 2021)

대만

단행본

『敦煌俗字研究導論: 香港敦煌吐魯番研究中心叢刊之五』(張涌泉, 新文豐出版股份有限公司, 1996年)
『字樣學研究』(曾榮汾, 臺灣學生書局, 1988年)
『玉篇俗字研究』(孔仲溫, 臺灣學生書局, 2000年)

박사논문

「隋唐字樣著作正俗字譜」(李景遠, 『國立臺灣師範大學』, 1997)

중국

단행본

『古今正俗字詁』(鄭詩, 藝文印書館, 1971年)
『宋元以來俗字譜』(劉復, 亞細亞文化社, 1976年)
『論漢唐間的異體字及『干祿字書』』(趙超, 『出土文獻研究續集』, 文物出版社, 1989年)
『顏眞卿書『干祿字書』(施安昌, 紫禁城出版社, 1990年)
『漢語俗字研究(中國傳統文化研究叢書年)』(張涌泉, 岳麓書社, 1995年)
『敦煌俗字研究』(张涌泉, 上海教育出版社, 1996年)
『異體字字典』(李圃, 上海:學林出版社, 1997年)
『俗字里的學問』(张涌泉, 語文出版社, 2000年)
『漢字構形學講座』(王寧, 上海教育出版社, 2002年)
『敦煌漢文寫卷俗字及其現象』(蔡忠霖, 文津出版社, 2002年)
『宋代雕版楷書構形系統研究』(王寧,上海教育出版社 , 2003年)
『現代漢語通用字對應異體字整理』(章琼, 巴蜀書社, 2004年)
『六朝唐五代石刻俗字研究』(歐昌俊 · 李海霞, 巴蜀書社, 2004年)
『異體字研究』(張書岩, 北京: 商務印書館, 2004年)
『敦煌俗字典』(黃征, 上海教育出版社, 2005年)

『校編本『第一批異體字整理表』』(顧雪楓, 蘇州大學出版社, 2005年)
『俗字及古籍文字通例研究』(曾良, 百花洲文藝出版社, 2006年)
『明清小說俗字俗語研究』(周志鋒, 中國社會科學出版社, 2006年)
『漢語俗字研究』(張涌泉, 北京: 商務印書館, 2010年)
『徽州文書俗字研究』(方孝坤, 人民出版社, 2012年)
『影戲俗字研究』(溫振興, 三晉出版社, 2012年)
『敦煌佛典語詞和俗字研究: 以敦煌古佚和疑僞經為中心』(于淑健, 上海古籍出版社, 2012年)
『漢魏六朝碑刻異體字研究』(毛遠明, 商務印書館, 2012年)
『漢魏六朝碑刻異體字典』(毛遠明, 中華書局, 2014年)
『新譯華嚴經音義私記與漢字俗字研究』(梁曉虹 · 陳五雲 · 苗昱, 新世界出版社, 2013年)
『秦漢簡帛異體字研究』(張顯成 · 王玉蛟, 人民出版社, 2016年)
『漢文佛典疑難俗字匯釋與研究』(鄭賢章, 巴蜀書社, 2016年)
『『正字通』異體字研究』(張青松, 語文出版社, 2016年)
『明清小說俗字研究』(曾良, 商務印書館, 2017年)
『東漢碑刻異體字研究』(董憲臣, 九州出版社, 2018年)
『俗字在域外的傳播研究』(何華珍, 中國社會科學出版社, 2018年)
『清代手寫文獻之俗字研究』(楊小平, 北京師範大學出版社, 2019年)
『漢語俗字叢考(修訂本)』(張涌泉, 中華書局, 2020年)
『聊齋俚曲集俗字研究』(董紹克, 商務印書館, 2020年)
『中國異體字大系』(上海書畫出版社, 2021年)

석사논문

「段注俗字研究」(李占平, 『陝西師范大學』, 碩士論文, 2000年)
「『古文四聲韻』異體字處理訛誤的考析」(國一姝, 『北京語言文化大學』, 碩士論文, 2002年)
「『睡虎地秦墓竹簡』通假字、俗字研究」(趙立偉, 『西南師范大學』, 碩士論文, 2002年)
「『馬王堆漢墓帛書』“肆”俗字研究」(王建民, 『西南師范大學』, 碩士論文, 2002年)
「『說文解字』小篆異體字初探」(薛永剛, 『陝西師范大學』, 碩士論文, 2003年)
「對『第一批異體字整理表』的考查」(張華平, 『中國社會科學院研究生院』, 碩士論文, 2003年)

「唐代"三書"俗字研究」(何繼軍, 『安徽師范大學』, 碩士論文, 2004年)
「南北朝墓志銘簡體異體字研究」(魏萍, 『西南師范大學』, 碩士論文, 2004年)
「宋代筆記中的俗字研究」(李煒, 『四川大學』, 碩士論文, 2005年)
「『第一批異體字整理表』的再思索與研究」(李紅霞, 『河北師范大學』, 碩士論文, 2005年)
「玄應『一切經音義』之異體字研究」(張新朋, 『河北大學』, 碩士論文, 2005年)
「裴務齊正字本『刊謬補缺切韻』異體字研究」(曹志國, 『河北大學』, 碩士論文, 2006年)
「『現代漢語詞典』異體字研究」(付曉雯, 『山東師范大學』, 碩士論文, 2006年)
「蔣斧本『唐韻』殘卷異體字研究」(李帥, 『河北大學』, 碩士論文, 2006年)
「『類篇』異體字研究」(李海濤, 『山東大學』, 碩士論文, 2006年)
「『說文解字』徐鉉所注俗字研究」(劉興奇, 『華中科技大學』, 碩士論文, 2006年)
「『原本玉篇』殘卷異寫字研究」(段玉, 『河北大學』, 碩士論文, 2007年)
「『宋元以來俗字譜』俗字研究」(朱軼, 『福建師范大學』, 碩士論文, 2007年)
「『宋本玉篇』異體字例釋」(宋雨涵, 『四川師范大學』, 碩士論文, 2007年)
「王仁昫『刊謬補缺切韻』之異體字研究」(史甲慶, 『河北大學』, 碩士論文, 2007年)
「現代漢語通用字對應異體字研究」(王三敏, 『西北大學』, 碩士論文, 2007年)
「宋本『玉篇』異體字研究」(王嶸, 『蘭州大學』, 碩士論文, 2007年)
「『說文解字』, 『宋本玉篇』異體字比較研究」(劉宏偉, 『曲阜師范大學』, 碩士論文, 2007年)
「『唐五代韻書集存』俗字研究」(譚翠, 『湖南師范大學』, 碩士論文, 2007年)
「慧琳『一切經音義』俗字研究」(李文珠, 『河南大學』, 碩士論文, 2007年)
「敦煌『壇經』寫本俗字研究」(吳士田, 『安徽師范大學』, 碩士論文, 2007年)
「『第一批異體字整理表』再研究」(祁永敏, 『鄭州大學』, 碩士論文, 2008年)
「張家山漢簡異體字研究」(趙久湘, 『西南大學』, 碩士論文, 2008年)
「『居延漢簡』異體字研究」(葉聲波, 『西南大學』 碩士論文, 2008年)
「明清刻本小說異體字研究」(王毅, 『山東大學』, 碩士論文, 2008年)
「試析『說文解字』中小篆異體字形成原因及類型」(肖改艷, 『陝西師范大學』, 碩士論文, 2008年)
「魏晉南北朝石刻異體字表義構件換用研究」(李濤濤, 『華東師范大學』, 碩士論文, 2008年)
「『元至治本全相平話三國志』異俗字研究」(趙熊, 『四川師范大學』, 碩士論文, 2008年)
「樓蘭殘紙文書俗字研究」(李建廷, 『華東師范大學』, 碩士論文, 2008年)

「『古俗字略』研究」(周志波, 『河北大學』, 碩士論文, 2008年)
「侯馬盟書異寫字及異構字研究」(張鋒, 『曲阜師范大學』, 碩士論文, 2009年)
「『漢語大字典 · 異體字表』研究」(劉美霞, 『福建師范大學』, 碩士論文, 2009年)
「東漢隸書異體字研究」(周光子, 『四川師范大學』, 碩士論文, 2009年)
「敦煌俗字與宋本『玉篇』文字比較研究」(井米蘭, 『華東師范大學』, 碩士論文, 2009年)
「『長沙走馬樓三國吳簡 · 竹簡』俗字研究」(覃繼紅, 『西南大學』, 碩士論文, 2009年)
「東福寺本『參天臺五臺山記』俗字研究」(宋紅芝, 『浙江財經學院』, 碩士論文, 2009年)
「『類聚名義抄』俗字研究」(方國平, 『浙江財經學院』, 碩士論文, 2009年)
「甲骨文異體字研究」(馬正騰, 『廣州大學』, 碩士論文, 2010年)
「武后及武周時期墓志異體字研究」(王輝霞, 『西南大學』, 碩士論文, 2010年)
「唐代佛徒墓志異體字研究」(王泉, 『華東師范大學』, 碩士論文, 2010年)
「『省文纂考』俗字研究」(劉正燁, 『上海師范大學』, 碩士論文, 2010年)
「『宋本廣韻』俗字叢考」(紀雅茹, 『青島大學』, 碩士論文, 2010年)
「『紅樓夢』俗字探研」(駱寶萍, 『浙江大學』, 碩士論文, 2010年)
「銀雀山漢簡異寫字與異構字研究」(唐金玲, 『曲阜師范大學』, 碩士論文, 2011年)
「異體字字庫開發研究 ——以『第一批異體字整理表』為依據」(李丹, 『華中科技大學』, 碩士論文, 2011年)
「敦煌寫本『籯金』俗字研究」(宋麗麗, 『南京師范大學』, 碩士論文, 2011年)
「異體字正俗演變研究 ——『第一批異體字整理表』與『說文解字』比較研究」(郭磊, 『云南大學』, 碩士論文, 2011年)
「『廣韻』異體字研究」(張曉鳳, 『湖南師范大學』, 碩士論文, 2011年)
「『新修玉篇』異體字研究」(孫磊, 『河北大學』, 碩士論文, 2011年)
「建國以來異體字整理工作中漢字理據的保護情況研究」(王穎, 『山東大學』, 碩士論文, 2011年)
「日本內閣文庫藏『清平山堂話本』俗字研究」(王莉, 『上海師范大學』, 碩士論文, 2011年)
「張仲景醫籍俗字研究」(孫海燕, 『西南大學』, 碩士論文, 2011年)
「『吐魯番出土文書』異體字研究」(馬秋紅, 『西南大學』, 碩士論文, 2011年)
「『長沙走馬樓三國吳簡 · 竹簡(三)』異體字研究」(朱靈芝, 『西南大學』, 碩士論文, 2011年)
「秦簡異體字整理研究」(常麗馨, 『西南大學』, 碩士論文, 2011年)
「『干祿字書』與魏晉南北朝碑刻俗字對比研究」(文麗, 『西南大學』, 碩士論文, 2011年)

「越南漢文寫卷俗字研究 ——以『安南一統志』、『山圣古跡』、『黎朝史記』和『史南志異』為中心」(劉康平, 『西南交通大學』, 碩士論文, 2011年)
「『上海博物館藏戰國楚竹書』的異構字研究」(張明瑛, 『華中科技大學』, 碩士論文, 2012年)
「『漢語大字典』異體字研究」(王赟, 『華東師范大學』, 碩士論文, 2012年)
「從構形理據看異體字行廢現象 ——以『第一批異體字整理表』為參考」(王依爾, 『四川外語學院』, 碩士論文, 2012年)
「日藏古抄『百二十詠詩注』俗字研究」(李建斌, 『浙江財經學院』, 碩士論文, 2012年)
「敦煌俗字論辨」(唐帥彬, 『南京師范大學』, 碩士論文, 2012年)
「敦煌本『老子』俗字研究」(嚴燕汝, 『南京師范大學』, 碩士論文, 2012年)
「敦煌漢文中醫藥文獻俗字研究」(孫兆杰, 『廣州中醫藥大學』, 碩士論文, 2012年)
「『倭楷正訛』俗字研究」(周晨曄, 『上海師范大學』, 碩士論文, 2012年)
「趙城金藏『高僧傳』俗字研究」(葉純鈺, 『四川師范大學』, 碩士論文, 2012年)
「明朝檔案俗字研究」(李義敏, 『浙江師范大學』, 碩士論文, 2012年)
「『甘肅藏敦煌文獻』俗字研究」(陳瑞峰, 『浙江師范大學』, 碩士論文, 2012年)
「『新華字典』與『現代漢語詞典』異體字處理差異研究」(陳陽, 『河北大學』, 碩士論文, 2012年)
「『新華字典』7-11版異體字對比研究」(徐加美, 『魯東大學』, 碩士論文, 2012年)
「公元618至755年法藏敦煌漢文紀年寫卷楷書俗字研究」(趙曜曜, 『廣西大學』, 碩士論文, 2012年)
「慧琳『一切經音義』會意俗字研究」(張改香, 『河南大學』, 碩士論文, 2012年)
「唐代大曆年間石刻俗字研究」(汪安安, 『上海師范大學』, 碩士論文, 2013年)
「『上海博物館藏敦煌吐魯番文獻』佛教文獻中的俗字研究」(楊朝棟, 『南京師范大學』, 碩士論文, 2013年)
「『干祿字書』所收俗字與敦煌俗字比較研究」(薛皖東, 『南京師范大學』, 碩士論文, 2013年)
「『說文通訓定聲』俗字研究」(耿娟, 『河北師范大學』, 碩士論文, 2013年)
「日本『中村不折舊藏禹域墨書集成』俗字研究」(周慧, 『南京師范大學』, 碩士論文, 2013年)
「慧琳『一切經音義』異體字數字化研究」(劉興, 『華中科技大學』, 碩士論文, 2013年)
「敦煌寫本唐五代俗字研究」(劉欣馨, 『南京師范大學』, 碩士論文, 2013年)

「戰楚簡遺策異體字研究」(郭偉杰, 『曲阜師范大學』, 碩士論文, 2013年)
「『石倉契約』俗字研究」(李曉華, 『湘潭大學』, 碩士論文, 2013年)
「『字鑒』正俗字研究」(彭琪, 『吉首大學』, 碩士論文, 2013年)
「兩漢簡帛異體字研究」(王玉蛟, 『西南大學』, 碩士論文, 2013年)
「秦簡三種之異體字研究」(李迎莉, 『西南大學』, 碩士論文, 2013年)
「戰國文字異體字表意構件變異研究」(趙真真, 『河北大學』, 碩士論文, 2013年)
「韓國『新字典』文字研究 ——『新字典』異體字、新增字、韓國固有漢字研究」(宋民, 『華東師范大學』, 碩士論文, 2013年)
「敦煌『大寶積經』寫本考暨異體字彙輯」(邱湘, 『浙江師范大學』, 碩士論文, 2014年)
「新井白石『同文通考』俗字研究」(金燁, 『浙江財經大學』, 碩士論文, 2014年)
「『甘肅藏敦煌文獻』俗字研究」(王翠, 『南京師范大學』, 碩士論文, 2014年)
「『新撰字鏡』中摘自『爾雅』的文字研究 ——以俗字為中心」(杜占青, 『天津外國語大學』, 碩士論文, 2014年)
「四部叢刊本『酉陽雜俎』俗字研究」(卞瑋, 『溫州大學』, 碩士論文, 2014年)
「『英藏黑水城文獻』漢文文獻俗字研究」(任韌, 『寧夏大學』, 碩士論文, 2014年)
「『事林廣記』俗字實例與正字理念研究 ——以和刻本與至順本為例」(祝昊冉, 『內蒙古師范大學』, 碩士論文, 2014年)
「『上海圖書館藏敦煌吐魯番文獻』佛經寫本俗字研究」(楊義鳳, 『南京師范大學』, 碩士論文, 2014年)
「『中國書店藏敦煌文獻』俗字研究」(戴明珠, 『南京師范大學』, 碩士論文, 2014年)
「敦煌寫卷中古俗字研究」(肖倩, 『南京師范大學』, 碩士論文, 2014年)
「北京大學圖書館藏敦煌文獻』俗字研究」(陶美玲, 『南京師范大學』, 碩士論文, 2014年)
「敦煌『楞嚴經』寫本考暨俗字彙輯」(康小燕, 『浙江師范大學』, 碩士論文, 2014年)
「『廣韻』俗字研究」(艾東門, 『云南大學』, 碩士論文, 2014年)
「『寶林傳』俗字研究」(周正, 『安徽師范大學』, 碩士論文, 2014年)
「法藏歸義軍時期敦煌漢文寫卷俗字研究及應用」(肖冰萌, 『廣西大學』, 碩士論文, 2014年)
「『玉篇校釋』俗字研究」(代爽, 『渤海大學』, 碩士論文, 2014年)
「『東北邊疆檔案選輯』俗字研究」(周梅, 『浙江師范大學』, 碩士論文, 2014年)
「敦煌『梵網經』寫本考暨俗字彙輯」(孟雪, 『浙江師范大學』, 碩士論文, 2014年)
「敦煌『大乘無量壽經』寫本考暨俗字彙輯」(左麗萍, 『浙江師范大學』, 碩士論文, 2014年)

「越南漢籍『大越史記全書』俗字研究」(賈蓋東, 『浙江財經大學』, 碩士論文, 2014年)
「韓國坊刊本『九雲夢』俗字研究」(孔青青, 『浙江財經大學』, 碩士論文, 2014年)
「『四聲篇海』異體字研究」(謝微微, 『湖南師范大學』, 碩士論文, 2015年)
「『新獲吐魯番出土文獻』俗字研究」(王雪, 『南京師范大學』, 碩士論文, 2015年)
「『字辨七卷』俗字研究」(汪華萍, 『西南大學』, 碩士論文, 2015年)
「戰國楚簡異體字形義研究」(梅思顏, 『中南民族大學』, 碩士論文, 2015年)
「清代至民國時期云南契約文書俗字研究」(羅芳, 『湘潭大學』, 碩士論文, 2015年)
「『康熙字典』俗字整理與研究」(夏敏, 『華東師范大學』, 碩士論文, 2015年)
「百石齋藏宋元買地券異體字研究」(賈曉麗, 『河北師范大學』, 碩士論文, 2015年)
「『元聲韻學大成』異體字整理研究」(索琳, 『河北大學』, 碩士論文, 2015年)
「小腔戲清朝手抄本異體字研究」(王蓓蓓, 『福建師范大學』, 碩士論文, 2015年)
「北魏墓誌俗字研究」(王鳳琴, 『安徽大學』, 碩士論文, 2015年)
「敦煌本『佛頂尊勝陀羅尼經』寫本考暨俗字彙輯」(楊揚, 『浙江師范大學』, 碩士論文, 2015年)
「法藏公元755年至855年敦煌漢文紀年寫卷俗字研究及應用」(曾少林, 『廣西大學』, 碩士論文, 2015年)
「元氏墓志俗字構形研究」(卓佳樂, 『浙江財經大學』, 碩士論文, 2015年)
「敦煌蒙書俗字研究」(郭姍姍, 『南京師范大學』, 碩士論文, 2015年)
「基于形符差異的戰國秦、楚異構文字比較研究」(楊林, 『中南民族大學』, 碩士論文, 2016年)
「敦煌社邑文書俗字研究」(呂敏, 『南京師范大學』, 碩士論文, 2016年)
「『濟世丹砂』俗字研究」(黃靜, 『安慶師范大學』, 碩士論文, 2016年)
「『醫法指南』俗字研究」(王曉賢, 『安慶師范大學』, 碩士論文, 2016年)
「敦煌俗字偏旁研究」(李艷, 『杭州師范大學』, 碩士論文, 2016年)
「澹生堂本『周益文忠公集 · 雜著述』俗字研究」(包瑩瑩, 『青島大學』, 碩士論文, 2016年)
「南北朝時期敦煌漢文紀年寫卷俗字字形演變及其應用」(劉文章, 『廣西大學』, 碩士論文, 2016年)
「唐代貞觀年間墓志俗字研究」(李樹科, 『浙江財經大學』, 碩士論文, 2016年)
「朝鮮時代漢文寫本異構俗字研究」(周玳, 『浙江財經大學』, 碩士論文, 2016年)
「『燕行錄全集』異體字整理研究」(許夢霞, 『延邊大學』, 碩士論文, 2016年)
「從『通用規范漢字表』看漢字異體字整理工作」(荊青菁, 『山東大學』, 碩士論文, 2016年)

「甲骨文異體字研究」(馬康勤, 『浙江師范大學』, 碩士論文, 2016年)

「明『登科錄』中的異體字研究」(劉明蘭, 『江西師范大學』, 碩士論文, 2016年)

「女書異體字研究」(李林津, 『中南民族大學』, 碩士論文, 2016年)

「『直音篇』異體字整理與研究」(李學蓮, 『河北大學』, 碩士論文, 2016年)

「『尪書』異體字研究」(張小小, 『遼寧師范大學』, 碩士論文, 2016年)

「基于『漢語大字典』(第二版)的全同異體字字庫建設與檢索系統開發」(王米娜, 『華中科技大學』, 碩士論文, 2017年)

「馬王堆漢墓帛書『老子』與王弼本異體字對比研究」(李志文, 『西南民族大學』, 碩士論文, 2017年)

「戰國文字異體字構形研究」(王琳琳, 『華東師范大學』, 碩士論文, 2017年)

「清華簡(壹~陸)異體字整理與研究」(侯建科, 『西南大學』, 碩士論文, 2017年)

「唐代字樣類書漢字排檢體例研究」(杜昕昉, 『天津師范大學』, 碩士論文, 2017年)

「『中國藏黑水城漢文文獻』1-3冊俗字研究」(高芳, 『寧夏大學』, 碩士論文, 2017年)

「唐憲宗至哀帝時期墓誌俗字研究」(蒲斐然, 『南京師范大學』, 碩士論文, 2017年)

「『醫方集略』俗字研究」(牛冬梅, 『安慶師范大學』, 碩士論文, 2017年)

「『婺北十二都東山鄉音字類』俗字研究」(查平, 『安慶師范大學』, 碩士論文, 2017年)

「『福建民間文書』俗字研究」(韓健, 『安慶師范大學』, 碩士論文, 2017年)

「『匯聚單方』俗字研究」(楊悅, 『安慶師范大學』, 碩士論文, 2017年)

「王鐸書法中的異體字現象」(王琪, 『中央美術學院』, 碩士論文, 2017年)

「清代韻語雜字書俗字研究」(易貞貞, 『廈門大學』, 碩士論文, 2017年)

「『通用規范漢字表』表外206組異體字的測查分析」(甘麗, 『山東大學』, 碩士論文, 2017年)

「『正字通』俗字研究」(朱瑩瑩, 『廣西師范學院』, 碩士論文, 2017年)

「明刻本『山歌』俗字研究」(葉慧涓, 『溫州大學』, 碩士論文, 2017年)

「『繡鞋記警貴新書』俗字研究」(劉蕙琦, 『浙江大學』, 碩士論文, 2017年)

「『元刊雜劇三十種』俗字研究」(徐靜, 『浙江財經大學』, 碩士論文, 2017年)

「『清華大學藏戰國竹簡(陸)』異體字、通假字彙釋」(陳可紅, 『安徽大學』, 碩士論文, 2018年)

「『佛教難字字典』異體字研究」(張麥群, 『湖南師范大學』, 碩士論文, 2018年)

「大治本『玄應音義』異體字研究」(趙倩, 『廣西大學』, 碩士論文, 2018年)

「基于字料庫的『集韻』異寫字整理及研究」(史曉丹, 『渤海大學』, 碩士論文, 2018年)

「武威漢簡異體字研究」(文姝茸, 『西北師范大學』, 碩士論文, 2018年)

「『中國藏黑水城漢文文獻』四至六冊俗字研究」(劉賀, 『寧夏大學』, 碩士論文, 2018年)
「敦煌俗字構形系統研究」(沈陽, 『南京師范大學』, 碩士論文, 2018年)
「敦煌契約文書和道真契約文書俗字研究」(孫美玲, 『南京師范大學』, 碩士論文, 2018年)
「咸豐朝巴縣檔案俗字研究」(張嘉楠, 『重慶大學』, 碩士論文, 2018年)
「『清車王府藏曲本』俗字考」(張夢露, 『安徽大學』, 碩士論文, 2018年)
「『福建民間文書』俗字形體研究」(王曉敏, 『陝西師范大學』, 碩士論文, 2018年)
「『合并字學集韻』俗字研究」(孫青, 『山西大學』, 碩士論文, 2018年)
「『故紙拾遺』俗字研究」(任文琴, 『陝西師范大學』, 碩士論文, 2018年)
「『首都博物館藏清代契約文書』俗字研究」(韓志周, 『陝西師范大學』, 碩士論文, 2018年)
「『韓國金石文集成』俗字研究」(高科好, 『浙江財經大學』, 碩士論文, 2018年)
「法藏嗣德版『大南一統志』俗字研究」(陳楠楠, 『浙江財經大學』, 碩士論文, 2018年)
「『改并四聲篇海』未編碼異寫字考辨與研究」(徐麗雪, 『渤海大學』, 碩士論文, 2019年)
「論異體字之美」(吳豪俊, 『南京師范大學』, 碩士論文, 2019年)
「『字彙』異體字研究」(胡潔, 『西南科技大學』, 碩士論文, 2019年)
「『現代漢語詞典』所收『通用規范漢字表』表外異體字研究」(李學嬌, 『山東大學』, 碩士論文, 2019年)
「『經典釋文』異體字研究」(吳銀思, 『西南民族大學』, 碩士論文, 2019年)
「『漢語大字典 · 異體字表』中祭祀類異體字的文化功能」(聶盼盼, 『西安外國語大學』, 碩士論文, 2019年)
「『高麗大藏經異體字典』異體字研究」(楊建彬, 『廣西大學』, 碩士論文, 2019年)
「安陽出土北朝墓誌整理與異體字研究」(狄夢珊, 『西南大學』, 碩士論文, 2019年)
「唐代隸書碑刻異體字研究」(張敏, 『西南大學』, 碩士論文, 2019年)
「『潮州歌冊』異體字研究」(許留夷, 『浙江財經大學』, 2019, 碩士論文, 2019年)
「東漢磚刻文字中異體字與相關問題研究」(鄧祥龍, 『河北師范大學』, 碩士論文, 2019年)
「『長沙走馬樓三國吳簡 · 竹簡[肆]』異體字整理與研究」(張東旭, 『西南大學』, 碩士論文, 2019年)
「貴州加池四合院文書俗字研究」(史佳新, 『陝西師范大學』, 碩士論文, 2019年)
「『幼幼新書』俗字研究」(丁建茗, 『安慶師范大學』, 碩士論文, 2019年)
「『安徽師范大學館藏千年徽州契約文書集萃』俗字研究」(張娜娜, 『安慶師范大學』, 碩士論文, 2019年)
「明後期戲曲刻本俗字研究 ——以『善本戲曲叢刊』爲例」(李青, 『浙江師范大學』, 碩

士論文, 2019年)

「『中國藏黑水城漢文文獻』七至十冊俗字研究」(蔣曉迪, 『寧夏大學』, 碩士論文, 2019年)

「基于數字化處理的『真本千金方』俗字研究」(孔謙, 『華中科技大學』, 碩士論文, 2019年)

「隋代墓志俗字研究」(金艷麗, 『南京林業大學』, 碩士論文, 2019年)

「『清至民國婺源縣村落契約文書輯錄』俗字研究」(王淘, 『陝西師范大學』, 碩士論文, 2019年)

「『徽池雅調』俗字研究」(吳鵬鵬, 『寧波大學』, 碩士論文, 2019年)

「20世紀初越南刻本俗字研究 ——以科舉文獻爲中心」(周亞軍, 『浙江財經大學』, 碩士論文, 2019年)

「越南後黎朝碑銘俗字專題研究(1428-1789)」(逯林威, 『浙江財經大學』, 碩士論文, 2019年)

「『長安碑刻』中唐代墓志釋文校補與俗字考釋」(孫凱, 『河北大學』, 碩士論文, 2019年)

「『新修玉篇』未編碼異寫字考辨研究」(程銀燕, 『渤海大學』, 碩士論文, 2019年)

「唐代墓誌俗字研究」(許悅, 『淮北師范大學』, 碩士論文, 2019年)

「『敦煌俗字典』所收俗字分類研究」(邢蘊薺, 『渤海大學』, 碩士論文, 2019年)

「『明成化說唱詞話叢刊』俗字研究」(孔帥蕾, 『貴州大學』, 碩士論文, 2019年)

「涉縣北齊刻經楷書異體字研究」(楊愛薇, 『河北師范大學』, 碩士論文, 2020年)

「『上海博物館藏戰國楚竹書(一一九)』異體字整理與研究」(張琴, 『華東師范大學』, 碩士論文, 2020年)

「符號學視域下的異體字研究」(金永春, 『南京師范大學』, 碩士論文, 2020年)

「五代墓志異體字研究」(李麗珠, 『華中師范大學』, 碩士論文, 2020年)

「『彌勒真經演音』異體字研究」(鄭小慧, 『中央民族大學』, 碩士論文, 2020年)

「越南字樣學研究」(蘇夢雪, 『浙江財經大學』, 碩士論文, 2020年)

「敦煌俗字認知研究」(單莉萍, 『南京師范大學』, 碩士論文, 2020年)

「敦煌本『老子』俗字歷史層次研究」(戰宇彤, 『南京師范大學』, 碩士論文, 2020年)

「唐鈔本『王勃詩序』俗字研究」(王維佳, 『南京師范大學』, 碩士論文, 2020年)

「『雜寶藏經』俗字研究」(王曉瑩, 『遼寧師范大學』, 碩士論文, 2020年)

「『方廣大莊嚴經』俗字研究」(曹春璐, 『遼寧師范大學』, 碩士論文, 2020年)

「黑水城元代軍政與站赤文書俗字研究」(句小麗, 『山西大學』, 碩士論文, 2020年)

「『外臺秘要方』俗字研究」(胡瑞, 『安慶師范大學』, 碩士論文, 2020年)

「清至民國婺源契約文書俗字研究 ——以秋口鎮和大鄣山鄉契約文書為中心」(高雅

靚, 『安慶師范大學』, 碩士論文, 2020年)
「黑水城農政與錢糧文書俗字研究」(何海洋, 『山西大學』, 碩士論文, 2020年)
「南詞『金瓶梅』俗字研究」(張玲瓏, 『華東師范大學』, 碩士論文, 2020年)

박사논문

「唐代字樣學研究 ——以社會實物用字為參照」(劉元春, 『華東師范大學』, 博士論文, 2009年)
「戰國文字異體字研究 ——以東方六國文字為中心」(劉云, 『北京大學』, 博士論文, 2012年)
「ISO 10646楷書漢字異體字整理」(齊霄鵬, 『河北大學』, 博士論文, 2013年)
「郭店楚墓竹簡異體字研究」(邱傳亮, 『吉林大學』, 博士論文, 2013年)
「敦煌寫本『四分律』俗字研究」(金雙平, 『南京師范大學』, 博士論文, 2014年)
「漢代隸書異體字表與相關問題研究」(于淼, 『吉林大學』, 博士論文, 2015年)
「『肩水金關漢簡』(壹-肆) 異體字研究」(黃艷萍, 『華東師范大學』, 博士論文, 2016年)
「西周金文異體字研究」(蘇文英, 『西南大學』, 博士論文, 2016年)
「敦煌醫藥文獻研究 ——校勘與疑難俗字考釋」(湯偉, 『河北大學』, 博士論文, 2017年)
「唐代字樣學文獻數種綜合研究」(張孟晉, 『吉林大學』, 博士論文, 2019年)

일반논문

「談正字」(丁江, 『語文學習』, 1957年, 第6期)
「怎樣處理異體字表中存在的問題」(翟健雄, 『文字改革』, 1957年 11期)
「中學語文課本里要不要保留異體字?」(于在春, 『文字改革』, 1961年 12期)
「華南師院展開"正音正字正書,詞通句通文通"運動」(梁猷剛, 『文字改革』, 1960年 第06期)
「異體字教學和正字法」(于在春, 『江蘇教育』, 1962年 第15期)
「正字偶得」(夏茂興, 『文字改革』, 1962年 第05期)
「異體字教學和正字法」(于在春, 『江蘇教育』, 1962年 第15期)
「談談第一批異體字表的幾個問題」(鐘吉宇, 『文字改革』, 1963年 04期)
「需要繼續整理異體字」(王自強, 『文字改革』, 1964年 08期)
「正字小字匯」(『文字改革』, 1965年 第01期)

「正字小字匯(2)」(『文字改革』, 1965年 第02期)
「正字小字匯(3)」(『文字改革』, 1965年 第03期)
「秦、漢、南北朝的幾次正字工作」(經西麟, 『文字改革』, 1965年 第04期)
「歡迎對『正字小字匯』提意見」(『文字改革』, 1965年 第04期)
「正字小字匯(4)」(ZHENG ZI XIAO ZIHUI, 『文字改革』, 1965年 第04期)
「關于『正字小字匯』」(王皓, 『文字改革』, 1965年 第06期)
「正字小字匯(6)」(『文字改革』, 1965年 第06期)
「整理異體字工作必須跟上」(吳士元, 『文字改革』, 1965年 10期)
「"正字"和"俗字"」(郝茂, 『語文學習』, 1996年 第11期)
「字形和正字」(郭昭穆, 『南充師院學報(哲學社會科學版)』, 1979年 第02期)
「說文正字」(于忠善, 『語文學習』, 1980年 第04期)
「關于整理異體字的設想」(劉又辛, 『辭書研究』, 1980年 03期)
「通假字及其同正字的對應一一兼與『通假字不能互通』的作者商榷」(董性茂, 『福清師專學報』, 1982年 第02期)
「唐代正字學考」(施安昌, 『故宮博物院院刊』, 1982年 第03期)
「略說中學文言文中的異體字、古今字和假借字」(雒江生, 『天水師專學報』, 1983年 01期)
「關于異體字的兩個問題」(曹先擢, 『辭書研究』, 1983年 02期)
「談談假借字、異體字、古今字和本字」(劉又辛, 『西南師范大學學報(人文社會科學版)』, 1984年 02期)
「小談異體字的處理」(沈建民, 『辭書研究』, 1984年 06期)
「論異體字與通用字的區別一一兼談『辭海』中的"異體字"」(張玉惠, 『松遼學刊(社會科學版)』, 1985 年 02期)
「通假字與假借字、古今字、異體字的區別」(趙廣成, 『中學語文』, 1987年 07期)
「略說通假字、古今字、異體字」(何忠信, 『重慶師院學報(哲學社會科學版)』, 1987年 04期)
「『武威漢代醫簡』通假字異體字例釋」(鄧春源, 『中醫藥文化』, 1989年 02期)
「古今字、通假字、異體字處理疑義」(熊慶年, 『九江師專學報』, 1989年 Z1期)
「『異體字手冊』評介」(劉志基, 『辭書研究』, 1989年 04期)
「關于異體詞的幾個問題」(劉永耕, 『新疆大學學報(哲學社會科學版)』, 1989年 04期)
「漢字異體流變說」(玄機, 『漢字文化』, 1989年 04期)

「論漢唐間的異體字及『干祿字書』」(趙超, 『出土文獻硏究續集』, 1989年 00期)
「『第一批異體字整理表』的調整」(魏勵, 『語文建設』, 1990年 06期)
「關于漢字規范化問題的探討一一兼談繁簡字和異體字」(李長仁, 『松遼學刊(社會科學版)』, 1990年 03期)
「從異體字產生之特點說到漢字發展的規律與前景」(黃榮發, 『安慶師院社會科學學報』, 1990年 03期)
「論異體詞內部形音義的復雜關系」(劉永耕, 『新疆大學學報(哲學社會科學版)』, 1990年 04期)
「關于幾個俗字」(劉鋒晉, 『成都師專學報』, 1990年 03期)
「俗字與『說文』"俗體"」(顧之川, 『靑海師范大學學報(哲學社會科學版)』, 1990年 04期)
「『康熙字典』的異體字及其整理」(陳宜民, 『四川師范學院學報(哲學社會科學版)』, 1991年 01期)
「異體字應當繼續整理」(徐偉民, 『語文建設』, 1991年 07期)
「談異體字整理」(高更生, 『語文建設』, 1991年 10期)
「部分異體字的特征、性質和來源」(黃頌康, 『辭書研究』, 1991年 05期)
「字詞典中對舊繁體、異體等的處理問題」(銳聲, 『辭書研究』, 1991年 05期)
「正字五法一一史料匯編文字加工擧隅」(劉學圃 · 崔金亮, 『檔案工作』, 1991年 第05期)
「『說文解字』俗字疏證」(吉仕梅, 『樂山師專學報(社會科學版)』, 1992年 02期)
「唐代的文字規范和楷體正字的形成」(陸錫興, 『語文建設』, 1992年 第06期)
「關于古籍整理中異體字的研究」(楊應芹, 『江淮論壇』, 1992年 06期)
「校對 · 標題 · 異體字」(沙本鈞 · 孟建梁, 『語文學習』, 1993年 02期)
「規范字,還是異體字?」(屠林明, 『語文學習』, 1993年 02期)
「『康熙字典』關于處理異體、通假字術語的運用」(胡錦賢, 『湖北大學學報(哲學社會科學版)』, 1993年 03期)
「一本正字正音的好書——序王秉愚的『漢字的正字與正音』」(胡明揚, 『語文建設』, 1994年 第11 期)
「談"六書"與漢字正字」(袁旭東, 『自貢師專學報』, 1994年 第04期)
「『正字通』作者考」(喩劍庚, 『南昌大學學報(社會科學版)』, 1994年 第04期)
「試論審辨敦煌寫本俗字的方法」(張涌泉, 『敦煌研究』 1994年 02期)
「俗字的產生與字詞書」(銳聲, 『辭書研究』, 1994年 05期)
「關于規范蒙古文異體字之管見」(賈晞儒, 『靑海民族研究』, 1994年 01期)

「出版物勿用異體字」(王英志, 『大學出版』, 1994年 02期)

「知異體、察繁簡、辨形似」(高照夫, 『泰安師專學報』, 1994年 02期)

「評『現代漢語詞典』對異體字的處理」(陳抗, 『中國語文』, 1994年 04期)

「鄂南地名志中的地名俗字評議」(萬獻初, 『咸寧師專學報』, 1994年 03期)

「匡文正字“象、像、相”理應各司其職」(王寶貴, 『中國出版』, 1995年 第12期)

「『說文解字』徐鉉所注“俗字”淺析」(侯尤峰, 『古漢語研究』, 1995年 02期)

「研究敦煌俗字應注意的幾個問題」(張涌泉, 『杭州師范學院學報』, 1995年 04期)

「從漢字發展的歷史看異體字的整理」(趙峰, 『寧德師專學報(哲學社會科學版)』, 1995年 01期)

「『玉篇』中的古今字、通假字和異體字」(朱聲琦, 『江蘇教育學院學報(社會科學版)』, 1995年 03 期)

「通假字、古今字、異體字注釋體例芻議」(吳國忠, 『中國典籍與文化論叢』, 1995年 00期)

「待規范典型異體字的整理」(姜艷萍, 『山東師大學報(社會科學版)』, 1996年 01期)

「談多音包孕異體字的整理」(鄒立志, 『青島海洋大學學報(社會科學版)』, 1996年 01期)

「異體字≠繁簡字」(覃士炯, 『語文知識』, 1996年 03期)

「『第一批異體字整理表』商兌」(郎久英, 『昭烏達蒙族師專學報(漢文哲學社會科學版)』, 1996年 01 期)

「如何解決古籍整理用計算機字庫中的異體字問題」(林仲湘 · 肖培 · 李龍, 『廣西大學學報(哲學社會 科學版)』, 1996年 02期)

「請找出異體字」(曹今水 · 設計, 『咬文嚼字』, 1996年 08期)

「談異體字——為賀『辭書研究』百期作」(趙振鐸, 『辭書研究』, 1996年 06期)

「論唐代敦煌寫本中的俗字」(郝茂, 『新疆師范大學學報(哲學社會科學版)』, 1996年 01期)

「『金瓶梅』詞語訓釋和俗字辨識」(張鴻魁, 『濟寧師專學報』, 1996年 01期)

「古字通假字異體字的復習與習題集解一一兼談繁體字與生僻字的復習」(于儀農 · 王季芳, 『陝西中 醫函授』, 1997年 02期)

「對衛電教材『異體字』的商榷」(程家讓, 『語文知識』, 1997年 05期)

「談談語氣助詞中的異體字」(薛祿芝, 『山東教育』, 1997年 11期)

「漢字異體字優化規律初探一一兼論漢字發展演變的趨勢」(呂永進, 『煙臺師范學院學報(哲學社會 科學版)』, 1997年 03期)

「淺論異體字工具書編纂的原則」(梁梅, 『廣西師院學報』, 1997年 04期)
「有關異體字問題的思考——兼談『現代漢語詞典』的遺憾」(蕭振華, 『中國出版』, 1997年 11期)
「敦煌寫本繁化俗字例析」(吳軍蘭, 『麗水師專學報』, 1997年 01期)
「異體字問題ABC」(薛祿芝, 『編輯之友』, 1998年 01期)
「日語漢字詞同詞異體的古漢語用字關系」(春復, 『遼寧師范大學學報』, 1998年 02期)
「試析異體字的定義及相關問題」(梁梅, 『廣西師院學報』, 1998年 02期)
「規范型漢語辭書的異體字處理問題(上)———『現代漢語規范字典』編寫札記之一」(程榮, 『語文建 設』, 1998年 06期)
「『現代漢語規范字典』對26個被恢復異體字的處理」, (『語文建設』, 1998年 06期)
「規范型漢語辭書的異體字處理問題(下)——『現代漢語規范字典』編寫札記之一」(程榮, 『語文建設 』, 1998年 07期)
「假借字 · 古今字 · 通假字 · 異體字」(徐安基, 『教師之友』, 1998年 07期)
「試評『漢語大字典 · 異體字表』」(梁梅, 『廣西大學學報(哲學社會科學版)』, 1998年 05期)
「仁和寺本『黃帝內經太素』異體字研讀意義」(陳鋼, 『山東中醫藥大學學報』, 1998年 05期)
「龍門藥方異體字發凡」(張瑞賢 · 王家葵 · 黃斌 · 先靜, 『天津中醫學院學報』, 1998年 04期)
「五十年來的漢語俗字研究」(陳建裕, 『平頂山師專學報』, 1999年 03期)
「異體字與漢字學研究」(王繼洪, 『上海大學學報(社會科學版)』, 1999年 04期)
「異體字的文化鏡象作用」(暴希明, 『殷都學刊』, 1999年 03期)
「異體字的文化史料價值」(田恒金, 『漢字文化』, 1999年 04期)
「"蚤"通"早"與"白汗"、"白殺"辨疑——兼論異體字、古今字之實質與概念界定」(李戎, 『醫古文知 識』, 1999年 04期)
「28個被恢復異體字辨(上)——『現代漢語規范字典』編寫組」(『咬文嚼字』, 2000年 01期)
「28個被恢復異體字辨(中)」(『咬文嚼字』, 2000年 02期)
「28個被恢復異體字辨(下)」(『咬文嚼字』, 2000年 03期)
「這里不該用異體字"燉"」(沈基松, 『辭書研究』, 2000年 02期)
「古今字與通假字、異體字」(謝永玲, 『北京印刷學院學報』, 2000年 03期)
「論俗字」(石云孫, 『安慶師范學院學報(社會科學版)』, 2000年 01期)

「『篆隷萬象名義』中的俗字及其類型」(陳建裕 · 房秋鳳, 『平頂山師專學報』, 2000年 03期)
「『說文段注』俗字類型考略」(劉洋, 『殷都學刊』, 2000年 03期)
「俗字考辨」(張標, 『古漢語研究』, 2001年 03期)
「『第一批異體字整理表』」(山石, 『語文建設』, 2001年 03期)
「談人名中的異體字」(蘇培成, 『語文建設』, 2001年 05期)
「『第一批異體字整理表』淘汰了多少異體字?」(『語文建設』, 2001年 06期)
「關于異體字淘汰與使用問題的學術思考——對『第一批異體字整理表』與『現代漢語詞典』的一些意 見」(張覺, 『編輯學刊』, 2001年 03期)
「建國以來異體字研究概說」(陳建裕, 『西藏大學學報(漢文版)』, 2001年 02期)
「略析通假字 古今字 異體字的異同」(趙鴻君, 『遼寧中醫學院學報』, 2001年 03期)
「近五十年來異體字研究與整理狀況綜述(上)」(劉延玲, 『辭書研究』, 2001年 05期)
「近五十年來異體字研究與整理狀況綜述(下)」(劉延玲, 『辭書研究』, 2001年 06期)
「異體字(“重文”)漫議」(李義琳, 『廣西師院學報』, 2001年 04期)
「論銀雀山漢簡中的俗字一一兼論簡帛俗字研究的意義」(張顯成 · 余濤, 『漢語史研究集刊』, 2001年 00期)
「敦煌寫本『佛說地藏菩薩經』俗字考辨」(鄧鷗英, 『南京師范大學文學院學報』, 2001年 04期)
「漢語俗字續考(之一)——利用文獻材料考釋俗字」(楊寶忠, 『河北大學學報(哲學社會科學版) , 2002年 01期)
「『龍龕手鏡』未識俗字考辨」(鄭賢章, 『語言研究』, 2002年 02期)
「『干祿字書』俗字研究」(劉中富, 『中文自學指導』, 2002年 03期)
「『漢語大字典』異體字表辨誤」(章瓊, 『四川大學學報(哲學社會科學版)』, 2002年 01期)
「關于“異體字”與“通假字”的商榷」(吳明高, 『教學與管理』, 2002年 07期)
「古漢語中容易混淆的用字現象一一古今字、通假字、異體字辨」(周蓬華, 『邢臺師范高專學報』, 2002年 03期)
「從『說文』更素造字探求異體字的成因」(戴娟, 『中文自學指導』, 2002年 05期)
「『第一批異體字整理表』存在問題原因初探一一漢字異體字整理系列文章之二」(邵文利, 『西南民族 學院學報(哲學社會科學版)』, 2002年 11期)
「『第一批異體字整理表』存在問題造成的影響一一漢字異體字整理系列文章之三」(邵文利, 『西南民 族學院學報(哲學社會科學版)』, 2002年 S4期)

「漫議郭錫良主編的『古代漢語』中關于繁簡字、異體字的論述」(李義琳, 『南寧職業技術學院學報』, 2002年 04期)

「從服飾制度與墓葬形制看異體字的文化傳載」(武榮強, 『陰山學刊』, 2002年 06期)

「俗字的產生及其原因」(邱龍升, 『江西省語言學會第五屆會員大會暨2002年學術年會論文集』, 2002年)

「漢語俗字的產生與應用」(胡錦賢, 『武漢交通管理干部學院學報』, 2002年 03期)

「『第一批異體字整理表』存在的主要問題及其原因」(邵文利, 『語言文字應用』, 2003年 01期)

「異體字中的會意字及其流變」(馬元麗, 『武警工程學院學報』, 2003年 01期)

「古今字與通假字、異體字的關系」(徐艷, 『殷都學刊』, 2003年 02期)

「修改『第一批異體字整理表』的幾點想法」(高更生, 『中國語文現代化學會2003年年度會議論文集 』, 2003年)

「『干祿字書』的異體字及其相關問題」(劉中富, 『古籍整理研究學刊』, 2003年 04期)

「武威漢代醫簡中的古今字和異體字」(何茂活 · 程建功, 『河西學院學報』, 2003年 06期)

「試論『干祿字書』在正字學史上的地位」(劉中富, 『東岳論叢』, 2003年 第04期)

「『中華字海』未識俗字考」(鄭賢章, 『古漢語研究』, 2003年 02期)

「『龍龕手鏡』俗字雜考」(蔣冀騁 · 鄭賢章, 『中國文字研究』, 2003年 00期)

「俗字考辨」(張標, 『漢語史學報』, 2004年 00期)

「『龍龕手鏡』俗字叢考(一)」(鄭賢章, 『古漢語研究』, 2004年 01期)

「敦煌俗字女旁替換現象管窺」(吳波, 『中國典籍與文化』, 2004年 01期)

「從隸變看俗字的產生」(趙立偉, 『聊城大學學報(社會科學版), 2004年 05期)

「『龍龕手鑒』古俗字考辨」(楊正業, 『西華師范大學學報(哲學社會科學版)』, 2004年 05期)

「試論漢語俗字的產生與傳播」(陳寶琴, 『中國俗文化研究』, 2004年 00期)

「淺談古文字異體揉合」(江學旺, 『古漢語研究』, 2004年 01期)

「『現代漢語詞典』對異體字的處理」(魏勵, 『中國語文』, 2004年 03期)

「傈僳族竹書文字的異體字初探」(高慧宜, 『云南民族大學學報(哲學社會科學版)』, 2004年 06期)

「『第一批異體字整理表』前410組字的測查分析」(邵文利, 『語言文字應用』, 2004年 04期)

「『規范漢字表』對異體字的確定」(張書巖, 『中國文字研究』, 2004年 00期)
「東巴文異體字研究的意義及研究現狀述評」(周斌, 『中國文字研究』, 2004年 00期)
「『普通話水平測試實施綱要』中異體字問題的探討」(林建平 · 遇靜 · 國家語言文字工作委員會普通話 培訓測試中心, 『第二屆全國普通話水平測試學術研討會論文集』, 2004年)
「通假字、古今字和異體字」(丁漢浩, 『語文知識』, 2004年 12期)
「漢白文中的"國"及其異體字」(陳寶勤, 『民族語文』, 2004年 06期)
「『干祿字書』正字的性質及其來源」(劉中富, 『中國文字研究』, 2004年 第00期)
「『可洪音義』與疑難俗字考辨」(韓小荊, 『勵耘學刊(語言卷)』, 2005年 02期)
「漢語俗字續考(二)」(張涌泉, 『中國文字研究』, 2005年 00期)
「慧琳『一切經音義』所釋俗字考」(徐時儀, 『中國文字研究』, 2005年 00期)
「『規范漢字表』對異體字的確定」(張書巖, 『語言文字應用』, 2005年 01期)
「武威漢代醫簡異體字考」(徐莉莉, 『天津師范大學學報(社會科學版)』, 2005年 01期)
「簡論對異體字的準確理解和認識兼及教學」(李秋新, 『江蘇技術師范學院學報』, 2005年 01期)
「異體字興異體詞詞彙語意初探」(洪嘉馡 · 巫宜靜 · 黃居仁, 『第六屆漢語詞匯語義學研討會論文集』, 2005年)
「西夏文中的異體字和訛體字」(韓小忙, 『民族語文』, 2005年 04期)
「東巴文異體字形成原因初探」(周斌, 『西北民族大學學報(哲學社會科學版)』, 2005年 05期)
「『武威醫簡』異體字初探」(張顯成, 『中國文字研究』, 2005年 00期)
「試論同源字與異體字之畛域一一兼論『同源字典』與『第一批異體字整理表』的收字問題」(邵文利 · 杜麗榮, 『中國文字研究』, 2005年 00期)
「瑪雅文中的異體字類型簡析」(王霄兵, 『中國文字研究』, 2005年 00期)
「『第一批異體字整理表』對辭書編寫的影響(摘要)」(趙峰, 『海峽兩岸辭書學研討會暨福建省辭書學 會第十七屆學術年會論文集』, 2005年)
「現代楷書漢字異體字字形來源探析」(韓軍, 『濟南職業學院學報』, 2005年 06期)
「敦煌卷子俗寫文字考論」(鄭民, 『新美術』, 2006年 03期)
「『應縣木塔遼代秘藏 · 妙法蓮花經』俗字類型論略」(趙春蘭 · 莫波功, 『通化師范學院學報』, 2006年 01期)
「以可洪『隨函錄』考漢語俗字若干例」(鄭賢章, 『古漢語研究』, 2006年 01期)

「也談『說文』中的俗字」(黃靜宇, 『樂山師范學院學報』, 2006年 03期)
「『可洪音義』與現代大型字典俗字考」(鄭賢章, 『漢語學報』, 2006年 02期)
「『應縣木塔遼代秘藏 · 妙法蓮花經』俗字考辨」(趙春蘭, 『通化師范學院學報』, 2006年 03期)
「唐代“三書”俗字的諸種類型」(何繼軍 · 詹言, 『上海師范大學學報(哲學社會科學版)』, 2006 年 03期)
「疑難俗字考釋拾遺」(鄧福祿, 『中國文字研究』, 2006年 00期)
「『道藏』本『肘后備急方』俗字研究」(馮利華 · 李訊琪, 『懷化學院學報』, 2006年 10期)
「論敦煌俗字與寫本學之關系」(鄭阿財, 『敦煌研究』, 2006年 06期)
「漢語疑難俗字例釋」(鄭賢章, 『語言研究』, 2006年 04期)
「徽州文書中的俗字」(方孝坤, 『古籍研究』, 2006年 02期)
「石刻佛經文字研究與異體字整理問題」(易敏, 『北京師范大學學報(社會科學版)』, 2006年 01期)
「從『現漢』對異體字的處理看它的規范觀」(張書巖, 『語言文字應用』, 2006年 01期)
「關于“異體字”的幾個問題」(李運富, 『語言文字應用』, 2006年 01期)
「人名中的異體字」(祝鴻熹, 『語文新圃』, 2006年 02期)
「異體字在訓詁中的作用」(段觀宋, 『東莞理工學院學報』, 2006年 02期)
「異體字的文化傳承作用」(丁震峰, 『安徽廣播電視大學學報』, 2006年 03期)
「編輯校對與文字一一淺析古今字、異體字、繁簡字與編輯校對」(湖偉, 『中國出版』, 2006年 09 期)
「對05版『現代漢語詞典』“鹼”字頭后括列繁體字、異體字次序的一點疑問」(付曉雯, 『漢字文化』, 2006年 05期)
「異體字 · 古今字」(李曉紅, 『現代語文』, 2006年 10期)
「『納西象形文字譜』的異體字及相關問題」(鄧章應, 『內江師范學院學報』, 2006年 05期)
「阜陽漢簡『詩經』異體字探析」(趙久湘, 『懷化學院學報(自然科學)』, 2006年 11期)
「乾隆通寶異體字初探」(李俊民, 『廣西金融研究』, 2006年 S1期)
「『大目乾連冥間救母變文』俗字輯錄考辨」(黃征, 『漢語史學報』, 2006年 00期)
「談畢沅『釋名疏證』中的“今本俗字”」(魏宇文, 『中國語文』, 2007年 01期)
「可洪『藏經音義隨函錄』與漢語俗字研究」(鄭賢章 · 谷舒, 『湖南師范大學社會科學學報』, 2007年 01期)

「以可洪『隨函錄』考漢語俗字(續)」(鄭賢章, 『古漢語研究』, 2007年 01期)
「唐代墓志俗字辨誤」(姚美玲, 『語言研究』, 2007年 01期)
「聊齋俚曲俗字釋例」(董紹克, 『蒲松齡研究』,2007年 01期)
「『應縣木塔遼代秘藏』與『龍龕手鏡』俗字比較研究」(趙春蘭 · 張浴秋, 『通化師范學院學報』, 2007年 05期)
「『妙法蓮花經』唐寫本與遼刻本的俗字異同比較」(趙春蘭 · 馮恩芳, 『通化師范學院學報』, 2007年 07期)
「據『可洪音義』解讀『龍龕手鏡』俗字釋例」(韓小荊, 『語言科學』, 2007年 05期)
「異體字的文化蘊涵」(暴希明, 『安陽師范學院學報』, 2007年 03期)
「淺談異體字整理的理據性」(趙峰, 『湖北教育學院學報』, 2007年 06期)
「異體字文化功能例釋」(王昌東, 『沈陽師范大學學報(社會科學版)』, 2007年 05期)
「電子古籍的異體字處理研究一一以電子『廣韻』為例」(尉遲治平, 『語言研究』, 2007年 03期)
「2005年版與2002年版『現代漢語詞典』異體字整理比較分析」(劉中富, 『中國文字研究』, 2007年 01期)
「略論漢語異體字的認知理據」(徐時儀, 『中國文字研究』, 2007年 01期)
「北魏太和年間碑刻楷書異體字異寫模式初探」(李濤濤, 『中國文字研究』, 2007年 01期)
「T62-6上的“罇”是異體字」(袁農基, 『上海集郵』, 2007年 10期)
「異體字存在的理據」(曾曉潔 · 陳靜毅, 『佳木斯大學社會科學學報』, 2007年 06期)
「『第一批異體字整理表』對今后漢字規范工作的啟示」(趙小剛, 『天水師范學院學報』, 2007年 06 期)
「淺談異體字與繁簡字、古今字、通假字的分野」(祁永敏, 『語文知識』, 2007年 04期)
「初唐墓志異體字的意義和價值」(廖強 · 羅歡, 『求索』, 2007年 12期)
「『宋本玉篇』異體字整理方案」(王嶸, 『遼寧行政學院學報』, 2007年 01期)
「『玉篇』換位異體字及成因初探」(劉宏偉, 『科教文匯(上旬刊)』, 2007年 02期)
「試論同源字與異體字之畛域一一兼論『同源字典』與『第一批異體字整理表』的收字問題」(邵文利 · 杜 麗榮, 『語文研究』, 2007年 01期)
「檔案館數字化過程中的異體字問題」(李菊萍, 『山西檔案』, 2007年 01期)
「『第一批異體字整理表』再論」(李紅霞, 『邯鄲學院學報』, 2007年 01期)
「古今字與同源字、假借字、通假字、異體字的關系」(盧烈紅, 『語文知識』, 2007年

01期)
「武威漢代醫簡異體字補議」(何茂活, 『甘肅廣播電視大學學報』, 2007年 01期)
「從異體字角度看有關水文的一些問題」(翟宜疆, 『蘭州學刊』, 2007年 03期)
「漢碑中一些異體字所反映出來的兩類漢字形體演變規律ーー以『隸韻』為材料」(吳文文, 『2007年福建省辭書學會第18屆年會論文提要集』, 2007年)
「試談異體字整理“從俗、從簡”原則的偏頗」(趙峰, 『2007年福建省辭書學會第18屆年會論文提要 集』, 2007年)
「試談異體字整理“從俗、從簡”原則的偏頗」(趙峰, 『長沙大學學報』, 2007年 03期)
「異體字的定義與類型」(李國英, 『北京師范大學學報(社會科學版)』, 2007年 03期)
「古文字異體字新輯芻議ーー『中國異體字大系 · 篆書編』代前言」(劉志基, 『中國文字研究』, 2007年 02期)
「敦煌漢簡的異體字ーー兼論異體字的認定問題」(楊艷輝 · 張顯成, 『中國文字研究』, 2007年 02期)
「漢語疑難俗字重考若干例」(鄭賢章, 『中國語文』, 2007年 06期)
「『應縣木塔遼代秘藏』俗字類型及成因」(趙春蘭 · 楊建秀, 『通化師范學院學報』, 2007年 11期)
「“啜哄”探源兼論“趍”字ーー『金瓶梅』俗字訛字例釋」(張鴻魁, 『東岳論叢』, 2007年 06期)
「談聊齋俚曲的俗字」(董紹克 · 趙春陽, 『蒲松齡研究』, 2007年 04期)
「以『可洪音義』補大型字書未收俗字」(韓小荊, 『中國文字研究』, 2007年 02期)
「裴務齊正字本『刊謬補缺切韻』及其異體字表述方式」(曹志國, 『周口師范學院學報』, 2008年01 期)
「略論唐朝的正字運動」(王志方, 『語文現代化論叢(第八輯)』, 2008年 第八輯)
「海峽兩岸字樣學研究三十年」(劉元春, 『漢字文化』, 2008年 05期)
「蔣斧本『唐韻』殘卷異寫字研究」(李帥, 『牡丹江教育學院學報』, 2008年 02期)
「敦煌俗字舉隅ーー以寫本相書為中心」(馬建東, 『天水師范學院學報』, 2008年 01期)
「浙南地名俗字考釋」(劉美娟, 『浙江工業大學學報(社會科學版)』, 2008年 01期)
「裴務齊正字本『刊謬補缺切韻』及其異體字表述方式」(曹志國, 『周口師范學院學報』, 2008年 01 期)
「水族水文和傈僳族竹書的異體字比較研究」(高慧宜, 『民族論壇』, 2008年 03期)
「淺談『第一批異體字整理表』對辭書編寫的影響」(趙峰, 『長春大學學報』, 2008年

03期)
「關于大型字書異體字整理的幾個問題」(李二忠,『科教文匯(下旬刊)』, 2008年 03期)
「“靈”的異體字與巫文化」(劉建幫 · 付婀娜,『現代語文(語言研究版)』, 2008年 04期)
「『說文解字』所收異體篆文的文字學啟示」(譚步云,『中山大學學報(社會科學版)』, 2008年 03期)
「論期刊中繁體字、異體字的錯誤使用問題」(張海英,『湖南大學學報(社會科學版)』, 2008年 04 期)
「從文化角度看異體字在歷史文獻中的處理問題」(羅恰 · 王躍霖,『四川理工學院學報(社會科學版)』, 2008年 04期)
「淺析古今字、異體字、通假字的定義及區分」(馬英新,『語文學刊』, 2008年 18期)
「『段注』“音義皆同”的同源字與“音義皆同”的異體字」(毛毓松,『廣西師范學院學報(哲學社會科學 版)』, 2008年 04期)
「敦煌寫卷『春秋經傳集解』異體字構形體系研究」(李索,『大連大學學報』, 2008年 05期)
「從漢代碑刻看異體字與書法表現的關系」(陶小軍,『藝術百家』, 2008年 06期)
「異體字研究」(陳昌芳,『江西省語言學會2008年年會論文集』, 2008年)
「簡論異體字的界定」)(田靜,『晉中學院學報』, 2008年 06期)
「張家山漢代醫簡古『脈書』中的異體字考」(郝慧芳,『山西中醫學院學報」, 2008年 06期)
「淺談『敦煌俗字典』中的俗字繁化現象」(井米蘭,『現代語文(語言研究版)』, 2008年 04期)
「疑難俗字考釋札記」(梁春勝,『中國典籍與文化論叢』, 2008年 00期)
「東晉南朝墓志俗字及其成因探析」(朱智武,『漢唐社會經濟與海鹽文化學術研討會論文集』, 2008 年)
「道書俗字與『漢語大字典』補訂」(馮利華,『古漢語研究』, 2008年 02期)
「北朝石刻俗字類型舉隅」(李發,『南昌航空大學學報(社會科學版)』, 2008年 02期)
「敦煌寫本『甘棠集』俗字輯考」(趙紅,『敦煌研究』, 2008年 04期)
「以北朝造像記考漢語俗字」(趙修 · 金小棟,『語文學刊』, 2008年 16期)
「從『鏡中釋靈實集』釋錄看東亞寫本俗字研究——兼論東亞寫本學研究的意義」(王曉平,『天津師范 大學學報(社會科學版)』, 2008年 05期)
「敦煌研究院藏『三國志 · 步騭傳』殘卷疑難俗字補釋」(肖瑜,『敦煌研究』, 2008年

05期)
「『干祿字書』俗字構形中的聲符替換」(紀雅茹, 『泰安教育學院學報岱宗學刊』, 2008年 04期)
「中醫古籍的俗字研究」(孫孝忠 · 丁春, 『福建中醫學院學報』, 2009年 01期)
「歐陽詢行楷『千字文』俗字與敦煌俗字異同考辨」(黃征, 『敦煌研究』, 2009年 01期)
「借敦煌俗字破日藏漢籍寫本釋錄之疑ーー以『圣武天皇宸翰雜集』為中心」(王曉平, 『敦煌研究』, 2009年 01期)
「漢碑俗字所反映出來的兩類漢字形體演變規律」(吳文文, 『濮陽職業技術學院學報 2009年 01期)
「上圖藏敦煌寫卷『黃仕強傳』俗字考辨」(李素娟, 『敦煌學輯刊』, 2009年 01期)
「略談明清古籍俗字的釋讀」(曾良 · 林鷺兵, 『江南大學學報(人文社會科學版)』, 2009年 02期)
「北朝造像記俗字與『漢語大字典』的補訂」(趙修 · 金小棟, 『語文學刊』, 2009年 08期)
「『一切經音義』俗字考」(徐時儀, 『中國文字研究』, 2009年 00期)
「敦煌寫本俗字考釋四則」(趙鑫曄, 『中國文字研究』, 2009年 00期)
「宋本『玉篇』異體字簡論」(宋雨涵 · 何明烈, 『西華大學學報(哲學社會科學版)』, 2009年 01期)
「『說文解字義證』信息化中異體字的處理」(姜永超 · 郭翀, 『現代語文(語言研究版)』, 2009年 02期)
「試談異體字的定義及類型」(王麗娜, 『忻州師范學院學報』, 2009年 01期)
「書刊繁簡字及異體字使用規范芻議」(肖立生 · 周小喜, 『湖南大學學報(社會科學版)』, 2009年 02 期)
「異體字的文化信息價值」(暴希明, 『求索』, 2009年 05期)
「簡說古文字異體字的發展演變」(劉志基, 『中國文字研究』, 2009年 00期)
「爨寶子碑異體字分析」(秦建文, 『中國文字研究』, 2009年 00期)
「納西東巴文語境異體字及其演變」(鄧章應 · 白小麗, 『中央民族大學學報(哲學社會科學版)』, 2009 年 04期)
「論唐代專書異體字研究的價值」(史甲慶, 『重慶文理學院學報(社會科學版)』, 2009 年 04期)
「古漢語中容易混淆的用字現象ーー通假字、古今字與異體字新辨」(余淑榮, 『阿壩師范高等專科學 校學報』, 2009年 04期)

「『集韻』和『類篇』的俗字初探」(楊小衛, 『湖南工業大學學報(社會科學版)』, 2009年 04期)
「『盤王歌』與『宋元以來俗字譜』俗字比較初探」(余陽, 『文學教育(上)』, 2009年 10期)
「明刊閩南方言戲文中的俗字研究」(王建設, 『中國方言學報（第四期）』, 2009年 04期)
「郭店楚簡異構字研究」(孫文麗, 『語言論集』, 2009年 00期)
「馬王堆簡帛異構字初探」(黃文杰, 『中山大學學報(社會科學版)』, 2009年 04期)
「裴務齊正字本『刊謬補缺切韻』異寫字研究」(曹志國, 『河南教育學院學報(哲學社會科學版)』, 2009年 05期)
「淺探東漢碑隸異寫字的特點」(徐璐璐, 『樂山師范學院學報』, 2010年 02期)
「語文教學中的嚴格正字問題」(張玉蓉, 『學生之友(初中版)(下)』, 2010年 04期)
「銀雀山漢簡異構字探析」(黃文杰, 『中山大學學報(社會科學版)』, 2010年 03期)
「睡虎地秦簡異構字探析」(黃文杰, 『學術研究』, 2010年 06期)
「日本漢籍古寫本俗字研究與敦煌俗字研究的一致性ーー以日本國寶『毛詩鄭箋殘卷』為中心」(王曉 平, 『藝術百家』, 2010年 01期)
「漢碑俗字的類型及其成因探析」(井學法, 『文化學刊』, 2010年 02期)
「敦煌寫卷佛經音義俗字考探」(徐時儀, 『百年敦煌文獻整理研究國際學術討論會論文集（上冊）』, 2010年)
「20世紀90年代以來敦煌俗字研究綜述」(郭洪丹, 『西南交通大學學報(社會科學版)』, 2010年 02 期)
「韓國朝鮮后期坊刻本俗字研究ーー以『論語集注』、『孟子集注』為例」(河永三, 『殷都學刊』, 2010 年 02期)
「敦煌通俗字書與『新撰字鏡』比較研究」(張磊, 『敦煌研究』, 2010年 03期)
「唐代敦煌寫本的俗字類型」(陳聰穎, 『資治文摘(管理版)』, 2010年 06期)
「異體字規范淺議」(劉建彪 · 劉磊, 『北方文學(下半月)』, 2010年 01期)
「寫本異體字構字部件形體變異研究ーー以敦煌寫卷S.388號為中心」(蔡忠霖, 『百年敦煌文獻整理 研究國際學術討論會論文集（上冊）』, 2010年)
「從異體字的差異看納西東巴文的發展」(黃思賢, 『甘肅聯合大學學報(社會科學版)』, 2010年 03 期)
「『洪武正韻』數字化過程中異體字的處理」(童琴, 『湖北第二師范學院學報』, 2010年 06期)

「宋本『玉篇』異體字音符換用考(之二)」(賈忠峰, 『現代語文(語言研究版)』, 2010年 07期)

「宋本『玉篇』異體字音符換用考」(賈忠峰, 『西華大學學報(哲學社會科學版)』, 2010年 04期)

「"言"與"書"的交融ーー淺析王羲之名帖中的古今字、異體字與繁簡字」(孫夢麗, 『大衆文藝』, 2010年 17期)

「東巴文和水文的異體字比較研究」(何寶芝, 『文教資料』, 2010年 28期)

「語文教材古今字、通假字、異體字注釋辨正」(馬立春, 『長春理工大學學報』, 2010年 10期)

「關于佛典刊本中出現的西夏異體字」(荒川愼太郎, 『首屆中國少數民族古籍文獻國際學術研討會 論文集』, 2010年)

「東漢買地券、鎮墓文異體字初探」(呂志峰, 『中國文字研究』, 2010年 00期)

「異體字整理的原則和方法」(卜師霞 · 凌麗君, 『云南師范大學學報(哲學社會科學版)』, 2010年 06 期)

「高中語文教材古今字、通假字、異體字注釋辨正」(馬立春, 『現代語文(語言研究版)』, 2010年 11 期)

「繁體字、異體字、俗字及其他」(吳永亮, 『青年記者』, 2010年 33期)

「唐代景教寫經中的疑難俗字例釋」(聶志軍 · 賀衛國, 『寧夏大學學報(人文社會科學版)』, 2010年 04期)

「『新撰字鏡』與漢語俗字研究」(張磊, 『西南交通大學學報(社會科學版)』, 2010年 04期)

「五代墓志俗字考辨」(周阿根, 『學術界』, 2010年 09期)

「敦煌俗字與宋本『玉篇』俗字字形之差異及其原因初探」(井米蘭, 『寧夏大學學報(人文社會科學版)』, 2010年 05期)

「俄藏黑水城文獻『劉知遠諸宮調』俗字整理研究」(教育部人文社科重點研究基地寧夏大學西夏學研 究院 西夏學(第六輯)ーー首屆西夏學國際論壇專號(下)』, 2010年)

「『經律異相』異文與大型字典俗字考」(張春雷, 『中國訓詁學研究會2010年學術年會論文摘要集』, 2010年)

「敦煌寫卷佛經音義俗字考探」(徐時儀, 『藝術百家』, 2010年 06期)

「『韓國俗字譜』人部俗字之類型特征ーー基于與敦煌俗字的比較」(井米蘭, 『濰坊教育學院學報』, 2010年 06期)

「俗字通例研究在日本寫本考釋中的運用——以『萬葉集』漢詩文為例」(王曉平, 『天津師范大學學報 (社會科學版)』, 2010年 06期)
「『篆隸萬象名義』俗字小議」(柳建鈺, 『南陽師范學院學報』, 2010年 11期)
「『玉篇・示部』異體字分析」(王嶸, 『甘肅高師學報』, 2011年 01期)
「異體字與漢文化」(盧翠, 『安徽文學(下半月)』, 2011年 01期)
「淺析『通用規范漢字表』恢復的異體字」(余婉寧, 『現代語文(語言研究版)』, 2011年 01期)
「淺析『說文』中表動詞異體字的意符差異」(雷縉碚, 『衡陽師范學院學報』, 2011年 01期)
「異體字產生的內部原因探析」(祁永敏, 『語文知識』, 2011年 01期)
「納西東巴文異體字關系特征初步研究」(李杉, 『邵陽學院學報(社會科學版)』, 2011年 01期)
「宋本『玉篇』異體字探析」(賈忠峰, 『重慶三峽學院學報』, 2011年 02期)
「俗字與異體字」(趙春蘭, 『時代文學(下半月)』, 2011年 04期)
「納西東巴文異體字研究述評」(劉悅, 『中國海洋大學學報(社會科學版)』, 2011年 03期)
「兩漢隸書異體字形的演變及原因分析」(司曉蓮, 『科技創新導報』, 2011年 14期)
「對東巴文異體字中所見繁化現象的思考」(劉悅, 『閩江學刊』, 2011年 03期)
「宋本『玉篇』形聲結構異體字義符換用考」(賈忠峰, 『山西大同大學學報(社會科學版)』, 2011年 03 期)
「西北屯戍漢簡異體字變異規律初探」(馬瑞・張顯成, 『唐都學刊』, 2011年 04期)
「『楚系簡帛文字編』(增訂本)中異體字研究」(李平・高華平, 『北京理工大學學報(社會科學版)』, 2011年 04期)
「論分別文同同源字、假借字、古今字、異體字的關系」(劉偉唯, 『中國科教創新導刊』, 2011年 25期)
「Unicode標準下古籍數字化的異體字處理」(高天俊, 『現代語文(語言研究版)』, 2011年 09期)
「經濟性與理據性之辨——對『通用規范漢字表』51個異體字“轉正”的再思考」(張孝飛, 『長春工程學 院學報(社會科學版), 2011年 03期)
「再論中國內地與香港地區異體字的異同」(黃艷萍, 『學行堂語言文字論叢』, 2011年 00期)
「試論51個異體字恢復的合理性」(鮑蓉, 『安徽文學(下半月)』, 2011年 10期)
「當前語文生活中的異體字——『異體字辨析字典』前言」(胡雙寶, 『漢字文化』, 2011年

05期)
「論江陵望山楚簡中的異體字」(徐琳, 『寧夏大學學報(人文社會科學版)』, 2011年 06期)
「徽州俗字的研究價值」(方孝坤, 『徽學』, 2010年 00期)
「唐代碑刻異構字探析」(羅小如, 『中南大學學報(社會科學版)』, 2011年 02期)
「張家山漢簡(247號墓)中的異構字」(黃文杰, 『信陽師范學院學報(哲學社會科學版)』, 2011年 03 期)
「裴務齊正字本『刊謬補缺切韻』異構字代換聲符形體研究」(曹志國, 『綿陽師范學院學報』, 2011年 06期)
「裴務齊正字本『刊謬補缺切韻』異構字聲符的音韻類型及其成因」(曹志國, 『大慶師范學院學報』, 2011年 04期)
「字樣學及研究價值論析」(劉元春, 『社會科學家』, 2011年 11期)
「韓國漢字及俗字研究綜述」(井米蘭, 『延邊大學學報(社會科學版)』, 2011年 01期)
「俗字與正字」(趙春蘭, 『時代文學(下半月)』, 2011年 02期)
「漢文佛典疑難俗字札考」(鄭賢章, 『古漢語研究』, 2011年 02期)
「利用『新修玉篇』考辨疑難俗字」(楊清臣, 『河北大學學報(哲學社會科學版)』, 2011年 03期)
「淺析『干祿字書』中的俗字」(趙璐, 『南昌教育學院學報』, 2011年 06期)
「徽州俗字成因探微」(方孝坤, 『中國社會科學院研究生院學報』, 2011年 04期)
「『漢語大字典』、『中華字海』疑難俗字考9則」(熊加全, 『中國文字研究』, 2011年 02期)
「韓國寫本俗字的類型及其特點ㅡㅡ以『韓國俗字譜』為例」(王平, 『中國文字研究』, 2011年 02期)
「敦煌佚本『維摩詰經注』寫卷俗字輯考」(陶家駿, 『蘇州大學學報(哲學社會科學版)』, 2011年 05 期)
「敦煌俗字整理及研究概況」(井米蘭, 『武漢科技大學學報(社會科學版)』, 2011年 05期)
「漢語俗字構字理據性初探ㅡㅡ以敦煌吐魯番文獻為中心」(趙紅, 『西域研究』, 2011年 04期)
「論俗字在『讀書雜志』中的應用」(張相平, 『惠州學院學報(社會科學版)』, 2011年 05期)
「明清小說疑難俗字考二則」(曾述忠, 『中國語文』, 2011年 06期)
「俗字在日本的傳播研究」(何華珍, 『寧波大學學報(人文科學版)』, 2011年 06期)
「論『越諺』方俗字」(周志鋒, 『古漢語研究』, 2011年 04期)
「宋本『玉篇』新增異體字分析」(姜永超, 『大家』, 2012年 03期)

「楚簡異體字形與代表字形的形體差異比較」(匡鵬飛 · 廖媛媛, 『湖南科技學院學報』, 2012年 02期)
「異體字范疇的訛字與同形字」(李鏡淑, 『勵耘學刊(語言卷)』, 2012年 02期)
「劉寶楠『論語正義』征引皇『疏』、邢『疏』異體字考」(范文潔, 『劍南文學(經典教苑)』, 2012年 03 期)
「字樣學的創新力作一一『隋唐石刻與唐代字樣』評介」(張艷, 『鄭州師范教育』, 2012年 01期)
「『正字通』異體字考釋成果與現代大型字典編纂」(張青松, 『勵耘學刊(語言卷)』, 2012年 01期)
「『漢語大字典』引用『正字通』異體字材料辨正」(張青松, 『鄭州師范教育』, 2012年 06期)
「漢文佛典疑難俗字考釋」(鄭賢章, 『合肥師范學院學報』, 2012年 01期)
「東晉南朝墓志俗字及其成因探析」(朱智武, 『南京曉莊學院學報』, 2012年 01期)
「『施案奇聞』俗字例釋」(葉熒光, 『集美大學學報(哲學社會科學版)』, 2012年 01期)
「淺析清水江文書俗字的價值」(閆平凡, 『貴州大學學報(社會科學版)』, 2012年 02期)
「俗字對正字字體的變異分析」(褚群武, 『長春理工大學學報(社會科學版)』, 2012年 04期)
「『龍龕手鑒』所收"俗字"體例及正俗標準」(洪若震, 『中文學術前沿』, 2012年 01期)
「『祖堂集』類化俗字之探析」(馬丹丹, 『赤峰學院學報(漢文哲學社會科學版)』, 2012年 06期)
「淺析『古文字學導論』中的俗字」(陶美玲, 『文教資料』, 2012年 34期)
「淺析『張黑女墓誌』中俗字」(唐志強, 『文教資料』, 2012年 34期)
「司法文書真偽鑒定中對異體字特征價值的分析」(鄧紹秋, 『中國防偽報道』, 2012年 04期)
「書法中的異體字現象淺談」(謹空, 『中國鋼筆書法』, 2012年 04期)
「西周金文異體字的動態考察」(王瑞英, 『黃河科技大學學報』, 2012年 03期)
「漢魏六朝碑刻異體字研究的幾個問題」(吳繼剛 · 毛遠明, 『古漢語研究』, 2012年 02期)
「第5次書同文研討會:關于部分繁簡字、異體字和新舊字形的規范化整理的建議」(馮壽忠 · 周勝鴻, 『漢字書同文研究』, 2012年)
「甲骨文異體現象研究」(譚飛, 『漢字文化』, 2012年 03期)
「『漢語大字典 · 異體字表』所收隸定異體字構字部件分析」(劉美霞, 『宜春學院學報』, 2012年 06期)

「『正字通』異體字考釋成果與現代大型字典編纂」(張青松, 『勵耘學刊(語言卷)』, 2012年 01期)
「由“說”字談通假字、古今字、異體字之辨」(單志文, 『語文月刊』, 2012年 07期)
「金文語境異體字初探」(張再興, 『蘭州學刊』, 2012年 07期)
「論異體字異形詞規范的理據性選擇」(于金華, 『通化師范學院學報』, 2012年 07期)
「基于語料庫的六朝與隋唐五代石刻楷書異體字比較調查」(李海燕, 『泰山學院學報』, 2012年 04 期)
「異體字產生原因及對當代書法創作的影響探析」(賀煒煒, 『中國書法』, 2012年 08期)
「江永女書音節文字中的異體字和同音字」(彭澤潤, 『衡陽師范學院學報』, 2012年 04期)
「漢字偏旁化與異體字的發生與發展」(耿銘, 『第三屆漢字與漢字教育國際研討會論文摘要集』, 2012年)
「近60年來異體字研究述評」(張院利, 『淮北師范大學學報(哲學社會科學版)』, 2012年 04期)
「『平妖傳』異體字與版本研究叢札一一兼談古籍整理研究中的異體字問題」(林嵩, 『文獻』, 2012年 04期)
「『漢語大字典』引用『正字通』異體字材料辨正」(張青松, 『鄭州師范教育』, 2012年 06期)
「異體字析(上)」(華堅民, 『中國鋼筆書法』, 2012年 12期)
「六朝墓志俗字的構件變化簡析」(魏平, 『重慶工商大學學報(社會科學版)』, 2012年 06期)
「清代順治康熙時期南部縣衙檔案俗字考釋」(晏昌容 · 楊小平, 『重慶科技學院學報(社會科學版)』, 2012年 24期)
「魏晉南北朝寫本俗字興盛原因管窺一一以敦煌吐魯番出土『三國志』古寫本俗字為例」(肖瑜, 『賀州 學院學報』, 2012年 04期)
「俗字研究與民間文獻整理一一以『吉昌契約文書匯編』為例」(唐智燕, 『漢語史研究集刊』, 2012年 00期)
「原本『玉篇』的俗寫字分類研究一一基于魏晉南北朝石刻語料庫的調查」(邢慎寶, 『湖北民族學院學 報(哲學社會科學版)』, 2013年 02期)
「敦煌寫本『老子化胡經』俗字輯考」(唐武嘉, 『現代交際』, 2013年 02期)
「太平天國文獻俗字研究述評」(王建軍 · 楊奔, 『廣西社會科學』, 2013年 02期)
「『清代南部縣衙檔案』俗字考釋六則」(孫芳芳 · 楊小平, 『重慶三峽學院學報』, 2013

年 02期)
「『正字通』疑難俗字考釋正誤辨」(熊加全, 『語文建設』, 2013年 08期)
「敦煌寫本俗字校考五則」(趙靜蓮, 『中國文字研究』, 2013年 01期)
「太平天國文獻俗字三題」(王建軍, 『梧州學院學報』, 2013年 02期)
「淺談清代南部縣衙檔案俗字」(董兆娜 · 楊小平, 『長治學院學報』, 2013年 03期)
「魏晉南北朝石刻俗字考釋」(梁春勝, 『中國語文』, 2013年 04期)
「『大越史記全書』俗字初探」(賈蓋東, 『現代交際』, 2013年 07期)
「『法苑珠林』中的簡省俗字」(張龍飛 · 周志鋒, 『現代語文(語言研究版)』, 2013年 07期)
「日本上代金石文與漢語俗字」(金燁, 『安慶師范學院學報(社會科學版)』, 2013年 04期)
「異體字析(中)」(華堅民, 『中國鋼筆書法』, 2013年 01期)
「東牌樓漢簡異體字初探」(李恒光, 『蘭州教育學院學報』, 2013年 01期)
「東牌樓漢簡異體字整理研究」(李恒光, 『企業導報』, 2013年 02期)
「『異體字規范字應用辨析字典』出版」(『語文研究』, 2013年 01期)
「水書異體字機器翻譯的自動獲取方法」(羅俊才 · 陳笑蓉, 『貴州大學學報(自然科學版)』, 2013年 01期)
「唐碑異體字與書法習慣淺談」(陳玲, 『語文學刊』, 2013年 04期)
「異體字析(下)」(華堅民, 『中國鋼筆書法』, 2013年 02期)
「異體字之間的異體關系考辨一一以"哄"的異體字為例」(宮領強 · 王宜廣, 『寧夏大學學報(人文社會 科學版)』, 2013年 02期)
「異體字的界定標準」(徐艷利, 『學行堂文史集刊』, 2013年 01期)
「魏晉南北朝異體字盛行原因探析」(熊沛軍, 『廣東廣播電視大學學報』, 2013年 02期)
「李清照『漱玉集』異體字探析」(李麗香, 『欽州學院學報』, 2013年 04期)
「一本難得的好書一一讀『異體字規范字應用辨析字典』」(劉慶俄, 『漢字文化』, 2013年 02期)
「『宋本廣韻』平聲卷俗字研究」(王抒情, 『語文知識』, 2013年 03期)
「俗字在韓國的傳播研究」(何華珍, 『寧波大學學報(人文科學版)』, 2013年 05期)
「『新雕孫真人千金方』俗字特點初探」(段曉華 · 曾鳳, 『北京中醫藥大學學報』, 2013年 09期)
「和刻本『事林廣記』俗字初探」(祝昊冉, 『語文學刊』, 2013年 20期)
「『漢語大字典』異體字認同失誤辨證」(楊寶忠 · 熊加全, 『語文研究』, 2013年 02期)
「『新編甲骨文字形總表』中的異體字整理與研究」(陳婷珠 · 李新城, 『華夏考古』, 2013年

02期)
「古籍整理中正異體字的相異性舉隅」(程守禎, 『整理、傳承、發展ーー中醫醫史文獻研究的新思路 ーー中華中醫藥學會第十五次中醫醫史文獻學術年會論文集』, 2013年)
「彝文異體字初探」(陳棣芳, 『畢節學院學報』, 2013年 07期)
「敦煌本『大乘無量壽經』異體字考釋三則」(左麗萍, 『語文學刊』, 2013年 14期)
「古代漢語課程教學中的異體字問題ーー互聯網時代的古代漢語教學改革探索之一」(雷勵, 『興義民 族師范學院學報』, 2013年 04期)
「異體字研究述論」(朱生玉, 『現代語文(語言研究版)』, 2013年 08期)
「談談大型辭書異體字注音的對應問題」(陽利平, 『中國文字研究』, 2013年 02期)
「建國以來的漢字異體字整理研究之斷想」(杜麗榮 · 邵文利, 『學術界』, 2013年 09期)
「『求取占卜經』哥巴文異體字分析」(劉婕, 『學行堂語言文學論叢(第四輯)ーー2013年全國博士生 論壇(出土文獻語言文字研究與比較文學學研究領域)論文集』, 2013年)
「『通用規范漢字表』公布45個異體字轉正」(『語文教學與研究』, 2013年 28期)
「談談大型辭書異體字注音的對應問題」(陽利平, 『辭書研究』, 2013年 05期)
「春秋金文的異體字與構件差異」(郭利芳, 『名作欣賞』, 2013年 32期)
「認認這45個轉正的異體字」(呂貽曉, 『語文教學通訊』, 2013年 31期)
「甲骨文象形字異體情況研究」(易軒, 『語文學刊』, 2013年 21期)
「基于慧琳『一切經音義』的異體字數字化研究」(黃仁瑄 · 劉興, 『語言文字應用』, 2013年 04期)
「古今字、通假字、異體字的辨析」(李瑾, 『現代婦女(下旬)』, 2013年 11期)
「柳州『龍城石刻』俗字考」(李金溢, 『商』, 2013年 21期)
「『石倉契約』俗字釋讀疏漏補正」(唐智燕, 『寧波大學學報(人文科學版)』, 2013年 06期)
「『北京大學圖書館藏敦煌文獻』繁化俗字例析」(陶美玲, 『文教資料』, 2013年 32期)
「淺析『樹藝篇』中的俗字現象」(張翔, 『文教資料』, 2013年 32期)
「宋本『玉篇』俗字的構形理據及造字規則」(賈忠峰, 『重慶三峽學院學報』, 2013年 06期)
「『宋本玉篇』中的俗字」(宋雨涵 · 饒冬梅, 『語文建設』, 2013年 33期)
「"綦江天書"與道教復文俗字釋讀」(董憲臣, 『重慶與世界(學術版)』, 2013年 11期)
「敦煌歷文俗字類型研究」(于正安, 『許昌學院學報』, 2013年 06期)
「『廣韻』諸版本去聲"至"韻字及其注文的俗字比勘」(施璟玥, 『青年文學家』, 2013年

33期)
「契約文書俗字考五則」(儲小旵・張麗, 『漢語史學報』, 2013年 00期)
「疑難俗字考辨四則ーー兼談歸納法和演繹法在俗字考釋中的運用」(陳源源, 『漢語史學報』, 2013 年 00期)
「論異寫字的特點」(侯佳利, 『齊齊哈爾大學學報(哲學社會科學版)』, 2014年 03期)
「『分毫字樣』研究」(張孟晋・韓瑞芳, 『古籍整理研究學刊』, 2014年 04期)
「『正字通』異體字訓釋指瑕」(張青松, 『勵耘語言學刊』, 2014年 01期)
「宋元以來契約文書俗字在大型字典編纂中的價值」(儲小旵・張麗, 『中國文字研究』, 2014年 01期)
「歐陽詢行楷『千字文』俗字與敦煌俗字特征考辨」(黃征・黃衛, 『西南民族大學學報(人文社會科學版)』, 2014年 03期)
「漢字字體設計與漢語俗字造字同構性初探」(吳峰, 『新疆廣播電視大學學報』, 2014年 01期)
「敦煌俗字部件變體例釋」(曾少林, 『文教資料』, 2014年 09期)
「『寶林傳』俗字考釋十則」(周正・詹緒左, 『安慶師范學院學報(社會科學版)』, 2014年 02期)
「朝鮮刻本『樊川文集夾注』俗字初探」(唐天麗, 『現代交際』, 2014年 04期)
「『宋元以來俗字譜』俗字類型考察」(邱龍升, 『寧夏大學學報(人文社會科學版)』, 2014年 03期)
「『俄藏黑水城文獻』俗字研究的文字學價值ーー以第六冊為例」(蔡永貴・靳紅慧, 『西夏學』, 2014年 01期)
「『漢語大字典』失收俗字字形補遺ーー以『法苑珠林』俗字為例」(張龍飛・周志鋒, 『現代語文(語言研 究版)』, 2014年 06期)
「『正字通』異體字訓釋指瑕」(張青松, 『勵耘語言學刊』, 2014年 01期)
「『說文解字』異體字類型研究」(秦鳳鶴, 『中國文字學報』, 2014年 00期)
「中醫藥古籍整理工作中異體字的處理」(曹瑛・呂凌, 『中華中醫藥學會第十六次醫史文獻分會學術 年會暨新安醫學論壇論文匯編』, 2014年)
「『明代進士登科錄』中的“異體字”研究」(張杰・朱希芳, 『現代語文(語言研究版)』, 2014年 08期)
「為什么要對『第一批異體字整理表』進行調整?」(王敏・陳雙新, 『語言文字周報』, 2014年)
「基于『說文解字』與『第一批異體字整理表』對比之漢字正異演變研究」(郭磊・蔡英

杰, 『燕趙學術』, 2014年 02期)
「吐魯番磚志異體字及其書法意義探析」(李天天, 『書法』, 2014年 12期)
「『求取占卜經』哥巴文異體字分析」(劉婕, 『學行堂語言文字論叢』, 2014年 00期)
「博物館出版物中異體字和繁簡字的處理」(龔向軍, 『首都博物館論叢』, 2014年 00期)
「利用『正字通』考辨大型字書疑難俗字舉例」(熊加全, 『中國文字學報』, 2014年 00期)
「越南漢籍『大越史記全書』俗字研究——談“撥”」(賈蓋東, 『現代交際』, 2014年 08期)
「『石倉契約』俗字校讀十則」(唐智燕, 『寧波大學學報(人文科學版)』, 2014年 05期)
「英藏敦煌寫卷俗字字形誤釋考校舉例」(龔元華, 『中國語文』, 2014年 05期)
「清水江文書疑難俗字例釋(一)」(唐智燕, 『原生態民族文化學刊』, 2014年 03期)
「五代墓志俗字類型及成因探析」(周阿根, 『中國文字研究』, 2014年 02期)
「六朝石刻疑難俗字例釋」(梁春勝, 『文史』, 2014年 04期)
「『正字通』考釋疑難俗字的價值」(熊加全, 『語文建設』, 2014年 32期)
「『事林廣記』俗字探微」(閆艷・祝昊冉, 『內蒙古師范大學學報(哲學社會科學版)』, 2014年 06期)
「韓國寫本『漂海錄』俗字類型分析」(周玳, 『現代語文(學術綜合版)』, 2014年 12期)
「清水江文書疑難俗字例釋(二)」(唐智燕, 『原生態民族文化學刊』, 2014年 04期)
「大足石刻文獻俗字考探」(鄔宗玲, 『中國俗文化研究』, 2014年 00期)
「明刊閩南方言戲文中的俗字研究」(王建設, 『中國方言學報』, 2015年 00期)
「『石倉契約』俗字校讀十五則」(唐智燕, 『寧波大學學報(人文科學版)』, 2015年 02期)
「清代南部縣衙檔案俗字淺考」(何澤稀, 『四川文理學院學報』, 2015年 03期)
「寶卷俗字札記」(張國良, 『古漢語研究』, 2015年 02期)
「貴州契約文書俗字“(文艮)”考釋」(盧慶全・黑維強, 『新疆大學學報(哲學・人文社會科學版)』, 2015 年 03期)
「徐鉉俗字標準問題」(張燕, 『西華師范大學學報(哲學社會科學版)』, 2015年 03期)
「清代南部縣衙檔案俗字例析」(王靈芝・楊小平, 『宜賓學院學報』, 2015年 05期)
「唐五代『切韻』系韻書中的異體俗字格式流變」(仝小琳, 『語言歷史論叢』, 2015年 00期)
「『說文解字系傳』俗字研究」(王艷, 『中國石油大學勝利學院學報』, 2015年 02期)
「淺析清代南部縣衙檔案中的改換形旁俗字」(王慧蘭, 『西昌學院學報(社會科學版)』, 2015年 02 期)
「試論漢語俗字與異體字的關系」(劉昕, 『考試周刊』, 2015年 54期)

「論清代南部縣衙檔案俗字的類型」(楊小平 · 郭雪敏, 『西華師范大學學報(哲學社會科學版)』, 2015 年 04期)

「新刊碑志俗字考釋八題」(何山, 『巢湖學院學報』, 2015年 04期)

「『宋元以來俗字譜』之簡俗字研究」(邱龍升, 『中國文字學報』, 2015年 00期)

「新刊隋唐碑志俗字考」(何山, 『保定學院學報』, 2015年 05期)

「馮克寬詩集寫本筆畫類俗字研究」(甄周亞, 『現代交際』, 2015年 11期)

「蟲部俗字輯考」(張文冠, 『中國文字研究』, 2015年 02期)

「女書異體字的規范化研究」(王思齊 · 李慶福 · 毛一好 · 王雪茜, 『文化與傳播』, 2015年 02期)

「有些異體字已經調整為規范字，為什么還要限定其使用范圍?」(王敏 · 陳雙新, 『語言文字周報』, 2015年)

「為什么要編制『規范字與繁體字、異體字對照表』?」(王敏 · 陳雙新, 『語言文字周報』, 2015年)

「『王三』『廣韻』異體字差異成因探析」(夏能權, 『求索』, 2015年 05期)

「試論漢語俗字與異體字的關系」(劉昕, 『考試周刊』, 2015年 54期)

「內地生辨認書寫異體字能力調查與分析」(楊兆貴 · 吳學忠, 『第六屆漢字與漢字教育國際研討會論 文摘要集』, 2015年)

「『漢語大字典』(第二版)異體字認同補苴」(周艷紅 · 馬乾, 『唐山學院學報』, 2015年 01期)

「『漢語大字典』異體字溝通失誤舉例」(張璇, 『寧夏大學學報(人文社會科學版)』, 2015年 01期)

「談談『通用規范漢字表』異體字整理中存在的問題」(杜麗榮 · 邵文利, 『學術界』, 2015年 02期)

「什么是異體字?為什么要限制異體字的使用?」(王敏 · 陳雙新, 『語言文字周報』, 2015年)

「隸定古文中的異體字研究」(白俊騫, 『語文建設』, 2015年 21期)

「碑刻異體字整理研究的重要成果一一『漢魏六朝碑刻異體字典』評介」(郭洪義, 『辭書研究』, 2015 年 04期)

「『漢魏六朝碑刻異體字典』:編纂路徑、體例及應用價值」(吳繼剛 · 毛遠明, 『辭書研究』, 2015年 04 期)

「人名中的異體字」(祝鴻熹, 『語言文字周報』, 2015年)

「『邠州三水縣主簿京兆韋府君墓誌銘』異體字考」(馬翠, 『青年文學家』, 2015年 21期)

「基于字料庫的開放式異體字整理平臺的設計與實現」(周曉文 · 李國英 · 朱翠萍 · 陳瑩, 『中國文字學 報』, 2015年 00期)

「異體字字形類似偏旁的通用類型地圖構筑ーー以“目”、“火”為中心」(李圭甲, 『中國文字研究』, 2015年 01期)

「談古籍整理出版中異體字的編輯處理問題」(李霜琴, 『云夢學刊』, 2015年 05期)

「『漢語大字典』未認同異體字舉隅」(朱生玉, 『寧夏大學學報(人文社會科學版)』, 2015年 05期)

「河北明代長城碑刻文字異體字類型及特點」(郄曉淼, 『中國語言文學研究』, 2015年 02期)

「寧(níng)澤濤,還是寧(nìng)澤濤ーー兼談姓氏異體字引出的困惑」(霍光武, 『語文教學之友』, 2015年 12期)

「字樣學研究領域里的新力作ーー讀『隋唐石刻與唐代字樣』」(肖瑜 · 劉文章, 『漢字文化』, 2015年 01期)

「字樣學通字新詮ーー以『干祿字書』為例」(劉元春, 『古漢語研究』, 2016年 03期)

「古通假字、古今字和異體字芻議」(高緒亮, 『現代語文(學術綜合版)』, 2016年 02期)

「『音同』中的異體字與訛體字」(賈常業, 『西夏研究』, 2016年 01期)

「文字發展定律對異體字的影響」(孫建偉, 『理論月刊』, 2016年 03期)

「日本金剛寺本『玄應音義』的誤字與異體字」(李圭甲, 『語言研究』, 2016年 02期)

「『正字通』異體字誤釋探因」(張青松, 『古漢語研究』, 2016年 02期)

「淺談異體字的概念」(陳明珠, 『青年文學家』, 2016年 12期)

「戰國中山國銘文異體字研究ーー以平山三器為代表」(李敏, 『現代語文(學術綜合版)』, 2016年 05期)

「『顏氏字樣』與唐代的字樣學」(張孟晉, 『中國文字研究』, 2016年 02期)

「『正字通』異體字誤釋探因」(張青松, 『古漢語研究』, 2016年 02期)

「劃分與其他正字同形的異體字與誤字之界ーー以『可洪音義』所見字形爲主」(李圭甲, 『漢語史學報 』, 2016年 00期)

「試論俗字與正字、異體字的關系及特點」(張簫, 『科學大眾(科學教育)』, 2016年 10期)

「異寫字與異構字考論」(孫建偉, 『江蘇大學學報(社會科學版)』, 2016年 02期)

「淺談東漢磚刻文字中的異寫字類型及成因」(范薈, 『大眾文藝』, 2016年 21期)

「異寫字與異構字考論」(孫建偉, 『江蘇大學學報(社會科學版)』, 2016年 02期)

「明清刻本文獻異構字分類研究」(呂亞斯, 『同行』』, 2016年 10期)

「『漢語大字典 · 異體字表』中的異構字構形描寫」(劉美霞, 『銅仁學院學報』, 2016年 05期)
「異寫字與異構字考論」(孫建偉, 『江蘇大學學報(社會科學版)』, 2016年 02期)
「清水江文書“天柱卷”俗字淺析一一以數詞式、叁、肆為例」(陳婷婷, 『晉城職業技術學院學報』, 2016年 02期)
「明清石刻俗字考釋十題」(何山, 『廣東技術師范學院學報』, 2016年 03期)
「古鄴城出土北朝墓志俗字例釋」(李紅霞 · 賈建鋼, 『邯鄲學院學報』, 2016年 01期)
「從『四聲篇海』引“俗字背篇”看俗字產生的方式」(朱曉琳, 『語文學刊』, 2016年 04期)
「臺灣『異體字字典』未認同異體字論析」(朱生玉, 『寧波大學學報(人文科學版)』, 2016年 03期)
「異體字與書法關系研究」(劉磊磊, 『書法賞評』, 2016年 03期)
「語文教材古今字、通假字、異體字注釋術語質疑」(張夢涵 · 楊雅麗, 『文教資料』, 2016年 21期)
「『漢語大字典 · 異體字表』所收籀文隸定字考察」(劉美霞, 『現代語文(語言研究版)』, 2016年 07期)
「關于『本草綱目』異體字取舍的研究」(張志斌 · 鄭金生 · 于大猛 · 李強 · 侯酉娟, 『中國中醫基礎醫學雜 志』, 2016年 07期)
「異體字研究綜述」(李妍妍, 『參花(上)』, 2016年 08期)
「侯馬盟書異體字研究淺論」(陳英杰, 『中國文字研究』, 2016年 01期)
「海峽兩岸異體字整理現狀及其啟示一一以大陸『新訂異體字表』異體字在臺灣留存情況考察為視角」(王立軍 · 白如, 『云南師范大學學報(哲學社會科學版)』, 2016年 05期)
「試論俗字與正字、異體字的關系及特點」(張簫, 『科學大眾(科學教育)』, 2016年 10期)
「漢字異體字簡論」(劉方超, 『濮陽職業技術學院學報』, 2016年 06期)
「基于形符代替異體字代替與被代替偏旁的字義關系研究」(李圭甲, 『民俗典籍文字研究』, 2016年 02期)
「淺析異體字的文化內涵」(趙德金 · 佟玲玲, 『參花(上)』, 2016年 12期)
「固定性非文字形態偏旁的異體字變化特征考」(李圭甲, 『中國文字研究』, 2016年 02期)
「異體字取象視角下『世說新語補』的文字學價值」(張玉梅 · 樸秀智, 『中國文字研究』, 2016年 02期)

「從古壯字非純借源字異體字看古壯字的演變」(袁香琴, 『華西語文學刊』, 2016年 02期)
「敦煌寫卷疑難俗字考釋五則」(趙曜曜 · 周欣, 『現代語文(語言研究版)』, 2016年 05期)
「六朝石刻訛混俗字例釋」(梁春勝, 『文史』, 2016年 03期)
「21世紀以來研究敦煌俗字的碩士論文綜述」(張蕾, 『遼東學院學報(社會科學版)』, 2016年 04期)
「田中本『日本書紀』俗字研究」(石玉潔, 『日語學習與研究』, 2016年 04期)
「清至民初影戲抄本俗字的類型和特點」(溫振興, 『中國文字研究』, 2016年 01期)
「六朝石刻俗字考釋八則」(邱亮 · 毛遠明, 『中國語文』, 2016年 05期)
「『說文解字系傳』徐鍇注"俗字"研究」(朱生玉, 『辭書研究』, 2016年 05期)
「清代南部縣衙檔案俗字探析」(賀敬朱, 『綿陽師范學院學報』, 2016年 10期)
「試論俗字與正字、異體字的關系及特點」(張簫, 『科學大眾(科學教育)』, 2016年 10期)
「『新修玉篇』俗字考」(熊加全, 『中國文字研究』, 2016年 02期)
「『集韻』異寫字整理及研究——以『東韻』為例」(史曉丹, 『遼東學院學報(社會科學版)』, 2017年 01 期)
「『集韻』異寫字構件混同情況探析」(史曉丹, 『遼東學院學報(社會科學版)』, 2017年 04期)
「異體字研究也要重視"用"——『〈正字通〉異體字研究』序」(李運富, 『語文建設』, 2017年 10期)
「『〈正字通〉異體字研究』」(張青松, 『語文建設』, 2017年 18期)
「『說文解字』大小徐所注"俗字"研究」(朱生玉, 『語言研究』, 2017年 02期)
「『金華理學粹編』俗字考辨」(李炫榕, 『大眾文藝』, 2017年 09期)
「慧琳『一切經音義』所釋疑難俗字考辨八則」(孫建偉,『青海師范大學學報(哲學社會科學版)』, 2017年 03期)
「敦煌寫本『壇經』的繁化俗字」(吳士田, 『長春大學學報』, 2017年 05期)
「『英藏黑水城文獻』第五冊漢文佛經俗字研究」(任韌, 『勵耘語言學刊』, 2017年 03期)
「『慧琳音義』所釋疑難俗字考探十則」(孫建偉, 『國學學刊』, 2017年 02期)
「『石倉契約』(第三輯)俗字校讀十則」(唐智燕, 『寧波大學學報(人文科學版)』, 2017年 04期)
「『宋元以來俗字譜』字頭勘誤及俗字問題」(邱龍升, 『西華大學學報(哲學社會科學版)』, 2017年 04 期)

「北魏碑志俗字考辨舉隅」(周陽, 『重慶文理學院學報(社會科學版)』, 2017年 04期)
「慧琳『一切經音義』俗字考辨九則」(孫建偉, 『重慶師范大學學報(哲學社會科學版)』, 2017年 04 期)
「敦煌寫卷俗字考辨十則」(秦龍泉, 『第七屆漢字與漢字教育國際研討會論文摘要集』, 2017年)
「慧琳『一切經音義』疑難俗字考辨七則」(孫建偉, 『西南交通大學學報(社會科學版)』, 2017年 01 期)
「『事林廣記』俗字淺探」(祝昊冉, 『文教資料』, 2017年 07期)
「趙撝謙『六書本義』“俗字”探釋」(張治東, 『寧夏大學學報(人文社會科學版)』, 2017年 02期)
「南部檔案俗字辨析二則」(賀敬朱, 『銅仁學院學報』, 2017年 08期)
「常熟寶卷『長生卷』俗字例釋」(薛蓓, 『常熟理工學院學報』, 2017年 05期)
「『合并自學集韻』俗字表述體例分析」(孫青, 『漢字文化』, 2017年 20期)
「從隸變角度分析『睡虎地秦簡』相關俗字現象」(張琳, 『北方文學』, 2017年 32期)
「『葡漢辭典』俗字略考」(吳函書, 『中國民族博覽』, 2017年 12期)
「日本回歸醫籍『濟世碎金方』俗字考釋」(劉敬林, 『勵耘語言學刊』, 2017年 02期)
「北朝佛教石刻俗字例釋」(梁春勝, 『中國文字學報』, 2017年 00期)
「含相同聲符的同源字異體字教學」(雷縉碚, 『西部皮革』, 2017年 02期)
「再談『通用規范漢字表』異體字整理中存在的問題」(杜麗榮 · 邵文利, 『學術界』, 2017年 02期)
「異體字研究也要重視“用”ーー「『正字通』異體字研究」序」(李運富, 『語文建設』, 2017年 10期)
「中醫文獻與繁體正楷的回歸ーー字形的改變與同音異體字的辨析」(李鼎 · 張潮, 『2017世界針灸學 術大會暨2017中國針灸學會年會論文集』, 2017年)
「從文字學角度看51個異體字的恢復依據」(肖輝, 『重慶科技學院學報(社會科學版)』, 2017年 05 期)
「異體字辨析“角”與“觡”」(封國華, 『中國篆刻(鋼筆書法)』, 2017年 05期)
「『正字通』異體字研究」(張青松, 『語文建設』, 2017年 18期)
「地名里的異體字」(胡雙寶, 『漢字文化』, 2017年 12期)
「明清字書在異體字處理上的演進與創新」(周蕾, 『古漢語研究』, 2017年 03期)
「六朝石刻異體字釋例」(何山, 『中國文字研究』, 2017年 01期)

「日本早期異體字研究ーー以無窮會本『大般若經音義』為例」(梁曉虹, 『中國文字學報』, 2017年 00 期)
「從異體字角度看文化的鏡像功能」(李孟函, 『散文百家(新語文活頁)』, 2017年 08期)
「讀「『正字通』異體字研究」(曾昭聰, 『興義民族師范學院學報』, 2017年 04期)
「馬王堆帛書『六十四卦』異體字源流考」(于淼, 『中國語文』, 2017年 05期)
「韓國漢字字典編撰歷史及收錄異體字現狀」(張曉琳・王平, 『教育現代化』, 2017年 43期)
「“渠”ーー六十余年最“牛”異體字」(張玉新・馬殿榮, 『語文學習』, 2017年 11期)
「『衡方碑』異體字分析」(張莉, 『齊魯師范學院學報』, 2017年 06期)
「古籍整理中的異體字、訛字處理ーー以『龍眠風雅全編』整理為例」(彭君華, 『古籍研究』, 2017年 02期)
「讀『〈正字通〉異體字研究』」(曾昭聰, 『興義民族師范學院學報』, 2017年 04期)
「異寫字與異構字綜論」(呂敏, 『學行堂語言文字論叢』, 2018年 00期)
「『敦煌俗字典』俗寫字研究」(邢蘊薺, 『遼寧工業大學學報(社會科學版)』, 2018年 06期)
「『新撰字鏡』異寫字研究」(姜澤兵, 『遼寧工業大學學報(社會科學版)』, 2018年 06期)
「文人筆記與俗字研究」(廖曉琴, 『北方文學』, 2018年 02期)
「巖崎文庫藏『新編江湖風月集略注』俗字考釋」(董璐, 『國際中國文學研究叢刊』, 2018年 00期)
「徽州契約文書俗字考六則」(儲小昆, 『中國訓詁學報』, 2018年 00期)
「漢語俗字研究的新成果」(曾昭聰, 『中國社會科學報』, 2018年)
「漢語俗字淺議」(邢蘊薺, 『遼寧工業大學學報(社會科學版)』, 2018年 02期)
「『綴白裘』俗字探析」(王國珍, 『湖州師范學院學報』, 2018年 05期)
「近十年漢語俗字研究現狀及展望」(陳奕帆, 『文教資料』, 2018年14期)
「『長安高陽原新出土隋唐墓志』俗字例釋」(黃程偉・何山, 『保定學院學報』, 2018年 03期)
「新出北朝墓志俗字例釋」(梁春勝, 『漢字漢語研究』, 2018年 02期)
「『山東石刻分類全集』(卷伍)俗字釋讀訂誤舉隅」(顧盼・張顯成, 『漢語史研究集刊』, 2018年 01期)
「隋代石刻俗字考釋六則」(鄒虎, 『中國語文』, 2018年 04期)
「碑刻疑難異體字考辨八題」(郭洪義, 『樂山師范學院學報』, 2018年 01期)
「繁簡字轉換是古籍編輯的一道坎ーー對『規范字與繁體字、異體字對照表』的一點

建議」(祝伊湄, 『編輯學刊』, 2018年 01期)

「異體字和古今字研究綜述」(劉暢, 『青年文學家』, 2018年 06期)

「日本『金光明最勝王經音義』與異體字研究」(梁曉虹, 『漢字漢語研究』, 2018年 01期)

「『漢魏六朝碑刻異體字研究』評述」(周北南, 『阿壩師范學院學報』, 2018年 01期)

「新刊唐代墓志異體字釋例」(熊曉宇 · 何山, 『阿壩師范學院學報』, 2018年 01期)

「芻議通假字、古今字、異體字」(宋麗麗, 『作文成功之路(上)』, 2018年 04期)

「『漢書』顔師古注異體字考論」(王秀麗, 『長春理工大學學報(社會科學版)』, 2018年 03期)

「魏晉南北朝石刻異體字構件舉隅」(張莉, 『齊魯師范學院學報』, 2018年 03期)

「宋刊元印本『增修互注禮部韻略』紙背公文俗字初探」(魏亦樂, 『文史』, 2018年 03期)

「南嶺走廊中段民間文獻俗字研究——契約文書俗字解析之一」(劉譯蔓 · 陳才佳 · 黃立麗, 『賀州學院 學報』, 2018年 03期)

「唐碑志十種俗字斠補」(羅順, 『中國文字研究』, 2018年 02期)

「『明清小說俗字研究』」(曾良, 『現代語文』, 2018年 09期)

「敦煌俗字考釋三則」(戰宇彤, 『文教資料』, 2018年 34期)

「近五年俗字研究綜述」(阮仁平, 『文教資料』, 2018年 34期)

「明清檔案俗字研究的價值」(李義敏, 『勵耘語言學刊』, 2018年 01期)

「佛典疑難俗字補考」(蕭旭, 『漢字漢語研究』, 2018年 03期)

「『海南碑碣匾銘額圖志』中的俗字」(馮青, 『海南師范大學學報(社會科學版)』, 2018年 05期)

「走馬樓吳簡異體字類型研究」(周祥, 『棗莊學院學報』, 2018年 04期)

「中小學書法教育碑帖異體字問題研究」(賀煒煒, 『語文建設』, 2018年 23期)

「簡帛文獻異體字整理研究的力作——『秦漢簡帛異體字研究』評介」(張樂, 『貴州工程應用技術學院 學報』, 2018年 05期)

「通假字、古今字、異體字的異同淺析」(歐明濤, 『中國校外教育』, 2018年 30期)

「『方言』郭璞注異體字考」(楊華, 『開封教育學院學報』, 2018年 11期)

「碑刻異體字的歷時考察——以"綵""愆""(緇)"三字為例」(白艷章, 『寧夏大學學報(人文社會科學版) 』, 2018年 06期)

「基于數據庫的楚簡異體字文字構形特征分析」(蔣德平, 『中國文字研究』, 2018年 02期)

「兩岸異體字規范和實際用字情況的比較研究」(孔祥卿 · 王俊婷, 『中國文字研究』,

2018年 02期)
「筆畫變化異體字生成類型考」(李圭甲, 『中國文字研究』, 2018年 02期)
「明清書家書寫異體字現象探因」(賀煒煒, 『中國書法』, 2018年 24期)
「“魚”部異體字考釋」(張浩 · 史玉婷, 『漢字文化』, 2018年 24期)
「唐朝碑刻異體字初探」(郝潔, 『青島職業技術學院學報』, 2018年 05期)
「『改并五音集韻』異寫字整理及研究一一以『十齊』為例」(董倩, 『遼東學院學報(社會科學版)』, 2019 年 02期)
「漢字字樣學的現代任務」(蘭菘, 『第9屆漢字與漢字教育國際研討會論文摘要集』, 2019年)
「初唐字樣學文字觀新證」(賈智, 『蘇州大學學報(哲學社會科學版)』, 2019年 03期)
「朝鮮寫本『謝氏南征記』俗字研究」(鐵徽, 『延邊教育學院學報』, 2019年 05期)
「俗字與歷史文獻考辨二例」(羅順, 『古漢語研究』, 2019年 04期)
「論異文對于考釋疑難俗字的價值」(真大成, 『南京師范大學文學院學報』, 2019年 04期)
「漢外辭書中的漢語俗字例釋」(劉亞輝, 『漢語言文學研究』, 2019年 04期)
「南部檔案俗字考釋」(楊小平 · 王瑞赟, 『佳木斯大學社會科學學報』, 2019年 02期)
「道光本『敦煌縣志』的俗字考釋」(何澤稀, 『漢字文化』, 2019年 07期)
「『宋本廣韻』上聲卷俗字淺析」(徐洋, 『綿陽師范學院學報』, 2019年 06期)
「徽州婺源秋口鎮契約文書俗字整理」(高雅靓, 『皖西學院學報』, 2019年 04期)
「『石溪莊元契四至□記』俗字探微」(蘇婷, 『大眾文藝』, 2019年 15期)
「『石倉契約』方音俗字考釋二則」(郭敬一 · 張涌泉, 『方言』, 2019年 03期)
「地名俗字形成方式及成因考察一一兼論地名俗字的規范化」(蔡佞, 『漢字漢語研究』, 2019年 03 期)
「敦煌俗字理據性初探」(單莉萍, 『遼寧工業大學學報(社會科學版)』, 2019年 06期)
「巴縣檔案所見俗字之價值述略」(龔澤軍 · 張嘉楠, 『西華師范大學學報(哲學社會科學版)』, 2019年 05期)
「『續黔書』中的“俗字”“川字”“■字”考述」(萇麗娟, 『原生態民族文化學刊』, 2019年 06期)
「北魏碑誌俗字考辨七則」(周陽, 『漢語史研究集刊』, 2019年 02期)
「『五音集韻』處理『集韻』俗字試探」(林啓新, 『宋代文化研究』, 2019年 00期)
「豆盧回, 抑豆盧田一一唐詩人名俗字校考」(羅順 · 臧克和, 『中國文字研究』, 2019年

02期)
「『清車王府藏曲本』"說唱鼓詞"『西游記』俗字考釋舉例」(賈夢琦, 『長江叢刊』, 2019年 08期)
「古鈔本『紅樓夢』俗字研究」(李文鑫 · 陳瑞雪 · 尤林杞, 『長江叢刊』, 2019年 12期)
「俗字考釋十六則」(趙靜蓮, 『中國文字研究』, 2019年 01期)
「明刊本『花關索傳』符號輪廓類俗字研究」(高巖, 『中國文字研究』, 2019年 01期)
「構件的構意類型與異體字的義符換用」(齊元濤, 『第9屆漢字與漢字教育國際研討會論文摘要集』, 2019年)
「謹慎對待文稿所涉的異體字」(胡雙寶, 『語文建設』, 2019年 09期)
「"鳥"部異體字研究」(孔甜甜, 『皖西學院學報』, 2019年 03期)
「基于語言文字規范化背景下的『第一批異體字整理表』研究芻議」(褚靜 · 鄭振峰, 『遼寧師范大學學 報(社會科學版)』, 2019年 04期)
「漢代銅器銘文異體字研究」(徐正考 · 孫元成, 『吉林大學社會科學學報』, 2019年 04期)
「天啟本與『卍續藏』本『紫柏老人集』異體字對比考察」(王瑞 · 徐琳, 『名作欣賞』, 2019年 21期)
「異體字分類問題再探討」(吳繼剛, 『漢語史研究集刊』, 2019年 01期)
「"公"與"■"異體字形成原因初探」(趙律言, 『和田師范專科學校學報』, 2019年 05期)
「異體字的層級特征一一以『五音集韻』重文異體為例」(邱龍升, 『漢語史與漢藏語研究』, 2019年 02 期)
「從異體字看華夏古文明的發展進程」(陳波先, 『大連大學學報』, 2019年 05期)
「『新譯華嚴經音義私記』與唐代字樣學東傳日本新考」(賈智, 『蘇州大學學報(哲學社會科學版)』, 2020年 03期)
「唐代字樣學探析」(高俊杰, 『南昌師范學院學報』, 2020年 05期)
「裴務齊正字本『刊謬補缺切韻』同小韻異體字辨析舉隅」(劉亞麗, 『現代語文』, 2020年 03期)
「試論行、草書影響下的異寫字及其衍生現象」(李洪智, 『勵耘語言學刊』, 2020年 06期)
「西周金文異構字的特征及其對戰國文字的影響」(陶曲勇, 『學術研究』, 2020年 01期)
「禪宗文獻俗字例釋」(王長林, 『中國文字研究』, 2020年 01期)
「嘉靖『保寧府志』俗字考釋」(倪榮強, 『西昌學院學報(社會科學版)』, 2020年 04期)
「六朝石刻訛混俗字考釋」(梁春勝, 『出土文獻』, 2020年 02期)

「宋碑中的俗字——以『宋范夫人張氏壙記』為例」(劉照劍, 『榮寶齋』, 2020年 12期)
「清水江文書俗字現象舉析」(姚權貴, 『安慶師范大學學報(社會科學版)』, 2020年 01期)
「『思溪藏』隨函音義俗字釋例」(譚翠, 『古漢語研究』, 2020年 02期)
「近五年敦煌俗字研究綜述」(陳思維, 『開封文化藝術職業學院學報』, 2020年 02期)
「敦煌寫本『詩經』中的俗字溯源釋例」(李索 · 李雙池 · 俞紹宏, 『大連大學學報』, 2020年 02期)
「京劇抄本俗字考釋三則」(何穎薇, 『漢字文化』, 2020年 13期)
「『中華道藏』俗字錄校商兌」(牛尚鵬, 『古籍整理研究學刊』, 2020年 04期)
「山西出土唐代石刻俗字考釋十則」(廖新冬 · 何山, 『綿陽師范學院學報』, 2020年 07期)
「明代墓志俗字類型探析」(侯寅寅, 『漢字文化』, 2020年 15期)
「『敦煌俗字典』俗造字例釋」(楊梅, 『文化產業』, 2020年 20期)
「嘉靖『保寧府志』俗字考釋七則」(倪榮強 · 楊小平, 『西昌學院學報(社會科學版)』, 2020年 03期)
「敦煌本『佛說善惡因果經』俗字考一則」(武松靜, 『漢字文化』, 2020年 17期)
「敦煌寫本『略出籯金』俗字個案補錄研究」(胡伊麗 · 王一帆, 『漢字文化』, 2020年 21期)
「俗字在京族地區的傳播、發展及影響」(劉正印, 『原生態民族文化學刊』, 2020年 06期)
「『篆隸萬象名義』俗字異形偏旁探析」(劉麗霞 · 于兆鋒, 『古籍整理研究學刊』, 2020年 06期)
「南嶺走廊瑤傳道教經籍俗字詮釋——以『上元出世歌』和『接七官歌』為例」(麥新轉, 『賀州學院學報 』, 2020年 03期)
「唐代墓志俗字考釋札記」(敖玲玲, 『重慶科技學院學報(社會科學版)』, 2020年 06期)
「俄藏黑水城漢文文獻『親集耳傳觀音供養贊嘆』疑難俗字考釋」(劉賀 · 鄧章應, 『西夏學』, 2020年 01期)
「禪宗文獻俗字例釋」『王長林, 『中國文字研究』, 2020年 01期)
「身邊的古今字、異體字和通假字的使用——以成語為例」(王鈞鶴, 『作文』, 2020年 24期)
「古籍中的異體字」(柳士鎮, 『七彩語文(中學語文論壇)』, 2020年 05期)
「異體字理論研究綜論」(秦晃, 『唐山學院學報』, 2020年 05期)

「『漢魏六朝碑刻異體字典』補正」(趙家棟, 『古漢語研究』, 2020年 04期)
「會意型異體字和類似會意型異體字的界限」(李圭甲, 『中國文字研究』, 2020年 01期)
「淺談中國漢字在日本人姓氏中的使用一一以異體字為例」(陶勵 · 陳銳思 · 黃博, 『漢字文化』, 2020年 S1期)
「規範字與繁體字、異體字不對等用法表」(鮑國強, 『文津學志』, 2020年 02期)
「兩漢銅鏡銘文異體字述論」(徐正考 · 焦英杰, 『古文字研究』, 2020年 00期)
「從韓國漢文小說異體字的使用看漢字的豐富性和多樣性」(孫遜, 『中華文史論叢』, 2020年 04期)
「異體字構形理據探析四則」(吳長新 · 鄧章應, 『四川職業技術學院學報』, 2020年 03期)
「包山楚簡與『說文解字』異體字對比研究」(汪艷霞, 『漢字文化』, 2020年 07期)
「裴務齊正字本『刊謬補缺切韻』同小韻異體字辨析舉隅」(劉亞麗, 『現代語文』, 2020年 03期)
「偏旁省略異體字研究」(李圭甲, 『漢字漢語研究』, 2020年 01期)
「“山”部異體字研究」(張麗梅, 『開封文化藝術職業學院學報』, 2020年 01期)
「“発”的異體字初探」(趙婧, 『漢字文化』, 2020年 01期)
「戰國秦楚從豸、從鼠異構文字比較研究」(楊林 · 廖愛鳳, 『長江叢刊』, 2021年 01期)
「『福建民間文書』俗字構件的混同現象」(韓健, 『安慶師范大學學報(社會科學版)』, 2021年 01期)
「述古堂抄本『易筋經』異體字探析」(董艷艷 · 陶雨蒙, 『平頂山學院學報』, 2021年 01期)

第4章

異體字의 硏究 方法

甲骨文 시기의 異體字는 사실상 한자의 탄생과 함께 한다고 할 수 있다. 그러나 후대의 異體字는 그 字形이 생성되고 일정한 시기가 지나면서 글자로 인정되어 당시의 사람들이 사용한 자형이다. 그렇기 때문에 당시에는 많은 사람들이 그것이 어떤 글자인지, 즉 그것의 正字가 무엇인지를 알면서 이 字形을 사용한 것이다. 그러나 異體字의 생명력은 正字와 달라서 세월이 흐름에 따라 점차 사용치 않게 되는 것이 많았다. 심지어 아주 짧은 시기에만 잠시 사용되다가 사라진 것들도 적지 않다. 이런 경우에는 후대의 사람들이 그 異體字의 正字를 알지 못해 당시의 文獻을 읽는데 곤란을 겪기도 한다. 그래서 역대로 字典이 만들어질 때마다 과거에 만들어졌던 異體字를 수록해 놓기도 했다.

그럼에도 불구하고 적지 않은 수량의 異體字가 字典에서 누락된 채 세월이 흘렀다. 최근에 이르러 異體字에 대한 정리의 필요성이 강하게 대두되면서 이에 대한 연구가 많이 이루어지기 시작했다. 異體字의 대한 연구를 위해서는 먼저 어떻게 연구하는 것이 가장 합리적이며 효과적인지를 알아보아야 한다. 그래서 다음에서는 異體字의 연구 방법에 대해 단계별로 살펴보고자 한다.

1 異體字의 收集

어떠한 연구를 막론하고, 해당 연구를 하기 위해서는 연구의 대상이 되는 자료를 확보하는 것이 우선이다. 즉 異體字의 연구는 異體字의 수집에서부터 시작된다. 이를 위해서는 과거의 모든 紙質文獻 資料는 물론, 아직 紙質文獻으로 제작되지 않은 채 각지에 흩어져 있는 실물 자료에 대해 拓本을 만들거나 혹은 실제 撮影이 이루어져야 한다. 古文獻의 경우는 최근 들어 수많은 기관에서 문헌 자료를 모두 정리하여 書籍으로 출판하든가, 혹은 스캔하여 전산화를 이루어 놓았기 때문에, 이들 자료에서 異體字 자료를 수집하는 것은 비교적 용이하다. 그러나 아직 문헌 형태로 만들어지지 않은 실물 자료들, 특히 수많은 石刻 資料가 문헌 형태로 만들어 지기를 기다리고 있는데, 여기에 기록된 異體字 자료도 역시 수집되어야 한다.

과거로부터 현재까지 수집된 異體字 자료로는 역대의 字典이 있다. 그 중에서 가장 많은 양의 異體字를 수집해놓은 字典은 中國에서 간행된 "中華字海"로서, 기존의 字典에 수록되었던 모든 글자를 수록하다 보니, 그 안에는 역시 많은 수량의 異體字를 수록하고 있다. 다만 여기에 수록된 異體字는 기존의 字典에 수록되었던 것을 넘어서지 못하는 한계가 있다. 한국에서 만들어진 것으로는 "高麗大藏經異體字典"이 있다. 이것은 異體字만을 수록한 것으로서, 본격적으로 異體字를 연구하고 수록한 대형 字典이라 할 수 있다. 이 字典은 高麗大藏經을 전산화하기 위해, 高麗大藏經에 출현하는 異體字를 정리하면서 만든 것이다. 그렇기 때문에 수록 범위가 高麗大藏經에 출현하는 異體字만을 대상으로 한 것이라는 한계가 있다. 그러나 여기에 수록된 異體字들은 기존의 字典에 수록되지 않은 異體字들도 많이 포함되어 있어 새로운 異體字를 검색하거나 연구하는데 도움을 주고 있다.

현재 異體字를 가장 많이 수록한 것은 臺灣에서 만들어진 "臺灣異體字字典"이다. 이는 臺灣의 政府 차원에서 진행한 사업으로서, 이 역시 古文獻의 전산화를 위해 異體字의 정리가 필요함에 따라 기존의 字典에 출현한 모든 異體字를 수집한 것에서 시작되었다. 그리고 문헌 형태로 만든 것이 아니라 사이버 상에서 활용할 수 있는 형태로 제작되어 누구든지 사이버 상에서 異體字를 검색할 수 있도록 한 것이다. 여기에 수록된 글자들은 당초에는 대만의 기본 한자 코드에 있는 正字에 해당하는 異體字를 기존의 字典에서 추출하여 수록했는데, 점차 그 범위를 확대하여 모든 異體字를 수록하는 작업을 진행함으로서, 현재는 가장 많은 異體字를 수록한 字典이라 할 수 있다.

이와 같은 노력에도 불구하고, 아직까지도 수록되지 않은 異體字들이 계속 발견되고 있는데, 어쨌든 異體字를 연구하기 위해서는 다양하면서도 많은 자료가 필요하기 때문에 위와 같은 모든 자료에서 최대한 많은 異體字를 확보해야 한다.

2 異體字의 整理

異體字가 수집되었으면, 다음 단계는 이러한 異體字들에 대한 考釋이 진행되어야 한다. 본격적인 考釋을 하기 위해 먼저 이를 체계적으로 정리할 필요가 있다.

정리할 때는 이를 유형별로 나누어 정리해야 하므로, 그 類型의 종류도 정할 필요가 있다. 異體字의 유형은 字形을 기준으로 단순히 형체가 어떻게 다른지에 따라 분류될 수도 있고, 기존의 글자가 어떠한 방식으로 바뀌어 새로운 異體字가 탄생하였는가 하는 異體字의 생성 방법에 따라 분류될 수도 있으며, 각 異體字에 상대되는 正字의 保有 類型에 따라 유형을 분류할 수도 있다. 기존의 유형 분류에서는 이와 같이 여러 가지 각도에서 유형 분류가 가능하다는 점을 무시한 채 분류될 수 있는 모든 유형을 平面的으로 분류하는 경우가 많았다. 다음에서는 위의 세 가지 각도에서 異體字의 유형을 나누고, 각 유형 안에서도 다시 세부적으로 분류되는 형태에 대해 알아보기로 한다.

1) 字形을 기준으로 하는 분류

모든 類型의 분류는 그 기준이 매우 중요하다. 기준을 무엇으로 정하는가에 따라 분류가 매우 다르게 나타나기 때문이다. 異體字는 正字와 音義는 동일하면서 자형만 다른 글자이므로, 유형 분류에 있어서는 무엇보다도 자형, 즉 글자의 모양을 결정하는 필획이나 偏旁이 어떻게 변화되었는가 혹은 偏旁의 위치가 어떻게 변화되었는가에 따른 고찰이 기본적으로 이루어져야 한다.

字形 構造를 기준으로 삼을 경우 異體字의 유형은 크게 偏旁과 관련된 유형과 筆劃과 관련된 유형, 筆劃과 偏旁이 복합적으로 관련된 유형의 세 가지로 분류할 수 있다. 첫째, 偏旁과 관련된 유형으로는 (1) 偏旁의 구조가 변경되는 경우, (2) 偏旁이 증가되는 경우, (3) 偏旁이 생략되는 경우, (4) 偏旁이 대체되는 경우로 나뉜다.

그리고 여기에서도 더 세분화되어 구조가 변경되는 경우는 左右構造가 上下構造로 바뀌거나 혹은 그 반대의 경우가 있을 수 있다. 또 偏旁이 증가되거나 생략되는 경우도 形符가 증가되거나 생략되는 경우와 聲符가 증가되거나 생략되는 경우가 있다. 偏旁의 代替되는 경우에도 形符나 聲符가 대체되는 경우가 있는가 하면, 形符와 聲符가 모두 대체되는 경우도 있고, 形符도 아니고 聲符도 아닌 것으로 대체되는 경우도 있는 등 매우 다양하다.

둘째, 筆劃과 관련된 유형으로는 (1) 筆劃이 변형된 경우, (2) 筆劃이 생략된 경우, (3) 筆劃이 추가된 경우, (4) 筆劃이 중첩된 경우, (5) 筆劃의 증가와 감소가 병존하는 경우, (6) 筆劃의 증가와 변형이 병존하는 경우, (7) 筆劃의 변형과 중첩이 병존하는 경우, (8) 筆劃의 감소와 중첩이 병존하는 경우, (9) 筆劃의 감소와 변형이 병존하는 경우, (10) 筆劃의 증가, 감소, 변형이 병존하는 경우, (11) 筆劃의 증가, 중첩, 변형이 병존하는 경우로 세분될 수 있다. 셋째, 筆劃이 분리되고 字形 構造도 변화된 경우이다. 다음에서는 이와 관련된 例를 條目別로 나누어 살펴보기로 한다.

(1) 偏旁 構造가 변경된 것

偏旁 構造가 바뀐 것들은 모두 合體字에 해당된다. 合體字의 경우는 두 개 이상의 偏旁을 어떻게 결합하는가에 따라 여러 類型의 구조가 만들어질 수 있다. 이러한 구조를 가진 正字에서 구조가 바뀌면서 異體字가 되는 경우가 종종 있는데 다음에서 대표적인 몇 가지만 예를 들어 살펴보기로 한다.[1]

① 上下 혹은 左右構造에서 위치가 바뀌는 것

두 개의 偏旁으로 구성된 合體字로서, 正字의 偏旁이 左右 혹은 上下 構造이던 것이 上下 혹은 左右의 構造로 바뀐 것들이다. 이에 속한 예를 들면 다음과 같다.

[illegible] : 正字는 "辣"인데, 異體字의 경우는 左右가 바뀌었다.

崐 : 正字는 '崑'으로서, 본래 上下構造로 되어 있던 것이 左右構造로 바뀌었다.

[illegible] : 正字는 "舅"로서, 이 역시 본래 上下構造로 되어 있던 것이다. 이것이 左右構造로 바뀌면서 正字의 상단부에 있던 偏旁인 "臼"의 형체도 '田'으로 바뀌었다.

② 三角形構造에서 위치가 바뀌는 것

合體字 중에는 '霢'과 같이 上·下(左·右)나 그 반대로 '楚'와 같이 上(左·右)·下의 三角形 構造로 된 것이 있고, 또 '齺'와 같이 左·右(上·下)나 '[illegible]'과 같이 左(上·下)·右와 같은 三角形 構造로 이루어진 글자들이 있다. 그런가 하면 上·下(左包右)의 구조로 이루어진 것도 있는데, 이러한 글자들의 偏旁이 위치가 바뀌면서 다른 三角形의 構造를 갖는 異體字들이 만들어졌다. 다음에서는 이러한

1 이하 "字形을 기준으로 하는 분류"의 例에 대한 설명은 拙著『漢字學教程』p.p.376-390의 내용을 전면 수정하고 例字를 대폭 보완한 것이다.

예를 살펴보기로 한다.

𪘲 : 正字는 "嚙"로서, 본래 左 · 右(上 · 下)의 구조로 되어 있던 것인데, 異體字에서는 上(左 · 右) · 下의 구조로 바뀌었으며, 아울러 偏旁 중의 "止"도 字形이 변화되었다.

𠪚 : 正字는 "嚴"으로서, 본래 上 · 下(左 · 右)의 구조로 되어 있던 것이다. 그런데 '嚴'의 下端右側의 偏旁인 "攵"이 右側偏旁으로 독립 분리되어 나오면서 左(上 · 下) · 右의 구조로 바뀌었다. 또한 각 偏旁의 字形도 筆劃의 형태가 상당히 바뀌면서 正字가 무엇인지를 확인하기가 매우 어렵게 되었다.

𤎖 : 正字는 "熟"이며, 본래 上(左 · 右) · 下의 구조였던 것이 左 · 右(上 · 下)의 구조로 바뀌었다. 또 正字의 下端部인 "灬"는 본래의 자형인 "火"로 변화되었다.

㸽 : 正字는 "總"이며, 본래 左 · 右(上 · 下)의 구조였던 것이 上(左 · 右) · 下의 구조로 바뀌었다. 또 正字의 좌측 偏旁이었던 "糸"는 "牛"로 자형이 바뀌었고, 右側上段의 偏旁이었던 "囪"도 "匆"으로 모양이 변하였다.

𠖌 : 正字는 "冠"으로서, 본래는 上 · 下(左包右) 구조로 이루어진 것이었다. 그런데 하단부의 偏旁이 본래 左包右 構造였으나 이것이 左右構造로 바뀌면서, 결과적으로는 上 · 下(左 · 右)의 구조로 바뀌었으며, 아울러 下右段의 偏旁이었던 "元"은 "示"로 字形이 변화되었다.

𢕟 : 正字는 "愆"으로서, 전체적으로는 삼각형의 구조이지만 上端部는 左 · 中 · 右의 구조로 이루어졌다. 그런데 상단부의 偏旁인 '衍'에서 中間의 "氵"가 '彡'으로 바뀌면서 작아지고, 다시 그 위치로 下端部에 있던 "心"이 들어감으로서 전체적으로는 左 · 中 · 右의 구조가 되었다. 즉 전체적으로는 筆劃이 하나 줄어들고, 그 자리에 다른 偏旁이 위치함으로서 字形의 구조가 완전히 바뀌었다.

(2) 偏旁이 追加된 것

字形의 變化는 대체로 簡化의 과정을 거친다. 이는 편리하면서도 빠르게 쓰고자 하는 욕구에서 비롯된다. 그러나 이와는 반대로 일부의 글자들은 오히려 복잡해지는 경우도 발생하는데, 正字의 자형이 이렇게 변화되는 것은 대부분 字形의 혼동을 막거나 혹은 字義의 강화를 위한 경우가 대부분이다. 그런데 正字의 발전 과정이 아닌, 異體字의 생성 과정에서 기존의 자형에 偏旁의 추가가 이루어진다는 것은 바로 繁化를 의미하는 것이고, 이때의 繁化는 반드시 字義를 강화하기 위한 것만이 아닐 수도 있다.

기존의 正字에 새로운 偏旁이 추가되어 만들어진 異體字 중에는 正字가 獨體文인데 새로운 偏旁이 추가되어 合體字가 된 異體字도 있고, 기존의 合體字에 새로운 偏旁이 추가되어 또 다른 合體字인 異體字를 만드는 경우도 있다. 그리고 추가된 偏旁은 形符인 것도 있고, 聲符인 것도 있는데, 形符가 추가되는 경우는 대체적으로 字義를 강조하는 경우가 많으며, 聲符가 추가되는 경우는 字音을 강화하기 위한 것들이 대부분이다. 다음에서 이에 속한 예를 살펴보기로 한다.

𢨋 : 正字는 "兩"이다. 正字인 "兩"은 "둘"이라는 의미를 지니고 있는데, 여기에 "貳"를 덧붙여 "𢨋"을 만들어 본래의 의미를 강조하고 있다. "貳"는 본래 "副也"로서 "主"에 상대되는 개념인데, 引伸되어 "둘"이라는 뜻으로 사용되었다. 이에 따라 "𢨋"은 正字와 동일한 의미를 가진 偏旁을 추가해 본래 의미를 강조한 것이라 할 수 있다.

姸 : 正字는 "奸"이다. 왼쪽 偏旁이 본래는 하나였으나, 본래 字義의 의미를 강조하기 위해 "女"를 추가하여 두 개의 偏旁으로 만들었다.

蕟 : 正字는 "豌"이다. "완두콩"이라는 의미를 지닌 글자로서, 左右 構造로 이루어진 글자이다. 그런데 이 글자가 上下 構造로 바뀌게 되었으며, 字義가 "식물"과 관련이 있음에 따라 상단부에 "++"를 추가해 새로운 異體字를 만들었다. 그러나 한편으로 보기에 따라 上段部에 있는 "++"는 새롭게 추가된 것이 아니라, 본래의 偏旁인 '宛'의 모양이 바뀌면서 '宛'의 上段部는 "++"가 되고 下段部는 '死'로 변화된 것으로 볼 수도 있다.

稟 : 正字는 "稟"이다. 위의 字形을 보면 下端部의 偏旁이 "禾"에서 "木"으로 바뀐 것 외에도 上端部에 "口"의 형체가 두 개 추가된 것을 알 수 있다. 字義를 변화시킬만한 별다른 요소가 전혀 없이 단순히 "口"라는 偏旁이 두 개 추가되어 새로운 異體字를 만들면서 오히려 자형이 복잡하게 되었다. 다만 비록 字形은 복잡하지만 전체적인 면에서는 매우 균형있는 字形으로 보일 수도 있다. 그렇게 본다면 이는 단순히 멋있게 구성하려는 목적에서 나온 것이 아닌가 추측할 수도 있을 것이다.

(3) 偏旁이 省略된 것

본래 合體字는 두 개 이상의 偏旁이 모여서 하나의 뜻을 이루는 글자이다. 그런데 어떤 경우에는 合體字를 이루는 偏旁 중에 하나가 생략되어 새로운 異體字가 만들어지는 경우도 있다. 이는 대체적으로 해당 偏旁이 생략되어도 본래 글자의 기능을 손상시키지 않는 경우에 이루어진다. 그래서 하나의 偏旁이 생략되어도 字義에 커다란 차이가 없을 경우에는 形符가 생략되고, 마찬가지로 形聲字의 경우 偏旁이 생략되어도 字音의 표현에 큰 손상이 없다고 판단되는 경우에는 聲符가 생략되기도 한다. 물론 일부 異體字 중에는 形符 혹은 聲符가 생략되어 그 기능을 상실하는 경우도 없지 않다. 다음에서 이에 대한 예를 살펴보기로 한다.

衰 : 正字는 '蓑'이다.『金石文字辨異 · 平聲 · 歌韻 · 蓑字』에서 〈唐 · 石經春秋公羊傳〉의 문장을 인용하며, 이 글자가 '蓑'의 異體字임으로 밝히고 있다[2]. '蓑'는 지금의 자형 구조로 보면 '衰'와 '艸'로 구성된 글자이다. 그러나 '蓑'의 初文은 '艸'가 없는 '衰'로서, 본래 "띠풀 옷"을 뜻하는 글자였는데, "衰落"의 의미로 假借됨에 따라 本義를 보존하기 위한 방편으로 '艸'를 추가하여 새로운 '蓑'를 만든 것이다. 그런데 異體字에서는 다시 形符인 '艸'를 생략하여 '衰'로 만들었으므로, 이는 바로 初文으로 돌아가는 것이라 할 수 있으며, 이에 따라 일부 偏旁이 생략되었어도 字義의 표현에는 전혀 문제가 없다고 할 수 있다. 이는 形符가 생략된 예라 할 수 있다.

簜 : 正字는 '簜'이다.『正字通』에 의하면, "同簜, 說文, 簜, 大竹也. 簜, 大竹筩也. 孫愐㕘徒朗切. 按徐禹貢本作簜, 簜卽簜之省文, 同文備考云, 簜 · 簜本一字, 別從湯贅. 舊註沿說文分爲二, 簜, 徒朗切, 蕩上聲, 簜, 徒黨切, 音蕩誤, 備考說是"[3]라 하여 이를 뒷받침하고 있다. 본래 '簜'은 形符인 '竹'과 聲符인 '湯'으로 구성된 것이었는데, 異體字에서는 聲符인 '湯'의 일부 偏旁인 '水'가 생략되어 '昜'만 남게 되었다. 그렇지만 이 역시 '昜'이 '湯'의 聲符 역할을 하는 것이기 때문에 '簜'에서 '昜'만 남았다고 하더라도 그것이'簜'의 聲符 역할을 못하는 것은 아니다. 이는 聲符가 생략된 예라 할 수 있다.

跕 : 正字는 '躡'이다.『宋元以來俗字譜 · 足部』에서는「嶺南逸事」를 인용하여

2 邢澍,『續修四庫全書 · 金石文字辨異 · 卷四』, 上海, 1995, 17쪽
3 張自烈,『續修四庫全書 · 正字通』, 上海古籍出版社, 上海, 1995, 230쪽

이 글자의 正字가 ‘躡’임을 밝히고 있다.[4] ‘躡’은 “밟다”는 뜻을 가진 글자이며, 여기에서 ‘聶’은 聲符의 역할을 하고 있다. 異體字인 ‘䟓’은 偏旁 ‘耳’이 세 개로 이루어진 正字에서 하나로 줄인 것이다. 이로 인해 비록 자형의 簡化는 이루어졌지만 남아 있는 ‘耳’가 聲符의 기능을 할 수가 없게 되었다. 이와 동일한 예는 “揶(攝)”에서도 보이고 있다. 이는 중복된 偏旁을 생략한 것이라 할 수 있다.

肉 : 正字는 “鬧”이나, 여기서는 바깥 偏旁이 생략되고 안쪽 偏旁만이 남았다. 正字의 字形으로 본다면 지금의 안쪽 偏旁은 “市”이다. 그런데 본래 그것의 小篆 형태는 “𠂔”로서 “肉”는 이 글자의 小篆인 “𠂔”에서 변화되어 온 것이다. 즉 남아 있는 偏旁은 古字形으로 돌아간 것이라 할 수 있다.

澁 : 正字는 “澀”이나, 여기서는 右上의 偏旁 중 하나인 “刃”이 생략되고 자형도 “止”로 바뀌었다. 즉 偏旁의 省略과 字形의 變化가 동시에 일어난 경우라 할 수 있다.

(4) 偏旁이 代替된 것

合體字에서 기존의 偏旁이 다른 偏旁으로 代替되어 만들어지는 경우도 매우 많다. 그 중에는 形符를 대체하여 만들어지는 것도 있고, 聲符를 대체하는 경우, 形符와 聲符 모두를 代替하는 경우도 있는가 하면, 形符라고도 할 수 없고 오로지 字形이 유사하므로 偏旁을 대체하는 경우도 있다.

대체적으로 볼 때, 形符를 대체하는 경우는 대체하는 形符와 대체되는 形符의 字義가 서로 통하는 경우이고, 聲符를 대체하는 경우는 대체하는 聲符와 대체되는 聲符의 字音이 유사한 것들이다. 이에 반해 字義와 字音이 전혀 관련이 없고 오직 字形의 유사성만으로 대체되는 것도 존재함으로서, 이런 경우에는 해당 글자의 正字가 무엇인지를 판단하는데 많은 어려움이 따른다. 다음에서는 이러한 偏旁이 대체되는 경우의 예를 살펴보기로 한다.

① 形符를 다른 글자로 대체한 것

形符를 다른 글자로 대체하는 것은 모두 合體字에만 해당된다. 合體字의 形符를

4 劉復 · 李家瑞, 『宋元以來俗字譜』, 亞細亞文化社, 서울, 1976, 91쪽

그것과 의미상으로 통하는 다른 偏旁으로 대체하는 경우인데, 이때 대체되는 偏旁과 대체하는 偏旁은 同一字族에 속하는 것이라 할 수 있다. 同一字族이란 해당 글자를 구성하는 偏旁으로서, 해당 글자에서의 字義 기능이 같은 것을 말한다.

冥 : 正字는 "冥"인데, 상단부의 형부인 "冖"을 同一字族인 "宀"으로 대체하였다. "冖" 과"宀"은 모두 '집'을 의미하는 글자로서, '冥'에서는 同一字族에 속한다. 물론 이 글자의 경우 하단부의 偏旁도 다른 것으로 자형이 바뀌었지만, 그것은 形符의 대체가 아닌 다른 방법에 의한 것이다. "冥"의 形符를 다른 것으로 바꾼 또 다른 예로는 "窴"이 있는데, 이것 역시 形符인 "冖"을 "穴"로 바꾸고 있다. 여기에서도 "冖"과 "穴"은 同一字族이라 할 수 있다.

宊 : 正字는 "突"로서, 본래의 形符인 "穴"을 "宀"으로 대체하였다. 여기에서 "穴"과 "宀"은 字義가 통하는 同一字族이기 때문에 서로 대체되어도 '突'의 字義를 표현하는데 전혀 문제가 없다. 또 하단부의 偏旁인 "犬"도 자형이 바뀌었지만, 이는 필획의 추가에 의한 방법이라 말할 수 있다.

위의 두 경우에서 "冖"이 "宀"과 "穴", 그리고 "宀"과 "穴"은 모두 字義가 통하는 것이기에 앞에서 말한 바와 같이 同一字族에 의한 形符 代替로 볼 수가 있다. 그러나 뒤에서 언급이 되겠지만 字形이 비슷해서 偏旁을 서로 通用해 만들어지는 異體字들이 매우 많다. 그 중에는 이 경우도 해당된다. 그렇기 때문에 이는 形符 代替로 볼 수 있지만, 후에 언급되는 字形 類似字에 의한 대체라 할 수도 있다. 또 '宊(突)'의 하단부도 字形의 유사함으로 인해 "夭"와 "大"를 通用한 것으로 볼 수 있다.

脩 : 正字는 "餚"이다. 이 글자의 初文은 "肴"이지만, 그것의 의미가 먹는 것과 관련이 있어 字義를 강조하기 위해 "食"을 추가하여 만든 글자이다. 그런데 異體字에서는 "食"을 "肉"으로 바꾸고 있다. 이는 "肉"이 술안주로 사용되기도 하기 때문에 "먹는 것"과 관련이 있으므로 同一字族이라 할 수 있는 "食"을 대체한 것이다.

袠 : 正字는 "帙"이다. 正字의 形符인 "巾"이 "衣"로 대체되었다. 본래 "帙"은 形符인 "巾"과 聲符인 "失"로 이루어진 글자이다. 이 글자가 위와 같은 異體形으로 변화되는 과정은 먼저 "巾"이 "衣"로 대체되면서 구조상으로 正字와 같은 "袟"로 되었고, '袟'이 다시 上下構造인 "袠"로 변화되었다. 그런데 "袠"의 구조로 될 때

"衣"가 偏旁으로 사용되는 글자들은 "裏 · 褒"등의 형태에서 볼 수 있듯이 "衣"의 자형이 다른 偏旁에 의해 上下로 분리되는 경우가 많다. 그래서 "袠"도 "袠"과 같이 변하였다. 여기서 다시 '衣'의 상단부인 '亠'는 그대로 있는 반면에, "衣"의 하단부는 본래대로 복원된 "袠"의 형태로 되었다가, 다시 "袠"의 상단부가 筆寫의 편리를 도모하는 측면에서 필획이 변화되어 "袠"의 형태로 변화된 것이다.

躭 : 正字는 "耽"이다. 여기에서 좌측 偏旁인 "耳"가 同一字族이라 할 수 있는 "身"으로 대체되었으며, 우측 偏旁은 筆寫의 편리를 위해 필획을 변형시켰다. 그런데 여기에서도 마찬가지로 '耳'와 '身'은 字形의 유사성으로 인해 字義에 관계없이 자주 互用된다. 그렇게 본다면 이 역시 類似字形에 의한 대체로도 볼 수 있다.

② 聲符를 다른 글자로 대체한 것

偏旁 중 聲符를 다른 글자로 바꾸는 것은 形聲字의 경우에만 해당된다. 이 때 대체되는 聲符는 본래 正字의 聲符와 字音이 같거나 類似(雙聲 혹은 疊韻)하다는 조건을 갖추어야 하는 것이 기본이다. 그래야만 聲符로서의 기능을 할 수 있기 때문이다.

痒 : 正字는 "癢"이다. 본래의 聲符 '養'을 "羊"으로 바꾸었다. 물론 대체된 聲符 "羊"이 본래의 聲符인 "養"과 字音이 같기 때문에 대체되어도 聲符 기능을 하는 것에는 변함이 없다.

粮 : 正字는 "糧"이다. 본래의 聲符 '量'을 동일한 字音을 가진 "良"으로 바꾸었다. 그런데 『藏經音義隨函錄』에서는 이 글자가 "곡식"의 의미로 쓰였음에도 불구하고 "正作梁也"라 설명하고 있는데, 이는 假借字를 이용한 字解일 뿐, 실제는 "糧"이 正字이다. 聲符를 다른 글자로 바꾸는 경우는 대부분 본래의 聲符보다 필획수가 적으면서도 동일한 字音을 가진 글자로 바꾸는데, 이는 字音을 변화시키지 않으면서도 筆寫의 편리함을 도모하기 위해서라고 볼 수 있다.

垢 : 正字는 "妬"이다. 이 글자는 본래 "妒"가 正字이었던 것이 후대로 오면서 자형이 바뀌어 "妬"가 正字로 되었다. 그렇기 때문에 본래의 正字이었던 "妒"의 관점에서 본다면 聲符는 "戶"가 되며, 위의 異體字는 聲符인 "戶"를 類似 發音을 가진 "后"로 대체한 것이다. 그러나 현재의 正字인 "妬"로 본다면 위의 異體字는

마치 聲符의 대체와는 무관한 듯이 보인다. 한편 形符인 "女"가 "土"로 바뀐 이유는 아직 분명하지가 않다.

③ 形符와 聲符를 모두 대체한 것

形符와 聲符를 모두 대체한 것은 形符가 대체되는 偏旁과 字義가 통하는 同一字族이고, 聲符는 字音이 같거나 유사한 것들이다. 물론 이러한 것이 완전히 적용되는 것은 아니나 대체적으로 이 조건을 만족하는 경우에 이와 같은 유형의 異體字가 만들어진다. 여기에 속하는 예를 살펴보면 다음과 같다.

叨 : 正字는 '饕'이다. '饕'字의 字義는 "貪하다"로서, 음식에 대한 욕심을 부리는 것을 뜻하며, 字音은 土刀切(古音은 透紐, 2部)이다. 이 글자는 偏旁이 '號'와 '食'으로 구성되어 매우 字形이 복잡하다. 그래서 처음에는 聲符만을 簡化하여 '唬'로 대체하여 '饕'字로 만들었다가, 후에 聲符는 同音字인 '刀'(都牢切, 古音은 端紐, 2部)字로 代替했다. 그리고 形符의 경우도 '食'의 字義가 음식을 뜻하는 것이기 때문에 음식과 관련된 '口'字로 代替함으로서 결과적으로는 形符와 聲符를 모두 대체한 '叨'가 되었다.

瑅 : 正字는 '蹏'이다. '蹏'의 字義는 "짐승의 발굽"이고, 字音은 杜兮切(古音은 定紐, 16部)이다. 후에 聲符의 字音이 변함에 따라, 후에 이를 同音字인 '帝'(都計切, 古音은 端紐, 16部)字로 代替하여 '蹄'字로 만들었다. 그리고 形符의 경우도 본래 字義가 "발굽"이므로, '足' 대신에 발굽을 만드는 재료인 '玉'으로 代替하여 '瑅'를 만들었다. 본래 '足'과 '玉'은 字義上으로 직접 연결이 되지는 않으나 "발굽"을 의미하는 '蹏'에서는 각기 모두 形符의 기능을 할 수 있으므로 同一字族이라 할 수 있다.

④ 形符나 聲符를 전체 字義와 통하는 다른 글자로 대체한 것

여기에 속하는 異體字들은 매우 특이한 것들이다. 본래의 正字에서 일부 偏旁이 대체된 것이라는 점은 다른 것들과 동일하다. 그런데 이것은 대체되는 偏旁과 대체하는 偏旁 사이에 어떤 字音이나 字義 관계가 있는 것이 아니다. 대체하는 偏旁의 字義는 대체되는 偏旁이 아닌 본래 正字 전체의 字義와 관련이 있는 것이다. 즉 正字에서 대체되는 偏旁 부분은 그것이 본래의 正字에서 形符가 되었든, 혹은 聲符

이든 전혀 관계없이 다른 偏旁에 의해 대체되는 것이며, 그 새로 대체하는 偏旁의 字義가 正字 본래의 字義와 의미상으로 통하는 것이다. 이러한 예를 들면 다음과 같다.

悊 : 正字는 "哲"이다. "哲"이란 마음과 관련이 있는 글자이다. 마음이 밝고 깨끗한 것을 '哲'이라 할 수 있다. 그렇기 때문에 이는 "心"과 관련이 있으며, 이로 인해 하단부의 偏旁인 '口'를 전체적인 의미와 통하는 "心"으로 대체한 것이다.

迯 : 正字는 "逃"로서 본래의 字義는 "도망가다"이다. "도망가다"라는 의미는 대체적으로 나에게서 멀리 가는 것이다. 그리고 방향성으로 본다면 나를 중심으로 한다면 바깥의 방향으로 달아나는 것이라 할 수 있다. 그래서 正字의 偏旁 중에 "兆"를 "바깥"을 뜻하는 "外"로 바꾼 것이다. 즉 이것은 偏旁의 대체로 인한 것이라고 본다면 이는 위와 같이 설명하는 것이 올바르다 할 수 있다. 그러나 한편으로 '迯'의 생성 과정은 다른 측면에서 설명될 수도 있다. 즉 '逃'의 다른 異體字形들과 비교하면 이것이 단순히 偏旁 '兆'를 '外'로 대체한 것이 아니라, 본래 '兆'의 字形이 조금씩 변화하면서 마침내 '外'의 형태로 정착된 것으로 볼 수도 있다.

⑤ 字形이 類似한 偏旁으로 대체한 것

본래의 偏旁을 字形이 유사한 다른 偏旁으로 대체하는 경우는 의외로 자주 보인다. 그런데 문제는 본래의 偏旁과 바뀌어진 偏旁이 字義나 字音上으로 전혀 통하지 않고 오로지 字形上으로만 비슷하다는 점이다. 그런데도 불구하고 字形이 비슷하다는 이유로 서로 代替하여 使用하고 있는 경우가 많다. 예컨대 "木 · 方 · 扌 · ネ · 禾"나 "人 · 亻", 혹은 "虫 · 足"나 "日 · 月 · 目" 등은 서로 偏旁을 바꾸어 쓰기도 한다.

그러나 이 중에도 약간 애매한 경우도 있다. 예컨대 '++'와 '竹'은 字形上으로 매우 유사하여 자주 호용되어 이 범주에 속하는 것으로 간주하지만, 한편으로는 이들은 서로 偏旁을 바꾸어 쓰기도 한다. 그러나 이 중에도 약간 애매한 경우도 있다. 예컨대 '++'와 '竹'은 의미상으로도 서로 유사하기 때문에 形符를 대체한 것으로도 볼 수 있다. 또 '日'과 '月'도 字形이 비슷하여 대체하는 것으로 볼 수도 있지만, 한편으로는 字義上으로 서로 통할 수 있기 때문에 形符의 대체 현상으로 볼 수도 있다.

辜 : 正字는 "辜"이다. 正字 상단부의 偏旁인 "古"가 자형이 비슷한 "右"로 대체되었으며, 또 하단부의 偏旁 '辛'도 유사한 자형을 가진 "羊"으로 바뀌었다. 이 두 偏旁 모두 字義나 字音과는 상관없이 모두 字形의 類似性으로 대체된 것이라 할 수 있다.

盟 : 正字는 "盟"이다. 正字의 偏旁인 "日"이 "目"으로 대체되었다. 이것은 단순히 필획이 하나 추가된 것으로 볼 수도 있지만, "日"과 "目" 뿐만 아니라 "月"과 함께 字形이 유사하여 서로 자주 혼용되는 대표적인 유형에 속하며, 그 예로서 "胄"와 같이 正字인 "胄"의 하단부가 "月"의 형태에서 "日"의 모양으로 바뀐 것도 있다.

踟 : 正字는 "蜘"이다. 正字의 偏旁인 "虫"이 유사한 자형을 가진 "足"으로 바뀌었다. 이와 동일한 예로서 "跦"가 있다.

煎 : 正字는 "煎"이다. 正字의 偏旁이자 "火"의 변형인 "灬"가 "心"으로 바뀌었다. "心"의 變形 중에 "恭"의 하단부와 같이 세 개의 점획과 하나의 직선으로 이루어진 "⺗"이 있는데, 여기에서 하나의 직선도 점획으로 바뀌면서 "灬"와 같은 모양으로 변하면서 서로 혼용하고 있는 예에 속한다.

質 : 正字는 "質"이다. 正字의 偏旁 중, 상단부인 "斤斤"이 "竹"의 자형과 비슷하여 이를"竹"으로 대체한 것으로 볼 수 있다.

修 : 正字는 "修"인데, 좌측의 "亻" 부분이 자형이 유사한 "彳"으로 대체되었다. 이와 정반대의 예로서는 "仿"(正字는 "彷")이 있다.

穿 : 正字는 "穿"으로서, 하단부의 偏旁인 "牙"의 형상이 전체적인 윤곽 면에서 "身"과 자형이 비슷하므로 이것을 "身"으로 대체한 경우이다.

滑 : 正字는 "滑"이다. 正字의 우측 偏旁인 "骨"은 본래 獨體字이다. 그러나 이 글자 上端의 모양을 字形이 비슷한 "田"으로 대체함으로서, 결과적으로 獨體文인 "骨"을 合體字의 형태로 변화시켜 놓고 있다. 또 "滑"의 異體字 중에는 이와 비슷한 예로서 "田"이 아닌 "由"로 대체한 경우도 있다.

이상은 偏旁이 대체되거나 혹은 위치가 바뀌면서 異體字가 된 경우이다. 또한 위에서는 언급이 되지 않았지만, 偏旁의 위치가 변한 것과 偏旁의 대체가 중복된 것들도 있으며, 그 안에서도 形符와 聲符의 대체에 따른 위치 변화까지 분류하면 매우 복잡해진다. 이러한 예들을 종합하여 偏旁과 관련된 異體字의 예를 열거하면 다음과 같다.

形符가 대체된 異體字例

姟(孩) 厊(宇) 序(宇) 冝(宜) 窅(官) 𡧱(宥) 冢(家) 冦(寇) 冨(富) 竉(寵) 躲(射) 宭(居) 宷(屎) 硤(峽) 埈(峻) 硲(峪) 緢(幅) 裎(帽) 幣(幣) 婦(歸) 廂(廂) 廚(廚) 廣(廣) 羿(羿) 蚒(彤) 逥(徊) 赴(徒) 逕(徑) 蹤(從) 衠(衡) 襲(襲) 付(付) 祚(作) 㐰(信) 㑘(信) 訫(信) 娒(侮) 悔(侮) 媀(偶) 遉(偵) 厪(僅) 勤(僅) 秃(秃) 翼(翼) 軍(軍) 詋(呪) 跀(刖) 跀(刖) 㓹(刷) 敨(剖) 鋼(剛) 戧(創) 動(動) 運(動) 提(匙) 鍉(匙) 𪘨(齵) 鬠(鬘) 鞼(鼙) 粘(黏) 𪏰(黏) 粘(黏) 黐(黐) 蚫(鮑) 蟦(鱝) 蟳(鱘) 鱐(鱐) 鰐(鱷) 雉(鳩) 鳩(鳩) 瑪(瑪) 鴈(雁) 雅(鴉) 鵲(鵠) 鵝(鵝) 鵰(鵰) 鹹(鹹) 鹾(鹺) 麝(麝) 麵(麵) 醴(醴) 距(距) 騂(騂) 騎(騎) 驟(驟) 骾(骾) 骼(骼) 體(體) 髖(髖) 搞(敲) 鬢(鬢) 鬚(鬚) 韁(韁) 韌(韌) 韍(韍) 韐(韐) 韗(韗) 頰(頰) 飣(飣) 飥(飥) 飪(飪) 飩(飩) 飩(飩) 飯(飯) 飫(飫) 飴(飴) 餅(餅) 蝕(蝕) 餉(餉) 餔(餔) 餔(餔) 餒(餒) 餛(餛) 餧(餧) 餱(餱) 饁(饁) 饅(饅) 饃(饃) 饌(饌) 饘(饘) 饊(饊) 銓(銓) 銷(銷) 鋤(鋤) 錧(錧) 鍵(鍵) 錫(錫) 鍛(鍛) 鍛(鍛) 鎮(鎮) 鎖(鎖) 鎦(鎦) 鏃(鏃) 鏈(鏈) 鏝(鏝) 鏝(鏝) 鏘(鏘) 鐫(鐫) 鑣(鑣) 鑣(鑣) 鑣(鑣) 鑠(鑠) 閒(間) 坂(阪) 岅(阪) 陀(陀) 阻(阻) 阼(阼) 限(限) 院(院) 陘(陘) 陶(陶) 陯(陯) 陯(陯) 堦(階) 隄(隄) 隄(隄) 隍(隍) 隉(隉) 障(障) 險(險) 險(險) 雀(雀) 雄(雄) 睢(睢) 雉(雉) 雎(雎) 雛(雛) 霞(霞) 霪(霪) 霹(霹) 靇(靇) 觥(觥) 翯(翯) 鎔(鎔) 訟(訟) 訰(訰) 詠(詠) 詍(詍) 診(診) 詫(詫) 詭(詭) 話(話) 話(話) 詬(詬) 誖(誖) 誤(誤) 諕(諕) 誕(誕) 諢(諢) 諝(諝) 諰(諰) 譫(譫) 讐(讐) 谼(谼) 谿(谿) 豝(豝) 豘(豚) 豤(豤) 豨(豨) 豨(豨) 豬(豬) 豬(豬) 豬(豬) 豭(豭) 豫(豫) 貒(貒) 豵(豵) 豶(豶) 豻(豻) 豺(豺) 貀(貀) 貁(貁) 貂(貂) 貀(貀) 貅(貅) 貓(貓) 貒(貒) 貐(貐) 贍(贍) 趄(趄) 趌(趌) 趠(趠) 趥(趥) 趬(趬) 趮(趮) 趯(趯) 赴(赴) 跇(跇) 趃(趃) 跛(跛) 跡(跡) 跟(跟) 跟(跟) 跬(跬) 跳(跳) 踊(踊) 蹊(蹊) 蹕(蹕) 蹕(蹕) 蹕(蹕) 蹲(蹲)

邆(蹬) 嶢(蹺) 蹶(蹶) 𡾝(躇) 嶠(蹻) 𨗦(躄) 𨘢(躔) 僊(躚) 䠠(躐) 𢈉(躟) 瞿(躣)
𨀣(躲) 軀(軀) 迆(軌) 杓(軔) 枙(軛) 挽(輓) 網(輞) 梲(輗) 轄(轄) 蹹(輶) 樹(轛)
𨁥(迒) 彼(返) 迪(迪) 迴(迴) 趟(迵) 復(退) 廻(廻) 𧺆(逃) 追(追) 徧(通) 後(逡)
𧼂(透) 追(逭) 逮(逮) 倭(逶) 假(遐) 趤(逷) 遑(遑) 徧(遍) 踰(逾) 僻(避) 還(還)
𨞺(梛) 腌(醃) 笱(笴) 第(第) 栰(筏) 舽(筏) 荅(答) 笔(筆) 並(筮) 梘(筧) 葙(箱)
華(篳) 蓰(簁) 籦(篷) 蕳(簡) 杚(籺) 飷(粗) 䭲(粑) 麮(粔) 酟(粕) 稉(粳) 餦(粻)
餶(糈) 麴(糊) 餹(糖) 餻(糕) 餿(糗) 穅(糠) 紹(紖) 靯(紐) 杪(紗) 靽(絆) 韍(紼)
靾(紲) 𩋷(紳) 絧(絅) 鉄(紩) 䄍(細) 裕(絡) 綎(綎) 挽(綄) 裷(綄) 椗(綻) 緆(緆)
緑(綠) 彔(綠) 鞧(緧) 帍(繂) 褈(緟) 襛(繞) 鏃(繖) 襉(繝) 襂(縿) 遶(繞) 繩(繩)
鼆(繩) 纏(纏) 墠(繵) 礶(罐) 筶(罟) 罩(罩) 羃(羃) 膻(羶) 廷(翍) 鵝(翔)

聲符가 대체된 異體字例

賣(買) 孕(孕) 宇(宇) 缸(缸) 席(席) 幟(幟) 幟(幟) 歸(歸) 廳(廳) 建(建) 粥(粥)
弼(弼) 御(御) 徵(徵) 覆(覆) 甕(甕) 仿(仿) 价(价) 偵(偵) 傀(傀) 咒(咒) 飢(飢)
劇(劇) 勸(勸) 齜(齜) 齠(齠) 齮(齮) 齩(齩) 齣(齣) 齬(齬) 黏(黏) 黏(黏) 黏(黏)
黔(黔) 黚(黚) 黟(黟) 黧(黧) 黯(黯) 黻(黻) 魴(魴) 鮅(鮅) 鮎(鮎) 鮒(鮒) 鮪(鮪)
鮦(鮦) 鮦(鮦) 鯆(鯆) 鯆(鯆) 鯃(鯃) 鯃(鯃) 鯉(鯉) 鮸(鮸) 鯨(鯨) 鯨(鯨) 鯧(鯧)
鯧(鯧) 鯛(鯛) 鯛(鯛) 鰌(鰌) 鰌(鰌) 鯰(鯰) 鰋(鰋) 鯷(鯷) 鰍(鰍) 鰫(鰫) 鰣(鰣)
鰻(鰻) 鱔(鱔) 鱔(鱔) 鱗(鱗) 鱘(鱘) 鱧(鱧) 鱮(鱮) 鱳(鱳) 鱸(鱸) 鴉(鴉) 鴒(鴒)
鴝(鴝) 鴟(鴟) 鵃(鵃) 鵃(鵃) 鶴(鶴) 鶴(鶴) 鵬(鵬) 鵯(鵯) 鶤(鶤) 鶗(鶗) 鷊(鷊)
鶻(鶻) 鷡(鷡) 鷤(鷤) 鷤(鷤) 鷚(鷚) 鹼(鹼) 麚(麚) 麟(麟) 麩(麩) 麩(麩) 馲(馲)
駁(駁) 駩(駩) 騕(騕) 騠(騠) 騣(騣) 騜(騜) 驦(驦) 髗(髗) 髮(髮) 髭(髭) 鬆(鬆)
鬚(鬚) 魅(魅) 魑(魑) 鞀(鞀) 鞈(鞈) 韽(韽) 黯(黯) 響(響) 頂(頂) 顒(顒) 颮(颮)
颮(颮) 飢(飢) 飥(飥) 飯(飯) 飴(飴) 飴(飴) 飽(飽) 飽(飽) 餛(餛) 餬(餬) 饈(饈)
饔(饔) 饕(饕) 饕(饕) 釔(釔) 鉗(鉗) 銙(銙) 銶(銶) 鍊(鍊) 鋘(鋘) 錤(錤) 鍵(鍵)
鍥(鍥) 鍬(鍬) 鍠(鍠) 鍇(鍇) 鏂(鏂) 鏞(鏞) 鐑(鐑) 鐩(鐩) 鑪(鑪) 閬(閬) 闠(闠)

硸(阡) 霎(霢) 霹(霞) 譌(訛) 諛(詍) 譃(詛) 譃(詛) 謙(詀) 誟(詨) 謞(詨) 訨(詩)
譌(詭) 譮(話) 諣(諀) 諟(諦) 諦(諦) 譈(諳) 訦(諶) 謳(諴) 講(謾) 譓(譓) 誏(讓)
譡(讜) 谹(谼) 踢(踔) 豧(豗) 豬(貯) 賁(賈) 賦(賦) 賭(賭) 赪(赬) 赬(赬) 跧(跂)
趺(跗) 趶(跗) 踦(跤) 趪(踣) 踼(踼) 蹚(踼) 蹭(踼) 蹁(蹁) 踺(躧) 輔(輔) 輬(輬)
輥(輥) 輥(輥) 轉(輣) 轢(轢) 逋(迒) 逿(逖) 酬(酬) 醅(醅) 醪(醪) 笳(笳) 箘(箘)
箘(箘) 箘(箘) 篰(篰) 糊(糊) 糠(糠) 絇(絇) 紨(紨) 紻(紻) 絿(絿) 綆(綆) 縷(縷)
緉(緉) 繆(緆) 豘(豚) 腒(腒) 腤(腤) 腱(腱) 膩(膩) 艫(舲) 艎(艎) 艖(艖)

偏旁의 位置가 변화된 異體字例

紓(孫) 桉(案) 峯(峰) 崎(崎) 崙(崙) 嶼(嶼) 幙(幕) 墮(墮) 影(影) 衢(衢) 烹(烹)
膏(膏) 裏(裏) 企(企) 佛(佛) 僻(僻) 翼(翼) 軍(軍) 呪(呪) 剪(剪) 惻(惻) 舅(舅)
匙(匙) 秉(秉) 龔(龔) 齺(齺) 齾(齾) 齜(齜) 齱(齱) 𪏭(𪏭) 默(默) 黛(黛) 點(點)
黯(黯) 鴷(鴷) 鯊(鯊) 鰲(鰲) 鯊(鯊) 鱉(鱉) 鱖(鱖) 鳩(鳩) 鴉(鴉) 鴠(鴠) 鴨(鴨)
鴨(鴨) 鴝(鴝) 鴻(鴻) 鵁(鵁) 鵂(鵂) 鵵(鵵) 鵯(鵯) 鹹(鹹) 麂(麂) 駘(駘) 鶩(鶩)
髮(髮) 髻(髻) 鬣(鬣) 鬤(鬤) 魂(魂) 魊(魊) 韏(韏) 頞(頞) 颺(颺) 颹(颹) 颻(颻)
餬(餬) 餰(餰) 饉(饉) 饔(饔) 鍬(鍬) 鏨(鏨) 鐫(鐫) 鑒(鑒) 闊(闊) 裴(裴) 靠(靠)
覓(覓)

形符와 聲符가 모두 代替된 異體字例

垌(缸) 迖(徐) 紆(牽) 詋(咒) 䵒(黏) 粺(黐) 鐳(鯔) 蚺(鱷) 醶(鹼) 醎(鹼) 䤄(鹼)
踦(骹) 毃(敲) 橫(餭) 鈍(鈍) 閔(閔) 斛(斛) 詛(詛) 豗(豗) 豚(豚) 貊(貊) 貍(貍)
跋(跋) 跇(跇) 跡(跡) 踣(踣) 蹸(蹸) 輴(輴) 醻(醻) 箋(箋) 粄(粄) 糊(糊) 糖(糖)
糙(糙) 罅(罅) 罅(罅) 舼(舼) 蜼(蜼) 蝯(蝯) 襪(襪) 襪(襪) 轢(轢) 餔(餔)

形符가 代替되고, 偏旁 位置도 변화된 異體字例

郊(岐) 岸(岸) 壥(壥) 紘(弦) 伺(伺) 傲(傲) 翼(翼) 凰(凰) 劉(劉) 劑(劑) 黿(黿)

𩣡(駕) 䯪(鬣) 駿(鞍) 𩋝(鞘) 𩓏(顋) 闥(鍵) 𧮰(阡) 鳰(雇) 𩡓(雞) 悰(賨) 趞(踖)
𨛜(邠) 閤(邵) 埒(郛) 𨡠(醓) 𠰷(節) 䫻(箏) 槶(簂) 鑣(麋) 𣁽(簸) 𦦛(簷) 朧(籠)
䊓(粒) 岐(紕) 帋(紙) 褻(綴) 𦍁(縟) 𤮍(罏) 𦉘(罠) 絓(罫) 疷(胝) 瘬(脹) 𧺝(膭)
𤺊(膨) 𤮱(臚) 杞(芑) 𥢯(苾) 𧄈(萁) 椹(葚) 𥣉(蓄) 䳒(蔦) 𣛭(蕣) 𣡍(薿) 𣀵(螯)
𢄊(裙)

聲符가 代替되고, 偏旁 位置도 변화된 異體字例

𤬺(缸) 狨(翼) 㛙(剔) 黕(黛) 𩸒(鰶) 䳇(鵄) 𪃃(䳢) 鳶(鴞) 𪆰(鴞) 䳑(鶴) 𪇰(鵝)
鷓(鷺) 鞥(韃) 韺(響) 𩞽(饋) 饜(饃) 𧦅(謀) 䛃(謇) 貼(賈) 䠵(跆) 𨡬(醍) 䊢(柴)
𦢊(膵) 𥢧(敲) 適(棼) 𧡄(繭) 蛔(截) 𧑅(蜆) 𧑱(蜇) 蠕(蟹) 螺(蟊) 蛔(蟹) 蠢(蟖)
猤(豗)

形符와 聲符가 모두 代替되고, 偏旁 位置도 변화된 異體字例

㚒(謀) 𢙬(謀) 𢝆(謨) 𨣎(篘) 匭(簋) 𢓭(籞) 枸(簍) 𢂴(繻) 盉(缽) 瘯(胗) 𣛳(苾)
𠥟(藏) 䯭(袈) 㢉(宇) 𥗐(磨) 踖(街) 笓(匙) 呞(齝) 𥽄(齏) 槩(饋) 铬(駕) 𣫍(玟)
殩(痼) 瓶(磚) 痾(愓) 䏓(稂) 芊(稈) 蓫(穗) 𡺾(窟) 𥕈(斑) 𪇳(晃) 㝒(村) 矾(礬)
𡰡(髮)

(5) 筆劃이 變形된 것

筆劃이 변형되어 만들어지는 異體字는 매우 자주 보이는 현상으로서, 筆劃이 변형되면서 본래의 글자가 다른 글자로 되는 경우도 있고, 본래는 글자였는데 글자가 아닌 형태로 변하는 것들도 있는 등 매우 다양하게 나타난다.

奞： 正字는 "奮"이다. 여기서 가장 윗부분의 "大"가 "六"의 형태로 바뀌었다. 이와 유사한 예로서 "奞"이 있는데, 이것도 본래는 상단부가 "++"이었던 것이 먼저 통합되어 "++"로 바뀐 후, 다시 "大"의 형태를 띠다가 마지막으로 "六"의 형태로 변하였다. 이것은 본래의 글자가 筆劃의 변형을 거치면서 다른 글자로 바뀐 경우라 할 수 있다.

㕛： 正字는 "爻"이다. 본래 두 개의 "乂"를 상하로 겹쳐 쓴 것이다. 이 "乂"의 상단부를 "又"로 변형시킴으로서 새로운 異體字가 되었다. 이는 筆法에 의해 筆劃이 변형된 것으로 보인다. '乂'의 첫 획, 즉 撇劃(丿)을 쓸 때, 초기에 붓에 힘을 주어 멋을 부리면 쉽게 '又'의 첫 획과 같은 모양이 된다. 그것이 점차 변하면서 위와 같은 異體字로 변한 것으로 보인다.

𠃍： 正字는 "卍"이다. "卍"의 필획에서 상단부를 분리하고, 하단부는 왼쪽으로 꺾었으며, 중간에 좌우를 가로지르는 필획 방향도 글씨를 쓰기 편리한 방향으로 변형시킴으로서 正字와는 모양이 매우 다르게 변화되었다.

仚： 正字는 "仙"이다. 이것은 오른쪽 偏旁인 "山"의 필획을 변형시킨 것이다. 즉 "山"의 중앙 획과 오른쪽 획을 점으로 처리하여 筆寫의 편리함을 도모한 것으로 판단된다. 또 위와 같은 "山"의 異體 형태와 동일한 글자에 '止'의 異體字로서 '𠃊'가 있다. 이것도 중앙 획과 우측 획을 점으로 표현하여 筆寫를 편리하도록 했는데, 결과적으로 "山"의 異體字와 모양이 같게 되었다.

實： 正字는 "實"이다. 중앙 偏旁인 "毌"의 모양이 "由"의 형체로 바뀌었다. 이것은 "毌"의 중간에 좌우로 관통하는 필획을 짧게 하고, 상하로 꿰뚫는 필획은 윗부분을 돌출시키는 변형을 함으로서 결과적으로 "由"의 형태가 되었다.

耿： 正字는 "聚"이다. 正字의 우측 偏旁인 "又"의 필획을 축소 분리하여 "＜"로 하고, 하단부의 偏旁도 축소와 분리를 통하여 "ㅅㅅ"으로 만들었다.

电： 正字는 "申"이다. 상하를 관통하는 중앙 필획의 하단부를 우측으로 꺾은 형태이다. 楷書에서 "申"은 중앙의 필획이 수직으로 곧은 형태를 취하는 것이 正字이다. 그러나 "電"의 偏旁으로 쓰일 때는 이와 같이 필획이 변형된다.

㸦： 正字는 "牙"이다. '牙'의 마지막 필획인 撇劃(丿)을 捺劃(㇏)으로 변화시킨 것이다.

(6) 筆劃이 省略된 것

異體字 중에는 筆劃이 생략되어 만들어지는 것들도 있다. 이 중에는 앞에서도 이미 언급이 된 바와 같이 點劃이 생략된 것이 있는가 하면, 橫劃이 생략된 것도 있고, 垂劃이 생략된 것, 撇劃이 생략된 것도 있다. 또 하나의 筆劃이 생략된 것이

있는가 하면 多數의 필획이 생략된 경우도 있는 등 매우 다양한 유형이 나타나고 있다. 다음에서 이러한 예를 살펴보도록 한다.

鬼 : 正字는 "鬼"이다. 이것은 점획이 생략된 것으로서 正字의 상단에 있던 點劃이 생략되었다. 筆寫本에 출현하는 한자의 경우, 상단부에 위치하는 점획이 생략되는 경우는 매우 많다.

畨 : 正字는 "番"이다. 이 역시 상단부의 偏旁인 "釆"에서 왼쪽 撇劃이 생략되었다. 필사본의 한자에서는 "釆"의 상단부 撇劃은 거의 대부분 생략되어 나타나고 있는데, 그 예로는 '悉(悉)'이 있다. '釋'의 경우도 대부분 이러한 현상이 나타난다.

悦 : 正字는 "悅"이다. 이 글자는 우측 偏旁이 본래 "兌"이지만 상단부의 필획 두 개가 생략되어 마치 "悦"과 같은 글자가 되었다. 이와 같이 필획이 동시에 두 개가 생략되는 경우는 매우 드물게 보이는 현상이다.

이 외에도 우리가 쉽게 볼 수 있는 필획의 생략 현상으로는 "德"이 있다. 본래 "德"의 小篆 형태는 "德"으로서 지금 우리가 볼 수 있는 "德"의 필획을 모두 갖추고 있으나, 楷書로 오면서 거의 대부분 우측 중간의 가로획("心"의 위쪽)이 탈락된 채로 "德"으로 쓰여지고 있다.

(7) 筆劃이 追加된 것

위의 경우와는 정반대로 正字에서 筆畫이 추가되어 만들어지는 경우이다. 추가되는 筆劃은 역시 點劃을 비롯하여 橫劃, 垂劃, 撇劃, 捺劃 등 여러 가지가 있다. 또한 추가된 筆劃이 하나인 경우도 있지만, 간혹 두 개 이상의 筆劃이 추가되는 경우도 보인다. 다음에서 그 예를 살펴보도록 하자.

就 : 正字는 "就"이다. 좌측 偏旁의 "京"에서 橫劃이 추가되었는데 이 글자에서 橫劃이 추가되는 것은 관습적인 현상이다. 이 글자 외에도 '口'形으로 된 字形의 경우에는 중간에 橫劃이 추가되는 경우가 자주 보인다. 그리고 우측 偏旁의 "尤"도 우측 상단에 위치하고 있던 點劃이 하단으로 내려오는 변화를 보이고 있다.

辟 : 正字는 "辟"이다. 우측 偏旁인 "辛"의 하단부에 橫劃이 추가되었다. 筆寫本의 "辛"은 대부분 위와 같이 필획이 하나 추가된 형태인데, 이것은 실질적으로 小篆의 형태에서 유래한 것이다. 小篆의 형태에 보다 접근된 형태가 위와 같이

지금의 正字보다 필획이 하나 추가된 형태이며, 오히려 지금의 正字가 필획을 하나 줄이고 이를 正字로 삼고 있다고 보아야 할 것이다.

徔 : 正字는 "從"이다. 본래 "從"의 異體字에 우측 상단의 偏旁을 簡化하여 만든 "従"이 있는데, "徔"은 바로 이 "従"의 형태에서 좌측 偏旁과 우측 偏旁 사이에 垂劃이 하나 추가된 형태이다.

이 외에도 筆劃의 차이를 보이는 異體字는 매우 많다. 즉 筆劃의 增減이 없이 단순히 필획의 變化만으로 이루어진 異體字도 있는가 하면, 두 개의 筆劃이 중첩되어 만들어지는 異體字도 있도, 또 增減과 變化, 重疊 등이 서로 겹치면서 만들어지는 것도 있는데, 이들에 대해서는 뒤에 자세히 나오므로 여기에서는 생략하기로 한다.

(8) 筆劃의 分離로 字形 構造가 變化된 것

異體字 중에는 正字 字形의 筆劃이 변화되면서 본래의 偏旁이 소멸되고 새로운 字形의 偏旁이 생성되는 것들이다. 즉 새로운 筆劃의 변화를 통한 새로운 偏旁의 생성이므로 筆劃과 偏旁 변화의 복합체라 할 수 있다. 이러한 예로는 다음과 같은 것들이 있다.

⿰方乚 : 正字는 "永"이다. 이 글자는 본래 獨體文이다. 그러나 이것이 異體字에서는 合體字 형태의 "⿰方乚"로 바뀌었는데, 그와 같이 변하는 과정은 두 단계를 거치게 된다. 먼저 "永"에서 筆劃이 분리되면서 자형이 "㇇"과 "乀"로 분리되었다. 여기에서 "㇇"은 다시 筆劃의 변화와 합병의 과정을 거치면서 "方"의 형태로 변하였고, "永"의 우측에 있던 "乀"은 하나의 획으로 합병되면서 "乚"와 같은 모양이 되었다. 그 결과 獨體文이었던 것이 構造上으로 마치 "方"과 "乚"의 좌우 결합에 의한 合體字가 되었다.

宍 : 正字는 "肉"으로서, 본래는 獨體文이다. 이 글자 역시 필획의 분리와 변화의 과정을 통하여 "宍"과 같은 모양이 되었다. 순서를 살펴 보면, 먼저 "肉"은 중앙의 筆劃들이 통합되어 "⿵冂文"으로 변하였다. 이 字形을 둘로 나누면 외곽의 "冂"와 중앙의 "文"으로 분리될 수가 있다. 그 중에서 "冂"는 "宀"과 유사하여 "宀"으로 바뀌고, "文"은 "六"과 흡사하여 "六"으로 변화된 후, 다시 이 둘을 결합하여 "宍"이 되었다. 이 '宍'은 '肉'의 異體字로서 古文獻에 자주 보이는 字形이며, 構造上으로

는 獨體文에서 合體字로 변화되었다. 그런데 "宊"에서 하단부의 "六"은 다시 상단부 點劃의 모양이 변화되어 "六"로 변하였고, 그것이 다시 "宀"과 결합하여 "宊"과 같은 異體字로 만들어진 것이다. 즉 하나의 獨體字가 변화와 분리, 그리고 다시 결합, 또 다른 변화 등의 복잡한 과정을 거치면서 이 異體字가 생겨나게 되었다.

(9) 偏旁 혹은 筆劃의 統合 및 分離를 통해 다른 글자로 만들어진 것

여기에 속하는 것들도 본래의 자형 중 일부 偏旁의 형태가 筆劃의 변화 과정을 거치면서 다른 글자가 되는 경우이다. 다만 위와는 달리 偏旁이니 筆劃이 統合과 分離를 함께하면서 새로운 字形의 偏旁을 생성한다는 점이 다르다. 이에 대한 예는 다음과 같다.

瀃 : 正字는 "氵盥"이다. 이 글자의 우측 偏旁인 "盥" 중의 상단부는 본래 여러 개의 偏旁으로 구성된 매우 복잡한 형태를 취하고 있다. 異體字에서는 이를 모두 통합한 후, "目" 두 글자로서 대체했다. 그런데 "盟"의 異體字 중에는 字形이 유사한 글자로 대체하는 방식, 즉 "盟"의 偏旁 중 "日"과 "月"을 모두 "目"으로 바꾸는 방식에 의해 만들어진 것이 있는데, 그것의 字形이 "瀃"의 우측 偏旁과 자형이 동일하다. 결과적인 측면에서 본다면 자형은 서로 같다고 할 수 있다. 다만 그것의 생성 방법은 확연히 다르다고 할 수 있다.

鬯 : 正字는 "鬯"이다. 正字의 字形이 이러한 異體字形으로 변해가는 과정은 상당히 복잡하다. 먼저 正字形인 "鬯"에서 상단부 중앙의 필획들인 "※"의 형체는 모양이 비슷한 字形인 "必"로 대체되어 "鬯"의 형체로 바뀐다. 이 "鬯"에서 中端部의 "凵"은 꺾였던 모양이 펼쳐져 "一"의 형체로 되어 "鬯"의 모양으로 바뀐다. "鬯"에서 중간의 橫劃과 下端의 "匕"가 합쳐짐으로서 "鬯"은 최종적으로 "鬯"의 형체로 바뀌게 되었다. 또 다른 異體字로서 "鬯"이 있는데, 이것은 "鬯"에서 "必"의 형체가 대폭 簡化되어 "㐅"로 대체됨에 따라 "鬯"으로 바뀌었으며, 다시 下端의 필획들이 "鬯"의 下端과 같이 類化되어 최종적으로 "鬯"의 형체로 변하게 된 것이다.

禍 : 正字는 "禍"이다. 正字의 우측 偏旁인 '咼'은 獨體文이다. 그런데 여기에서 "口"의 부분은 그대로이고, 나머지의 필획 부분이 변화되면서 전혀 다른 형태인 "弓"으로 대체된 형태가 되었다.

迒 : 正字는 "迹"이다. 이 글자의 偏旁인 "亦"에서 상단부의 '亠'을 변형시키고, 하단부의 네 획은 좌측부터 써 가는 방식으로 빨리 쓰다 보니, 그것이 네 개의 점으로 분리하여 마치 "火"의 異體字인 "灬"와 같은 형상으로 변화되었다. 이 "迹"은 후에 形符인 "辵"을 "足"으로 대체하여 "跡"이라는 글자로 사용하기도 했다. 이는 '足'이 '辵'과 의미가 유사하기 때문에 대체한 것이며, "跡"은 "迹"의 後起字이다. 어쨌든 '迹'이 '迒'으로 변화된 것은 위와는 달리 하나의 偏旁이 筆劃의 변화 과정을 거쳐 또 다른 偏旁과 偏旁이 아닌 筆劃으로 변화된 예라 할 수 있다.

仝 : 正字는 "全"으로서, 下端部의 偏旁인 "王"을 쓸 때 빨리 쓰고자 하는 욕구에서 4획으로 처리하지 않고, 3획으로 처리하는 과정에서 위와 같이 자형이 변하였다. 결과적으론 '王'이라는 偏旁이 또 다른 偏旁과 偏旁이 아닌 筆劃으로 변화되었다.

畄 : 正字는 "留"로서, 상단부 좌측 偏旁인 "㇇"를 쓰는 과정에서 두 번째 筆順에 해당되는 "ㄴ"이 첫 번째 筆順과 연결해 쓰기가 불편하여 세 번째 筆順에 해당되는 筆劃과 순서를 바꾸어 씀으로 인해 字形이 "夕"과 유사한 모양으로 바뀌었다. 우측 偏旁이 변한 이유는 분명치 않다.

皃 : 正字는 "完"이다. "完"은 본래 "宀"과 "元"으로 구성된 글자로서 合體字이다. 그런데 글자를 쓰는 과정에서 상단의 偏旁인 "宀"과 하단 偏旁인 "元"의 윗 필획 부분인 "二"가 겹쳐지게 됨으로서 결과적으로는 "皃"과 같이 되었다. 字形이 이와 같이 바뀌자 마치 그 글자가 "貌"의 初文인 "皃"와 비슷하고, 오직 맨 위의 點劃 방향만 차이가 있게 되자, 아예 점획의 방향까지 바꾸어 "皃"의 형상으로 바꾼 것이다. "完"의 자형이 이렇게 변하게 되자 "完"을 偏旁으로 하는 "莞, 浣" 등에서도 아예 이 字形을 偏旁으로 사용하고 있다.

盲 : 正字는 "盲"으로서, 상단부의 偏旁인 "亡"의 자형이 "盲"의 상단부와 같이 바뀌었다. 본래 "亡"의 윗부분 첫 필획은 點劃이었던 것인데, 그것을 점차 늘여서 橫劃처럼 쓰게 되자 그 字形은 "𠃊"과 같이 되었다. 이러한 모양을 취하고 있는 또 다른 異體字로는 "𣄼"이 있다. 그리고 여기서 다시 글자를 편리하게 쓰도록 중간 필획의 길이가 짧아지면서 "ㅌ"의 모양으로 바뀌어 "㠩"과 같은 異體字를 만들고, 여기에서 단절되었던 필획들이 이어지면서 "盲"과 같은 형태로 바뀌었다.

[illegible] : 正字는 "赦"이다. 좌측 偏旁인 "赤" 부분이 변화되면서 異體字가 되었다. "赤"의 상단부에 속하는 "土"의 부분은 "夕"으로 바뀌었는데, 그 의도는 아직 확실치 않고, 다만 그 아래의 네 획을 쓰기에 왼쪽부터 쓰기 시작하다 보니 마침내 "灬"의 형태로 바뀌게 되었다.

[illegible] : 正字는 "循"이다. 우측 偏旁인 "盾"에서 제1.2획에 속하는 "𠂆"의 字形을 약간 분리해 쓰던 것이, 점차 분리가 진행되어 마치 "循" 자체가 左中右 세 개의 偏旁으로 구성된 글자처럼 자형이 변화되었다.

自 : 正字는 "囟"이다. 이 글자의 초기 異體字는 正字 "囟"의 중단 필획들을 직선화시킨 "[illegible]"의 형태이었는데, 이 자형의 우측 하단 필획인 꺾음 부분이 길게 되고, 좌측의 상하로 된 필획이 여기에 이어지면서 "自"의 형태가 된 경우이다. 결과적으로 自體 正字인 "自(자)"와 字形이 동일하게 되었다.

(10) 특수 형태인 것

앞에서 살펴본 異體字는 모두 偏旁이나 筆劃의 變化나 代替 등의 방법으로 만들어지고 형성된 형태인데 반해, 일부 異體字는 본래의 正字形과 전혀 상관없이 만들어지는 것들이 있다. 대표적인 것이 武后造字인데, 그 중 일부만 살펴 보면 다음과 같다.

[illegible], [illegible], 〇. 正字는 "日 · 月 · 星"이다. 이 세 글자 태양과 달과 별의 모양을 그려 만든 글자로서, 모두 唐代의 則天武后(AD. 623-705) 때 만들어진 글자들이다. 則天武后는 왕권을 장악한 다음 자기의 권위를 나타내는 18개의 글자를 만들어 기존의 16 글자를 대신하게 만들었는데, 위의 세 글자는 모두 그때 만들어진 글자이다. 이 글자를 실제로 만든 사람은 그의 종조카인 宗秦客이며, 만들어진 글자들은 주로 年號나 王制에 관한 용어에 쓰이는 글자들이다. 그때 만들어진 글자는 "天 · 地 · 日 · 月 · 星 · 臣 · 載 · 初 · 年 · 正 · 證 · 聖 · 授 · 戴 · 國 · 照"를 대신하는 글자들이었는데, 武后가 죽고 세월이 흐르자 모두 사라져 버렸다.

2) 異體字의 正字 保有 類型에 따른 분류

異體字는 正字와 다른 형태를 말하는 것이고, 형태가 다를 수 있는 것은 그

수량에 제한을 받지 않으므로 하나의 正字에 여러 개의 異體字가 존재할 수 있다. 이러한 異體字들은 비록 字形이 다르더라도 모두 동일한 正字 아래 귀속되며 용법도 동일하다.

그런데 어느 한 正字에서 만들어진 異體字와 그 글자가 아닌 다른 正字에서 파생된 異體字의 자형이 같은 경우가 있다. 심지어는 한 正字에서 변형된 異體字가 우연히도 讀音이나 字義가 전혀 다른 제3의 正字와 字形이 동일하게 되는 경우도 있다. 이를 전체 글자가 아닌 偏旁으로 세분하면 양상은 더욱 복잡해진다.

예를 들어, '俗'이나 '欲'의 異體字인 "佁 · 欱"과 같이 '谷'이 다른 글자의 偏旁으로 쓰일 때 '谷'의 異體 형태가 동일하게 나타난다. 그런 반면에 '愬'의 異體字인 '𢠸'과 '霸'의 異體字인 '𩂯'는 서로 다른 正字의 異體字임에도 불구하고 偏旁의 字形이 동일하게 나타난다. 즉 두 異體字의 偏旁에 동일하게 쓰인 '玥'는 '愬'에서는 '朔'의 異體 偏旁으로 사용된 것이고, '霸'에서는 '𩊓'의 異體 偏旁으로 사용된 것이다. 이와 같이 하나의 異體 偏旁이 서로 다른 正字의 異體 偏旁으로 사용되는 경우가 존재한다. 한편 '旨'와 '直'의 異體字가 모두 '亘'인데, 이는 서로 다른 두 正字의 異體字가 동일한 형태로 나타나는 경우이다.

이처럼 복잡한 양상을 정리하여 正字의 보유 유형에 따라 다시 세분화하면 異體字의 유형은 i) 하나의 異體字形이 하나의 正字를 갖는 경우, ii) 異體字形이 두 개의 正字를 갖는 경우, iii) 어느 正字의 異體字形이 제3의 다른 正字의 字形과 같은 경우로 정리될 수 있다.

(1) 異體字形이 하나의 正字를 갖는 경우

모든 異體字는 正字가 있어야만 하는데, 수많은 異體字들은 거의 이 범주를 벗어나지 못한다. 왜냐면 異體字란 하나의 正字에서 파생되어 나오는 것이 원칙이기 때문에 어느 특정 異體字의 正字가 하나인 것은 매우 자연스러운 일이다. 그래서 여기에 속하는 예들은 따로 설명하지 않기로 한다.

(2) 異體字形이 두 개의 正字를 갖는 경우

극히 일부의 예이기는 하지만 어떤 異體字들은 우연히도 다른 正字의 異體字와 동일한 字形을 가지고 있는 경우가 있다. 이에 속하는 예로는 다음과 같은 글자가 있다.

沷 : 正字는 "沃"이다. "沷"의 異體字도 이와 字形이 동일한 것이 있다.

𦍋 : 正字는 "羌"이다. 그런데 이것과 字形이 동일한 것으로 "差"의 異體字가 있다. 대체적으로 볼 때, 이러한 모양의 異體字는 "羌"의 異體字로 쓰이는 경우보다는, "差"의 異體字로 많이 쓰이고 있다.

疋 : 正字는 "雅"이다. 이 字形 역시 "雅"의 異體字이면서 동시에 "匹"의 異體字로 사용되는 글자이다.

(3) 異體字形이 제3의 다른 正字와 字形이 같은 경우

어느 한 글자가 만들어지기 위해 무엇보다도 우선되어야 하는 조건은 기존의 글자와 字形이 달라야 한다는 것이다. 만일 글자의 모양이 같다면 이것은 글자의 屬性 중 하나인 區別性을 상실하는 것이기 때문이다. 그러나 小篆 중에는 正字임에도 불구하고 극히 일부가 이런 예가 있으며, 楷書의 異體字 중에는 이에 속하는 글자들이 적지 않게 보이고 있다. 이에 대한 몇 가지 예를 들면 다음과 같다.

怱 : 이 글자는 본래 그 자체가 正字인 "怱"도 있지만, 여기서는 "歰"의 異體字이다. 즉 正字는 "歰"이고, "怱"은 異體字이다. 異體字가 만들어지는 과정으로는 먼저 正字의 상단부 두 偏旁인 "刃刃"을 하나의 偏旁으로 묶은 후, 이와 類似한 字形을 가진 "勿"로 대체했다. 그리고 다시 하단부의 두 偏旁인 "止止"도 하나로 묶은 후, "止"를 異體字인 "𠃊丶"로 만들고, 다시 이 '𠃊丶'가 "心"의 자형과 비슷하므로, 이것을 "心"으로 대체함으로서 위와 같은 異體字가 만들어진 것이다.

旡 : 正字는 "無"로서 일반적으로 많이 사용되는 異體字이다. 그러나 이 字形은 본래 "목이 메다"라는 뜻을 가진 正字 "旡(기)"와 字形이 동일한데, 이 正字 "旡"는 단독으로 잘 쓰이지 않고, "旣"와 같은 글자에서의 偏旁으로 자주 보일 뿐이다.

卬 : 正字는 "印"으로서, 필획의 일부를 생략한 字形인데, 이것이 "오르다"의 뜻을 가진 正字 "卬"의 字形과 모양이 같다.

牙 : 이 字形의 正字는 "丐"로서, 自體 正字인 "牙(아)"와 같은 字形이 되었다.

3 異體字의 考釋

異體字의 考釋방법으로는 대체적으로 字典 利用法을 비롯하여 偏旁分析法, 字音分析法, 字例의 活用, 原文對照法, 筆形分析法 등이 있다. 이를 종류별로 나누어 좀 더 구체적으로 살펴보면 다음과 같다.

첫째, 字典利用法은 異體字 정보가 다량 수록되어 있는 기존의 字書를 활용하여 異體字 考釋의 실마리를 얻거나, 혹은 字書에서 직접 밝힌 正體나 俗體에 관한 해석에 의거하여 해당 異體字의 正字를 결정하는 비교적 단순한 방법이다. 새로운 異體字라 생각되는 字形을 발견했을 때 가장 먼저 찾아야 할 것이 字典이다. 왜냐면 字典이란 당시까지 존재하고 있던 모든 字形을 최대한 수록한 것들이기 때문에 우선적으로 字典을 확인해보는 것이 중요하다. 다만 만일 字典에 수록된 字形이라면 그 글자의 正字가 무엇인지 쉽게 알 수가 있는 것이라 이를 考釋이라고까지 말할 필요는 없을 것이다. 그러나 동일한 字形이 아니더라도 유사한 字形이나 혹은 해당 異體字의 考釋에 필요한 실마리를 발견할 수 있는 것이 字典이기 때문이다.

예컨대, 『龍龕手鏡.齒部』에 "⿰齒柬, 俗 ; ⿰齒朿, 正"이라고 밝혀져 있는 것을 근거로 '⿰齒柬'의 正字를 '⿰齒朿'字라고 설명하거나, 『康熙字典』에서 '⿰糸臣'字는 '⿰糸巨'과 같다고 하고, 또 '⿰糸巨'은 '堅'과 같다고 한 것을 근거로 '⿰糸臣'의 正字를 '堅'字라고 설명하는 것이 그 예이다.

字典利用法에서 활용할 수 있는 字典으로는 우리나라에는 異體字 專門 字典인 『高麗大藏經異體字典』이 있고, 中國의 字典으로는 『康熙字典』·『一切經音義』·『龍龕手鏡』·『中文大辭典』 등이 있고, 日本의 字典으로는 『難字 · 異體字典』·『漢字異體字典』·『金石異體字典』 등이 있다. 근래들어 臺灣에서 異體字에 대한 정리의 필요성을 느껴 만든 『異體字字典』[5]이 있는데, 이것이 현재 볼 수 있는 가장 많은 異體字를 수록한 字典이라 할 수 있다.

둘째, 偏旁分析法이란 말 그대로 偏旁을 분석하는 방법으로 異體字를 고석하는 방식을 말한다. 이것은 다시 두 가지로 나뉠 수 있다. 먼저 가장 기본적인 방식으로

5 이것은 電子版으로서 홈페이지는 "https://dict.variants.moe.edu.tw/variants/rbt/home.do"이다.

그 偏旁을 다른 偏旁, 즉 字義가 유사하거나 혹은 字音이 유사한 다른 偏旁으로 대체할 가능성이 있는지를 살펴보고 판단하는 방식이다. 다른 하나는 글자를 여러 偏旁으로 분해한 후, 각 偏旁마다 그것들이 다른 글자의 異體字로 쓰일 때는 어떤 형태로 나타나는지를 살펴보고, 그 형태를 다시 이 글자에 대입해서 正字를 확인하는 방법이다. 이것은 偏旁의 字形이 異體字形으로 자주 사용되는 경우에 이것은 다른 글자의 偏旁에서도 거의 대부분 같은 형태로 사용되는 특징을 활용하는 방식이다.

예를 들어 異體字 중에는 "⿰糹囙 · ⿰衤囙 · ⿰女囙 · ⿰口囙 · ⿱艹囙 · ⿰囙欠 · ⿰氵囙"와 같이 '囙'이라는 동일한 형태의 偏旁으로 구성된 글자들이 있다. 만일 이렇게 여러 글자에 공통으로 포함되어 있는 偏旁이 어떤 偏旁의 異體 형태인지만 알아내면, 그 偏旁이 들어간 다른 글자들의 正字도 손쉽게 파악할 수 있다. 위에서 공통으로 들어 있는 偏旁인 '囙'은 '因'의 異體字이다. 그렇다면 위에 열거한 異體字들의 正字는 "⿰糹囙(絪) · ⿰衤囙(裀) · ⿰女囙(姻) · ⿰口囙(咽) · ⿱艹囙(茵) · ⿰囙欠(欭) · ⿰氵囙(洇)"이라는 것을 쉽게 파악할 수 있게 된다.

그리고 偏旁의 대체 가능성을 조사하여 해당 異體字에 대입할 때는 同一字族 관계나 혹은 字音의 유사성을 확인한다. 同一字族이란 특정한 의미를 지닌 合體字의 구성요소 중 形符를 서로 바꾸어 써도 의미상 전혀 변화가 없는 글자 무리를 지칭하는 말이다. 예를 들어 입을 나타내는 '口'字와 입으로 말한다는 의미의 '言'字는 모두 '입'과 관련이 있기 때문에 '咏'字와 '詠'字, '喩'字와 '諭'字, '嗛'字와 '謙'字에서처럼 偏旁으로 쓰일 때 서로 통용되는 경우가 많다. 이와 같이 의미상의 연관관계로 인해 偏旁이 대체되면서 異體字가 생성되는 경우가 많기 때문에 同一字族으로 대체되는 偏旁들을 조사하여 정리하면 正字 추정에 많은 도움을 받을 수 있다.

셋째, 字音 分析法이란 해당 異體字에 反切이 명시되어 있는 경우, 同一字音을 가지고 있는 유사한 자형의 글자들을 비교 분석하여 正字를 판단하는 방법이다.

예를 들어 『玉篇殘卷』의 "橫櫭, 字林音渠例反, 木釘也. 廣雅撿槪釘也. 江南謂之櫭栓者所還反, 律文作揭. 說文巨列反, 揭乍也"에서 '櫭'는 "渠例反 혹은 巨列反"이라는 독음과 "나무 못"이라는 字義를 가지고 있음을 알 수 있다. 그런데 이 글자는 어떠한 字典에도 보이지 않고 있어 正字를 알 수가 있다. 또한 이와 유사한 자형인 '槩'도 의미상으로 전혀 다르므로 '槩'의 異體字도 아니다. 그래서 위에 언급된 字音인 "巨列反, 渠例反"이라는 讀音에 의거하여, 이 讀音을 가진 글자를 찾아보면 『漢語大字典』에 '櫭'字가 수록되어 있다. 여기에는 이에 대해 "渠列切(『廣韻』) 木釘, 同楬". "其例切(『集韻』) 車轄"이라 설명하고 있는 바, 이에 의하면 '櫟'는 '櫭'의 異體字임을 알 수 있다.

넷째, 字例의 活用은 자형이나 字音 분석을 통해 正字를 추정할 수 없을 때, 하나의 단어로 조합되는 다른 글자와의 연관성이나 앞뒤 문장의 의미를 통해 正字를 추정하는 방식이다.

예를 들어 "…聲類出氣息也. 字書或呼字也. 野王案 氣息出曰呼 入曰吸."이라는 문장의 마지막 글자인 '吸'字는 『漢語大字典』에 "『集韻·換韻』:吸, 吸喭, 一曰剛强貌(놀라서 얼굴빛이 달라지거나 자세가 강경한 모양)"이라고 설명되어 있는데, 이대로 해석하면 문맥이 이해되지 않는다. 그런데, 문장의 전체 의미를 보면 "呼吸"이라는 단어가 성립될 수 있고, 또 본 자형의 의미인 "숨을 들이 쉬다"를 함께 고려하면, 이 글자는 "呼吸"의 의미로 사용되는 '吸'字의 異體字로 판단할 수 있다.

다섯째, 原文對照法이란 인용된 古書 내용이 많다거나, 혹은 해당 문헌에 둘 이상의 필사본이나 판본이 존재하는 경우, 동일한 내용을 어떤 다른 글자로 썼는지를 비교하여 正字를 찾아내는 방법이다.

예를 들어 "…論語𢫨與之歟"라는 문장에서 '𢫨'字가 어떤 글자인지를 쉽게 파악하기 어렵다. 그런데, 직접 『論語』에서 이 글자의 다음 문장인 "與之歟"가 들어간 구절을 찾아보면 『論語.學而』에 "夫字至於是邦也, 必聞其政, 求之與, 抑與之與?"라는 문장이 있고, 또 '𢫨'과 '抑'은 자형 상으로도 유사하므로 이 글자는 '抑'字의 異體字로 볼 수 있다.

여섯째, 筆形 分析法이란 한자를 구성하는 최소 단위인 筆劃의 형태 변화를 분석하는 방식이다. 筆寫本의 경우, 筆寫者의 書寫 습관에 따라 만들어진 異體字도 대량 존재하기 때문에, 단순히 偏旁 형태만 분석해서는 해결이 되지 않고, 필획의 형태 즉 筆形까지 고려해야 하는 경우가 많다. 또 石刻으로 남아 있는 실물자료의 한자 자형에서도 筆寫本에 자주 쓰이는 형태를 그대로 새겨 놓은 경우가 많기 때문에 필형에 관해 반드시 주의를 기울일 필요가 있다.

예를 들어, '皃'의 異體字 중에는 '皀'나 '皇' 같은 자형이 보이는데, 이 중 두 번째의 '皇'은 "임금"을 의미하는 '皇'字가 아니라 '皀'의 하단부 가로선을 길게 쓰다 보니 하단부의 'ㅌ'이 '王'처럼 변한 異體字이다. 또 '余'는 '余'字의 垂劃을 길게 써서 생겨난 異體字이다.

이처럼 筆形 차이로 만들어지는 異體字의 수가 많으므로 正字 추정에 있어 筆形의 차이가 반드시 고려되어야 한다. 구체적인 예를 들어 보자. '護'의 異體字인 '謢'나 '護'의 異體字인 '䕶'를 보고 偏旁 '又'가 偏旁 '大'로 바뀌었다고 생각할 수 있고, '度'의 異體字 '𢈔'나 '𧪘'의 異體字 '𧪘'를 보고 偏旁 '又'가 偏旁 '夂'으로 바뀌었다고 볼 수 있다. 그러나 이는 의도적으로 하나의 偏旁을 다른 偏旁으로 바꿔 쓴 것이 아니라, 필획이 변화되면서 기존에 존재하는 개별 正字의 자형과 우연히 동일하게 된 것일 뿐이다. 즉 '又'는 2획의 필획을 3획으로 끊어서 쓰다가 가로선의 위치가 아래쪽으로 내려오면서 '大'의 모양과 동일하게 되기도 하고, 또 원래의 자형에 삐침선 하나를 더해 '夂'의 자형과 동일하게 바뀌기도 한 것일 뿐, 의미상 연관관계가 있어서 偏旁 '又'를 '大'나 '夂'으로 바꾼 것이 아니므로, 이러한 글자들은 偏旁이 대체된 異體字가 아니라 필획이 변화된 異體字로 보아야 한다.[6]

6 金始衍, 『原本玉篇殘卷異體字研究』, 延世大學校 博士學位論文, 2002, p.p.41-45參照

【下篇】

異體字 類型論

第1章

筆劃의 變化

上篇에서 異體字의 전반적인 사항들에 대해 살펴보았다. 下篇에서는 실제 異體字에서 나타나고 있는 다양한 모습을 유형에 따라 나누어 자세히 고찰하고자 한다. 다만 異體字의 유형이 너무나도 다양하기에 이를 다시 크게 筆劃의 변화와 관련된 부분과, 偏旁의 變化와 관련된 부분, 筆劃과 偏旁이 함께 관련된 부분, 기타의 네 부분으로 나누어 구성한다. 다음에서 먼저 筆劃의 變化와 관련된 異體字에 대해 살펴보기로 한다.

1 筆劃의 增加, 省略, 變形, 重複

筆劃의 變化로 만들어지는 異體字는 크게 筆劃의 增加로 만들어진 것을 비롯하여, 筆劃의 省略, 筆劃의 變形, 筆劃의 重複에 의해 만들어진 것으로 나누어 볼 수 있다. 다만 이들은 하나의 異體字에서 筆劃의 增加 혹은 省略 등, 한 가지 변화 형태만 보이는 것들이다.

1.1 筆劃의 增加

異體字 중에 筆劃의 변화로 생겨난 字形에는 일부 異寫字와 같이 그 변화가 미미하여 사실상 異體字로 볼 수 없는 것들도 많지만, 筆劃이 增加된다든가 혹은 省略, 變形 등으로 인해 正字와는 많은 차이가 나는 字形들도 적지 않다. 심지어는 筆劃의 변화로 인해 전혀 다른 偏旁이 만들어진다든가, 혹은 기존의 偏旁이 해체되는 것까지 나타나고 있다. 이러한 異體字들은 여러 종류가 있는데, 이를 종류별로 나누어 살펴볼 필요가 있다. 이를 위해 먼저 筆劃의 增加로 이루어진 異體字에 대해 알아보기로 한다.

筆劃이 增加되어 만들어진 異體字에는 筆劃이 하나 增加된 것을 비롯하여, 두 개의 筆劃이 增加한 것, 세 개의 筆劃이 增加한 것들이 있다. 한편으로 增加된 筆劃에는 橫劃이 增加한 것이 있는가 하면, 垂劃, 撇劃, 捺劃, 點劃이 增加한 것들도 있다. 이들을 유형별로 나누어 보면 다음과 같다.

1) 橫劃이 增加된 것

하나의 筆劃이 增加한 것 중에 가장 일반적인 것이 橫劃의 增加로 인한 것이다. 예컨대 "亰"의 경우, 이는 '京'의 중간인 '口'형 안에 橫劃이 추가된 것이다. 이는 "諒"과 같이 '京'이 偏旁으로 사용된 경우에 이러한 현상이 많이 나타난다. 橫劃이 추가되는 위치는 위와 같이 네모난 속에 추가되는 것도 있지만, "凶(凶)·典(典)·尤(尤)·佑(佑)·外(外)·訝(訝)·鄖(鄖)·王(王)·所(所)·身(身)·卌(卌)·質(質)·近(近)"과 같이 전체 글자의 바깥 부분에 추가되는 것도 있고, "謂(謂)·宙(宙)·裕(裕)·百(百)·焉(焉)·都(都)·裕(裕)·賓(賓)·斤(斤)"과 같이 자형의 중간 부분에 추가 되는 것도 있으며, "兵(兵)·巫(巫)·展(展)·財(財)"와 같이 자형의 중간 부분에 위치하되, 기존의 筆劃과 교차하는 형태로 橫劃이 추가되는 것도 있는 등, 매우 다양한 유형을 보여주고 있다.

그런데 橫劃이 추가된 것 중에서 "疋(匹)"과 같은 것은 주목할 필요가 있다. 이들은 단순히 이 자형만 보면 橫劃이 자형의 외부 혹은 중간에 추가된 것에 불과하다. 그러나 '疋'의 다른 異體字를 보면 이것이 단순히 하나의 橫劃을 추가해 만든 異體字에 머무는 것이 아님을 알게 된다. 먼저 '匹'의 다른 異體字를 보도록 하자. '匹'의 異體字에는 "疋·疋·疋·疋·匹·匹·匹·匹" 등이 있는데, '匹'의 正字는 본래 '疋'이었으며, 그것이 지금에 와서는 '匹'의 異體字로 간주되고 있다. 그렇게 볼 때, 이들 자형의 변천 과정을 추정한다면 다음과 같다. 즉 처음에는 "疋·疋"과 같은 자형을 갖고 있다가 후에 "疋·疋→疋→疋·匹→匹→匹→匹"과 같은 변화의 과정을 거치면서 지금의 '匹'로 자형이 바뀌었다고 할 수 있다. 그렇게 본다면 '疋'은 단순히 筆劃을 하나 추가해 만든 異體字에서 그 역할이 머무는 것이 아니라 지금의 正字로 자형이 변해가는 과정 중의 하나라는 것을 알 수가 있다.[1]

2) 垂劃이 增加한 것

垂劃이 增加된 것에도 다양한 유형이 존재한다. 橫劃에서 보이는 것과 마찬가지로 垂劃에서도 口形 안에 한 劃이 추가된 "哀(哀)"와 같은 것이 자주 보인다. 또한

---

1 이하 "筆劃의 變化"와 관련된 以下의 記述은 拙稿 "筆劃變化異體字生成類型考, (中國文字研究, 2018,11)"를 기반으로 수정 보완함.

"龠(龠)"과 같이 垂劃이 여러 개일 때 추가로 한 획이 덧붙여지는 것도 흔하게 보인다. 그런가 하면 "但(但)·䞣(賑)"과 같이 두 개의 筆劃 개체를 연결하는 垂劃도 매우 빈번하게 출현하고 있다. 특히 "䞣(賑)"의 偏旁으로 사용된 '辰'의 경우는 異體字에서 대부분 이러한 현상을 보여주고 있다.

위와 보이는 異體字들은 비록 垂劃이 추가되었지만, 그래도 그것의 正字가 무엇인지를 식별하는 것은 그리 어렵지 않다. 그러나 "白(白)"은 특이하게도 하단부에 垂劃이 추가됨으로서, 비록 자형 상으로는 크게 변화된 것이 아님에도 불구하고 그것의 正字를 가늠하기가 쉽지 않다.

3) 撇劃·捺劃·點劃이 추가된 것

撇劃과 捺劃·點劃이 추가된 異體字들도 상당히 많다. 撇劃이 추가된 예로는 "輻(輻)·冉(冉)·季(季)·弔·弔(弔)·力(力)·幼(幼)·布(布)·凡(凡)·帆(帆)·丹(丹)·貳(貳)·約(約)·官(官)·思(思)·叀(叀)·東(東)" 등이 있는데, 이들의 대부분은 추가된 획이 글자의 상단부와 같이 자형의 外廓에 위치하는 것이 특징이다. 이와는 달리 捺劃의 경우는 "邛(邛)·力(力)"과 같이 자형의 중간 부분에 위치하고 있는 것과 같은 형태를 보이고 있다. 한편 "王(王)"은 撇劃이 추가된 것이지만 그 추가된 筆劃이 捺劃 추가의 일반적인 특징과 같이 자형의 중간 부분에 위치하고 있다.

이와 같이 撇劃이 대부분 자형의 외곽 부분에 추가되고, 捺劃이 자형의 중간 부분에 추가되는 것은 이들 筆劃의 특성과 관련된다. 즉 撇劃의 경우는 右上에서 左下의 방향으로 이어지는 劃形인데, 이것이 기존의 字形 중간에 추가될 경우, 전체적인 자형의 균형을 갖추기가 매우 어렵게 된다. 그래서 대부분 기존 자형이나 偏旁의 외곽, 특히 상단부에 많이 위치시키고 있다. 이와 반대로 捺劃의 경우는 左上에서 右下로 이어지는 劃形으로서 하나의 偏旁이나 글자의 마지막 부분에 위치하게 된다. 그래서 기존 偏旁이나 글자의 마지막 筆劃 다음에 위치하다 보니 위와 같은 경우는 본래 正字의 중간 부분에 위치하게 된 것이다.

點劃이 추가된 異體字의 경우도 "井(井)·印(印)"과 같이 '口'形이 있을 경우에는 그 안에 點劃이 추가되는 경우가 많다. 이 외에 點劃을 추가한 예로는 "充(充)·

律(律)·丈(丈)·友(友)·主(主)·粟(粟)·託(託)·畦(畦)·才(才)·拜(拜)"와 같은 글자들이 있다. 이들의 특징을 보면 點劃이 추가된 위치가 전체적인 면에서 자형의 우측에 위치한다는 점이다. 즉 전체적인 면에서 자형의 우측에 위치하면서도 상단부와 중단부, 하단부에 고르게 추가되고 있는데, 이는 일반적인 字形에 있어서도 點劃은 좌측에 위치하지 않는 특성이 異體字에서도 그대로 드러나고 있다고 할 수 있다.

4) 기타

이 외에도 두 개, 혹은 그 이상의 筆劃이 추가된 것들도 있다. 두 개 이상의 筆劃이 增加하다보니 그 중에는 같은 劃이 增加한 것도 있고, 서로 다른 여러 가지 劃이 섞여 增加한 것들도 있다. 예를 들어 "裔(裔)·彊(彊)"은 橫劃이 두 개 增加된 것인 반면, "王(王)"과 같은 경우는 垂劃이 두 개 增加되었고, "絲(絲)"는 撇劃이 두 개 增加되었다. 그런가 하면 "人(人)"과 같이 撇劃이 세 개 增加된 것도 있다. 한편 "王(王)"은 撇劃과 捺劃이 함께 增加했으며, "白(白)"은 橫劃과 垂劃이 增加되었고, "字(字)"는 撇劃 하나와 捺劃 두 개로서 모두 세 개의 筆劃이 增加된 경우이다.

위에서 알 수 있듯이 筆劃이 增加되어 만들어진 異體字들이 적지 않지만, 그럼에도 불구하고 위에서 살펴본 異體字들은 모두 새로운 偏旁 형태를 만들어내지 못하고 단순한 筆劃의 增加에 그치고 있다.

1.2 筆劃의 省略

筆劃이 省略되는 경우도 增加되는 경우와 마찬가지로 異體字에서 매우 자주 보이고 있다. 또한 省略되는 부분도 橫劃을 비롯하여 다양한 부분에서 나타나고 있으며, 두 개 이상의 筆劃이 省略되는 경우도 적지 않다. 다음에서는 이들을 분야별로 나누어 살펴보기로 한다.

1) 橫劃이 省略된 것

橫劃이 省略되는 유형은 매우 다양하다. 가장 기본적인 유형은 여러 개의 橫劃이 함께 있는 가운데서 하나가 省略되어 사실상 그 省略된 것이 그리 쉽게 드러나지 않는 경우이다. 예컨대 "辰(辰) · 僅(僅) · 拜(拜)"와 같은 것들은 비록 하나의 橫劃이 省略되었지만, 주위에 비슷한 橫劃이 더 있어서 그 省略된 존재감이 강하게 드러나지 않는다. 그러나 橫劃이 사실상 독립된 部件으로서의 기능을 담당하거나, 그에 준하는 형태를 취하고 있음에도 橫劃이 省略됨으로서 자형이 두드러지게 바뀐 것들이 있다. 예컨대 "兩(兩) · 至(至) · 劃(劃) · 桓(桓) · 鵰(鴟)"와 같은 경우, 省略된 橫劃들은 모두 본래의 正字形에서 그 존재감이 두드러진 것들이었지만, 그것이 省略됨으로서 字形이 달라짐을 쉽게 알 수 있게 된 것들이다.

그런 반면에 筆劃의 增加 부분에서 보이는 것과 반대의 현상도 나타난다. 즉 '口'형에서 본래 아무 筆劃도 없던 '口'의 중간에 筆劃이 增加되는 것들이 많았는데, 여기에서는 반대로 본래 '口'형의 내부에 筆劃이 있었던 것이 省略되는 경우도 있다. 예컨대 "竟(竟) · 鳥(鳥)"와 같은 것들이 그것인데, 이 중에서 "鳥(鳥)"와 같은 것은 異體字形이 결과적으로는 사실상 '鳥'의 正字形과 동일한 字形이 된 경우이다. 이러한 '口'형에서 省略된 것은 그 '口'형 내부의 筆劃이 省略된 것에 그치지 않는다. 어떤 異體字들은 '口'형 그 자체에서 일부가 省略되기도 하는데, 그 예로는 "個(個) · 治(治) · 迴(徊)"과 같은 것들이 있다. 다만 여기에서 특이한 것은 그 省略된 부분이 모두 '口'형의 하단부 筆劃이라는 점이다. 한편 완전한 '口'형은 아니지만 '匚'형의 형태에서 筆劃 한 부분이 省略된 것도 있는데, 그 예로는 "匿(匿) · 筐(筐) · 匠(匠)"이 있다. 다만 여기에서 "匿(匿) · 筐(筐)"는 '匚'형의 상단부가 省略된 반면, "匠(匠)"는 하단부가 省略된 것이 그 차이라 할 수 있다.

2) 垂劃 · 撇劃이 省略된 것

垂劃이 省略된 것으로는 "鄯(鄯) · 業(業) · 南(南) · 匈(匈)"과 같은 것들이 있다. 이 중에서 "鄯(鄯)"은 偏旁인 '善'의 垂劃 하나가 省略된 것으로서, '善'의 異體字는 대부분 이와 같은 자형으로 나타난다. 이에 따라 '善'이 偏旁으로 사용된 글자들의 異體字도 역시 대부분 垂劃이 省略되고 있다. 또 "匈(匈)"의 경우는 正字形의 복잡성을 피하기 위해 垂劃을 省略하고 있는 것으로 보이는데, 이 역시 '匈'이 偏旁으로 쓰일 때, 대부분 이와 같이 垂劃을 省略하고 있다. 그런데 "南(南)"의 경우는

垂劃이 省略됨으로서 자형이 매우 어그러짐과 동시에 正字를 연상하기도 쉽지 않음에도 불구하고 이렇게 省略한 이유가 불분명하다.

撇劃이 省略된 경우는 비교적 다양하게 나타난다. 가장 드러나게 나타나는 것은 '番'의 異體字에서 상단부의 撇劃이 省略되면서, 이것이 偏旁으로 사용된 것들에서도 모두 동일하게 나타나는 현상이다. 예컨대 "播(播)·釋·釋(釋)·鄱(鄱)·審(審)·幡(幡)·鱕(鱕)·藩(藩)"과 같은 것들이 여기에 속하는데, 실제의 고문헌에서는 正字形인 '番'보다는 상단부의 撇劃이 省略된 위와 같은 자형이 더욱 많이 사용되고 있다. 이 외에도 "扁(扁)·偏(偏)·卑(卑)·鬼(鬼)·隗(隗)·傀(傀)·身(身)"과 같은 경우가 모두 撇劃이 省略되는데, 특이한 것은 모두가 자형의 상단부에 위치한 撇劃이라는 점이다. 그러나 撇劃이 省略되었다고 해서 모두가 상단부의 撇劃만 省略된 것은 아니다. 예컨대 "彦(彦)"과 같이 간혹 자형의 하단부에 있는 撇劃이 省略된 경우도 나타난다.

3) 捺劃·點劃이 省略된 것

捺劃이 省略된 것으로는 "儆(儆)·驚(驚)·貞(貞)·遉(遉)·偵(偵)"과 "鞃(鞃)·紘(紘)"의 두 부류가 있다. 이 중에서 前者는 避諱로 인한 省略에 속하는 것이다. 그러나 後者의 경우는 일반적인 省略으로서, '弘'이나 '玄'의 異體字가 자주 捺劃을 省略함에 따라 이것이 偏旁으로 사용된 글자들도 동일한 현상을 보여주는 것이 대부분이다.

點劃이 省略되는 경우는 크게 둘로 나뉠 수 있다. 하나는 "甫(甫)·尤(尤)·訧(訧)·兎(兎)·衍(衍)·傲(傲)"와 같은 것으로서, 이들은 點劃 자체가 하나의 독립된 筆劃으로 기능하던 것들인데 省略된 경우이다. 반면에 "寵(寵)·商(商)·原(原)"과 같은 것들은 본래 省略된 點劃이 偏旁의 일부였을 뿐 본래부터 部件 역할을 하지 못하던 것이다.

4) 其他

역시 筆劃이 省略된 것에도 하나의 筆劃이 아닌 두 개 이상의 筆劃이 省略된 異體字들이 다수 존재한다. 이들은 다시 몇 가지로 구분될 수가 있는데, 대부분인접한 두 개의 筆劃이 省略되면서 正字形의 형태를 크게 벗어나지 않는 것들이다. 예를 들어 "〓(登) · 〓(詍) · 〓(譓) · 〓(蟪) · 〓(裳) · 〓(身) · 〓(厥) · 〓(商) · 〓(裔) · 〓(寧) · 〓(糸)"과 같은 것이 여기에 속한다. 이들은 모두 두 개의 筆劃이 省略되면서도 "〓(糸)"를 제외하면 正字를 쉽게 유추할 수 있는 것들이다. 이와 유사한 경우에는 세 개의 筆劃이 省略된 "〓(璚)"도 있다. 이와 반면에 "〓(賬) · 〓(爰) · 〓(個) · 〓(串)"과 같은 경우는 省略된 筆劃의 數도 많으면서, 나머지 筆劃의 구성도 약간 다르게 변하고 있으며, 또한 字形上으로 볼 때 正字의 자형에서 많이 벗어나 있는 것이 특징이다. 한편 "〓(詞)"와 같은 경우는 한쪽 偏旁에 있는 여러 개의 筆劃이 省略되었고, 그 위치에 다른 偏旁이 자리잡으면서 생성된 특이한 형태의 異體字가 만들어졌다.

1.3 筆劃의 變形

異體字 중에는 기존의 자형에서 筆劃을 變形시켜 만든 異體字들도 있다. 이렇게 筆劃을 變形시키는 이유는 주로 筆寫의 편리함을 추구하기 위한 것으로 보인다. 그런데 이러한 變形의 과정에서 자연스럽게 劃數가 增加되는 것도 있고, 減少가 되는 것도 포함되었다. 이러한 增減은 위에서 언급한 增加 혹은 省略에 의한 異體字와는 그 성격이 약간 다르다. 한편 이러한 筆劃의 變形은 偏旁을 구성하는 筆劃들을 變形시킨다는 점에서 대부분 기존 偏旁의 解體, 즉 정상적인 偏旁의 모습을 갖추지 못하도록 하는 상황을 초래하게 된다. 다음에서는 이러한 變形에 속하는 예들을 유형별로 나누어 살펴보기로 한다.

1) 單純 變形

여기에 속하는 異體字들은 筆劃의 변화폭이 그리 심하지 않는 것들이다. 물론 경우에 따라서는 약간의 變形만으로도 正字를 추정하기 어려운 것들도 있다. 그러나 正字를 얼마나 쉽게 파악할 수 있을 것인가에 대한 문제와는 별개로 오직 變形의 수준으로만 분류할 때 상대적으로 적게 變形된 것이 여기에 속한다.

이들은 다시 筆劃을 어떤 방법으로 變形시키는가에 따라 여러 가지 유형으로 나뉘어질 수 있다. 예컨대 "九(九) · 㕝(事) · 耶(耶) · 富(富) · 少(少) · 川(川) · 衣(衣) · 頁(頁) · 早(早) · 卯(卯) · 竺(竺) · 軒(軒) · 紅(紅) · 功(功) · 玉(玉) · 詔(詔)"와 같은 경우는 "九(九) · 㕝(事) · 耶(耶)"에서 보듯이 본래의 筆劃을 꺾거나 늘이기도 하고, "少(少)"에서 나타나는 바와 같이 방향을 바꾸는 등 가장 기본적인 變形의 방식이라 할 수 있다. 이에 반해 "寺(寺) · 孔(孔) · 錎(錎) · 訣(訣) · 早(早) · 詐(詐) · 宄(宄) · 紌(紌) · 邡 · 邡(邡)"와 같은 경우는 기존 筆劃을 분리시키는 방식으로 자형을 變形시키고 있다. 즉 "寺(寺) · 早(早)"는 橫劃을 둘로 나누었으며, "邡 · 邡(邡)"과 같은 경우는 部件에 사용된 筆劃을 분리시키고 있다. 반면에 "兀(兀) · 允(允) · 升(升) · 萗(萗)"과 같은 것들은 오히려 筆劃을 연결시키는 방식으로 자형을 變形시키고 있는데, 이들은 모두 筆寫의 편의를 위해 變形시킨 것으로 보인다.

한편 "魱(魱) · 氏(氏) · 詔(詔) · 諗(諗) · 迆(迆)"과 같은 것들은 筆劃의 일부를 축소시키는 방식으로 자형을 變形시키고 있다. 예컨대 "氏(氏)"는 橫劃을 點劃으로 축소시키고, "諗(諗)"과 같은 경우에는 折劃으로 된 것을 橫劃으로 만듦으로써 劃의 길이를 축소시키고 있다. 또 "早(早) · 帛(帛) · 京(京) · 章(章)"과 같은 글자들은 모두 筆劃을 다른 部件의 일부분을 관통시키는 방식으로 筆劃을 變形시키고 있는데, 위의 자형에서 垂劃으로 사용된 것들이 상단부의 部件까지 관통함으로서 자형의 변화가 일어났는데, 이러한 현상은 異體字에서 매우 자주 보이고 있다. 이 외에도 "分(分) · 占(占) · 升(升)"과 같은 경우는 筆劃의 일부를 위치 변경함으로서 자형의 변화를 꾀하고 있다.

위에서 살펴본 예들은 대부분 正字 중의 單劃을 變形시켜 만든 異體字들로서, 變形의 폭이 크지 않기 때문에 正字와의 자형 차이는 상대적으로 적다. 그래서 여기에 속하는 異體字들은 正字를 유추하는 것이 비교적 용이하다고 할 수 있다.

2) 複合 變形

다음은 비교적 많은 筆劃을 變形시켜 만든 異體字들이다. 이들은 많은 획들을 變形시켰기 때문에 正字形과는 상대적으로 차이가 크게 나타나며, 이로 인해 正字를 판단하는 것이 쉽지 않는 경우도 자주 나타난다. 이들은 모두 여러 획을 變形시켜 새로운 자형을 만들어냈지만, 그것들 안에서도 나름대로 차이가 존재한다. 즉 각 筆劃이나 部件 전체의 筆劃을 變形시켰지만 각각의 變形이 독립된 變形體로 나타나는 것들이다. 예를 들어 "展(展)·彰(彰)·魚(魚)·魚(魚)·馬(馬)"와 같은 것들은 여러 개 筆劃이 변하지만 그 筆劃들이 다른 筆劃에 영향을 주지 않고 각각 독립된 變形體로 존재한다. 또 "鹿(鹿)·層(層)·尚(尚)·直(直)·超·超(超)"와 같은 경우도, 部件의 筆劃이 변화되고 있지만 각각 변화된 상태에서 독립적으로 존재하고 있을 뿐, 이것들이 다른 筆劃까지 영향을 주어 變形을 시킨다든가 혹은 다른 筆劃까지 함께 묶여서 變形되는 것은 아니다. 즉 단순한 筆劃이 되었든 혹은 하나의 部件이 되었든 그것들은 자기 자신만 變形될 뿐이지 다른 것과 함께 묶여서 變形되지 않는다. 그런 점에서 볼 때, 이것들도 비록 여러 筆劃이 變形되어 만들어지는 異體字이지만, 正字를 유추해내는 데 상대적으로 어려움이 덜하다고 할 수 있다.

이에 속하는 異體字로는 위의 경우 외에도 "崑(崑)·攻(攻)·座(座)·彪(彪)·再(再)·勃(勃)·匐(匐)·取(取)·驒(驒)·鋗(鋗)·錄(錄)·廻(廻)·遮·遮(遮)·郞(郞)·配(配)·箇(箇)·級(級)·紀(紀)·蘭·蘭(蘭)·思(思)·業(業)·叢(叢)·麗(麗)·亘(亘)·傾(傾)·絶(絶)·赫(赫)·導(導)·君(君)"과 같은 것들이 있다.

한편 복합 變形 중에는 위의 경우보다 훨씬 복잡한 양상으로 나타나는 것들도 매우 많다. 즉 여러 개의 筆劃을 묶어 전혀 다른 하나의 통일체 筆劃들로 變形시키는 것들이다. 예컨대 "馬(馬)·衆(衆)·去(去)·敯(敯)長(長)"과 같은 것이 여기에 속한다. 위에서 "馬(馬)"의 경우는 상단부에 있는 여러 筆劃의 모양이 바뀌었고, "衆(衆)長(長)"은 모두 하단부의 여러 筆劃들이 전혀 다른 모양으로 變形되었다. 즉 이들은 모두 하나의 偏旁 안에 있는 筆劃 중에서 일부의 筆劃들이 묶이면서 새로운 형태의 筆劃 모임으로 나타나고 있다.

그런가 하면 두 개의 偏旁이나 部件을 하나로 통합하거나, 혹은 하나의 部件과 다른 筆劃들이 결합되면서 筆劃에 새로운 변화가 일어나 전혀 다른 형태의 異體字들이 만들어지는 것들도 있다. 이러한 예로는 "印(印)·夾(夾)·北(北)·氐(氐)·君(君)·唐(唐)"들이 있다. 여기에서 "印(印)·夾(夾)·北(北)"과 같은 것들은 사실상 두 개 이상의 部件이 하나로 묶이면서 자형의 변화가 일어난 것이고, "𠮠(氏)·𡧍(唐)"과 같은 것들은 하나의 部件과 다른 筆劃들이 결합하면서 變形되어 나타난 異體字들이라 할 수 있다.

어쨌든 위의 두 경우와 같이 복합 變形을 일으키는 것 중에서 두 개 이상의 部件이나 筆劃들이 통합되면서 만들어지는 다른 예로는 "亐(市)·𢇍(庚)·𤸪(庾)·㑂(傍)·傅(傅)·駰(駰)·䶔(齡)·𪗑(齠)·鍱(鍱)·馳(馳)·篋(篋)·就(就)·廷(廷)·延(延)·卒(卒)·介(介)·偉(偉)·傘(傘)·僉(僉)·儉(儉)·冀(冀)·興(興)·僧(僧)·像(像)·虎(虎)·與(與)·勁(勁)·勝(勝)·叔(叔)·秉(秉)·乘(乘)·亂(亂)·藺(藺)·黨(黨)·鯢(鯢)·芻(芻)·鶵(鶵)·騣(騣)·驍(驍)·頹(頹)·誶(誶)·諝(諝)·跡(跡)·轅(轅)·逢(逢)·遄(遄)·遨(遨)·遵(遵)·謎(謎)·烏(烏)·籍(籍)·靈(靈)" 등이 있다.

한편 복합 變形된 것에는 위와 반대로 기존의 筆劃이나 部件 등의 자형이 분리되면서 나타나는 것도 있다. 예컨대 "丕丕(丕)·非(非)"와 같은 것들은 본래 하나의 筆劃이었으나 그것이 분리되면서 두 개 이상의 筆劃으로 변화되었고, "酉(酉)"의 경우는 하나의 偏旁이 筆劃의 변화를 거치면서 마치 좌우로 분리된 部件들의 결합 같은 형태로 나타나고 있다.

1.4 筆劃의 重複

筆劃은 본래 각각 독립된 형태로 유지되어야 하는 것이 원칙이다. 그런데 筆劃의 변화로 생겨나는 異體字 중에는 두 개의 서로 다른 筆劃이 연결되어 마치 하나의 筆劃으로 되든가, 혹은 두 개의 筆劃이 겹쳐서 하나의 筆劃으로 사용되는 것들이 있다. 다음에서는 이러한 것을 편의상 筆劃의 重複이라 명칭하고, 그것들에는 어떠한 것들이 있는지 살펴보기로 한다.

筆劃이 重複에서 가장 기본적으로 출현하는 것이 두 개의 筆劃을 하나로 연결한 것들이다. 이들은 주로 두개의 橫劃이나 橫劃의 형태에 가까운 두 획을 하나로 연결하여 만든 것들인데, 예를 들면 "𠨧(印)·麗·麗(麗)·所(所)·貭(質)·此(此)"가 있다. 여기에서 "麗·麗(麗)"의 경우, 본래 正字는 字形의 상단부에 橫劃

이 좌우에 두 개가 있는데, 異體字에서는 이들을 하나로 연결하여 쓰고 있다. 또 "𠮎(印)·所(所)·貭(質)·此(此)"의 경우는 橫畫은 아니지만, 상단부(𠮎·所·貭)나 하단부(此)에 있는 橫의 형태에 가깝게 되어 있는 筆劃들이 하나로 연결되어 있다. 그런데 여기에서 주목해야 할 것으로 "𠮎(印)"이 있다. 여기에서 '𠮎'은 좌우의 偏旁 상단부에 있는 橫劃이 연결된 것이지만, 이것이 '印'의 또 다른 異體字로 변해가는 중간에 위치하게 된다. 즉 '印'은 "𡿧→𠨂→𠨍→𠮎→𠂆→币"의 과정을 거치면서 많은 異體字形을 만들어내는데, 위의 '𠮎'은 그 중간 역할을 하는 과정에 있다고 할 수 있다.

다음은 두 개의 筆劃이 하나로 겹쳐지는 경우이다. 여기에 속한 것으로는 "𡾛(崩)·𦚯(朋)·𡸜(崩)·真(眞)·𣍰(曼)·𦱀(夢)·㡯(底)·直(直)·銭(錢)"이 있다. 이 중에서 "𡾛(崩)·𦚯(朋)·𡸜(崩)"과 같은 글자는 '朋'에서 앞의 '月'과 뒤의 '月' 사이에 있는 중간의 垂劃과 捺劃이 겹쳐 쓰여진 것이고, "真(眞)·𣍰(曼)·𦱀(夢)·㡯(底)·直(直)"에서는 모두 橫劃이 重複되어 사용되었다. 한편 "銭(錢)"의 경우는 偏旁으로 사용된 두 개의 '戈'를 거의 하나로 묶는 형식으로 筆劃을 다수 重複시켜 異體字를 만들었는데, '戔'이 偏旁으로 사용되는 異體字들은 거의 대부분 이와 같은 筆劃의 重複을 통한 筆劃의 형태로 만들어졌다.

이와 같이 筆劃의 重複을 통해 만들어진 異體字들은 기본적으로는 筆劃의 減少를 수반하기 때문에 일종의 筆劃의 省略과도 통하게 된다. 즉 筆劃의 重複과 省略을 겸하게 된다고 할 수 있다. 그러나 실제에 있어서는 筆劃의 省略만 존재하는 것이 아니라 대부분 筆劃의 增加나 變化와 함께 일어나고 있으며, 심지어는 筆劃의 變形을 통하여 새로운 偏旁을 만들어내는 경우도 생겨나고 있다. 예컨대 "𡾛(崩)"의 경우는 筆劃의 增加도 생겨났으며, "銭(錢)·𠮎(印)"은 筆劃의 省略이 수반되었고, "𪋻(麗)·所(所)·𦱀(夢)·貭(質)·真(眞)·此(此)·𣍰(曼)"은 筆劃의 變形과 함께 발생했고, "𡸜(崩)·𦚯(朋)"은 筆劃의 省略과 變形이 동시에 수반되었다. 한편 "㡯(底)·𪋻(麗)·直(直)"의 경우는 筆劃의 變形을 동반하면서 새로운 형태의 偏旁이 만들어지고 있는데, 이에 대한 자세한 것은 아래에서 다시 살펴보기로 한다.

2 筆劃의 增加, 省略, 變形의 混用

筆劃의 변화에 의한 異體字는 단순히 增加나 省略 혹은 變形이나 重複 중 어느 하나의 요인에 의해서만 만들어지는 것이 아니다. 경우에 따라서는 하나의 異體字에 筆劃이 增加된 부분과 省略되는 부분이 동시에 발생하기도 하고, 省略과 變形이 동반되기도 하는 등, 다양한 유형을 보여주고 있다. 이를 유형별로 나누어 살펴보면 다음과 같다.

2.1 筆劃 增加와 省略이 混用된 것

먼저 筆劃 增加와 省略이 混用되어 나타나는 異體字의 유형이다. 여기에 속하는 것으로는 "九(凡)·身(身)·喬(喬)·阜(阜)·執(執)·就(就)·疆(疆)"등이 있다. 위의 異體字形에서 나타나듯이 "九(凡)"과 같은 경우는 상단부에 撇劃이 추가되면서 동시에 點劃이 省略되었는데 반해, "喬(喬)"는 그 반대로 撇劃이 省略되고 點劃이 추가되었다. 또한 "阜(阜)"는 撇劃이 省略되고 垂劃이 추가되었으며, "執(執)"은 橫劃이 추가되고 捺劃이 省略되었고, "就(就)"는 橫劃이 추가되고 點劃이 省略되었다. 한편 "疆(疆)"과 같은 경우는 여러 筆劃이 省略되고 동시에 여러 筆劃이 추가되는 현상을 보여주고 있다.

2.2 筆劃 增加와 變形이 混用된 것

다음은 筆劃 增加와 變形이 混用되어 나타나는 異體字들이다. 여기에서 筆劃의 增加는 變形에 의해 자연 增劃된 것은 물론, 순수하게 筆劃이 增加된 경우까지 포함하고 있는데 여기에 속하는 것으로는 "伸(伸)·傭(傭)·充(充)·亙(亙)·血(血)·山·山(山)·兼(兼)·電(電)·夢(夢)·亂(亂)·書(書)·舟(舟)·天(天)·秉(秉)·衆(衆)·奏(奏)·農(農)·頤·頤(頤)·周(周)·總(總)·充(充)·兗(兗)·執(執)·爽·爽·爽(爽)·仄(仄)"이 있다. 위에서 보이는 字形을 몇 개만 자세히 살펴보면 "伸(伸)"은 撇劃이 增加되면서 橫劃이 變形되었고, "山

(山)”은 垂劃이 變形되고 새로운 한 筆劃이 增加되었다. 또 “書(書)”는 橫劃의 變形과 새로운 획이 增加되었고, “兲(天)”는 撇劃이 變形되고 點劃이 增加했으며, “充(充)”은 點劃의 增加와 함께 중간의 筆劃들이 變形되었다. 한편 “秉(秉)·㕧(仄)”과 같은 것들은 變形과 增加가 심하게 나타나면서 正字形의 모습을 가늠하기가 상당히 어렵게 된 것이라 할 수 있다.

2.3 筆劃 省略과 變形이 混用된 것

다음은 筆劃 省略과 變形이 混用된 것으로서, 筆劃 省略의 경우는 여기에서도 變形에 의한 筆劃 감소를 포함하여 筆劃이 순수하게 省略된 것까지를 말한다. 이에 속하는 것으로는 “齓(齔)·龆(齠)·畆(畝)·电(曳)·韲(齏)·諜(諜)·讖(讖)·襳(襳)笓(篦)·式(式)·俯(俯)·僚(僚)·麦(麥)·郵(郵)·焉(焉)·業(業)·叢(叢)·君(君)·庚·庚·庚·庚(庚)·埶(熱)·直(直)·武·武(武)·羞(羞)·渇·渇(渴)·喜(喜)·偃(偃)·悪(惡)·舋·舋(舋)·獻·獻(獻)·商(商)·亂(亂)·皀(阜)·歸(歸)·延(延)·兎(兔)·纎(纖)·眾(眾)·缺(缺)·盖(蓋)·齔(齔)·彦(彥)·兹(兹)·弈(弈)·甍(甍)·亶(亶)”이 있다. 이 중에서 몇 개만 선택하여 그것이 변화된 것을 자세히 살펴보면 다음과 같다. 먼저 “齓(齔)·龆(齠)”와 같은 경우는 ‘齒’ 부분에 垂劃이 省略되고 다른 偏旁이 變形되고 있는데, ‘齒’가 偏旁으로 사용될 때는 이러한 현상이 매우 빈번하게 나타난다. 또 “庚(庚)”의 경우, 撇劃과 捺劃이 變形과 省略을 거치면서 이러한 자형으로 변화되었으며, “俯(俯)”의 경우에도 偏旁인 ‘府’에서 撇劃이 省略되고 또 일부 筆劃이 變形되고 있다. 그리고 “羞(羞)”도 상단부의 筆劃이 變形되고, 하단부의 筆劃은 일부가 省略되면서 위와 같은 자형으로 변화되었다. 한편 “商(商)·君(君)·延(延)”와 같은 경우는 筆劃의 省略과 變形이 심하게 나타남에 따라 正字形을 가늠하기가 상당히 어려운 수준으로 변화된 경우라 할 수 있다.

2.4 筆劃 增加와 省略, 變形이 모두 混用된 것

마지막으로 筆劃 增加와 省略, 變形이 모두 混用된 것이 있는데, 이에 속하는 것으로는 "□(兗)·□(兆)"가 있다. 여기에서 "□(兗)"은 상단부의 '亠'는 省略되고, 중단부에 '八'이 增加되었으며, '兊' 부분은 變形된 경우이다. 또 "□(兆)"는 상단부에 撇劃이 추가되고, 좌측은 變形되었으며, 중간의 撇劃은 省略된 것이다.

위에서 筆劃上에 있어서 두 가지 이상이 차이나는 것들을 살펴보았다. 이들은 正字와의 차이가 한 가지만 나타나는 것과는 상대적으로 크게 나타나는 것을 알 수 있다. 특히 "□(秉)·□(仄)·□(商)·□(君)·□(延)"과 같은 경우는 그 변화의 폭이 매우 커서 正字를 가늠한다는 것이 결코 쉽지 않음을 알 수 있다.

일반적으로 볼 때, 문자는 언어의 단점을 보완하기 위해 書寫의 형식으로 만들어진 것이기 때문에 무엇보다도 언어가 가지고 있는 의미를 구현해낼 수 있어야 하며, 그것을 타인이 이해할 수 있어야 한다. 그리고 書寫의 간편성이 높을수록 좋고, 다른 문자와의 구별성이 뛰어나야 한다. 그런 측면에서 볼 때, 이미 正字가 있음에도 불구하고 異體字가 만들어진다는 것은 正字가 갖는 이러한 것들을 보다 효과적으로 표현해내기 위한 변화이어야만 할 것이다. 그러한 측면에서 筆劃의 변화로 형성된 異體字들은 과연 어떠한 성과를 거두고 있는 것인지 알아보기로 한다.

먼저 이러한 異體字들이 문자의 기본적인 원칙, 즉 字義를 훼손을 하지 않는지? 아니면 字義를 강조하거나 혹은 字音을 부각시키는지에 대한 검토이다. 偏旁의 附加나 代替에 의해 만들어진 異體字는 확실히 이러한 면에서 강점이 있다. 그러나 筆劃의 변화에 의해 만들어진 異體字들은 변화된 筆劃이 그 기능면에서 字義를 강조한다든가, 혹은 字音을 부각시키는 기능을 담당한 것들이 거의 없다. 오히려 筆劃의 변화로 인해 자형의 변화가 이루어지면서 字義를 분명히 알 수 없게 된 것들이 더 많다. 예컨대 "□(仄)·□(商)·□(君)·□(延)·□(唐)"과 같은 異體字들은 正字가 무엇인지도 알 수 없을 정도로 자형이 변함에 따라 字義도 자연히 파악이 불가능한 것으로 변한 경우라 할 수 있다.

다음은 이러한 異體字들이 기존의 正字에 비해 字形上에 있어서 均衡美를 갖추는데 도움이 되었는가 하는 점이다. 대체적인 면에서 볼 때 筆劃의 추가로 만들어진 異體字들 중에는 "巠(巫)·畀(卑)"와 같이 字形의 均衡美와 안정감이 더 확보되었다고 할 수 있다. 또 筆劃의 省略으로 만들어진 異體字들 중에서도 "匈(㕼)·寍(寧)"과 같이 균형과 안정감이라는 측면에서 보다 효과적인 성과를 얻을 수 있었다. 그러나 이와 반대로 筆劃의 추가로 인한 것에는 "兆(兆)·王(王)"과 같이 오히려 균형감이 줄어들고, 筆劃의 省略으로 인한 것에서도 "匿(匿)·個(個)·治(治)·南(南)·韶(韶)·糸(糸)·川(川)·印(印)·庚·庚·庚·庚(庚)"과 같은 것들은 자형의 안정감을 심하게 훼손시키고 있다.

한편 異體字가 만들어지는 중요한 목적 중의 하나인 書寫의 편리성이라는 측면에서 본다면 나름대로 적지 않은 효과가 있다고 판단된다. 예컨대 "詞(詞)·個(個)·介(介)·驍(驍)·導(導)·僉(僉)·勝(勝)·眞(眞)·曼(曼)·充(充)·印(印)"과 같은 글자들은 모두 筆劃의 省略이나 變形으로 만들어진 것들인데, 이들은 기존의 正字형에 비해 書寫의 편리성이 향상된 것이라 할 수 있다. 다만 筆劃의 增加로 인한 것은 사실상 이 점에서 오히려 반대의 현상을 나타낼 수 밖에 없다는 점이 한계이다.

* 筆劃變化異體字表

類型	異體字形
筆劃 增加	諒(諒)·鵜(鵜)·凶(凶)·典(典)·尤(尤)·佑(佑)·外(外)·訝(訝)·鄖(鄖)·王(王)·所(所)·身(身)·卌(卌)·質(質)·近(近)·謂(謂)·宙(宙)·裕(裕)·百(百)·焉(焉)·都(都)·裕(裕)·賓(賓)·斤(斤)·兵(兵)·巫(巫)·展(展)·財(財)·哀(哀)·侖(侖)·但(但)·賑(賑)·白(白)·輻(輻)·冉(冉)·季(季)·弔·弔(弔)·力(力)·幼(幼)·布(布)·凡(凡)·帆(帆)·丹(丹)·貳(貳)·約(約)·官(官)·思(思)·叓(叓)·東(東)·邛(邛)·力(力)·王(王)·井(井)·印(印)·充(充)·律(律)·丈(丈)·友(友)·主(主)·霂(霂)·託(託)·畦(畦)·才(才)·拜(拜)·裔(裔)·彊(彊)·王(王)·絲(絲)·人(人)·王(王)·字(字)

筆劃 省略	辰(辰)·僅(僅)·拜(拜)·兩(兩)·至(至)·劃(劃)·桓(桓)·鴟(鴟)·竟(竟)·鳥(鳥)·個(個)·治(治)·徊(徊)·匿(匿)·篚(篚)·匠(匠)·鄯(鄯)·業(業)·南(南)·匈(匈)·播(播)·釋·釋(釋)·鄱(鄱)·審(審)·幡(幡)·鱕(鱕)·籓(籓)·扃(扃)·偏(偏)·卑(卑)·鬼(鬼)·隗(隗)·傀(傀)·身(身)·儆(儆)·驚(驚)·貞(貞)·遉(遉)·偵(偵)·軩(軩)·絃(絃)·甫(甫)·尤(尤)·訧(訧)·兎(兎)·衍(衍)·傲(傲)·寵(寵)·商(商)·原(原)·登(登)·詍(詍)·譓(譓)·蟪(蟪)·裳(裳)·身(身)·厥(厥)·商(商)·裔(裔)·寧(寧)·糸(糸)·璚(璚)·賬(賬)·爰(爰)·個(個)·串(串)·詞(詞)
筆劃 變形	九(九)·事(事)·耶(耶)·富(富)·少(少)·川(川)·衣(衣)·頁(頁)·早(早)·卵(卵)·竺(竺)·軒(軒)·紅(紅)·功(功)·氏(氏)·玉(玉)·詔(詔)·寺(寺)·孔(孔)·升(升)·鉊(鉊)·訣(訣)·早·早(早)·詐(詐)·宂(宂)·紞(紞)·邟·邟(邟)·兀(兀)·允(允)·升(升)·紊(紊)·魟(魟)·氏(氏)·詔(詔)·諗(諗)·迆(迆)·早(早)·帛(帛)·京(京)·章(章)·分(分)·占(占)·升(升)·展(展)·彰(彰)·魚(魚)·魚(魚)·馬(馬)·鹿(鹿)·層(層)·崗(崗)·直(直)·超·超(超)·崑(崑)·攻(攻)·座(座)·彪(彪)·再(再)·勃(勃)·匐(匐)·取(取)·驒(驒)·鋗(鋗)·錄(錄)·迴(迴)·遮·遮(遮)·郎(郎)·配(配)·箇(箇)·級(級)·紀(紀)·蘭·蘭(蘭)·思(思)·業(業)·叢(叢)·麗(麗)·亘(亘)·傾(傾)·絶(絶)·赫(赫)·導(導)·君(君)·馬(馬)·衆(衆)·去(去)·歔(歔)·長(長)·印(印)·夾(夾)·北(北)·氏(氏)·君(君)·唐(唐)·市(市)·庚(庚)·庾(庾)·傍(傍)·傳(傳)·駰(駰)·骱(骱)·骺(骺)·鍱(鍱)·馳(馳)·篋(篋)·就(就)·廷(廷)·延(延)·卒(卒)·介(介)·偉(偉)·傘(傘)·僉(僉)·儉(儉)·冀(冀)·興(興)·僧(僧)·像(像)·虎(虎)·與(與)·勁(勁)·勝(勝)·叔(叔)·秉(秉)·乘(乘)·亂(亂)·贑(贑)·鮆(鮆)·鯢(鯢)·芻(芻)·鶵(鶵)·騣(騣)·驍(驍)·顙(顙)·誶(誶)·諝(諝)·跡(跡)·轅(轅)·達

	(逢)·遄(遄)·遨(遨)·遵(遵)·醚(醚)·烏(烏)·藉(籍)·靈(靈)·平·丕(丕)·非(韭)·酉(酉)
筆劃 重複	印(印)·麗·麗(麗)·所(所)·質(質)·此(此)·崩(崩)·朋(朋)·崩(崩)·眞(眞)·曼(曼)·夢(夢)·底(底)·直(直)·錢(錢)
筆劃 增加, 省略, 變形 의 混用	凡(凡)·身(身)·喬(喬)·阜(阜)·執(執)·就(就)·疆(疆)·伸(伸)·傭(傭)·充(充)·亙(亙)·血(血)·山·山(山)·兼(兼)·電(電)·夢(夢)·亂(亂)·書(書)·舟(舟)·天(天)·秉(秉)·衆(衆)·奏(奏)·農(農)·頤·頤(頤)·周(周)·總(總)·充(充)·兗(兗)·執(執)·爽·爽·爽(爽)·仄(仄)·齔(齔)·齠(齠)·畝(畝)·曳(曳)·齏(齏)·諜(諜)·讖(讖)·襳(襳)·篋(篋)·式(式)·俯(俯)·僚(僚)·麥(麥)·郵(郵)·焉(焉)·業(業)·叢(叢)·君(君)·庚·庚·庚·庚(庚)·熱(熱)·直(直)·武·武(武)·羞(羞)·渴·渴(渴)·喜(喜)·偃(偃)·惡(惡)·釁·釁(釁)·獻·獻(獻)·商(商)·亂(亂)·阜(阜)·歸(歸)·延(延)·兔(兔)·纖(纖)·衆(衆)·缺(缺)·蓋(蓋)·齔(齔)·彥(彥)·茲(茲)·弈(弈)·甍(甍)·亶(亶)·兗(兗)·兆(兆)

第2章

偏旁의 變化

1 偏旁의 構造 變化

異體字 중에는 偏旁의 構造가 바뀐 것들이 적지 않게 존재한다. 그것들은 上下 구조에서 左右 구조로 바뀐 것도 있고, 左右 구조에서 內外 구조로 바뀐 것도 있으며, 그 반대의 경우도 있다. 또한 본래 두 개의 偏旁이었던 것이 세 개로 바뀌면서 자연스럽게 偏旁의 구조가 바뀌기도 했다. 그런데 세 개의 偏旁 구조로 바뀌는 경우는 두 개의 偏旁 구조보다 매우 복잡한 형태를 취하게 되어 上 · 下(左 · 右) 구조를 비롯하여 左 · 右(上 · 下) 구조, 左(上 · 下) · 右 구조, 上(左 · 右) · 下 구조 등으로 나뉘고 있다.

또한 단순히 偏旁의 구조만 변화된 것이 아니라, 偏旁이 다른 글자로 代替된 후에 偏旁의 위치가 바뀌는 것들도 매우 많다. 다른 글자로 偏旁이 대체되는 경우도 形符가 대체되는 경우와 聲符가 대체되는 경우, 둘 다 대체되는 경우까지 존재하는데 이들을 종류별로 정리하면 매우 다양하면서도 복잡한 유형으로 나타난다.

다음에서는 이러한 異體字들을 類型別로 나누고, 각 類型에 해당하는 異體字들을 대상으로 자형을 분석함과 동시에 이러한 유형의 異體字들이 발생하게 된 원인이 무엇인지에 대해 살펴보고자 한다. 그리고 마지막으로는 이들 異體字들이 갖고 있는 특징으로는 어떠한 것들이 있는지에 대해서 알아보고자 한다.[1]

1.1 偏旁構造 變更의 類型

偏旁의 구조가 변경된 유형은 매우 복잡하고 다양하다. 다음에서는 이들을 크게 변경된 偏旁이 둘인 경우와 셋인 경우로 나누고, 다시 偏旁 구조에 따라 左右 혹은 上下 등 다양한 유형에 대해 살펴보고자 한다.

1 이하 "偏旁의 構造 變化"와 관련된 異體字에 대한 記述은 拙稿 Causes of the formation of variant forms as a result of changed structure of character components(JCWS 2017.3)과 偏旁構造變更異體字的類型研究,(中國文字研究, 2021.4)를 참조하여 수정 보완하였음.

1.1.1 變更된 偏旁이 둘인 경우

변경된 偏旁이 둘인 경우는 기본적으로 左右나 上下 혹은 內外의 구조를 지닌다. 그런데 正字가 어떠한 偏旁 구조였는지를 막론하고, 후에 異體字로 변화되었을 때의 偏旁 構造가 이와 같이 된 것들이 있다. 다음에서는 이들을 유형별로 나누고, 그에 속하는 글자들을 분석해보기로 한다.

1) 左右構造로 變更

여기에서는 좌우 구조로 변경된 異體字들이다. 지금은 좌우 구조로 되어있지만, 正字는 좌우 구조일 수도 있고 상하 구조일 수도 있으며, 내외 구조인 것도 있고, 특수한 경우도 있다. 다음에서 이들에 대해 상세히 살펴보기로 한다.

(1) 左右構造에서 右左構造로 變更

이 유형에 속하는 異體字들은 명목상으로는 正字나 異體字 모두 左右 구조이다. 그러나 正字와 異體字의 偏旁은 좌우가 서로 바뀌어 있는 것들이다. 또한 偏旁도 단순히 위치만 바뀐 것도 있지만, 形符 혹은 聲符가 대체되고 위치까지 바뀌기도 한다. 다음에서 이들을 유형별로 살펴보기로 한다.

① 偏旁은 변화가 없으나 左右 位置가 變更되는 경우로서, 이에 속하는 글자로는 다음과 같은 것들이 있다.

𨑨(匙) : 『四聲篇海 · 匕部』에 의하면 "匙, 上支切, 匕也... 𨑨, 上同"[2]이라 말하고 있고, 또 『字彙 · 匕部』에서도 "𨑨, 同匙"[3]라 하여, '𨑨'는 '匙'의 異體字임을 밝히고 있다. 즉 '𨑨'는 '匙'와 마찬가지로 구조상으로는 동일하게 좌우 구조를 취하고 있지만, 실질적으로는 '匙'의 偏旁인 '是'와 '匕'의 좌우 위치가 바뀌어 만들어진 異體字이다.

2 韓孝彦 等, 『續修四庫全書 · 四聲篇海』, 上海古籍出版社, 上海, 1995, p.350
3 梅膺祚, 『字典彙編 · 字彙』, 國際文化出版公司, 北京, 1993, p.61

⿰鳥江(鴻) : 『正字通 · 鳥部』에 의하면 "⿰鳥江, 俗鴻"[4]이라 말하고 있는 바, '⿰鳥江'은 '鴻'의 異體字이다. '鴻'은 形符인 '鳥'와 聲符인 '江'이 좌우 구조를 이루고 있는 글자인데, 異體字에서는 이것의 좌우 위치가 바뀌어 右左의 형태를 취하고 있다.

⿰堇食(饉) : 『字彙補 · 食部』에 의하면 "⿰堇食, 與饉同"[5]이라 하여, '⿰堇食'은 '饉'과 동일한 글자, 즉 異體字라 설명하고 있다. 이 '⿰堇食'도 正字인 '饉'의 두 偏旁인 '食'과 '堇'의 위치가 左右에서 右左로 바뀌어 만들어진 것이다. 이 역시 正字나 異體字 모두 전체적인 구조에서는 좌우 구조이지만 실제 偏旁의 위치는 좌우가 서로 바뀌어 만들어진 異體字이다.

이와 같이 단순한 구조상으로는 正字나 異體字 모두 좌우 구조를 취하고 있지만, 실제적인 偏旁의 구성이 좌우가 바뀌어 만들어지는 異體字는 적지 않다. 위에서 설명한 글자들 외에도 "⿰系子(孫) · ⿰彡景(影) · ⿰黃尃(⿰尃黃) · ⿰鳥目(⿰目鳥) · ⿰鳥句(鴝) · ⿰鳥交(鵁) · ⿰鳥卑(鵯) · ⿰台馬(駘) · ⿰鬼云(魂) · ⿰昜風(颺) · ⿰風豈(颽) · ⿰風䍃(颻)" 등, 많은 예들이 있는데, 특히 '鳥'와 '風'과 같은 글자가 偏旁으로 사용된 경우에 이러한 현상이 자주 보인다.

② 形符가 다른 글자로 代替되고, 偏旁도 左右 位置가 變更되는 경우로서, 여기에 속한 글자들을 살펴보면 다음과 같다.

⿰支阝(岐) : 『說文解字 · 邑部』에 의하면 "⿰支阝 · 周文王所封, 在右扶風美陽中水鄉, 從邑支聲. 岐, ⿰支阝或從山支聲, 因岐山以名之也. ⿱枝山, 古文⿰支阝從枝從山"[6]이라 말하고 있는 바, 이에 의하면 본래 '岐'는 '⿰支阝'의 異體字이다. 즉 '⿰支阝'가 正字이다. 그러나 『玉篇 · 山部』에서는 "⿱枝山 · 巨彼切, 山名. 古⿰支阝字. 岐, 同上"[7]이라 말하고 있는데, 이에 의하면 '⿰支阝'는 '岐'는 同字로서, 山名이기 때문에 '岐'를 正字로 보고 있다. 그런데 시대에 따라 正字의 설정을 다시 할 수 있기 때문에 지금의 관점에서 보면 '⿰支阝'는 '岐'의 異體字로 보는 것이 타당하다. 이러한 측면에서 볼 때, '⿰支阝'는 正字인 '岐'의 偏旁 중에서 '山'이 '邑'으로 대체된 것이며, 또한 두 偏旁인 '邑'과

4 張自烈, 『續修四庫全書 · 正字通』, 上海古籍出版社, 上海, 1995, p.794
5 吳任臣, 『續修四庫全書 · 字彙補』, 上海古籍出版社, 上海, 1995, p.709
6 許愼撰 · 段玉裁注, 『說文解字注』, 漢京文化, 臺北, 民國69, p.287
7 顧野王, 『玉篇』, 臺灣中華書局, 臺灣, 1977, 卷下 p.10

‘支’의 좌우 위치가 바뀌어 만들어진 것이다. 즉 形符가 대체되고 偏旁의 좌우 위치가 바뀌어 만들어진 異體字이나, 전체적인 구조는 좌우 구조이다.

𤿠(鞘) : 『集韻 · 去聲 · 笑韻』에 의하면 “𤿠,刀室, 或從革. 從刀從皮”[8]라 했고, 『字彙 · 皮部』에서는 “𤿠, 同鞘”[9]라 했으며, 또한 『正字通 · 皮部』에서도 “𤿠, 同鞘”[10]라 말하고 있는 바, 이 ‘𤿠’는 ‘鞘’의 異體字라 할 수 있다. 正字인 ‘鞘’는 ‘革’과 ‘肖’로 구성된 글자인데, 여기에서 形符인 ‘革’이 異體字에서는 ‘皮’로 대체되었다. 본래 ‘革’과 ‘皮’는 모두 동일한 성격의 물건이기 때문에, 偏旁으로 사용될 때 서로 대체되어도 전체 글자의 字義上으로 전혀 문제될 것이 없다. 그래서 여기에서 이와 같이 形符를 대체한 것이다. 한편 異體字인 ‘𤿠’는 正字의 偏旁인 ‘革’과 ‘肖’의 위치를 좌우로 바꾸어 쓰고 있으므로, ‘𤿠’는 正字의 形符를 대체함과 동시에 좌우의 위치를 바꾸어 만든 異體字라 할 수 있다.

覗(伺) : 『正字通 · 見部』에 의하면 “覗,…伺並通”[11]이라 말하고 있는 바, ‘覗’는 ‘伺’의 異體字라 할 수 있다. ‘覗’는 正字인 ‘伺’에서 偏旁인 ‘人’을 ‘見’으로 대체하고 있다. ‘伺’의 字義가 ‘엿보다’인데, 이러한 행위의 주체가 사람이므로 正字인 ‘伺’에서는 偏旁을 ‘人’으로 사용했고, 異體字에서는 행위의 주체를 나타내는 ‘人’ 대신에 이러한 행위 그 자체를 표현하는 ‘見’으로 바꾸어 ‘覗’라는 異體字를 만들었는 바, 전체적인 字義를 표현하는데는 전혀 문제가 없다. 한편 異體字인 ‘覗’는 偏旁인 形符를 대체했을 뿐만 아니라, 두 偏旁인 ‘人’과 ‘司’의 위치를 左右에서 右左의 구조로 바꾸기도 했다.

이와 같이 두 개의 偏旁 중에 形符가 대체되기도 하면서 좌우의 구조도 바뀌면서 만들어지는 異體字도 상당히 많이 출현한다. 위에서 열거한 글자들 외에도 “絃(弦) · 鑇(劑) · 𧮫(阡) · 鷄(雞) · 垺(郛) · 䬃(粒) · 𢻫(紕) · 𣯍(縟) · 甗(鑪) · 𤿎(臚)” 등의 글자들은 모두 이러한 유형에 속하는 글자라 할 수 있다.

8 丁度 等, 『字典彙編景 · 集韻』, 國際文化出版公司, 北京, 1993, p.294
9 梅膺祚, 『字典彙編 · 字彙』, 國際文化出版公司, 北京, 1993, p.308
10 張自烈, 『續修四庫全書 · 正字通』, 上海古籍出版社, 上海, 1995, p.152
11 張自烈, 『續修四庫全書 · 正字通』, 上海古籍出版社, 上海, 1995, p.470

③ 聲符가 代替되고, 또한 左右의 位置가 變更된 경우로서, 여기에 속하는 글자들의 예를 살펴보면 다음과 같다.

𤭛(缸. 工-岡) : 『正字通 · 瓦部』에 의하면 "𤭛, 缸同"[12]이라 하고, 또 『正字通 · 缶部』에는 "缸,... 或作𤭛"[13]이라 말하고 있는 바, 이에 의거하면 '𤭛'은 '缸'의 異體字이다. 그런데 이 '𤭛'은 正字 '缸'의 聲符인 '工'을 '岡'으로 대체하고 있는데, 여기에서 正字의 偏旁인 '工'은 反切이 "古紅"으로써 "見母 · 東韻"이고, 대체된 '岡'은 反切이 "古郎"으로써 "見母 · 唐韻"이므로 사실상 同音이다. 그렇기 때문에 正字의 聲符를 '岡'으로 대체해도 字音의 표현에 전혀 문제가 되지 않는다. 또한 異體字인 '𤭛'은 正字 '缸'의 偏旁 위치를 左右에서 右左의 형태로 바꾸고 있다.

鴲(鴩. 失-至) : 『字彙 · 鳥部』에 "鴲, 杜結切, 音迭, 鳥名"[14]이라 말하고 있는 바, 이에 의거하면 '鴲'은 '鴩'의 異體字이다. 異體字인 '鴲'은 正字인 '鴩'의 聲符인 '失'을 '至'로 대체하고 있는데, '失'은 反切이 "式質"로써, "書母 · 質韻" 開口三等이고, '至'는 反切이 "脂利"로써 "章母 · 脂韻" 開口三等이므로, 疊韻으로 간주되어 서로 楷音이 가능한 관계라 할 수 있다. 그렇기 때문에 異體字에서는 '失'을 '至'로 대체한 것이며, 이렇게 대체해도 字音을 표현하는데는 큰 무리가 따르는 것은 아니다. 또한 異體字인 '鴲'은 正字의 偏旁인 '鳥'와 '失'의 좌우 위치를 바꾸어 右左의 형태로 바꾸어 쓰고 있다.

鶀(䳢. 其-欺) : 『正字通 · 鳥部』에 "䳢, 渠宜切, 音奇, 小雁, 又鵋䳢, 俗作鶀互見"[15]이라 말하고 있는 바, 이에 의거하면 '鶀'는 '䳢'의 異體字이다. 正字인 '䳢'의 聲符인 '其'를 異體字에서는 '欺'로 바꾸어 쓰고 있는데, '其'는 反切이 "渠之"로써 "羣母之韻"이고, '欺'는 反切이 "去其"로써 "溪母 · 之韻"이므로 사실상 古音이 같다고 할 수 있다. 그러므로 이 두 글자는 聲符로서 동일한 기능을 하고 있으며, 이에 따라 서로 대체해도 字音을 표현하는데 문제가 되지 않는다. 한편 異體字인 '鶀'는 正字의 偏旁인 '鳥'와 '其'의 좌우 위치를 바꾸기도 했다.

12 張自烈, 『續修四庫全書 · 正字通』, 上海古籍出版社, 上海, 1995, p.117
13 張自烈, 『續修四庫全書 · 正字通』, 上海古籍出版社, 上海, 1995, p.272
14 梅膺祚, 『字典彙編 · 字彙』, 國際文化出版公司, 北京, 1993, p.572
15 張自烈, 『續修四庫全書 · 正字通』, 上海古籍出版社, 上海, 1995, p.800

④ 形符가 代替되고, 正字의 聲符와 異體字의 字音이 동일하며, 또한 구조상으로도 左右의 位置가 變更된 경우로서, 이에 속하는 글자로는 다음과 같은 것이 있다.

劉(鎦. 劉－留) : 『經典文字辨證書 · 金部』에서는 "鎦, 正...劉, 別, 此亦說文正字"16라 말하고 있는데, 이에 의하면 '劉'는 자체가 正字이기도 하지만, 동시에 '鎦'의 異體字이기도 하다. 여기에서는 '劉'가 '鎦'의 異體字로 작용할 때를 기준으로 설명한다. 正字인 '鎦'의 聲符는 '留'이며, '留'의 反切이 "力救切"로써 "來母 · 尤韻"이다. '劉'의 字音은 反切이 "力求切"로써 "來母 · 尤韻"이다. 이렇게 볼 때 異體字는 正字의 聲符를 그대로 취하고 있다.

한편 正字의 形符인 '金'은 異體字에서는 '刀'로 대체되고 있는데, '金'은 재질을 뜻하고, '刀'는 '金'이라는 재질로 만든 도구가 되므로, 이 둘은 서로 대체해도 '鎦'의 字義를 나타내는데 있어서 전혀 문제가 되지 않는다. 그렇기 때문에 이와 같이 대체한 것으로 보인다. 한편 '劉'는 正字인 '鎦'의 偏旁 위치를 左右에서 右左의 형태로 바꾸고 있다. 그런데 한편으로는 지금의 상황에서 본다면 '鎦'보다는 '劉'가 더 보편적으로 사용되고 있으므로 正字를 '劉'로 간주하는 것이 더 타당할 수 있다.

𡪞(貯. 貯－者) : 『字彙補 · 宀部』에 "𡪞, 知呂切, 與貯同"17이라 말하고 있는 바, 이에 의하면 '𡪞'는 '貯'의 異體字이다. 여기에서 正字인 '貯'는 反切이 "丁吕"로써 "知母 · 魚韻"이고, 異體字의 聲符는 대체되지 않고 있다. 다만 形符인 '貝'가 '者'로 바뀌고 있는데, 이는 形符끼리 字義上으로 서로 통하는 것이 있는 것이 아니라, 오직 字形上으로만 유사하기 때문에 대체한 것으로 판단된다. 이와 같이 字義上으로 아무런 관련이 없음에도 불구하고 字形이 유사함으로써 形符를 대체하는 경우도 꽤 출현하고 있다. 예컨대 "貝 · 牙 · 白 · 舟 · 丹 · 角 · 日 · 自 · 豆 · 甘 · 血 · 而 · 面"과 같은 글자들은 그것들이 偏旁으로 사용될 때, 서로 字義上으로 전혀 관련이 없음에도 불구하고 서로 대체하면서 사용되는 경우가 있는데, 위의 '貯'와 '𡪞'의 경우도 비슷한 예에 속한다고 할 수 있다. 한편 異體字인 '𡪞'는 正字의 偏旁 위치를 左右에서 右左로 바꾸어 사용하고 있다.

16 中華民國教育部, 『異體字字典』(http://dict.variants.moe.edu.tw/), a00376-054에서 再引用.
17 吳任臣, 『續修四庫全書 · 字彙補』, 上海古籍出版社, 上海, 1995, p.507

⑤ 部分 偏旁을 正字 全體 字音을 나타내는 聲符로 代替하고, 偏旁 구조도 左右 위치가 變更되는 경우로서, 이에 속하는 글자로는 다음과 같은 것들이 있다.

絸(繭. 繭-見) : 『說文解字 · 糸部』에 "繭, 蠶衣也. 從糸從虫從芇. 古文繭, 從糸見"[18]이라 말하고 있는데, 이에 의하면 '絸'은 '繭'의 異體字이다. 즉 正字인 '繭'은 偏旁인 "糸 · 虫 · 芇" 등이 內外와 上下 등 복잡하게 구성되어 있다. 그런데 異體字에서는 이 '繭'에서 形符를 '糸' 하나만 취하고, 나머지는 正字인 '繭'의 字音을 나타내는 '見'으로 대체하여 이를 聲符로 삼아 새로운 異體字를 만들고 있다. 여기에서 '繭'은 反切이 "古典"에 "見母 · 先韻"이며, '見'은 反切이 "古電"에 "見母 · 先韻"이기 때문에 '見'은 '繭'과 동음이다. 한편 偏旁의 구조도 매우 복잡하게 구성된 것을 左右 구조인 '絸'으로 재편하여 간단한 형태로 변화시켰다.

豘(豚. 豚-屯) :『廣韻 · 平聲 · 魂韻』에 의하면 "豚, 豕子. 㹠豘, 並同"[19]이라 말하고 있는 바, '豘'은 '豚'의 異體字이다. 正字인 '豚'은 反切이 "徒渾"으로써 "定母 · 魂韻"인데, 異體字인 '豘'은 正字의 偏旁 중에서 일부를 '屯'으로 대체했는데, '屯'은 反切이 "徒渾"이고 "定母 · 魂韻"로써 正字인 '豚'과 동일한 字音을 갖고 있다. 즉 異體字인 '豘'은 본래 形聲字가 아닌 正字를 形聲化하고 있다. 한편 正字인 '豚'의 偏旁과 異體字의 偏旁은 모두 左右의 구조를 지니고 있지만, 異體字의 偏旁 위치는 사실상 正字와는 정반대로 바뀐 것이다.

(2) 上下構造가 左右構造로 變更

다음은 본래 상하 구조로 되어 있던 것이 좌우 구조로 바뀐 異體字들이다. 여기에도 偏旁이 대체된 것과 대체되지 않은 것 등, 다양한 유형이 존재하는데, 다음에서 이들에 대해 살펴보기로 한다.

① 偏旁은 바꾸지 않고, 자형만 上下構造에서 左右構造로 變更되어 만들어진 異體字들

18 許愼撰 · 段玉裁注, 『說文解字注』, 漢京文化, 臺北, 民國69, p.650

19 陳彭年 等 撰, 余迺永 校著, 『互註校正宋本廣韻』, 聯貫出版社, 臺北, 民國69, p.119

이며, 이에 속하는 예를 살펴보면 다음과 같다.

㞾(崙) : 『龍龕手鏡 · 山部』에 "崙 · 㞾, 魯昆反 , 崑崙, 山名"[20]이라 했고, 『正字通 · 山部』에서도 "崙 , 同崘"[21]이라 말하고 있는 바, '㞾'은 '崙'의 異體字이다. 본래 두 偏旁인 '山'과 '侖'이 상하의 구조를 취하고 있었으나, 異體字에서는 좌우의 구조로 바뀌었다.

剘(剪) : 『正字通 · 刀部』에 "剘, 剪本字. 篆作𠝣, 俗誤以剘為前後之前, 別作翦 · 剪"[22]이라 말하고 있는데, 이에 의하면 '剘'은 '剪'의 異體字이다. '剪'은 偏旁인 '前'과 '刀'가 상하로 결합되어 있었던 것인데, 異體字에서는 '剘'과 같이 좌우로 결합된 구조로 변화되었다.

𦐇(翼) : 『字彙補 · 羽部』에 "𦐇, 即翼字. 岣嶁禹碑, 承帝曰, 嗟𦐇輔佐卿"[23]이라 말하고 있다. 이에 의하면 '𦐇'은 '翼'의 異體字이며, 본래 正字의 두 偏旁이 상하의 구조를 취하고 있었으나, 異體字에서는 좌우의 구조로 변경되었다.

膏(膏) : 『重訂直音篇 · 卷二 · 肉部』에 "膏, 音高, 脂肥也, 澤也. 又音告. 膏膏同上"[24]이라 설명하고 있는데, 이는 바로 '膏'가 '膏'의 異體字임을 말해주는 것이다. 이것도 역시 正字인 '膏'는 偏旁이 상하의 구조를 취하고 있던 것이었으나, 異體字에서는 좌우의 구조로 배치하고 있다.

이와 같이 본래 상하의 구조를 취하고 있는 正字를 異體字에서 좌우의 구조로 변경시킨 것은 매우 많다. 위의 경우 외에도 "幙(幕) · 烹(烹) · 甥(舅) · 企(企) · 䰛(鬶) · 紫(紫) · 黎(黎) · 鬣(鬣) · 麃(麃) · 鞶(鞶) · 囊(囊) · 塹(塹) · 鑒(鑒) · 桉(案)"과 같은 글자들이 모두 여기에 속하는 글자들인데, 이와 같이 변경시키는 원인으로는 좌우 구조가 자형의 안정미를 추구하는데 유리하기 때문에 이와 같이 변경시킨 것으로도 볼 수 있다.

20 行均, 『龍龕手鏡』, 中華書局, 北京, 1985, p.70
21 張自烈, 『續修四庫全書 · 正字通』, 上海古籍出版社, 上海, 1995, p.325
22 張自烈, 『續修四庫全書 · 正字通』, 上海古籍出版社, 上海, 1995, p.123
23 吳任臣, 『續修四庫全書 · 字彙補』, 上海古籍出版社, 上海, 1995, p.625
24 章黼撰, 吳道長重訂, 『續修四庫全書 · 重訂直音篇』, 上海古籍出版社, 上海, 1995, p.74

② 形符를 代替하고, 또한 上下構造를 左右構造로 變更시킨 유형이 있는데, 그 예를 들면 다음과 같다.

𤗼(簷) : 『康熙字典 · 片部』에 "𤗼, 集韻, 余廉切, 音鹽, 本作櫓, 與簷同"[25]이라 말하고 있는데, 이에 의거하면 '𤗼'은 '簷'의 異體字이다. 본래 正字에서는 形符가 '竹'이었는데, 異體字에서는 이를 '片'으로 대체하였다. 그러나 '竹'이나 '片' 모두 '簷'의 字義를 표현하는데 있어서 동일한 기능을 하고 있으므로 '竹'을 '片'으로 대체해도 전혀 문제가 되지 않는다. 한편 이 '簷'은 구조상으로 볼 때 '竹'과 '詹'이 상하의 구조를 취하고 있는 것인데, 異體字에서는 좌우의 구조로 바뀌었다.

𦁗(罫) : 『康熙字典 · 糸部』에 "𦁗, 集韻, 胡卦切, 音畫. 類篇, 礙也. 或從网作罫, 亦作挂, 通作𦁗"[26]라 말하고 있는 바, 이에 의하면 '𦁗'는 '罫'의 異體字이다. '罫'의 形符인 '网'은 본래 그물을 뜻하는 것인데, 異體字에서는 이것이 '糸'로 대체되었다. 그러나 '糸'가 그물을 만드는 재료라는 점에서 '网'과 '糸'는 字義上으로 서로 통하기 때문에 形符끼리 대체해도 전혀 문제가 되지 않는다. 한편 正字는 偏旁이 상하의 구조로 이루어진 것이었는데, 異體字에서는 이것이 좌우의 구조로 바뀌고 있다.

𧠇(覓) : 『重訂直音篇 · 見部』에 의하면 "覓, 莫狄切, 求也, 索也. 𧠇, 同上"[27]이라 말하고 있는 바, '𧠇'은 '覓'의 異體字이다. 여기에서 '覓'의 두 偏旁인 '爪'와 '見'이 상하의 구조를 취하고 있었는데, 異體字에서는 좌우의 구조로 바뀌었으며, 또한 形符인 '爪'도 자형상으로 유사한 '瓜'로 바뀌었다. 그러나 '爪'와 '瓜'는 형체만 유사해서 대체된 것이며, 의미상으로는 전혀 관련성이 없다.

이 외에도 이런 유형에 속하는 것으로는 "坼(岸) · 𦀻(翼) · 魧(䲅) · 悰(賨) · 槶(簂) · 朧(籠) · 紙(罠) · 𥝌(芑) · 䵒(苾) · 𩑶(萁) · 椹(葚) · 稸(蓄) · 樢(蔦) · 橓(蕣) · 㰆(薿) · 𩮀(鼈) · 毜(髮) · 𣯧(鬣) · 䬠(箏) · 𨢐(萸)" 등이 있는데, 이들 모두 形符끼리 의미상으로 통하는 것이 대부분이다.

25 陳廷敬 等, 『康熙字典』, 中華書局, 北京, 1997, p.692
26 陳廷敬 等, 『康熙字典』, 中華書局, 北京, 1997, p.926
27 章黼撰, 吳道長重訂, 『續修四庫全書 · 重訂直音篇』, 上海古籍出版社, 上海, 1995, p.39

③ 聲符가 代替되고, 또한 上下構造가 左右構造로 變更되는 유형이며, 이에 속하는 글자들은 다음과 같은 것들이 있다.

騖(騖, 敄–務) : 『龍龕手鑑 · 馬部』에 "騖..俗, 騖正"[28]이라 말하고 있는데, 이에 의하면 '騖'는 '騖'의 異體字이다. 正字인 '騖'의 聲符는 '敄'인데, 異體字에서는 이것이 '務'로 바뀌었다. 그런데 '敄'의 반절이 "亡遇切"이고 "微母 · 虞韻"이고 '務'도 "亡遇切"이고 "微母 · 虞韻"이므로, 이 둘의 자음은 동일하며, 이에 따라 聲符를 '務'로 바꾸었어도 字音을 표현하는데는 전혀 문제가 되지 않는다. 한편 正字는 두 偏旁이 상하 구조의 형태를 취하고 있었으나, 異體字에서는 좌우의 구조로 바뀌었다.

蚤(蚤, 叉–爪) : 『集韻 · 上聲 · 晧韻』에 "蚤蚤, 說文, 齧人跳蟲也. 或從虫, 亦作蚤"[29]라 말하고 있는데, 이에 의하면 '蚤'는 '蚤'의 異體字이다. 본래 '蚤'의 성부는 '叉'인데, 異體字에서는 聲符를 '爪'로 대체하였다. 그런데 '叉'는 反切이 "初加切"로써 "初母 · 麻韻"이고, 또 '爪'는 反切이 "側絞切"로써 "莊母 · 肴韻"이므로 音近에 해당되어 서로 호환해도 聲符의 기능을 하는데 전혀 문제가 되지 않는다. 한편 正字는 상하의 구조로 이루어졌는데, 異體字에서는 이를 좌우의 구조로 바꾸었다.

鷞(鷞, 爽–霜) : 『字彙 · 鳥部』에 "鷞, 同鷞"[30]이라 하고, 또 『集韻 · 平聲 · 陽韻』에 "鷞 鷞, 說文, 鷫鷞也. 西方神鳥. 或從霜"[31]이라 말하고 있는데, 이들에 근거하면 '鷞'은 '鷞'의 異體字이다. 異體字에서는 正字인 '鷞'의 聲符 '爽'을 '霜'으로 대체하고 있는데, '爽'의 反切이 "踈兩切"로써 "生母 · 陽韻"이고, '霜'은 反切이 "色莊切"로써 "生母 · 陽韻"이므로 사실상 同音이다. 그렇기 때문에 이렇게 聲符를 대체해도 전혀 문제가 되지 않는다. 한편 자형의 구조로 볼 때 正字에서는 上下의 구조로 되었던 것이 異體字에서는 左右의 구조로 변화되었다.

28 行均, 『龍龕手鏡』, 中華書局, 北京, 1985, p.293
29 丁度 等, 『字典彙編景 · 集韻』, 國際文化出版公司, 北京, 1993, p.249
30 梅膺祚, 『字典彙編 · 字彙』, 國際文化出版公司, 北京, 1993, p.578
31 丁度 等, 『字典彙編景 · 集韻』, 國際文化出版公司, 北京, 1993, p.201

⿰音景(響. 鄕−景) : 『漢隷字源 · 上聲 · 養韻』에 "⿰音景, 嚴發殘碑, ⿰音景, 佐陳. ⿰音景, 古響字"[32]라 하고, 『金石文字辨異 · 上聲 · 養韻』에서는 "⿰音景 , 漢魯相史晨祠孔廟奏銘, '黃玉⿰音景應.' 隷釋云: '⿰音景古響字.' 漢處士嚴發殘碑, '桓⿰音景'"[33]이라 했으며, 또 『字彙 · 音部』에서는 "⿰音景, 與響同"[34]이라 말하고 있다. 이들에 근거하면 '⿰音景'은 '響'의 異體字이다. 여기에서 正字의 聲符인 '鄕'은 異體字에서 '景'으로 대체되었는데, '鄕'의 反切이 "許良切"로써 "曉母 · 陽韻"이고, '景'의 反切은 "居影切"로써 "見母 · 庚韻"이므로 音近에 해당되어 이들이 대체되어도 聲符로서의 기능을 충분히 할 수가 있다. 그래서 이와 같이 대체한 것으로 보인다. 한편 자형의 구조상으로 본다면 본래의 正字는 상하 구조였으나 異體字에서는 좌우 구조로 변경되었다.

⿰羽弋(翼. 異−弋) : 『玉篇 · 羽部』에 "翼, 余力切, 翅也 · 輔也 · 助也 · 敬也. ⿰羽弋, 同上"[35]이라 말하는 바와 같이 '⿰羽弋'의 正字는 '翼'이며, 正字의 聲符인 '異'가 '弋'으로 대체되었다. '異'는 反切이 "羊吏切"이고 "以母 · 之韻"인데, '弋'은 反切이 "與職切"로써 "以母 · 職韻"으로 雙聲이기 때문에 聲符로 사용될 때 서로 互換이 가능하다. 한편 이것도 正字의 상하 구조가 異體字에서는 좌우의 구조로 바뀌었다.

⿰革旁(鞤. 封−旁) : 『玉篇 · 革部』에서는 "鞤, 布剛切. 鞋革皮"[36]라 말하고, 『正字通 · 革部』에서는 "⿰革旁, 俗鞤字"[37]라 말하고 있으며, 또한 『重訂直音篇 · 革部』에서는 "鞤, 博旁切, 鞋革皮. ⿰革旁同上"[38]이라 말하고 있는데, 이들에 근거하면 '⿰革旁'은 '鞤'의 異體字이다. 그런데 正字의 偏旁인 '封'이 異體字에서는 '旁'으로 바뀌었다. 이들의 자음 관계를 살펴 보면, '封'은 反切이 "府容切"로써 "幫母 · 鍾韻"이고, '旁'은 反切이 "步光切"로써 "並母 · 唐韻"이므로 사실상 音近에 해당되어 聲符로서 偏旁으로 사용될 때 서로 대체되어도 전혀 무방하다. 한편 자형의 구조상으로 볼 때 상하의 구조가 異體字에서는 좌우의 구조로 바뀌었다.

32 『寬政十戊年本 · 漢隷字源 · 卷三 · 上聲 · 三十九養韻』
33 臺灣教育部, 『異體字字典』, a04535-006 참조.
34 梅膺祚, 『字典彙編 · 字彙』, 國際文化出版公司, 北京, 1993, p.536
35 顧野王, 『玉篇』, 臺灣中華書局, 臺灣, 1977, 卷下 p.40
36 顧野王, 『玉篇』, 臺灣中華書局, 臺灣, 1977, 卷下 p.44
37 張自烈, 『續修四庫全書 · 正字通』, 上海古籍出版社, 上海, 1995, p.703
38 章黼撰, 吳道長重訂, 『續修四庫全書 · 重訂直音篇』, 上海古籍出版社, 上海, 1995, p.287

䊧(粊. 比−非) : 『集韻 · 去聲 · 至韻』에서는 "𥻗 · 粊 · 䊧, 說文惡米也"[39]라 말하고 있고, 『重訂直音篇 · 米部』에서는 "粊, 音祕, 地名, 又惡米. 𥻗, 同上"[40]이라 말하고 있으며, 또『玉篇 · 米部』에서는 "𥻗, 音祕, 地名, 又惡米也. 粊, 同上"[41]이라 말하고 있는데, 『集韻』에 의하면 '䊧'와 '𥻗'는 '粊'의 異體字이고, 또 『重訂直音篇』과『玉篇』에 근거하면 '𥻗'가 '粊'의 異體字인데, '𥻗'와 '䊧'가 같은 글자이기 때문에 결국 '䊧'는 '粊'의 異體字임이 분명하다. '粊'의 聲符인 '比'가 異體字에서는 '非'로 대체되었는데, '比'는 反切이 "卑履切"로써 "幫母 · 脂韻"이고, '非'는 反切이 "甫微切"로써 "幫母 · 微韻"이므로 字音이 사실상 거의 같다. 그래서 이들은 聲符로 사용될 때 서로 대체 사용해도 전혀 무방하다고 할 수 있다. 한편 正字는 상하의 구조를 취하고 있었지만, 異體字에서는 좌우의 구조로 자형 구조가 변화되었다.

蚼(蠁. 鄉−向) : 『字彙 · 虫部』에는 "蠁, 許兩切, 音響. 知聲蟲"[42]이라 하였고, 『集韻 · 上聲 · 養韻』에서는 "蠁蚼, 說文, 知聲蟲也. 司馬相如作蚼"[43]이라 말하고 있는데, 이들에 의하면 '蚼'은 결국 '蠁'의 異體字라 할 수 있다. 正字의 聲符인 '鄉'은 異體字에서 '向'으로 대체되었는데, '鄉'은 反切이 "許良切"로써 "曉母 · 陽韻"이고, '向'은 反切이 "許亮切"이나 역시 "曉母 · 陽韻"이므로 이들은 同音이다. 그렇기 때문에 이들이 聲符로 사용될 경우에는 서로 호환이 가능하다고 할 수 있다. 한편 正字는 상하 구조를 취했으나, 異體字는 좌우 구조로 변화되었다.

鸕(鷺. 路−廬) : 『字彙 · 鳥部』에 의하면 "鸕, 同鷺"[44]라 말하고 있는 바, 이는 '鸕'가 '鷺'의 異體字임을 말해주고 있는 것이다. 正字의 聲符인 '路'는 異體字에서 '慮'로 대체되었는데, '路'는 反切이 "洛故切"로써 "來母 · 模韻"이고, '廬'는 反切이 "力居切"로써 "來母 · 魚韻"이기 때문에 서로 雙聲이 되며, 이에 따라 '慮'가 '路'의 聲符 기능을 대신하는데 있어서 크게 무리는 없다. 한편 이 역시 상하 구조의 자형이 좌우 구조로 바뀌고 있다.

---

39 丁度 等, 『字典彙編景 · 集韻』, 國際文化出版公司, 北京, 1993, p.269
40 章黼撰, 吳道長重訂, 『續修四庫全書 · 重訂直音篇』, 上海古籍出版社, 上海, 1995, p.172
41 顧野王, 『玉篇』, 臺灣中華書局, 臺灣, 1977, 卷中 p.37
42 梅膺祚, 『字典彙編 · 字彙』, 國際文化出版公司, 北京, 1993, p.431
43 丁度 等, 『字典彙編景 · 集韻』, 國際文化出版公司, 北京, 1993, p.525
44 梅膺祚, 『字典彙編 · 字彙』, 國際文化出版公司, 北京, 1993, p.578

黙(黛. 代−大) : 『正字通 · 黑部』에 "黙, 舊註音代, 黑跡. 一說黛俗作黙"[45]라 말하고 있는데, 이에 의하면 '黙'는 '黛'의 異體字가 된다. 그런데 異體字에서는 正字의 聲符인 '代'를 '大'로 대체했는데, '代'는 反切이 "徒耐切"로써 "定母 · 咍韻"이고, '大'는 反切이 "徒蓋切"로써 "定母 · 泰韻"이므로 雙聲 관계가 되어, '大'로 '代'를 대체해도 聲符의 기능에는 전혀 무리가 없다. 이 글자도 역시 상하구조에서 좌우구조로 자형이 바뀌고 있다.

이러한 유형에는 위에서 거론한 것 외에도 "謇(謇) · 踋(蹬) · 蠨(蜇) · 蠕(蜸) · 蝶(螽) · 砚(礬)" 등 적지 않은 글자들이 보인다.

④ 形符와 聲符가 모두 代替되고, 자형도 上下構造에서 左右構造로 變更되는 경우로서 이에 속하는 글자들을 살펴 보면 다음과 같다.

酙(篘. 芻−秋) : 『重訂直音篇 · 酉部』에 "酙, 與篘同, 出酒也"[46]라 하였고, 또 『集韻 · 平聲 · 尤韻』에는 "篘 · 箺 · 篍 · 酙, 漉取酒也. 或作箺 · 篍 · 酙"[47]라 말하고 있는데, 이에 의하면 '酙'는 '篘'의 異體字이다. 異體字인 '酙'는 正字의 形符인 '竹'을 '酉'로 바꾸고 있는데, 본래 '篘'가 술을 담그는데 사용되는 도구이기 때문에 '竹'을 '酉'로 대체해도 字義上으로 전혀 문제가 되지 않는다. 그리고 正字의 聲符인 '芻'도 '秋'로 바꾸었는데, '芻'는 反切이 "測隅切"로써 "初母 · 虞韻"이고, '秋'는 反切이 "七由切"로써 "清母 · 尤韻"으로서, 이 두 글자는 音近에 해당된다. 그렇기 때문에 聲符로 기능을 하는 경우에 이들은 서로 대체해도 문제가 되지 않는다. 한편 자형의 구조에 있어서도 正字는 상하의 구조로 이루어졌는데, 異體字는 좌우의 구조로 바뀌었다.

栒(簨. 巽−旬) : 『字彙 · 木部』에 "栒, 同簨"[48]이라 하고 있고, 또 『中華字海 · 木部』에서도 "栒, 同簨, 古代懸掛鍾 · 磐的架子的橫木"[49]이라 말하고 있는 바,

45 張自烈, 『續修四庫全書 · 正字通』, 上海古籍出版社, 上海, 1995, p.826
46 章黼撰, 吳道長重訂, 『續修四庫全書 · 重訂直音篇』, 上海古籍出版社, 上海, 1995, p.322
47 丁度 等, 『字典彙編景 · 集韻』, 國際文化出版公司, 北京, 1993, p.214
48 梅膺祚, 『字典彙編 · 字彙』, 國際文化出版公司, 北京, 1993, p.211
49 冷玉龍 外, 『中華字海』, 中華書局.中國友誼出版公司, 北京, 1994, p.750

이에 의하면 '栒'은 '簨'의 異體字이다. 正字의 形符인 '竹'이 異體字에서는 '木'으로 대체되었는데, '簨'이 악기를 걸치는 틀이므로 이것을 만드는 재료로서의 '竹'이 '木'으로 바뀐다 해도 字義에는 전혀 영향을 주지 않는다. 그렇기 때문에 이와 같이 形符를 대체해도 문제가 되지는 않는다. 그리고 聲符인 '巽'도 '旬'으로 대체되었는데, '巽'은 反切이 "蘇困切"로써 "心母 · 魂韻"이고, '旬'은 反切이 "詳遵切"로써 "邪母 · 諄韻"이므로 音近의 관계이기 때문에 聲符로 기능할 때 서로 대체된다고 해도 전혀 문제가 되지 않는다. 한편 자형의 구조도 正字는 상하의 구조로 이루어졌던 것이었으나 異體字에서는 좌우의 구조로 변경되었다.

𥟍(苾, 必－敝) : 『字彙補 · 禾部』에 "𥟍, 蒲結切, 音別. 禾香也"[50]라 하고 있고, 또 『玉篇 · 禾部』에서도 "𥟍 , 蒲結切, 禾香也"[51]라 말하고 있다. 그런데 『說文解字 · 艸部』에 의하면 "苾, 馨香也. 從艸必聲"[52]이라 말하고 있는 바, 위 문헌에 기록된 字音과 字義의 전후 관계를 살펴보면 '𥟍'은 '苾'의 異體字임을 추정할 수 있다. 즉 正字의 形符인 '草'는 '禾'로 대체되었는데, '苾'이 식물이기 때문에 形符의 의미상 위와 같은 대체가 충분히 가능하다. 聲符의 경우도 '必'은 反切이 "卑吉切"로써 "幫母 · 質韻"이고, '敝'는 反切이 "毗祭切"로써 "並母 · 祭韻"이기 때문에 두 글자는 音近에 해당되어 聲符로 기능할 때는 서로 대체하는데 전혀 무리가 없다. 한편으로 異體字의 자형구조는 正字가 가지고 있던 상하 구조를 좌우 구조로 변경시킨 것이다.

毠(袈, 加－叚) : 『康熙字典 · 毛部』에 의하면 "毛衣謂之𣯩裟, 或作毠, 亦作袈. …… 𣯩裟即袈裟. 古織毛為之, 故從毛, 後用布, 故從衣"[53]라 말하고 있는 바, '毠'와 '袈'는 同字로서 '毠'는 '袈'의 異體字가 된다. 異體字인 '毠'는 正字의 形符인 '衣'를 '毛'로 대체했는데, '毛'도 옷을 만드는 재료라는 측면에서 본다면 '袈'의 字義를 재현하는데 전혀 무리가 없으므로, 이와 같이 대체해도 상관이 없다. 또한 聲符의 경우에서 본래의 '加'를 '叚'로 대체했는데, 이들의 字音을 살펴 보면 '加'는

---

50 吳任臣, 『續修四庫全書 · 字彙補』, 上海古籍出版社, 上海, 1995, p.605
51 顧野王, 『玉篇』, 臺灣中華書局, 臺灣, 1977, 卷中 p.35
52 許愼撰 · 段玉裁注, 『說文解字注』, 漢京文化, 臺北, 民國69, p.42
53 陳廷敬 等, 『康熙字典』, 中華書局, 北京, 1997, p.1121

反切이 "古牙切"로써 "見母 · 麻韻"이고, '叚'는 反切이 "古疋切"로써 "見母 · 麻韻"이므로 同音에 해당된다. 그렇기 때문에 이들이 서로 대체되어도 聲符로서의 기능에는 아무런 상관이 없다. 한편 자형의 구조면에서 볼 때, 본래의 상하 구조는 異體字에 와서는 좌우의 구조로 변경되었다.

𤘝(駕. 加-各) : 『說文解字 · 馬部』에 "駕, 馬在軛中也. 從馬加聲. 𤘝, 籒文駕"[54]라 기록되어 있는 바, 이에 의하면 '𤘝'은 '駕'의 異體字이다. 正字의 形符인 '馬'가 異體字에서는 '牛'로 대체되었는데, '馬'나 '牛' 모두 짐승이라는 측면에서 본다면 서로 대체가 가능하다. 또 聲符의 경우로 '加'가 '各'으로 대체되었는데, '加'는 反切이 "古牙切"로써 "見母 · 麻韻"이고, '各'은 反切이 "古落切"로써 "見母 · 鐸韻"이기 때문에 雙聲 관계인 두 글자가 聲符로 사용될 때 서로 대체되는 것은 별 문제가 되지 않는다. 한편 異體字의 자형 구조도 역시 본래 正字의 상하 구조에서 좌우 구조로 변경되었다.

瓽(磚. 專-耑) : 『集韻 · 平聲 · 仙韻』에 "甎 · 瓽 · 塼, 燒墼也. 或從耑從土"[55]라 말하고 있는데, 이에 의하면 '瓽'은 '磚'의 異體字이다. 正字의 形符인 '石'은 異體字에서 '瓦'로 대체되었는데, '瓦'와 '石'은 서로 字義가 통하므로 形符의 기능에 전혀 영향을 주지 않는다. 한편 聲符의 경우에도 '專'이 '耑'으로 대체되었는데, '專'은 反切이 "職緣切"로써 "章母 · 仙韻"이고, '耑'은 反切이 "多官切"로써 "端母 · 桓韻"이기 때문에 音近에 해당되어 聲符의 기능을 하는데 전혀 문제가 되지 않으며, 그렇기 때문에 대체가 가능하다. 한편으로 자형의 구조면에 있어서도 正字의 상하 구조는 異體字에서 좌우 구조로 변경되었다.

爌(晃. 光-廣) : 『集韻 · 上聲 · 蕩韻』에 의하면 "晄 · 熿 · 爌 · 爌 · 煌, 戶廣切. 說文, 明也. 或作熿 · 爌 · 爌 · 煌"[56]라 말하고 있고, 또『字彙 · 火部』에서는 "爌同晃"[57]이라 말하고 있는 바, '爌'은 '晃'의 異體字로 볼 수 있다. 그런데 異體字에서는 正字의 形符인 '日'을 '火'로 바꾸고 있는데, '日'과 '火'는 字義上 의미가

54 許愼撰 · 段玉裁注, 『說文解字注』, 漢京文化, 臺北, 民國69, p.469
55 丁度 等, 『字典彙編景 · 集韻』, 國際文化出版公司, 北京, 1993, p.190
56 丁度 等, 『字典彙編景 · 集韻』, 國際文化出版公司, 北京, 1993, p.253
57 梅膺祚, 『字典彙編 · 字彙』, 國際文化出版公司, 北京, 1993, p.271

통하므로 이들을 서로 대체한다고 해도 전혀 무리가 없다. 또 聲符의 경우에도 '光'을 '廣'으로 대체했는데, '光'은 反切이 "古黃切"로써 "見母 · 唐韻"이고, '廣'은 反切이 "古晃切"로써 "見母 · 唐韻"이라 두 글자는 同音이다. 그렇기 때문에 聲符로 사용될 때 서로 대체하는데 아무런 문제가 되지 않는다. 한편 자형의 구조면에서도 역시 正字의 상하 구조는 異體字에서 좌우 구조로 변경되었다.

위의 경우 외에 '糍'는 '餈'의 異體字로서, 形符인 '食'과 '米'는 의미상으로 서로 통하고, 聲符인 '次'가 '玆'로 대체되었는데, '次'는 反切이 "七四切"로써 "淸母 · 脂韻"이고, '玆'는 反切이 "疾之切"로써 "從母 · 之韻"이기 때문에 音近에 해당되어 서로 대체되었다. 또 '⿰山骨'은 '窟'의 異體字로서, 形符인 '穴'은 의미상으로 통하는 '山'으로 대체되었고, 聲符는 '屈'이 '骨'로 대체되었는 바, '屈'은 反切이 "九勿切"로써 "見母 · 物韻"이고, '骨'은 反切이 "古忽切"로써 "見母 · 沒韻"으로 雙聲 관계이기 때문에 서로 대체되었다.

이 외에도 "呞(齝) · 穘(歊)"와 같은 글자들이 모두 자형 구조가 상하에서 좌우 구조로 바뀌면서 동시에 形符와 聲符도 다른 글자로 대체된 예에 속한다. 다만 위에서도 살펴보았듯이 形符가 대체되는 경우에는 본래의 偏旁과 대체되는 偏旁이 해당 글자에서 字義가 서로 통할 수 있는 同一字族이어야 하며, 聲符의 경우에도 音近이거나 同音인 경우에나 대체가 가능하다.

⑤ **部分 偏旁을 正字 全體 字音을 나타내는 聲符로 代替하고, 偏旁 구조도 左右構造로 變更하는 경우로서 이에 속하는 글자로는 다음과 같은 것들이 있다.**

⿰貝古(賈. 賈-古) :『字彙 · 貝部』에 "⿱古貝, 俗作商賈之賈字"[58]라 말하고 있고, 또 『龍龕手鑑 · 貝部』에서는 "⿰貝古, 俗音古"[59], 『正字通 · 貝部』에서는 "⿱古貝, 俗賈字"[60]라 말하고 있는 바, 이에 의하면 '⿰貝古'는 '賈'의 異體字이다. 正字인 '賈'는 '西'와 '貝'로 구성된 사실상의 會意字이다. 그런데 異體字에서는 形符의 하나인 '貝'는 그대로 취하고, 다른 부분은 '賈'의 字音을 표시할 수 있는 '古'로 대체되었다.

58 梅膺祚, 『字典彙編 · 字彙』, 國際文化出版公司, 北京, 1993, p.465

59 行均, 『龍龕手鏡』, 中華書局, 北京, 1985, p.350

60 張自烈, 『續修四庫全書 · 正字通』, 上海古籍出版社, 上海, 1995, p.531

여기에서 '賈'는 反切이 "公戶"로써 "見母 · 模韻"이고, '古'는 反切이 "公戶"로써 "見母 · 模韻"이므로, '古'는 聲符의 역할을 하기도 한다. 즉 異體字는 正字를 形聲化시킨 것이라 할 수 있다. 한편 자형의 구조도 正字는 偏旁이 上下 구조로 된 것인데, 異體字에서는 좌우 구조로 변경되었다.

(3) 內外構造가 左右構造로 變更

내외 구조가 좌우 구조로 바뀌는 경우는 그리 많지는 않지만, 유형은 매우 다양하게 나타나고 있다. 다음에서는 이 중에서 聲符가 대체되거나 혹은 形符와 聲符가 모두 대체되고 구조도 변경되는 것을 위주로 살펴보기로 한다.

磆(磨. 麻-過) : 『龍龕手鏡 · 石部』에 의하면 "磆, 俗. 䃺 · 磨, 二正, 莫臥反"[61]이라 하고, 『重訂直音篇 · 石部』에서는 "磨, 莫臥切, 磑也. 又音摩. 䃺 · 磆, 並同上"[62]이라 말하고 있는데, 이에 의거하면 '磆'는 '磨'의 異體字이다. 그런데 異體字에서는 正字의 聲符인 '麻'를 '過'로 대체하고 있는데, '麻'는 反切이 "莫霞切"로써 "明母 · 麻韻"이고, '過'는 反切이 "古禾切"로써 "見母 · 戈韻"이므로, 이들은 音近이 된다. 그래서 이와 같이 대체해도 聲符로서의 기능을 하는데는 전혀 무리가 없다. 한편 正字는 자형이 내외 구조로 이루어져 있었는데, 異體字에서는 좌우 구조로 변경되었다.

䟹(街. 圭-皆) : 『重訂直音篇 · 足部』에 의하면 "䟹, 街同"[63]이라 말하고 있는바, 여기서 '䟹'가 '街'의 異體字임을 알 수 있다. 正字의 形符인 '行'은 異體字에서 '足'으로 대체되었는데, '行'과 '足'의 모두 보행과 관련되어 있으므로 의미상으로 서로 통한다고 볼 수 있다. 그렇기 때문에 위와 같이 대체되어도 아무런 문제가 없다. 한편 正字의 聲符인 '圭'는 異體字에서 '皆'로 대체되었는데, '圭'는 反切이 "古攜切"로써 "見母 · 齊韻"이고, '皆'는 反切이 "古諧切"로써 "見母 · 皆韻"이기 때문에 雙聲이다. 그렇기 때문에 이것도 서로 대체되어 聲符로서의 기능을 하는데 전혀 문제가 되지 않는다. 한편 正字는 두 偏旁이 내외 구조를 취하고 있었으나

61 行均, 『龍龕手鏡』, 中華書局, 北京, 1985, p.443
62 章黼撰, 吳道長重訂, 『續修四庫全書 · 重訂直音篇』, 上海古籍出版社, 上海, 1995, p.238
63 章黼撰, 吳道長重訂, 『續修四庫全書 · 重訂直音篇』, 上海古籍出版社, 上海, 1995, p.64

異體字에서는 좌우 구조로 변경되었다.

⿰歹閑(癎. 閒−閑) : 『康熙字典 · 歹部』에서는 "⿰歹閑,『集韻』: 與癎同. 說文, 病也"[64]라 말하고 있는데 이에 의하면 '⿰歹閑'은 '癎'의 異體字이다. 正字의 形符인 '疒'은 異體字에서 '歹'로 대체되었는데, 이들은 字義가 서로 통할 수 있기 때문에 이와 같이 대체가 가능하다. 한편 聲符인 '閒'은 異體字에서 '閑'으로 대체되었는데, 이들은 모두 反切이 "戶閒切"로써 "匣母 · 山韻"으로서 同音이기 때문에 聲符로 기능할 때 서로 대체하는 것이 가능하다. 한편 이것도 역시 正字는 내외 구조였던 것이 異體字에서는 좌우 구조로 변경되었다.

⿰石般(斑. 斑−般) : 『正字通 · 石部』에 "⿰石般, 補彎切, 音班. 石文. 本作斑. 又石鋪貌"[65]라 하였는데, 이에 의하면 '⿰石般'은 '斑'의 異體字이다. 異體字의 聲符인 '般'은 사실상 正字인 '斑'의 자음을 나타내는 것이다. '斑'과 '般'은 모두 反切이 "布還切"로써 "幫母 · 刪韻"인 同音字인데, 異體字에서는 正字의 字音을 聲符로 삼았다. 그리고 다시 여기에 正字의 전체 字義를 표시할 수 있는 새로운 '石'을 추가하여 새로운 形符로 삼는 形聲字를 만든 것이다. 즉 본래는 形聲字가 아니었으나 異體字에서는 形聲化된 것이다.

이 외에도 "鳸(雇) · 濶(闊)"과 같이 단순히 위치만 바꾸어 구조를 변경시킨 것도 있고, "⿰虫司(蛓) · 陻(塞) · 鉈(匜)"와 같이 形符를 대체하고 동시에 구조를 변경시킨 것도 있으며, "⿰皇鳥(凰) · 堙(塞)"와 같이 偏旁의 대체가 어떤 이유에서 이루어진 것인지 불분명한 것도 있다. 또한 "鱶(鯗)"과 같은 것은 偏旁이 대체된 것은 아니지만 聲符의 일부가 생략되면서 자형의 구조를 변경시킨 것도 존재하고 있다.

(4) 其他

좌우의 구조로 변경된 것에는, 위와 같은 경우 외에도 외형적으로는 상하 구조에서 좌우 구조로 바뀌었지만 내부적으로는 偏旁의 분리 현상이 일어나는 것들이 있는데, 그 예로는 다음과 같은 것이 있다.

64 陳廷敬 等, 『康熙字典』, 中華書局, 北京, 1997, p.583

65 張自烈, 『續修四庫全書 · 正字通』, 上海古籍出版社, 上海, 1995, p.183

駱(駕)：『字彙補 · 馬部』에 "駱,古文駕字. 石鼓文, 駱言囱逮"[66]라 하고, 『康熙字典 · 馬部』에서도 "駕, 古文駱"[67]라 말하고 있는 바, 이에 의하면 '駱'는 '駕'의 異體字이다. 본래 '駕'는 상하 구조를 취하고 있는 글자이다. 그러나 상단부의 偏旁인 '加'가 본래의 좌우 구조에서 상하 구조로 바뀌고, 또 이것이 '駱'라는 글자에서 하나의 우측 偏旁으로 사용되면서 '駱' 그 자체는 좌우 구조를 취하게 되었다. 한편 '駕'의 또 다른 異體字인 '駕'는 구조 자체는 변하지 않았지만, 상단부 偏旁으로 사용된 '加'가 본래의 좌우 구조를 유지하면서도 '力'과 '口'의 좌우 위치를 변경시키고 있다.

이 외에도 "秉(秉)"은 본래 '又'가 '禾'의 중간 부분은 꿰뚫는 穿貫 구조로 된 것인데, 異體字인 '秉'에서는 '又'가 우측으로 빠져 나옴으로서 결과적으로는 좌우의 구조를 취하게 되었다.

2) 上下構造로 變更

자형 구조의 변화 중에 좌우 구조로 변화된 것과 비슷하게 많은 것이 상하 구조로 변경된 것이다. 이러한 유형에 속하는 글자가 많은 만큼 그 유형도 다양하게 나타나고 있다. 다음에서 이에 해당되는 유형별로 나누어 그 예들을 살펴보도록 한다.

(1) 上下構造에서 上下構造로 변경된 경우이다. 이것은 외형적인 구조로는 전혀 변하지 않은 것 같지만, 실제 내부를 들여다보면 상하의 위치가 바뀐 것이며, 그 예는 매우 드물다.

靠(靠)：『集韻 · 入聲 · 沃韻』에 "靠, 相違也. 或書作靠"[68]라 하고, 『類篇 · 非部』에서도 "靠, 苦到切, 相違也, 從非告聲. 又枯沃切. 或書作靠"[69]라 말하고 있는 바, 이에 의하면 '靠'는 '靠'의 異體字이다. 본래 '靠'는 상하의 구조로서, 偏旁인 '告'와 '非'가 상하로 배치된 것인데, 異體字에서는 이 두 偏旁의 위치가 서로 바뀌

66 吳任臣, 『續修四庫全書 · 字彙補』, 上海古籍出版社, 上海, 1995, p.713
67 陳廷敬 等, 『康熙字典』, 中華書局, 北京, 1997, p.1436
68 丁度 等, 『字典彙編景 · 集韻』, 國際文化出版公司, 北京, 1993, p.312
69 司馬光, 『類篇』, 中華書局, 北京, 1984, p.433

어, 전체 구조상으로는 상하 구조가 변화된 것은 아니지만 실제 자형은 변화된 것이다.

(2) 左右構造에서 上下構造로 變更되는 경우이다. 다만 여기에 속하는 글자들은 形符나 聲符 모두 전혀 代替되지 않고, 본래의 偏旁이 위치만 바뀜으로서 좌우 구조였던 자형이 상하 구조로 바뀌는 것도 있는 가하면, 形符나 聲符가 다른 글자로 대체되기도 하는 것들이 있는데, 이를 유형별로 나누어 살펴보면 다음과 같다.

① 左右構造에서 上下構造로 變更되었지만 偏旁이 다른 글자로 대체되지는 않는 경우에 속하는 것들로서 가장 일반적인 유형이다.

⿱與山(嶼) : 『字彙補 · 寅集拾遺』에 "⿱與山, 與嶼同. 張淶, 西湖行, '對列雙峰類巫峽, 孤生一⿱與山像逢萊'"[70]라 말하고 있는데, 여기에서 '⿱與山'는 '嶼'의 異體字이다. 이 글자도 역시 두 偏旁인 '山'과 '與'가 좌우의 구조를 취하고 있었던 것인데, 異體字에서는 상하의 구조로 바뀌었다.

⿱則心(惻) : 『玉篇 · 心部』에 "⿱則心, 初力切, 古惻字"[71]라 하였고, 『集韻 · 入聲 · 職韻』에 "惻, 說文, 痛也. 或書作⿱則心"[72]이라 말하고 있는 바, 이들 기록에 의하면 '⿱則心'은 '惻'의 異體字이다. 본래 '惻'은 두 偏旁이 좌우의 구조로 이루어진 것이었는데, 異體字에서는 이것이 상하의 구조로 변경되었다.

⿱弗人(佛) : 『四聲篇海 · 弗部』에 "⿱弗人, 音佛"[73]이라 기록되어 있는데, 이 책의 記述유형에 의하면 '⿱弗人'은 '佛'의 異體字이다. 즉 좌우 구조로 되어 있던 '佛'이 異體字에서는 두 偏旁의 위치가 바뀌면서 상하 구조로 변경되었다.

이 외에도 이러한 유형이 속하는 예들은 매우 많이 보인다. 예컨대 "峯(峰) · ⿱芻齒(齺) · ⿱此齒(齜) · ⿱取齒(齱) · ⿱厥魚(鱖) · ⿱九鳥(鳩) · ⿱分鳥(鳻) · ⿱甲鳥(鴨) · ⿱甲鳥(鴨) · ⿱休鳥(鵂) · ⿱宛鳥(鵷) · ⿱咸鹵(鹹) · ⿱或鬼(魊) · ⿱支頁(頍) · ⿱胡食(餬) · ⿱衍食(餰) · 鍫(鍬) · ⿱戶見(覙) · ⿱每木(梅) · [illegible]

70 吳任臣, 『續修四庫全書 · 字彙補』, 上海古籍出版社, 上海, 1995, p.526
71 顧野王, 『玉篇』, 臺灣中華書局, 臺灣, 1977, 卷上 p.62
72 丁度 等, 『字典彙編景 · 集韻』, 國際文化出版公司, 北京, 1993, p.338
73 韓孝彦 等, 『續修四庫全書 · 四聲篇海』, 上海古籍出版社, 上海, 1995, p.390

(僻)" 등이 있는데, 이를 보면 '鳥'나 '齒'가 偏旁으로 사용되는 경우에 이러한 유형으로 구조가 변경되는 異體字가 많다는 점이 특이하다.

② 形符가 代替되고, 자형 구조도 左右構造에서 上下構造로 變更 되는 경우인데, 이에 속하는 예를 살펴보면 다음과 같다.

髟(顠) : 『字彙 · 髟部』에 "髟, 婢表切, 音俵. 髮白貌. 又亂髮. 又匹沼切, 音漂, 與顠同"74이라 말하고 있는 바, '髟'는 '顠'의 異體字이다. '髟'는 正字인 '顠'의 形符인 '頁'을 '髟'로 바꾼 것인데, '頁'과 '髟'는 모두 사람의 머리와 관련되어 있기 때문에 서로 바꾸어도 전혀 문제가 되지 않는다. 오히려 '顠'의 字義를 표현하기에는 正字의 偏旁인 '頁'보다도 異體字의 偏旁인 '髟'가 보다 더 명확하게 字義를 구현한다고 볼 수 있다. 한편 자형의 구조상으로 본다면 正字는 좌우의 구조로 이루어진 것인데, 異體字에서는 상하의 구조로 바뀌고 있다.

慠(傲) : 『集韻 · 去聲 · 号韻』에 "傲 · 慠 · 敖.., 魚到切, 說文, 倨也. 或從心"75이라 하고, 『字彙 · 心部』에 "慠 · 慠 : 並同傲"76라 말하고 있는 바, 이들을 종합하면 '慠'는 '傲'의 異體字이다. 正字의 形符인 '人'은 異體字에서 '心'으로 대체되었는데, '傲'의 字義는 '心'과도 관련이 있으므로 '人'을 '心'으로 대체해도 전체적인 字義를 표현하는데는 전혀 문제가 없다. 그렇기 때문에 '人'을 '心'으로 대체한 것이다. 한편 자형의 구조는 좌우 구조에서 상하의 구조로 변경되었다.

帋(紙) : 『集韻 · 上聲 · 紙韻』에 "紙 · 帋, 掌氏切. 說文, 絮一苦也.... 或從巾作帋"77라 하였고, 『四聲篇海 · 巾部』에는 "帋, 之爾切. 亦作紙"78라 말하고 있는 바, 이에 의하면 '帋'는 '紙'의 異體字이다. 正字의 形符인 '糸'가 異體字에서는 '巾'으로 대체되었는데, '糸'와 '巾'은 물건과 재료의 관계로서 字義가 서로 통하므로 偏旁으로 사용될 때 서로 대체하는 경우가 매우 자주 보인다. 한편 자형의 구조는

74 梅膺祚, 『字典彙編 · 字彙』, 國際文化出版公司, 北京, 1993, p.599
75 丁度 等, 『字典彙編景 · 集韻』, 國際文化出版公司, 北京, 1993, p.296
76 梅膺祚, 『字典彙編 · 字彙』, 國際文化出版公司, 北京, 1993, p.164
77 丁度 等, 『字典彙編景 · 集韻』, 國際文化出版公司, 北京, 1993, p.225
78 韓孝彦 等, 『續修四庫全書 · 四聲篇海』, 上海古籍出版社, 上海, 1995, p.269

본래의 좌우 구조에서 상하 구조로 변경되었다.

이 외에도 "帬(裙)"은 形符가 '衣'에서 '巾'으로 대체되면서 자형도 상하 구조로 바뀐 예에 속한다.

③ 聲符가 代替되고, 자형도 左右 構造에서 上下構造로 變更되는 경우로서, 이러한 유형의 예를 살펴 보면 다음과 같다.

㓨(剔. 易-狄) : 『龍龕手鏡 · 刀部』에 "㓨 · 剔, 他曆反, 解也"[79]라 하고,『廣韻 · 入聲 · 錫韻』에서는 "剔, 解骨, 㓨, 上同"[80]이라 하며, 『正字通 · 刀部』"㓨, 俗剔字, 舊註音剔, 屠也. 誤分為二"[81]라 말하고 있다. 이들 말을 종합하면 '㓨'은 '剔'의 異體字이다. 즉 正字인 '剔'의 聲符인 '易'을 '狄'으로 대체한 것인데, '易'은 反切이 "羊益切"로써 "以母 · 昔韻"이고, '狄'은 反切이 "徒歷切"로써 "定母 · 錫韻"이므로 서로 音近이다. 그렇기 때문에 이들이 聲符로 쓰일 때는 서로 代替가 가능하다. 그리고 正字는 좌우 구조로 된 자형이었지만 異體字에서는 이것이 상하 구조로 변화되었다.

䣽(醍. 是-知) : 『四聲篇海 · 酉部』에 "䣽, 他禮切, 與醍同"[82]이라 하고, 『重訂直音篇 · 酉部』에 "醍, 音體, 酒赤色... 䣽, 同上"[83]이라 말하고 있는 바, 이에 의하면 '䣽'는 '醍'의 異體字이다. 異體字인 '䣽'는 正字의 聲符인 '是'를 '知'로 대체했는데, '是'는 反切이 "承紙"로써 "常母 · 支韻"이고, '知'는 反切이 "陟移"로써 "知母 · 支韻"이기 때문에 疊韻에 해당되므로 聲符로 사용될 때 서로 대체해도 聲符의 기능을 하는데 그리 문제가 되지 않는다. 한편 자형의 구조에서도 正字는 좌우 구조이었던 것이 異體字에서는 상하 구조로 변화되었다.

㯂(松. 公-容) : 『說文 · 木部』에 "松, 松木也. 從木公聲. 㮤, 松或從容"[84]이

---

79 行均, 『龍龕手鏡』, 中華書局, 北京, 1985, p.99-100
80 陳彭年 等 撰, 余迺永 校著, 『互註校正宋本廣韻』, 聯貫出版社, 臺北, 民國69, p.522
81 張自烈, 『續修四庫全書 · 正字通』, 上海古籍出版社, 上海, 1995, p.121
82 韓孝彦 等, 『續修四庫全書 · 四聲篇海』, 上海古籍出版社, 上海, 1995, p.503
83 章黼撰, 吳道長重訂, 『續修四庫全書 · 重訂直音篇』, 上海古籍出版社, 上海, 1995, p.320
84 許愼撰 · 段玉裁注, 『說文解字注』, 漢京文化, 臺北, 民國69, p.250

라 하고, 또 『玉篇 · 木部』에 "松: 徐容切, 木名, 松柏也. 枀: 古文"[85]이라 말하고 있는 바, 이에 의하면 '枀'은 '松'의 異體字이다. 異體字인 '枀'은 正字 '松'의 聲符인 '公'을 '容'으로 대체하였다. 그런데 '公'은 反切이 "古紅切"로써 "見母 · 東韻"이고, '容'은 反切이 "餘封切"로써 "以母 · 鍾韻"이기 때문에 音近에 해당되므로, 이들이 聲符로 기능할 때는 서로 대체해도 무방하다. 한편 자형의 구조는 正字의 좌우 구조가 異體字에서 상하 구조로 변화되었다.

⿱制魚(鰶. 祭-制) : 『集韻 · 去聲 · 祭韻』에 "鰶 · ⿱制魚, 魚名, 或作⿱制魚"[86]라 말하고 있는 바에 의하면 '⿱制魚'는 '鰶'의 異體字이다. '⿱制魚'는 正字인 '鰶'의 聲符인 '祭'를 '制'로 대체한 것인데, '祭'는 反切이 "子例切"로써 "精母 · 祭韻"이고, '制'는 反切이 "征例切"로써 "章母 · 祭韻"이므로 이들은 雙聲에 해당되어 聲符로 기능할 때는 서로 호환해도 큰 문제가 되지 않는다. 한편 이 역시 좌우 구조에서 상하 구조로 변화되었다.

⿱即鳥(鶺. 脊-卽) : 『重訂直音篇 · 鳥部』에 "鶺 · ⿱即鳥, 並同上"[87]이라 말하고 있는 바와 같이 '⿱即鳥'은 '鶺'의 異體字이다. '⿱即鳥'은 '鶺'의 聲符인 '脊'을 '卽'으로 대체한 것이다. 이 둘의 字音을 살펴보면 '脊'은 反切이 "資昔切"로써 "精母 · 昔韻"이고, '卽'은 反切이 "子力切"로써 "精母 · 職韻"으로서, 서로 雙聲 관계가 된다. 그렇기 때문에 이들이 聲符로 기능할 때는 서로 互換이 가능하다. 한편 자형의 구조상에서 볼 때 좌우 구조에서 상하 구조로 변화되었다.

⿱既食(餼. 氣-旣) : 『龍龕手鏡 · 食部』에 "⿱既食, 俗, 餼, 正. 許旣反. 餉也. 又生牲口⿱既食也. 玉篇, 又許氣反, 飽也"[88]라 말하고 있는 바와 같이 '⿱既食'는 '餼'의 異體字이다. '⿱既食'는 正字인 '餼'의 聲符 '氣'를 '旣'로 대체했는데, 이 둘의 字音을 보면 '氣'는 反切이 "去旣切"로써 "溪母 · 微韻"이고, '旣'는 反切이 "居豙切"로써 "見母 · 微韻"으로서 疊韻 관계이다. 그렇기 때문에 이들이 聲符로 사용될 때는 서로 代替가 가능하다고 할 수 있다. 자형 구조 역시 본래의 좌우 구조에서 상하 구조로

85 顧野王, 『玉篇』, 臺灣中華書局, 臺灣, 1977, 卷中 p.12
86 丁度 等, 『字典彙編景 · 集韻』, 國際文化出版公司, 北京, 1993, p.276
87 章黼撰, 吳道長重訂, 『續修四庫全書 · 重訂直音篇』, 上海古籍出版社, 上海, 1995, p.263
88 行均, 『龍龕手鏡』, 中華書局, 北京, 1985, p.502

변경되었다.

□(謀. 某–母) : 『集韻 · 平聲 · 侯韻』에 "謀 · □ · 㖼 · □ · □ · □, 迷浮切. 說文, '慮難曰謀.' 亦姓. 或作其㖼 · □ · □ · □"89라 말하고 있는데, 이에 의하면 '□'는 '謀'의 異體字라 할 수 있다. 그런데 '□'는 '謀'의 聲符인 '某'를 '母'로 대체하고 있는데, '某'는 反切이 "莫厚切"로써 "明母 · 侯韻"이고, '母'는 反切이 "莫厚切"로써 역시 "明母 · 侯韻"으로 서로 同音이기 때문에 聲符로 사용될 때는 얼마든지 대체가 가능하다. 한편 이 역시 좌우 구조에서 상하 구조로 자형 구조가 변화되었다.

"□(饃)'도 正字의 聲符인 '莫'을 '麻'으로 대체하고 있는데, '莫'은 反切이 "慕各切"로써 "明母 · 鐸韻"이고, '麻'는 反切이 "莫霞切"로써 "明母 · 麻韻"이므로 雙聲에 해당되어 聲符를 대체한 것이다. 또한 "□(鶚) · □(膵) · □(蜆) · □(蠍)"과 같은 異體字들도 모두 이러한 유형에 속하는 글자들이라 할 수 있다.

④ 形符와 聲符가 모두 代替되고, 자형 구조도 左右 構造에서 上下構造로 변경된 것들로서 이에 속하는 예들을 살펴 보면 다음과 같다.

□(謀. 某–母) : 『康熙字典 · 言部』에 "謀: 古文□ · □"90라 말하고 있는 바와 같이 '□'는 '謀'의 異體字이다. '□'는 正字 '謀'의 形符인 '言'을 '口'로 대체했는데, '言'은 '口'를 통하여 이루어지는 행위이므로 이들이 形符로 사용될 때 서로 대체해도 字義에 전혀 문제가 되지 않는다. 또 聲符인 '某'를 '母'로 대체했는데, 이 역시 '某'는 反切이 "莫厚切"로써 "明母 · 侯韻"이고, '母'는 反切이 "莫厚切"로써 역시 "明母 · 侯韻"으로 서로 同音이기 때문에 聲符로 사용될 때는 얼마든지 대체가 가능하다. 이와 같이 異體字에서 正字의 形符와 聲符를 모두 대체했지만 形符는 形符끼리 字義가 통하고, 聲符도 聲符끼리 字音이 통하기 때문에 異體字가 正字를 대체하는데 큰 문제는 없다. 한편 자형의 구조상에 있어서도 正字의 좌우 구조는 異體字에서 상하 구조로 변경되었다.

89 丁度 等, 『字典彙編景 · 集韻』, 國際文化出版公司, 北京, 1993, p.215
90 陳廷敬 等,『康熙字典』, 中華書局, 北京, 1997, p.1173

⿱莫心(謨. 莫－某) : 『集韻 · 平聲 · 模韻』에서 "謨 · 謩 · ⿱莫心 · 譕, 說文, 議謀也.... 古作謩 · ⿱莫心 · 譕, 或書作謩"91라 말하고, 『類篇 · 言部』에서 "謨, 古作⿱莫心"92라 했으며, 『字彙 · 心部』에서도 "⿱莫心, 與謀同"93이라 말하고 있는 바, 이들을 종합하면 '⿱莫心'는 '謨'의 異體字이다. '⿱莫心'는 正字의 形符인 '言'을 '心'으로 대체했는데, 正字인 '謨'의 字義와 '心'이 밀접한 관계가 있으므로 形符를 '心'으로 대체해도 전혀 무리가 따르지 않는다. 또 正字의 聲符인 '莫'을 '某'로 대체했는데, '莫'은 反切이 "慕各切"로써 "明母 · 鐸韻"이고, '某'는 反切이 "莫厚切"로써 "明母 · 侯韻"으로서, 서로 雙聲이 되므로, 이들 역시 聲符로 사용될 때는 서로 대체해도 聲符의 기능에 전혀 문제가 되지 않는다. 그렇기 때문에 이와 같이 形符와 聲符를 모두 대체한 것이라 할 수 있다. 한편 자형도 본래의 좌우 구조에서 상하의 구조로 변화되었다.

⿱須巾(繻. 需－須) : 『玉篇 · 巾部』에서 "⿱須巾, 思俱切, ... 亦作繻"94라 하고, 또 『玉篇 · 糸部』에서 "繻, 汝俱切, 細密之羅. 又思俱切, 帛邊也. 古者過關, 以符書帛裂而分之, 若今券也"95라 말하고 있는 바, 이에 의하면 '⿱須巾'는 '繻'의 異體字이다. '⿱須巾'는 正字의 形符인 '糸'를 '巾'으로 대체했는데, '糸'와 '巾'은 물건과 재료의 관계로서 서로 字義가 통한다고 할 수 있다. 그렇기 때문에 形符로 사용될 때 서로 대체되는 것이 충분히 가능하다. 또 '⿱須巾'는 正字의 聲符인 '需'를 '須'로 대체했는데, '需'와 '須' 모두 反切이 "相俞"로써 "心母 · 虞韻"인 同音字이기 때문에, 이들이 聲符로 사용될 때 서로 대체되는 것은 전혀 문제가 되지 않는다. 한편 이것도 역시 異體字는 좌우 구조에서 상하 구조로 변경되었다.

盋(缽. 本－犮) : 『龍龕手鏡 · 皿部』에 "⿱本皿 · 盋 · ⿱夲皿, 三俗. 盋, 正音缽, 缽盂器也"96라 말하고 있는 바와 같이 '盋'은 '缽'의 異體字이다. '盋'은 正字의 形符인 '缶'를 '皿'으로 대체했는데, '缶'가 '皿'의 일종이므로 形符를 이와 같은 대체하는

91 丁度 等, 『字典彙編景 · 集韻』, 國際文化出版公司, 北京, 1993, p.168
92 司馬光, 『類篇』, 中華書局, 北京, 1984, p.82
93 梅膺祚, 『字典彙編 · 字彙』, 國際文化出版公司, 北京, 1993, p.161
94 顧野王, 『玉篇』, 臺灣中華書局, 臺灣, 1977, 卷下 p.50
95 顧野王, 『玉篇』, 臺灣中華書局, 臺灣, 1977, 卷下 p.46
96 行均, 『龍龕手鏡』, 中華書局, 北京, 1985, p.329

것은 충분히 가능하다. 또 聲符인 '本'을 '犮'로 대체하기도 했는데, '本'은 反切이 "布忖切"로써 "幫母 · 魂韻"이고, '犮'은 反切이 "蒲撥切"로써 "並母 · 末韻"이므로 서로 音近에 해당되어 聲符로 사용될 때 서로 代替하는 것은 그리 문제가 되지 않는다. 한편 자형 구조도 역시 좌우 구조에서 상하 구조로 변경되었다.

⿱竹敎(珓. 交－敎) : 『中華字海 · 竹部』에 "⿱竹敎, 同'珓'"97라 말하고 있는 바와 같이 '⿱竹敎'는 '珓'의 異體字이다. '⿱竹敎'는 正字 '珓'의 形符인 '玉'을 '竹'으로 대체했는데, 본래 '珓'가 옥으로 만든 "算筒"이고, 이 算筒은 '竹'으로 만들기도 하기 때문에 '玉'을 '竹'으로 대체해도 字義上으로는 전혀 무리가 따르지 않는다. 그리고 異體字의 聲符도 '交'에서 '敎'로 대체되었는데, '交'와 '敎'는 모두 反切이 "古肴切"로써 "見母 · 肴韻"으로 同音字이다. 그렇기 때문에 聲符로 사용될 때 서로 바꾸어 쓸 수가 있다. 한편 자형도 좌우 구조에서 상하 구조로 변경되었다.

⿱艹遂(穗. 穗－遂) : 『集韻 · 去聲 · 至韻』에 "采 · 穗 · ⿱艹遂, 『說文』, 禾成秀也, 人所以收, 從爪禾. 或從惠, 古作⿱艹遂, 通作穟"98라 말하고 있는 바와 같이 '⿱艹遂'는 '穗'의 異體字이다. '⿱艹遂'는 正字의 形符인 '禾'를 '草'로 대체했는데, '禾'가 '草'의 일부이므로, 形符로 사용될 때 이와 같이 대체해도 자의에는 전혀 영향을 주지 않는다. 한편 異體字의 聲符는 약간 특이하다. 본래 正字가 形聲字가 아니기 때문에 聲符가 없다. 그러나 異體字인 '⿱艹遂'에서는 正字인 '穗'의 字音과 동일한 또 다른 글자, 즉 '遂'를 偏旁으로 추가하고, 이를 聲符로 삼아 새로운 形聲字를 만들고 있다. 즉 正字인 '穗'와 '遂'는 모두 反切이 "徐醉切"로써 "邪母 · 脂韻"인 同音字이기 때문에 '穗'의 字音을 표시하기 위한 새로운 聲符를 따로 대체 겸 추가하는 방법으로 '⿱艹遂'를 만들므로써 形聲字가 아닌 것을 形聲字로 만든 것이다. 한편 이 역시 좌우 구조인 것이 상하 구조로 변경되었다.

한편 "⿱山屯(村)"은 正字의 形符인 '木'이 '山'으로 바뀌고, 聲符인 '寸(淸母 · 魂韻)'은 疊韻인 '屯(定母 · 魂韻)'으로 바뀌었을 뿐만 아니라, 자형 구조까지 변경되어 만들어진 異體字이다. 이와 같은 유형에 속하는 글자로는 이들 외에도 "笓

97 冷玉龍 外, 『中華字海』, 中華書局.中國友誼出版公司, 北京, 1994, p.1249
98 丁度 等, 『字典彙編景 · 集韻』, 國際文化出版公司, 北京, 1993, p.268

(匙)·𩠒(饒)·䬽(粮)·䅑(稈)"과 같은 예들이 있다.

(3) 內外構造에서 上下構造로 變更

다음은 본래 내외 구조이었던 것이 異體字에서 상하 구조로 바뀌는 경우이다.

笹(囤) : 『集韻·平聲·魂韻』에 "囤, 廩也"[99]라 하고, 또 『集韻·上聲·混韻』에 "笹·囤.., 杜本切. 說文, 篅也. 或作囤·篭·笹"[100]이라 했으며, 『重訂直音篇·竹部』에서는 "笹, 與囤同"[101]이라 말하고 있다. 이에 의하면 '笹'은 '囤'의 異體字인데, 正字는 내외의 구조로 되어 있는 것이 異體字에서는 상하의 구조로 바뀌고 있다. 또한 正字의 形符인 '囗'도 異體字에서는 '竹'으로 대체되었는데, '囤'이 일종의 집이기 때문에 形符를 집을 짓는 재료인 '竹'으로 대체해도 무리는 없다.

朱(困) : 『說文解字·囗部』에 "困, 故廬也. 從木在囗中. 朱,古文困"[102]이라 하였고, 또 『玉篇·木部』에서는 "朱, 口頓切, 古文困"[103]이라 말하고 있는 바, 이에 의하면 '朱'은 '困'의 異體字이며, 본래 내외 구조로 되었던 것이 異體字에서는 상하의 구조 바뀌었다. 또한 正字의 形符인 '囗'가 '止'로 바뀌었는데, '囗'와 '止'는 의미상으로 사실 관련이 없고 또한 자형상으로도 흡사한 면이 없기 때문에 이와 같은 대체는 특이한 경우라 할 수 있다.

褁(裹) : 『龍龕手鏡·衣部』에 "褁·𧝎, 二俗. 裹, 正. 古火反, 苞也, 纏也"[104]라 기록되어 있는 바와 같이 '褁'는 '裹'의 異體字이다. '裹'는 엄밀히 본다면 穿貫구조이나 큰 틀에서 본다면 이것도 내외 구조로 간주할 수 있다. 그렇다면 異體字인 '褁'는 내외 구조에서 상하 구조로 바뀐 것이라 할 수 있다.

이 외에도 "㚎(固)"는 구조도 바뀌면서 形符도 대체되었고, 또 "𢧐(國)"도 마찬

99 丁度 等, 『字典彙編景·集韻』, 國際文化出版公司, 北京, 1993, p.182
100 丁度 等, 『字典彙編景·集韻』, 國際文化出版公司, 北京, 1993, p.239
101 章黼撰, 吳道長重訂, 『續修四庫全書·重訂直音篇』, 上海古籍出版社, 上海, 1995, p.151
102 許愼撰·段玉裁注, 『說文解字注』, 漢京文化, 臺北, 民國69, p.281
103 顧野王, 『玉篇』, 臺灣中華書局, 臺灣, 1977, 卷中15.
104 行均, 『龍龕手鏡』, 中華書局, 北京, 1985, p.104

가지이나 여기에서는 形符가 바뀌는 이유가 분명하지 않은 예라 할 수 있다.

3) 內外構造로 變更

다음은 내외 구조가 아니었던 글자가 내외 구조로 변화된 것이다. 이 중에는 본래 내외 구조였던 것이 구조상으로는 내외 구조이나 내부적인 偏旁의 이동이 있는 것도 있는가 하면 좌우 구조였던 것도 있고, 상하 구조였던 것이 변한 것도 있다. 다만 본래 내외 구조의 글자가 적었던 만큼 이러한 유형에 속하는 글자들은 다른 유형에 비해 그 양이 많지 않다. 다음에서는 이들을 유형별로 나누어 살펴보기로 한다.

(1) 內外 構造에서 內外 構造로 變更되는 경우로서, 구조상으로는 변함이 없지만 내부의 偏旁이 위치를 바꾸는 경우이다.

[illegible](羸) :『漢隸字源 · 平聲 · 支韻 · 羸字』에서 〈北軍中侯郭仲奇碑〉에 '羸'의 異體字로 '[illegible]'이 사용되었음을 밝히고 있는데, 이 '[illegible]'과 '羸'은 전체적인 구조에서는 상하의 구조를 취하지만 하단부의 偏旁에서는 모두 내외 구조를 취하고 있다. 그런데 동일한 내외 구조이지만 偏旁인 '羊'과 '月'의 위치가 서로 바뀌어 있다.

(2) 左右 構造에서 內外 構造로 變更된 것들이다. 여기에 속하는 글자들은 偏旁이 대체되지 않는 것들이 거의 보이지 않는다. 다음에서 이들에 대해 살펴보기로 한다.

⿵門建(鍵) :『龍龕手鏡 · 門部』에는 "⿵門建, 古文, 音件. 開也. 又平聲今作鍵"[105]라 하고, 『字彙 · 門部』에는 "⿵門建, 古文鍵字"[106]라 말하고 있는데, 이들에 의하면 '⿵門建'는 '鍵'의 異體字이다. 正字의 좌우 구조는 異體字에서 내외 구조로 바뀌었다. 또한 異體字에서는 正字의 形符인 '金'을 '門'으로 대체하고 있는데, '鍵'의 자의가 문을 잠그는 것이기 때문에 異體字에서 形符를 '門'으로 대체한다고 해도 전혀

105 行均, 『龍龕手鏡』, 中華書局, 北京, 1985, p.93
106 梅膺祚, 『字典彙編 · 字彙』, 國際文化出版公司, 北京, 1993, p.515

무리는 아니다.

𡺸(邠) : 『集韻 · 平聲 · 眞韻』에 의하면 "邠 · · 豳 · 𡺸, …俗以夜市有豳山, 或作豳 · 𡺸"[107]이라 말하고 있는 바, '𡺸'은 '邠'의 異體字이다. 본래의 正字는 좌우 구조였으나 異體字에서는 내외 구조로 바뀌었다. 또한 正字인 '邠'의 形符 '阝'는 異體字에서 '山'으로 바뀌었는데, '邠'의 字義를 표현하는데 있어서 '山'이 전혀 문제가 될 것이 없으므로 이와 같이 대체해도 무방하다. 또한 異體字에서는 聲符인 '分'이 추가되었는데, 이는 내외 구조로 변화되면서 자형의 균형을 위해 '分'을 추가한 것으로 보인다.

疷(胝) : 『集韻 · 平聲 · 脂韻』에 "胝 · 疷…,張尼切. 說文, 腄也. 一曰繭也. 或作疷"[108]라 말하고 있는 바와 같이 '疷'는 '胝'의 異體字이다. 본래 좌우 구조였으나 異體字에서는 形符를 '⺼'에서 '疒'으로 대체하면서 자연스럽게 내외 구조로 변화되었다. 形符를 '⺼'에서 '疒'으로 바꾸어도 '胝'의 의미를 표현하는데 지장이 없으므로 이와 같은 形符의 대체는 가능하다고 할 수 있다.

𧛔(綴) : 『正字通 · 衣部』에 "𧛔, 同綴"[109]이라 말하고 있는 바, '𧛔'은 '綴'의 異體字이다. 正字의 形符인 '糸'가 異體字에서는 '衣'로 대체되었는데, '糸'와 '衣'도 역시 재료와 물건의 관계로서, 形符로 사용할 때 서로 대체되어도 전체 字義에 전혀 손상을 주지 않기 때문에 異體字에서는 자주 혼용된다. 한편 자형은 본래의 좌우 구조에서 穿貫 구조로 변경되었는데, 이것도 넓은 의미에서 내외 구조로 간주할 수 있다.

이 외에도 이러한 유형에 속하는 글자로는 "䟄(踖) · 閤(郃) · 痮(脹) · 䞭(膇) · 𤺥(膨) · 𤴾(愓) · 𨶛(伷) · 囩(䂥) · 𠥈(梧) · 𨵦(棞) · 疹(胗)" 등이 있다.

(3) 上下構造에서 內外構造로 變更되는 경우로서, 여기에는 구조가 바뀌면서 偏旁도 다른 글자로 대체되는 것들도 있는데, 다음에서는 이와 같이 偏旁까지 바뀌는 것을 위주로 살펴보기로 한다.

107 丁度 等, 『字典彙編景 · 集韻』, 國際文化出版公司, 北京, 1993, p.177
108 丁度 等, 『字典彙編景 · 集韻』, 國際文化出版公司, 北京, 1993, p.157
109 張自烈, 『續修四庫全書 · 正字通』, 上海古籍出版社, 上海, 1995, p.459

匨(藏. 臧-壯) : 『集韻 · 平聲 · 唐韻』에 "藏臧匨, 慈郞切. 說文, 匿也. 或作臧, 古作匨"[110]이라 말하고 있는 바, 이에 의거하면 '匨'은 '藏'의 異體字이다. 異體字인 '匨'은 구조면에서도 내외 구조로 바뀌었을 뿐만 아니라 正字의 偏旁도 다른 것으로 대체되고 있다. 즉 正字의 聲符인 '臧'이 '壯'으로 대체되었는데, '臧'은 反切이 "則郎"으로써 "精母 · 唐韻"이고, '壯'은 反切이 "側亮"으로써 "莊母 · 陽韻"이기 때문에, 이들은 音近에 해당되어 서로 대체되어도 聲符의 기능에는 전혀 문제가 없다. 그리고 形符인 '草'는 '匚'로 대체되었는데, 이는 '藏'이 감춘다는 뜻을 가지고 있기 때문에 감추는 容器의 역할을 할 수 있는 '匚'로 形符를 대체해도 상관이 없다.

㡰(宇. 于-禹) : 『四聲篇海 · 广部』에 "㡰, 于甫切, 今作宇"[111]라 하고, 또 『正字通 · 广部』에는 "㡰 · 寓 · 宇同"[112]이라 말하고 있는 바, '㡰'는 '宇'의 異體字이다. 본래의 正字는 상하 구조였으나 異體字는 내외 구조를 취하고 있다. 또 正字의 形符인 '宀'은 異體字에서 '广'으로 대체되었는데, 이들은 모두 '집'을 뜻하는 글자이기 때문에 서로 대체해도 무방하다. 또 正字의 聲符인 '于'는 '禹'로 대체되었는데, '于'는 反切이 "羽俱切"로써 "云母 · 虞韻"이고, '禹'는 反切이 "王矩切"로써 "云母 · 虞韻"으로서 이들은 同音이기 때문에 聲符로 기능할 때는 서로 대체하는 것이 가능하다.

匭(簋. 簋-軌) : 『集韻 · 上聲 · 旨韻』에 "簋匭朹, 說文, 黍稷方器也, 古作匭朹, 通作匭"[113]라 기록된 바, 이 역시 '匭'는 '簋'의 異體字임을 말해주고 있는 것이다. 자형의 구조상으로 볼 때 正字는 상하 구조였으나 異體字에서는 내외 구조로 변화되었다. 그리고 形符는 '竹'에서 '匚'로 대체되었는데, 이는 재료로서의 '竹'이 물건으로서의 '匚'로 대체된 것이며, 아울러 이것이 '簋'의 의미를 표현하는데 무리가 없으므로 이와 같이 대체하는 것이 충분히 가능하다. 또한 正字는 形聲字가 아니었으나 異體字에서는 正字의 字音과 동일하지만 다른 글자인 '軌'를 聲符로 취하여 새로운 形聲字를 만들고 있다. 즉 본래의 正字인 '簋'와 새로 추가된 聲符인

110 丁度 等, 『字典彙編景 · 集韻』, 國際文化出版公司, 北京, 1993, p.203
111 韓孝彦 等, 『續修四庫全書 · 四聲篇海』, 上海古籍出版社, 上海, 1995, p.305
112 張自烈, 『續修四庫全書 · 正字通』, 上海古籍出版社, 上海, 1995, p.358
113 丁度 等, 『字典彙編景 · 集韻』, 國際文化出版公司, 北京, 1993, p.228

'軌'는 모두 反切이 "居洧切"로써 "見母 · 脂韻"인 同音字이다.

이 외에도 "逌(葵) · 䵶(塾)"과 같이 자형의 구조도 바뀌고 偏旁도 대체된 것이 있는가 하면 "䙞(裴) · 𨊻(軍)"과 같이 자형의 구조만 바뀔 뿐, 偏旁이 대체되지 않는 것도 존재하고 있다.

4) 其他

위의 경우 외에도 본래 상하 구조였던 것이 상하도 아니고 좌우도 아니며 내외의 구조도 아닌 특이한 형태로 바뀐 것도 있다. 예컨대 '䶬'은 '龔'의 異體字로서, 본래 '龔'은 '龍'과 '共'이 상하로 결합되어 이루어진 글자이다. 그런데 獨體文이었던 '龍'은 偏旁이 분리가 될 수 없음에도 불구하고, '龍'의 자형이 분리되어 좌측 부분은 그대로 변함이 없지만 우측 자형 부분이 위쪽으로 압축이 되고, 그 아래쪽의 빈 공간으로 다른 偏旁인 '共'이 자리잡음으로서 두 개의 偏旁임에도 불구하고 마치 세 개의 偏旁으로 이루어진 左 · 上下 구조의 글자처럼 변하게 되었다. 그러나 이것은 엄밀히 보면 좌우 구조로도 볼 수 없는 기이한 형태라 할 수 있다.

1.1.2 變更된 偏旁이 셋인 경우

본래 두 偏旁으로 구성되었던 글자에 偏旁이 추가되어 세 개의 偏旁으로 이루어진 異體字로 되면서 글자의 구조가 바뀌게 되는 것들이 있는가 하면, 다른 한편으로는 偏旁의 생략과 위치 변동이 동시에 이루어져 전혀 다른 구조로 변화되는 것들도 있다. 예를 들어 '䭲'는 『字彙 · 食部』에 "䭲, 俗糜字. 舊註母彼切"114이라 하여 '糜'의 異體字로 설명하고 있는데, 본래 '糜'는 단순히 내외 구조로 이루어진 글자였다. 그러나 異體字인 '䭲'에서는 偏旁인 '食'이 추가되어 '䭲'로 되면서 큰 틀에서 보면 좌우 구조, 세분해서 본다면 左 · 內外 구조로 변하게 되었다. 이와 같이 세 개로 구성된 異體字는 그 구성이 매우 복잡하게 되어 있는데, 다음에서는 이와 같이 세 개로 구성된 異體字의 자형 구조는 어떻게 변화된 것인지에 대해 유형별로

114 梅膺祚, 『字典彙編 · 字彙』, 國際文化出版公司, 北京, 1993, p.547

나누어 살펴보기로 한다.

1) 左右 構造 혹은 右(上 · 下) · 左 構造에서 上 · 下(左 · 右) 構造로 變更된 경우

이것은 본래 좌우 구조 혹은 右(上 · 下) · 左 구조이었던 것인데, 구조가 변화되면서 크게 보면 상하 구조모양이지만, 좀 더 세분하면 하단부는 좌우 구조로 이루어져 있어, 전체적으로 상 · 좌우 구조로 된 것을 말한다.

𡸇(崎) : 『正字通 · 山部』에 "𡸇, 同崎"[115]라 말하고 있는 바, '𡸇'는 '崎'의 異體字로서, 正字에 새로운 偏旁 '支'을 추가해 만든 글자이다. 본래의 正字는 좌우 구조를 취하고 있었으나, 새로운 異體字에서는 새로운 偏旁이 하단 우측에 배치되면서 전체적으로는 上 · 下(左 · 右)의 구조로 바뀌고 있다.

𧒒(蜂) : 『廣韻 · 平聲 · 鍾韻』에 의하면 "𧓍,… 蜂, 上同. 古文𧒒"[116]이라 하고, 『集韻 · 平聲 · 鍾韻』에서도 "𧓍…, 古作𧒒… 通作蜂"[117]이라 말하고 있는 바, '𧒒'은 '蜂'의 異體字임을 알 수 있다. 본래 正字인 '蜂'은 좌우 구조를 취하고 있었는데, 異體字에서는 偏旁인 '虫'이 추가되면서 자형 구조도 바뀌어 上 · 下(左 · 右)의 구조로 바뀌게 되었다.

𠢕(勖) : 『異體字字典』에 의하면 "𠢕, 見於『經典文字辨證書 · 力部』,『佛教難字字典 · 力部』等， 皆以其為俗字"[118]라 말하고 있는데, 이에 의하면 '𠢕'은 '勖'의 異體字이다. 본래 '勖'은 좌우 구조를 취하고 있었지만, 異體字에서는 偏旁 자형의 변화와 함께 구조도 변화되어 上 · 下(左 · 右)의 구조로 바뀌고 있다.

이 외에도 "𩶗(蛘)"과 같은 글자도 이러한 유형에 속한다고 할 수 있다. 또 "𧕲(蠡)"의 경우 크게 보면 상하 · 우 구조였는데, 자형 구조가 변하면서 크게 보면 상하 구조, 자세히 보면 상 · 좌우의 구조로 변화되었으며 偏旁의 '彖'도 '豸'로 대체되고 있다.

115 張自烈, 『續修四庫全書 · 正字通』, 上海古籍出版社, 上海, 1995, p.329
116 陳彭年 等 撰, 余迺永 校著, 『互註校正宋本廣韻』, 聯貫出版社, 臺北, 民國69, p.37
117 丁度 等, 『字典彙編景 · 集韻』, 國際文化出版公司, 北京, 1993, p.151
118 中華民國教育部, 『異體字字典』(http://dict.variants.moe.edu.tw/), b00256-003에서 再引用.

2) 左右構造에서 上下 · 右 構造로 變更되는 경우

좌우 구조에서 변화된 것으로서, 변경된 구조가 크게는 좌우 구조이지만, 좌측부는 다시 상하로 나뉘어져 전체적으로는 상하 · 우 구조로 만들어진 것을 말한다.

𩕄(願) : 『集韻 · 去聲 · 願韻』에 "願 · 𩕄, 虞怨切. 說文, 大頭也. ……或從愿"[119]이라 말하고 있는 바, '𩕄'은 '願'의 異體字이다. 본래 '願'은 좌우 구조로 이루어진 것인데, 異體字에서는 偏旁 '心'이 추가되면서 左(上 · 下) · 右의 구조로 자형이 바뀌었다. 이와 동일한 예로는 "敳(敗)"가 있다.

3) 左右 構造에서 左 · 右(上 · 下) 構造로 變更되는 경우

본래의 좌우 구조에서 변화된 것으로서, 변경된 구조가 크게 보면 좌우 구조이지만, 우측 부분은 다시 상하로 나뉘어져 있어 전체적으로는 左 · 右(上 · 下)의 구조로 된 것을 말한다.

𣚍(棋) : 『重訂直音篇 · 木部』에 "棋, 音机, 本也. 萬物根, 又音其. 𣚍同上"[120]이라 말하고 있는 바, 이에 의하면 '𣚍'는 '棋'의 異體字이다. 본래 좌우 구조였으나 새로운 偏旁인 '竹'이 추가되면서 左 · 右(上 · 下)의 구조로 변경되었다. '竹'이 추가된 것은 '棋'의 字義를 강조하기 위한 것으로 판단된다.

𠐘(僻) : 『說文解字 · 人部』에 "僻, 避也. 從人辟聲"[121]이라 하고,『龍龕手鏡 · 人部』에서는 "𠐘, 正. 僻, 今. 普亦反"[122]이라 말하고 있는 바, 이에 의하면 '𠐘'은 '僻'의 異體字이다. 이 역시 본래는 좌우 구조로 볼 수 있는 것이었으나 후에 '言'이 추가되면서 左 · 右(上 · 下)의 구조로 변경되었다.

이 외에도 "𢱉(振) · 𢯱(痲) · 𢥞(惻)"과 같은 예들이 모두 이러한 유형에 속하는데, 異體字에서 추가된 偏旁들은 대부분 字義를 강조하기 위한 것들이다. 다만

119 丁度 等, 『字典彙編景 · 集韻』, 國際文化出版公司, 北京, 1993, p.286
120 章黼撰, 吳道長重訂, 『續修四庫全書 · 重訂直音篇』, 上海古籍出版社, 上海, 1995, p.139
121 許愼撰 · 段玉裁注, 『說文解字注』, 漢京文化, 臺北, 民國69, p.383
122 行均, 『龍龕手鏡』, 中華書局, 北京, 1985, p.37

'犢'의 경우는 '寸'이 추가된 것이고, 본래의 形符인 '扌'는 異體字에서 '牜'로 대체되었는데, 이것은 字義의 강조가 아닌 字形의 類似로 인해 대체한 것이라 보인다.

4) 左右 혹은 左·右(上·下) 構造에서 上(左·右)·下 構造로 變更

좌우 구조에서 변화된 것으로, 전체적으로는 상하의 구조이지만, 상단부는 다시 좌우의 구조로 나뉘어져, 전체적으로는 좌우·하의 구조로 된 것을 말한다.

𧖴(醓) : 『重訂直音篇·酉部』에 "醓, 他感切, 血醓, 肉醬"[123]이라 하고,『重訂直音篇·血部』에는 "𧖴, 他感切, 血醓, 肉汁. 醓...同上"[124]이라 말하고 있는데, 이에 의하면 '𧖴'은 '醓'의 異體字이다. 본래 '醓'은 크게 보면 좌우, 세밀히 보면 左·右(上·下) 구조였는데, 異體字에서는 크게 보면 上下 구조지만 자세히 보면 上(左·右)·下 구조로 변화되었다. 또한 形符도 본래 '酉'에서 '月'으로 대체되었는데, '醓'의 字義가 '月'과도 관련이 있으므로 이러한 대체는 충분히 가능하다고 할 수 있다.

槼(規) : 『重訂直音篇·木部』에 "槼, 規同"[125]이라 말하고 있는 바와 같이, '槼'는 '規'의 異體字인데, 좌우 구조의 正字에 새로운 偏旁 '木'이 하나 추가 되면서 上(左·右)·下의 구조로 변경되었다. 추가된 '木'은 '規'의 字義를 강화하기 위한 방편으로 보인다.

𦃇(拘) : 『四聲篇海·手部』에 "𦃇, 舉朱切, 與拘同"[126]이라 하고,『字彙·手部』에도 "𦃇, 同拘"[127]라 말하고 있는 바, 이에 의하면 '𦃇'는 '拘'의 異體字이다. 異體字인 '𦃇'는 正字에 새로운 偏旁인 '糸'가 추가되면서 좌우 구조가 上(左·右)·下의 구조로 변경된 것이며, 추가된 '糸'는 '拘'의 字義를 강화하기 위한 것이라 판단된다.

123 章黼撰, 吳道長重訂, 『續修四庫全書·重訂直音篇』, 上海古籍出版社, 上海, 1995, p.322
124 章黼撰, 吳道長重訂, 『續修四庫全書·重訂直音篇』, 上海古籍出版社, 上海, 1995, p.69
125 章黼撰, 吳道長重訂, 『續修四庫全書·重訂直音篇』, 上海古籍出版社, 上海, 1995, p.140
126 韓孝彦 等, 『續修四庫全書·四聲篇海』, 上海古籍出版社, 上海, 1995, p.446
127 梅膺祚, 『字典彙編·字彙』, 國際文化出版公司, 北京, 1993, p.182

이 외에도 "鼙(鼓) · 䶒(齦) · 壄(野) · 豚(豚)"과 같은 글자들이 모두 위와 같이 偏旁이 추가되면서 구조가 변화된 것이라 할 수 있다. 그런가 하면 "黝(黝) · 黠(黠) · 黯(黯) · 纆(纆)"과 같은 것들은 본래 사실상 크게 보아 모두 좌우 구조로 볼 수 있는 것들인데, 여기에서 正字의 偏旁인 '黑'의 자형이 분리되면서 上(左 · 右) · 下의 구조로 변경되었다. 그러나 본래 '黑'은 獨體文이기 때문에 분리가 불가능하다. 그런데도 불구하고 여기에서는 자형이 왜곡되게 분리되면서 이와 같은 구조로 변경된 것인데, 이는 이미 '黑'이 '默'에서와 같이 분리되어 正字의 자형을 이루고 있기 때문에 자연스럽게 변화된 것으로 보인다. 한편 "鐫(鐫)"의 경우도 구조가 변경되면서 본래 우측 偏旁의 하단부가 '門'으로 변화되었는데, 이는 자형의 유사로 인해 이와 같이 변경된 것으로 보인다.

5) 上下構造에서 上 · 下(左 · 右)構造로 變更

이것은 본래 상하 구조에서 변화된 것으로 크게 보면 상하 구조이지만, 세분해 보면 하단부가 좌우 구조로 이루어진 上 · 下(左 · 右) 구조로 변화된 것을 말한다.

䒹(芸) : 『集韻 · 平聲 · 文韻』에 "芸 · 䒹, 說文艸也.... 或作䒹"128이라 하고, 『四聲篇海 · 艸部』에도 "䒹, 音芸義同"129이라 말하고 있는 바와 같이 '䒹'은 '芸'의 異體字이다. 본래 상하 구조이었던 正字에 偏旁이 추가되면서 上 · 下(左 · 右)의 구조로 변화되었으며, 추가된 偏旁은 字義를 강조하는 역할을 하고 있다.

蘄(芹) : 『本草綱目 · 菜部 · 水蘄』에 "時珍曰, 蘄當作蘄, 從艸 · 靳, 諧聲也. 後省作芹, 從斤, 亦諧聲也"130라 말하고 있는 바와 같이 '蘄'은 '芹'의 異體字이다. 본래는 상하 구조로 이루어졌지만 새로운 偏旁인 '僅'이 추가되면서 上 · 下(左 · 右) 구조로 변화되었다. 여기에서 추가된 偏旁 '僅'은 聲符의 역할을 하는 것으로서, 正字에 이미 聲符가 있음에도 이것을 추가한 것은 字音의 강화를 위한 것으로 보인다.

---

128 丁度 等, 『字典彙編景 · 集韻』, 國際文化出版公司, 北京, 1993, p.179
129 韓孝彦 等, 『續修四庫全書 · 四聲篇海』, 上海古籍出版社, 上海, 1995, p.404
130 中華民國教育部, 『異體字字典』(http://dict.variants.moe.edu.tw/), a03438-007에서 再引用.

6) 上下 構造에서 左 · 右(上 · 下) 構造로 變更

본래 상하 구조에서 변화된 것으로서 크게 보면 좌우 구조이나, 세분해 보면 우측 부분이 상하로 구성되어, 전체적으로는 左 · 右(上 · 下)의 구조로 이루어진 것을 말한다.

𪐴(黛) : 『重訂直音篇 · 卷七 · 黑部』에 "黛, 音代. 深靑, 又畫眉黑. 𪐴 · 黱, 並同上"[131]이라 말하고 있는 바와 같이 '𪐴'는 '黛'의 異體字이다. 그런데 본래 상하 구조이었던 '黛'는 聲符인 '代'의 자형이 분리되면서 '人'이 좌측으로 위치가 변동됨에 따라 전체적으로는 左 · 右(上 · 下)의 모양으로 변화되었다.

𥽊(糵) : 『正字通 · 米部』에 "𥽊, 與粩 · 糵 · 𪍿並同"[132]이라 했듯이 '𥽊'은 '糵'의 異體字이다. 正字는 크게 보아 상하의 구조였는데, 異體字에서 偏旁인 '米'가 추가되면서 左 · 右(上 · 下)의 구조로 변화되었다. 여기에서 추가된 '米'는 '糵'의 字義를 강조하는 역할을 하기 위해 추가된 것으로 보인다.

이 외에도 이와 동일한 유형에 속하는 예로는 "𩭹(髮) · 𩬸(髻) · 𩮠(鬛) · 𩯭(鬞) · 𪏐(黴) · 𨢿(醬) · 𢮎(哲) · 𥹋(粢) · 𣵀(柒) · 𣹟(染)" 등이 있는데, 이들은 모두 기존의 偏旁 자형이 분리되면서 자형의 구조까지 변화된 것들이다. 한편 "𩡧(耋) · 𧝞(裏) · 𡂙(累) · 𤜃(畜)"과 같은 예들은 正字에 偏旁이 추가되면서 자형의 구조가 바뀐 것에 속한다.

7) 上下 構造에서 上(左 · 右) · 下 構造로 變更

상하 구조였던 것에서 크게 보면 상하 구조이지만 상단부가 좌우로 나뉘어 사실상 上(左 · 右) · 下 구조로 바뀐 것들이다.

𪚱(龕) : 『碑別字新編 · 二十二畫 · 龕字』에 齊氾水縣造塔銘을 인용하여 '龕'의 異體字로 '𪚱'을 수록하고 있는데[133], 여기에서 異體字는 正字에 새로운 偏旁인

131 章黼撰, 吳道長重訂, 『續修四庫全書 · 重訂直音篇』, 上海古籍出版社, 上海, 1995, p.295
132 張自烈, 『續修四庫全書 · 正字通』, 上海古籍出版社, 上海, 1995, p.246
133 秦公, 『碑別字新編』, 文物出版社, 北京, 1985, p.467

'土'를 추가한 것으로서 자형의 구조상으로 볼 때, 크게 보면 상단부는 좌우로 분리되어 있으므로 전체적으로는 上(左 · 右) · 下의 구조라 할 수 있다. 여기에서 추가된 '土'는 '龕'을 만든 재료라는 측면에서 字義를 강조하기 위해 추가된 것으로 보인다.

위와 동일한 구조로서 "[illegible](襲)"이 있는데, 이 역시偏旁이 추가되었지만, 그 원인은 분명치 않다. 또한 이와 유사한 예로는 "[illegible](揮)"이 있는데, 여기에서는 正字의 '扌'가 '㐫'로 대체되었는 바, 이 역시 대체의 원인이 분명치 않다.

8) 上下 혹은 上(左 · 右) · 下, 혹은 上 · 下(左 · 右) 構造에서 左(上 · 下) · 右 構造로 變更

이것은 본래 상하 구조이거나, 혹은 크게 보면 상하 구조이지만 상단부가 좌우로 구성되었거나 혹은 하단부가 좌우로 구성되어 세분하면 上(左 · 右) · 下거나 혹은 上 · 下(左 · 右)이었던 正字가 異體字에서는 크게는 좌우 구조이지만 세분하면 左(上 · 下) · 右가 되는 구조로 변화된 것들이다. 예컨대 "[illegible](扈)"는 상하 구조였으나 聲符가 대체되고 구조가 바뀌면서 左(上 · 下) · 右로 구조가 바뀌었고, "[illegible](黙)"은 본래 上(左 · 右) · 下 구조였으나 左(上 · 下) · 右 구조로 바뀌었다. 또한 "[illegible](罰)"은 본래 上 · 下(左 · 右) 구조를 취한 것이었으나 左(上 · 下) · 右 구조로 바뀌었고, "[illegible](籔)"는 上 · 下(左 · 右)의 구조에서 右(上 · 下) · 左 구조로 변경되었다.

9) 其他

이 외에도 위의 범주에 넣을 수 없는 유형들이 존재하는데, 이들에 대해 살펴보면 다음과 같다.

[illegible](衢) : 『碑別字新編 · 二十四畫 · 衢字』에서는 〈齊元子邃墓誌〉를 인용하여 '衢'의 異體字로서 '[illegible]'를 수록하고 있다.[134] 그런데 正字의 자형은 크게 보면 내외구조로 되어 있는데, 異體字에서는 외측 偏旁인 '行'의 오른 쪽에 있던 '亍'가 자형이 변하면서 내측 偏旁인 '瞿'의 하단부 우측으로 편입되어 매우 특이한 구조로

134 秦公, 『碑別字新編』, 文物出版社, 北京, 1985, p.473

변경되었다. 또한 '行'의 좌측 부분도 자형이 '人'으로 변화되었다.

辟(譬) : 『干祿字書 · 去聲』에 의하면 "辟 · 譬, 上俗下正"135이라 하여 '譬'가 正字이고 '辟'를 異體字라 말하고 있다. 본래 正字는 세 개의 偏旁을 가진 글자로서 上 · 下(左 · 右)의 구조였던 글자가 異體字에서는 偏旁 중의 일부가 생략되고 '言'이 생략된 부분으로 이동하면서 전체적으로는 좌우의 구조를 취하게 된 경우라 할 수 있다.

1.2 구조 변화의 원인

正字의 자형 구조가 변하여 異體字가 되는 것에는 반드시 원인이 존재하게 된다. 그것은 偏旁의 증가 등에 의한 자연스런 것일 수도 있고, 전혀 다른 원인에 의한 것일 수도 있다. 다음에서는 그 원인이 무엇인지 유형별로 나누어 간략히 살펴보도록 한다.

1.2.1 偏旁 追加 혹은 省略

이것은 가장 자연스런 구조 변화의 원인이라 말할 수 있다. 한자의 구조는 가장 많은 것이 좌우 구조나 혹은 상하 구조로 이루어져 있는데, 한자에서 偏旁의 수가 두 개인 글자가 가장 많기 때문이다. 그런데 여기에 다시 偏旁이 추가된다면 자형의 구조는 변화될 수 밖에 없다. 그렇기 때문에 偏旁의 증가에 따른 자형 구조의 변화는 것은 당연한 것이라 할 수 있다. 다만 그 변화된 구조는 처음에는 삼각 구조를 이루는 형태로 시작했다가 그것이 점차 자형 구조의 정형화 과정을 거치면서 시각적으로 안정된 자형의 모습으로 변화되었다고 볼 수 있다. 즉 상 · 좌우나 좌우 · 하, 혹은 좌 · 상하나 상하 · 우와 같이 엄밀히 보면 삼각형이지만 크게 보면 좌우 구조나 상하 구조로 정착되었다고 할 수 있다. 예컨대 "蕓(芸) · 蘄(芹) · 嵜(崎)"는 상 · 좌우의 구조로 변화된 것이고, "鼛(鼓) · 齗(齦) · 墅(野) · 豚(豚) · 龕(龕)"은 좌우 · 하의 구조로서 크게 보면 상하 구조이고, "搌(振) · 㾸(痳) · 惻(惻) · 鞍

135 顏元孫, 『字典彙編 · 干祿字書』, 國際文化出版公司, 北京, 1993, p.7

(崟)·𧞤(裏)·𡃎(累)·𤜄(畜)"은 좌·상하, "𩔇(願)·𧀯(扈)·敱(敗)"는 상하·우의 구조로서 크게 보면 좌우 구조로 정착된 것들이다.

한편, 偏旁의 생략으로 인해 자형 구조가 바뀌는 것도 있다. 예컨대 "辟(譬)"와 같은 경우에 상단 좌측 偏旁의 일부인 '口'의 형태가 생략되고, 그 자리에 正字의 '言'이 정착되면서 자형이 자연스럽게 좌우 구조로 변화되었다.

1.2.2 특정한 자형을 가진 偏旁으로의 대체

기존의 偏旁이 다른 偏旁으로 대체되어 만들어지는 異體字들이 있다. 그것은 形符가 대체되는 것일 수도 있고, 聲符가 대체되는 것일 수도 있다. 그런데 한자의 자형 중에는 合體字에서 특정한 구조를 이루는 것들이 있다. 예컨대 "匨(藏)"에서의 '匚'나, "闑(塾)"에서의 '門', "囩(刓)"에서의 '口', "㾾(膇)"에서의 '疒', "𤤽(斑)"에서의 '珏'과 같은 글자들은 항상 內外 구조를 이루고, "𧽤(踖)"에서 '走'는 "蹇·𧾷"과 같이 어떤 때는 內外 構造, 어떤 때는 상하 구조를 이루고 있다. 한편 "踖(街)"나 "荇·洐"에서의 '行', 혹은 "褁(裹)"나 "裘·裏"에서의 '衣'와 같은 글자들은 어떤 경우에는 좌우 구조 혹은 상하 구조이지만, 어떤 경우에는 穿貫 구조, 즉 넓은 의미의 내외 구조를 취한다.

이와 같은 자형의 특성 때문에 기존의 偏旁에서 다른 偏旁으로 대체될 때, 본래의 자형이 이런 종류일 때는 內外 구조에서 다른 구조로 변하는 것이 대부분이고, 반대로 이러한 자형이 아닌 것에서 이러한 偏旁으로 대체될 때는 다른 구조에서 내외 구조로 변화되는 것이 대부분이다. 예를 들어 "㥳(固)·宋(困)·陻(廛)·鉇(匜)"와 같은 글자들은 본래 내외 구조에 속하던 것이었는데, 이와 그 偏旁이 다른 자형으로 대체됨에 따라 내외 구조가 아닌 좌우 혹은 상하 구조로 변화되었다. 또 "閪(部)·㾁(脹)·㾾(膇)·㽷(膨)·痬(愓)·閊(衄)·囩(刓)·匨(梧)·閫(梱)·㽸(胗)"과 같은 것들은 본래 좌우 구조로 된 것들인데, 偏旁이 위의 자형으로 대체됨에 따라 異體字의 구조도 자연스럽게 내외 구조로 변화된 것들이다.

1.2.3 字形의 均衡美 추구

한자는 기본적인 외형이 정방형이다. 이러한 형태는 合體字에서 더욱 드러나는데, 이는 기본적으로 자형의 균형미를 추구하기 위한 것이라 할 수 있다. 이러한 자형의 균형미를 추구하는데 있어서 기본적인 것이 자형의 안정미를 추구하는 것인데, 合體字의 경우 상하 구조는 안정미가 떨어지는 반면에 좌우 구조는 상대적으로 안정미가 훨씬 돋보인다. 또한 세개의 偏旁으로 이루어진 경우에는 "[illegible](獻) · [illegible](醬) · [illegible](哲) · [illegible](粢) · [illegible](棋)"와 같이 左(上 · 下) · 右나 左 · 右(上 · 下)와 같이 크게 보면 좌우 구조인 것들이 상대적으로 안정적이고, 또 세 개의 偏旁이면서 큰 틀에서 상하 구조인 경우에도 "[illegible](芸) · [illegible](芹)"과 같이 上 · 下(左 · 右)의 구조는 매우 안정적이지만, "[illegible](鼓) · [illegible](齦) · 墅(野) · [illegible](豚)"과 같이 上(左 · 右) · 下의 구조는 상대적으로 불안정한 모습의 구조라 할 수 있다. 그렇기 때문에 자형의 안정미를 위해 자형 구조를 좌우 구조나 혹은 上 · 下(左 · 右) 같은 구조로 변화시키려는 시도가 많이 일어나고 있다.

이와 같이 자형의 안정미를 확보하는데 있어서 가장 좋은 방법이 바로 字形의 正方形化이다. 또한 이러한 正方形化를 위한 가장 좋은 자형 구조는 좌우 구조라 할 수 있다. 그렇기 때문에 좌우 구조가 아닌 글자를 좌우 구조로 변경시키는 예가 상당히 많다. 예컨대 "幙(幕) · 桉(案)"의 경우는 상하 구조에서 좌우 구조로 변화시킨 것이다. 또한 위에서 언급된 바와 같이 左 · 右(上 · 下) 혹은 左(上 · 下) · 右의 구조나 上 · 下(左 · 右)의 구조로 변화시키는 것들은 모두 정방형을 추구하는 것들며, 또한 "[illegible](壁) · [illegible](璧) · [illegible](譬)"와 같이 偏旁의 생략과 위치 이동에 의한 정방형화도 모두 안정적인 균형미를 위한 것이다.

한편 좌우의 구조가 상하의 구조로 바뀌면서 오히려 안정미가 더해지는 경우도 있다. 예컨대 "[illegible](嶼) · [illegible](惻)"과 같은 글자가 그것인데, 이들의 특징은 하단부에 위치한 偏旁 자형의 아랫 부분이 가로 방향으로 길게 되어 있어 오히려 안정적인 모양을 취할 수 있기 때문으로 보인다. 또한 "豳(邠)"과 같이 좌우 구조가 내외 구조로 변화되면서 자형의 균형미가 더 돋보이게 되는 경우도 있다.

1.2.4 기타

대부분의 상하 구조는 좌우 구조에 비해 안정적이지 못하기 때문에 상하 구조가 좌우 구조로 바뀌는 것이 큰 흐름이지만, 그 정반대의 경우가 전혀 없는 것은 아니다. 지금은 글을 쓸 때 橫書로 쓰지만 과거에는 縱書로 썼는데, 그 경우 글자를 빨리 쓰기 위해 좌우 구조를 상하 구조로 바꿀 수도 있는 것이다. 그러나 이것 외에도 시와 같은 문학 작품을 쓰는 경우에 작품의 내용 뿐만 아니라, 음악성을 강조하기 위해 平仄을 맞추기도 하고, 시각적인 면을 추구하기 위해 특정 偏旁을 골라 쓰기도 한다. 이런 경우에 물론 확인되지 않은 것이지만 좌우 구조의 글자들이 연속되면 시각적인 변화를 추구하기 위해 상하 구조로 변화시킬 수도 있다고 추정할 수도 있다.

그러나 엄밀히 본다면 앞에서 언급된 세가지 경우를 제외하고는 사실상 원인未詳에 속하는 것들이다. 특히 "峯(峰)·[illegible](齺)·[illegible](鱖)·[illegible](鳩)·[illegible](鴨)·[illegible](鵂)·[illegible](鵷)·[illegible](鹹)·[illegible](魆)·[illegible](頰)·[illegible](餬)·鍫(鍬)[illegible](梅)·[illegible](僻)·帋(紙)·枩(松)·[illegible](謀)"와 같이 안정적인 자형 구조인 좌우 구조가 상대적으로 불안정한 상하 구조로 바뀌는 것들은 문장에서의 시각적인 변화를 추구하기 위한 것이 아니라면 그 변화의 원인을 이해하기가 어렵다.

또 "[illegible](簸)·[illegible](罰)"과 같은 것들은 본래 上·下(左·右)의 구조로서 시각적으로 안정미를 확보하고 있고, '[illegible](默)'의 경우도 나름대로 안정미를 갖추고 있는 글자인데도 불구하고 이것이 다시 左(上·下)·右의 구조로 바뀌고 있는데, 이 역시 그 원인을 파악하기가 쉽지 않다.

나아가 "[illegible](孫)·[illegible](影)·[illegible](匙)"와 같은 글자들은 본래의 좌우 구조에서 구조상으로는 변하지 않으면서 偏旁의 위치가 뒤바뀌는 형태로 異體字가 만들어졌는데, 그 이유를 고찰하기란 더욱 어렵다. 한자의 발전 과정에서 通假字가 만들어지는 원인 중의 하나가 識者들이 자기의 지식 수준을 과시하기 위해 故意로 字音이 같으면서 本字보다 매우 복잡한 자형을 사용하는 경우가 없지 않은데, 이것도 역시 일부 識者들이 자기들만의 지적 영역을 과시하기 위한 것에서 만들어진 것이 아닌가 하는 추측을 할 수도 있다.

1.3 자형 구조 변경 異體字의 특징

자형 구조가 변화된 異體字들은 그것이 구조가 변화되는 원인에서 나타나든, 혹은 만들어지는 과정이나 만들어진 후의 상태이든지를 막론하고, 그 변화된 異體字가 갖는 나름대로의 특징을 가지고 있다. 이러한 특징은 여러 가지로 나타나는데, 다음에서는 이들에 대해 하나씩 간략히 살펴보기로 한다.

1) 左右 構造로의 變更은 많으나 上下 구조로 바뀌는 것은 상대적으로 적다. 이는 자형의 구조 변경 원인과 직결되는 것으로서, 자형 구조가 바뀌는 중요한 원인 중의 하나가 균형미를 추구하는 것인데, 균형미를 이룰 수 있는 가장 좋은 구조가 좌우 구조이기 때문일 것이다. 한편 左右가 右左로 바뀌는 것은 그 이유도 불분명하고, 수량도 적기는 하지만, 앞에서도 거론된 "紓(孫)·⿰糸景(影)·⿰止是(趾)" 같은 글자가 존재하고 있다. 그러나 上下 구조가 下上 구조로 바뀌는 것은 "⿱非告(靠)"를 제외하고는 거의 찾을 수가 없다. 이는 "⿱與山(嶼)"와 같이 특별한 경우를 제외하고는 일단 자형의 균형미가 떨어지는 상하 구조로 바꿀 이유가 거의 없는데다, 그것을 다시 下上의 방향으로 바꾼다는 것은 그 목적이 너무나도 빈약하다고 볼 수밖에 없기 때문이다.

2) 正字를 판단하기에 어려운 것들이 많다. 偏旁의 대체가 없으면서 상하 구조에서 좌우 구조로 바뀌거나 혹은 그 반대의 경우, 대부분은 쉽게 正字를 유추해낸다. 그러나 그 중에도 "紓(孫)·⿰糸景(影)·⿱余系⿰从木"과 같이 일부의 글자는 시각적으로 매우 익숙한 것임에도 불구하고 正字의 판단이 쉽지 않다. 그런데 여기에 偏旁까지 대체되는 경우는 그 正字의 추적은 더욱 어렵게 되는 것이다. 예컨대 聲符를 대체한 "⿱宀条(松)"이나, 形符를 대체한 "⿱髟粟(顥)"가 여기에 속한다. 더 나아가 形符와 聲符를 대체하고 자형의 구조까지 바꾸는 것은 正字 추적에 있어서 가장 어려운 경우로서, 이들의 正字를 추적하기 위해서는 자형의 구조와 形符 대체와 聲符 대체라는 세가지 요소를 모두 正字와 비교 적용시켜 보아야 하기 때문이다. 이러한 예로는 "⿰阝毛(袈)·⿰山骨(窟)·⿰禾敝(苾)·⿰口司(齝)·⿰足皆(街)"와 같은 글자들이 있는데, 이들 모두 기존 字典의 도움이 없었다면 正字의 추적은 매우 어려웠을 것이다.

3) "囗 · 匚 · 門 · 疒"과 같은 글자들이 偏旁으로 사용될 때 字形의 特徵으로 인해 구조 變化가 내외 구조로 바뀌는데, 이는 역시 구조 변경의 원인과 직결된다. 앞에서도 언급된 것처럼 "囗 · 匚 · 門 · 疒"과 같은 글자들은 이것이 合體字의 偏旁으로 사용되면 항상 내외 구조를 취하는 자형이기 때문에, 이들이 다른 偏旁으로 대체되거나, 혹은 그 반대로 이들을 사용하여 다른 偏旁을 대체하는 경우에는 자연스럽게 구조가 바뀌게 된다. 이러한 예로는 "[illegible](脆) · [illegible](膨) · [illegible](宇) · [illegible](塾) · [illegible](恤) · [illegible](梱) · [illegible](刓) · [illegible](囤) · [illegible](困) · [illegible](簋)"와 같은 것들이 있다.

4) '艸'와 '竹'이 偏旁으로 들어있는 合體字는 항상 상하 구조로 사용되며, 이것이 다른 偏旁으로 대체되면 구조는 반드시 左右 構造로 바뀌게 된다. 예를 들어 "[illegible](芑) · [illegible](苾) · [illegible](萁) · [illegible](葚) · [illegible](蓄) · [illegible](蔦) · [illegible](蕣) · [illegible](薿) · [illegible](芒)"은 '艸'가 다른 글자로 대체되면서 만들어진 異體字인데, 그 자형 구조가 모두 좌우 구조로 바뀌었다. 또 "[illegible](簷) · [illegible](籠) · [illegible](籄)"과 같이 '竹'이 대체되어 만들어진 異體字도 역시 상하 구조에서 좌우 구조로 바뀌었다. 이러한 것은 그 반대의 경우도 마찬가지여서, 본래의 偏旁이 '艸'로 대체된 글자들은 모두 상하 구조로 변경되었는데, 그 예로는 "[illegible](棯) · [illegible](椒) · [illegible](梢) · [illegible](棜)"가 있고, 또 '竹'으로 대체되어 상하 구조로 변화된 것으로는 "[illegible](琁) · [illegible](匙) · [illegible](杅) · [illegible](梭) · [illegible](棋) · [illegible](槔)"와 같은 글자들이 있다.

5) 지나친 正方形化를 추구하는 과정에서 獨體로 된 偏旁의 筆劃들이 분리, 혹은 筆劃의 일부가 삭제되어 非文字로 바뀌거나, 혹은 자형의 변형으로 전혀 다른 글자로 변화되는 것들이 적지 않게 보인다. 예컨대 "[illegible](龔) · [illegible](聾)"의 경우, 偏旁인 '龍'은 본래 獨體文이기 때문에 筆劃의 변화가 있거나 筆劃의 일부가 삭제되어서는 안된다. 그럼에도 불구하고 '龍'의 우측 하단부가 일부 삭제되고, 그 자리에 다른 偏旁인 '共'이나 '耳'가 위치하면서 전체적으로 정방형의 모습을 만들었지만, 獨體文인 '龍'의 원형은 사라지게 되었다. 한편 "[illegible](壁) · [illegible](璧)"과 같은 것들도 이러한 유형에 속하는 것들이다.

또 "[illegible](衢)"의 경우도, 외측 偏旁인 '行'에서 좌우측 부분의 筆劃이 모두 변화되고, 또한 우측 부분인 '亍'은 '丁'과 같이 변하면서 '瞿'의 하단부로 위치를 변경시켜 정방형에 가깝도록 유도하고 있다. 또 "[illegible](鐫)"의 경우, 우측 하단부 부분은 구조가 바뀌면서 '門'의 모양으로 바뀌게 되는데, 이는 오히려 非文字가 文字의 형태로 바뀌게 되는 경우라 할 수 있다.

6) 偏旁의 대체로 合體字의 구조가 변경되는 경우, 단순히 자형의 안정성을 위해 일부 偏旁을 생략시키거나 추가시키는 것들이 적지 않다. 예컨대 "[illegible](繭) · [illegible](鴨)"과 같은 경우는 일부 偏旁이나 筆劃을 과감히 생략하여 시각적으로 자형의 전체적인 안정성을 높이려 한 것 같고, 그 반대로 "[illegible](邠)"과 같은 경우는 偏旁을 대체하면서 역시 '分'을 추가하여 자형의 안정성을 추구하고 있다.

7) 合體字의 경우, 구조가 바뀌면서 偏旁 중에 고정적인 자형을 가졌던 하나의 偏旁이 분리되면서 서로 다른 두 개의 偏旁과 같은 형태로 변하는 것들이 있다. 예컨대 '髟' 合體字의 偏旁으로 사용될 때는 正字가 상하 구조로 이루어졌는데, 그 글자의 異體字에서는 대부분 전체적으로 좌우 구조로 바뀌면서 '髟'도 좌우로 분리되어 左 · 右(上 · 下)의 구조를 취하게 된다. 즉 본래 하나의 偏旁으로 고정되었던 '髟'가 두 개의 偏旁으로 분리되는 것이다. 예컨대 "[illegible](鬖) · [illegible](髻) · [illegible](鬺) · [illegible](鬞) · [illegible](鬉)"과 같은 글자에서 正字는 모두 상하 구조를 이루고 있었지만, 異體字에서는 '髟'의 자형이 분리되고, 위치도 바뀌면서 좌 · 상하 구조가 되는 것이다.

또 '黑'의 경우도 이것이 合體字의 偏旁으로 사용될 때는, 일부를 제외하고 "黔 · 默 · 黟 · 黮"등과 같이 좌우 구조를 취하고 있으면서도 '黑'의 자형은 분해되지 않은 상태로 존재했다. 그러나 異體字로 변하는 경우에는 '黑'의 자형이 上下로 분리되면서 "[illegible](黠) · [illegible](黯) · [illegible](黝) · [illegible](黜)"에서와 같이 '黑'의 하단부인 '灬'가 따로 분리되어 전체 자형의 하단부 偏旁으로 독립되는 좌우 · 하 구조로 변하게 되는 것이 매우 많이 보인다.

2 偏旁의 省略

合體字의 경우 일부 偏旁이 생략되면서 異體字로 만들어지는 경우가 종종 있다. 본래 合體字는 두 개 이상의 偏旁으로 구성된 것이다. 그리고 이 偏旁에 의해 새로운 의미가 생성되기도 하고, 字音을 밝혀주기도 한다. 그런데 그 중의 일부가 생략된다면 이는 바로 이와 같은 기능 중에 일부가 상실된다는 것을 의미한다. 그렇다면 글자로서 성립이 될 수가 없을 수가 있다. 그런데도 본래 글자의 역할을 계속하는 異體字로 존재한다. 이는 合體字의 구성 원칙에는 어긋나는 것이지만, 일종의 約定俗成에 의해 그 異體字의 존재가 인정되기 때문이다. 이러한 異體字는 어떠한 원인에서 생겨났으며, 어떻게 만들어졌고, 또 어떠한 특징을 가지고 있는가? 다음에서 이에 대해 알아보기로 한다.[136]

2.1 偏旁 省略의 原因

偏旁을 생략하여 異體字를 만든다는 것은, 기본적으로는 그 異體字에서는 이미 생략된 偏旁의 역할이 상실되기 때문에 자칫하면 해당 글자의 존재 의미가 사라지게 할 수도 있다. 그럼에도 불구하고 이러한 偏旁의 생략이 발생하는 것에는 나름대로의 이유가 존재한다. 다만 이러한 異體字는 대부분이 해당 글자의 構造를 통한 字義의 이해보다는 約定俗成에 의해 존재가 인정되는 것을 전제로 하고 있다. 그렇기 때문에 이러한 異體字가 생성되는 큰 원인 중의 하나는 逆說的으로 "原因不明"이라 할 수 있다. 다음에서는 이 원인불명을 포함하여 그 원인을 두 종류로 나누어 설명하기로 한다.

2.1.1 字形의 簡化

漢字가 발전해가는 과정에서 가장 중요한 흐름은 簡化이다. 이는 복잡한 字形에

136 이하 "偏旁의 省略"에 관한 기술은 拙稿 "偏旁省略異體字研究"(漢字漢語研究 2020.03)의 내용을 바탕으로 수정 보완하였음.

서 簡略한 字形으로 발전함으로서 보다 효율적인 문자생활을 하기 위한 것이다. 異體字의 생성 과정에서도 이 簡化의 효력은 그대로 발휘된다. 偏旁의 생략은 어찌보면 바로 簡化이기 때문이다. 簡化는 문자의 經營을 위한 것이다. 字形을 효율적으로 사용하기 위한 것이다. 그렇기 때문에 偏旁의 省略 原因 중 첫 번째는 이러한 簡化를 통한 문자의 經營을 위한 것이 가장 기초적인 원인이라 할 수 있다.

문자의 經營이란 문자의 의미를 크게 훼손시키지 않는 범위에서 문자의 자형을 가장 효율적으로 구성하는 것을 말한다. 단 이는 該當 字形을 보고 최소한의 字義를 類推할 수는 있어야 하는 것을 기본으로 하고 있다. 예를 들어 '寣'과 같은 경우 본래는 '㝱'과 '言'으로 구성된 글자이다. 그런데 이 두 개의 偏旁을 합쳐 '寣'이라는 하나의 合體字를 만드는 과정에서, 이 두 자형을 합치면 자형이 매우 복잡해지기 때문에 '㝱'의 일부 偏旁인 '夢'을 생략하고 그 자리에 '言'을 넣어, 字義는 유지하면서 자형의 균형미 등을 살리고자 하였다. 『說文解字』에는 이와 같은 "省某"의 형식을 빌어 形符나 聲符 일부를 생략해 만드는 合體字들이 적지 않다. 그러나 이러한 것들은 合體字를 만드는 과정에서 처음부터 합치고자 하는 글자들의 偏旁을 일부 생략하여 새로운 合體字를 만드는 것이다.

이에 반해 여기에서 고찰하고자 하는 異體字는 이미 偏旁이 모두 존재하고 있던 기존의 合體字에서 偏旁을 일부 생략하여 새로운 異體字를 만드는 것이라는 점에서 위와는 근본적인 차이가 있다고 할 수 있다. 어쨌든 이들은 결국은 모두 자형의 간소화를 위한 것이라 할 수 있는데, 다음에서는 이러한 예에 속하는 글자들에 대해 살펴보기로 한다.

雺 : 『正字通』에 의하면, "同黔省"[137]이라 말하고 있는 바, 이에 의하면 이것은 '黔'의 異體字이다. 즉 이 글자는 正字의 偏旁인 '雲'에서 偏旁인 '云'이 생략된 것이다. 『四聲篇海』에 의하면, "雺 於金切. 雲覆日"[138]이라 하여, 본래 '黔'은 구름이 해를 가려서 흐린 상태를 말하는 것이며, 여기에서 본래의 偏旁인 '雲'이 字義를 충실하게 표현하고 있었다. 여기에서 비록 '云'을 생략되었지만, 남아 있는 '雨'가 '雲'과 깊은 관련이 있는 글자이기 때문에 '雨'만으로 '黔'의 字義 기능을 전혀 할

137 張自烈, 『續修四庫全書 · 正字通』, 上海古籍出版社, 上海, 1995, p.687
138 韓孝彦 等, 『續修四庫全書 · 四聲篇海』, 上海古籍出版社, 上海, 1995, p.501

수 없다고는 말할 수 없다. 그렇기 때문에 이와 같이 偏旁의 일부를 생략한 것으로 보인다.

医 :『龍龕手鑑』에 "医俗通, 匧正. 苦叶反, 函也"[139]라 말하고 있는 바, 이에 의하면 이는 '匧'의 異體字이다. 그런데 이 '匧'은 '篋'의 異體字로서, 偏旁인 '竹'이 생략된 것이다. 즉 이것은 '篋'의 異體字가 되는 것이다. 본래 '篋'은 "네모난 상자"를 뜻하는 글자이다. 그런데 여기에서 '竹'은 이 상자의 재질을 뜻하는 역할을 담당했던 것이므로, 이것이 생략되었다고 해서 '篋'의 의미인 "네모난 상자"의 본래 의미가 완전히 상실되는 것은 아니다. 그래서 여기에서 '竹'을 생략한 것으로 보인다.

虑 : 이는 현재 中國에서 사용하고 있는『簡化字總表 · 第二表』에 있는 '慮'의 異體字로서, 비록 예전부터 사용된 것은 아니지만 이 글자도 역시 동일 부류에 속한다. 즉 正字의 偏旁인 '思'에서, 다시 '思'의 偏旁 중의 하나인 '田'이 생략되었다. 본래 '慮'는 "생각하다"는 뜻을 가진 글자로서 偏旁인 '思'는 그 字義를 분명하게 표시해주는 기능을 하고 있다. 그런데 '思'에서 '田'이 생략되어 '心'만 남게 되었다. 그럼에도 불구하고 남아 있는 '心'만으로도 '思'의 최소한의 의미 기능을 할 수 있기 때문에 이렇게 생략하여 자형을 簡化한 것으로 보인다.

이상에서 예를 든 것들은 모두 偏旁이 字義의 일부 기능만을 담당하고 있는 것들이다. 그러나 한편으로는 이 偏旁을 생략하더라도 남아있는 偏旁만으로도 본래 글자의 전체 字義를 크게 손상시키지는 않는 것들이다. 다시 말해 비록 부분적인 字義의 손실이 불가피하여 正字보다는 字義가 분명하게 드러나지 않는 단점은 있으나, 이로 인해 正字의 字義가 완전히 사라지지는 않는다고 할 수 있다.

다음에서는 正字에서 聲符의 기능을 담당하는 偏旁을 일부 생략하는 경우에 대해 살펴보기로 한다. 이들도 큰 틀에서는 形符의 기능을 담당하는 偏旁을 일부 생략한 경우와 거의 같다. 다만 字義가 아닌 字音에 영향을 미친다는 차이만 있을 뿐이다. 그 예를 보면 다음과 같다.

---

139 行均,『景印文淵閣四庫全書 · 龍龕手鑑』, 臺灣商務印書館, 臺灣, 1986, p.703

鄅 : 이 글자는 '鄠'의 異體字로서, '雩'와 '邑'으로 구성된 글자였으나, '雩'의 하단부 偏旁인 '亐'가 생략되었다. 이 '鄠'는 "國名"을 뜻하는 글자로서, 이 중에서 '雩'는 聲符의 역할을 하고 있는 偏旁인데, 다시 이 '雩'에서 偏旁인 '亐'가 생략되어 '雨'만 남게 되었다. 그러나 '雨'와 '雩'의 韻母가 모두 "遇攝"에 속하므로 疊韻이라 할 수 있으며, 이 때문에 '雨'는 결국 '鄠'의 성부 역할을 담당할 수 있고, 또한 '亐'가 없어도 전체적인 字義에 큰 영향을 미치지 않는다. 그렇기 때문에 2차 偏旁인 '亐'를 생략한 것으로 보인다.

縌 :『正字通』에 의하면, "縌, 縌本字, 舊註音義同, 縌重出, 誤分爲二"140라 하여 이 글자가 '縌'의 異體字라 말하고 있다. 즉 이 글자는 正字의 偏旁인 '逆'에서 다시 '逆'의 일부 偏旁인 '辵'이 생략되어 이러한 異體字가 된 것이다. 본래의 偏旁인 '逆'은 '縌'에서 주로 성부의 역할을 담당하고 있었으며, 이 聲符 중의 일부 偏旁이 생략되어 '屰'만 남게 되었다. 그러나 이 '屰'이 본래 '逆'의 聲符이기 때문에 결과적으로는 '屰'만으로도 '縌'의 성부 기능을 충분히 할 수 있으며, 이러한 이유로 '辵'을 생략한 것으로 보인다.

蜋 :『正字通』에 의하면, "螂, 同蜋"141이라 말하고 있다. 즉 이는 '螂'의 異體字이다. 正字에서 偏旁으로 사용된 '郎'은 聲符의 기능을 담당하고 있는 것이다. 그런데 이 성부의 기능을 담당하고 있는 '郎'에서 다시 그 偏旁인 '⻏'를 생략하고 '良'만 남게 되었는데, 이 '良'은 '郎'의 성부 기능을 담당하고 있는 것이므로, 결국 '良'은 그 자체만으로도 '螂'의 성부 역할을 다하고 있다고 할 수 있다. 그래서 위와 같이 偏旁의 일부를 생략하여 자형을 간소화시킨 것으로 보인다.

이상은 성부 역할을 하는 偏旁의 일부를 생략한 것들에 속한다. 즉 성부 역할을 하는 偏旁 전체를 생략한 것이 아니라, 聲符인 偏旁의 일부를 생략한 것이다. 다시 말하면 聲符를 나타내는 偏旁도 合體字로서 여러 개의 偏旁으로 구성된 것인데, 이 合體字인 聲符가 지니고 있는 여러개의 偏旁 중에 일부 偏旁을 생략한 것이다. 다만 그 聲符에서 생략된 일부 偏旁은 字音의 기능을 하지 않고 있기

140 張自烈, 『續修四庫全書 · 正字通』, 上海古籍出版社, 上海, 1995, p.254
141 張自烈, 『續修四庫全書 · 正字通』, 上海古籍出版社, 上海, 1995, p.430

때문에 전체적으로 보면 聲符가 聲符의 기능을 상실하지는 않았다고 할 수 있다.

이와 같이 자형을 간소화시키기 위해 偏旁을 생략하는 것에는, 그 偏旁을 생략해도 正字가 갖고 있는 고유의 字義를 손상시키거나 字音을 파악하는데는 커다란 문제가 없는 것을 생략시킨다. 이는 본래의 正字가 갖는 한자의 기능을 어느 정도 유지시켜 주면서도 字形을 簡化시킬 수 있는 가장 효과적인 방법이 될 수 있다. 그렇기 때문에 偏旁 省略의 가장 기본적인 원인은 簡化라고 할 수 있을 것이다.

2.1.2 原因 不明

正字가 合體字인 경우, 그 正字의 일부 偏旁에 변화를 주어 새로운 異體字를 만들고자 할 때는 새로 만들어진 異體字의 偏旁 구성이 본래 正字의 字義나 字音이 드러나도록 하는 것이 원칙이다. 왜냐면 異體字는 正字와 자음과 字義가 일치하는 것이기 때문이다. 그래서 偏旁을 추가시켜 만드는 異體字의 경우에는 추가된 偏旁으로 인해 오히려 字音이나 字義가 강조되기도 하며, 또한 偏旁을 代替해 만드는 異體字의 경우에도, 形符를 대체하고자 하면 그 形符와 의미가 통하는 同一字族의 글자로 대체하고, 聲符를 대체하고자 하면 그 聲符와 同音이거나 雙聲 혹은 疊韻의 글자로 대체하여 본래의 자음이나 자의를 손상시키지 않는 범위에서 변화를 주고 있다. 물론 偏旁 대체의 경우 자음이나 자의가 전혀 관련이 없는 자형을 유사한 것으로 대체하여 正字를 가늠하기 어렵게 하는 것도 있지만, 이것도 그것을 만드는 원인이 불분명하다.

그런데 偏旁을 생략해 만드는 異體字의 경우에는 앞에서 이야기한 바와 같이 簡化를 위해 偏旁을 일부 생략해도 이러한 기능 범주를 벗어나지 않는 것이 있는가 하면, 일부 偏旁을 생략함으로 인해 正字의 字義나 字音을 파악하기가 매우 어려운 것들이 존재하고 있다. 사실 그러한 異體字는 만들어지지 않아야 함에도 불구하고 현실적으로는 존재하고 있는데, 이는 단순히 자형의 간소화를 위한 것이라고 보기도 어렵고, 그렇다고 다른 원인을 찾기도 어렵다. 엄밀히 말한다면 誤字나 假借字로 분류해도 무리가 아닌 것들도 많다. 어쨌든 현실에서는 異體字로 사용되어 사용되었기 때문에, 異體字로 간주할 수 밖에 없다.

그러나 한편으로는 이와 같은 유형의 偏旁 생략이 왜 발생하는지에 대한 명확한 원인을 찾기도 어렵다. 물론 처음부터 이렇게 偏旁을 무리하게 생략하여 사용치는 않았을 가능성도 있다. 그러나 그것은 현단계에서는 추정에 불과하며, 그 원인을 밝힐만한 근거가 전혀 발견되지 않고 있다. 그래서 이러한 유형을 原因不明으로 설정하고, 다음에서 그 예들을 살펴보기로 한다.

鳾 : 『集韻』에 의하면, "鰤, 鳾. 鳥名或省"[142]이라 하여 이 글자가 '鰤'의 異體字이며, 새의 이름을 나타내는 글자라 말하고 있다. 여기에서 偏旁인 '師'는 字音을 표시해주는 성부 역할만 하고 있다. 그런데 이 '師'의 偏旁인 '自'가 생략되어 '帀'만 남게 되었는데, 만일 '帀'만 남게 된다면 이 '帀'은 '師'와 字音이 전혀 다르기 때문에 결과적으로는 正字인 '鰤'의 聲符의 기능을 전혀 할 수가 없다. 그런데도 성부의 일부가 생략되어 이와 같은 異體字가 만들어진 이유가 분명치 않다.

粪 : 이 글자의 正字는 '糞'으로서, 小篆은 '糞'으로서 '廾'과 '華'·'釆'으로 구성되었으며, 본래는 "청소하다"의 뜻을 가진 글자이다. 즉 물건을 쓸어 담을 수 있는 도구인 '華'을 두 손인 '廾'으로 잡고 '釆'을 쓸어버리는 것을 말한다. 본래 더러운 것을 "청소"하는 뜻을 가진 글자인데, 후대에 와서는 의미가 訛變되어 오히려 청소하는 대상인 "더러운 것"을 뜻하게 되었으며, 자형도 변하여 '米'와 '異'의 결합과 같은 모양으로 변함에 따라, 그 字義도 주로 "糞尿"의 '糞'으로 사용되었다. 그런데 異體字에서는 다시 여기에서 偏旁인 '異'에서 다시 그 偏旁인 '田'을 생략하여 '粪'으로 만들고 있는데, 그것이 생략된 원인이 분명하지 않다.

叀 : 이 글자는 '專'의 異體字이다. 본래 '專'은 '叀'과 '寸'으로 구성된 글자로서, 손으로 紡織機를 잡고 있는 모양을 그린 것으로 '轉'의 初文이며, 후대에 들어와 "오로지"란 뜻을 갖게 되었다. 그래서 『玉篇』에서는, "叀, 職緣切. 自是也. 小謹也. 擅也. 獨也. 業也. 壹也. 今作專"[143]이라 말하고 있다. 그런데 여기에서 손을 뜻하는 偏旁 '寸'이 생략됨에 따라 '叀'으로는 '專'의 의미를 파악해낼 수가 없다.

142 丁度 等, 『景印文淵閣四庫全書 · 集韻』, 臺灣商務印書館, 臺灣, 1986, p.452
143 顧野王, 『景印文淵閣四庫全書 · 玉篇』, 臺灣商務印書館, 臺灣, 1986, p.178

그렇기 때문에 이러한 偏旁 생략의 異體字가 만들어질 이유가 없는데도 현실적으로는 이 글자가 존재하고 있다.

𡧍 :『玉篇』에 의하면, "𡧍, 卑民切, 古文賓"144이라 말하고 있는 바, 이 글자의 正字는 '賓'이며, 聲符인 '𡧍'과 形符인 '貝'로 구성된 글자이다. 그런데 여기에서 형부인 '貝'가 생략되어 성부인 '𡧍'만 남은 異體字가 되었다. 그래서 이 자형으로는 본래 正字의 字音을 파악하는데는 전혀 문제가 없을지라도 字義를 파악하는 것은 사실상 불가능하다. 어쨌든 이와 같이 본래의 字義를 손상시키면서까지 偏旁을 생략하여 異體字를 만든 이유를 명확히 밝힌다는 것은 상당히 어려운 일이다.

夗 : 이 글자는 '鴛'의 異體字로서, 偏旁인 '鳥'가 생략되었다. 그런데 正字인 '鴛'은 본래 의미가 "원앙새"이기 때문에 偏旁인 '鳥'가 반드시 존재해야만 '鴛'의 字義가 생성될 수 있다. 그런데도 불구하고 異體字에서는 '鳥'를 생략함으로써 正字의 의미를 상실하도록 만들었는데, 이렇게까지 하면서 異體字를 만들어야 하는 이유가 분명치 않다. 『字鑑』에서도, "夗 於阮切. 說文, 轉臥也. 从夕从㔾, 音節. 凡苑 · 宛 · 鴛 · 怨之類, 从~俗作夗夗"145이라 말하고 있다. 다만 이 '夗'은 그 자체가 正字이기도 하며, 또한 다른 측면에서 보면 '鴛'의 異體字가 아니라 단순한 假借字로 볼 수 있는 여지도 충분하다.

위에서 살펴본 바와 같이 偏旁을 생략해 만든 異體字 중에는 그것을 만드는 이유가 불분명한 것들이 존재하고 있다. 그것들은 모두 그 偏旁의 기능을 상실케 하는 것들이었으며, 이로 인해 正字를 파악하기 어렵게 하는 것들이 대부분이다. 물론 이들은 자형의 간화라는 결과를 가져왔지만, 그 正字를 파악하기 어렵게 한다는 점에서 자주 사용되는 경우에 속하지는 않고 있다. 어쨌든 이러한 異體字에 속하는 것으로는 이 외에도 "寻(尋) · 屖(犀) · 弻(弼) · 㫗(厚) · 台(颱) · 辡(辯)" 등이 있다.

144 顧野王, 『景印文淵閣四庫全書 · 玉篇』, 臺灣商務印書館, 臺灣, 1986, p.96
145 李文仲, 『景印文淵閣四庫全書 · 字鑑』, 臺灣商務印書館, 臺灣, 1986, p.46

2.2 偏旁 생략 자형의 유형

본래 合體字에서 偏旁들은 모두 나름대로의 기능을 가지고 있다. 이러한 기능을 가지고 있던 偏旁이 일부 생략됨으로서 만들어지는 異體字들은 그 생략된 偏旁들이 合體字에서 어떤 기능을 담당하고 있었던 것인가에 따라 몇 가지로 나뉠 수 있다. 즉 形符가 생략된 경우와 聲符가 생략된 경우, 그리고 그 기능에 관계없이 중복 형태의 偏旁을 일부 생략되거나 통합된 유형으로 나뉠 수 있는데, 다음에서 이들에 대해 예를 들어 살펴보기로 한다.

2.2.1 形符의 생략

形符를 생략하는 경우에도 다시 크게 두 가지로 나뉠 수 있다. 즉 形符 전체를 생략하는 경우와 形符가 合體字일 경우에 그 形符의 일부 偏旁을 생략하는 경우가 있다. 그런데 여기에서 후자의 경우는 생략된 부분이 없어도 본래 形符의 기능을 수행하는데 커다란 문제가 없는 경우가 많다. 형부가 생략된 경우를 예를 들면 다음과 같다.

⿰馬毛 :『龍龕手鑑』에 의하면, “⿰馬手 · 馲二俗 音毛, 正作髦”146라 하여, 이 글자가 ‘髦’의 異體字임을 밝히고 있는데, 본래 ‘髦’는 ‘髟’와 ‘毛’로 구성된 글자이다. 그런데 여기에서 形符인 ‘髟’의 일부분에 속하는 偏旁인 ‘彡’이 생략되고, 나머지도 다시 변형되어 ‘馬’가 되었다. 그렇지만 形符 중의 일부 偏旁이 생략되었다고 하더라도 異體字인 ‘⿰馬毛’가 “긴 털”이라는 뜻을 가진 본래 글자의 의미를 크게 훼손시키고 있다고는 볼 수 없다.

甤 : 이 글자는 ‘蕤’의 異體字로서, 正字는 ‘甤’와 ‘艸’로 구성되었으며, “초목이 무성하게 드리워진 모양”을 뜻하는데, 異體字에서는 形符인 ‘艸’가 생략되어 ‘甤’만 남게 되었다. 본래 ‘甤’도 돼지가 새끼를 많이 낳는 것에서 시작하여 후대에는 열매를 많이 맺는 것을 뜻하는 글자가 되었기 때문에 ‘蕤’와 의미가 전혀 통하지 않는

146 行均,『景印文淵閣四庫全書 · 龍龕手鑑』, 臺灣商務印書館, 臺灣, 1986, p.745

것은 아니다. 그렇기 때문에 '艸'를 생략해도 字義가 완전히 손상되는 것은 아니다. 그럼에도 불구하고 이 역시 한편으로는 異體字가 아닌 假借자로 간주할 여지는 충분하다. 그래서 『正字通』에서 "如綮切, 音檠. 說文艸木實甤甤也. 从生豕聲, 豕字讀若豨. 徐曰甤豕聲相近, 又生子之多莫若豕也. 正譌華檠之生有類豕豪會意. 俗作甤非, 通作緌"[147]라 하여 '蕤'가 正字가 아니라고 주장하고 있다.

享 :『隸辨』에 의하면, "享 · 亯 讀若郭. 說文作𩫏, 從回兩亭相對, 或但從口作𩫏. 隸變如上譌𠀉爲子, 鄣字從之, 鄣或作郭, 亦作郭, 亦作郭, 郭譌從享享"[148]이라 말하고 있는 바, 이에 의하면 이는 '郭'의 異體字이며, 正字인 '郭'은 "城郭"을 뜻하는 글자이다. 본래 '郭'의 初文은 '享'으로서 城郭의 모양을 그려 만든 글자이다. 후에 이르러 이 '享'이 "享有"의 뜻을 나타내는 字形과 동일하게 되자, 字義의 구별을 위해 '邑'을 추가하여 '郭'을 만들었다. 그런데 異體字에서는 다시 形符인 '邑'을 생략시켰으니, 이는 古文으로 回歸한 것이라 할 수 있다. 그러나 원래의 古文에는 없던 形符를 추가한 다음에 다시 생략한 것이므로 字義에는 어떠한 영향도 주지 않고 있다.

衕 :『字彙補』에 "衕, 義與衕同, 見[漢丘長碑]"[149]라 말하고 있는바, 이에 의하면 이 글자는 '衕'의 異體字로서, 사거리를 뜻하는 '行'과 聲符인 '同'으로 구성된 글자이다. 본래 '行'이 사거리를 뜻하는 것이었기 때문에 그 절반을 잘라 만든 '彳'도 새로운 偏旁으로 성립되면서 그 의미는 "길"과 관련이 있으며, 이에 따라 '彳'이 偏旁으로 된 글자들은 모두 '길'의 의미를 내포하고 있다. 그렇기 때문에 이미 하나의 글자로 인정되고 있는 '行'의 절반인 '亍'을 생략해도 '衕'의 字義를 표현하는데는 전혀 지장을 초래하지 않는다.

위에서 살펴 본 바와 같이 形符가 생략된 것에는 그것이 생략되더라도 본래의 字義가 크게 손상되지 않도록 하는 것을 기본으로 한다고 말할 수 있다. 그러나 앞에서 언급된 바와 같이 반드시 그런 것은 아니며, 일부 그렇지 않은 경우도 존재

---

147 張自烈, 『續修四庫全書 · 正字通』, 上海古籍出版社, 上海, 1995, p.121
148 顧南原, 『景印文淵閣四庫全書 · 隸辨』, 臺灣商務印書館, 臺灣, 1986, p.695
149 吳任臣, 『續修四庫全書 · 字彙補』, 上海古籍出版社, 上海, 1995, p.525

하고 있다. 한편 形符가 생략된 異體字 중에는 위에서 언급된 '𡋯(葬)'이나 "衰(蓑) · 甤(蕤)" 외에도 "𨇁(躤) · 盍(篕) · 壸(𥳑)"처럼 사물의 재질을 나타내는 偏旁인 '艸'나 '竹'을 생략해 만든 異體字가 많이 존재한다.

2.2.2 聲符의 생략

聲符를 생략하는 경우는 形符를 생략하는 방법과 약간 다르게 聲符 전체를 생략하는 경우는 거의 보이지 않는다. 오히려 聲符가 合體字이면서, 그 合體字인 聲符의 일부 偏旁을 생략하는 경우가 대부분이다. 이때 그 聲符의 일부 偏旁을 생략함으로서 나머지 부분이 聲符의 기능을 하는 것과 기능을 하지 못하는 것으로 나뉠 수가 있는데, 구체적인 예는 다음과 같다.

𩶘 :『重訂直音篇』에서는 "鰡, 音留, 魚名. 𩶘 · 𩷕同上"[150]이라 하여, 이것이 '鰡'의 異體字라 말하고 있다. 본래 '鰡'는 形符인 '魚'와 聲符인 '留'로 구성된 것인데 聲符인 '留'의 일부 偏旁인 '田'이 생략되어 '卯'만 남게 되었다. 그런데 이 '卯'는 본래가 '留'의 聲符이기 때문에 '𩶘'에서도 성부 기능을 담당하는데 전혀 문제가 없다고 할 수 있다.

𠪚 :『宋元以來俗字譜 · 广部』에서 〈目連記〉를 인용하여 이 글자가 '廠'의 異體字임을 밝히고 있다[151]. '廠'은 形符인 '广'과 聲符인 '敞'으로 구성되어 있는데, 異體字에서는 聲符인 '敞'의 일부 偏旁이 생략되었으며, 또한 形符도 다른 글자 '厂'으로 대체되어 있는데, '广'이 '厂'으로 대체된 것은 字形의 유사로 볼 수도 있고, 字義가 통하기 때문인 것으로도 볼 수 있다. 聲符의 경우 일부 偏旁이 생략되었지만, 나머지 부분인 '尚'이 본래 聲符인 '敞'의 聲符가 되므로 '尚'으로도 '廠'의 聲符 역할을 담당하는데는 무리가 없다고 할 수 있다.

茐 :『正字通』에 "同葱, 省作茐"[152]이라 말하고 있는 바, 이에 의하면 이 글자는

150 章黼 撰, 吳道長 重訂, 『續修四庫全書 · 重訂直音篇』, 上海古籍出版社, 上海, 1995, p.268
151 劉復 · 李家瑞, 『宋元以來俗字譜』, 亞細亞文化社, 서울, 1976, p.23
152 張自烈, 『續修四庫全書 · 正字通』, 上海古籍出版社, 上海, 1995, p.335

'荵'의 異體字이다. '荵'은 形符인 '艸'와 聲符인 '忍'으로 구성된 것인데, 聲符인 '忍'의 일부인 '心'이 생략되었다. 그렇지만 이 역시 聲符의 나머지 부분인 '刃'만으로도 正字인 '荵'의 聲符 기능을 다 할 수가 있다.

⿱髟頁 : 이 글자는 '鬚'의 異體字로서, 본래 正字인 '鬚'는 形符인 '髟'와 성부인 '須'로 구성된 글자이다. 『字彙』에서는 "與須同, 毛在口下者, 復古編今以須爲所須字, 而面毛別作鬚, 俗又加作鬚, 贅矣"[153]라 하여, 이것이 본래 '須'의 異體字이나, 후에 '須'가 '鬚'로 발전한 것이라 설명하고 있다. 이에 따라 本字였던 '須'는 자연히 聲符가 된 것이다. 그런데 이것도 역시 聲符인 '須'에서 일부 偏旁이 생략되어 '頁'만 남게 되었는데, 이 '頁'은 '須'와도 자음이 다르기 때문에 '須'의 聲符가 될 수도 없다. 그래서 결과적으로는 남아있는 '頁'만으로는 '⿱髟頁'의 聲符 기능을 전혀 담당할 수가 없음에도 불구하고 이와 같은 聲符의 일부를 생략한 異體字가 만들어졌다.

鵅 : 이 글자와 관련하여 『重訂直音篇』에서는 "鷺, 音路, 白鷺頭有長毛. ⿰慮鳥 · 鵅竝同上"[154]이라 하고, 『集韻』에서는 "鷺 · ⿱路隹 · ⿰慮鳥 · 鵅, 鳥名. 說文, 白鷺也"[155]라 하여 이것이 '鷺'의 異體字라 말하고 있다. 본래 正字인 '鷺'는 形符인 '鳥'와 聲符인 '路'로 구성된 글자이다. 그런데 異體字인 '鵅'은 正字인 '鷺'의 聲符인 '路'에서 일부 偏旁이 생략되어 만들어진 글자이다. 그런데 聲符인 '路'에서 일부 偏旁이 생략되고 남아 있는 '各'은 '路'의 聲符가 아니어서 '路'와는 字音이 다르다. 그렇기 때문에 이 '各'으로는 正字인 '鷺'의 聲符 기능을 담당할 수가 없음에도 불구하고, 이와 같은 異體字인 '鵅'가 만들어졌다.

이상에서 살펴본 바와 같이 聲符가 생략되는 경우에는 대체적으로 聲符 전체를 생략하기 보다는 聲符의 일부 偏旁을 생략하는 것이며, 이에 따라 나머지 聲符만으로도 聲符 기능을 다할 수 있는 것이 있는가 하면, 일부의 경우는 聲符 기능을 상실하게 되는 것들도 생겨나는 것이다. 위의 예에서 앞의 세 글자가 前者에 속한다

153 梅膺祚, 『續修四庫全書 · 字彙』, 上海古籍出版社, 上海, 1995, p.363
154 章黼 撰, 吳道長 重訂, 『續修四庫全書 · 重訂直音篇』, 上海古籍出版社, 上海, 1995, p.260
155 丁度 等, 『景印文淵閣四庫全書 · 集韻』, 臺灣商務印書館, 臺灣, 1986, p.653

면, 뒤의 두 글자는 後者에 속한다. 前者에 속하는 것을 더 예를 들면 "寀(審)·鯀(鯀)·鬆(鬆)·饕(饕)·霐(霐)·霿(霿)·邈(邈)·簹(簹)·蓬(蓬)·蘞(蘞)·藏(藏)·蕩(蕩)·菰(菰)·蔤(蔤)·蓯(蓯)·蒽(蒽)·蚣(蚣)·蟈(蟈)·痾(痾)·痼(痼)·癢(癢)·縱(縱)·縱(縱)·菘(菘)·葹(葹)·蠩(蠩)·蘩(蘩)" 등이 있고, 後者에 속하는 것으로는 "粢(粢)·諮(諮)·遷(遷)·珐(珐)·茿(茿)·螫(螫)" 등을 예로 들 수 있다.

2.2.3 중복 형태의 생략

중복된 형태의 偏旁을 생략하는 경우도 있다. 이 때는 그 偏旁이 形符인지, 혹은 聲符인지를 막론하고, 자형이 동일한 偏旁이 겹쳐 사용되고 있을 때, 동일한 偏旁 중의 하나를 생략하는 경우가 있다. 이러한 예에는 다음과 같은 것들이 있다.

賕 :『龍龕手鑑』에서 "賕俗, 贆今, 贆正. 布遙反. 貝居陸也"156라 말하고 있는 바와 같이 이 글자는 '贆'의 異體字로서, '贆'는 "뭍에 사는 조개"를 뜻하는 글자이다. 뭍에 사는 조개이지만 당연히 물가에서 보일 수밖에 없으며, 조개의 숫자도 매우 많을 수밖에 없다. 많은 수를 표현하기 위해 偏旁 '犬'을 세 개 합쳐 '猋'를 만들고, 이것으로 聲符 역할도 하고 字義도 표시하는 기능으로 활용하고 있다. 그러나 異體字인 '賕'에서는 이 '犬'을 둘로 줄이고 있다. 이럴 경우에는 그것이 聲符의 기능을 하지 못한다. 그렇지만 字義를 표현하는데는 문제가 없다.

霍 :『說文解字注』에서는 "靃, 飛聲也. 从雨雔. 雨而雔飛者, 其聲靃然"157이라 하고, 段注에 "此字之本義也. 引伸爲揮霍, 爲靃靡.... 各本少此三字. 今補. 呼郭切. 五部. 俗作霍"158이라 말하고 있다. 즉 이는 '靃'의 異體字이고, 또한 "비내리는 가운데 새가 나는 소리"의 뜻을 가진 글자이다. 이러한 字義을 표현하기 위해 正字에서는 하단부의 偏旁을 두 개의 '隹'로 배치하고 있는데, 異體字인 '霍'에서는 이를 하나로 통합하였다. 사실 '靃'의 뜻을 표현하는데는 '隹'가 두 개 있는 것이 유리하지

156 行均,『景印文淵閣四庫全書·龍龕手鑑』, 臺灣商務印書館, 臺灣, 1986, p.772
157 許慎 撰·段玉裁 注,『說文解字注』, 漢京文化事業有限公司, 臺北, 民國69, p.149
158 許慎 撰·段玉裁 注,『說文解字注』, 漢京文化事業有限公司, 臺北, 民國69, p.149

만, 하나만 있어도 크게 지장을 받지는 않기 때문에 이를 생략한 것으로 보인다.

劙 :『龍龕手鑑』에서 "劙 · 劙, 郎計反. 割破也. 又俗音螺"[159]라 말하고 있는 바와 같이, 이 글자의 正字는 '劙'로서, 물건이 "좀이 슬어 "쪼개지는" 것을 뜻하는 글자이다. 그래서 "좀벌레"를 지칭하기 위해 '虫'이 들어 있는데, 正字에서는 많은 좀벌레를 강조하기 위해 그것이 두 개씩이나 있는 것으로 보이나, 異體字인 '劙'에서는 이를 하나로 줄였다. 그러나 하나로 줄인다고 해도 字義에는 크게 영향을 주지 않는다. 이 외에도 "蚕(蠶)"에서 두 개의 '虫'을 하나로 줄이고, "蛊(蠱)"도 세 개의 '虫'을 하나로 줄이고 있는데, 이와 같은 경우는 '虫'이 偏旁으로 들어있는 글자들에서 자주 보이고 있다.

이 외에도 이와 같은 유형에 속하는 것은 매우 많다. 그런데 이 중에는 본래 중첩된 偏旁이었던 것이 正字였으나, 후대로 오면서 偏旁이 하나만 남은 글자들이 오히려 正字로 바뀐 것들도 있다. 대표적인 것이 '集'으로서, 본래는 '隹'가 세 개 있었다가 지금은 하나만 남았다. 또 '藟'도 '田'이 세 개 있었으나 지금은 '菓'와 같이 하나만 남았다. 다만 이 '菓'는 異體字가 正字로 바뀌어가는 과정에 있는 상황이기 때문에 지금은 어느 것이 正字이고 어느 것이 異體字인지 구분이 확연하게 드러나지 않는 것에 속한다.

2.3 偏旁 생략 異體字의 특징

偏旁을 생략해 만든 異體字들 중에는 다른 異體字들에서 나타나는 일반적인 현상에 비해 나름대로 특이한 현상이 몇가지 보이는데 이들을 열거하여 설명하면 다음과 같다.

2.3.1 篆文 · 籀文 · 金文 · 古文 등으로 회귀

자형을 간화하기 위해 偏旁을 생략했지만, 아무런 근거가 없이 한 것이 아니라

159 行均,『景印文淵閣四庫全書 · 龍龕手鑑』, 臺灣商務印書館, 臺灣, 1986, p.716

그 글자의 古字形으로 回歸한 것들이 있다. 古字形에는 『說文解字』의 古文도 있고, 籀文도 있으며, 金文으로 回歸한 것도 있는데, 이들에 대해 예를 들어 간략히 살펴 보면 다음과 같다.

埶 : 이 글자의 正字는 '藝'이다. 그러나 正字인 '藝'는 『說文解字』에 존재하지 않는다. 즉 小篆에서는 아직 이 글자가 출현하지 않은 것으로 보인다. 그런데 『集韻 · 去聲 · 祭韻』에 의하면 "埶, 倪祭切.『說文』種也. 从坴丮, 持而種之. 一曰技能也. 或作藝"[160]라 말하고 있고, 『說文解字注 · 丮部』에서는 "埶, 種也 从丮坴. 丮持種之. 詩曰. 我埶黍稷"[161]이라 말하고 있다. 이에 의하면 '藝'의 本字는 '埶'이고, '埶'는 "곡식을 심는"것을 뜻하는 글자였는데, 후에 와서 '艸'가 더해져 '蓺'가 되었다가, 다시 '云'이 덧붙여져 '藝'로 만들어졌다. 여기에서 '云'이 덧붙여진 이유는 분명치 않지만, 어쨌든 후에는 오히려 이 '藝'가 正字로 되었고, 여기에서 다시 偏旁을 생략해 만든 異體字인 '蓺'는 결국 小篆으로 회귀한 결과라 할 수 있다.

頟 : 『龍龕手鑑』에 의하면, "額俗, 頟正. 牙格反. 額, 顙也"[162]라 하여, 이 글자의 正字가 '額'임을 밝히고 있으나,『說文解字 · 頁部』에서는 "頟, 顙也, 從頁各聲。臣鉉等曰 : 今俗作額"[163]이라 말하고 있다. 이에 의거하면 본래는 小篆에서는 '頟'이 正字였으나, 후에 偏旁인 '各'에 '宀'이 추가되어 '額'이라는 異體字가 만들어졌으며, 나중에는 이 '額'이 正字로 사용된 것이다. 그렇기 때문에 후에 다시 '額'에서 偏旁을 생략해 새로 만들어진 異體字 '頟'은 바로 자형을 小篆으로 되돌린 것이라 할 수 있다.

薇 : 이 글자는 '薇'의 異體字이다. 『字彙 · 艸部』에서 "薇, 籀文薇字"[164]라 하여 그 말을 뒷받침하고 있다.『說文解字 · 艸部』에 의하면 "薇, 菜也. 似藿. 从艸微聲... 䉠, 籀文薇省"[165]이라 하여 '薇'는 小篆이고, '薇'는 籀文이라 하였다. 이것에 근거한다면 본래 '薇'는 籀文인 '薇'가 正字였으나, 小篆에 이르러서 形符가 추가되

160 丁度 等, 『景印文淵閣四庫全書 · 集韻』, 臺灣商務印書館, 臺灣, 1986, p.660
161 許慎 撰 · 段玉裁 注, 『說文解字注』, 漢京文化事業有限公司, 臺北, 民國69, p.114
162 行均, 『景印文淵閣四庫全書 · 龍龕手鑑』, 臺灣商務印書館, 臺灣, 1986, p.811
163 許慎 撰 · 段玉裁 注, 『說文解字注』, 漢京文化事業有限公司, 臺北, 民國69, p.421
164 梅膺祚, 『續修四庫全書 · 字彙』, 上海古籍出版社, 上海, 1995, p.211
165 許慎 撰 · 段玉裁 注, 『說文解字注』, 漢京文化事業有限公司, 臺北, 民國69, p.24

어 '薇'로 바뀌고, 이 '薇'가 正字로 사용되었다. 그렇기 때문에 다시 偏旁을 생략해 만든 '𦯶'는 결국 본래의 형태인 籒文으로 돌아가는 격이라 말할 수 있다.

尌 : 이 글자는 '樹'의 異體字이다. 『說文解字 · 木部』에 의하면 "樹 , 生植之總名也. 從木 , 尌聲. 𣗳, 籒文"[166]이라 하여, 小篆은 지금의 正字와 같은 '樹'인데 반해, 籒文으로는 '尌'로 수록하고 있다. 이는 '樹'가 "나무를 심는" 의미로서 처음에는 '尌'만 존재했으나, 후에 와서 '木'이 추가되어 '樹'로 변하고, 이것이 正字가 되었다. 그런데 이 '樹'의 異體字로서 偏旁을 생략한 '尌'를 만들었는데, 이것은 바로 籒文으로 돌아갔다는 것을 말해준다.

寑 : 이 글자는 '寢'의 異體字이다. 그런데 『說文解字 · 㝱部』에서는 '寢'에 대해 "寢 , 病臥也. 從㝱省 , 𡪢省聲"[167]이라 말하고 있다. 이와 관련하여 金周生은 "『說文解字 . 宀部』收寑字 ; 寑 , 臥也。從宀 , 侵聲。𡨦 , 籒文寑省。段玉裁注以為寑今人皆作寢。朱駿聲『說文通訓定聲』亦云 : 經傳皆以寢為之。故寑當由寑之籒文楷化省簡而來"[168]라 말하고 있는데, 이에 의하면, '寢'과 '寑'은 同字이고, '𡨦'이 '寑'의 籒文이니, 이를 楷化한 '𡪢'은 '寑', 즉 '寢'의 籒文이 된다. 그리고 이 '𡪢'은 결국 '寢'의 籒文에서 다시 또 偏旁을 생략해 만든 異體字라 할 수 있다. 그래서 『集韻 · 上聲 · 寢韻』에서도 "寑 · 𡪢 · 寑 · 寢 · 寖,七稔切. 說文, 臥也. 籒作𡪢, 古作寑 · 寢 · 寖"[169]이라 말하고 있다.

寍 : 이 글자의 正字는 '寧'이다. 그런데 『說文解字 · 宀部』에 의하면 "寍, 安也. 從宀 , 心在皿上 , 皿 , 人之食飲器 , 所以安人也"[170]라 하고, 段注에 "此安寧正字, 今則寧行而寍廢矣"[171]라 말하고 있다. 또 『說文解字 · 丂部』의 '寧'篆下 段注에서는 "寍部曰, 寍 , 安也. 今字多假寧為寍 , 寧行而寍廢矣"[172]라 말하고 있다. 이에 의하면 '寧'의 본래 正字는 '寍'인 것으로 보이며, 후에 와서 '寧'과 서로

166 許愼 撰 · 段玉裁 注, 『說文解字注』, 漢京文化事業有限公司, 臺北, 民國69, p.251
167 許愼 撰 · 段玉裁 注, 『說文解字注』, 漢京文化事業有限公司, 臺北, 民國69, p.351
168 金周生, 臺灣教育部異體字典 a01048-005
169 丁度 等, 『景印文淵閣四庫全書 · 集韻』, 臺灣商務印書館, 臺灣, 1986, p.627
170 許愼 撰 · 段玉裁 注, 『說文解字注』, 漢京文化事業有限公司, 臺北, 民國69, p.342
171 許愼 撰 · 段玉裁 注, 『說文解字注』, 漢京文化事業有限公司, 臺北, 民國69, p.342
172 許愼 撰 · 段玉裁 注, 『說文解字注』, 漢京文化事業有限公司, 臺北, 民國69, p.205

통하면서 '寧'이 正字가 되었다. 그러므로 '寧'의 偏旁을 일부 생략해 만든 異體字인 '寍'은 같은 小篆이지만, 결과적으로는 본래의 자형으로 돌아가는 것이라 할 수 있다.

이 외에도 "䚻(謠)"는 小篆으로 돌아간 것이며, "宷(審)"도 『說文解字 · 采部』에 "宷, 悉也. 知宷諦也. 从宀采. 篆文宷, 从番"173이라 하고,. 段注 "然則宷、古文籀文也"174라 한 것으로 미루어 보아 역시 籀文으로 회귀한 것임을 알 수 있다. 또한 "㝵(得)"은 본래의 자형이 『說文解字』의 小篆에 와서 마치 '見'과 '寸'으로 구성된 것같이 '⿱見寸'으로 변한 것을 沿用한 듯한 것으로 보아, 이 역시 부분적으로나마 小篆으로의 回歸로 간주할 수 있다.

2.3.2 특정 偏旁이 특정 유형의 글자에서 생략되는 경향

異體字 중에는 특정한 偏旁이 특정한 글자의 偏旁으로 사용될 때 자주 생략되는 경향이 있는 것들이 있다. 이들 중에는 그 偏旁이 생략되어도 正字를 파악하는데 있어서 큰 어려움이 없는 경우도 있지만, 正字와는 전혀 다른 글자가 될 수 있는 것들도 있기 때문에, 이들에 대해 전반적인 경향을 파악해두는 것도 필요하다고 생각된다. 다음에서는 이러한 경향을 보여주는 偏旁에 대해 예를 들어 살펴보기로 한다.

⿰夗鳥 : 이 글자의 正字는 '鵷'으로서,『字彙補 · 鳥部』에서도 "⿰夗鳥, 與鵷同"175이라 하여, 그 말을 뒷받침하고 있다. 여기에서 正字의 偏旁인 '宛'이 異體字에서는 상단부의 偏旁인 '宀'이 생략되어 있다. 이와 같이 '宛'이 偏旁으로 사용될 때 상단부 偏旁인 '宀'이 생략되는 경우가 많은데, 이에 속하는 것으로는 "⿰糸夗(綩) · ⿱夗豆(豌) · ⿱夗月(腕) · ⿱夗手(捥) · ⿱夗虫(蜿)"과 같은 것들이 있다. 그런데 이 '宀'이 생략되는 것은 '宛'에서 뿐만 아니라 '宛'과 같은 구조이면서 비슷한 구조의 合體字에서 偏旁으로 쓰이는 다른 글자들 예컨대 '客'이라든가 혹은 '完'과 같은 글자에서도 마찬가

173 許愼 撰 · 段玉裁 注, 『說文解字注』, 漢京文化事業有限公司, 臺北, 民國69, p.50
174 許愼 撰 · 段玉裁 注, 『說文解字注』, 漢京文化事業有限公司, 臺北, 民國69, p.50
175 吳任臣, 『續修四庫全書 · 字彙補』, 上海古籍出版社, 上海, 1995, p.721

지의 현상이 발생한다. 예를 들면 "頟(額)"이라든가 혹은 "肒(脘)·皖(輐)"과 같은 것들이 여기에 속한다.

黜 :『碑別字新編·十七畫·黜字』에서는 〈魏青州刺史元湛墓誌〉를 인용하여 이 글자의 正字가 '黜'임을 밝히고 있다.[176] 그런데 異體字인 '黜'에서 偏旁으로 사용된 '黑'은 하단부의 '灬'가 생략되어 있다. '黑'이 偏旁으로 사용될 때 이와 같이 하단부의 '灬'가 생략되는 현상은 매우 빈번하게 나타난다. 예를 들면 "黝(黝)·黟(黟)·黨(黨)·黫(黫)·黔(黔)·黔(黔)·黳(黳)·黴(黴)"와 같은 글자들이 있는데, 이들은 모두 하단부의 '灬'가 생략된 것들이다. 그러나 '黑'이 偏旁으로 쓰일 때 항상 하단부의 '灬'가 생략되는 것은 아니고, 단지 자주 보인다는 것뿐이다. 그렇기 때문에 이러한 유형의 글자가 있을 경우에는, 偏旁이 '里'인 글자로만 간주하여 고석할 것이 아니라 '黑'의 異體字로 간주하여 검토해볼 필요가 있다.

髳 :『正字通·長部』에 의하면 "髳, 髳字之譌....爾雅本作髳"[177]라 말하고 있는 바, 이 글자는 본래 '髳'의 誤字였으나, 지금은 이 글자는 '髳'의 異體字로 간주되고 있다. '髟'가 偏旁으로 사용될 때 '髟'의 偏旁인 '彡'이 생략되는 것은 아주 흔히 보이는 현상 중의 하나이다. 예컨대 "鬆(鬆)·髡(髡)·髣(髣)·髮(髮)·髭(髭)·髾(髾)·鬘(鬘)"과 같은 글자들을 보면 모두 偏旁인 '髟'에서 다시 偏旁인 '彡'이 생략되었다. 이는 '彡'이 생략되었다 할지라도 나머지 자형만 보고도 그것이 본래 '髟'임을 쉽게 파악할 수 있기 때문에 자형의 간소화를 위해 생략한 것으로 보인다.

惢 : 이 글자의 正字는 '蕊'이다. '蕊'는 의미가 "꽃술"이기 때문에 偏旁에 '艸'가 있어야 함에도 불구하고, 異體字에서는 '艸'가 생략되어 있다. 이와 같이 '艸'가 偏旁으로 사용될 때, 이 偏旁이 생략되는 경우는 매우 흔하다. 예를 들어 "蕤(蕤)·蒚(蒚)·薙(薙)·萄(萄)·蟒(蟒)·蟰(蟰)·䳌(䳌)"와 같은 경우가 여기에 속하는데, 이들 글자에서 '艸'는 분명히 일정한 역할을 함에도 불구하고 모두 생략되어 있다.

---

176 秦公,『碑別字新編』, 文物出版社, 北京, 1985, p.403
177 張自烈,『續修四庫全書·正字通』, 上海古籍出版社, 上海, 1995, p.650

⿰虫囱 : 『康熙字典 · 虫部』에서 "⿰虫囱, 正字通蟌本字見六書故"178라 말하고 있는 바, 이에 의하면 이 글자는 '蟌'의 異體字이다. 그런데 여기에서 偏旁으로 사용된 '悤'의 경우, 하단부인 '心'이 생략되는 경우가 자주 보인다. 예컨대 "⿱艹囱(蔥) · ⿰糹囱(總) · ⿰耳囱(聰)"과 같은 글자들이 모두 여기에 속한다고 할 수 있다. 그런데 '心'이 다른 경우에도 생략되는 경우가 보인다. 즉 '心'이 偏旁으로 들어간 글자 중에서 偏旁들의 구성이 上中下의 구조로 이루어진 경우에 이 '心'이 생략되는 경우가 간혹 보이며, 그 예로는 "爱(愛) · ⿱𦣻夊(憂) · ⿸广⿱⿻一⿱䒑冖夊(慶)"이 있다. 이는 자형이 복잡할 경우, 자형면에서 볼 때 '心'의 자형이 차지하는 비중이 높지 않아 이것이 없어도 正字를 유추하는데 그리 어려움을 겪지 않으리라 판단되었기 때문에 생략된 것으로 보인다.

赼 : 이 글자의 正字는 '趑'로서, 『字彙 · 走部』에서도 "赼,同趑. 按此字, 从次爲正"179이라 말하고 있다. 그런데 여기에서 偏旁으로 사용된 '次'는 다시 그것의 偏旁인 '冫'이 생략되었다. 이 경우도 위와 마찬가지로 '冫'이나 '氵'가 독립 偏旁이 아니라 正字 偏旁의 偏旁, 즉 제2차 偏旁으로 사용될 경우에 자주 생략된다. 예컨대 이와 같은 '次' 뿐만 아니라 '沈'이라든가 '泓 · 瀝'과 같은 글자가 다른 글자의 偏旁으로 사용되면, 여기에 偏旁으로 사용되었던 "冫 · 氵"가 생략되는데, 그 예로는 "⿰米欠(粢) · ⿰言咨(諮) · ⿱艹冘(𦬣) · ⿱雨弘(霐) · ⿱雨⿸厂⿰禾禾⿱雨⿸广⿰林(靂)"이 있다.

특정한 偏旁이 특정한 유형을 글자에서 생략되어 異體字가 되는 경우로는 "蠇(蠣) · ⿱猒食(饜) · ⿱猒黑(黶)"와 "⿸疒𢼸(癥) · ⿱艹𢼸(薇) · ⿱雨𢼸(霺)", 그리고 "⿱宀帚(寢) · ⿱宀吾(寤)" 등 적지 않다. 그런데 앞에서도 언급되었지만 생략된 偏旁이 본래의 正字에서 의미나 자음 표시 등과 같은 일정한 역할을 하는 것일 경우에는 이러한 偏旁의 생략으로 인해 正字를 전혀 가늠할 수 없는 경우가 많이 발생하는데, 이와 같은 특정 유형에서 특정한 偏旁이 생략되는 것을 미리 알고 있다면 正字를 類推하는데 상당한 도움을 받을 수 있을 것이다. 그리고 우리가 여기에서 유의할 점으로는, 이러한 특정 偏旁이 특정 유형의 글자에서 생략이 되는 경우가 있더라도 그것이 항상 그렇다는 것이 아니라, 그런 경우가 많았다는 것을 지적할 뿐이라는 점이다.

178 張玉書 等, 『中華漢語工具書書庫 · 康熙字典』, 安徽教育出版社, 合肥, 2002, p.510
179 梅膺祚, 『續修四庫全書 · 字彙』, 上海古籍出版社, 上海, 1995, p.273

2.3.3 獨體文으로 변화된 것도 존재

偏旁이 생략되어 만들어진 異體字 중에는 본래 合體字였던 것이 獨體文으로 바뀌는 것들도 있다. 이는 두 개의 偏旁으로 구성된 正字에서 하나의 偏旁이 생략됨에 따라 생겨나는 현상이다. 이들은 대부분 正字가 본래 獨體文이었던 글자에서 字義를 강조하기 위해 偏旁이 부가되어 만들어진 合體字였기 때문에, 그 부가된 偏旁이 생략되어 만들어진 異體字는 본래로 돌아가는 것이라서 字義를 표현하는데는 큰 영향을 미치지 않는다.

厷 : 이 글자는 '肱'의 異體字이다. 『說文解字 · 又部』에 의하면 "厷, 臂上也。……肱, 左或從肉"[180]이라 하고, 또 『正字通 · 肉部』에서도 "肱, 同厷.... 說文本作厷或从肉作肱."[181]이라 하고 있다. 이에 의하면 '厷'이 本字이고, 여기에 '肉'이 추가되어 만들어진 '肱'은 重文이다. 그런데 후에 와서 오히려 '肱'이 正字가 되었고, 여기에서 偏旁 '肉'을 생략한 '厷'이 異體字가 되었다. 지금의 입장에서 보면 결과적으로는 合體字이었던 '肱'이 異體字에서 獨體文으로 바뀐 것이다. 그러나 '厷'이 本字였던 것이므로 字義를 표현하는데는 큰 무리가 없다고 할 수 있다.

啚 : 이 글자는 '鄙'의 異體字이다. 『說文解字 · 邑部』에 의하면 "鄙, 五酇爲鄙. 从邑啚聲"[182]이라 하고, 이에 대해 段注에서는 "(酇)五百家也......蓋周禮都鄙距國五百里。在王畿之邊。故鄙可釋爲邊。又引伸爲輕薄之偁。而鄙夫字古作啚。取目云俗儒啚夫翫其所習、可證也。今則鄙行而啚廢矣"[183]라 말하고 있다. 이에 의하면 '鄙'는 王都와 떨어진 지역이며, 규모는 五酇인데, '酇'이 오백가구를 뜻하므로 '鄙'는 二千五百家口가 사는 마을이다. 후에 가차되어 "인색하다"의 뜻으로 사용되자, 본래의 의미를 보존하기 위해 '邑'을 덧붙여 '鄙'를 만든 것이다. 그러므로 '啚'가 本字이고 '鄙'가 後起字라 할 수 있는데, 이 後起字가 후에 이르러서는 오히려 正字가 된 것이다. 그런데 후에 다시 偏旁인 '邑'을 생략하여 異體字로 만들었는바, 이는 결과적으로는 本字로 돌아간 것이며, 이에 따라 '鄙'의 字義를

180 許愼 撰 · 段玉裁 注, 『說文解字注』, 漢京文化事業有限公司, 臺北, 民國69, p.116
181 張自烈, 『續修四庫全書 · 正字通』, 上海古籍出版社, 上海, 1995, p.301
182 許愼 撰 · 段玉裁 注, 『說文解字注』, 漢京文化事業有限公司, 臺北, 民國69, p.286
183 許愼 撰 · 段玉裁 注, 『說文解字注』, 漢京文化事業有限公司, 臺北, 民國69, p.286

표현하는데 있어서 커다란 장애는 없다고 할 수 있다.

兂 : 이 글자는 '簪'의 異體字이다. 그런데 『說文解字 · 兂部』에 의하면 "兂, 首笄也. 从儿. 匚象形. 俗兂, 从竹, 从朁"[184]이라 하고, 段注에 "今俗行而正廢矣"[185]라 말하고 있다. 이에 의하면 '簪'의 本字는 '兂'이고, 俗字로서 '簪'이 사용되고 있다는 것이다. 그렇다면 '簪'에서 偏旁이 생략되어 만들어진 '兂'은 '簪'의 本字가 되므로 '簪'의 字義를 설명하는데 있어서 아무런 문제가 없다. 본래 '兂'은 '簪'의 모양을 그려 만든 獨體文으로서 주로 대나무를 사용하여 만들었다. 그래서 異體字 중에는 '竹'만을 남겨 놓은 '笂'도 존재하고 있다.

이 외에도 偏旁이 생략됨에 따라 獨體文으로 된 異體字들은 매우 많다. 그런데 근래에 와서는 "隶(隷)"와 같이 중국에서 簡化字를 만들면서 이러한 방식으로 偏旁을 생략해 만든 글자가 적지 않으며, 또한 이것을 正字로 지정하였다. 다만 이러한 경우에는 상당수의 글자들이 本字의 의미를 표현하는데 있어서 한계를 보이고 있는 것도 사실이다.

2.3.4 字義와 字音 표현이 불명확해진 것이 존재

偏旁의 생략에 의해 만들어진 異體字의 가장 큰 단점은 字義 혹은 字音의 표현이 불명확해진 것이 존재한다는 점이다. 筆劃의 모양이 바뀌어 생겨난 異體字의 경우는 偏旁 그 자체가 非文字이기 때문에 어쩔 수 없지만, 偏旁의 대체나 증가 혹은 생략에 의한 異體字는 偏旁들이 모두 文字이기 때문에 字義나 字音 표현에 문제가 없어야 함에도 불구하고, 偏旁 생략의 경우에는 이러한 단점이 노출되고 있는데 그 예를 들면 다음과 같다.

籩 : 『碑別字新編 · 二十四畫 · 籩字』에서 〈唐濟瀆廟器具記〉를 인용하여 이 글자의 正字는 '籩'임을 밝히고 있다[186]. 이 '籩'은 대나무로 만든 그릇으로서 聲符

184 許愼 撰 · 段玉裁 注, 『說文解字注』, 漢京文化事業有限公司, 臺北, 民國69, p.410
185 許愼 撰 · 段玉裁 注, 『說文解字注』, 漢京文化事業有限公司, 臺北, 民國69, p.410
186 秦公, 『碑別字新編』, 文物出版社, 北京, 1985, p.472

는 '邊'이다. 異體字에서는 聲符의 일부분이 생략되었는데, 그 생략된 부분이 바로 '邊'의 聲符 역할을 담당하는 偏旁이다. 그렇기 때문에 '邊'의 偏旁이 생략된 자형으로는 사실상 '籩'의 聲符 기능을 전혀 할 수가 없게 되었다.

迊 : 이 글자는 '遷'의 異體字이다. '遷'은 『說文解字 · 辵部』에 "遷, 登也. 从辵䙴聲"[187]이라 하고, 또 『說文解字 · 舁部』에서는 "䙴, 升高也。从舁囟聲. 䙴或从卪"[188]이라 하였다. 즉 '遷'은 "올라가다"는 뜻을 갖고 있고, 字音은 '䙴'이다. 그런데 正字에서 이미 聲符인 '䙴'의 자형이 변형됨에 따라 '遷'의 자형만 보고는 字音을 파악하기가 쉽지 않았는데, 여기에서 다시 '䙴'의 하단부 偏旁인 '廾'과 '㔾'이 생략됨에 따라 異體字인 '迊'의 자형에서 字音을 유추해낸다는 것은 더욱 어렵게 되었다.

须 : 이것도 역시 현재 중국의 簡化字에서 사용하고 있는 글자로서 正字는 '鬚'로서, "수염"을 의미하는 글자이다. 이 글자도 역시 形符인 '髟'가 생략되고 성부만 남게 되어, 그것으로 字義를 추정하는 것은 사실상 불가능하다. 이와 동일한 경우로 "松(鬆)"이 있다.

台 : 현재 중국의 簡化字에서 사용하고 있는 이 글자는 '颱'의 異體字로서, "태풍"을 뜻하는 글자이다. 그런데 여기에서 形符인 '風'이 생략되고, 聲符인 '台'만 남게 되어, 남아있는 異體字만으로는 字義를 유추한다는 것이 사실상 불가능하다.

이 외에도 "㬎(顯) · 耝(耡) · 亲(親) · 鄁(鄴)"과 같은 것이 이러한 유형에 속한다. 이와 같이 合體字에서 偏旁으로 사용된 形符가 완전히 생략되거나 혹은 聲符가 생략됨에 따라, 비록 남아있는 자형만으로도 모든 偏旁이 문자로 성립되는 성분을 지니고 있지만, 그것으로는 字義와 字音을 알 수가 없게 되며, 결과적으로 正字를 유추하기 어렵게 되는 경우가 매우 많다는 것이 偏旁 생략으로 인해 만들어진 異體字의 가장 큰 단점으로 지적되고 있다. 이와 같은 단점 때문에 偏旁의 변화로 인해 만들어지는 異體字 중에는 偏旁의 증가나 代替에 비해 偏旁의 생략에 의한 異體字가 비교적 적은 비중을 차지고 있다.

187 許愼 撰 · 段玉裁 注, 『說文解字注』, 漢京文化事業有限公司, 臺北, 民國69, p.72
188 許愼 撰 · 段玉裁 注, 『說文解字注』, 漢京文化事業有限公司, 臺北, 民國69, p.106

2.4. 偏旁 생략 異體字의 영향

偏旁의 생략으로 만들어진 異體字는 결과적으로 자형의 簡化를 불러온다는 점에서 다른 방식에 의해 만들어진 異體字와 달리 한자의 발전 과정에 매우 커다란 영향을 주기도 했다. 그 중에서 가장 특이한 점은 바로 偏旁 생략에 의한 異體字 중에는 그것이 후에 正字로 된 것들도 있다는 점이다. 물론 이 방식에 의한 異體字들은 대부분의 異體字에 머물러 있었지만, 결과적으로 獨體文이 되어 버린 일부 異體字들은 현재 중국에서 만든 簡化字의 주요한 일부를 차지하게 되었으며, 이러한 예로는 "亲(親)·隶(隸)·厂(廠)" 등이 있다.

이러한 글자들은 簡化된 자형만을 놓고 본다면 분명히 本字의 字音과 字義를 모두 충분히 표현하지 못하는 단점이 존재하고 있다. 그럼에도 불구하고 이들이 正字의 위치로 격상될 수 있었던 것은 국가에서 규정하는 인위적인 약속에 의한 것이다. 그런데 이러한 인위적인 약속이 가능할 수 있었던 원인은, 첫째가 자형의 簡化 목적이 부합하고, 둘째는 이러한 간화자가 단독으로 쓰이는 경우보다는 다른 글자와 조합되어 두 세글자로 된 하나의 어휘를 형성하는 경우가 더욱 많아지다 보니, 하나의 글자 자체에 자음과 자의의 기능이 모두 나타나야 할 필요가 줄어든 것이다. 예컨대 위의 '親'이라는 글자의 경우, 이것이 '親'이라는 단독의 글자로 쓰이기 보다는 "親戚"이나 "親友" 등과 같이 다른 글자와 함께 어울려 쓰이고, '隸'의 경우도 "奴隸"나 "隸書"와 같이 사용되는 것이 많아서, 簡化字 만으로도 문자생활을 하는데 커다란 어려움이 사라질 수 있었기 때문이다.

이와 같은 현상은 獨體文으로 만들어졌을 때만 나타나는 것은 아니었다. 偏旁이 생략되었다고 하더라도 여전히 合體字로 남아 있는 것들 중에도 이와 같이 偏旁 생략 異體字가 正字로 간주된 것은 적지 않다. 예컨대 "台(颱)·耸(聳)"와 같은 異體字들이 바로 여기에 속한다. 즉 이들도 역시 간화된 자형만으로는 본래의 字義와 字音을 유추해내기 어렵지만 이것들이 다른 글자와 결합되어 어휘화하면서 "颱風"이나 "聳出"이란 어휘의 일부로 사용되기 때문에 문자생활에 큰 장애가 없기 때문이다.

合體字로 남아있는 偏旁 생략에 의한 異體字가 正字로 된 것은 이와 같은 것만 있는 것이 아니다. 비록 偏旁이 생략되었다고 하더라도 위와 같이 字音이나 혹은

字義 기능을 상실한 것이 아니라, 偏旁 중의 일부만이 생략되어 나름대로 그 기능들을 계속 유지하고 있는 것들은 正字로 발전하기가 더욱 용이했다. 그래서 이들 중에는 현재의 간화 正字로 된 것들이 상대적으로 많다. 예를 들어 聲符가 일부 간화된 것이었지만 여전히 성부 기능을 할 수 있어서 簡化正字로 발전된 것으로서 "痒(癢)·苁(蓯)·綳(繃)·赶(趕)·屿(嶼)"등이 있으며, 形符가 일부 간화되었지만 여전히 形符 기능을 함에 따라 簡化正字로 발전한 것들은 "宝(寶)·蛊(蠱)"와 같은 것들이 있다.

위와 같이 合體字로 남은 偏旁 생략 異體字들 중, 字音과 字義 기능을 여전히 발휘할 수 있는 것들은 매우 많다. 예를 들어 성부가 일부 생략되었지만 성부 역할이 전혀 문제없는 글자들로서 "蜮(蟈)·[illegible](痼)·蕟(蘞)"등이 있고, 형부가 일부 생략되었지만 형부 기능에 전혀 문제가 없는 글자들로는 "霍(靃)·[illegible](寤)·[illegible](衕)" 등이 있다. 이들은 비록 현재는 異體字의 위치로 남아있지만 향후에 正字로 발전될 가능성은 얼마든지 열려 있다고 할 수 있다. 특히 향후의 문자 생활이 하나의 글자로 하나의 의미를 나타내는 방식이 아니라 두 개 이상의 글자를 조합하여 하나의 어휘를 생산해내는 방식으로 발전해간다는 점을 고려한다면 이와 같은 偏旁의 생략에 의해 만들어진 異體字들은 점차 正字의 지위로 올라갈 수 있는 가능성이 높아질 것이다.

위에서 살펴보았듯이 偏旁 생략 異體字가 생겨나는 원인은 簡化가 가장 중요한 것이었다. 그렇지만 간화를 제외한다면 그 원인을 밝힐 수 없는 異體字도 너무나 많다는 점이다. 이에 속하는 것들은 대부분 偏旁 생략으로 인해 字音이나 字義가 손상되어 본래 正字를 찾기가 어려운 상태에서 만들어지는 異體字이기 때문이라 할 수 있다. 그리고 偏旁 생략의 유형으로는 形符 생략이나 聲符 생략도 있지만, 그것에 구애됨이 없이 중복된 자형의 偏旁을 생략하는 것도 있었다는 것을 알 수 있다.

이와 같은 異體字들의 특징은 여러 가지가 있었으나, 그 중에서 가장 특이한 점으로는 偏旁의 생략으로 인해 字義와 字音이 불명확해짐에도 불구하고 이러한 異體字들이 존재한다는 것이다. 또한 異體字들이 字義와 字音을 표현하는가의 여부와 관계없이 자형의 簡化를 이루었다는 점은 현재 중국의 簡化字 제정에 하나의 축을 담당하는 역할을 할 수 있었다고 할 수 있다.

3 偏旁의 追加

異體字 중에는 기존의 正字에 새로운 偏旁이 追加되어 만들어진 異體字가 있다. 예컨대 "常"에 "心"이 追加되어 만들어진 "𢡱"이라든가, "㚙"에 "土"가 追加되어 만들어진 "埢", "龍"에 "馬"가 追加되어 만들어진 "驡"과 같은 글자들이 바로 그것이다. 그런데 이것들은 구조적인 면에서 볼 때 이것들은 일반적인 合體字와 전혀 다를 바가 없다. 또한 한자의 생성 과정이라는 측면에서 볼 때도 새로운 合體字의 출현, 즉 後起形聲字의 생성 과정과 전혀 구별되지 않는다. 그렇기 때문에 이것이 異體字라는 사실이 쉽게 드러나지도 않으며, 또한 이것이 異體字라는 것을 알아도 그 正字가 무엇인지를 파악하는 것은 쉽지 않다.

다음에서는 偏旁의 추가로 만들어지는 異體字에는 어떤 것들이 있는지를 알아보고자 한다. 이를 위해 먼저 이러한 異體字가 後起形聲字와는 어떠한 차이가 있는지 살펴보고, 나아가 그것의 생성 원인 및 偏旁 추가 異體字의 유형에 대해 알아보기로 한다.

3.1 偏旁 追加 異體字와 後起形聲字와의 差異

合體字는 두 개 이상의 獨體文을 합쳐 만든 것이다. 그런데 이 合體字는 모두가 처음부터 두 개의 獨體文을 조합해 새로운 合體字를 만든 것이 아니다. 그 중에는 처음부터 두 개 이상의 獨體文을 조합해 만든 것도 있지만, 본래 있던 하나의 獨體文에 다른 偏旁을 부가하여 새로운 合體字로 만들어진 것들도 있다. 이는 漢字의 발전 과정에서 매우 자연스럽게 형성된 것이며, 가장 대표적인 것은 後起形聲字들이다.[189]

189 이하 "偏旁追加異體字" 부분은 拙稿 "楷書所見偏旁附加異體字考(中語中文學 第56輯, 2013.12)"의 내용을 수정 보완한 것임.

기존의 正字에 偏旁을 追加해 만들어진 異體字는 形態上으로 合體字이다. 또한 이것은 글자의 탄생이 처음부터 두 개 이상의 獨體文을 組合하여 만든 것이 아니라, 이미 존재하고 있는 기존의 正字에 새로운 偏旁을 追加해 만든 合體字이기 때문에 形態上으로 뿐만 아니라 글자의 造字 과정도 後起形聲字와 상당히 흡사하다. 이러한 이유로 인해 이 類型의 異體字는 後起形聲字와 혼동하기 쉽다. 그러나 이 둘은 명백히 서로 다르며, 또한 그 구별성도 명확하다. 그렇다면 이 두 유형은 서로 어떻게 다른가? 이를 밝히기 위해서는 우선 이에 속하는 글자에는 어떤 글자가 있으며, 그것들이 어떻게 만들어진 것인지를 살펴보는 것이 가장 합당하다 할 것이다.

먼저 後起形聲字를 예를 들어 보자. 본래 "家"는 "집"이라는 의미를 가진 글자였으나, 引伸되어 "시집가다"의 뜻으로도 사용되었다. 이에 따라 "家"는 "집"이라는 본래의 의미와 "시집가다"라는 새로운 의미까지 두 가지의 의미를 지니게 되었다. 이에 따라 이 글자가 사용된 문장을 보면서 사람들은 그 글자가 어떤 의미로 사용된 것인지에 대한 판단에 혼란이 오게 되었다. 이에 引伸義인 "시집가다"는 뜻만을 표현하기 위해 "家"에 "女"를 追加하여 "嫁"를 만들었다. 이 때 "嫁"는 바로 "家"의 後起形聲字가 되는 것이다.

또 다른 예로서 "亭"과 "停"이 있다. 본래 "亭"은 "亭子"의 뜻을 가진 글자였으나, 후에 引伸되어 "멈추다"는 뜻도 갖게 되었다. 이에 따라 "亭"도 역시 그것이 문장에서 사용될 때 어떠한 의미로 사용되었는지를 판단하는데 혼동이 생겨났다. 그래서 그 중에서 引伸義만을 표현하기 위한 글자로서 "人"을 추가하여 새로운 "停"을 만들어 "멈추다"는 뜻만을 표시하는 새 글자를 만들어낸 것이다. 이때의 "停"자도 역시 "亭"의 後起形聲字가 된다.

이 외에도 이러한 예에 속하는 글자는 不知其數이다. 예컨대 본래 "祠堂"을 지칭했으나 "높다"는 뜻까지 갖게 된 글자가 "宗"이다. 그런데 여기에 "높다"는 특성을 가진 '山'을 추가해 "崇"을 만들어 더욱 높다는 뜻을 의미하도록 했다. 또 "北"은 본래의 뜻이 "등지다"라는 의미였으나, 후에 東西南北의 "북쪽"의 의미로도 假借되어 사용되었다. 그래서 본래의 뜻인 "등지다"의 뜻을 나타내기 위해 '肉'을 추가해 만든 "背"를 만들었다. 또 본래는 "눈썹"의 뜻을 가진 글자였으나, "예쁘다"라는 뜻으로도 사용되기 때문에, 이를 구별하기 위해 다시 예쁜 눈썹을 가진 '女'를 추가해 만든 "媚"이다. 이러한 글자들은 모두 後起形聲字에 속하는 것들이다. 이러한 後起形聲字들은 모두 본래의 글자, 즉 初文과 비교할 때, 初文이 가지고 있는 특정 의미를 따로 떼어내서 자기의 의미로 만든 것이다. 그렇기 때문에 이 後起形聲字는 初文의 의미와 일치되는 것이 아니다.

이에 반해 偏旁 追加 異體字는 그렇지 못하다. 偏旁이 追加되어 만들어진 異體字는 이것과 어떻게 다르고, 또 어떠한 글자들이 있는가? 먼저 "長"과 관련된 異體字를 살펴보도록 하자. 본래 '長'은 "기다랗다"란 뜻으로도 사용되는 글자이다. 그런데 이 가늘고도 "길다"는 특성을 잘 나타내주는 것으로는 "실"이 있다. 그래서 후에 "糸"를 덧붙여 "緒"을 만들었다. 그러나 이 "緒"은 "기다랗다"는 "長"의 뜻을 강조한 것일 뿐, 그것이 "長"과 字音이 다르거나 혹은 字義가 다른 것이 아니고, 字形上으로만 단순히 "長"에서 파생된 合體字로서 "長"의 異體字일 뿐이다. 즉 본래의 글자와 字音과 字義가 완전히 같고, 字形만 다른 異體字의 특성을 그대로 간직하고 있는 것이다.

또 다른 예로서 "弄"의 異體字인 "挊"이 있다. "弄"은 "제멋대로 다루다"는 뜻을 가진 글자이다. 그런데 "弄"의 의미와 같이 어떤 것을 마음대로 다루는데는 "손"이 제격이다. 손으로 다루는 것이 가장 편리하고 보편적이다. 그래서 "弄"에 "手"를 추가하여 "挊"이라는 글자를 만들었다. 여기에서 追加된 偏旁인 "手"는 "弄"의 의미를 강조하기 위해 追加된 것이다. 또한 이 "挊"은 본래 글자인 "弄"과 비교할 때 字音이나 字義에 있어서 전혀 다르지 않고, 오직 字形만이 차이가 있을 뿐이다. 그렇기 때문에 이 "挊"은 탄생의 배경으로 보면 後起合體字이지만, 결과적으로는 단순히 "弄"의 異體字에 불과할 뿐이다.

이 외에도, "削"이라는 글자에 "削"의 행위를 하는 道具를 강조하기 위해 "金"을 追加하여 만든 "鏨"이라든가, "오랑캐"라는 否定的인 의미를 가진 "夷"에 그 否定的인 이미지를 강조하기 위해 짐승을 뜻하는 "犬"을 덧붙여 만든 "狭"도 모두 이러한 合體字이면서도, 본래 글자와 같은 의미로 사용되는 偏旁追加異體字에 속한다고 할 수 있다.

위에서 살펴보았듯이 後起形聲字와 異體字는 造字의 과정에 있어서 방법상이나 혹은 만들어진 결과물로서 字形의 構造的인 面에서 유사한 모습을 보여주고 있다. 그렇지만 이들 사이에는 다음과 같은 분명한 차이점이 존재한다. 즉 글자의 독립적 기능이란 근본적인 면에서 볼 때, 後起形聲字는 별도의 의미를 가진 글자로서, 본래의 글자와 전혀 다른 독립된 글자로서 존재하지만, 異體字는 분명히 正字와 동일한 의미를 가진 글자로서, 正字에 귀속되어 따로 있는 독립되지 못한 글자이다. 둘째, 後起形聲字는 本字에서 字義를 구별하기 위한 방편으로 만든 글자이나, 異體字는 本字의 字義를 강조하기 위해 만든 글자이다.

3.2 生成 原因

偏旁의 追加에 의해 만들어지는 異體字도 다른 글자와 마찬가지로 그것이 생겨나게 된 原因이 당연히 존재한다. 그 原因은 여러 가지가 있겠지만, 그 중에서 가장 중요한 것은 正字 字義의 强調라 할 수 있다. 이 외에도 注音 效果를 위한 것을 비롯하여 몇 가지가 있는데, 다음에서 이들에 대해 하나씩 살펴보기로 한다.

3.2.1 字義 强調

偏旁이 추가되는 가장 큰 이유는 바로 正字의 字義를 강조하기 위한 것이다. 여기에 속하는 異體字들은 이와 같은 목적으로 偏旁을 추가하여 異體字를 만들었지만, 그 字義가 어떤 字義인가에 따라 두 가지로 나뉠 수 있다. 즉 正字의 의미와 비교할 때 同一意味를 가진 글자를 추가한 것인가, 아니면 關聯意味를 가진 偏旁을 추가한 것인가로 나뉘는데, 다음에서는 분야별로 나누어, 각각에 속하는 글자들을 대상으로 좀 더 자세히 고찰해보기로 한다.

① 同一意味의 偏旁으로 强調

먼저 正字는 당연히 본래의 의미를 지니고 있다. 새로 만들어진 異體字는 그 正字의미를 좀 더 강조하기 위해 偏旁을 추가한 것이다. 그런데 여기에서 추가되는 偏旁은 본래 의미와 동일한 의미를 갖고 있는 글자이다. 이에 속한 예를 살펴보면 다음과 같다.

轝 : 이 글자는 "輿"와 "車"가 합쳐진 것으로서, 『碑別字新編 · 十七劃』에서 "輿"의 異體字로 설명하고 있다.[190] "輿"는 "수레"의 뜻을 가진 글자이고, 여기에 추가된 偏旁인 "車"도 역시 "수레"의 뜻을 가진 글자이다. 그렇기 때문에 "輿"의 異體字인 "轝"는 正字에 그와 동일한 의미를 지닌 偏旁을 추가하여 字義를 강조한 異體字라 할 수 있다.

[丐/匃] : 이 글자는 "丐"와 "匃"가 합쳐 만들어진 글자로서, 『字彙補 · 勹部』에 "與匃同, 乞也"[191]라 하여 "丐"의 異體字라 설명하고 있다. 正字인 "丐"는 "거지"라는 뜻을 가진 글자이다. 여기에 새롭게 추가된 偏旁인 "匃"도 역시 "거지"를 의미한다. 그렇기 때문에 이 "[丐/匃]"는 正字인 "丐"에 그와 동일한 의미를 가진 偏旁을 추가하여 正字의 의미를 강조한 異體字라 할 수 있다.

그런데 이 글자는 다른 異體字와는 그 탄생 배경이 약간 특이하다. 여기에서 正字로 간주되고 있는 "丐"는 본래 "匃"의 異體字이다. 즉 본래는 '匃'가 正字이고, '丐'가 異體字였다. 『說文 · 亡部』를 보면 "匃, 气也"[192]라 하여 "匃"를 수록하고 있는 반면, "丐"는 아직 보이지 않고 있으며, 또 『玉篇 · 勹部』에도 "匃,… 乞也,…, 丐, 同上"[193]이라 말하고 있다. 이들의 내용을 근거로 한다면, 먼저 "匃"가 존재했고 후에 異體字로서 "丐"가 만들어진 것이다. 그런데 후대로 오면서 正字와 異體字의 위치가 바뀌면서 "丐"가 正字가 되고 "匃" 異體字로 전락한 것이다. 그리고 이 상태에서 正字인 '丐'에 異體字인 '匃'가 추가되어 '[丐/匃]'가 된 것이다.

[鬲釜] : 이 글자는 "釜"에 "鬲"이 덧붙여 만들어진 "釜"의 異體字이다. 『四聲篇海 · 金部』에 "釜, 扶雨切. 古史考云, 黃帝始造釜"[194]라 하고, 또 『四聲篇海 · 鬲部』에 "[鬲釜], 扶雨切. 古史考云, 黃帝始造釜"[195]라 하여, 이 두 字形이 동일한 글자임을 표시해주고 있다. 그런데 "釜"가 원래 "솥"을 뜻하는 글자이므로, "[鬲釜]"는 자연히 "釜"의 後起字로서 "釜"의 異體字라 할 수 있다. 한편 이 字形에서 追加된

190 秦公,『碑別字新編』, 文物出版社, 北京, 1985, p.397
191 吳任臣, 『續修四庫全書 · 字彙補』, 上海古籍出版社, 上海, 1995, p.475
192 許慎撰 · 段玉裁注, 『說文解字注』, 黎明文化, 臺北, p.640
193 顧野王, 『玉篇』, 臺灣中華書局, 臺灣, 1977, 卷下28, 勹部第442
194 韓孝彦 等, 『續修四庫全書 · 四聲篇海』, 上海古籍出版社, 上海, 1995, p.262
195 韓孝彦 等, 『續修四庫全書 · 四聲篇海』, 上海古籍出版社, 上海, 1995, p.511

부분인 "鬲"도 역시 "솥"의 일종이다. 그렇기 때문에 "[illegible]"는 正字 "釜"에 동일한 뜻을 가진 偏旁을 덧붙여 본래의 의미를 강조한 異體字라 할 수 있다.

[illegible] :『重訂直音篇 · 卷二』에 의하면 "[illegible], 久同"[196]이라 하여, 이 글자는 "久"의 異體字라 말하고 있다. 正字인 "久"는 "오래다"라는 뜻을 가지고 있는 글자인데, "[illegible]"는 이 正字에 동일한 의미를 지닌 "長"을 덧붙임으로서, 正字의 의미를 더욱 강조한 異體字라 할 수 있다.

이상은 모두 正字에 正字와 동일한 의미를 지닌 다른 글자를 추가하여 본래의 正字 意味를 더욱 강조하기 위한 수단으로 만들어진 異體字들이다. 正字의 의미를 강조하기 위해 새로운 偏旁을 추가하기는 했지만, 正字의 意味와 관련된 글자가 아니라, 아예 완전히 동일한 뜻을 갖는 글자를 추가한 異體字는 그리 많지 않다.

② 關聯意味의 偏旁으로 强調

위와는 달리 正字의 의미와 완전히 동일한 것이 아니라, 正字의 의미와 관련된 뜻을 가진 偏旁을 추가하여 正字의 字義를 강조하는 경우이다. 正字의 字義를 기준으로 할 때, 추가된 偏旁의 의미는 재료나 도구를 나타내는 것일 수도 있고, 방법을 나타내는 것도 있으며, 상태를 표시하는 것일 수도 있고, 대상 혹은 주체를 뜻하는 것일 수도 있다. 다음에서는 이와 같이 유형에 속하는 글자들을 대상으로 자세하게 분석해보기로 한다.

[illegible] : 이 글자는 "食"의 異體字이다. 『字彙補 · 酉部』에 의하면 "[illegible], 音義與食同"[197]이라 하여 이 "[illegible]"은 "食"의 異體字라 말하고 있다. "食"은 "먹는다"는 뜻과 "음식"의 의미를 모두 지닌 글자이다. 그런데 여기에 추가된 偏旁인 "酉"는 본래 "술항아리"의 모양을 그린 글자로서 "술"의 뜻을 가진 글자, 즉 "酒"의 初文이다. 그런데 '술'도 먹는 것의 일종이기 때문에 "酉"는 큰 틀에서 보면 의미상으로 "食"과 매우 관련이 많다. 그러한 측면에서 볼 때 "[illegible]"에서의 "酉"는 "食"의 의미를 보충해 주는 역할을 하고 있다.

196 章黼撰, 吳道長重訂, 『續修四庫全書 · 重訂直音篇』, 上海古籍出版社, 上海, 1995, p.53
197 吳任臣, 『續修四庫全書 · 字彙補』, 上海古籍出版社, 上海, 1995, p.685

𤍽：『正字通 · 火部』에 의하면 "𤍽, 俗飪字. 說文本作飪"[198]이라 하여, "𤍽"은 "飪"의 異體字라 말하고 있다. 『說文 · 食部』에 의하면 "飪, 大熟也"[199]라 하여, "飪"은 음식을 익히는 것을 가리킨다. 음식을 익히려면 반드시 불이 필요하다. 그렇기 때문에 "飪"에 불을 뜻하는 "火"를 추가하여 "𤍽"으로 한 것은, "飪"의 행위에 그 행위가 가능하도록 하는 '火'라는 재료를 덧붙여 "飪"의 의미를 강조한 것이라 할 수 있다. 한편, "飪"에는 '불'이 중요한 역할을 하기 때문에 "飪"의 異體字 중에는 오히려 "食"을 생략하고 "火"를 덧붙인 "恁"도 있다.

㿗：이 "㿗"은 머리에 나는 부스럼을 뜻하는 하나의 正字로 쓰이기도 하나, 한편으로는 "秃"의 異體字로 쓰이기도 한다. 『正字通 · 疒部』에 의하면 "㿗, 舊註音秃, 首瘍也. 案㿗本作秃卽疙, 秃俗作㿗非"[200]라 하여, "㿗"을 본래 "머리에 나는 종기(疙)"를 뜻하는 것으로서, "秃"이 本字이고, "㿗"은 俗字에 불과하다고 말하고 있다. 이를 근거로 한다면 "秃"은 본래 "머리에 나는 종기"라는 뜻을 가진 正字이다. 그런데 "종기"가 질병의 일종이기 때문에 그 질병의 의미를 강조하기 위해 후에 "疒"이 덧붙여 "㿗"이라는 異體字를 만든 것이다. 그러다가 "秃"이 "대머리"라는 뜻으로 사용되자, "㿗"은 "秃"의 異體字로 계속 존재하기도 하고, 한편으로는 "秃"의 본래의 뜻이었던 "머리에 나는 종기"만을 뜻하는 自體 正字로 따로 독립해 쓰이기도 하는 글자가 되었다고 할 수 있다.

𢠳：『康熙字典 · 心部』에서는 "𢠳, 『玉篇』, 古文辱字"[201]라 말하고 있는 바, 이에 의하면 "𢠳"은 "辱"의 異體字이다. "辱"의 의미는 "욕되다"를 뜻하는 것이고, 이 "욕되다"는 바로 마음이 작용하는 것 중의 하나라고 할 수 있다. 그래서 "辱"의 의미를 강조하기 위해 마음을 뜻하는 "心"을 추가하여 새로운 異體字인 "𢠳"을 만들었다. 그리고 『字彙 · 心部』에도 "㦉"이 있는데, 이것도 "𢠳"과 동일한 異體字로서 단지 偏旁의 위치만 바뀌었을 뿐이다. 또한 이 "辱"의 의미는 마음의 작용이라는 것이 아주 중요한 요소이기 때문에, 아예 正字인 "辱"에서 "寸"이 생략되고

198 張自烈, 『續修四庫全書 · 正字通』, 上海古籍出版社, 上海, 1995, p.70
199 許愼撰 · 段玉裁注, 『說文解字注』, 黎明文化, 臺北, 1986, p.221
200 張自烈, 『續修四庫全書 · 正字通』, 上海古籍出版社, 上海, 1995, p.138
201 陳廷敬 等, 『康熙字典』, 中華書國, 北京, 1997, p.401

“心”이 추가된 異體字인 “㥂”도 있다.

𡨹 : 이 글자는 “居”의 異體字이다. 『正字通 · 宀部』에 의하면 “𡨹, 與居同”202 이라 하여, 이것이 “居”의 異體字임을 분명히 밝히고 있다. “居”는 “거주하다”는 뜻을 가지고 있는 글자이다. 그런데 사람이 거주하는 곳은 “집”이다. 그렇기 때문에 “거주하다”의 뜻을 강조하기 위해 이 “집”을 의미하는 “宀”을 추가하여 “𡨹”라는 異體字를 만들었다. 한편 “𡨹”는 “저장하다”는 뜻을 갖는 “賰”의 異體字로도 사용되고 있는데, “賰”는 “재물이 거주하는 곳”이라는 뜻을 갖도록 만든 글자이기 때문에, “거주하다”라는 측면에서 “𡨹”를 異體字로 사용하고 있다.

𨀕 : 『字彙 · 足部』에 의하면 “𨀕, 同企”203라 하고, 『正字通 · 足部』에 의하면 “𨀕, 俗字. 企, 集韻亦作𨀕. 案企從止, 止卽踵也, 加足贅”204라 말하고 있는 바, 이에 의하면 “𨀕”는 “企”의 異體字이다. “企”는 “止”와 “人”이 결합되어 만들어진 글자로서, 여기에서 “止”는 “발”을 뜻하며, “企”는 발뒤꿈치를 올리고 멀리 바라보는 것을 뜻한다. “企”는 멀리 바라보는 동작인데, 여기에서 가장 중요한 역할을 하는 것이 “발”이다. 그래서 “𨀕”는 “企”의 의미를 강조하기 위해 “足”을 추가해 만든 異體字이다.

𥎦 : 이 글자에 대해 『字彙補 · 矢部』에서는 “𥎦, 洪盧切. 音弧, 義同”205이라 하여, “𥎦”는 “弧”의 異體字라 말하고 있다. “弧”는 『說文』에 “木弓也”라 한 바와 같이, 본래 나무로 만든 활을 뜻한다. 활은 화살과 함께 사용해야만 그 기능을 다할 수가 있으며, 이 중에서 하나라도 빠지면 그 어느 것도 본래의 기능을 발휘할 수가 없다. 그만큼 활과 화살은 함께 있어야만 하는 것이며, 이에 따라 활과 화살은 함께 거론되는 경우가 많다. 그래서 ‘𥎦’는 “활”을 뜻하는 “弧”에 “화살”을 뜻하는 “矢”를 추가함으로써, “弧”의 의미를 강조하는 異體字를 만든 것이라 할 수 있다.

𨗮 : 이 글자는 “從”의 異體字이다. 『四聲篇海 · 彳部』에 의하면 “𨗮”에 대해

202 張自烈, 『續修四庫全書 · 正字通』, 上海古籍出版社, 上海, 1995, p.297
203 梅膺祚, 『字典彙編 · 字彙』, 國際文化出版公司, 北京, 1993, p.473
204 張自烈, 『續修四庫全書 · 正字通』, 上海古籍出版社, 上海, 1995, p.548
205 吳任臣, 『續修四庫全書 · 字彙補』, 上海古籍出版社, 上海, 1995, p.60

"縱, 七恭切, 步緩也"[206]라 말하고 있으며, 동시에 "蹤"에 대해서도 『四聲篇海 · 走部』 "蹤, 七恭切, 步緩也"[207]라 하여 같은 설명을 하고 있다. 본래 "從"은 "좇다"는 뜻을 지칭하는 것인데, "좇다"는 행동은 걸음걸이와 관련이 있다. "走"도 역시 걸음걸이와 관련이 있는 글자이다. 그래서 "蹤"은 正字인 "從"에 유사한 의미를 갖는 "走"을 추가하여 "從"의 字義를 강조한 異體字라 할 수 있다.

㦟 : 이 글자와 관련하여, 『字彙 · 心部』에서는 "㦟, 同哀"[208]라 말하고 있고, 『金石文字辨異 · 卷三』에서는 "㦟, 漢益州太守無名碑, 嗚呼㦟哉. 案漢碑哀字多作㦟, 蓋古人通用字也......漢仲秋下旬碑, 歍嘑㦟哉"[209]라 말하고 있다. 이로 미루어 볼 때 "㦟"는 "哀"의 異體字라 할 수가 있다. "哀"는 슬픔을 나타내는 마음의 활동이다. 즉 슬픔이란 마음이 움직이는 것의 하나인 것이다. 그렇기 때문에 슬픔은 마음을 움직여 나타낸 것이라 할 수 있다. 그래서 이러한 슬픔을 나타내는 "哀"에 마음을 뜻하는 "心"을 추가하여 正字인 "哀"의 뜻을 강화시켜 만든 異體字가 "㦟"이다.

䎐 : 『重訂直音篇』에 의하면 "䎐, 古文飛字"[210]라 설명하고 있다. 이에 따르면 "䎐"는 "飛"의 異體字이다. "飛"는 본래 새의 날개를 그려 "날다"라는 뜻을 표현한 글자이다. 그렇기 때문에 이 "날아다니는" 행위를 할 수 있는 "날개"라는 뜻의 "羽"를 추가해 만든 "䎐"는 도구를 활용하여 正字의 의미를 강조한 異體字라 할 수 있다.

鼟 : 이 글자에 대해 『字彙 · 鼓部』에 "鼟, 同鼓"[211]라 하여 "鼓"의 異體字라 설명하고 있다. "鼓"는 나무와 가죽으로 만든 打樂器로서, 가죽으로 만든 부분인 북의 표면을 북채로 쳐서 소리를 내게 되어 있다. 그렇기 때문에 "鼓"에 있어서 가장 중요한 부분이 바로 이 가죽으로 만든 부분이라 할 수 있다. 즉 가죽 부분이

---

206 韓孝彦 等, 『續修四庫全書 · 四聲篇海』, 上海古籍出版社, 上海, 1995, p.337
207 韓孝彦 等, 『續修四庫全書 · 四聲篇海』, 上海古籍出版社, 上海, 1995, p.336
208 梅膺祚, 『字典彙編 · 字彙』, 國際文化出版公司, 北京, 1993, p.162
209 邢澍,『金石文字辨異』, 卷三 · 上平 · 十灰 "哀"下.
210 章黼撰, 吳道長重訂, 『續修四庫全書 · 重訂直音篇』, 上海古籍出版社, 上海, 1995, p.1
211 梅膺祚, 『字典彙編 · 字彙』, 國際文化出版公司, 北京, 1993, p.587

없으면 북으로서의 생명력은 전혀 갖출 수가 없게 된다. 그래서 "鼓"의 異體字 중에는 아예 "鞁"와 같이 偏旁의 일부분은 "革"으로 代替한 것도 있다. 그런 측면에서 본다면 "鞼"는 正字인 "鼓"의 재료를 나타내는 "革"을 덧붙여 正字의 의미를 강조한 것이라 할 수 있다.

襔『重訂直音篇 · 卷七 · 衣部』에 의하면 "襔, 陟里切. 襔, 紩衣也, 與黹同"212이라 하여, 이 "襔"는 "黹"의 異體字라 설명하고 있다. "黹"는 "바느질"을 뜻하는 글자이다. 바느질은 바늘을 이용하여 옷이나 헝겊 따위를 꿰매는 행위를 말한다. 즉 바느질의 대상은 주로 옷이라 할 수 있다. 그렇기 때문에 "襔"는 正字인 "黹"에 "衣"를 덧붙여 正字의 의미를 강조한 것이라 할 수 있다. 한편 "黹"의 異體字 중에는 "鍴"도 있다. 『正字通』에 의하면 "鍴, 俗黹字. 紩衣曰黹"213라 하여, 이것도 "黹"의 異體字임을 밝히고 있는데, 이 "鍴"는 "바느질"이라는 "黹"의 행위에 필요한 도구, 즉 "바늘"을 만드는 재료가 주로 금속이었기 때문에 "金"을 추가하여 正字의 의미를 강조한 異體字이다.

穚 : 이 글자는 "鬯"의 異體字이다. 『集韻 · 去聲 · 漾韻』에 의하면 "鬯穚,... 鬯, 或從禾"214라 하여, "穚"이 "鬯"의 異體字임을 밝히고 있다. "鬯"은 본래 곡식을 그릇에 넣고 발효시켜서 담근 술을 뜻한다. 이렇게 담근 술은 神에게 제사 지내는데 사용된다. 이러한 술을 뜻하는 "鬯"은 그 재료가 곡식이다. 그래서 "鬯"에 곡식을 뜻하는 "禾"를 추가하여 正字의 뜻을 강조한 異體字를 만들었다.

愳 :『字彙補 · 心部』에 의하면 "愳, 與惻同"215이라 하여, "愳"는 "惻"의 異體字라 말하고 있다. 또『隸辨 · 入聲 · 職韻』에서도 "愳, 王純碑愳隱□至. 案惻字, 集韻云, 愳, 或書作恖, 碑復加心于旁"216이라 하여, 위의 내용을 더 구체적으로 설명하고 있다. "惻"의 뜻은 "슬퍼하다"이다. 이 "惻"은 마음이 움직여야만 이루어지는 것이다. 마음이 움직이지 않을 때는 이것이 성립될 수도 없고, 또한 존재할 수도 없는 것이다. 그렇기 때문에 "惻"의 본질은 바로 마음이다. 그래서 正字形인

212 章黼撰, 吳道長重訂, 『續修四庫全書 · 重訂直音篇』, 上海古籍出版社, 上海, 1995, p.40
213 張自烈, 『續修四庫全書 · 正字通』, 上海古籍出版社, 上海, 1995, p.644
214 丁度, 『字典彙編 · 集韻』, 北京: 國際文化出版公司, p.299
215 吳任臣, 『續修四庫全書 · 字彙補』, 上海古籍出版社, 上海, 1995, p.529
216 顧藹吉,『隸辨』, 中華書局, 北京, 2009, p.188

"惻"에도 이미 "心"이 존재하는데, 여기에 "心"을 다시 추가하여 그것을 더욱 강조하고 있다.

䤆 : 이 글자는 "烹"의 異體字이다. 『字彙補 · 酉部』에 의하면 "䤆, 音義與烹同"[217]이라 말하고 있는 바, "䤆"은 "烹"에 "酉"가 추가되어 만들어진 異體字이다. 正字인 "烹"은 본래 고기나 기타 다른 음식물 재료를 요리하기 위해 삶는 것을 말한다. 이러한 삼는 행위는 음식물을 담는 솥이나 그릇을 사용해야 하기 때문에, 그릇의 모양을 그려 만든 "酉"를 덧붙여 字義를 강조한 것으로 보인다.

獝 : 『碑別字新編 · 禽字』에서는 "魏廉富及子天長造義井佛象記"의 글자를 인용하여 이 "獝"을 "禽"의 異體字로 보고 있다.[218] "禽"이 지금은 "새"의 뜻으로 쓰이지만, 본래 이 "禽"의 甲骨文은 "Ұ"으로서, 본래 "새를 잡는 채"를 그려 만든 글자로서 본래 의미는 "새를 잡다"는 뜻이다. 이것이 金文으로 오면서 상단부에 일부 자형이 추가되어 "[illegible]"으로 바뀌었다. 또한 후대로 오면서 이것은 의미가 引伸되어 "새"를 뜻하게 되었고, 본래의 의미인 "잡다"는 뜻을 나타내기 위해서는 "扌"를 덧붙여 "擒"을 만들어야만 했다. 이렇게 되자, "禽"은 결국 "새"의 뜻만을 지칭하게 되었으며, 이 "새"는 어쨌든 동물의 하나이기 때문에 짐승을 의미하는 "犭"을 덧붙인 "獝"이라는 異體字도 출현하게 되었다.

㟁 : 이 글자는 "岸"의 異體字로서, 『佛教難字字典 · 山部』에 수록되어 있다.[219] 正字인 "岸"은 "언덕"을 가리키는 말이다. 언덕이란 물가에 땅이 높이 솟아오른 형태이다. 이와 같이 땅이 위로 솟아오른 형태로 된 것으로는 "山"을 비롯하여, 그 크기에 따라 "丘"나 "嶽"과 같은 것들이 있다. 그런데 "山 · 丘 · 嶽"에서 가장 일반적이고 대표적인 의미를 나타내는 것이 "山"이기 때문에 "岸"에 "山"을 추가한 "㟁"을 만들어 본래 의미를 강조하고 있다. 이와 비슷한 예로서 "垾"이 있는데, 이는 "岸"이 흙으로 구성된 것이라는 측면에서 "土"를 덧붙여 만든 異體字이다.

齦 : 『集韻 · 上聲 · 混韻』에 의하면 "豤 · 齦, 豕齧物也. 或從齒"[220]라 말하고

217 吳任臣, 『續修四庫全書 · 字彙補』, 上海古籍出版社, 上海, 1995, p.685
218 秦公,『碑別字新編』, 文物出版社, 北京, 1985, p.253
219 『異體字字典 · 山部』 A01108 案 참고.

있다. 이에 의하면 "豤"은 돼지가 어떤 것을 입으로 물은 것을 뜻하는 글자이며, "⿱豤齒"은 "豤"에 "齒"를 추가해 만든 異體字이다. "豤"의 의미는 물건을 "물다"는 것이다. 또한 "물다"라는 행위의 주체는 바로 돼지의 "이빨"이다. 그래서 "豤"의 의미를 강조하기 위해 "齒"를 추가하여 "⿱豤齒"이라는 異體字를 만든 것이다.

⿰牛豢 : 이 글자와 관련하여 『正字通 · 牛部』에 "⿰牛豢, 同豢"[221]이라 기록되어 있는데, 이에 의하면 "⿰牛豢"은 "豢"의 異體字이다. "豢"은 "가축을 기르다"는 뜻을 가지고 있는 글자이다. 가축에는 돼지도 있지만 소나 양, 말, 닭, 염소 등 다양한 동물들이 있다. 그 중에 食用은 물론, 祭祀用으로도 사용되는 가장 대표적인 가축은 소나 양, 돼지라고 할 수 있다. 그렇기 때문에 가축을 기르는 의미를 나타내는 글자인 "牢 · 養 · 豢"과 같은 글자에 "牛 · 羊 · 豕"가 포함되어 있다. 이러한 측면에서 "豢"은 가축을 기르는 것이기 때문에 그 행위의 대상이 되는 다른 가축인 "牛"를 추가한 "⿰牛豢"을 만들어 正字의 의미를 강조하고 있다고 할 수 있다.

이상은 모두 正字의 뜻과 간접적으로 관련이 있는 글자들을 偏旁으로 추가하여 正字의 의미를 강조하기 위해 만들어진 異體字의 경우에 속한다. 의미상으로 간접적으로 관련된 경우란, 이미 앞에서도 이미 언급되고 또한 그 實例에서 살펴본 바와 같이 正字에 추가된 偏旁의 의미가 재료나 도구를 나타내는 것이거나 방법, 혹은 상태나 대상 혹은 주체를 뜻하는 것들이라 할 수 있다. 이러한 例는 위에서 거론된 것 외에도 "麻"의 異體字인 "蔴", "豪"의 異體字인 "⿰亻豪", "崇"의 異體字인 "⿰崇鬼", "防"의 異體字인 "⿰阝空", "弁"의 異體字인 "⿰糸弁", "率"의 異體字인 "⿺辶率", "奔"의 異體字인 "⿰馬奔", "艷"의 異體字인 "⿰女艷", "卒"의 異體字인 "⿺辶卒" 등 수없이 많은 예들이 있다.

3.2.2 古文의 影響

일부 合體字의 경우, 본래 說文古文에서는 偏旁이 증가된 상태로 쓰이던 글자

220 丁度, 『字典彙編 · 集韻』, 北京: 國際文化出版公司, 第29卷 p.239
221 張自烈, 『續修四庫全書 · 正字通』, 上海古籍出版社, 上海, 1995, p.84

였지만 후대로 오면서 偏旁이 일부 탈락되었는데, 오히려 그 偏旁이 탈락된 字形이 많이 사용되면서 正字로 인정된 글자들이 적지 않다. 이러한 글자 중에는 다시 본래의 古文 형태로 偏旁이 증가된 異體字들이 있다. 그러나 엄밀히 보자면 偏旁이 증가된 것이 아니라, 본래 있던 것이 正字의 지위에서 異體字의 위치로 전락되면서, 마치 正字에서 偏旁이 증가된 것으로 보이는 것이다. 그 예를 살펴 보면 다음과 같다.

𡥉 : 이 글자는 "季"의 異體字이다. 『說文解字 · 子部』에 의하면 "季，少偁也。從子稚省，稚亦聲"[222]이라 하여, "季"는 본래 "稚"에서 偏旁인 "隹"를 생략시킨 "禾"와 "子"를 결합하여 만든 글자라 말하고 있다. 한편 『正字通 · 子部』에서는 "𡥉, 古文季"[223]라 하고, 『康熙字典 · 子部』에서는 "季, [古文]..𡥉.."[224]라 하여, 모두 "𡥉"는 "季"의 古文이라 설명하고 있다. 이를 종합한다면 "季"는 본래 古文에서 "稚"와 "子"의 결합으로 이루어진 "𡥉"의 형태였으나, 후대로 오면서 "隹"가 탈락되어 "季"로 바뀌었으며, 이것이 正字로 정착되었다. 그러나 다시 이 "季"의 異體字로 본래의 古文 형태인 "𡥉"가 등장하게 되었다. 다만 이 "𡥉"가 후에 "季"가 正字로 古文의 형태로 되돌아가는 異體字로 만들어졌는지, 아니면 본래부터 古文으로 계속 존재해왔는데, 정착된 다음에 "季"가 正字로 인정됨에 따라 부득이 異體字로 간주된 것인지에 대한 명확한 구별을 하기는 쉽지 않다.

𡭊 : 이 글자는 "對"의 異體字이다. 『說文解字』에 의하면 "對, 譍無方也. 从丵从口从寸. 都隊切. 對或從士"[225]라 하여, "對"가 正字이고, "對"가 異體字라 말하고 있다. 그런데 지금은 "對"를 正字로 인정하고 "對"는 正字가 아닌 異體字로 간주되고 있다. 즉 "對"는 본래부터 "口"가 추가된 "對"가 正字였으나, 후에 이것이 異體字의 위치로 전락하게 됨에 따라 "對"는 오히려 正字인 "對"에 "口"가 추가되어 만들어진 異體字같이 간주되고 있는 것이라 할 수 있다.

𠯳 : 이 글자는 "唐"의 異體字이다. 『說文解字 · 口部』에 의하면 "唐, 大言也.

222 許愼撰 · 段玉裁注, 『說文解字注』, 黎明文化, 臺北, 1986, p.750
223 張自烈, 『續修四庫全書 · 正字通』, 上海古籍出版社, 上海, 1995, p.289
224 陳廷敬 等『康熙字典』, 中華書國, 北京, 1997, p.279
225 許愼撰 · 段玉裁注, 『說文解字注』, 黎明文化, 臺北, 1986, p.103

從口庚聲. 啺, 古文唐從口昜. 徒郎切"[226]이라 했고, 『類篇 · 口部』에서는 "唐 · 啺 · 鶶, 徒郎切. 說文, 大言也.....古作啺 · 鶶"[227]이라 말하고 있다. 위의 내용으로 미루어볼 때 "啺 · 鶶"은 모두 "唐"의 古文이다. 또한 "大言也"가 本義라는 점과 "鶶"보다는 "啺"이 더 本義에 더 충실한 偏旁을 갖고 있다는 점으로 미루어볼 때, 가장 오래된 자형은 "啺"이라 추정된다. 이 "啺"에서 "口"를 "啺"과 유사한 字音을 가진 "唐"으로 대체하여 聲符를 강화한 것이 "鶶"이다. 이렇게 되자 "鶶"은 실질적으로 "唐"과 "昜"이라는 두 개의 聲符를 갖게 되었으며, 이에 따라 聲符 하나를 제거해도 전혀 문제가 되지 않았다. 그래서 후에 "昜"을 탈락시킨 "唐"을 만들게 되었으며, 이 "唐"이 많이 사용되면서 正字로 간주되었을 것이라 추정된다. 그러나 이 역시도 古文인 "鶶"이 본래부터 "昜"이라는 偏旁을 가지고 있던 것인데, 마치 "唐"이라는 正字에 "昜"이 추가되어 만들어진 異體字로 간주된 것이라 생각된다.

3.2.3 注音 效果

偏旁을 추가하여 異體字를 만드는 또 다른 이유는 正字의 讀音을 강조하기 위한 것이라 할 수 있다. 이러한 현상은 일반적인 한자의 발전과정에서도 이미 출현되었다. 즉 甲骨文의 경우 이빨을 나타내는 "齒"는 본래 "[甲骨文 자형]"의 형태이었는데, 이 字音을 알려주기 위해 "止"를 추가하여 지금의 "齒"를 만들었으며, "鷄"나 "鳳"과 같은 글자도 같은 유형에 속한다. 그렇게 본다면 지금 우리가 正字로 보고 있는 "齒"나 "鳳"과 같은 글자도 지금의 형태로 처음 만들어졌을 당시에는 異體字였지만, 후대로 오면서 그 異體字가 正字로 인정된 경우라 할 수 있다.

그런데 다음에서 거론하는 異體字들의 경우, 그것이 만들어진 원인은 "齒"나 "鳳"과 같은 것이지만, 아직은 異體字의 수준에 머물러 있는 경우에 속한다. 즉 기존의 正字가 여전히 正字로 존재하고, 偏旁이 추가되어 字音을 강조한 異體字은 여전히 異體字로 간주되는 경우이다. 다만 이러한 예는 매우 적으며, 다음에서 하나씩 살펴보기로 한다.

226 許愼撰 · 段玉裁注, 『說文解字注』, 漢京文化, 臺北, 1986, p.59
227 司馬光等撰,『類篇』, 中華書局, 北京, 1984, p.46

糇 : 이 글자의 正字는 "屎"이다. 사람이 大便을 보는 모습을 표현한 글자로서, "糞也"의 의미를 갖고 있으며, 字音은 "式視切"이다. 『龍龕手鏡 · 米部』에 의하면 "糅 · 糇,... 音矢, 正作𡲶"[228]라 하여, "𡲶"가 正字라 설명하고 있다. 그러면서 다시 한편으로는 『龍龕手鏡 · 尸部』에서 "𡲶俗屎今"[229]이라 하여, 지금은 "屎"를 正字로 간주한다고 말하고 있다. 그런데 字義가 "糞"이라는 측면에서 본다면 "𡲶"보다는 "屎"가 더 합당하다. "𡲶"는 "屎"에서의 偏旁인 "米"가 "矢"로 대체된 것이며, 대체된 원인은 "屎"의 字音과 "矢"의 字音이 모두 "式視切"이었기 때문에, "屎"의 字音을 밝히기 위한 것으로 추정된다. 이를 다시 정리하면 본래 正字는 "屎"이며, "𡲶"는 字音을 밝히기 위해 만들어진 異體字이다. 그런데 "屎"와 "𡲶"의 두 자형이 어우러지면서 새로운 異體字인 "糇"가 만들어졌는데, 이 "糇"에서의 "矢"는 결국 正字인 "屎"의 字音을 밝히기 위해 추가된 偏旁이라 할 수 있다.

𪏟 : 臺灣教育部 『異體字字典』에 "黌"의 異體字로 이 글자가 수록되어 있는데, 여기에서 "原異體字表所收字形作, 𪏟"[230]이라 말하고 있다. 즉 "𪏟"은 正字인 "黌"에 "更"을 덧붙여 만든 것이다. "𪏟"에서 본래의 正字이었던 "黌"의 의미는 "공부하는 곳"이고, 추가된 부분인 "更"은 "고치다"의 뜻이어서 이 두 글자는 字義上으로는 어떠한 관련성도 찾을 수가 없다. 다만 字音에 있어서는 그 연관성을 찾을 수가 있다. 이 글자들의 字音을 살펴보면 "黌"은 字音이 "戶盲切"로써, 匣聲 · 庚韻에 속하고, 추가된 부분인 "更"은 "古行切"로써, 見聲 · 庚韻에 속한다. 즉 "黌"과 "更"의 聲母는 音近이며, 韻母는 동일한 疊韻이다. 이런 측면에서 본다면, 正字에 추가된 偏旁인 "更"은 字義上으로는 전혀 관련이 없고, 字音上으로는 상당한 연관성이 있으므로, 이 "更"의 역할은 本字의 字音을 다시 한번 확인해주기 위한 것이라 할 수 있을 것이다.

이러한 예에 속하는 異體字는 매우 적다. 그 이유는 현재 사용되는 正字들의 경우, 절대 다수가 形聲字이라서 字音을 나타내는 기능이 매우 훌륭하므로 구태여 다시 注音을 위한 偏旁을 추가할 필요성이 많지 않기 때문이다. 또 다른 이유로는

228 行均, 『龍龕手鏡』, 中華書局, 北京, 1985, p.305
229 行均, 『龍龕手鏡』, 中華書局, 北京, 1985, p.163
230 『異體字字典 · 』 B06239 參考.

비록 形聲字가 아닌 경우라 하더라도, 甲骨文이나 金文이 통용되던 시대에 비해 이미 수 많은 字典들이 존재하여 字音을 확인하거나 익히는데 그리 어려움을 겪지 않고 있다. 그렇기 때문에 일부러 注音을 위한 偏旁을 추가하여 異體字를 만들고자 하는 욕구를 별로 갖게 되지 않았을 것이다.

3.2.4 聲符의 交替 欲求

偏旁이 추가되어 만들어진 異體字는 偏旁의 代替에 의한 異體字와는 근본적으로 다르다. 그럼에도 불구하고 偏旁의 追加에 의한 異體字인데, 마치 偏旁의 代替에 의한 것으로 비추어지는 異體字들이 있다. 이러한 異體字들은 形聲字의 聲符를 담당하던 偏旁에 변화가 일어났기 때문이다. 예컨대 形符가 A이고 聲符가 B인 形聲字 “AB”에 다른 偏旁 C가 추가되어, A는 形符 역할을 하고 BC가 聲符 역할을 하는 “ABC”라는 異體字가 만들어졌다고 하자. 그런데 聲符 역할을 하는 “BC”만 놓고 본다면, 이 역시 B가 聲符, C가 形符 역할을 하는 “BC”라는 形聲字가 된다. 이와 같은 상황에서 正字인 “AB”의 입장에서 보면 異體字인 “ABC”는, C라는 偏旁이 추가된 異體字로 볼 수도 있고, 동시에 B가 BC로 대체된 異體字로 볼 수 있는 특이한 구조라 할 수 있다.

위와 같은 구조의 異體字에 대해 예를 들어 살펴보기로 하자. 먼저 “鉞”의 異體字로 “⿰金越”이 있다. 이 “⿰金越”은 正字인 “鉞”에서 偏旁인 “走”가 추가된 것으로 볼 수도 있고, 한편으로는 “戉”이 동일한 字音을 가진 “越”로 대체된 것으로 볼 수도 있다. 또 다른 예를 보도록 하자. “⿰言離”는 “謧”의 異體字이다. 正字인 “謧”에 偏旁인 “隹”가 추가된 것이다. 그러나 이 역시 聲符인 “离”가 동일한 字音을 갖는 “離”로 聲符 代替한 것으로 볼 수 있는 것이다. 이러한 예에 속하는 글자는 의외로 많이 발견된다. 예를 들어 “鍱”의 異體字인 “⿰金牒”은 “片”이 추가된 것으로 볼 수도 있고, “枼”이 “牒”으로 代替된 것으로 볼 수 있는 것이며, “鍼”의 異體字인 “⿰金箴”은 “竹”이 추가된 것이거나 “咸”이 “箴”으로 代替된 것이고, “諆”의 異體字인 “⿰言基”는 “土”가 증가된 것이거나 “其”가 “基”로 代替된 것이며, “⿰言夆”의 異體字인 “⿰言逢”은 “辵”이 추가된 것이거나 “夆”이 “逢”으로 代替된 것이고, “麋”의 異體字인 “⿺辶麋”도 “辵”이 추가된 것이거나 "米"가 "迷"로 代替된 것이다. 또 "謫"의 異體字인 "讁"도 "辵"이 추가된 것이거나 "啇"이 "適"으로 代替된 것이다.

이러한 것 외에 하나의 正字에 두 개의 서로 다른 異體字가 이와 동일한 현상을 보여주고 있는 것도 있다. 예컨대 "錨"의 異體字인 "[illegible]"와 "[illegible]"는 모두 "犭" 혹은 "豸"가 추가된 것으로 볼 수도 있고, 동시에 "苗"가 "猫"나 혹은 "貓"로 代替된 것으로 볼 수도 있다. 이러한 것은 "貓"가 "猫"의 異體字이기 때문에 일어나는 현상이라 할 수 있다.

3.2.5 기타

위와 같은 원인 외에 字形의 訛變으로 인해 결과적으로 偏旁이 追加된 형태의 異體字도 있고, 아직 어떠한 원인으로 偏旁이 증가된 것인지를 알 수 없는 異體字들도 있다. 먼저 訛變으로 인해 만들어진 異體字를 살펴보도록 하자. "[illegible]"는 "寶"의 異體字로써, 이 상태로 보면 "[illegible]"는 正字인 "寶"에 "雨"가 추가된 형태이다. 그러나 이것은 처음부터 "寶"에 "雨"를 추가해 만들 異體字로 보기는 어렵다. "寶"의 異體字에는 "[illegible]" 외에도 "寳 · [illegible] · [illegible] · [illegible]"가 있는데, 이들의 字形으로 미루어 보아 "[illegible]"는 "寶"가 "寳 · [illegible] · [illegible] · [illegible]"들과 같은 字形의 訛變을 거쳐 만들어진 異體字로 추정된다. 즉 "寶→寳→[illegible] · [illegible]→[illegible]→[illegible]"의 字形 訛變의 과정을 거치면서 만들어진 "[illegible]"는 결과적으로는 "寶"에 "雨"라는 偏旁이 추가된 것같이 된 것이라 할 수 있다.

다음으로는 偏旁이 추가된 이유를 알 수 없는 異體字들이다. 이러한 異體字들도 偏旁이 추가된 原因은 반드시 존재한다. 어떠한 현상이든 그것이 나타나게 된 것은 우연이든 필연이든 반드시 原因이 있어야만 한다. 그러나 그럼에도 불구하고 그 원인이 분명하지 않거나 아직 전혀 알 수 없는 것들이 있는데, 이들에 대해서는 좀 더 많은 연구를 기다려야 할 것이라 생각하며, 이를 아래에 열거하면 다음과 같다.

[illegible] : "宴"의 異體字로 "宀" 추가

[illegible] : "容"의 異體字로 "彳" 추가

⿰糸音 : “音”의 異體字로 “糸” 추가

⿱寓心 : “寓”의 異體字로 “心” 추가

⿰京寸 : “京”의 異體字로 “寸” 추가

⿰阝序 : “序”의 異體字로 “阝” 추가

⿱宀踰 : “踰”의 異體字로 “宀” 추가

⿱孤臣 : “孤”의 異體字로 “臣” 추가

위에서 偏旁이 증가되어 만들어지는 異體字의 生成 原因에 대해 살펴보았다. 그 결과 여러 가지 원인이 존재하고 있음을 확인할 수 있었다. 또한 이러한 偏旁追加의 현상에 의한 異體字의 생성은 일반적인 한자 발전 과정에서 後起字가 만들어지는 원인과 상당히 흡사하다는 것을 알 수 있었다. 그러나 일반적인 後起字가 만들어지는 원인과 다른 현상의 하나는 後起字의 생성 원인에서 나타나는 것과 같은 字形의 혼동을 막기 위한 것은 없었다는 것이다. 그 이유는 본래 異體字는 正字가 글자로서의 기능을 다하고 있기 때문에, 해당 正字에 異體字가 없다고 하더라도 문자 생활이 불가능한 것은 아니기 때문이라 생각된다. 즉 異體字는 있어도 되고 없어도 상관이 없다. 다시 말해 異體字가 만들어져야 하는 當爲性은 존재하지 않는다. 다만 異體字가 있다면 어느 측면에서는 문자 생활에 조금 편리함을 향유할 수 있다는 것 뿐이라 해도 과언이 아닐 것이다. 그렇기 때문에 異體字가 生成되는 原因은 일반적인 後起字의 生成과 같이 그리 다양하거나 강하지는 않다고 할 수 있다.

3.3 追加 字形의 類型

偏旁이 追加되어 만들어진 異體字는 모두가 合體字이다. 그런데 이러한 異體字들은 追加된 偏旁에 따라 다양한 類型을 보여주고 있다. 다음에서는 追加된 偏旁이 기존의 偏旁 일부와 同形인가 혹은 異形인가에 따른 유형을 살펴보고, 다른 한편에서는 偏旁이 追加되기 전의 正字는 어떠한 字形構造를 가지고 있었는지에 대해 간략히 살펴보기로 한다.

3.3.1 追加된 偏旁 字形과 正字와의 異同 類型

追加된 偏旁은 正字의 偏旁과 同形인 것도 있고, 異形인 것도 있다. 한편 同形이 추가되는 경우에는 正字 전체의 字形을 그대로 추가하는 것도 있는가 하면, 正字의 일부 偏旁과 동일한 偏旁을 추가하는 경우도 있다. 먼저 正字 전체의 字形을 그대로 추가하는 예를 열거하면 다음과 같다.

[illegible] : "宜"의 異體字　　[illegible] : "左"의 異體字

[illegible] : "余"의 異體字　　[illegible] : "僉"의 異體字

[illegible] : "容"의 異體字　　[illegible] : "廣"의 異體字

[illegible] : "左"의 異體字

다음은 正字의 일부 偏旁과 同形인 偏旁을 추가해 만든 異體字의 경우이며, 이들을 열거하면 다음과 같다.

[illegible] : "宣"의 異體字로써 "旦"을 追加함

[illegible] : "則"의 異體字로써 "貝"를 追加함

[illegible] : "就"의 異體字로써 "京"을 追加함

[illegible] : "秉"의 異體字로써 "禾"를 追加함

[illegible] : "弄"의 異體字로써 "玉"을 追加함

[illegible] : "征"의 異體字로써 "正"을 追加함

[illegible] : "蹎"의 異體字로써 "眞"을 追加함

[illegible] : "諢"의 異體字로써 "軍"을 追加함

[illegible] : "黈"의 異體字로써 "主"를 追加함

이 외에도 이와 동일한 類型을 보이는 異體字들이 많지만 여기에서는 생략하기로 한다. 또한 이러한 예에 속하지 않는 偏旁 追加 異體字는 당연히 異形 偏旁을 追加한 것이므로 역시 여기에서 따로 예를 들지 않기로 한다.

3.3.2 偏旁 追加에 따른 構造變化 類型

偏旁의 追加에 의해 만들어진 異體字는 構造 측면에서 보면 會意 構造로 된 것도 있고, 形聲 構造로 된 것도 있지만, 어쨌든 이들은 모두가 合體字로 변하게 된 것들이다. 즉 이들은 모두 合體字이지만, 그렇다고 正字가 모두 獨體文인 것은 아니며 合體字인 것도 존재한다. 그러나 기존의 合體字에서 偏旁이 追加된 것은 字形의 構造가 변화되었다고 볼 수는 없다. 그래서 다음에서는 獨體文에서 異體字가 合體字로 변한 경우만 다음과 같이 열거하기로 한다.

𡬶 : "京"의 異體字	𨑹 : "卒"의 異體字
[illegible] : "廾"의 異體字	徠 : "來"의 異體字
窕 : "兆"의 異體字	[illegible] : "亙"의 異體字
[illegible] : "亞"의 異體字	[illegible] : "弔"의 異體字
[illegible] : "巾"의 異體字	刈 : "乂"의 異體字
[illegible] : "久"의 異體字	靇 : "龍"의 異體字
朼 : "匕"의 異體字	笧 : "冊"의 異體字
[illegible] : "長"의 異體字	[illegible] : "典"의 異體字
㓨 : "工"의 異體字	[illegible] : "羌"의 異體字
[illegible] : "兆"의 異體字	恟 : "兇"의 異體字
胶 : "交"의 異體字	[illegible] : "貌 · 皃"의 異體字

이들은 모두 偏旁의 追加에 의해 字形의 構造가 合體字로 변했는데, 合體字 중에서도 모두 形聲 構造로 변하였다. 그런데 얼핏 보면 이러한 異體字의 生成 原因 중에 가장 큰 비중을 차지하는 것이 字義의 强調이므로, 이를 위해 正字의 字義와 관련 있는 義符를 추가했기 때문에 會意로 변했을 것으로 오해할 수 있다. 그러나 異體字의 基本 條件이 正字와 동일한 字音을 갖는 것이므로, 비록 字義가 類似한 偏旁이 새로 追加되어 만들어졌다 하더라도 그 異體字 偏旁 중의 하나는 正字와 동일하면서도 字音을 나타낸다. 그렇기 때문에 이러한 類型의 異體字는 모두 形聲字가 될 수밖에 없다.

위에서 偏旁이 追加되어 만들어지는 異體字에 대해 살펴보았다. 먼저 이러한 異體字와 後起形聲字를 비교한 결과, 後起形聲字는 별도의 의미를 가진 글자로서, 본래의 글자와 전혀 다른 독립된 글자로서 존재하지만, 異體字는 분명히 正字와 동일한 의미를 가진 글자로서, 正字에 귀속되어 따로 있는 독립되지 못한 글자라는 점과, 後起形聲字는 本字에서 字義를 구별하기 위한 방편으로 만든 글자이나, 異體字는 本字의 字義를 강조하기 위해 만든 글자라는 점에서 차이가 난다는 것을 알 수가 있었다.

또한 이러한 유형의 異體字가 만들어진 原因을 살펴본 결과, 가장 중요한 것은 正字의 字義를 강조하기 위한 것이지만, 이 외에도 古文의 영향을 받은 것도 있고, 注音의 효과를 얻기 위한 것, 聲符의 交替 慾求에 의한 것들도 있는 등, 매우 다양한 원인이 있음을 알 수 있었다. 그리고 字形의 構造面에서는 追加된 偏旁이 正字 전체 혹은 일부와 同形인 것도 상당수가 존재하며, 正字의 構造는 合體字뿐만 아니라 獨體文도 함께 존재하는 다양함을 보여주고 있다.

* 偏旁追加異體字表

類型	異體字形
字義强調	裳(常)·埒(岑)·驪(龍)·緅(長)·鑿(削)·狭(夷)·拼(弄)·轝(輿)·弜(丏)·鬴(釜)·欸(久)·飠(食)·餥·恁(飪)·跿(企)·痜(禿)·慁·愲(辱)·寠(居)·狐(弧)·悽(哀)·飛(飛)·鼙(鼓)·蹤(從)·㘸(啚)·惻(惻)·褦(黹)·醇(烹)·禽(禽)·峄(岸)·貇(豤)·豢(豢)·蘼(麻)·騂(奔)·像(豪)·巋(崇)·陸(防)·絣(弁)·逶(率)·豔(艷)·逨(卒)
古文影響	季(季)·對(對)·鴫·喝(唐)
注音效果	糇(屎)·鸒(鸒)
聲符交替慾求	鉞(鉞)·錨·鑕(錨)·諶(諆)·鏶(鍱)·鑯(鍼)·讗(謧)·譂(諱)·麠(麋)·謪(謫)
偏旁追加原因不詳	宴(宴)·傛(容)·緕(音)·寓(寓)·序(序)·尌(京)·瓜(孤)·踰(踰)

同形偏旁 追加	[illegible](宜)·[illegible](左)·[illegible](余)·[illegible](僉)·[illegible](容)·[illegible](廣)·[illegible](左)·[illegible](宣)·[illegible](則)·[illegible](就)·[illegible](秉)·[illegible](秉)·[illegible](征)·[illegible](蹎)·[illegible](諢)·[illegible](鼪)

4 偏旁의 代替

合體字에 있어서 異體字가 만들어지는 경우에는 合體字의 偏旁이 다른 偏旁으로 代替되어 만들어지는 것들이 상당히 많다. 이 때 代替되는 偏旁은 形符인 경우도 있고, 聲符인 경우도 있으며, 또 形符와 聲符가 모두 代替되는 경우도 있다. 그런데 形符가 代替되는 경우에는 代替적으로 그 形符의 字義와 관련이 있는 偏旁으로 代替하고, 聲符가 代替되는 경우는 그 聲符와 字音이 같거나 혹은 유사한 字音을 가진 偏旁으로 代替하는 것이 일반적이다.

그런데 偏旁을 代替하기는 하지만 위와는 전혀 다른 현상이 존재하기도 한다. 즉 形符와 字義 관계가 있는 것도 아니고, 聲符와 字音 관계가 있는 것이 아니라, 오직 代替되는 偏旁과 字形이 유사한 다른 偏旁으로 代替하는 경우이다. 이러한 경우는 본래의 偏旁과 字義나 字音 관계가 전혀 없기 때문에 그 異體字의 正字가 무엇인지를 밝히는 것이 상당히 어렵다.

이와 같이 偏旁의 代替로 이루어지는 異體字는 크게 形符의 代替, 聲符의 代替, 形符와 聲符 모두의 代替, 字形 類似字에 의한 代替로 나뉘어질 수 있다. 아래에서는 偏旁의 代替를 이러한 분류에 의거하여 각 분야별로 나누어 자세히 살펴보기로 한다.

4.1 形符의 代替

形符 代替 異體字는 위에서도 언급한 바와 같이 合體字의 形符를 字義가 동일하거나 유사한 다른 偏旁으로 代替하는 것을 말한다. 이와 같이 形符를 代替해 만드는 방식은 偏旁 代替 異體字 중에 가장 기본적인 유형이라 할 수 있다. 偏旁의

의미가 같다는 것과 혹은 유사하다는 것은 본래의 偏旁과 代替하는 偏旁의 字義 관계가 그러하다는 것을 뜻한다. 그렇지만 경우에 따라서는 두 偏旁의 字義가 항상 비슷하지는 않고 특정한 상황 아래에서만 비슷한 것도 있다. 즉 그 偏旁들이 合體字의 偏旁으로서가 아니라, 단독으로 사용될 경우에는 서로 의미가 다르지만, 특정 合體字의 偏旁으로 사용될 때는 그 合體字에서의 字義 기능이 유사한 것들이 있다. 이러한 것을 同一字族이라 한다.

形符 代替 異體字에는 이러한 同一字族을 활용하여 偏旁을 代替하는 경우가 대부분이기 때문에 形符 代替 異體字에 대한 이해를 위해서는 반드시 同一字族이 무엇인지 알아야 한다. 그래서 다음에서는 먼저 同一字族에 대해 알아보고, 이어서 形符 代替 異體字의 제반 문제에 대해 설명하기로 한다.

4.1.1 同一字族

形符 代替 異體字는 대부분 同一字族의 代替에 의해 만들어진다. 그렇기 때문에 우선 同一字族이 무엇이고, 同一字族에는 어떠한 것이 있으며, 이러한 同一字族의 범위는 어떻게 설정되는가에 이해가 선행되어야 할 것이다. 다음에서 同一字族의 정의와 범위를 정하고, 그것들은 또 어떠한 원인에 의해 만들어지며, 또 어떻게 만들어졌는가에 대해 살펴보고, 마지막으로 同一字族으로 이루어지는 글자들을 분류하고 살펴보기로 한다.[231]

1) 同一字族의 定義와 生成原因

合體字는 두 개 이상의 偏旁이 합쳐 이루어진 글자이다. 이 合體字를 이루는 構成要素, 즉 偏旁들은 모두 각기 나름대로의 字義를 갖고 있으면서 合體字를 구성한다. 즉 偏旁의 의미가 무엇인가에 따라 合體字의 의미가 결정된다. 예컨대 '休'字는 '人'과 '木'으로 구성되어 있는데, 여기서 '木'은 쉴 수 있는 공간을 의미하고 '人'은 쉬는 주체를 의미하기 때문에 '休'는 쉰다는 의미를 갖게 되는 것이다. 그런데 만일 여기서 '人'을 다른 글자로 바꾸어 버린다면 이 글자는 쉰다는 의미를 지니지

231 이하 "同一字族"에 대한 記述은 拙稿 "同一字族 硏究"(中國語文學論集, 1997.10)의 내용을 기반으로 수정 및 보완한 것임.

못하게 된다.

이와 같이 合體字들은 偏旁에 의해 의미가 결정되는데, 어떤 경우에는 偏旁을 다른 글자로 바꾸어도 그 의미가 변하지 않는 경우가 있다. 예컨대 "못"을 의미하는 '釘'字는 '金'과 '丁'으로 구성된 글자로서, '金'은 단순히 못의 재질을 의미한다. 그런데 이 '金'을 '木'으로 바꾸어 '朾'으로 썼다고 하더라도, 이 역시 "못"의 의미를 지니게 된다. 다만 이 못의 재질이 나무라는 것을 표현했을 뿐이다. 이는 문명의 발달과정에 따라 출현되는 예로서 못의 재질의 변화에 따라 '釘'字나 '朾'字로 표현된 것이다. 이때 '金'과 '木'은 同一字族이 된다. 그런데 만일 '鈁'(술도가니)이라는 合體字에서 '金'을 '木'으로 바꾸어 '枋'(박달나무)이라 쓴다면, 이것은 전혀 다른 글자가 된다. 다시 말해 "못"이란 의미를 지닌 글자를 만들 때는 전혀 관계없이 사용이 가능하지만, 다른 글자 안에서까지 반드시 사용한 것은 아니다.

이와 같이 同一字族이란 특정한 의미를 지닌 合體字에서 偏旁인 한 글자를 서로 바꾸어 써도 의미상 전혀 관련이 없을 때, 그 偏旁으로 사용되는 글자들을 지칭하는 말이다. 그렇기 때문에 同一字族은 특정 合體字 안에서만 성립될 뿐이며, 그 상황을 벗어나면 同一字族이란 성립이 되지 않는 한계를 지니게 된다.

그러면 이러한 同一字族은 왜 생성되는가? 어떠한 사물이나 사건의 그것이 탄생하게 된 원인이 있게 마련이다. 만일 원인이 없다면 결과는 당연히 존재할 수가 없다. 언어가 만들어진 것은 의사소통의 편리함을 위한 것이고, 문자가 만들어진 것은 언어의 불편함을 보충하기 위한 것이다. 그렇게 볼 때 同一字族이 만들어진 것도 분명히 어떤 원인이 있는데, 단순하게 보자면 그것은 造字의 다양성을 확보하고 用字의 편리성을 구하기 위한 것이라고 말할 수 있으며, 나아가 字形의 아름다움을 위해서 생겨난 것도 있다. 예컨대, 돼지를 나타내는 경우 '豬'로도 쓸 수가 있으나, '猪'로도 씀으로 인해 造字의 다양성과 用字의 편리성을 동시에 추구하고 있으며, '明'字의 경우는 '朙'으로도 씀으로서 字形美를 추구하기도 한다.

2) 同一字族의 類型分析

偏旁의 代替에 의해 合體字의 異體字가 만들어지는 과정에서 代替하고 代替되는 偏旁이 어떤 글자들로 互用되는가에 따라 그 類型이 크게 두 가지 형태로 나타난다. 즉 의미상에 있어서 同一系統의 사물을 나타내는 글자를 同一字族으로 사용하는 것과 非同一系統을 同一字族으로 사용하는 것으로 나뉠 수 있다. 동일계통의 사물을 나타내는 글자를 同一字族으로 사용하는 경우는 대부분 字義가 나타내는 효용성이 유사하다든가, 혹은 字義가 재료나 재질을 표시하는 것인데, 이 재료나 재질이 유사하기 때문이다. 그러나 비동일계통은 위의 경우와는 약간 다르다. 즉 代替하는 것과 代替되는 偏旁 중에서 하나는 “도구”를 뜻하지만 다른 것은 그 도구를 통해 “생성된 효과”를 나타내는 글자를 同一字族으로 사용한다든가, 또는 도구와 이를 통해 “생성된 사물”을 나타내는 글자를 사용하는 것, 도구와 그 “이용수단”을 나타내는 글자를 사용하는 경우, 의미상 “간접적인 관련”이 있는 글자를 사용하는 것 등, 그 형태가 매우 다양하게 나타나고 있다. 이를 유형별로 살펴보면 다음과 같다.

(1) 同一系統의 事物

동일계통의 사물이란 말 그대로 두 개의 偏旁으로 사용된 글자의 의미가 동일한 계통의 사물을 지칭하는 것을 말한다. 즉 동일한 식물이라든가 혹은 동일한 인체의 한 부분, 혹은 두 의미가 모두 곤충이라든가 하는 서로 밀접한 관계가 있는 사물들을 지칭한다. 여기서 거론되는 예들은 代替하는 偏旁과 代替되는 偏旁의 字義가 대부분 효용성이 유사하다든가, 혹은 재료나 재질이 같기 때문에 同一字族으로 사용되는 것들이다. 예컨대 ‘手’와 ‘足’은 손과 발이 효용성에서 유사하기 때문에 만들어진 것이며, ‘米’와 ‘麥’은 밥을 짓는데 사용하는 재료들로서 그 재질이 같기 때문에 서로 互用되기도 한다. 한편으로 재료나 재질이 같은 것은 효용성 또한 같은 것이기 때문에 이 두 가지는 사실상 하나의 원인으로 볼 수도 있다. 그래서 여기서는 원인 별로 분류하지 않고 사물의 종류에 따라 다음과 같이 세분하여 이에 해당되는 글자를 살펴보기로 한다.

① 人體 系統

글자의 의미가 人體의 일부분일 경우, 이들은 특정한 글자의 偏旁으로 사용될 때 서로 代替되어 사용되기도 한다. 예컨대 ‘口’와 ‘肉’의 경우, 이들은 모두 인체의

한 부분이다. 각자의 의미는 서로 다르지만 모두 인체의 일부분이라는 공통점이 있기 때문에 특정 글자의 偏旁에서 서로 代替되기도 한다. 예컨대 '咽'의 異體字로 '胭'을 쓰기도 한다. 또 '肉'과 '骨'도 모두 인체의 일부분을 지칭한다. 그래서 偏旁으로 사용되면서 서로 代替되는 경우가 많은데, 그 예로는 '股'를 '骰'로 쓴다든가 혹은 '腦'를 '髓'로, '脾'를 '髀'로 쓰는 것이 그것이다.

'足'과 '止'의 경우, 이들은 모두 인체를 뜻하면서 동시에 동일한 의미를 지니는 것이라서 서로 代替되어 사용된다. 이 두 글자는 모두 '발'을 뜻하는 것이기 때문에 다른 글자들보다 서로 호환되는 것이 아주 자연스럽다. 여기에 속하는 것으로서는 '跟'을 '止艮'으로, '踵'을 '止重'으로 쓰는 것들이 있다. 이와 같은 것으로서는 '足'과 '疋'를 서로 바꾸어 쓰는 예이다. 왜냐하면 '疋'은 지금 길이의 '단위'를 의미하는 글자로 사용되지만, 본래 이 글자는 갑골문 단계에서 '足'과 같은 글자이었다. 후대로 내려오면서 자형이 분리되어 전혀 다른 글자로 독립되었지만, 한편으로는 '발'의 의미를 계속 보존하고 있기도 하다. 그래서 자주 '足'과 互用되는데 그 예로는 '楚'를 '楚'로 쓴다든가 혹은 '疏'를 '蔬'로, '疎'를 '踈'로 쓰는 것들이 있다. 이 외에도 '手'와 '又'도 본래 모두 '손'의 모양을 그린 글자로서 같은 의미였다가 후대로 오면서 의미가 갈라진 것이다. 그러나 고대에는 의미가 같았기 때문에 合體字의 偏旁에서는 서로 代替되면서 互用하고 있다. 한편 '足'과 '手'의 경우는 모두 인체의 일부분이면서 각자가 어떤 작업을 수행하는 기능을 가지고 있다는 측면에서 서로 互用되는 경우가 많다. 그래서 '拒'를 '距'로 쓰는 경우도 발생하고 있다.

그런가 하면 '手'와 '人'의 경우는 인체 그 자체와 인체의 일부를 지칭하는 뜻을 가진 글자가 서로 互用되는 관계이다. 즉 '人'은 인체이고, '手'는 인체의 일부로서 인체의 한 기능을 담당하고 있는 것이라 할 수 있다. 이에 속하는 예로는 '擔'을 '儋'으로 쓴다든가 혹은 '擯'을 '儐'으로 쓰는 것이 그 예이다. 이와 비슷한 것으로서 '足'과 '人'이 互用되는 경우인데, 여기에 속하는 예로는 '蹕'을 '僤'로 쓰는 것이 있다. 또 '身'과 '耳' 혹은 '女'와 같은 경우, '身'과 '女'는 사람 전체의 모습을 그린 것인데 반해 '耳'는 인체의 일부를 그린 것이지만, 이들이 서로 互用되는 경우가 있다. 예컨대 '聘'을 '娉' 혹은 '躹'으로 쓰는 것이 그것이다. 또 '耳'와 '身'만 바꾼 것으로서 '耽'을 '躭'으로 쓴 것도 있다.

'歹'과 '人'의 경우는 모두 사람을 뜻하지만 '歹'은 죽은 사람을 뜻하는 것이다.

그래서 경우에 따라 '歹'을 '人'으로 代替해 쓰는 경우가 있다. 예를 들면 '殉'을 '侚'으로 쓰기도 한다. 한편 '女'와 '男'은 인체의 일부라 할 수 있는 것은 아니지만, 이 역시 사람을 뜻한다는 측면에서 서로 互用되기도 한다. 예컨대 '婢'를 '⿰男卑'로 쓰는 것이 그것이다.

또 '目'과 '臣'의 경우, 비록 '臣'의 의미가 의미상으로는 인체를 직접 의미하는 것은 아니라 할지라도 본래 '目'과 마찬가지로 사람의 '눈'을 그려 만든 象形字이기 때문에 '目'과 서로 代替되어 사용되기도 한다. 예컨대 '䀠'을 '目臣'으로 代替하기도 한다. 이 역시 이와 같이 偏旁의 字義가 同一字族이라서 서로 代替한 것으로 볼 수도 있지만, 다른 한편에서 볼 때, 이는 단순히 두 글자의 字形이 유사하여 서로 代替한 것으로 보아도 전혀 문제가 되지 않는다.

② 植物 系統

서로 바꾸어 쓰고 있는 偏旁으로 식물과 관련된 것들도 많이 있다. 먼저 '禾'와 '米'의 경우, 이들은 벼와 볍씨를 표현한 글자로서 字義에 있어서 매우 밀접한 관계이다. 그래서 이들은 곡식을 뜻하는 글자를 의미하는 合體字에서 서로 偏旁을 代替해 쓰기도 한다. 예컨대 '秔'은 '粇'으로 쓰고, '穀'은 '糓'으로 쓰는 것이 그것이다.

곡식의 경우 동일한 것은 아니더라도 곡식의 범주에 속하면 서로 바꾸어 쓰는 것들도 있다. 예컨대 '米'와 '麥'은 모두 곡식의 일종이다. 그래서 '糯'를 '⿰麥需'로 쓰듯이 곡식과 관련된 合體字의 한 偏旁으로서 이 둘은 서로 바꾸어 쓰기도 한다. 또 곡식은 아니지만, 식물의 한 종류를 뜻하는 것으로서 '竹'과 '木'은 서로 合體字의 偏旁에서 서로 代替되기도 한다. 이들은 모두 식물의 한 종류이기 때문에 서로 代替되는 경우가 많다. 예를 들면 '籬'를 '木離'로 쓰는 경우가 있는데, 여기에서 '竹'과 '木'은 모두 "울타리"를 만드는데 사용되는 재료라는 측면에서 동일한 기능을 담당하고 있다.

위와 유사한 경우로서 '艸'와 '竹'이 서로 代替되는 경우도 있다. 예컨대 '第'를 '苐'로 쓰는 경우가 그것이다. 다만 위에서 언급된 '目'과 '臣'이 代替되는 것이 同一字族이라기 보다는 字形의 유사성으로 인해 代替된 것으로 볼 수 있듯이, 이것도 字形의 유사성으로 인해 偏旁을 바꾸어 쓰는 것이라고 볼 수 있다. 즉 이들은 同一字族이기 때문이라거나 혹은 字形이 유사하기 때문이라는 두 가지 측면을 모두 가지고 서로 代替되는 것이라 할 수 있다.

한편으로 '木'과 '片'은 동일한 나무를 어떻게 가공하는가에 따라 글자가 달라지는 경우인데, 이 역시 의미상으로 동일한 범주를 벗어나지 않기 때문에 合體字의 일부 偏旁으로서 자주 互用되고 있다. 예컨대 '版'을 '板'으로 사용하는 것이 그것이다.

③ 動物 系統

동물 계통에는 사람도 포함되는 것이 당연하지만 人體와 관련된 것이 매우 많아 위에서 따로 정리했고, 여기에서는 人體를 제외한 것만 설명하기로 한다.

먼저 일반 "짐승"과 관련된 것이다. '豕'와 '犬'은 모두 짐승에 속한다. 그래서 이들이 偏旁으로 사용될 때는 서로 자주 互用되기도 한다. 예컨대 '豬'를 '猪'로 쓰는 것이 그것이다. 그런데 요즘은 오히려 '猪'가 正字가 되고 '豬'가 異體字가 되었다. 짐승은 근육, 즉 "고기" 부분을 가지고 있기 때문에 간혹 '肉'과 互用되기도 한다. 그래서 이 '豬'를 '䐗'로 쓰기도 한다. 또 짐승의 身體의 일부를 이루는 '角'은 역시 신체의 일부를 이루는 '肉'과 수시로 互用된다. 그래서 '筋'을 '⿱竹觔'으로 쓰기도 한다.

한편 '豸'와 '犬'혹은 '豕'의 경우도 서로 혼용되는 경우가 있다. 본래 '豸'는 벌레이고, '犬'과 '豕'는 짐승인데도 이들 모두가 동물이기 때문에 서로 互用되기도 한다. 그래서 '懇'을 '⿱狠心'이나 '⿱豤心'으로 쓰기도 한다. 다만 모두가 동물이라는 측면에서 同一字族으로 간주되는 경우도 있지만, 이 역시 字形이 유사함으로 인해 서로 偏旁을 代替하기도 하는 측면에서 설명할 수도 있다. 즉 양면을 모두 지닌 경우라 할 수 있다.

동물이기 때문에 互用되는 경우에는 일반 짐승과 관련된 것 뿐만 아니라 '黽'과 '虫'의 경우와 같이 하나는 "맹꽁이"인 양서류이고, 다른 하나는 파충류인데도 서로 互用되는 경우가 있다. 예컨대 거미를 뜻하는 '**鼄**'의 경우 '蛛'로도 쓰는 것이 그것이다. 그런데 요즘은 오히려 '蛛'가 正字로 간주되고 있다.

또 '隹'와 '鳥'는 본래 같은 글자이었기 때문에 서로 互用되는 경우이다. 이것은 의미가 완전히 같기 때문에 서로 互用되는 경우가 상당히 많은데, '鷄'를 '雞'로 쓴다든가 '雅'를 '鴉'로 쓰는 것들이 그것이다. 새와 관련된 것으로는 또 '羽'와 '飛'가 있다. 이들은 서로 동일한 사물이라기 보다는 성격이 약간 다른데도 불구하고 서로 연관되는 점이 많아서 互用되는 경우라 할 수 있다. 즉 새의 “날개”와 “날개의 기능”이 서로 代替되는 경우이다. ‘翻’을 ‘飜’으로 쓰는 것이 그것이라 할 수 있다.

‘魚’와 ‘骨’의 경우, ‘魚’는 물고기이고, ‘骨’은 동물의 뼈를 의미하는데도 이를 서로 바꾸어 쓰는 경우가 있다. 예컨대 ‘鮌’을 ‘⿰骨系’으로 쓰고 있는데, 이는 “鮌”이 보통 물고기가 아니라 엄청나게 커다란 물고기이기 때문에 일반 물고기가 갖고 있는 “가시”가 아닌 사실상 짐승의 “뼈대”와 같은 것을 지니고 있기 때문에 ‘骨’로서 ‘魚’를 代替한 것이라 할 수 있다.

④ 地形, 地物 系統

이는 동식물을 제외한 자연계에 존재하는 것으로서 인위적으로 만든 것이 아니라 산이나 물과 같은 본래의 존재물을 지칭한다. 여기에서 가장 대표적인 것은 山과 土, 水가 될 것이며, 여기에서 더 나아가 谷, 石, 玉, 田, 阜 등이 될 것이다.

먼저 山과 관련된 것을 살펴보자. 山은 높은 지형으로 이루어졌으며, 골짜기도 있고, 거기에는 또한 물도 흐르며, 山은 흙으로 이루어졌으나 돌들도 많이 있다. 그래서 ‘山’은 ‘谷’이나 ‘阜’뿐만 아니라 ‘土’, ‘石’ 등과 偏旁이 互用되고 있다. 먼저 ‘山’과 ‘水’가 互用되는 것으로는 ‘澗’을 ‘⿰山閒’으로 쓰기도 하며, 이는 또 ‘石’과도 혼용되어 ‘磵’으로 쓰는 경우도 있다. 또 ‘山’과 ‘谷’이 互用되는 경우로는 ‘谿’를 ‘嵠’로 쓰는 것이 있으며, ‘山’과 ‘阜’를 互用하는 것으로는 ‘峭’를 ‘陗’로, ‘崎’를 ‘陭’, ‘峻’을 ‘陖’, ‘嶇’를 ‘⿰阝區’, ‘險’을 ‘嶮’으로 쓰는 것들이 있다. 이 외에 ‘山’과 ‘土’가 서로 代替되는 것으로는 ‘坡’를 ‘岥’, ‘巘’을 ‘土獻’으로 쓰는 것들이 있다.

또한 ‘土’는 흙이기 때문에, 흙으로 이루어진 ‘阜’나 ‘山’, 혹은 ‘田’과 互用되는 것들도 있다. 예컨대 ‘隅’를 ‘堣’나 ‘嵎’으로 쓰는 것이 있고, ‘畿’를 ‘⿰土幾’로 쓰는 것이 여기에 속한다. 그런가 하면 ‘田’도 ‘石’과 互用되어 ‘儡’를 ‘亻磊’로 쓰기도 하며, ‘石’은 다시 ‘玉’과 互用되어 ‘瑙’를 ‘碯’로 쓰고 있으며, ‘硨’를 ‘王車’로 쓰기도 한다.

한편 ‘水’는 ‘云’과도 互用되는데, 이는 ‘云’이 본래 구름을 뜻하는 것이고, 구름은 물의 원천이기 때문에 서로 성격이 맞아서 互用된다. 여기에 속한 것으로는 ‘⿱雨湛’을 ‘雲甚’으로 쓴 것이 있다. 또한 ‘潤’을 ‘⿰冫閏’, ‘涷’을 ‘凍’, ‘況’을 ‘况’과 같이 ‘水’와 ‘冫’을 서로 바꾸어 쓴 것이 있는데, 이는 ‘水’와 ‘冫’의 字義가 성격이 비슷하여 互用한 것도 있지만, 이 역시 字形이 비슷하여 互用한 것으로 볼 수도 있다.

⑤ 人工物 系統

이는 사람이 만든 제품이나 구조물 중에 그 용도나 성격이 비슷한 것끼리 서로 互用되는 경우를 말한다. 대표적인 것으로서 '巾'과 '衣'가 있다. 이들은 모두 사람이 만든 옷감으로 만든 것들이라는 점에서 공통점이 있다. 그래서 서로 互用하는 경우가 있는데, 예를 들면 '⿰巾取'을 '⿰衤瓜'으로 쓴다든가, 혹은 보자기를 나타내는 '袋'를 '帒'로 쓰는 것이 있다.

이 외에도 '집'을 뜻하는 '广'과 '厂', 그리고 '宀'과 '广'이 서로 互用되기도 한다. 이들은 모두 집을 본떠 만든 것이라서 서로 互用될 수도 있지만, 다른 측면에서 보면 字形이 비슷하여 서로 互用하는 것이라고 말할 수도 있다.

(2) 非同一系統의 事物

合體字의 偏旁이 代替되어 만들어진 異體字에서 偏旁으로 사용된 글자의 字義가 본래 正字에서 사용된 偏旁과 비교할 때 전혀 관계가 없는 글자들이 있다. 즉 본래의 偏旁과 새로 代替된 偏旁이 따로 合體字에서 따로 떼어 놓으면 이들간의 字義에는 어떠한 관련성도 찾아보기가 어려운 글자들이 있다. 그런데도 불구하고 그러한 글자로 기존의 偏旁을 代替한 것이 있는데, 이는 그 偏旁이 따로 떨어져 있을 때는 본래의 偏旁과 관련이 없지만, 해당 正字인 合體字의 한 구성요소로 사용될 때는 正字의 字義를 전혀 해치지 않기 때문이다.

이렇게 의미상으로 볼 때 동일 계통의 글자라 보기 어려운데도 불구하고 偏旁으로서 서로 互用될 수 있는 경우로는 다음과 같은 것이 있다. 즉 동일 계통의 경우와 마찬가지로 同一字族이 사용된 合體字에서의 그 글자들의 효용성이 유사하다든가 혹은 재료나 재질이 유사하여 서로 代替해도 字義를 해치지 않는 경우이다. 이 외에도 본래 偏旁의 字義가 도구를 나타내는 것이라면 代替된 偏旁은 그 도구를 통해 생성된 효과나 사물 및 그 이용 수단인 경우도 있다. 다시 말해 同一字族이 본래 글자의 의미상에서 서로 간접적으로 관련이 있다면 충분히 가능하다고 할 수 있다.

非同一系統의 경우는 이와 같은 특성이 있기 때문에 여기에서는 동일계통과 같이 사물의 종류별로 분류하지 않고, 이들이 同一字族이 되는 원인에 따라 분류하여 살펴보기로 한다.

① 효용성의 유사

어떤 특정한 사건이나 사물이 만들어질 때, 그것들이 반드시 같은 수단이나 재료만 사용될 필요는 없다. 예컨대 사람이 어느 지역으로 이동한다면, 자동차를 타고 갈 수도 있으며, 비행기를 타고 갈 수도 있다. 또 집을 지을 경우에도 시멘트를 이용할 수도 있고, 흙을 사용할 수도 있는 것이다. 이러한 경우 자동차와 비행기, 시멘트와 흙은 그 효용성이 유사하다고 볼 수가 있다. 漢字의 경우도 이러한 원리가 적용되고 있는데, 그 예들을 살펴보면 다음과 같다.

먼저 '竹'과 '金'이다. 이들은 서로 다른 특성을 가진 재료이다. 그런데도 '管'이라는 글자를 구성하는데 있어서는 유사한 역할을 할 수가 있다. '管'은 속이 뚫려 있으며 길게 생긴 대롱이다. 대나무는 속이 뚫려 있기 때문에 이를 사용해서 '管'을 만든 것이다. 그러나 시대가 흐르면서 금속을 활용한 '管'을 만들었으며, 여기에 사용된 재료가 바로 '金'이다. 그래서 '管'은 偏旁을 '金'으로 바꾸어 '錧'으로 쓰기도 한다. '金'과 '貝'도 마찬가지이다. 재물을 '金'로 만들었기에 '錫'는 "준다"는 의미이다. 재물을 남에게 준다는 의미이다. 그런데 고대에는 '貝'도 재물이었다. 그래서 '金'을 대신해 '賜'로 쓸 수가 있는 것이다.

'爿'과 '土'도 서로 다른 의미이지만 특정 사물의 재료라는 측면에서는 서로 통하는 면이 있다. 즉 담장을 만들 때, 이것을 나무 널빤지로 만들 수도 있고, 흙담으로 할 수도 있다. 그렇기 때문에 담장을 뜻하는 '牆'은 偏旁이 '片'으로도 되고 '墻'과 같이 '土'가 될 수도 있는 것이다. '缶'와 '石'도 서로 다른 의미이지만, 특정한 물건의 재료라는 측면에서는 연관성을 찾을 수 있다. '罄'은 흙으로 만든 '缶'와 같은 형태의 악기이다. 그래서 偏旁을 '缶'로 하고 있다. 그러나 이것은 돌을 사용해 만들 수도 있었기 때문에 '石'을 偏旁으로 하여 '磬'으로 쓰기도 한다. 한편 제단을 나타내는 '壇'의 경우도 보통은 흙으로 쌓아 만들기 때문에 '土'를 偏旁으로 쓰지만, 이 역시 돌을 사용하는 경우도 있기 때문에 '土'를 '石'으로 바꾸어 '石亶'으로 쓰는 경우도 있다.

"한가하다" 뜻을 표현하기 위해 문 밖으로 보이는 달을 표현하거나 혹은 문 밖의 우거진 나무를 표시하기도 한다. 그래서 '閒'을 '閑'으로 쓰기도 한다. 또한 여러 갈래로 갈라지는 뜻을 표현하기 위해 나뭇가지가 갈라진 모습을 활용하여 '枝'로 쓰기도 하지만 산등성이가 여러 갈래로 갈라지는 것을 활용하여 '岐'로 쓰기도 한다. "짓밟는" 행위를 표시하는 글자를 만들기 위해 '足'을 偏旁으로 하는 '躪'을 만들었지만, 짓밟는 행위는 馬車로 이루어지는 경우도 있기 때문에 '車'를 偏旁으로 하는 '轥'을 만들기도 했다.

한편 재료나 재질이 아니지만 "행위"라는 측면에서 서로 偏旁을 바꾸어 쓴 것도 있다. '攵'과 '殳'는 모두 손으로 무엇을 잡고 "때리는" 의미를 갖는 글자이다. 그래서 이 글자들은 偏旁에서 서로 바꾸어 쓰기도 하는데 '斂'을 '𣪌'으로 쓰는 것이 그 예이다. 또 '人'과 '示'는 "행위" 그 자체는 아니지만 행위의 주체라는 측면에서 서로 互用되는 경우가 있다. 예컨대 '祐'는 신(示)이 도움을 내리는 뜻을 가진 글자인데, 도움을 주는 것은 사람(人)도 가능하기에 이를 '佑'로 바꾸어 쓰기도 한다. 여기에서 '示'와 '人'은 모두 도움을 주는 행위의 주체자라는 측면에서 서로 통한다고 할 수 있다. 또 행위의 유형이 전혀 다른 것으로 代替하는 것도 있다. '言'과 '走'는 전혀 다른 의미이다. 그런데 "訃音"을 뜻하는 '訃'에서 '言'은 말로 전하는 것인데 반해, 이를 달려가서 전한다는 의미로서 '走'를 偏旁으로 하여 '赴'로 쓰기도 한다.

② 도구와 이를 통해 생성된 효과를 나타내는 글자

도구는 그것을 사용함으로 인해 어떤 효과가 생성된다. 이러한 경우에 그 도구와 이를 통해 생성된 효과는 매우 밀접한 관계를 지니게 되며, 이로 인해 도구를 나타내는 글자와 도구의 사용으로 인해 만들어진 효과를 나타내는 글자는 合體字의 偏旁에서 서로 바꾸어 쓰는 경우가 생겨난다. 예컨대 사람의 입은 말하는 기능과 밥을 먹는 기능이 있어서 입을 의미하는 口字와 말하는 것과 밥을 먹는 의미인 言字와 食字는 偏旁에서 서로 통용되는 경우가 적지 않다.

먼저 '口'와 '言'의 경우, 입은 말하는 기능을 가진 도구라 할 수 있고, '言'은 입을 통해 나오는 것이다. 이 둘은 偏旁에서 서로 互用이 되는 경우가 있다. 예컨대 '嘲'를 '謿', '詠'을 '咏', '喩'를 '諭', '謙'을 '嗛', '囈'를 '讛'로 쓰는 것이 그것이다. 또 '口'와 '食'도 마찬가지여서, 이에 속한 것으로는 '饕'를 '叨'로 쓴다든가, 혹은 '嗜'를 '鰭'로 쓴 것이 있다. 이 외에도 인체에 관련된 것으로 '目'과 '見'이 互用되어 '睹'를 '覩'로 쓰고 있으며, '足'과 '走'가 互用되어 '踔'을 '趠'로 쓰고 있고, '又'와

'攴'이 互用되어 '潡'를 '溆'로 쓰기도 한다.

그런가 하면 '馬'와 '攴'은 전혀 다른 의미이나 특정 글자의 偏旁에서는 행위와 행위의 주체 관계가 된다. 그래서 "쫓아 보내다"라는 뜻으로서는 '驅'는 말을 타고 쫓아보내는 것인데, '馬'를 행위를 나타내는 '攴'으로 代替하여 '敺'로 쓰기도 한다. '火'와 '光'은 도구와 효과는 아니지만, '火'가 도구에 준하는 주체가 되고, 이 주체로 인해 효과가 발생하는 것이 '光'이어서, 역시 偏旁에서 서로 互用이 되기도 한다. 이러한 예로는 '焜'을 '光昆'으로 쓴다든가 혹은 '熠'을 '燿', '輝'를 煇로 쓰는 것이 그런 것들이다.

③ 도구 혹은 재료와 이를 통해 생성된 사물을 나타내는 글자

위의 예가 도구를 통해 생성된 효과라면, 다음은 도구나 재료의 사용으로 생성된 사물을 나타내는 글자가 合體字의 偏旁에서 서로 互用되는 경우를 말한다. 이러한 경우는 매우 다양하며, 몇 가지 예를 들면 다음과 같다.

먼저 '糸'와 '巾'이다. 수건을 나타내는 '巾'은 실을 사용해서 만들어진 물건이다. 그렇기 때문에 '糸'와 '巾'은 매우 밀접한 관계가 있어 偏旁에서 互用되기도 하며, '紙'를 '帋'로 쓰는 것이 그 예이다. '糸'와 '衣'도 마찬가지이며 이러한 예로서 '縗'를 '褸'로 쓰기도 한다. 또 '毛'와 '聿'도 이와 같은 유형에 속한다. '聿'은 본래 붓의 모양을 그려 만든 글자인데, 붓을 만들기 위해서는 '毛'가 필요하다. 그래서 '毛'와 '聿'은 互用되며, '筆'을 '笔'로 쓰는 것이 그 예다.

'米'와 '食'이 互用되는 경우도 있다. 밥은 쌀을 가지고 짓는 것이다. 그렇기 때문에 밥을 짓는 재료인 '米'와 밥을 뜻하는 '食'은 의미상으로 상당한 관련이 있기 때문에 偏旁에서 자주 互用된다. 예컨대 '餈'를 '粢'나 '糍'로 쓰는 것이 그것이다. 한편, '糍'의 경우는 聲符까지도 同音인 '玆'로 바꾸어 쓰고 있다. 이 외에도 '刀'와 '金'이 互用되기도 하는데, 이들 역시 재료가 되는 '金'과 생성된 사물을 뜻하는 '刀'가 밀접한 관련이 있기 때문이다. 그 예로는 '剛'을 '鋼'으로, '劍'을 '金僉'으로 쓰기도 한다.

④ 동일한 도구 혹은 재료를 통해 생성된 효과나 사물을 나타내는 글자

合體字에서 서로 互用되는 偏旁 중에는 동일한 도구나 재료를 통해 생성된

효과나 사물들이 있다. 여기에 속하는 글자들은 그 도구나 재료를 뜻하는 글자와 그것으로 생성된 효과나 사물을 나타내는 글자가 서로 互用되는 것이 아니라, 도구와 재료가 같은 것에서 생성되는 효과를 나타내는 서로 다른 글자들끼리 互用되는 경우를 말한다. 즉 생성된 근원이 같은 것끼리 互用되는 것을 말한다.

예를 들어 '欠'과 '食'의 경우, 이들은 모두 '입'을 통해 생성되는 행동이다. 즉 하나는 입으로 하품하는 것이고, 하나는 밥을 먹는 것이다. 그렇기 때문에 이 둘은 서로 일정 부분에 있어서 연관성을 갖고 있는 것이다. 그래서 合體字의 偏旁에서 互用되기도 하는데, '歌'를 '謌'로 쓰는 것이 그 예라 할 수 있다. 또 '攵'과 '殳'의 경우도 모두 손으로 무엇인가를 들고서 때리는 것을 표현한 글자이다. 즉 이들은 모두 '손'이라는 도구에 의해서 만들어지는 행동이라 할 수 있다. 그렇기 때문에 서로 互用되는 경우가 많은데, 예를 들면 '敵'을 '𣪌'으로 쓰는 것이 그것이다.

⑤ 도구와 이용 수단 혹은 대상을 나타내는 글자

하나의 도구가 있으면 그것을 이용하는 수단이나 혹은 그것의 이용 대상이 있게 마련이다. 그럴 때 이들 간의 관계는 자연히 밀접할 수밖에 없으며, 그것들을 나타내는 글자들도 역시 밀접한 관계가 된다.

먼저 '足'과 '山'을 보도록 하자. 산을 오르내리는 행위에는 발이 사용된다. 즉 도구는 발이고, 도구의 대상은 산이 된다. 그래서 이것들이 산이나 발과 관련된 의미를 나타내는 뜻을 가진 合體字에서 偏旁으로 사용되면서 서로 互用될 수가 있다. 그래서 머뭇거린다는 뜻을 나타내는 '躇'는 산을 오르내릴 때 나타날 수 있는 행동이며 또한 발을 가지고 일어나는 행동이기 때문에 이를 '𡾊'로 쓰기도 한다. 발과 관련된 것으로서 '足'과 '彳'도 있다. '彳'은 "사거리"를 의미하기 때문에 '足'의 대상이 된다. 그래서 '蹊'를 '徯'로 쓰기도 한다. 또 동일한 경우로서 '足'과 '辵'이 互用되기도 하는데, '遁'을 '踲'으로 쓰는 것이 그 예이다.

'口'와 '龠'이 互用되는 경우도 있다. '龠'은 대나무 관을 여러 개 엮어 만든 피리의 형상이다. 피리는 그 소리가 매우 아름답기 때문에 그 소리를 들으면 매우 평화로움을 느낀다. 그래서 引伸되어 平和의 의미를 갖게 되었으며, 이 引伸義를 위해 만든 글자가 '龢'이다. 피리는 입으로 불어서 사용한다. 그래서 '龠'을 '口'로 바꾸어 '和'로 쓰기도 한다.

'人'과 '力'도 마찬가지이다. '力'은 쟁기의 모습을 그려 만든 글자이다. 이를 사용하는 것은 사람이기 때문에 이들은 서로 互用하기도 하는데, '努'를 '伮'로 쓰는 것이 그 예이다. 또 '膳'을 '饍'으로 쓰기도 하는데, 여기에서 偏旁인 '食'은 행위를 나타내는 것인데 반해 '肉'은 그 행위의 대상이 되는 것이다.

⑥ 本字의 의미와 관련된 글자

서로 代替되면서 互用되는 偏旁끼리는 전혀 의미상으로 관련이 없고, 오직 代替하는 偏旁의 의미가 본래 本字의 의미와 관련되어 있는 경우이다. 예컨대 '巛'와 '宀'의 경우, 의미상에 있어서 서로 직접적으로 전혀 관련이 없다. 그런데 이것이 재난의 의미로 사용된 '災'의 偏旁으로 사용될 경우에 이들이 互用되는 경우도 있다. 즉 '災'의 偏旁인 '巛'를 '宀'으로 代替하여 '灾'로 쓰기도 하는데, 여기서 '巛'의 同一字族에 해당되는 '宀'은 사실상 '巛'의 본의인 냇물과는 직접적인 관련성이 없다. 그러나 본자의 의미인 물난리나 화재로 인한 재난의 대상은 주로 家屋이라는 점에서 '宀'과는 밀접한 관계를 가지고 있으며, 이로 인해 同一字族으로 사용된 것이다.

'火'와 '金'의 경우도 직접적으로는 관련이 없지만, '燈'의 경우 이를 '鐙'으로 바꾸어 쓰는 경우가 있다. 이는 통상적으로 燈이 금속으로 만들어져 있기 때문에 '火'를 대신하여 '金'을 偏旁으로 사용한 것이라 할 수 있다. 또 '木'과 '皿'이 서로 代替되는 경우도 있는데, '槃'을 '盤'으로 쓰는 것이 그것이다. 이는 쟁반을 나무로 만들기 때문에 '木'을 偏旁으로 하지만, 이것이 그릇이기 때문에 '皿'을 偏旁으로 할 수 있기 때문이다. 이런 경우로 '木'과 '舟'가 있다. "돛대"를 뜻하는 '楫'은 그것이 배 위에 설치되는 것이라서 '舟'를 偏旁으로 하여 '艥'으로 쓸 수도 있지만, 그것을 만드는 재료가 나무이기 때문에 '木'을 偏旁으로 할 수도 있다. 그렇기 때문에 이 둘은 서로 의미상으로 직접적인 관련이 없으면서도 특정한 글자에서 서로 代替가 가능하다.

이상에서 언급된 것 외에도 '刀'와 '刃'이 同一字族인 '劍'과 '劒', '釗'와 '釰'이 있는데, 이는 도구 그 자체와 해당 도구 일부분의 관계이다. 또 '四'와 '子'가 同一字族인 '泗'와 '汙'도 있다.

4.1.2 形符 代替 異體字의 生成 原因

形符代替異體字가 만들어지는 原因은 여러 가지가 있지만, 그 중 가장 중요한 것은 보통 異體字가 생성되는 원인이라 할 수 있는 取材源의 多樣性이라 할 수 있다. 이는 漢字가 변화 발전하는 과정에 존재하는 原因과 같은 것이라 할 수 있다. 다음으로는 字形의 簡化, 혹은 意味의 强調가 중요한 원인이 된다. 字形은 후대로 올수록 簡化되는 경향을 나타내는데, 이는 글자를 빨리 쓰기 위한 욕구에서 만들어지는 당연한 현상의 하나라 할 수 있다. 그리고 正字가 본래의 의미를 나타내는데 문제는 없지만, 그 의미를 강조하기 위한 방편의 하나로써, 形符를 다른 偏旁으로 대체하기도 한다. 즉 기존의 偏旁을 본래 正字의 의미에 좀 더 근접한 의미를 지니는 다른 偏旁으로 代替하는 경우가 그것이다. 물론 이러한 意味 强調를 위한 異體字로는 단순히 기존의 偏旁을 다른 偏旁으로 代替시키는 것보다는, 새로운 偏旁을 추가하여 만든 異體字들이 가장 많고, 또한 그렇게 하는 것이 의미의 강조도 더 확실하게 이루어진다. 그러나 이러한 形符의 추가가 아닌, 形符의 代替에 의해 意味를 강조하는 異體字가 존재하며, 여기에서는 이들에 대해서 살펴보기로 한다.[232]

1) 取材源의 多樣性

하나의 合體字는 두 개 이상의 偏旁을 합쳐서 새로운 字義를 만들어내는 것이다. 그런데 이러한 合體字를 만들 때, 처음부터 특정 偏旁만을 선택하여 이를 조합한다는 규정이나 의무는 없다. 즉 처음부터 새로운 合體字의 의미를 표현할 수 있는 특정한 두 개의 偏旁을 선택하여 이를 조합해 合體字를 만들 수도 있지만, 그렇지 않을 수도 있는 것이다. 다시 말해 새로운 合體字의 의미를 창출할 수 있는 의미를 가진 偏旁들 중에서 임의로 하나를 선택해 다른 偏旁과 결합하여 새로운 合體字를 만들 수도 있고, 동일한 부류에서 새로운 偏旁을 선택해 다른 偏旁과 결합시켜 合體字를 만들 수 있는 것이다.

232 이하 "形符代替異體字의 生成原因"에 관한 기술은 拙稿 "基於形符代替異體字代替與被代替偏旁的字義關係研究"(民俗典籍文字研究 第18輯, 2016.11)의 내용을 바탕으로 대폭 수정하고 추가한 것이다.

즉 A의 의미를 가진 偏旁에 A, A1, A2, A3와 같은 글자가 있고, B의 의미를 가진 偏旁에 B, B1, B2 등과 같은 글자가 있다면, AB라는 의미를 나타내는 合體字를 만들기 위해, 처음부터 A와 B를 결합하여 AB라는 合體字를 만들 수도 있지만, 그것과 달리 A1B이나 혹은 A2B, AB1과 같은 조합으로 AB의 의미를 표현하는 글자를 만들 수도 있는 것이다. 이때 만들어진 AB와 A1B, A2B, AB1과 같은 글자들이 동일한 字音을 갖는다면, 이들은 자형만 다를 뿐, 字音과 字義가 모두 같으므로 하나의 異體字群이 된다. 이와 같이 동일한 字音과 字義를 가진 글자들이 많이 존재하게 되면 文字의 整理를 위해 그 중의 하나를 規範字로 정하여 이를 正字로 간주하고, 나머지는 異體字로 처리해야 하는데, 여기에서 AB를 正字로 한다면 나머지는 자연히 異體字의 지위로 떨어지게 된다.

또 다른 하나는 본래 正字가 하나 만들어진 상태에서, 旣存의 正字 偏旁 構成에서 기존의 偏旁과 의미가 통하는 다른 글자로 偏旁을 代替하는 경우일 것이다.

그런데 形符 代替 異體字 중에서도 取材源의 多様性으로 인해 생성된 異體字 중에는 그것이 처음부터 여러 개의 異體字群이 형성된 후 나중에 正字와 異體字로 분리된 경우인지, 아니면 처음부터 正字가 있는 상태에서 후에 正字의 偏旁을 代替하여 새로운 異體字를 만든 것인지를 명확하게 밝히기가 어렵다. 이와 관련된 글자를 일부 예를 들면 다음과 같다.

⿰月更(骨－月) : 『說文解字』에 의하면 "骾, 食骨留咽中也. 從㪅骨聲. 古杏切"233이라 하여, '骾'은 목구멍에 가시가 걸린 것을 말한다. 그리고 『康熙字典』에서는 "⿰月更, 『玉篇』或作骾. 食骨留咽中也"234이라 말하고 있는 바, 이에 의하면 '骾'이 '⿰月更'의 異體字인듯 하나, 본래 '骾'이 正字였고, 근래도 '骾'을 正字로 간주하고 '⿰月更'을 異體字로 하고 있다. 본래 '骾'의 字義가 사람의 몸과 관련되었고, 여기에서 偏旁으로 사용된 '骨'도 人體의 일부이기 때문에, '骨'은 人體와 관련된 뜻을 가진 다른 글자로 代替되기도 한다. 즉 일반 異體字에서 '骨'이 '肉'이나 '身 · 足' 등 다른 신체를 나타내는 偏旁과 代替되어 새로운 異體字를 생성하는 것은 매우 자주 보이는 현상이다. 여기에 사용된 '⿰月更'도 正字인 '骾'에서 '骨'이 '月'으로 대체된

233 許愼 撰, 段玉裁 注, 『說文解字注』, 漢京文化事業有限公司, 臺北, 民國69, p.168
234 張玉書 等 撰, 『康熙字典』, 中華書局, 北京, 1997, p.985

것이며, ‘骨’이 ‘月’으로 代替되어도 전체 字義에는 커다란 영향을 미치지 않기 때문에 위와 같이 代替된 것이라 할 수 있다.

한편 이 ‘骾’은 그 字義가 “목에 가시가 걸리다”인데, 이 목에 걸리는 것은 물고기의 가시가 될 경우가 많기 때문에 偏旁인 ‘骨’이 ‘魚’로 대체되기도 한다. 그래서 『康熙字典』에서는 집운을 인용하여 “骾, 『集韻』通作鯁”이라 말하고 있는데, 이와 같이 正字에서의 偏旁인 ‘骨’이 ‘魚’로 대체되는 것은, 이 字義를 표현하는데 있어서 ‘魚’가 전혀 문제가 되지 않기 때문이다. 그리고 ‘鯁’은 自體的으로 正字가 되기도 한다.

鴜(隹–鳥) : 『說文解字』에 의하면 “雌 , 鳥母也. 從隹此聲”이라 하여 새 중에서 암컷을 나타내는 것을 ‘雌’라 하였다. 그런데 異體字인 ‘鴜’에서는 ‘雌’의 偏旁인 ‘隹’를 ‘鳥’로 代替하고 있는데, ‘隹’와 ‘鳥’는 본래 모두 새를 가리키는 것이며, 同源字이다. 그렇기 때문에 偏旁으로 어느 것을 사용해도 字義에는 전혀 영향을 주지 않는다. 이러한 예는 “鷄 · 雞”나 “鴙(雉)”, “鴈(雁)”, “雅(鴉)” 등 매우 많다. 이와 같이 ‘새’와 관련된 글자를 만들 때는 ‘鳥’를 偏旁으로 사용하지만, 경우에 따라서는 ‘隹’를 偏旁으로 사용하기도 하는데, 이는 造字한 사람이 두 偏旁 중에서 임의로 하나를 선택한 것일 뿐, 어느 것이 本字의 字義에 더 적합한 것이라 말할 수는 없다.

岮(阝–山) : 『重訂直音篇·山部』에 의하면 “岮 , 與陀同. 岮 , 同上”이라 하여, ‘岮’는 ‘陀’의 異體字라 설명하고 있다. 이 글자는 正字인 ‘陀’에서 偏旁인 ‘阝’가 同一한 字義를 갖는 ‘山’으로 代替되어 ‘岮’로 변한 것이다. 사실 언덕을 뜻하는 ‘阝’나 작은 산을 뜻하는 ‘山’은, 의미상에서 모두 同一字族에 속한다고 할 수 있다. 즉 비탈진 언덕을 뜻하는 ‘陀’를 ‘岮’로 바꾸어 써도 字義上으로 어떠한 문제가 되지 않는다. 그렇기 때문에 이 ‘阝’와 ‘山’을 바꾸어 사용하는 것은 異體字에 있어서 매우 흔히 나타난다. 예컨대 “岅(阪) · 嶮(險) · ⿰山巠(陘)”과 같은 것이 여기에 속하는데, 여기에서 ‘阝’와 ‘山’이 字義上 너무 밀접하기 때문에 처음 이들 글자를 만들때 ‘阝’를 먼저 取했는지, 아니면 ‘山’을 먼저 取했는지 확인하기가 쉽지 않은 경우라 할 수 있다.

粘(黍–米) : 段注本『說文解字·黍部』의 의하면 “黏, 相箸也. 從黍, 占聲. 女

廉切"[235]이라 하고, 『集韻 · 平聲 · 鹽韻』에서는 "黏 · 粘 · 溓, 尼占切, 『說文』相箸也. 或从米, 亦作溓"[236]이라 하였으며, 『字彙 · 首卷 · 從古』에 의하면 "黏 , 俗作粘"[237]이라 하여 '黏'이 正字이고 '粘'이 異體字라 말하고 있다. '黏'에서 偏旁으로 사용된 '黍'는 곡식의 하나로서, '黏'의 字義를 구성하는데 있어서 중요한 역할을 담당하고 있다. '黏'에 있어서 '黍'의 기능은 그것이 곡식이기 때문에 가능한 것이다. 그래서 이 '黍'를 동일한 기능을 할 수 있는 '米'로 대체해 만든 글자가 '粘'이다. 즉 '米'는 '黍'와 같은 곡식이기 때문에 正字인 '黏'에서 '黍'의 기능을 완전하게 대체할 수 있다. 그래서 곡식과 관련된 合體字의 경우는 '米'와 '黍'가 서로 자주 互用되고 있다. 이와 마찬가지로 곡식의 일종인 '麥'도 '米'나 '黍'와 서로 互用되는 경우가 매우 많다. 예를 들면 "⿰麥占(黏) · 粘(黏)⿰米离(黐) · ⿰米面(麵) · ⿰米豊(麷) · ⿺麥巨(粔) · ⿰麥胡(糊)"와 같은 것들이 있는데, 이 "黍 · 米 · 麥"들은 正字와 異體字에서 偏旁으로 서로 混用되고 있기 때문에, 어느 것이 먼저 사용되고, 어느 것이 나중에 사용되었다는 것을 일률적으로 규정짓는다는 것은 매우 어렵다.

磂(金-石) : 『康熙字典』에 의하면 "鎦,.. 音留. 『說文』殺也..... 又『集韻』力救切 , 音溜. 梁州謂釜曰鎦. 『揚子 · 方言』甂 , 自關而東或謂之酢鎦"[238]라 말하고 있고, 또 『集韻 · 去聲 · 宥韻』에는 "鎦, 磂. 梁州謂釜曰鎦 , 或從石"[239]이라 말하고 있다. 이에 의하면 '鎦'는 平聲으로 읽으면 "殺也"의 뜻이고, 去聲으로 읽으면 "釜 · 甂"의 뜻을 갖게 되는데, 去聲으로 읽는 경우에는 偏旁의 '金'은 '石'으로 대체되어 '磂'로 쓸 수 있다고 말하고 있다. 金이나 石은 木이나 土 등과 마찬가지로 모두 물건을 만드는데 필요한 재료로 사용될 수 있다. 즉 어떤 물건을 만드는가에 따라 그 재료를 달리 쓸 수 있다. 그런데 "釜 · 甂"과 같은 경우는 초기에는 흙을 구워서 만들었지만 후에는 '金'으로도 만들었고, 또한 '石'이나 '木'을 사용하기도 했다. 그렇기 때문에 이러한 "釜 · 甂"과 같은 물건들을 뜻하는 '鎦'는 偏旁이 반드시 '金'으로 고정될 필요는 없다. 상황에 따라 '土'가 될 수도 있고, '石'이 될 수도 있으며

235 許愼 撰, 段玉裁 注, 『說文解字注』, 漢京文化事業有限公司, 臺北, 民國69, p.333
236 丁度 等, 『字典彙編 · 集韻』, 國際文化出版公司, 北京, 1993, p.221
237 梅膺祚, 『字典彙編 · 字彙』, 國際文化出版公司, 北京, 1993, p.5
238 張玉書 等 撰, 『康熙字典』, 中華書局, 北京, 1997, p.1318
239 丁度 等, 『字典彙編 · 集韻』, 國際文化出版公司, 北京, 1993, p.303

'木'이 될 수도 있는 것이다. 그렇기 때문에 '鎦'의 偏旁인 '金'을 '石'으로 대체하여 '磂'로 쓰는 것은 字義에 어떠한 영향도 주지 않기 때문에 충분히 가능하다.

䞒(辵－走) : 『說文解字』에서는 "迥, 遠也. 從辵, 冋聲"[240]이라 하고, 『四聲篇海 · 走部』에서는 "䞒, 音逈"[241]이라 하고 있으며, 『字鑑 · 上聲 · 迥韻』에서는 "迥, …俗作逈"[242]이라 말하고 있다. 『字鑑』에 의하면 '逈'은 '迥'의 異體字인데, 이는 '迥의 '聲符인 '冋'의 字形이 '向'과 유사하여 혼용된 것으로 보인다. 異體字에서 이와 동일한 예는 매우 많다. 예컨대 『龍龕手鏡 · 火部』에서는 "烔俗, 炯正, 音逈"[243]이라 하여 '炯'이 '烔'으로 바뀌었다. 그렇기 때문에 '逈'이 '迥'의 異體字라는 것에 대해서는 異論의 餘地가 없다. 그리고 '䞒'은 '逈'에서 변화된 것이라 할 수 있다. 즉 '逈'의 形符인 '辵'이 '走'로 代替된 것이다. '逈'의 字義는 "寥遠也"로서 사람이 오고 가는 "거리의 개념"이 내포되어 있기 때문에, 이와 관련된 의미를 갖는 '辵'이나 "廴 · 走 · 行 · 彳 · 足" 등이 모두 偏旁으로 사용될 수 있다. 즉 '逈'의 偏旁을 '走'로 바꾸어 '䞒'으로 쓴다고 해도 字義에는 어떠한 영향을 미치지 않는다. 그렇기 때문에 이 '䞒'은 '逈'의 異體字가 되고, 결국은 '迥'의 異體字가 되는 것이다.

㺄(豸－犭) : 『字彙』에 "㺄, 同貐"[244]라 말하고 있는 바, 이 글자는 '貐'의 異體字이다. 즉 '貐'의 偏旁인 '豸'가 '犭'으로 代替되어 있는데, '豸'와 '犭'은 같은 부류의 짐승이기 때문에, 짐승의 습성이나 행동 유형 등을 나타내는 글자에 있어서는 서로 偏旁을 代替하여 쓰기도 한다. 이와 동일한 예로서 "犴(豻) · 犲(豺) · 狖(貁)" 등이 있는데, 이들 역시 모두 짐승과 관련된 字義이기 때문에 서로 代替가 가능하다. 이 외에도 "猪(豬) · 豬(猪) · 猳(豭) · 獂(豲) · 𤡯(豵) · 獱(豶)"과 같이 반드시 '豸'와 '犭'이 아니더라도 그것의 字義가 "짐승"과 관련된 것이면 이렇게 서로 偏旁을 互用하기도 한다.

240 許愼 撰 · 段玉裁 注, 『說文解字注』, 漢京文化事業有限公司, 臺北, 民國69, p.75
241 韓孝彦 等, 『續修四庫全書 · 四聲篇海』, 上海古籍出版社, 上海, 1995, p.396
242 李文仲, 『字典彙編 · 字鑑』, 國際文化出版公司, 北京, 1993, p.430
243 行均, 『龍龕手鏡』, 中華書局, 北京, 1985, p.241
244 梅膺祚, 『字典彙編 · 字彙』, 國際文化出版公司, 北京, 1993, p.281

2) 簡化

異體字가 생성되는 원인 중의 중요한 하나는 簡化이다. 복잡한 字形의 漢字를 계속 사용할 수밖에 없는 많은 사람들은 어떻게 하면 이 복잡한 字形을 간단하게 만들 수 없을까라는 생각을 하게 되었을 것이고, 그 방법의 하나로서 복잡한 형태의 偏旁을 간단한 형태의 偏旁으로 代替하는 방안을 생각해낸다는 것은 자연스런 현상의 하나이다. 또한 이러한 簡化는 異體字가 簡化된 결과도 되기 때문에 결국 簡化는 異體字 生成의 原因이 됨과 동시에 결과가 된다고 말할 수 있다.

그런데 形符를 代替하는 경우, 복잡한 偏旁을 간단한 偏旁으로 대체하게 된다고 하더라도 반드시 代替되는 偏旁과 본래 偏旁의 字義가 통하는 바가 있어야 한다는 前提가 수반된다. 즉 筆劃數가 적은 偏旁으로 代替가 되지만, 意味上으로 서로 관련성이 있어야 한다는 점이다. 이 점 때문에 경우에 따라서는 본래 簡化를 위해 만들어진 異體字라 하더라도 簡化가 그 異體字가 生成하게 된 하나의 原因이 되기도 하지만, 동시에 字義의 區別性을 위한 것이 되는 경우도 있다. 예컨대 '韍'은 "蔽膝"을 가리키는 글자인데, 여기에서 偏旁인 '韋'는 '巾'으로 代替되어 '帗'이 되었다. 본래 "蔽膝"은 재료가 가죽이기 때문에 偏旁으로 '韋'가 사용되었지만, 이 "蔽膝"은 결국 무릎을 가리는 넓은 천이기 때문에 '巾'의 일종이 될 수 있으며, 그래서 '韋'를 '巾'으로 대체한 것이라 할 수 있다. 그런데 결국은 '韋'에서 '巾'으로 대체하여 '帗'이 되었기 때문에 簡化가 된 것도 분명하며, 동시에 正字보다 더 字義를 분명하게 표현할 수가 있다. 즉 간단한 형태의 偏旁으로 代替했는데, 그 代替된 偏旁이 오히려 해당 글자의 字義를 더 명확하게 표현할 수도 있는 것이다. 다음에서는 簡化의 현상을 보여주는 異體字들에 대해 예를 들어 살펴보도록 한다.

𡓳(茻-土) : 『碑別字新編』에서는 〈魏元公夫人薛氏墓誌銘〉의 문장을 인용하여 이 글자가 '葬'의 異體字라 말하고 있다[245]. 본래 正字인 '葬'은 '死'와 '茻'으로 이루어진 글자이다. 그러나 異體字인 '𡓳'은 正字의 形符인 '茻'을 '土'로 대체한 것이다. '茻'은 '풀'을 뜻하는 것이고 '土'는 이 풀이 자라는 곳이 되므로 '茻'과 '土'는 서로 의미가 통한다고 할 수 있다. 즉 이 두 글자는 '葬'에서 서로 대체해도 字義를

245 秦公 輯, 『碑別字新編』, 文物出版社, 北京, 1985, p.261

유지할 수가 있는 것이다. 여기에서 代替하는데 사용된 偏旁인 '土'는 본래의 偏旁인 '𦍒'에 비해 筆劃이 대폭 간화된 것이라 할 수 있다.

煅(金-火) : 『正字通 · 火部』에 의하면 "煅, 同鍛"[246]이라 하여, 이 '煅'은 '鍛'의 異體字라 말하고 있다. 그런데 『說文解字 · 金部』에 의하면 "鍛, 小冶也。從金段聲"[247]이라 말하고 있는 바, 이에 의하면 '鍛'은 "小冶也"의 의미를 갖는 글자이다. 이와 같은 冶金을 하기 위해서는 반드시 불이 필요하다. 그렇기 때문에 異體字에서는 '金'을 '火'로 代替하여 '煅'으로 쓰기도 하는데, 이는 결국 字形의 簡化를 위한 것이라 할 수 있다.

帗(糸-巾) : 『康熙字典 · 巾部』에 의하면 "帗, ...『集韻』文運切, 音問. 『玉篇』括髮也. 一作絻"[248]이라 말하고 있는 바, 이에 의하면 '帗'은 '絻'의 異體字가 된다. 그런데 『說文解字 · 冃部』에 의하면 "冕, 大夫以上冠也. 從冃免聲. 絻, 冕或從糸"[249]라 하여, '絻'은 곧 '冕'의 異體字라 말하고 있다. 그렇다면 '帗'은 결국 '冕'의 異體字가 된다. 이를 異體字의 단계라는 측면에서 보면 '帗'의 正字는 어쨌든 '絻'이 된다. 그렇다면 '帗'은 바로 '絻'의 偏旁인 '糸'를 '巾'으로 代替한 것이고, '糸'와 '巾'의 字形을 두고 비교해보면 이는 결국 簡化를 위한 것이라 할 수 있다. 또 최종 正字인 '冕'의 입장에서 본다고 하더라도 '帗'은 簡化가 되었다고 할 수 있다.

𡼏(足-止) : 『字彙 · 止部』에 의하면 "𡼏, 俗蹲字"[250]라 하여 '𡼏'은 '蹲'의 異體字라 하고, 『說文解字 · 足部』에 의하면 "蹲, 踞也. 從足尊聲"[251]이라 하여, '蹲'은 "踞也"의 뜻을 가지고 있다고 한다. 즉 '蹲'은 "踞也"의 뜻을 가진 글자인데, 여기에서 偏旁인 '足'이 筆劃이 감소된 '止'로 代替되어 '𡼏'이 되었는 바, 이는 바로 簡化를 위한 異體字라 말할 수 있다. '足'과 '止'는 본래 모두 '발'을 뜻하는 것이기 때문에 合體字의 한 偏旁으로 쓰일 때는 서로 互換이 가능하며, 이와 유사

246 張自烈, 『續修四庫全書 · 正字通』, 上海古籍出版社, 上海, 1995, p.64
247 許愼 撰, 段玉裁 注, 『說文解字注』, 漢京文化事業有限公司, 臺北, 民國69, p.710
248 張玉書 等 撰, 『康熙字典』, 中華書局, 北京, 1997, p.331
249 許愼 撰, 段玉裁 注, 『說文解字注』, 漢京文化事業有限公司, 臺北, 民國69, p.357
250 梅膺祚, 『字典彙編 · 字彙』, 國際文化出版公司, 北京, 1993, p.232
251 許愼 撰, 段玉裁 注, 『說文解字注』, 漢京文化事業有限公司, 臺北, 民國69, p.84

한 예로는 "⿰止堯(蹺)·⿺辶厥(蹶)·⿰止艮(踉)·⿰止著(躇)·⿰止喬(蹻)·⿱辟止(躄)" 등이 있다.

咶(言－口) : 『集韻·去聲·禡韻』에 의하면 "話咶 , 言也 , 或從口"[252]라 하여, 본래 '咶'는 "言也"의 뜻을 가진 '話'의 異體字라 설명하고 있다. 본래 '話'는 "言也"의 뜻을 가진 글자인데, 이 '말'이란 '입'을 통하여 하는 것이기 때문에 筆劃이 대폭 간소화된 '口'로 偏旁을 代替하였다. 이와 유사한 예로는 "吨(訰)·咏(詠)·呭(詍)·⿰㐱見(診)·咤(詫)·⿰口危(詭)·⿰舌舌(話)·⿰口后(詬)"가 있는데, 이들은 모두 입으로 하는 말과 관련이 있기 때문에 筆劃이 대폭 簡化된 '口'로 '言'을 代替했다고 할 수 있다.

⿰木對(車－木) : 『集韻·去聲·至韻』에 "轛⿰木對,... 橫幹也. 引『周禮』, 参分軹圍, 去一以箱爲轛圍. 一曰車或从木"[253]이라 하여 '⿰木對'는 '轛'의 異體字라 설명되어 있는데, '轛'는 車의 일부분이고, 이것은 나무를 사용해 만들 수도 있기 때문에 '車'를 '木'으로 대체하여 '⿰木對'를 만들었다. 여기에서 대체된 偏旁인 '木'은 본래의 偏旁인 '車'에 비해 筆劃이 簡化된 것이므로 '⿰木對'는 簡化를 위해 만들어진 것임을 알 수 있다. 이와 동일한 예로는 "杒(軔)·枙(軛)·棢(輞)·棿(輗)"가 있는데, 이들 모두 簡化를 위해 만든 것이라 할 수 있다. 그리고 이와 약간 다르지만 역시 簡化를 위한 것으로서 "挽(輓)"이 있는데, 여기에서의 '扌'도 역시 '車'를 대신한 것이라 할 수 있다.

그런데 簡化에서 우리가 주의해야 할 사항이 하나 있다. 어느 異體字의 偏旁이 正字의 偏旁에 비해 劃數가 확실히 簡化된 것이라 할지라도, 그 偏旁끼리 다른 글자에서 정반대의 현상이 나타난다면 비록 어떤 경우에는 簡化의 경향이 있더라도 이는 簡化를 목적으로 한 것이라 할 수 없는 것들이 존재한다. 예컨대 "⿰米昆(餛)·⿰米甫(餔)·粄(飯)"과 같은 異體字들은 正字의 偏旁인 '食'이 '米'로 代替된 것이기 때문에 언뜻 보면 簡化로 볼 수도 있다. 그러나 "餻(糕)·⿰食丑(粈)·⿰食巴(粑)"는 동일한 '食'과 '米'가 정반대의 상황을 보여주고 있다. 이와 비슷한 예로 "蚫(鮑)·蟦(鰿)·蟤(鱄)"과 "鰕(蝦)·⿰魚居(蜛)"가 있다. 역시 동일한 '虫'과 '魚'라는 偏旁이 서

252 丁度 等, 『字典彙編·集韻』, 國際文化出版公司, 北京, 1993, p.298
253 丁度 等, 『字典彙編·集韻』, 國際文化出版公司, 北京, 1993, p.268

로 代替되고 있는데, 경우에 따라서는 簡化도 되고 繁化도 되는 것이기 때문에 이러한 偏旁끼리의 代替를 무조건 簡化로 간주해서는 곤란하다. 즉 이들은 모두 簡化와 같은 목적으로 대체된 것 뿐만 아니라 의미의 강조나 혹은 取材源의 다양성에서도 그 원인을 찾아야 할 것이다.

3) 字義 强調

異體字가 만들어지는 원인 중의 중요한 하나는 字義를 强調하기 위한 것이다. 合體字는 본래의 字義를 표현하기에 적합한 偏旁들을 선택해 결합하는 방식으로 만들어진다. 이때 字義를 표현하기 위해 선택한 偏旁들의 의미가 本義를 표현하는데 부족하다고 판단되거나 다른 글자의 字義와 혼동을 일으킬 우려가 있을 수 있다. 이 경우에는 偏旁을 다른 것으로 代替하여 새로운 글자를 만들어내기도 한다. 이러한 이유로 해서 만들어지는 異體字들은 새로 代替되는 偏旁의 意味가 既存 偏旁의 字義보다 더 具體的인 의미를 나타내는데 효과적인 것들이다. 그러나 字形의 複雜性이라는 측면에서 본다면 漢字의 중요한 발전 추세의 하나인 簡化와는 전혀 상관이 없다. 그래서 이러한 유형에 속하는 異體字들은 正字에 비해 오히려 繁化된 것들도 상당히 많다는 점이 중요한 특징이라 할 수 있다. 다음에서 이에 속하는 異體字들에 대해 예를 들어 살펴보기로 한다.

䠶(寸-矢) : 『說文解字 · 矢部』에 의하면 "䠶, 弓弩發於身而中於遠也. 從矢從身. 射, 篆文䠶 , 從寸 , 寸、法度也 , 亦手也"라 하고, 段注에 "篆文䠶. 射者小篆. 則䠶者古文"[254]이라 말하고 있는 바, 이에 의하면 '射'의 古文이 바로 '䠶'이다. 본래 正字인 '射'의 字義는 "弓弩發於身而中於遠也"로서 화살을 쏘는 것이다. 그렇기 때문에 '射'는 화살을 쏘는 것과 밀접한 관련이 있다. 그럼에도 불구하고 '射'는 偏旁들의 字義만으로 본다면 화살을 쏘는 것과는 그리 관련이 없는 것으로 보인다. 본래 '射'의 甲骨文과 金文은 각각 '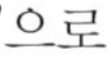'와 '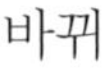'로서 손으로 화살을 쏘는 것을 명확하게 보여준다. 이것이 후대로 오면서 활과 화살의 모양이 '身'으로 바뀌고 金文에서 보이던 손의 모양만 그대로 전해져 '射'에서의 '寸'으로 남았다. 그래서

254 許愼 撰, 段玉裁 注, 『說文解字注』, 漢京文化事業有限公司, 臺北, 民國69, p.228

본래의 字義를 보다 더 명확하게 드러나게 하기 위해서는 화살과 관련이 있는 偏旁이 필요하게 되었다. 이를 위해 기존의 偏旁인 '寸'을 '矢'로 代替하여 '𥎞'가 된 것이다. 그런데 보다 더 字義를 명확하게 드러내고자 한다면 사실은 '寸'이 '矢'로 代替될 것이 아니라 '身'이 '矢'로 대체되어야 할 것이다.

鱹(虫-魚) : 『說文解字 · 虫部』에 의하면 "蠵, 觜蠵, 大龜也. 以胃鳴者. 從虫, 巂聲"[255]이라 하고, 『集韻 · 平聲 · 支韻』에는 "蠵蝮鱹觹, 水蟲名. 涪陵郡出大龜, 甲可以卜, 緣中文似玳瑁 ……或從魚從角"[256]이라 하였으며, 또 『正字通 · 魚部』에서는 "鱹, 同蠵, 當從虫"[257]이라 말하고 있다. 이에 의하면 '蠵'의 字義는 "大龜"이다. 그런데 이러한 "大龜"의 의미를 표현하기 위해 선택한 偏旁 중의 하나가 '虫'이다. 이 '虫'이 "大龜"의 字義를 표현하지 못하는 것은 아니나, '虫'의 의미가 바닷속에 사는 커다란 동물을 나타내기에는 약간 부족한 면이 없지 않다. 그래서 이를 좀 더 명확하게 표현하고자 '虫'을 '魚'로 代替해 만든 異體字가 '鱹'이다. '鱹'에서의 '魚'도 "大龜"의 의미를 확실하게 표현하는 것은 아니지만, 그래도 바닷속의 동물을 표현한다는 측면에서 본다면 '虫'에 비해 훨씬 더 字義를 구체적으로 표현한 것이라 할 수 있다.

舩(竹-舟) : 『康熙字典 · 備考 · 舟部』에 의하면 "舩, 『五音篇海』同筏"[258]이라 하였고, 『龍龕手鑑 · 竹部』에는 "筏, 音伐. 小曰桴, 大曰筏, 乘之渡水也"[259]라 하고, 또 『龍龕手鑑 · 舟部』에는 "舩, 俗音伐"[260]이라 말하고 있다. 위의 기록에 의한다면 '舩'은 '筏'의 異體字이며, '筏'의 字義는 "乘之渡水也"로서 바로 "뗏목"을 뜻하는 것이다. 즉 '筏'은 대나무로 만든 뗏목을 뜻하는 것이라 할 수 있다. 이 뗏목은 대나무로 만들 수도 있지만 나무로 만들기도 한다. 즉 뗏목을 만들고자 할 때 주위에서 얻을 수 있는 가장 좋은 재료가 무엇인가에 따라 대나무가 될 수도 있고, 나무가 될 수도 있다. 그런데 처음에는 아마도 대나무를 이용하여 뗏목을

255 許愼 撰, 段玉裁 注, 『說文解字注』, 漢京文化事業有限公司, 臺北, 民國69, p.678
256 丁度 等, 『字典彙編 · 集韻』, 國際文化出版公司, 北京, 1993, p.155
257 張自烈, 『續修四庫全書 · 正字通』, 上海古籍出版社, 上海, 1995, p.786
258 張玉書 等 撰, 『康熙字典』, 中華書局, 北京, 1997, p.1614
259 行均, 『龍龕手鏡』, 中華書局, 北京, 1985, p.394
260 行均, 『龍龕手鏡』, 中華書局, 北京, 1985, p.133

만들었을 것이다. 그래서 '筏'이라는 글자가 만들어졌는데, 후에 나무로도 뗏목을 만들기도 했기 때문에 '栰'이라는 글자가 만들어지기도 한 것이다. 그런데 이 뗏목은 그 재료가 무엇이든 결국은 배의 일종이기 때문에 偏旁인 '竹'을 '舟'로 代替해 '舤'이라는 새로운 異體字를 만든 것이다. '筏'과 '舤'의 偏旁으로 字義를 비교한다면 '舤'이 본래의 字義를 보다 더 명확하게 표현한다고 할 수 있을 것이다.

軁(人-身) : 『說文解字 · 人部』에 의하면 "僂, 尫也. 從人婁聲. 周公韈僂, 或言背僂. 力主切"[261]이라 하고, 『正字通 · 身部』에는 "軁, 同僂, 從身從人義通"[262]이라 말하고 있으며, 『康熙字典 · 身部』에서는 "軁, 僂或作軁, 尫也"[263]라 말하고 있다. 이들을 종합하면 '軁'는 '僂'의 異體字이고, '僂'는 "尫也"의 字義를 갖는 글자이다. 즉 "尫也"의 의미를 표현하기 위해 '人'과 '婁'를 결합하여 '僂'를 만든 것이다. 그런데, "尫也"의 의미는 바로 사람의 신체에서 벌어지는 일종의 疾病이다. 그렇기 때문에 이 질병의 主眼點은 사람이라기 보다는 "身體"라는 것이 더 강조될 수가 있다. 그래서 '僂'의 偏旁인 '人'을 '身'으로 代替하여 '軁'라는 異體字를 만든 것이라 할 수 있다.

㝒(尸-宀) : 『字彙補』에 의하면 "㝒, 古居字.『說文先訓』, 古文居處之居從宀, 今之居乃倨也"[264]라 하여, '㝒'는 '居'의 異體字이며, 『說文先訓』에 의하면 古文의 '居'는 偏旁을 '尸'가 아닌 '宀'으로 하여 '㝒'로 썼다고 한다[265]. 『說文』에 의하면 "居, 蹲也, 從尸古聲"이라 하여 '居'는 본래 "웅크려 앉다"는 뜻을 가진 글자로서 '踞'의 初文이다. 본래 우리가 지금 사용하는 "居住"의 뜻을 가진 글자는 '凥'로서 '尸' 아래의 偏旁이 '古'가 아니라 '几'로 이루어졌다. 그런데 후대로 오면서 '居'와 '凥'가 混用되었고, 결국 "居住"의 의미로 사용되는 글자는 '凥'를 사용하지 않고 '居'를 사용하게 되었다. '居'에서 偏旁인 '尸'는 본래 "居住"의 의미와는 어떠한 연관성도 없었는데도 불구하고 이 '尸'가 偏旁으로 사용된 '居'가 "居住"의 의미를 갖고 있기 때문에 '尸'를 "居住"라는 의미와 직접 관련이 있는 '宀'으로 代替해

261 許愼 撰, 徐鉉 校定, 『說文解字』, 中華書局, 北京, 2004, p.167
262 張自烈, 『續修四庫全書 · 正字通』, 上海古籍出版社, 上海, 1995, p.558
263 張玉書 等 撰, 『康熙字典』, 中華書局, 北京, 1997, p.1238
264 吳任臣, 『續修四庫全書 · 字彙補 · 宀部』, 上海古籍出版社, 上海, 1995, p.507
265 中華民國教育部, 『異體字字典』(http://dict.variants.moe.edu.tw/), a01084-002에서 再引用.

‘𡧴’라는 異體字를 만든 것은 “居住”라는 본래의 字義를 분명히 드러내게 함으로써 그 字義를 강조하고 있다고 볼 수 있다. 또한 ‘宀’이라는 代替 偏旁은 본래 글자의 字義 전체를 표현해 주는 방식이 되기도 한다.

妷(力－女) :『龍龕手鏡 · 力部』에 “劮, 正音逸 , 豫也、弄也”266라 하였고, 『集韻 · 入聲 · 質韻』에서는 『博雅』를 인용하여 “劮 , 婸也. 或作妷”267이라 하였으며, 『康熙字典 · 力部』에서는 “劮... 或作妷”268이라 말하고 있다. 위의 내용에 근거하면 “婸也, 弄也”등의 字義를 가진 ‘劮’은 ‘妷’로 쓰기도 한다. 이는 ‘劮’의 偏旁인 ‘力’이 ‘女’로 代替된 것이다. 그런데 ‘劮’의 字義는 “婸也, 弄也”이다. 그렇다면 이 “婸也, 弄也”의 字義를 표현하기 위해 正字에서 ‘力’이라는 偏旁은 字義를 명확하게 표현한 것으로 보기는 어렵다. 이에 비해 ‘女’는 “嬉 · 娃 · 姣 · 娓 · 姍 · 姡 · 奸”의 字義에서와 같이 여성이 갖는 肯定과 否定의 의미가 모두 포함되어 있어서, 異體字에서는 ‘力’을 ‘女’로 代替해 ‘妷’을 만든 것은 ‘劮’의 字義를 보다 구체적으로 표현한 것이라 할 수 있다.

4.1.3 被代替偏旁의 字義 範疇

形符代替異體字에서 代替가 되는 偏旁의 特定한 字義 範疇는 사실상 없다고 할 수 있다. 즉 어떤 의미를 가진 偏旁이라도 다른 偏旁으로 代替될 수가 있는 것으로서, 그 범주는 無制限이라 할 수 있는 것이다. 다만 代替되는 偏旁은 被代替 偏旁과 반드시 字義上으로 어떤 연관 관계를 갖게 되면 전혀 문제가 없다. 실제 존재하는 異體字를 살펴보면 代替되는 偏旁의 字義는 動植物과 같은 생명체와 관련된 것은 물론, 이들의 行動이나 觀念을 나타내는 字義도 있고, 自然界의 現象이나 實體를 보여주는 것 등 매우 다양하다. 다음에서는 이러한 字義 範疇의 이해를 위한 異體字를 몇 가지만 살펴보기로 한다.269

266 行均, 『龍龕手鏡』, 中華書局, 北京, 1985, p.518
267 丁度 等, 『字典彙編 · 集韻』, 國際文化出版公司, 北京, 1993, p.316
268 張玉書 等 撰, 『康熙字典』, 中華書局, 北京, 1997, p.147
269 “形符代替異體字”중 以下의 記述은 拙稿 “基於形符代替異體字代替與被代替偏旁的字義關係研究”(民俗典籍文字研究 第18輯, 2016.11)와 “字義 離隔度로 본 異體字의 代替偏旁과 正字 偏旁과의 관계(中國文化研究 第 30輯, 2016.5)”의 내용을 바탕으로 대폭 수정하고 보완한 것임.

㑄(人-女) : 『字彙 · 女部』에서 "㑄,... 㑄與侮同"[270]이라 하였고, 또 『正字通 · 女部』에서는 "㑄,... 㑄與侮同"[271]이라 하였으며, 『集韻 · 上聲 · 麌韻』에서는 "侮 · 㑄 · 㑄 · 㑄 · 㑄 · 務,..... 古作㑄 · 㑄 · 㑄或作㑄 · 務"[272]라 말하고 있다. 이들에 의하면 '侮'와 '㑄'는 동일한 글자이며, '侮'가 古字이고 '㑄'가 후대에 출현한 글자이다. 그렇다면 '侮'가 正字이고 '㑄'는 '侮'의 異體字이며, '㑄'는 '侮'의 偏旁인 '人'이 '女'로 代替되어 만들어진 것이다. '人'과 '女'는 모두 사람을 지칭하는 것이기 때문에 이 두 가지는 모두 '侮'의 字義를 실행하는 主體가 될 수 있으므로 '人'을 '女'로 代替한 것이다. 여기에서 代替偏旁의 字義는 모두 "사람의 範疇"에 속하며, 이와 동일한 유형으로는 "㚥(孩) · 㛄(偶) · 婎(倠) · 㜕(僸) · 嬑(億)" 등이 있다.

犄(馬-牛) : 『集韻 · 去聲 · 禡韻』에 의하면 "駱, 犄,... 『爾雅』, 牝曰駱. 或從牛"[273]라 하여 '犄'가 '駱'의 異體字라 말하고 있다. 또한 『字彙 · 牛部』에서도 "犄,... 與駱同 , 牝馬也"[274]라 말하고 있다. 이에 의하면 '駱'는 "牝馬"를 뜻하는 글자인데, 偏旁인 '馬'가 '牛'로 대체되어 異體字인 '犄'가 만들어진 것이라 할 수 있다. 또 『正字通 · 牛部』에서는 "犄,... 蓋牝之通稱"[275]이라고 말하고 있다. 이들을 종합하면 본래 "牝馬"를 가리키는 것은 '駱'이었는데, 形符가 '牛'로 代替된 '犄'가 만들어지면서, '犄'는 '駱 '의 異體字임과 동시에 '駱'의 字義 한계를 넘어 일반적인 '牝'의 通稱으로까지 사용된 것이라 할 수 있다. 여기에서 偏旁인 '馬'나 '牛'는 모두 "動物의 範疇"에 속하는 것이기 때문에, 모두 '駱'의 字義를 具現할 수 있어서 代替가 가능한 것이다. 이와 유사한 예로는 "牛 · 馬" 외에도 "犯(豝) · 狶(豨) · 獬(廌) · 𤟎(貐) · 狟(駏) · 牸(騂) · 螬(鱄) · 㕍(鳩) · 䧶(鳿) · 雄(鴣)" 등이 보인다.

搞(攴-扌) : 『集韻 · 平聲 · 爻韻』에 의하면 "敲 · 撆 · 搞, 丘交切 , 『說文』敲, 橫擿也. 或作撆 · 搞"[276]라 하고, 또 『字彙 · 手部』에는 "搞,.. 又丘交切 , 音敲 ,

270 梅膺祚, 『字典彙編 · 字彙』, 國際文化出版公司, 北京, 1993, p.105
271 張自烈, 『續修四庫全書 · 正字通』, 上海古籍出版社, 上海, 1995, p.266
272 丁度 等, 『字典彙編 · 集韻』, 國際文化出版公司, 北京, 1993, p.232
273 丁度 等, 『字典彙編 · 集韻』, 國際文化出版公司, 北京, 1993, p.298
274 梅膺祚, 『字典彙編 · 字彙』, 國際文化出版公司, 北京, 1993, p.276
275 張自烈, 『續修四庫全書 · 正字通』, 上海古籍出版社, 上海, 1995, p.82

義同"[277]이라 하여 '敲'가 正字이고 '撟'가 異體字라 말하고 있다. 즉 正字인 '敲'에서 偏旁인 '攴'이 '扌'로 代替된 것이다. 그런데 '敲'는 字義가 "橫擿"이기 때문에 正字에서 偏旁으로 '攴'을 사용했지만, '扌'도 "橫擿"의 의미를 구현하는 기능을 하는 것이기 때문에 '攴'을 '扌'로 代替한 것이다. 여기에서 '攴'과 '扌'의 意味는 각각 "行爲"를 나타내거나 그 "行爲"의 主體를 표현하는 것으로서 "行爲의 範疇"에 해당된다. 이런 유형으로는 "吨(訰)·咏(詠)·趉(詘)·趃(跌)·迹(跡)·迒(軌)·復(退)·迴(廻)·趒(逃)·追(追)·衜(通)·後(逡)·趪(透)·伎(作)·攱(佹)" 등이 있다.

饍(肉－食)：『說文解字·肉部』에서는 "膳，具食也，從肉善聲"[278]이라 하였고, 『玉篇·食部·饍字』에서는 "饍,..膳同"[279]이라 말하고 있다. 이에 의하면 본래 "반찬(具食)"을 뜻하는 것으로서 '膳'이 있었는데, 여기에서 '肉'이 '食'으로 대체되어 '饍'이 되었다. 본래 '膳'은 "具食"이지만, 주로 肉類의 "具食"을 뜻했기 때문에 '膳'이라는 글자가 만들어진 것인데, 이 "具食"도 역시 음식의 하나이기 때문에 일반적으로 음식을 뜻하는 '食'으로 '肉'을 代替함으로서 肉類뿐만 아니라 모든 "具食"을 표시할 수 있도록 한 것으로 볼 수 있다. 여기에서 '肉'과 '食'은 모두 字義上으로 본다면 "음식의 範疇"에 속한다고 할 수 있으며, 이러한 예로는 "粻(餦)·脯(餔)·糕(糕)·麩(飩)·粄(飯)·秩(飫)" 등이 있다.

嵠(谷－山)：『說文解字·谷部』에 "谿, 山瀆无所通者. 從谷奚聲. 苦兮切"[280]이라 하였고, 『廣韻·平聲·齊韻』에는 "谿，同嵠"[281], 그리고 『集韻·平聲·齊韻』에는 "谿，或從山"[282], 『正字通·山部』에는 "嵠，同谿"[283]라 말하고 있다. 이에 의하면 "산골짜기(山瀆)"를 뜻하는 글자로서 '谿'가 있는데, 어쨌든 "山瀆"은 그것이 山에 있는 것이므로 '谷'을 '山'으로 代替하여 異體字인 '嵠'를 만든 것이다. 여기에서

276 丁度 等, 『字典彙編·集韻』, 國際文化出版公司, 北京, 1993, p.194
277 梅膺祚, 『字典彙編·字彙』, 國際文化出版公司, 北京, 1993, p.181
278 許愼 撰, 段玉裁 注, 『說文解字注』, 漢京文化事業有限公司, 臺北, 民國69, p.174
279 顧野王 撰, 『玉篇』, 臺灣中華書局, 臺北, 民國66, 卷上 p.71
280 許愼 撰, 徐鉉 校定, 『說文解字』, 中華書局, 北京, 2004, p.240
281 陳彭年 等 撰, 余迺永 校著, 『互註校正宋本廣韻』, 聯貫出版社, 臺北, 民國69, p.91
282 丁度 等, 『字典彙編·集韻』, 國際文化出版公司, 北京, 1993, p.171
283 張自烈, 『續修四庫全書·正字通』, 上海古籍出版社, 上海, 1995, p.327

'谷'과 '山'은 모두 字義가 "自然界의 範疇"에 속한다고 할 수 있으며, 이와 유사한 예로는 "硤(峽)·埈(峻)·硲(峪)·坂(阪)·岨(阻)·垸(院)·堶(陶)·埨(陯)·崘(陯)·堦(階)·堤(隄)·碮(隄)·堭(隍)·墇(障)·礆(險)·岅(阪)" 등이 있다.

皶(衣-皮):『類篇·皮部』에 "勿發切, 足衣, 或作䪬"284이라 하고,『重訂直音篇·卷七·皮部』에 "皶·䪬, 並與襪同"285이라 말하고 있다. 이에 의하면 "襪·皶·䪬"은 모두 동일한 글자로서 "皶·䪬"은 '襪'의 異體字라 할 수 있다. 즉 '襪'의 形符인 '衣'가 '皮'로 代替된 것이 '皶'이다. 그런데 여기에서 본래의 偏旁과 代替偏旁인 '衣'와 '皮'는 모두 인위적으로 물건을 만드는데 사용되는 재료이거나 그것으로 만들어진 생산품들이다. 즉 이들은 모두 "生産品의 의미 範疇"에 속하는 것들이라 할 수 있다. 이러한 예로는 "𧙕(絻)·䘱(帽)·襶(襶)·幱(襴)·帽(褶)·幱(襴)" 등이 있다.

4.1.4 被代替偏旁과의 字義 層位 分類

모든 字義는 그것이 속한 意味 範疇가 있고, 이 意味 範疇는 보는 각도에 따라 차이가 있을 수 있다. 그런데 동일한 각도에서 볼 때 하나의 意味 範疇는 다른 意味 範疇와 비교하면 동등한 層位에 있을 수도 있고, 서로 다른 層位에 위치할 수도 있다. 예컨대 生産活動이라는 측면에서 보면 木이나 金은 모두 "재료로 사용될" 수 있다는 점에서 동등한 層位에 속하고, '鋤'나 '架'는 "완성된 생산품"에 속한다는 점에서 동등한 層位에 속한다고 할 수 있다. 그러나 만일 '袟'과 異體字인 '紩'에서 본래의 偏旁인 '衣'와 代替偏旁인 '糸'의 字義를 비교해보면 위와는 다른 양상이 된다. 즉 '糸'는 '衣'를 만들 수 있는 "재료의 단계"이고, '衣'는 '糸'를 사용하여 이미 "만들어진 단계"의 물건이다. 이렇게 본다면 代替偏旁과 被代替偏旁인 '衣'와 '糸'는 생산활동이라는 측면에서 볼 때 字義上 "재료 단계"와 "생산품 단계"라는 서로 다른 層位에 속한다고 볼 수가 있는 것이다.

284 中華民國教育部,『異體字字典』(http://dict.variants.moe.edu.tw/), a03759-012에서 再引用.
285 中華民國教育部,『異體字字典』(http://dict.variants.moe.edu.tw/), a03759-008에서 再引用.

形符가 다른 偏旁으로 代替될 때 字義上으로 同等한 層位에 있는 偏旁으로 代替되는 것이 正字를 파악하는데 보다 容易하다. 그러나 현실적으로 形符代替異體字에는 이와 같이 동등한 層位의 偏旁으로만 代替된 것이 아니라, 서로 다른 層位를 보이는 偏旁으로 代替된 것도 매우 많다. 그래서 다음에서는 이러한 異體字의 代替와 被代替偏旁의 意味를 同等位代替와 差等位代替로 나누어 살펴보기로 한다.

1) 同等位代替

여기에서는 代替偏旁과 被代替偏旁의 字義가 同等한 層位에 속하는 것들에 대한 예들에 대해 살펴보고자 한다.

⿺麥巨(米–麥) : 『集韻 · 上聲 · 語韻』에 의하면 "粔 · ⿺麥巨, 蜜餌也. 吳謂之膏環, 或從麥"[286]이라 하여 '⿺麥巨'는 '粔'의 異體字라 하고 있고, 『正字通 · 麥部』에서도 "⿺麥巨, 同粔. 從粔爲正, 改從麥非"[287]라 하여 '粔'가 正字이며 '⿺麥巨'는 잘못된 것이라 말하고 있다. 어쨌든 '⿺麥巨'는 正字인 '粔'에서 偏旁인 '米'가 '麥'으로 代替된 것이다. 그런데 '粔'는 字義가 "蜜餌"로서 쌀로 만든 국수가락을 기름에 튀겨 만든 것이다. 그렇기 때문에 '米'는 '粔'를 만드는 재료로 사용된 것이라 할 수 있다. 여기에서 '米'를 '麥'으로 代替한 것이 '⿺麥巨'인데, 이는 字義上 '粔'를 만드는 재료라는 측면에서 '米'와 '麥'이 동등한 層位에 속한다고 할 수 있다. 이러한 재료라는 측면에서 동등한 層位에 속하는 것은 字義가 매우 다양한 분야에서 나타나는데, 여기에 속하는 예로는 "梘(筧) · ⿱芒麥(芒) · 瑱(鎮) · ⿰革申(紳) · 箓(綠) · 墁(鏝) · 繮(韁) · 靭(韌) · ⿰革軍(韗) · 楗(鍵) · ⿰革昜(鍚) · ⿰革麃(鑣) · ⿰石郎(榔) · ⿰革引(紖) · 靵(紐) · 靽(絆) · ⿰革弗(紼) · 靾(紲) · ⿰革申(紳) · ⿰革延(綖) · ⿸麻昜(緆) · 箓(綠) · 鏹(繈) · ⿰金黽(繩) · 碫(鍛) · ⿸麻麃(鑣)" 등이 있다.

한편 이와 똑같은 生産過程에서 同等位代替이지만 위와 같이 재료라는 同等層位가 아닌 이미 完成品이라는 同等位도 존재할 수 있다. 예컨대 "⿰衤冒(帽)"에서 代替와 被代替의 偏旁인 '巾'과 '衣'는 모두 그것들이 完成品이라는 측면에서 동등

286 丁度 等, 『字典彙編 · 集韻』, 國際文化出版公司, 北京, 1993, p.230
287 張自烈, 『續修四庫全書 · 正字通』, 上海古籍出版社, 上海, 1995, p.820

한 層位에 속하는 것으로 볼 수 있다. 이와 유사한 예로는 "帪(衽)·帙(袟)·帒(袋)·帞(袙)·⿰巾君(裙)·⿰巾昌(裮)·戧(創)" 등이 있다.

鴙(隹-鳥) : 『說文解字·隹部』에 "雉, 有十四種....從隹矢聲. 直几切. 䧅古文雉從弟"[288]라 말하고 있고, 또 『集韻·上聲·旨韻』에 "雉·鴙, 丈几切. 鳥名"[289], 『龍龕手鑑·鳥部』에 "鴙, 直几反. 正作雉"[290]라 말하고 있는데, 이들을 종합하면 '鴙'는 '雉'의 異體字이다. 즉 '隹'를 '鳥'로 代替한 것이다. 그런데 '雉'는 字義가 "鳥名"으로서 이것의 字義는 바로 '鳥'라는 範疇를 넘어서지 못한다. 그렇기 때문에 '鳥'를 뜻하는 正字의 偏旁 '隹'를 '鳥'로 代替해도 字義를 표현하는데 있어서는 전혀 무방하다고 할 수 있다. 그렇기 때문에 이 '隹'와 '鳥'는 同等한 層位에서 代替된 것으로 볼 수 있다. 이와 같이 동일한 동물을 나타낼 때 동일 의미를 뜻하는 다른 글자를 활용하는 예로는 "⿰九隹(鳩)·⿰酉隹(⿰酉鳥)·⿱小鳥(雀)·⿰厷鳥(雄)·⿰目鳥(睢)·鶵(雛)" 등이 있다. 그러나 이러한 것은 동일한 동물을 뜻하는 것을 넘어서 동일 유형의 동물을 뜻하는 다른 글자도 代替될 수도 있다. 예컨대 "⿰犭巴(豝)"에서 正字와 異體字의 偏旁인 '豕'와 '犬'은 각각 네발 달린 짐승이라는 측면에서 동등하기 때문에 '犬'으로 대체한 것이다. 더 나아가 같은 짐승 뿐만 아니라, '虫'과 '魚'같이 동물이라는 측면에서 동등하다고 간주하여 代替한 것들도 모두 이러한 유형에 속한다고 볼 수 있는데, 그러한 예로는 "狠(豤)·狶(豨)·猪(豬)·猫(貓)·⿰豸希(豨)·猨(蝯)·⿰豸爰(蝯)·鰕(蝦)·⿱虛黽(蚑)·⿰魚居(蜛)·猬(蝟)·⿰豸胃(蝟)·蚫(鮑)·蟦(鰿)·鱉(鼈)" 등이 있다.

𤘘(齒-牙) : 『說文解字·牙部』에서는 "𤘘, 齒蠹也, 從牙禹聲. 區禹切. 齲, 𤘘或從齒"[291]라 하여, '𤘘'가 正字이고 '齲'가 異體字라 설명하고 있다. 또한 『集韻·上聲·噳韻』에서도 "𤘘同齲, 注云,『說文』齒也, 或從齒"[292]라 하여 '𤘘'가 正字임을 설명하고 있다. 그러나 『正字通·齒部』에서는 "齲, 與𤘘同"[293]이라 하

288 許愼 撰, 段玉裁 注, 『說文解字注』, 漢京文化事業有限公司, 臺北, 民國69, p.143
289 丁度 等, 『字典彙編·集韻』, 國際文化出版公司, 北京, 1993, p.227
290 行均, 『龍龕手鏡』, 中華書局, 北京, 1985, p.288
291 許愼 撰, 段玉裁 注, 『說文解字注』, 漢京文化事業有限公司, 臺北, 民國69, p.81
292 丁度 等, 『字典彙編·集韻』, 國際文化出版公司, 北京, 1993, p.231
293 張自烈, 『續修四庫全書·正字通』, 上海古籍出版社, 上海, 1995, p.841

고 있고, 『重訂直音篇 · 牙部』에서도 "𤘘 , 齵同"[294]이라 말하고 있는 바, 이들은 '齵'를 正字로 보고 있다. 위의 설명을 종합하면 '齵'와 '𤘘'가 同字인 것은 분명하다. 시기적으로 가장 앞서는 『說文』의 설명에 의한다면 본래의 正字는 '𤘘'로 보는 것이 타당하다. 그렇지만 지금은 '齵'가 더 通用되고 있다는 측면에서 본다면 正字는 '齵'로 간주해야 할 것이다. 어쨌든 여기에서 代替와 被代替 偏旁인 '齒'와 '牙'는 모두 "咀嚼" 활동을 하는 "齒牙"로서 意味上 同等한 層位에 있다고 할 수 있다.

이와 동일한 예로는 "𤘣(齦)"이 있으며, 이 외에도 이와 완전히 일치하지는 않지만 人體의 일부로서 字義의 役割上 동일한 層位에 속하기 때문에 代替된 것으로는 "𨈚(跛) · 𢓊(信) · 路(骼) · 𣯣(鬃)" 등이 있다.

2) 差等位代替

代替偏旁과 被代替偏旁의 字義가 差等位의 속하는 분야도 매우 다양하다. 이중 우리가 쉽게 볼 수 있는 것으로는 材料와 生産品의 관계나 혹은 行爲에 있어서의 主體와 行動의 관계, 그리고 原因과 結果를 나타내는 것들이 있을 수가 있다. 다음에서 이들의 예를 살펴보기로 한다.

柁(舟-木) : 『玉篇 · 舟部』에 "舵, 徒荷切 , 正船木也"[295]라 하였고, 『廣韻 · 上聲 · 哿韻』에서는 "柁,...正舟木也......舵 , 上同"[296]이라 하였으며, 『集韻 · 上聲 · 哿韻』에서는 "柁 · 舵, 正船木 , 或作舵"[297]라 말하고 있다. 위의 말에 따르면 '舵'와 '柁'는 "正船木"을 뜻하는 同字로서, 어느 글자가 正字이고 어느 것이 異體字인지 구별하기가 곤란하다. 다만 지금은 '舵'가 좀 더 通用되기 때문에 이를 正字로 간주해도 큰 무리는 없을 듯하다. 어쨌든 이들은 배의 운행을 조정하는 역할을 하는 도구이다. 그런데 이 도구의 재질이 나무이기 때문에 '木'을 偏旁으로 하기도 하고, 한편으로는 이 도구가 배의 운행을 조정하는 것이기 때문에 '舟'를 偏旁으로 한 것이다. 즉 '木'은 배의 附屬 材質의 側面이고, '舟'는 배 전체의 側面에서 취한

294 中華民國教育部, 『異體字字典』(http://dict.variants.moe.edu.tw/), a04805-001에서 再引用.
295 顧野王 撰, 『玉篇』, 臺灣中華書局, 臺北, 民國66, 卷中 p.56
296 陳彭年 等 撰, 余迺永 校著, 『互註校正宋本廣韻』, 聯貫出版社, 臺北, 民國69, p.304
297 丁度 等, 『字典彙編 · 集韻』, 國際文化出版公司, 北京, 1993, p.249

偏旁이다. 그렇기 때문에 “正船木”이라는 본래의 字義에서 이 偏旁들의 字義가 취한 層位가 서로 다르다는 것을 알 수 있다.

이와 같이 전체 사물을 나타내는 글자에서 代替 혹은 被代替되는 偏旁의 字義가 부분적인 道具 혹은 도구의 材質과 전체 사물을 나타내는 字義로 나뉘는 것으로는 “𣘯(艘)·𦨴(筏)·檥(艤)·榐(匙)·鍉(匙)·鞞(鼙)·帔(皷)·帢(軩)·輨(錧)·鎒(耨)·鑇(劑)·耡(鋤)·硔(谼)·鎒(耨)·鉇(匜)·鎋(轄)·𢂐(紗)·帞(絅)·裀(絪)·帢(絡)·襐(綄)·椗(綻)·綠(綠)·幃(緯)·褈(緟)·褱(繏)·襭(繃)·襂(縿)·襛(纏)·墰(鐔)·坂(阪)·礶(罐)·笤(罟)·箄(罩)·簚(冪)” 등이 있다.

粻(食-米) :『玉篇零卷·食部』에서는 “餛, 胡昆反, 方言餦餛也”[298]라 하였고, 또『玉篇·食部』에서는 “餛, 戶昆切, 餛飩”[299]이라 하였다. 그리고『集韻·平聲·魂韻』에 의하면 “䭗·餛·餫·粻, 〈博雅〉䭗·肫, 餅也。亦作餛·餫·粻”[300]이라 말하고 있는데, 이들을 종합하면, “䭗·餛·餫·粻”들은 모두 같은 字義와 字音을 가진 同字이고, 이 중에서 ‘餛’이 正字이다. 즉 이들은 모두 “餅也”의 뜻을 가진 글자로서, 본래 ‘餅’은 쌀을 이용하여 만든 음식이다. 그렇기 때문에 음식이라는 側面에서 正字인 ‘餛’은 ‘食’을 偏旁으로 하고 있다. 그러나 異體字인 ‘粻’은 이 ‘餅’을 만든 재료가 ‘米’라는 측면에서 偏旁을 ‘米’로 代替한 것이다. 즉 하나는 材料의 側面에서, 다른 하나는 完成品의 側面에서 偏旁을 바꾼 것인데, 이와 유사한 예로는 “粡(餔)·餻(糕)·麨(飩)·粄(飯)·粡(餉)·飷(粈)·飽(粑)·餦(粻)·餶(糈)·餹(糖)·餻(糕)·餕(糗)” 등이 있다.

이들도 代替와 被代替의 偏旁 字義가 材料와 生産品이라는 점에서는 위의 ‘舵’의 경우와 同一하다. 그러나 위와는 달리 이들은 재료로 사용된 곡식들을 사람이 먹을 수 있도록 가공하여 본래의 곡식 상태에서 음식의 상태로 완전한 변화의 과정을 거쳤다는 점에서 약간의 차이점이 있다고 할 수 있다. 이 외에도 곡식에서 음식으로 변화된 것은 아니지만 “饍(膳)·鷎(腨)·饍(膽)”과 같이 음식과 음식의 재료 層位로 대체하는 것도 있고, “秔(粇)·稉(粳)·穅(糠)”과 같이 음식은 아니지만

298 顧野王,『續修四庫全書·玉篇(殘卷)』, 上海古籍出版社, 上海, 1995, p.361
299 顧野王 撰,『玉篇』, 臺灣中華書局, 臺北, 民國66, 卷上 p.70
300 丁度 等,『字典彙編·集韻』, 國際文化出版公司, 北京, 1993, p.181

‘禾’에서 가공 과정을 거쳐 ‘米’로 바뀐 것을 활용한 예도 있다. 그리고 ‘𨠊(粕)’과 같이 단순한 재료 단계에서 구체적인 음식의 종류로 바뀐 偏旁으로 代替되는 경우도 모두 여기에 속한다고 할 수 있다.

趃(足−走) : 『說文解字 · 足部』에는 “跌, 踼也. 從足,失聲. 一曰, 越也”[301]라 하고, 『正字通 · 走部』에서는 “趃, 俗跌字”[302]라 말하고 있다. 위의 내용을 근거로 한다면 ‘趃’은 ‘跌’의 異體字이며 字義는 “踼也”이다. ‘踼’은 하나의 행동이며, 이 행동의 主體는 ‘足’이다. 그래서 ‘踼’의 의미를 표현하기 위해 ‘足’이 偏旁으로 사용된 것이다. 그런데 이 ‘足’이 실행하는 행위에는 ‘踼’과 같은 것도 있지만 ‘奔’이나 ‘走’, ‘跳’와 같은 여러 가지가 있을 수 있다. ‘趃’에서의 ‘走’는 ‘足’을 ‘走’로 代替한 것이다. 여기에서 ‘足’과 ‘走’의 字義를 두고 비교한다면 ‘足’은 “行爲의 主體”이고 ‘走’는 ‘足’의 “行爲로 나타나는 현상”이다. 그렇기 때문에 이 둘이 갖는 字義의 層位는 서로 다르다고 할 수 있다. 이러한 예로는 “𧼼(踊) · 趓(躲) · 跍(趌) · 踖(趞) · 蹺(趬) · 躁(趮) · 𧿒(赴) · 趌(跬) · 趒(跳) · 𧼼(踊) · 𧾍(躍) · 𧾰(躔) · 搞(敲) · 趓(躲) · 趗(促) · 遉(偵) · 㐰(信) · 㖥(誕) · 㕦(訟) · 呭(詍) · 咤(詫) · 㖡(詭) · 䛡(話) · 㖃(詬) · 㖥(誕) · 噡(譫) · 謳(傴) · 覗(伺) · 㤰(作)” 등이 있다.

그러나 이와 같은 主體와 行爲 現象의 관계는 사람만이 할 수 있는 것은 아니다. 예컨대 “遻(驟) · 𩁅(翼)”과 같이 다른 동물들이 일으키는 행위도 있을 수 있으며 “𨋩(衡) · 䡫(逢)”과 같이 동물이 아닌 道具나 事物을 뜻하는 글자를 활용하여 이와 같은 서로 다른 層位에서의 代替도 가능하다.

𤸃(虫−疒) : 『龍龕手鏡 · 食部』에서는 “蝕, 音食, 日月蝕也”[303]라 말하고 있고, 『集韻 · 入聲 · 職韻』에서는 “䴐 · 蝕 · 𤸃, 『說文』敗創也. 或省, 亦從疒”[304]이라 말하고 있는데, 이것에 근거하면 ‘𤸃’은 ‘蝕’의 異體字이며, 이는 ‘虫’을 ‘疒’으로 代替한 것이다. ‘蝕’의 本義는 “敗創也”로서, 이 “敗創也”의 原因은 바로 ‘虫’이며, 이 ‘虫’으로 인해 “敗創也”라는 결과가 만들어졌다. 그런데 이러한 결과, 즉 “敗創也”는 결국 ‘疒’의 일종이기 때문에 ‘虫’을 ‘疒’으로 代替한 것이라 할 수 있다.

301 許慎 撰, 段玉裁 注, 『說文解字注』, 漢京文化事業有限公司, 臺北, 民國69, p.84
302 張自烈, 『續修四庫全書 · 正字通』, 上海古籍出版社, 上海, 1995, p.540
303 行均, 『龍龕手鏡』, 中華書局, 北京, 1985, 504쪽
304 丁度 等, 『字典彙編 · 集韻』, 國際文化出版公司, 北京, 1993, 338쪽

이렇게 볼 때, 본래의 偏旁인 '虫'은 原因의 層位에 있는 것이고 '疒'은 그 원인의 結果라는 새로운 層位에 있다고 볼 수 있다. 이와 유사한 예로서 "痐(蛔)"가 있는데, 이것 역시 동일한 현상이라 할 수 있다.

이상의 내용을 정리하여 도표로 나타내면 다음과 같다.

等位 類型	例　　字
同等位代替	梘(筧)・⿺麦亡(芒)・瑱(鎮)・⿰革申(紳)・篆(綠)・墁(鏝)・繮(韁)・靭(韌)・⿰革軍(韗)・楗(鍵)・⿰革昜(錫)・⿰革麃(鑣)・⿰石郎(榔)・靷(紖)・靵(紐)・靽(絆)・⿰革弗(紼)・靾(紲)・⿰革申(紳)・鞓(綎)・⿸麻昜(緆)・篆(綠)・鐖(⿰糸幾)・⿰金黽(繩)・碫(鍛)・⿰魚麃(鑣)・⿰巾任(衽)・⿰巾夫(袂)・⿱代巾(袋)・帞(袹)・⿰巾君(裙)・⿰巾昌(裮)・戧(創)・⿰夗隹(鵷)・⿰酉隹(⿰酉鳥)・⿱少鳥(雀)・⿰厷鳥(雄)・⿰目鳥(睢)・鶵(雛)・狠(豤)・⿰犭希(豨)・猪(豬)・猫(貓)・⿰豸希(豨)・猨(蝯)・⿰豸爰(蝯)・鰕(蝦)・⿱皮黽(蚾)・⿰魚居(蜛)・猬(蝟)・⿰豸胃(蝟)・蚫(鮑)・蟦(鰿)・鰲(螯)・⿰身皮(跛)・狺(信)・路(骼)・⿺毛悤(鬆)
差等位代替	柁(舵)・⿰木叟(艘)・⿰舟伐(筏)・檥(艤)・⿰木是(匙)・鍉(匙)・鞺(鼞)・⿰巾支(鼓)・帢(韐)・輨(錧)・鎒(耨)・鑇(劑)・耡(鋤)・硔(鉷)・鎒(耨)・鉇(匜)・鎋(轄)・⿰巾少(紗)・⿰舟冋(絅)・裍(綑)・⿰巾谷(綌)・⿰衤免(絻)・椗(綻)・⿰衤彔(綠)・⿰巾革(緙)・褈(緟)・⿰衤衰(縗)・⿰衤崩(繃)・襂(縿)・⿰衤熏(纁)・墰(鐔)・坂(阪)・礶(罐)・⿱竹古(罟)・⿱竹卓(罩)・⿱竹幕(羃)・⿰米昆(餛)・⿰米甫(**餔**)・餻(糕)・⿺麥屯(**飩**)・粄(**飯**)・⿰米向(**餉**)・⿰食丑(粈)・⿰食巴(粑)・餦(粻)・⿰食胥(糈)・餹(糖)・餻(糕)・⿰食臭(糗)・饍(膳)・⿰食雋(臇)・⿰食詹(膽)・⿰禾乞(⿰米乞)・稉(粳)・穅(糠)・趃(跌)・⿺走甬(踊)・趓(躲)・⿰足吉(趌)・⿰足酋(趥)・蹺(趬)・躁(趮)・⿰足卜(赴)・⿺走圭(跬)・趒(跳)・⿺走甬(踊)・⿺走睪(⿰足睪)・⿺走廛(躔)・搞(敲)・趓(躲)・⿺走足(促)・⿺辶貞(偵)・⿰亻口(信)・唌(誕)・⿰口公(訟)・呭(詍)・咤(詫)・⿰口危(詭)・⿰舌舌(話)・⿰口后(詬)・唌(誕)・噡(譫)・⿰言聶(⿰亻聶)・覗(伺)・怍(作)・⿺辶取(驟)・龔(翼)・⿰車衡(衡)・⿰車夆(篷)・⿸疒食(蝕)・痐(蛔)

4.1.5 被代替偏旁과의 字義 離隔度別 分類

形符代替異體字에 있어서 被代替偏旁과 代替偏旁의 字義는 서로 類似할수록

正字를 파악하기가 쉽다. 하지만 실제에 있어서는 그렇지 않은 경우가 많다. 예컨대 "笀(芒)"과 같이 본래의 偏旁이 '++'이고, 代替偏旁 '竹'일 경우, 이들은 모두 植物을 뜻한다. 그렇기 때문에 이들을 본래의 글자에서 偏旁만 따로 떼어놓고 보면 두 偏旁 간의 字義가 매우 밀접하기 때문에 이러한 유형의 異體字를 보면 바로 正字를 類推할 수가 있다. 이러한 경우는 代替偏旁과 被代替偏旁 사이의 字義 離隔度가 상당히 낮다고 할 수 있다.

그런가 하면 "挽(輓)"과 같은 경우, 서로 代替되는 '車'와 '扌'는 이들 본래의 字義로만 본다면 서로 간의 연관 관계를 찾기가 어렵다. 그렇지만 이것들이 '免'과 결합하여 "挽(輓)"의 일부로 사용될 때는 '輓'이 '車'를 끌고 간다거나 혹은 '扌'로 이끌어 간다는 뜻이므로, '車'와 '扌'의 字義上 연결 관계를 파악하는 것이 불가능하지는 않다. 그렇기 때문에 이러한 것들은 위의 예에 비해 相互間의 離隔度는 약간 높은 단계라 할 수 있다.

이에 반해 "[臣+忠/貝](賢)"과 같은 경우, 서로 代替되는 '又'와 '忠'은 본래의 字義로 보아도 서로 간의 연관 관계를 찾기 어렵고, 또 "[臣+忠/貝](賢)"의 일부로 사용되었다는 측면에서 字義를 비교해도 '又'와 '忠'의 연관 관계를 찾기는 매우 어렵다. 그것은 비록 字形上으로는 '忠'이 '又'를 代替했지만, 字義上으로는 '忠'이 '又'를 代替한 것이 아니라 正字인 '賢'의 의미를 再現한 것이기 때문이다. 이런 경우에 代替偏旁과 被代替偏旁의 字義는 그 離隔度가 상당히 높은 것이라고 할 수 있다.

이 외에도 "衯(衯)"과 같이 偏旁인 '衣'와 '示'가 字形上으로만 유사할 뿐, 意味上으로는 전혀 관련이 없는 경우가 있는데, 이런 글자들의 偏旁間 字義 離隔度는 매우 높다고 할 수 있을 것이다.

이와 같이 代替偏旁과 被代替偏旁 간의 字義上의 離隔度는 그 둘 사이의 字義의 관련성을 어느 정도로 세분화할 것인가에 따라 단계 수가 달라지는데, 다음에서는 이들을 네 단계로 나누고자 한다. 즉 低段階 離隔度부터 中段階, 高段階, 超高段階의 離隔度까지로 나누어 이에 속하는 글자들을 살펴보기로 한다.

1) 低段階 字義離隔度

여기에 속하는 것들은 形符代替異體字에서 가장 기본적인 부류라 할 수 있다.

즉 字義가 같거나 매우 유사한 글자로 偏旁을 代替한 것들이라 할 수 있다.

捥(肉-手) : 『龍龕手鑑 · 肉部』에 의하면 "𦛱古, 腕今"[305]이라 하고, 또 『龍龕手鑑 · 手部』에서는 "捥, 俗, 烏半反, 手捥也, 正作腕"[306]이라 말하고 있다. 한편 『字彙 · 手部』에서는 "捥, 與腕同"[307]이라 말하고 있는 바, 이들에 근거하면 '捥'은 '腕'의 異體字로서 '手'로 '肉'을 代替한 것이다. '手'와 '肉'의 字義 관계를 살펴 보면, '手'는 人體의 일부이고, 또한 인체는 주로 '肉'으로 이루어진 것이기 때문에 이 둘의 관계는 매우 밀접하다고 할 수 있다. 그래서 "手 · 足 · 肉 · 骨 · 身"과 같이 人體와 관련된 器官들은 서로 의미상으로 통하는 것이 많기 때문에 異體字에서 偏旁으로 互用되는 경우가 매우 빈번하게 나타난다. 이러한 예로는 "㖔(舔) · 軆(體) · 䏲(頰) · 䠞(腿) · 趴(刖) · 跀(刖) · 𩷹(鱐) · 腰(骾) · 䐥(髖) · 䏲(頰) · 䐂(跟) · 膺(膺) · 臀(臀) · 軁(僂) · 㐱(企) · 𩑛(傍) · 頼(俅)" 등이 있다.

이와 같이 人體와 器官 사이와 같은 밀접한 관계는 사람에게서만 나타나는 것이 아니라 모든 동물의 器官까지도 확대될 수 있다. 예컨대 "膻(羶) · 翅(翅) · 鶬(翔) · 鶲(翽) · 猩(腥) · 鱠(膾) · 犂(翻) · 腊(豬)"와 같은 것이 여기에 속한다. 또한 "犃(駱) · 䨏(鼃) · 狖(貁) · 貂(貂) · 狃(貀) · 猍(貅) · 猯(貒) · 狳(貐)"와 같은 것들도 動物과 그 器官이 아니라 동물 그 自體이지만 역시 본래의 偏旁과 字義上 가장 밀접한 관계에 있는 偏旁들을 이용하여 代替한 것에 속한다고 할 수 있다.

稉(米-禾) : 『集韻 · 平聲 · 庚韻』에 "杭, 『說文』稻屬. 或作稉、粳"이라 말하고 있는데, 이에 의하면 '粳'과 '稉'은 모두 '秔'의 異體字로 "稻屬"을 뜻하는 글자이다. 그런데 지금은 '粳'을 주로 사용하고 본래 正字였던 '秔'과 '稉'은 異體字가 되었다. '稉'은 '粳'의 偏旁인 '米'를 '禾'로 代替한 것인데, '米'와 '禾'는 意味上 동일한 계통이므로 偏旁으로 사용될 때 서로 互用해도 큰 무리가 없다. 이와 같이 植物을 뜻하는 글자들도 意味上 같은 뿌리를 갖는 글자거나 혹은 유사한 이미지를 갖는 글자들은 서로 互用되는데, 이러한 예로는 "𥳑(藺) · 蓑(蓑) · 篛(蒻) · 苟(筍) · 荅(答) · 笔(筆) · 苙(笠) · 梘(筧) · 蓪(篷)" 등이 있다.

305 行均, 『龍龕手鏡』, 中華書局, 北京, 1985, p.412
306 行均, 『龍龕手鏡』, 中華書局, 北京, 1985, p.213
307 梅膺祚, 『字典彙編 · 字彙』, 國際文化出版公司, 北京, 1993, p.177

위와 같이 동일한 동물이나 식물 사이에서 意味上으로 유사성을 갖는 글자들끼리 代替되는 것 외에도, 앞에서 언급된 差層位代替에 속하는 것들로서 "裀(絪)·㡉(綌)·幒(繩)·𧝓(纁)·麰(飥)·粌(飩)·粭(飴)·麫(餅)·粡(餔)·粯(餛)·糇(餱)·麳(饅)·糖(饃)·𥻗(饘)·碮(隄)·鞋(鼞)·墰(鐔)·礶(罐)·嵠(谿)"와 같이 재료와 그것을 활용해 만들어진 완성품의 관계를 갖는 글자로 대체된 경우, "䟴(診)·追(追)·徧(通)·後(逡)·迵(徊)·赴(徒)·逕(徑)·𨑢(趄)·倬(踔)·彶(返)·趯(趯)·迪(迪)·逈(迴)·逮(逮)·逶(透)·假(遐)·趤(蕩)·逞(湟)·徧(遍)·僻(避)·儇(還)·𨄉(臻)"과 같이 行動을 뜻하는 글자들끼리는 字義가 매우 밀접하기 때문에 서로 代替되는 경우가 자주 나타난다.

그런데 이와 같이 유사한 意味群에 속하기 때문에 서로 자주 代替되지만, 代替와 被代替偏旁 사이의 意味上 離隔이 위의 경우보다는 좀 더 심한 것들도 존재한다. 예컨대 "踰(逌)"과 같이 行爲와 그 行爲의 主體 관계라든가, 혹은 똑같은 재료와 완성품의 관계라도 "䰄(鬈)"와 같은 글자들에 있어서의 代替와 被代替偏旁의 字義 離隔은 좀 더 벌어졌다고 보이는데, 이러한 예를 살펴보면 다음과 같다.

䄧(食-禾) : 『說文·食部』에 "䬸, 燕食也. 從食, 芺聲. 『詩』曰 : 飲酒之䬸"[308]라 하고, 『集韻·去聲·御韻』에서는 "䬸飫⋯⋯, 依據切. 『說文』: 燕食也.⋯⋯古作䄧"[309]라 했으며, 『字彙補·禾部』에서는 "䄧, 古飫字. 見『韻會』"[310], 『重訂直音篇·卷四·禾部』에는 "䄧, 與飫同"[311]이라 말하고 있는데, 이에 의하면 '飫'가 正字이고 '䄧'는 異體字이며 字義는 "燕食"이다. 즉 異體字인 '䄧'는 正字의 偏旁 '食'을 '禾'로 代替한 것인데, '禾'가 음식의 재료라는 측면에서 본다면 '食'과는 밀접한 관계에 있다고 할 수 있다. 그러나 이 '禾'는 직접 음식의 재료로 사용되는 것이 아니라, 일단 搗精 過程을 거쳐 '米'가 되고, 이 '米'가 음식의 재료가 되므로 "禾-米-食"으로 연결되므로, "禾-食"의 관계는 "米-食"의 관계보다는 한 단계 더 떨어진 것이라 할 수 있다. 이 외에 "膔(䭲)·腰(餧)·膳(饌)·䑋(餕)·肘(飣)·肚(飪)·𩞄(餔)·鹹(鹹)·酳(餡)"과 같은 경우도 모두 음식과 관련된 것

308 許愼 撰, 段玉裁 注, 『說文解字注』, 漢京文化事業有限公司, 臺北, 民國69, p.223
309 丁度 等, 『字典彙編·集韻』, 國際文化出版公司, 北京, 1993, p.271
310 吳任臣, 『續修四庫全書·字彙補』, 上海古籍出版社, 上海, 1995, p.605
311 中華民國教育部, 『異體字字典』(http://dict.variants.moe.edu.tw/), b05721-001에서 再引用.

들이지만, 偏旁으로 사용된 “肉 · 魚 · 酉 · 皿”이 모두 ‘米’나 ‘麥’과 같은 글자보다는 飮食을 연상하기 어려운 것들이라 할 수 있다.

𨑜(馬-走) : 『正字通 · 辶部』에 의하면 “𨑜, 俗騣字”[312]라 되어 있다. 이는 正字인 ‘騣’에서 偏旁 ‘馬’를 ‘走’으로 代替한 것이다. ‘馬’는 잘 달리는 동물이기 때문에 행동을 뜻하는 ‘走’과 연결될 수가 있다. 즉 ‘馬’는 ‘走’이라는 의미를 연상시킬 수 있기 때문에 代替한 것이다. 여기에서 ‘馬’는 行動의 主體가 되고 ‘走’은 行動이다. 이와 같이 行動과 行動의 主體 관계를 나타내는 글자들끼리는 비교적 가까운 의미 관계라 할 수 있는데, 이와 유사한 것으로는 “㕬(訟) · 詋(呪) · 𢕛(蹕) · 𨗵(蹬) · 𢕼(躚) · 𨘽(躐) · 𢖍(躟) · 𢕘(躍) · 𨀐(迒) · 踰(逾) · 𥉻(蹊) · 驆(蹕) · 𨑂(偵)” 등이 있다.

이 외에도 “𤯕(馦)”과 같은 경우, 偏旁으로 쓰인 ‘香’과 ‘甘’의 字義가 어느 정도는 관련성이 있는 것이기 때문에 이와 같이 偏旁을 代替하여 異體字를 만들기도 한다.

2) 中段階 字義離隔度

合體字인 正字와 그 異體字에서 代替하고 代替되는 偏旁들 중에는 그들을 따로 분리하여 字義를 비교하면 둘 사이의 聯關性을 찾기가 어렵지만, 그 글자들이 해당 合體字의 偏旁으로 사용되면, 이들의 의미 기능이 사실상 같아져서 서로 互用이 가능한 경우이다. 즉 代替 혹은 被代替 偏旁들이 특정 글자의 偏旁으로 사용되면 同質性을 갖지만, 따로 分離되어 독립적으로 사용된다면 아무런 관련성도 없는 경우라고 할 수 있는데, 예를 들면 다음과 같다.

熔(金-火) : 『說文解字 · 金部』에서는 “鎔 , 冶器法也. 從金容聲”[313]이라 하고, 『字辨 · 體辨三』에 의하면 “鎔 · 熔. 熔新出字 , 古無. 上列者為正”[314]이라 말하고 있는 바, 이에 의하면 ‘鎔’이 正字이고 ‘熔’은 後起字이다. 즉 ‘熔’은 “冶鑄”의 意味를 갖고 있는 ‘鎔’에서 ‘金’을 ‘火’로 代替한 것이다. 여기에서 偏旁인 ‘金’과

312 張自烈, 『續修四庫全書 · 正字通』, 上海古籍出版社, 上海, 1995, p.583

313 許愼 撰, 段玉裁 注, 『說文解字注』, 漢京文化事業有限公司, 臺北, 民國69, p.710

314 中華民國敎育部, 『異體字字典』(http://dict.variants.moe.edu.tw/), a04330-001에서 再引用.

‘火’는 따로 떼어 놓고 보면 字義上 어떤 聯關性을 찾기가 쉽지 않다. 그러나 “冶鑄”란 본래 ‘火’를 이용하여 冶金을 하는 것이므로, ‘金’을 강조해 만든 ‘鎔’을 ‘火’로 代替해 ‘熔’字를 만들었다는 것을 생각한다면, “鎔 · 熔”에서의 “金 · 火”의 관계는 매우 밀접하다고 할 수 있다. 이와 같이 ‘金’과 ‘火’가 특정 글자의 偏旁으로 사용될 때는 매우 가까운 관계이나, 그 상황을 벗어나면 전혀 연관성을 갖기 어려운 것으로는 “焇(銷) · 煅(鍛)” 등이 있다.

⿰革昜(金－革) : 『正字通 · 革部』“鍚, 馬額前飾”[315]이라 하고, 또 『正字通 · 革部』에서는 “⿰革昜, 俗字. 馬頭飾. 從金. 毛詩作鍚, 說文贅作鐊, 改從革非”[316]라 하여, 正字는 ‘鍚’이고 ‘⿰革昜’은 異體字이며 字義는 “馬頭飾”이라 말하고 있다. 본래 “馬頭飾”은 戰鬪時에 敵의 槍劍으로부터 말을 보호하기 위해 만든 방패를 겸한 일종의 裝飾이다. 그래서 이것은 보통 金屬을 이용하여 만들었다. 그런데 금속으로 만들면 무겁기도 하고 만들기도 어려운 경우가 있어 가죽으로 만들기도 했다. 그래서 ‘鍚’은 처음에는 ‘金’을 偏旁으로 사용했으나 후에 ‘革’으로 代替하기도 했다. ‘金’과 ‘革’이 “馬頭飾”에 사용되는 재료라는 측면에서 보면 매우 밀접한 관계가 있다. 그러나 이러한 상황을 벗어나 단순히 ‘金’과 ‘革’만을 놓고 보면, 이들 사이의 字義關係를 파악하기는 쉽지 않다. 이와 같이 특정한 사물의 재료로 쓰인다는 점에서는 매우 밀접하지만, 그 상황을 벗어나면 그리 관련성이 없는 글자들이 偏旁으로 사용되는 예로는 “⿰王將(鏘) · ⿰土貨(鎖) · ⿰石族(鏃) · ⿰石雋(鐫) · ⿰石連(鏈) · 碫(鍛) · 硂(銓) · 楗(鍵) · 墁(鏝) · 槾(鏝) · ⿰石郎(榔) · 腌(醃) · 鞧(緧)”와 같은 것들이 있다.

⿱齊言(刀－言) : 『龍龕手鏡 · 言部』에 의하면 “⿱齊言, 子爲在世二反, 正作劑, 刀也”[317]라 말하고 있는 바, 이에 의하면 ‘⿱齊言’의 正字는 ‘劑’이다. 그런데 이 ‘劑’에 대해 『康熙字典』에서는 “『周禮 · 地官 · 司市』以質劑結信而止訟. 『註』質劑，謂兩書一札而別之也. 若今下手書，言保物要還矣. 『疏』質劑謂券書. 恐民失信，有所違負，故爲券書結之，使有信也. 大市以質，小市以劑，故知質劑是券書”라 말하고 있는데, 이에 의하면 ‘劑’는 곧 “質劑”로서, 지금의 “약속어음”이라 할

315 張自烈, 『續修四庫全書 · 正字通』, 上海古籍出版社, 上海, 1995, p.635
316 張自烈, 『續修四庫全書 · 正字通』, 上海古籍出版社, 上海, 1995, p.703
317 行均, 『龍龕手鏡』, 中華書局, 北京, 1985, p.43

수 있다. 본래 “質劑”는 채권자와 채무자가 나무판 위에 서로 간의 약속 내용을 기록하고, 이 나무를 둘로 쪼개 나누어 각각 하나씩 갖고 있다가, 후에 이 둘을 맞추어 보고 그 내용에 따라 변제하는 약속 증서였다. 그렇기 때문에 칼로 쪼갠다는 뜻을 표현하기 위해 偏旁에 ‘刀’가 사용되었다. 그렇지만 약속이란 것이 반드시 문서로만 하는 것이 아니고 “말”로 약속할 수도 있는 것이다. 그래서 이 약속 증서를 나타내는 ‘劑’에서 ‘刀’를 “말”을 의미하는 ‘言’으로 代替해 만든 異體字가 ‘𧫒’이다. 그런데 본래의 偏旁인 ‘刀’와 代替偏旁인 ‘言’은 그 自體의 意味로는 전혀 연관성을 찾을 수가 없다. 오직 그것이 “劑 · 𧫒”의 偏旁으로 기능하는 경우에만 ‘質劑’의 기능을 만들기 위한 나름대로의 연관 관계를 찾을 수가 있다.

悮(言-心) : 『說文解字 · 言部』에 의하면 “誤 , 謬也. 從言 , 吴聲”이라 하고, 『廣韻 · 去聲 · 暮韻』에서는 “誤, 謬誤. 悮, 上同”[318]이라 말하고 있는데, 이에 의하면 ‘悮’의 正字는 ‘誤’이고, 字義는 “謬也”이다. 사람이 잘못을 저지르는 것은 “신체의 행동”으로 하는 것도 있지만, “언어 행위”로 하는 것도 있다. 말로 하는 잘못된 행위를 표현하기 위해 만든 글자가 “誤”이며, ‘誤’의 결과로 他人은 마음을 상하게 된다. 즉 심리적으로 불편함을 겪게 되는데, 이러한 심리적인 불편을 끼치는 행위이기 때문에 ‘誤’의 偏旁인 ‘言’을 ‘心’으로 代替하여 ‘悮’를 만들었다. 그렇기 때문에 “誤 · 悮”에서 偏旁인 “言 · 心”은 서로 같은 기능을 하는 긴밀한 관계라고 할 수 있다. 그러나 이들이 偏旁으로 사용되는 이 상황을 벗어나 따로 ‘言’과 ‘心’의 뜻으로 존재하고 있을 경우에 이들 간의 연관성은 그리 강하다고는 하기 곤란하다. 이와 동일한 예로는 “㤘(誇) · 𢢁(讐)”가 있고, 유사한 예로서 사람과 마음으로 연관성을 찾고 있는 “訫(信) · 悔(侮)”가 있다.

𫞩(人-力) : 『正字通 · 力部』에 “𫞩, 俗佐字. 古借左右之左, 轉聲通義. 後人作佐, 舊註音佐助也, 副也, 義同”[319]이라 말하고 있는데, 이에 의하면 ‘𫞩’는 正字인 ‘佐’의 偏旁 ‘人’을 ‘力’으로 代替한 것이다. 여기에서도 마찬가지로 ‘人’과 ‘力’의 의미 관계는 그리 밀접한 것이라 할 수 없다. 즉 字義上으로는 ‘力’으로 ‘人’을

318 陳彭年 等 撰, 余迺永 校著, 『互註校正宋本廣韻』, 聯貫出版社, 臺北, 民國69, p.368
319 張自烈, 『續修四庫全書 · 正字通』, 上海古籍出版社, 上海, 1995, p.127

代替하기에는 약간은 부족함이 있다. 그러나 正字인 '佐'의 字義가 "助也"로서, 이 "助也"의 의미를 실행하는 주체가 주로 사람이기 때문에 '人'을 偏旁으로 삼은 것이라면, 이 "助也"를 실행할 수 있는 원동력이 바로 '力'이라 할 수 있다. 그렇기 때문에 '人'과 '力'은 이 "佐 · 㘴"에서 간접적으로 관련성을 가질 수가 있을 것이다. 이와 유사한 예로는 "勈 · 僶"이 있다.

위와 같은 경우 외에도 특정한 글자의 偏旁으로 사용될 때, 물건의 재료와 물건의 사용자라는 측면에서 연관성을 찾을 수 있는 偏旁으로 "驫(鏕)", 동일 기능을 한다는 측면에서 연관성이 있는 "蹾(轍)", "위험성"이란 부분적 속성을 동일하게 적용하고 있는 "礔(霹)", 물건과 그 물건을 활용한 행위라는 측면에서 연관성이 있는 "襎(膰)", 주체와 대상이라는 측면에서 연관성이 있는 "跸(阼)"와 같은 글자들이 모두 代替와 被代替偏旁 사이에는 어느 정도의 離隔이 존재한다고 할 수 있다.

3) 高段階 字義離隔度

여기에 속하는 것들은 偏旁끼리 본래의 字義上으로도 전혀 연관성이 없을 뿐만 아니라, 偏旁으로 機能을 할 때도 偏旁의 意味에서 서로 어떻게 연관성이 있는지 파악할 수가 없는 것들이다. 그것은 代替된 偏旁이 被代替偏旁과의 字義 관계로 代替한 것이 아니라, 正字 본래의 字義와 연관된 字義를 갖는 것이기 때문이다. 즉 正字인 合體字가 A와 B의 偏旁으로 구성된 AB라 할 때, 異體字는 AC로 구성되었다. 이는 正字의 偏旁인 B가 異體字에서는 C로 대체되었는데, B와 C는 따로 독립이 되어 있을 때도 전혀 字義上으로 관련성이 없다. 또한 AB나 AC로 구성된 偏旁으로 사용되었을 때도 B와 C는 의미의 기능상 아무런 연관성이 없다. 다만 偏旁 C는 偏旁 B가 아닌 合體字 AB의 의미와 관련성이 있는 경우이다.

이러한 관계로 인해 여기에 속한 代替偏旁들은 被代替偏旁과의 字義 離隔度가 가장 심하다고 할 수 있다. 그렇기 때문에 이러한 異體字들은 正字를 파악하기에도 가장 어려운 단계라고 말할 수 있다. 다음에서 이러한 예들에 대해 살펴보기로 한다.

䎸(廾-弓) : 『龍龕手鑑 · 羽部』에서는 "羿 · 䎸, 二或. 羿, 正音詣, 能射人名"320이라 말하고 있고, 『字彙 · 羽部』에서는 "羿, 音詣, 古射師. 䎸, 同上"321

이라 하고, 『康熙字典 · 弓部』에서는 "[羽+弓],『海篇』, 同羿"322라 말하고 있다. 이들을 근거로 한다면 '[羽+弓]'의 正字는 '羿'이고, 字義는 "古射師"이다. 본래 '羿'는 중국 神話에 출현하는 활에 능한 神의 이름으로 열 개의 太陽을 활로 쏘았다는 神話 속의 인물이다. 그래서 '羿'의 偏旁인 '廾'을 '弓'으로 代替한 하여 '[羽+弓]'를 만든 것으로 보인다. 그런데 代替偏旁인 '弓'과 본래의 偏旁인 '廾'은 단독으로 쓰일 때의 字義나 '羿'에서의 偏旁으로 기능할 때나 어느 곳에서도 字義上으로 聯關性을 찾기가 매우 어렵다. 이것은 代替偏旁인 '弓'이 '羿'의 偏旁인 '廾'과의 의미상 연관성보다는 '羿'라는 그 自體의 字義와 聯關性을 갖는 의미이기 때문이다. 즉 代替偏旁인 '弓'은 構造上으로는 비록 '廾'과 대체되었지만 字義上으로는 正字 '羿' 본래의 의미와 관련이 있기 때문에 被代替偏旁과의 字義上의 離隔이 매우 심하다고 할 수 있다.

遶(糸-辵) : 『說文解字 · 糸部』에서는 "繞 , 纏也. 從糸堯聲"323이라 말하고, 『干祿字書 · 上聲』에 의하면 "遶 · 繞 , 上通下正"324, 『字彙 · 辵部』에서는 "遶 , 同繞"325, 『正字通 · 辵部』에서는 "遶 , 同繞 , 俗音讀饒去聲 , 非"326라 말하고 있다. 위에 근거하면 '遶'의 正字는 '繞'이고, '繞'의 字義는 "纏也"이다. 후대로 오면서 '繞'의 字義는 "走弯曲迂回路"로 의미가 확장되었다. 異體字인 '遶'는 正字인 '繞'의 偏旁 '糸'를 '辵'으로 代替한 것인데, '糸'와 '辵'은 각각 사용될 때 字義가 서로의 연관성을 찾기가 어렵다. 또한 "繞 · 遶"의 偏旁으로 機能을 할 때도 '糸'와 '辵'은 의미가 연결되지는 않는다. 이것은 '辵'이 비록 字形의 構造上으로는 '糸'를 代替했지만 意味上으로는 "走弯曲迂回路"라는 正字인 '繞'의 의미를 표현하는 것이기 때문이다. 이렇게 볼 때, '糸'와 '辵'이라는 두 偏旁의 字義上의 離隔은 매우 심하다고 할 수 있다.

赮(雨-赤) : 大徐本『說文解字 · 雨部 · 新附』에 의하면 "霞 , 赤雲氣也. 從雨叚聲"327이라 하고, 『玉篇 · 赤部』에서는 "赮 , 下加切. 亦霞"328라 말하고 있다. 이에

320 行均, 『龍龕手鏡』, 中華書局, 北京, 1985, p.327
321 梅膺祚, 『字典彙編 · 字彙』, 國際文化出版公司, 北京, 1993, p.370
322 張玉書 等 撰, 『康熙字典』, 中華書局, 北京, 1997, p.358
323 許慎 撰, 段玉裁 注, 『說文解字注』, 漢京文化事業有限公司, 臺北, 民國69, p.653
324 中華民國教育部, 『異體字字典』(http://dict.variants.moe.edu.tw/), a03178-005에서 再引用
325 梅膺祚, 『字典彙編 · 字彙』, 國際文化出版公司, 北京, 1993, p.491
326 張自烈, 『續修四庫全書 · 正字通』, 上海古籍出版社, 上海, 1995, p.590

의하면『說文解字』에서는 '霞'가 본래 正字인데, 후에『玉篇』에서는 '赮'가 正字로 되어 있다. 그러나 지금은 '霞'를 正字로 쓰고 있으니 '赮'는 '霞'의 偏旁인 '雨'를 '赤'으로 代替한 異體字이고, 字義는 "赤雲氣"라 할 것이다. 그런데 여기에서 代替와 被代替偏旁인 '雨'와 '赤'은 字義上으로 전혀 관련성을 찾기가 힘들다. 또한 그것이 偏旁으로 사용된 '赮'에 있어서도 意味上으로 '雨'를 '赤'으로 代替할 이유가 전혀 없다. 그럼에도 불구하고 이렇게 代替한 것은 '赤'이 正字의 字義인 "赤雲氣"를 표현하는 것이기 때문이다. 즉 '赤'은 形體 構造上으로는 '霞'의 偏旁인 '雨'를 代替한 것이지만, 字義의 측면에서 본다면 正字 전체를 再現하는 것이라 할 수 있다.

⿰凶心(儿-心) :『龍龕手鑑 · 凶部』에 "兇 · [illegible] · [illegible] · ⿰凶心, 許恭反, 恐也, 咎也, 惡也"[329]라 기록되어 있는데, 여기에 의하면 "兇 · ⿰凶心"은 모두 同字이다. 그런데 '兇'이 '兇'의 異體字이므로 '⿰凶心'은 '兇'의 異體字가 된다. 즉 '兇'에서 하단부의 偏旁인 '儿'을 '心'으로 代替한 것이다. 여기에서 代替와 被代替偏旁인 '儿'과 '心'은 字義上으로 어떠한 연관 관계를 찾아보기가 어렵다. 여기에서 本字인 '兇'의 字義가 "恐也, 咎也, 惡也"라는 점을 주목할 필요가 있다. 이들의 의미는 모두 사람의 심리와 관련이 있는 것이다. 그렇기 때문에 異體字에서는 偏旁을 正字의 字義와 관련지어 '心'으로 代替한 것이다. 즉 被代替偏旁과는 字義上으로 전혀 관련이 없이 構造上으로만 代替하고, 실질적으로는 正字의 字義를 代辯하는 偏旁으로 代替한 것이다.

⿰門血(人-門) :『說文解字 · 人部』에 "侐, 靜也. 從人血聲. 詩曰, 閟宮有侐"[330]이라 하고, 段注에 의하면 "靜者 , 審也, 悉也, 知審諦也. 魯頌曰, 閟宮有侐. 傳曰, 侐 , 淸淨也, 淨乃靜之字誤. 周頌, 假以溢我. 傳曰, 溢 , 愼也. 許作誐以諡我. 諡靜語也. 一曰無聲也"[331]라 하였으며, 또한『康熙字典』에서는 "侐,『唐韻』況逼切,『集韻』·『韻會』忽域切 , 兄入聲. 寂也 , 靜也"라 말하고 있다. 이에 의하면 '⿰門血'의 正字는 '侐'이고, '侐'의 字義는 "靜也"이며, '⿰門血'은 正字의 偏旁인 '人'을

327 許愼 撰, 徐鉉 校定,『說文解字』, 中華書局, 北京, 2004, p.242
328 顧野王 撰,『玉篇』, 臺灣中華書局, 臺北, 民國66, 卷下 p.8
329 行均,『龍龕手鏡』, 中華書局, 北京, 1985, p.202
330 許愼 撰, 段玉裁 注,『說文解字注』, 漢京文化事業有限公司, 臺北, 民國69, p.377
331 許愼 撰, 段玉裁 注,『說文解字注』, 漢京文化事業有限公司, 臺北, 民國69, p.377

'門'으로 代替한 것이다. 그런데 代替와 被代替偏旁인 '人'과 '門'은 字義上으로 어떠한 관련성도 찾기 어렵다. 즉 '門'은 본래의 偏旁인 '人'의 字義를 代替하기 위한 것이라기 보다는 단순히 字形의 構造上으로 偏旁을 代替했을 뿐이며, 실질적으로는 '仚'의 전체 의미를 代辯하는 역할을 한 것으로 볼 수 있다.

4) 超高段階 字義離隔度

여기에 속하는 異體字들의 경우, 代替되는 偏旁과 본래의 偏旁 간의 字義 관계는 전혀 찾아볼 수가 없고, 오직 字形만이 비슷할 뿐이다. 즉 字形이 비슷하여 偏旁을 代替하여 사용한 예에 속하는데, 그 예를 살펴보면 다음과 같다.

耿(火-大) : 『偏類碑別字 · 耳部 · 耿字』에서는 〈魏元襲墓誌〉에 근거하여 '耿'을 '耿'의 異體字로 수록하였고[332], 『碑別字新編 · 十畫 · 耿字』에서도 '耿'의 異體字로 '耿'을 수록하고 있다.[333] 이에 의하면 '耿'은 正字인 '耿'의 偏旁인 '火'를 '大'로 代替한 것인데, '火'와 '大'는 그것들이 '耿'의 偏旁으로 사용되든 혹은 따로 떼어놓든 意味上으로 아무런 관련이 없다. 또한 代替偏旁인 '大'가 '耿'의 字義인 "光明"과도 비교해도 意味上으로는 연관 관계를 찾아보기가 매우 어렵다. 즉 '火'와 '大'는 오직 形體上으로만 유사할 뿐이다. 결국 '耿'은 '火'와 '大'의 字形이 유사함으로 인해 '耿'의 '火'를 '大'로 代替한 것이라 할 수 있다. 이와 유사한 예로서 "談(談) · 尖(尖) · 談(談) · 緓(綅) · 叛(叛)" 등이 있는데, 여기에서의 偏旁으로 사용된 "火 · 大 · 半"은 모두 字形의 유사함으로 인해 代替한 것일뿐 字義와는 전혀 상관이 없는 것들이다. 이런 측면에서 볼 때 代替偏旁과 被代替偏旁과의 字義離隔度는 가장 높은 단계라 할 수 있다.

㒇(忄-人) : 『正字通 · 心部』에 의하면 "憮, 罔甫切, 音武, 悵也. 又憮肰自失貌, 忽有覺之意"[334]라 하고, 또 『正字通 · 人部』에서는 "㒇, 同憮"[335]라 말하고 있는데, 이에 의하면 '㒇'는 '憮'의 異體字이다. 여기에서도 역시 '忄'과 '人'은

---

332 北川博邦 編, 『偏類碑別字』, 法仁文化社, 서울, 1990, p.181

333 中華民國敎育部, 『異體字字典』(http://dict.variants.moe.edu.tw/), a03267-000에서 再引用

334 張自烈, 『續修四庫全書 · 正字通』, 上海古籍出版社, 上海, 1995, p.410

335 張自烈, 『續修四庫全書 · 正字通』, 上海古籍出版社, 上海, 1995, p.86

字意上으로는 전혀 관련이 없이 오직 字形의 유사함으로 인해 서로 互用하고 있는 것이다. 이러한 예로는 "悖(悖) · 憧(憧) · 懲(懲) · 彷(仿) · 往(任) · 牧(伐)" 등이 있는데, 여기에서 偏旁으로 사용된 "亻 · 忄 · 扌 · 彳 · 牛"도 역시 字形의 유사함으로 인해 偏旁을 서로 代替하여 互用하고 있는 것들이라 할 수 있다.

舠(肉-舟) : 『龍龕手鏡 · 舟部』에 의하면 "舠, 俗. 音刀. 正作肕. 牢刀"336이라 말하고 있는데, 이에 의하면 '舠'은 "堅肉也"의 뜻을 가진 '肕'의 異體字로서, 正字의 偏旁인 '月'을 '舟'로 代替한 것이다. 여기에서도 偏旁인 '月'과 '舟'는 字意上으로 아무런 관련성이 없고, 代替偏旁인 '舟'는 正字인 '肕'의 字義인 "堅肉也"와도 전혀 연관성을 찾아볼 수가 없다. 즉 이 역시 '月'과 '舟'가 字形上으로 유사함으로 인해 代替한 것으로 볼 수밖에 없다. 이와 유사한 경우로는 "衃(胚) · 躰(肢) · 眫(胖) · 聉(胇) · 肢(肢) · 騙(腼) · 豚(脈)" 등이 있는데, 여기에서 偏旁으로 사용된 "血 · 月 · 身 · 目 · 耳 · 爿 · 鬲" 등은 모두 字形의 유사함으로 인해 偏旁이 代替된 것들이라 할 수 있다. 이렇게 볼 때, 이 역시도 代替偏旁과 被代替偏旁과의 字義 離隔度는 가장 심한 경우에 속한다.

4.1.6 代替偏旁의 特徵

形符代替異體字는 代替한 偏旁이 기본적으로는 字義가 被代替偏旁과는 서로 의미가 통할 수 있는 것이어야 한다. 그러나 그 字義의 밀접도는 각각의 경우마다 약간씩의 차이가 있어서 매우 근접한 字義를 가진 것도 있지만 기본과는 字義가 전혀 다른 것도 없지 않다. 다음에서는 이러한 形符代替異體字는 다른 異體字와는 다른 몇 가지의 특징이 있는데, 이를 살펴보면 다음과 같다.

첫째, 代替되는 偏旁은 被代替偏旁과 意味上으로 통하면 여러 개를 바꿔 써도 된다는 점이다. 즉 意味만 통한다면 偏旁의 선택폭이 넓다. 예컨대 "骾 · 腰 · 鯁"과 같은 경우, 正字는 '骾'으로서 偏旁이 '骨'이지만, "月 · 魚"도 意味上으로 통하기 때문에 "腰 · 鯁"과 같이 쓰는 異體字가 만들어졌다. 또 "隄 · 堤 · 磾"의 경우

336 行均, 『龍龕手鏡』, 中華書局, 北京, 1985, p.133

도 正字의 偏旁은 '阜'이지만 역시 이것은 "土 · 石"과 통하기 때문에 "埞 · 碇"와 같은 異體字를 만들기도 했다. 이러한 것은 하나의 글자에서만 나타나는 것이 아니라, 이와 같이 偏旁으로 사용된 글자들이 意味上으로 互用될 수만 있다면 여러 글자의 偏旁에서 다양하게 선택되어 사용되었다. 예컨대 "脥(頰) · 豘(豚) · ⿰羊星(腥) · 捥(腕) · 跀(刖) · ⿰骨肅(鱐) · ⿰月更(骾)"과 같은 경우에, "月 · 頁 · 豕 · 羊 · 扌 · 足 · 魚 · 骨"이나, "硤(峽) · 埈(峻) · ⿰田侖(陯) · 堦(階) · 礆(險) · 嵠(谿)"에서의 "石 · 山 · 土 · 田 · 阜 · 谷", 그리고 "⿰巾少(紗) · ⿰帛同(絅) · ⿰衤定(綻) · ⿰糸甫(補) · ⿰帛彔(綠) · 鞧(緧)"에서의 "巾 · 糸 · 帛 · 衣 · 革"과 같은 偏旁들은 서로 意味上으로 통용될 수 있기 때문에 여러 글자에서 자주 混用되고 있다.

둘째, 正字와 異體字의 구별이 어려운 글자들이 많다는 점이다. 이것은 첫 번째의 특징과도 연결되어 있다. 즉 字義가 비슷한 글자들이 偏旁으로 사용된 글자들의 경우, 그것들의 어느 것도 전체 字義를 손상시키지 않는다. 예컨대 '雉'나 '鴙' 모두 동일한 새를 나타내는데 전혀 문제가 없다. 이런 경우에 어느 글자를 正字로 할 것인가 하는 것에 대한 해결 방안은 다음과 같은 순서로 해야 할 것이다. 즉, 현 단계에서 가장 많이 사용하는 글자를 正字로 하는 것이고, 그것도 비슷할 경우에는 먼저 만들어진 字形을 正字로 정하면 될 것이다.

그러나 그것도 불확실할 경우에는 正字를 구별하는 것이 결코 쉽지 않다. 예컨대 '嘆'과 '歎'은 현재 모두 자주 사용하는 글자이고, 또한 처음 출현한 시기도 小篆부터 존재하므로, 이 중에서 어느 字形을 正字로 정할 것인가 하는 문제는 그리 쉽지는 않다. 이러한 문제점을 나타내는 글자들이 적지 않다. 예컨대 "鴙(雉)", "鴈(雁)", "雅(鴉)"와 같이 '새'와 관련된 글자의 경우에는 造字한 사람이 두 偏旁 중에서 임의로 하나를 선택한 것일 뿐, 어느 것이 本字의 字義에 더 적합한 것이라 말하기 어렵다. 또 "岅(阪) · 嶮(險) · ⿰山巠(陘)"과 같이 偏旁으로 사용된 '阝'와 '山'이 字義上 너무 밀접한 경우에도 처음 造字할 때 '阝'를 먼저 取했는지, 아니면 '山'을 먼저 取했는지 확인하기가 쉽지 않다. 이 외에도 '柁(舵)'나 '⿰忄胥(諝)'와 같은 글자도 모두 이러한 예에 속한다고 할 수 있다.

셋째, 字義 强調를 위한 偏旁代替字도 正字로 발전되지 않았다는 점이다. 漢字의 발전 과정을 살펴 보면 대체로 簡化와 繁化의 두 갈래가 있다. 簡化는 書寫의

便利性을 추구하기 위한 것이고, 繁化는 字義의 强調나 區別을 위한 것으로서, 簡化字와 繁化字 모두 初期에는 異體字의 위치였지만, 후대로 오면서 正字로 정착되면서 漢字는 발전되었다. 그런데 현재 단계에서 보이는 異體字 중에는 상당 수가 字義의 强調를 위해 偏旁을 代替하여 字義를 분명하게 드러나도록 한 것임에도 불구하고 正字로 발전되지 못한 채 異體字의 수준에 머물고 있는 것들이 적지 않다.

예컨대 “宭(居)·悔(侮)·鰕(蝦)”와 같은 경우, 각각 “집에 사는 居住”와 “마음으로 하는 侮辱”, “물속에 사는 고기로서의 새우”를 뜻하기 때문에 본래의 正字인 “居·侮·蝦”보다는 偏旁을 代替한 “宭·悔·鰕”가 본래의 字義를 확실하게 표현해줄 수가 있다. 또 ‘䠶(射)’는 ‘䠶’가 더 오래된 字形일 뿐만 아니라, 본래의 字義를 더 분명하게 해주고 있다. 그럼에도 불구하고 오히려 異體字의 위치로 전락한 상태에서 벗어나지 못하고 있는데, 이러한 異體字들이 形符代替異體字에 적지 않게 보이고 있다.

* 代替偏旁과 被代替偏旁의 字義離隔度別 異體字例

段階 區分	例 字
低段階離隔度	岅(阪)·嶮(險)·⿰山巠(陘)·岨(阻)·雎(鴡)·⿰九隹(鳩)·琟(鳿)·嶢(蹺)·⿰山厥(蹶)·峎(跟)·⿰山著(躇)·嶠(蹻)·⿱辟止(躄)·捥(腕)·㖭(舔)·軆(體)·脥(頰)·蹆(腿)·⿰足兀(刖)·跀(刖)·⿰月肅(鱐)·⿰月更(骾)·臗(髖)·脥(頰)·⿰月艮(跟)·⿱雁骨(膺)·⿱殿骨(臀)·⿰身婁(僂)·⿱人足(企)·⿰夢頁(儚)·⿰求頁(俅)·膻(擅)·⿺走毛(翅)·鴹(翔)·鶣(翩)·⿰羊星(腥)·鱠(膾)·⿱羽牛(犓)·⿰月者(豬)·⿰牛舍(騇)·⿱雨毛(靏)·狖(貁)·⿰犭召(貂)·⿰犭出(貀)·⿰犭休(貅)·猯(貒)·㺄(貐)·稉(粳)·鷈(鶙)·簑(蓑)·⿱竹將(蔣)·苟(笱)·荅(答)·芼(筆)·莁(筮)·梘(筧)·⿱艹造(簉)·裍(綑)·⿰巾谷(綌)·⿰巾黽(繩)·⿰衤熏(纁)·⿰麥乇(飥)·⿰米屯(飩)·⿰米台(飴)·䴵(餅)·⿰米甫(餔)·⿰米昆(餛)·糇(餱)·⿰麥曼(饅)·⿰米磨(饃)·⿰米亶(饘)·⿰石是(隄)·⿰革皐(鼛)·墰(鐔)·礶(罐)·嵠(谿)·⿰㐱見(診)·⿺廴自(追)·⿰彳甬(通)·⿰彳夋(逡)·迴(徊)·⿺走土(徒)·逕(徑)·⿺辶且(趄)·⿰彳卓(趠)·⿰彳反(返)·⿺辶翟(趯)·⿺走由(迪)·廻(迴)·⿺廴隶(逮)·⿰彳委(逶)·假

	(遐)·𧽯(湯)·𨒫(遑)·徧(遍)·𢕟(避)·𢕍(還)·𧼮(臻)·踹(逭)·䣯(䣯)·秄(飫)·膔(餼)·腰(餧)·膙(饌)·餒(餒)·肕(飣)·肚(飪)·逋(餔)·醎(鹹)·醅(餡)·趣(驟)·吣(訟)·訳(咒)·徲(躍)·遀(蹬)·徸(躚)·遰(躐)·徾(躟)·徸(躍)·踁(迒)·踰(逾)·嵠(蹊)·驒(蹕)·逌(偵)
中段階離隔度	硤(峽)·埈(峻)·硲(峪)·坂(阪)·垸(院)·埱(陶)·堎(陯)·睔(陯)·堦(階)·埞(隄)·碮(隄)·堭(隍)·墇(障)·礆(險)·踊(踊)·趓(躲)·跍(趌)·蹭(趥)·蹺(趬)·蹀(趮)·趴(赴)·趌(跓)·趒(跳)·踊(踊)·趩(蹕)·趯(蹝)·搞(敲)·趓(躲)·趗(促)·逌(偵)·徲(躍)·遀(蹬)·徸(躚)·遰(躐)·徾(躟)·徸(躍)·踁(迒)·踰(逾)·嵠(蹊)·驒(蹕)·趣(驟)·龔(翼)·衡(衡)·韸(篷)·逌(偵)·仙(信)·唌(誕)·吣(訟)·訳(咒)·呭(詍)·咤(詫)·㕧(詭)·舐(話)·听(詬)·唌(誕)·噡(譫)·謁(偈)·覗(伺)·作(作)·軁(僂)·定(企)·顭(傍)·頪(俅)·膻(膻)·鶒(翔)·鷊(翮)·腥(腥)·膾(膾)·翠(翯)·豬(豬)·芒(芒)·裀(絪)·帢(綌)·幝(繩)·纏(纏)·飥(飥)·飩(飩)·粭(飴)·餅(餅)·餔(餔)·餛(餛)·餱(餱)·饅(饅)·饃(饃)·饘(饘)·韇(鞷)·墰(罈)·罐(罐)·膞(餼)·腰(餧)·膙(饌)·餒(餒)·肕(飣)·肚(飪)·逋(餔)·醎(鹹)·醅(餡)·焇(銷)·煆(鍛)·譋(劑)·悖(誖)·懤(讐)·訫(信)·悔(侮)·靮(紳)·篆(綠)·墁(鏝)·韁(韁)·靭(韌)·韗(韗)·楗(鍵)·鍚(鍚)·鑣(鑣)·礴(榔)·剡(紖)·靵(紐)·靽(絆)·韍(紼)·靾(紲)·靮(紳)·鋋(綎)·緆(緆)·篆(綠)·鏹(繈)·鼆(繩)·碬(鍛)·鑣(鑣)·驃(鑣)·蹾(轍)·佐(佐)·鍚(鍚)·瑲(鏘)·瑣(鎖)·鏃(鏃)·鐫(鐫)·鏈(鏈)·碬(鍛)·硂(銓)·楗(鍵)·墁(鏝)·槾(鏝)·腌(醃)·鞧(緧)·悖(誖)·懤(讐)·訫(信)·悔(侮)·勔·(僶)·驃(鑣)·蹾(轍)·礔(霹)·膰(膰)·跍(阼)
高段階離隔度	翇(羿)·椵(霞)·躲(射)·妋(劮)·遶(繞)·凶(兇)·閪(侐)
超高段階離隔度	仰(仰)·聊(聊)·密(密)·恥(恥)·輔(輔)·整(整)·雉(雉)·矩

	(矩)·訹(誅)·聦(聰)·睔(睔)·晒(晒)·谽(訟)·悖(悖)·憧(憧)·憮(憮)·憄(憄)·衍(衍)·徴(微)·覆(覆)·矜(矜)·務(務)·序(序)·骯(骯)·頏(頏)·笐(笐)·獄(獄)·默(默)·獻(獻)·尖(尖)·耿(耿)·談(談),緛(緛)·儒(儒)·餪(餪)·需(需)·叛(叛)·髮(髮)·冠(冠)·銃(銃)·獝(獝)·胚(胚)·肢(肢)·胖(胖)·胇(胇)·胈(胈)·胹(胹)·脈(脈)·仿(仿)·任(任)·伐(伐)·肕(肕)

4.2 聲符의 代替

聲符代替異體字는 合體字의 聲符를 字音이 동일하거나 유사한 다른 偏旁으로 代替하는 것을 말한다. 이렇게 聲符를 代替해 만드는 방식은 形符를 代替해 만드는 방식과 더불어 偏旁 代替 異體字 중에 가장 기본적인 유형에 속한다. 偏旁의 字音이 같거나 혹은 유사하다는 것은 본래의 偏旁과 代替하는 偏旁의 字音 관계가 같거나 유사한 것을 말한다. 字音 관계가 같은 것은 완전 同音을 뜻하고, 유사하다는 것은 雙聲이나 疊韻 관계를 지칭한다. 다만 異體字의 聲符를 대체하는 경우는 雙聲이나 疊韻의 범위를 비교적 넓게 적용하고 있다. 그래서 雙聲의 경우는 동일한 聲母가 아니더라도 同一한 造音 位置, 즉 脣·牙·舌·齒·喉·半齒·半舌의 七聲 중 동일한 위치에 속하면 雙聲으로 간주하고, 疊韻의 경우도 韻母가 다르더라도 同攝에 속하면 疊韻으로 간주하여 대체하고 있다.

다음에서는 이러한 聲符 代替가 발생하는 원인은 무엇인지? 또 聲符를 代替한 異體字들의 유형은 어떠한 것이 있는지? 아울러 두 偏旁의 字音이 어느 정도 類似한지? 이러한 여러 가지 문제에 대해 포괄적으로 살펴보고자 한다.

4.2.1 聲符代替異體字의 生成 原因

形符代替異體字와 마찬가지로 聲符代替異體字도 그것이 만들어지게 된 원인이 존재한다. 그 원인 중에서도 가장 기본적인 것은 簡化라 할 수 있으며, 그 외에도

몇 가지 원인이 존재하는데, 이 유형을 살펴보면 다음과 같다.[337]

첫째 원인은 簡化의 追求이다. 한자 字形 발전의 추세와 마찬가지로 聲符代替 異體字 발생의 기본적인 원인도 簡化라 할 수 있다. 사람들은 복잡한 字形을 사용할 때 이를 간략한 형체로 바꾸어 편하고 빠르게 쓰고자 하는 욕구가 있다. 그 방법의 하나가 바로 正字의 복잡한 偏旁을 동일한 字音을 가지면서 字形이 간단한 다른 偏旁으로 代替한 것이다. 예컨대 "厅(廳)"의 경우, 正字의 복잡한 偏旁인 '聽'을 字音이 유사하면서도 筆劃이 대폭 줄어든 '丁'으로 代替하여 '厅'이라는 異體字를 만들었다. 또 다른 예로 "鴏(鵩)"의 경우도 본래의 偏旁인 '服'을 동일한 字音을 가지면서 筆劃이 대폭 축소된 '伏'으로 代替한 '鴏'을 만듦으로서 전체적인 면에서 字形의 簡化가 이루어진 것이라 할 수 있다.

둘째 원인은 일부 識者들에 의한 자행되는 것으로서, 그릇된 知的 優越意識으로 생겨나는 것들이다. 이 역시 일반적인 한자의 발전과정에서 자주 발생하며, 異體字의 생성 과정에서도 이와 동일한 현상이 나타나고 있다. 예컨대 "鸜(鴝)"와 같은 경우, 聲符로 사용된 '句'는 筆劃數도 적을 뿐만 아니라 字音도 어렵지 않기 때문에 이를 다른 것으로 代替할 필요성이 거의 없다. 그럼에도 불구하고 聲符를 字音도 쉽지 않고 筆劃數도 엄청 늘어난 '瞿'로 代替해 '鸜'로 만들었다. 또 "驝(馲)"의 경우, 본래의 聲符는 '乇'으로서 비록 字音이 쉬운 것은 아니지만 筆劃數가 매우 적다. 그럼에도 불구하고 이를 '橐'으로 代替하여 '驝'을 만들고 있는데, 여기에서의 '橐'도 字音이 결코 쉬운 것은 아니며, 또한 筆劃數는 '乇'에 비해 엄청나게 증가되었다. 이와 같이 聲符를 전혀 바꿀 필요가 없는데도 불구하고 故意로 복잡한 偏旁으로 바꾸어 오히려 더 어렵게 만드는 현상은 일부 識者들의 그릇된 文字觀에 의한 것이라고 볼 수밖에 없다.

셋째 원인은 字音의 명확성을 提高하기 위한 것이다. 일부 形聲字의 경우, 聲符와 본래의 正字가 同音이 아니고 雙聲이거나 疊韻인 것들이 적지 않다. 물론 聲符와 해당 글자는 同音인 것이 가장 이상적이지만 그렇지 못한 경우도 자주 나타난다. 그렇게 되면 聲符의 字音을 정확히 알더라도 해당 글자의 字音을 명확하게 읽지 못할 수가 있게 된다. 이런 경우에 異體字에서는 聲符를 해당 글자의 字音과 동일한 것으로 代替함으로서, 聲符의 字音만 정확하게 알면 해당 字音도 정확하게

337 "聲符의 代替" 중, 이하의 記述은 拙稿 "聲符代替異體字硏究(中語中文學 第69輯 2017.9)의 내용을 바탕으로 대폭 수정 및 보완한 것이다.

알 수 있도록 한 것들이 있다. 예컨대 "䥀(缸)"의 경우 '缸'는 字音이 본래 "見母·唐韻"으로 聲母는 牙音이고 韻母는 宕攝이다. 그런데 聲符인 '工'은 "匣母·江韻"으로서, 聲母가 喉音이고 韻母가 江攝인데, 江攝과 宕攝이 後期에 합류하므로 '缸'과 '工'은 疊韻이라고 볼 수 있다. 또 '工'은 "古紅切"의 字音도 갖고 있는데, 이 字音의 경우에도 聲母와 韻母가 "見母·東韻"이 되어 단순히 雙聲에 불과하다. 그런데 이 聲符를 字音이 "見母·唐韻"으로서 '缸'과 완전히 同音인 '岡'으로 代替하여 '䥀'을 만들므로서 '缸'의 字音을 보다 명확하게 표현하고 있다.

또 "騇(騠)"의 경우 '騠'는 字音이 "定母·齊韻"로서, 聲母는 舌音이고 韻母는 蟹攝이다. 그런데 聲符로 사용되는 '是'는 "禪母·支韻"로서, 聲母는 齒音이고 韻母는 止攝으로서, 蟹攝의 齊韻은 止攝과 합류하므로 '騠'와 '是'는 疊韻으로 볼 수 있다. 그런데 異體字에서는 聲符를 '帝'로 代替하고 있는데, '帝'는 字音이 "端母·齊韻"으로 聲母와 韻母가 각각 舌音과 蟹攝으로 正字인 '騠'와는 同音字라 할 수 있다.

이 외에도 "駿(駁)"의 경우 '駁'의 字音은 "幫母·覺韻"으로 聲母는 脣音이고, 韻母는 江攝이다. 그런데 聲符로 사용된 '爻'는 "匣母·肴韻"으로 聲母는 喉音이고, 韻母는 效攝으로 본래 글자와 字音이 다르게 나타난다. 그래서 異體字에서는 聲符를 '复'으로 代替하고 있는데, 이 '复'의 字音은 "奉母·屋韻"로서 聲母는 脣音이고, 韻母는 通攝이기 때문에 正字인 '駁'과는 雙聲이 되어 '爻'보다는 字音關係가 더욱 밀접하게 되었다.

4.2.2 聲符代替異體字의 類型別

聲符代替異體字는 어떤 기준을 가지고 분류하는가에 따라 다양한 부류가 나올 수 있기 때문에 이를 분류하기 위해서는 분류 기준부터 명확히 정해야 한다. 분류의 기준은 여러 가지가 있겠지만 여기에서는 聲符代替라는 특성을 고려하여 代替와 被代替 偏旁 간의 字音 關係가 同音인 것부터 雙聲關係 혹은 疊韻關係로 나누고, 각 부류에 속한 異體字 중에 일부를 선택하여 해당 글자에 대해 좀 더 자세히 살펴보고자 한다.

1) 同音關係

同音關係는 본래의 偏旁과 代替된 偏旁의 字音이 완전히 같은 것들이다. 여기에 속하는 글자가 적지 않기 때문에 분류의 편의상 이들을 聲母別로 나누어 각각 몇 개의 예들을 살펴보면 다음과 같다.

(1) 脣音

䲡(鰻. 曼−㒼) : '䲡'에 대해 『說文解字 · 魚部』에서는 "鰻, 魚名. 從魚, 曼聲"[338]이라 하고, 『字彙 · 魚部』에서는 "䲡, 同鰻"[339], 『正字通 · 魚部』에서는 "䲡, 俗鰻字"[340]라 말하고 있는 바, '䲡'이 '鰻'의 異體字임은 분명하다. 즉 '䲡'은 正字의 偏旁인 '曼'을 '㒼'으로 代替해 만든 것이다. 여기에서 代替와 被代替 偏旁인 '曼'과 '㒼'은 모두 反切이 "母官切"로써 聲母와 韻母가 "明母 · 桓韻"이다. 즉 두 글자는 완전한 同音이기 때문에 이와 같이 서로 代替하여 새로운 異體字를 만들기도 한다.

麱(麩. 夫−孚) : '麱'는 '麩'의 聲符인 '夫'가 '孚'로 代替되어 만들어진 異體字이다. 『玉篇 · 麥部』에 의하면 "麩, 妨娱切. 麥皮也. 麪, 同上. 麱, 芳無切, 俗麩字"[341]라 했고, 『正字通 · 麥部』에서는 "麱 · 麩 · 麪並同. 『集韻』麩或作麱"[342]라 말하고 있는 바, 이들에 의하면 '麱'는 '麩'의 異體字가 분명하다. 여기에서 正字의 偏旁인 '夫'와 異體字의 偏旁인 '孚'의 字音을 살펴 보면 '夫'는 反切이 '防無切'로써 聲母와 韻母가 "並母 · 虞韻"이고, '孚'는 反切이 '芳無切'로써 "滂母 · 虞韻"이다. 여기에서 "夫 · 孚"의 聲母인 "並母"와 "滂母"는 모두 脣音에 속하기 때문에 크게 보면 이를 雙聲으로 볼 수 있다. 한편 韻母는 모두 "虞韻"으로서 疊韻이므로 결과적으로 이 둘은 同音字로 볼 수 있다. 그렇기 때문에 '夫'를 '孚'로 代替해도 讀音에 있어서 전혀 문제가 되지 않는다. 그런데 '夫'와 '孚'라는 두 聲符만을 놓고

338 許愼撰 · 段玉裁注, 『說文解字注』, 漢京文化, 臺北, 民國69, p.583
339 梅膺祚, 『字典彙編 · 字彙』, 國際文化出版公司, 北京, 1993, p.568
340 張自烈, 『續修四庫全書 · 正字通』, 上海古籍出版社, 上海, 1995, p.782
341 顧野王, 『玉篇』, 臺灣中華書局, 臺灣, 1977, 卷中 p.33
342 張自烈, 『續修四庫全書 · 正字通』, 上海古籍出版社, 上海, 1995, p.820

볼 때, 異體字의 聲符인 '孚'가 正字의 聲符인 '夫'에 비해 筆劃數가 적은 것도 아니고, 또한 일상적으로 더 많이 사용되는 것이라고 보기도 어려운데, 이와 같이 代替하여 새로운 異體字를 만든 것은 異體字 생성과정의 일반적인 추세와는 다르다고 할 수 있다.

飰(飯. 反-卞) : '飰'은 '飯'의 聲符인 '反'을 '卞'으로 代替해 만든 異體字이다. 『說文解字 · 食部』에 의하면 "飯, 食也. 從食反聲. 符萬切"343이라 했고, 『龍龕手鑑 · 食部』에서는 "飰, 通; ⿰飠弁 · 飯, 二正. 符萬切, 飰, 食也"344라 했으며, 『玉篇 · 食部』는 "飯, 扶晩切, 餐飯也; 符萬切, 食也. ⿰飠弁 · 飰, 並同上, 俗"345, 『集韻 · 上聲 · 阮韻』에서는 "飯 · ⿰飠弁 · 飰, 食也. 或從弁, 從卞"346이라 말하고 있는바, 이에 의하면 '飰'은 '飯'의 異體字가 분명하다. 그런데 이들 正字와 異體字에 사용된 聲符의 字音을 살펴보면 '反'은 反切이 "孚袁切"로써 聲母와 韻母가 "滂母 · 元韻"이고, '卞'은 反切이 "皮變切"인 "並母 · 仙韻"으로서, 聲母와 韻母가 모두 일치하지는 않는다. 그러나 넓게 보면 聲母는 모두 脣音이고, 韻母는 모두 山攝에 속하므로 이들은 雙聲인 동시에 疊韻으로서 同音字에 속한다고 할 수 있다.

이상은 모두 同音字 중에서도 聲母가 脣音에 속하는 것들이다. 이와 동일한 脣音이면서 同音字로 代替한 異體字를 좀 더 열거하면 다음과 같다. 먼저 "⿰巫隹(鵐. 無-巫)"의 경우 '無'와 '巫'는 모두 反切이 "武夫切"로써 聲母와 韻母가 "明母 · 虞韻"인 同音字이며, "⿰魚畢(鮅. 必-畢)"에서의 '必'과 '畢'도 모두 反切이 "卑吉切"로써 聲母와 韻母가 "幫母 · 質韻"인 同音字이다. 또 "⿰伏鳥(鵩. 服-伏)"에서 '服'과 '伏'은 모두 反切이 "房六切"로써 聲母와 韻母가 "奉母 · 屋韻"인 同音字이고, "⿱覀伏(覆. 復-伏)"에서의 '復'과 '伏'도 역시 모두 反切이 "房六切"로써 聲母와 韻母가 "奉母 · 屋韻"인 同音字이다.

한편 "⿰毋鳥(鵡. 武-毋)"에서 聲符인 '武'는 反切이 "文甫切"로써 "微母 · 虞韻"이고, '毋'는 反切이 "武夫切"로써 "明母 · 虞韻"으로, 위의 경우와는 달리 聲母가

343 許愼撰 · 段玉裁注, 『說文解字注』, 漢京文化, 臺北, 民國69, p.222
344 行均, 『龍龕手鏡』, 中華書局, 北京, 1985, p. 503
345 顧野王, 『玉篇』, 臺灣中華書局, 臺灣, 1977, 卷上 p.70
346 丁度 等, 『字典彙編 · 集韻』, 國際文化出版公司, 北京, 1993, p.239

약간 다르다. 그러나 역시 모두 脣音에 속하기 때문에 이를 同音字로 볼 수 있다. 그리고 "麸(麩. 夫-甫)"의 경우, '夫'도 反切이 "防無切"로써 "並母 · 虞韻"이고, '甫'는 反切이 "方矩切"로써 "幫母 · 麌韻"인데, 聲母는 모두 脣音이고, 韻母도 모두 遇韻이므로 이들은 同音字라 할 수 있다. 또한 "鮄(鮒. 付-甊)"에서의 '付'는 反切이 "方遇切"로써 "幫母 · 虞韻"이고, '甊'는 反切이 "芳無切"로써 "滂母 · 虞韻"이지만, 韻母는 같고, 聲母도 모두 脣音이므로 同音字라 할 수 있다.

이 외에도 "鴄(鵯. 卑-匹)"에서의 '卑'는 反切이 "府移切"로써 "幫母 · 支韻"이고, '匹'은 反切이 "譬吉切"로써 "滂母 · 質韻"이다. 이것도 聲母가 다르기는 하나 모두 脣音이고, 韻母도 다르지만 역시 모두 止攝에 속하므로 同音字라 할 수 있다. 또 "庁(廳. 聽-丁)"에서의 '聽'은 反切이 "他丁切"로써 "透母 · 青韻"이고, '丁'은 反切이 "中莖切"로써 "知母 · 耕韻"의 字音도 있지만, 反切이 "當經切"로써 "端母 · 青韻"의 讀音도 갖고 있다. 여기에서 "當經切"의 字音은 "端母 · 青韻"으로, '聽'의 讀音인 "透母 · 青韻"와 비교할 때 韻母는 같고 聲母는 모두 脣音이므로 同音字라 할 수 있다.

(2) 牙音

顒(顒. 禺-禹) : '顒'는 正字인 '顒'의 聲符인 '禺'를 '禹'로 代替되어 만들어진 異體字이다. 『康熙字典 · 頁部』에 의하면 "顒, 『海篇』同顒"[347]라 했고, 『中文大辭典 · 頁部』에서는 "顒, 與顒同. 『海篇』, 顒, 同顒"[348]라 말하고 있는 바, 이들에 의하면 '顒'는 '顒'의 異體字라 할 수 있다. 正字와 異體字에서 각각 聲符로 사용된 '禺'와 '禹'의 字音을 살펴 보면, '禺'는 反切이 "虞俱切"로써 "疑母 · 虞韻"이고, '禹'는 反切이 "王矩切"로써 "云母 · 虞韻"이다. 이들의 聲母인 "疑母"와 "云母"는 비록 聲母가 약간의 차이가 있으나 크게 보면 모두 牙音에 속하기 때문에 雙聲으로 볼 수 있고, 韻母도 모두 "虞韻"으로서 疊韻이기 때문에 이들은 同音이라 할 수 있다.

347 陳廷敬 等, 『康熙字典』, 中華書局, 北京, 1997, p.1625
348 林尹 · 高明 主編, 『中文大辭典』, 中國文化學院出版部, 臺北 , 民國69, 卷10, p.58

이와 같이 代替와 被代替聲符가 同音字이면서 牙音에 속한 것을 몇 가지만 더 소개하면 다음과 같다. 먼저 "鵭(鴒. 今－金)"의 경우 聲符인 '今'과 '金'은 모두 反切이 "居吟切"로써 聲母와 韻母가 "見母 · 侵韻"인 同音字이다. "鞹(鬲. 鬲－革)"의 경우도 '鬲'과 '革'이 모두 反切이 "古核切"로써 聲母와 韻母가 "見母 · 麥韻"인 同音字이다. "饑(飢. 几－幾)"는 '几'와 '幾'가 모두 反切이 "居履切"로써 聲母와 韻母가 "見母 · 脂韻"인 同音字이며, "麚(麚. 叚－加)"에서의 '叚'와 '加'는 모두 反切이 "古疋切"로써 聲母와 韻母가 "見母 · 麻韻"인 同音字이다. 또 "鯸(鋙. 吾－吳)"에서의 '吾'와 '吳'는 모두 反切이 "五乎切"로써 聲母와 韻母가 "疑母 · 模韻"인 同音字이며, "躣(鴝. 句－瞿)"의 '句'와 '瞿'는 모두 反切이 "其俱切"로써 聲母와 韻母가 "羣母 · 虞韻"인 同音字이고, "鼯(鼯. 吾－吳)"의 '吾'와 '吳'는 모두 反切이 "五乎切"로써 聲母와 韻母가 "疑母 · 模韻"인 同音字이며, "黔(黔. 今－金)"에서의 '今'과 '金'은 모두 反切이 "居吟切"로써 聲母와 韻母가 "見母 · 侵韻"인 同音字이고, "悈(价. 介－戒)"의 '介'와 '戒'는 모두 反切이 "古拜切"로써 聲母와 韻母가 "見母 · 皆韻"인 同音字이다. 이 외에도 "鸜(鴝. 句－瞿)"에서의 '句'와 '瞿'는 모두 反切이 "九遇"로써 "見母 · 虞韻"인 同音字 이다.

(3) 舌音

顚(頂. 丁－鼎) : '顚'은 正字인 '頂'의 聲符인 '丁'을 '鼎'으로 代替해 만든 異體字이다.『集韻 · 上聲 · 迥韻』에 의하면 "頂, 都挺切....亦從鼎"349이라 했고, 또『四聲篇海 · 頁部』에서는 "顚, 籒文, 音頂"350이라 했으며,『字彙 · 頁部』에서는 "顚, 籒文頂字"351이라 말하고 있는 바, 이들에 의하면 '顚'은 '頂'의 異體字가 분명하다. 여기에서 代替와 被代替의 關係인 두 聲符의 字音을 살펴보면, '丁'은 反切이 "當經切"로써 "端母 · 青韻"이고, '鼎'은 反切이 "都挺切"로써 "端母 · 青韻"이다. 즉 이 두 글자는 聲母와 韻母가 舌音이며 梗攝인 "端母 · 青韻"이므로 同音 關係이다. 그런데 특별한 목적이 없는 한, 일반적으로는 簡化의 방향으로

349 丁度 等,『字典彙編景 · 集韻』, 國際文化出版公司, 北京, 1993, p.255
350 韓孝彦 等,『續修四庫全書 · 四聲篇海』, 上海古籍出版社, 上海, 1995, p.486
351 梅膺祚,『字典彙編 · 字彙』, 國際文化出版公司, 北京, 1993, p.541

글자가 발전하게 되며, 異體字도 비슷한 과정을 겪게 되는데, 이 異體字는 별다른 목적이 없는 듯한데도 특이하게 偏旁이 더욱 繁化된 字形으로 代替되고 있다.

鞉(鞀, 召—兆) : '鞉'는 正字인 '鞀'의 聲符인 '召'를 '兆'로 代替하여 만든 異體字이다. 『說文解字 · 革部』에 의하면 "鞀, 鞀遼也. 從革, 召聲"[352]라 했고, 段注本『說文解字 · 革部』에서도 "鞉, 鞀或從兆聲"[353]라 했으며,『廣韻 · 平聲 · 豪韻』에는"鞀,鞉, 並上同"[354]이라 하고, 『集韻 · 平聲 · 豪韻』에서도 "鞀鞉...磬, 鼓名……或作鞉"[355]라 말하고 있는 바, 이들에 의하면 '鞉'는 '鞀'의 異體字로 보는 것이 타당하다. 그런데 여기에서 聲符로 사용된 두 글자의 字音을 살펴보면 '召'는 反切이 "直照切"로써 "澄母 · 宵韻"이고, 또 '兆'는 反切이 "治小切"이지만 역시 "澄母 · 宵韻"으로서 聲母와 韻母가 모두 같다.

이 외에도 "饛(飥, 乇—橐)"에서의 '乇'과 '橐'은 모두 反切이 "他各"으로써 聲母와 韻母가 "透母 · 鐸韻"인 同音字이며, "驝(馲, 乇—橐)"에서의 '乇'과 '橐'은 모두 反切이 "他各"으로써 聲母와 韻母가 "透母 · 鐸韻"인 同音字이고, "鮡(齠, 召—兆)"의 '召'와 '兆'는 모두 反切이 "直照"로써 聲母와 韻母가 "澄母 · 宵韻"인 同音字이다. "鍾 · 鐘(鮦, 同—重, 同—童)"에서의 '同'은 反切이 "徒紅"으로써 聲母와 韻母가 "定母 · 東韻"이고, '重'은 反切이 "直容"으로써 聲母와 韻母가 "澄母 · 鍾韻"이며, '童'은 反切이 "徒紅"으로써 聲母와 韻母가 "定母 · 東韻"이지만 聲母는 舌音이고, 韻母는 通攝이라는 점에서는 동일하다.

(4) 齒音

鬚(鬚, 須—需) : '鬚'는 正字의 '鬚'에서 聲符인 '須'를 '需'로 代替하여 만든 異體字이다. 『玉篇 · 髟部』에 의하면 "息俞切. 髭鬚, 也本作須"[356]라 하고, 『字彙 · 髟部』에서도 '鬚' 아래에 "同鬚"[357]라 설명하고 있고, 『正字通 · 髟部』에서도

352 許愼撰 · 段玉裁注, 『說文解字注』, 漢京文化, 臺北, 民國69, p.109
353 許愼撰 · 段玉裁注, 『說文解字注』, 漢京文化, 臺北, 民國69, p.109
354 陳彭年 等 撰, 余迺永 校著, 『互註校正宋本廣韻』, 聯貫出版社, 臺北, 1980, p.157
355 丁度 等, 『字典彙編 · 集韻』, 國際文化出版公司, 北京, 1993, p.196
356 顧野王, 『玉篇』, 臺灣中華書局, 臺灣, 1977, 卷上 p.43
357 梅膺祚, 『字典彙編 · 字彙』, 國際文化出版公司, 北京, 1993, p.560

"別作鬚, 誤"[358]라 말하고 있는데, 이들을 종합하면 '鬚'는 '鬚'의 異體字로 볼 수가 있다. 여기에서 聲符로 사용된 '須'와 '需'의 字音을 살펴보면 이들은 모두 反切이 "相俞切"로써 聲母와 韻母가 "心母 · 虞韻"인 同音字라고 할 수가 있다.

鰌(鰍. 秋-酋) : '鰌'는 正字인 '鰍'의 聲符인 '秋'를 '酋'로 代替하여 만든 異體字이다. 『廣韻 · 平聲 · 尤韻』에 의하면"鰍, 魚屬, 亦作鰌"[359]이라 하였고, 또 『正字通 · 魚部』에서는 "鰍, 俗鰌字"[360]라 말하고 있다. 이들에 의하면 '鰌'는 '鰍'의 異體字라 할 수 있다. 正字와 異體字에서 聲符로 사용된 두 글자의 字音을 살펴보면, '秋'는 反切이 "七由切"로써 "淸母 · 尤韻"이고, '酋'는 反切이 "自秋切"로써 "從母 · 尤韻"이다. 두 글자의 聲母는 "淸母"와 "從母"로서, 서로 약간 다르지만 모두 齒音이기 때문에 雙聲의 범위를 좀 넓게 보면 이들은 雙聲이라 할 수 있다. 또한 韻母는 서로 같으므로 결국 '秋'와 '酋'는 同音字라 할 수 있을 것이다.

위와 같은 경우로서 "鱓(鱔. 善-單)"에서의 '善'과 '單'은 모두 反切이 "常演切"로써 聲母와 韻母가 "禪母 · 仙韻"인 同音字이고, "騡(駩. 全-泉)에서의 '全과 '泉'은 모두 反切이 "疾緣切"로써 聲母와 韻母가 "從母 · 仙韻"인 同音字이고, "舟+魚(鯛. 周-舟)에서의 '周'와 '舟'는 모두 反切이 "職流切"로써 聲母와 韻母가 "章母 · 尤韻"인 同音字이다.

한편 "鯺(鰣. 時-寺)"에서의 '時'는 反切이 "市之切"로써 "常母 · 之韻", '寺'는 反切이 "祥吏切"로써 "邪母 · 之韻" 聲母는 모두 齒音에 속하고, 韻母도 역시 동일하기 때문에 이 둘은 同音字로 볼 수 있으며, "鯯(鰶. 祭-制)"에서의 '祭'는 反切이 "子例切"로써 "精母 · 祭韻"이고, '制'는 反切이 "征例切"로써 "章母 · 祭韻"이므로 韻母는 같고 聲母도 모두 齒音에 속하기 때문에 同音字로 볼 수 있다. 또한 "鶬 · 鏘(鯧. 昌-將. 昌-倉)"의 경우, 聲符인 '昌'은 反切이 "尺良切"로써 "昌母 · 陽韻"이고, '倉'은 反切이 "七岡切"로써 "淸母 · 唐韻"이며, '將'은 反切이 "即良切"로써 "精母 · 陽韻"인데, 이들은 모두 聲母가 齒音이고 韻母도 宕攝에 속하기 때문에 同音字로 간주할 수 있다. 또한 "鸀(鸅. 蜀-屬)"에서의 '蜀'은 反切이 "市玉切"로써

358 張自烈, 『續修四庫全書 · 正字通』, 上海古籍出版社, 上海, 1995, p.760
359 陳彭年 等 撰, 余迺永 校著, 『互註校正宋本廣韻』, 聯貫出版社, 臺北, 1980, p.204
360 張自烈, 『續修四庫全書 · 正字通』, 上海古籍出版社, 上海, 1995, p.779

聲母와 韻母가 "常母 · 燭韻"이고, '屬'은 反切이 "之欲切"로써 聲母와 韻母가 "章母 · 燭韻"으로 聲母가 모두 齒音이고 韻母는 동일하므로 同音字이다.

(5) 喉音

騜(騜, 皇–黃) : '騜'은 正字인 '騜'의 聲符인 '皇'을 '黃'으로 代替하여 만든 異體字이다. 『集韻 · 平聲 · 唐韻』에 의하면 "騜, 『爾雅』馬黃白. 騜, 或從黃"[361]이라 하였고, 『正字通 · 馬部』에서도 "騜, 呼王切, 音黃. 『爾雅』, '黃白, 騜', 註, '黃白相間色' 詩借用皇, 本作 騜, 十畫, 俗省從白, 別作騜"[362]라 말하고 있는 바, '騜'은 본래 '騜'이 正字이나 그 말의 털 빛이 황색에 가깝기 때문에 '皇'을 '黃'으로 代替한 것이라 말하고 있다. 그러나 이와 같이 의미상으로 관련이 있어서 偏旁을 代替하기는 했지만, 이 두 글자는 字音도 관련이 있다. 즉 '皇'과 '黃'은 모두 反切이 '胡光切'로써 聲母와 韻母가 喉音과 宕攝인 "匣母 · 唐韻"의 同音字이다.

鵮(鵪, 奄–含) : '鵮'은 正字인 '鵪'의 聲符인 '奄'을 '含'으로 代替해 만든 異體字이다. 『說文解字 · 隹部』에 의하면 "雂, 雃屬也. 從隹, 酓聲. 恩含切. 鷂, 籒文雂, 從鳥"[363]이라 하였고, 『集韻 · 平聲 · 覃韻』에서는 "雂 · 鷂 · 鵮 · 鶕 · 鵪 · 鵪, 鳥名. 『說文』雃屬. 或從鳥, 亦作鵮 · 鶕 · 鵪 · 鵪"[364]이라 하였으며, 『正字通 · 鳥部』에서는 "鵪, 同鷂"[365]라 하고, 또 『正字通 · 鳥部』에서는 "鵮, 俗鷂字"[366]라 말하고 있다. 이에 의하면 본래는 '鵮'이 正字이고, '鵪'이 異體字였는데, 후대로 오면서 그 位置가 바뀌어 '鵮'이 異體字가 되고, '鵪'이 正字가 된 것으로 보인다. 어쨌든 이들의 聲符로 사용된 '奄'과 '含'의 字音을 살펴보면, '奄'은 反切이 "衣儉切"로써 "影母 · 鹽韻"이고, '含'은 反切이 "胡男切"로써 "匣母 · 覃韻"이다. 이 둘은 聲母와 韻母가 동일하지는 않지만 "影母"와 "匣母"가 모두 喉音에 속하므

361 丁度 等, 『字典彙編 · 集韻』, 國際文化出版公司, 北京, 1993, p.204
362 張自烈, 『續修四庫全書 · 正字通』, 上海古籍出版社, 上海, 1995, p.745
363 許愼撰 · 段玉裁注, 『說文解字注』, 漢京文化, 臺北, 民國69, p.145
364 丁度 等, 『字典彙編 · 集韻』, 國際文化出版公司, 北京, 1993, p.219
365 張自烈, 『續修四庫全書 · 正字通』, 上海古籍出版社, 上海, 1995, p.798
366 張自烈, 『續修四庫全書 · 正字通』, 上海古籍出版社, 上海, 1995, p.798

로 넓게 보면 雙聲이라 할 수 있다. 또 韻母의 경우도 "鹽韻"과 "覃韻"은 모두 咸攝에 속하므로 疊韻關係이다. 그렇기 때문에 결과적으로 넓게 보면 '奄'과 '含'은 同音字라 볼 수 있다.

이 외에도 "寓(宇. 于-禹)"에서의 '于'와 '禹'는 모두 反切이 "羽俱切"로써 聲母와 韻母가 "云母 · 虞韻"인 同音字이고, "𩵋(鱮. 與-予)"의 경우도 '與'와 '予'가 모두 反切이 "羊洳切"로써 聲母와 韻母가 "以母 · 魚韻"인 同音字이며, "鱅(鰫. 容-庸)"의 '容'과 '庸'는 모두 反切이 "餘封切"로써 聲母와 韻母가 "以母 · 鍾韻"인 同音字이다. 또 "嚮(響. 鄉-向)"에서의 '鄉'과 '向'은 모두 反切이 "許良切"로써 聲母와 韻母가 "曉母 · 陽韻"인 同音字이며, "粥(鬻. 鬻-育)"에서의 '粥'은 '育'도 反切이 "余六切"이고 聲母와 韻母가 "以母 · 屋韻"인 同音字이다. 그리고 "飤(飴. 台-以)"에서의 '台'와 '以'도 모두 反切이 "與之切"로써 聲母와 韻母가 "以母 · 之韻"인 同音字이다.

한편 "駚(騕. 要-夭)"에서도 '要'가 反切이 "於霄"로써 "影母 · 宵韻"이고, '夭'는 反切이 "於喬"로써 "影母 · 宵韻"으로서, 聲母가 韻母가 모두 동일하므로 同音字이고, "饌(飴. 台-異)"에서의 '台'는 反切이 "與之切"로써 "以母 · 之韻"이고, '異'는 反切이 "羊吏切"로써 "以母 · 之韻"이나, 聲母가 모두 喉音이고 韻母도 동일하므로 同音字로 볼 수 있다.

(6) 半舌音

麐(麟. 粦-吝) : '麐'은 正字인 '麟'의 聲符인 '粦'을 '吝'으로 代替해 만든 異體字이다. 『說文解字 · 鹿部』에 의하면 "麟, 大牝鹿也, 從鹿粦聲"[367]이라 하였고, 또 『說文解字 · 鹿部』에서는 "麐, 牝麒也, 從鹿吝聲"[368]이라 했으며, 『玉篇 · 鹿部』에서도 "麟,...麒麟也. 麐麐, 并同上"[369]이라 말하고 있는 바, '麐'은 '麟'의 異體字로 볼 수 있다. 正字와 異體字에서 각각 聲符로 사용된 두 글자의 字音을 보면 '粦'과 '吝'은 모두 反切이 "良刃切"로써 聲母와 韻母가 "來母 · 震韻"인 同音

367 許愼撰 · 段玉裁注, 『說文解字注』, 漢京文化, 臺北, 民國69, p.474
368 許愼撰 · 段玉裁注, 『說文解字注』, 漢京文化, 臺北, 民國69, p.475
369 顧野王, 『玉篇』, 臺灣中華書局, 臺灣, 1977, 卷下 p.p.24-25

字라 할 수 있다. 이는 위에서도 언급된 바와 같이 '𡖅'이 자주 사용되지 않는 글자이기 때문에 일상적으로 사용되면서도 동일한 字音을 가진 '吝'으로 代替한 것이라 할 수 있다.

䲉(鯉. 里-裏) : '䲉'는 正字인 '鯉'의 聲符인 '里'를 '裏'로 代替하여 만든 異體字이다. 『說文解字 · 魚部』에 의하면 "鯉, 鱣也. 從魚里聲. 良止切"[370]이라 하였고, 『集韻 · 上聲 · 止韻』에서는 "鯉 · 䲉, 魚名, 鱣也. 或從裏"[371]라 하였으며, 『類篇 · 魚部』"鯉䲉, 魚名. 『說文』鱣也. 或從裏"[372]라 하고, 『字彙 · 魚部』"䲉, 同鯉"[373]라 말하고 있다. 이들에 의거하면 '䲉'는 분명히 '鯉'의 異體字라 할 수 있다. 여기에서 본래의 偏旁과 代替된 偏旁의 字音을 살펴 보면 '里'와 '裏'는 모두 反切이 "良士切"로써 "來母 · 之韻"으로서 聲母와 韻母가 半舌音과 止攝인 同音字이다. 그렇기 때문에 '里'를 '裏'로 代替한 것인데, 이 역시 별다른 이유가 없이 異體字가 簡化와는 정반대의 현상으로 나타나고 있다.

한편 이와 동일한 경우로서 "䲈(鱧. 豊-蠡)"이 있는데, 여기에서 聲符로 사용된 '豊'와 '蠡'는 모두 反切이 "盧啓"로써 聲母와 韻母가 모두 "來母 · 齊韻"인 同音字이다.

2) 雙聲關係

雙聲關係는 본래의 偏旁과 代替된 偏旁의 字音이 聲母만 같은 것들이다. 여기에 속하는 글자도 역시 적지 않기 때문에 위의 경우와 마찬가지로 분류의 편의상 이들을 聲母別로 나누어 각각 몇 개의 예들을 살펴보고자 한다.

(1) 脣音

雃(䳇. 武-母) : '雃'는 正字가 '䳇'로서 形符인 '鳥'를 '隹'로 代替하기도 했지

370 許愼撰 · 段玉裁注, 『說文解字注』, 漢京文化, 臺北, 民國69, p.582
371 丁度 等, 『字典彙編 · 集韻』, 國際文化出版公司, 北京, 1993, p.229
372 司馬光, 『類篇』, 中華書局, 北京, 1984, p.430
373 梅膺祚, 『字典彙編 · 字彙』, 國際文化出版公司, 北京, 1993, p.569

만, 聲符도 본래의 '武'에서 '母'로 代替해 만든 異體字이다. 『集韻 · 上聲 · 厚韻』에 의하면 "䳇, 雊. 鸚䳇, 能言鳥也. 或從隹"[374]라 하였고, 『正字通 · 鳥部』에서도 "䳇, 同䳇"[375]라 했으며, 또한 『正字通 · 隹部』에서 다시 "雊, 同䳇"[376]라 말하고 있는데, 이들은 모두 '雊'가 '䳇'의 異體字임을 말해 주는 것이다. 聲符로 사용된 글자들의 字音을 보면 '武'는 反切이 "文甫切"로써 "微母 · 虞韻"이고, '母'는 反切이 "莫厚切"로써 "明母 · 侯韻"이다. 그런데 이들의 韻母인 "虞韻"와 "候韻"는 각각 遇攝과 流攝이므로 서로 다르다 할 수 있지만 聲母는 모두 脣音이므로 雙聲으로 간주할 수 있다.

餜(飽. 包-缶) : '餜'는 '飽'의 聲符인 '包'를 '缶'로 代替하여 만든 異體字이다. 『集韻 · 上聲 · 巧韻』에 의하면 "飽...餜....或從缶"[377]라 하고, 『四聲篇海 · 食部』에서는 "餜, 音飽, 義同"[378]라 말하고 있다. 이들에 의하면 '餜'는 '飽'의 異體字이다. 이들 聲符의 字音을 살펴보면 '包'는 反切이 "布交切"로써 "幫母 · 肴韻"이고, '缶'는 反切이 "方久切"로써 "幫母 · 尤韻"이다. 즉 韻母는 각각 效攝과 流攝으로 다르지만 聲母는 동일하므로 雙聲으로 볼 수 있다.

이 외에도 이와 유사한 것으로서 "髲(髮. 皮-比)"에서의 '皮'는 反切이 "符羈切"로써 聲母와 韻母가 "並母 · 支韻"이고, '比'는 反切이 "房脂切"로써 聲母와 韻母가 "並母 · 脂韻"으로서, 이들은 모두 聲符가 같은 雙聲이다. "鯆(鯆. 甫-布)"에서의 '甫'도 反切이 "方矩切"로써 聲母와 韻母가 "幫母 · 虞韻"이고, '布'는 反切이 "博故切"로써 聲母와 韻母가 "幫母 · 模韻"이므로 雙聲이다. 또한 "鰵(鮸. 免-敏)"에서의 '免'은 反切이 "亡辨切"로써 聲母와 韻母가 "明母 · 仙韻"이고, '敏'은 反切이 "眉殞切"로써 聲母와 韻母가 "明母 · 眞韻"으로 聲母가 일치하는 雙聲이며, "鰟(魴. 方-旁)"의 경우도 '方'은 反切이 "符方切"로써 聲母와 韻母가 "並母 · 陽韻"이고, '旁'은 反切이 "步光切"로써 聲母와 韻母가 "並母 · 唐韻"이므로 역시 雙聲이다. "魅(魅. 未-眉)"의 경우도 聲符인 '未'는 反切이 "無沸切"로써 聲母와

374 丁度 等, 『字典彙編 · 集韻』, 國際文化出版公司, 北京, 1993, p.258
375 張自烈, 『續修四庫全書 · 正字通』, 上海古籍出版社, 上海, 1995, p.798
376 張自烈, 『續修四庫全書 · 正字通』, 上海古籍出版社, 上海, 1995, p.680
377 丁度 等, 『字典彙編 · 集韻』, 國際文化出版公司, 北京, 1993, p.248
378 韓孝彦 等, 『續修四庫全書 · 四聲篇海』, 上海古籍出版社, 上海, 1995, p.433

韻母가 "明母 · 微韻"이고, '眉'는 反切이 "武悲切"로써 聲母와 韻母가 "明母 · 脂韻"이므로 聲母가 같은 雙聲關係이다. 이 외에도 "㑂(仿. 方-丙)"와 같은 경우, '方'은 反切이 "府良切"로써 "非母 · 陽韻"이고, '丙'은 反切이 "兵永切"로써 "非母 · 梗韻"이기 때문에 雙聲으로 볼 수 있다.

한편 "䬳(飽. 包-孚)"에서의 '包'는 反切이 "布交切"로써 聲母와 韻母가 "幫母 · 肴韻"이고, '孚'는 反切이 "芳無切"로써 聲母와 韻母가 "滂母 · 虞韻"으로서, 비록 聲母가 완전 일치하지는 않으나 모두 唇音에 속하므로 雙聲으로 볼 수 있으며, "𣀻(㪍. 犮-弗)"에서의 '犮'도 反切이 "蒲撥切"로써 聲母와 韻母가 "並母 · 末韻"이고, '弗'은 反切이 "分勿切"로써 聲母와 韻母가 "幫母 · 物韻"으로서 聲母가 일치하지는 않으나 동일한 唇音에 속한다. 또 "䲕(鯆. 甫-普)"에서의 '甫'도 反切이 "方矩切"로써 聲母와 韻母가 "幫母 · 虞韻"이고, '普'는 反切이 "滂古切"로써 聲母와 韻母가 "滂母 · 模韻"으로서, 동일한 唇音에 속하며, "𪊲(䵗. 犮-發)"도 '犮'이 反切이 "蒲撥切"로써 "並母 · 末韻"이고, '發'은 反切이 "方伐切"로써 "幫母 · 月韻"이라 역시 唇音에 속하는 雙聲으로 간주할 수 있다.

(2) 牙音

鱷(鯨. 京-畺) : '鱷'은 '鯨'의 聲符인 '京'을 '畺'으로 代替하여 만든 異體字이다. 『說文解字 · 魚部』에 의하면 "鱷, 海大魚也. 從魚, 畺聲. 『春秋傳』曰: 取其鱷鯢. 鯨, 鱷或從京"[379]이라 했고, 『玉篇 · 魚部』에서는 "鯨, 巨京切, 魚之王. 鱷, 同上"[380]라 했으며, 또한 『龍龕手鑑 · 魚部』에서는 "鱷或作, 鯨通"[381]이라 말하고 있다. 위에 의거하면 본래는 '鱷'이 正字였으나 지금은 '鯨'을 正字로 삼은 것이라 볼 수도 있다. 어쨌든 두 偏旁인 '京'과 '畺'의 字音을 살펴보면, '京'은 反切이 "舉卿切"으로써 "見母 · 庚韻"이며, '畺'은 反切이 "居良切"로써 "見母 · 陽韻"이다. 이 둘의 聲母는 모두 "見母"로써 雙聲이나 韻母는 "庚韻"과 "陽韻"으로써 각각 "梗攝"과 "宕攝"에 속하기 때문에 疊韻으로 보기는 어렵다. 그렇기 때문에 이 둘의 關係는 雙聲 關係라 할 수 있다.

379 許愼撰 · 段玉裁注, 『說文解字注』, 漢京文化, 臺北, 民國69, p.585
380 顧野王, 『玉篇』, 臺灣中華書局, 臺灣, 1977, 卷下 p.32
381 行均, 『龍龕手鏡』, 中華書局, 北京, 1985, p.165

鶤(鶤. 軍-昆) : '鶤'은 正字의 聲符인 '軍'을 '昆'으로 代替해 만든 異體字이다. 『說文解字 · 鳥部』에 의하면 "鶤, 鶤雞也. 從鳥 · 軍聲. 讀若運"[382]이라 하고, 『字彙 · 鳥部』에서는 "與鶤同"[383], 또 『正字通 · 鳥部』에서 "同鶤"[384]이라 말하고 있는 바, 이들은 모두 '鵾'이 '鶤'의 異體字임을 말해주고 있는 것이다. 聲符로 사용된 글자의 字音을 보면 '軍'은 反切이 "擧云"으로써 "見母 · 文韻"이고, '昆'은 反切이 "古渾"으로써 "見母 · 魂韻"이므로, 聲母가 같은 雙聲關係라 할 수 있다.

鰞(鮪. 有-爲) : '鰞'는 正字가 '鮪'이며, 聲符인 '有'를 '爲'로 代替하여 만든 異體字이다. 『說文解字 · 魚部』에 의하면 "鮪, 絡(鮥)也. 周禮: 春獻王鮪. 從魚有聲. 榮美切"[385]이라 하였고, 『龍龕手鑑 · 魚部』에서는 "鰞或作, 鮪正, 于美反"[386]라 했으며, 『玉篇 · 魚部』에서는 "鮪, 為鬼切. 鮥魚名"[387]라 말하고 있는데, 이들에 의하면 '鰞'는 '鮪'의 異體字가 된다. 聲符의 字音을 살펴보면 '有'는 反切이 "云久切"로써 "云母 · 尤韻"이고, '爲'는 反切이 "薳支切"로써 "云母 · 支韻"이다. 즉 이들은 聲母가 동일한 雙聲 關係라 할 수 있다.

이러한 유형에 속하는 것으로는, 이 외에도 "鋼(缸. 工-岡)"에서의 '工'은 反切이 "古紅切"로써 聲母와 韻母가 "見母 · 東韻"이고, '岡'은 反切이 "古郎切"로써 聲母와 韻母가 "見母 · 唐韻"이므로 이들은 聲母가 동일한 雙聲이다. 또 "饑(飢. 几-幾)"의 경우 '几'는 反切이 "居履切"로써 聲母와 韻母가 "見母 · 脂韻", '幾'는 反切이 "居依切"로써 聲母와 韻母가 "見母 · 微韻"으로 이 둘은 雙聲이 된다. 또 "劵(勸. 雚-卷)"에서의 '雚'의 反切이 "古玩切"로써 聲母와 韻母가 "見母 · 桓韻", '卷'은 反切이 "居轉切"로써 聲母와 韻母가 "見母 · 仙韻"이며, "餫(餛. 昆-軍)"에서의 '昆'은 反切이 "古渾切"로써 "見母 · 魂韻", '軍'은 反切이 "擧云切"로써 "見母 · 文韻"으로 이들도 모두 각각 聲母가 동일한 雙聲이라 할 수 있다.

한편 "黬(黚. 甘-禽)"에서의 '甘'은 反切이 "古三切"로써 聲母와 韻母가 "見

382 許愼撰 · 段玉裁注, 『說文解字注』, 漢京文化, 臺北, 民國69, p.152
383 梅膺祚, 『字典彙編 · 字彙』, 國際文化出版公司, 北京, 1993, p.574
384 張自烈, 『續修四庫全書 · 正字通』, 上海古籍出版社, 上海, 1995, p.799
385 許愼撰 · 段玉裁注, 『說文解字注』, 漢京文化, 臺北, 民國69, p.581
386 行均, 『龍龕手鏡』, 中華書局, 北京, 1985, p.169
387 顧野王, 『玉篇』, 臺灣中華書局, 臺灣, 1977, 卷下 p.31

母 · 談韻”이고, ‘禽’은 反切이 “巨金切”로써 聲母와 韻母가 “羣母 · 侵韻”이지만, 이들의 聲母는 모두 牙音으로서 雙聲으로 볼 수 있으며, “⿰乞鳥(鶻. 骨–乞)”에서의 ‘骨’도 反切이 “古忽切”로써 聲母와 韻母가 “見母 · 沒韻”이고, ‘乞’의 反切이 “去迄切”로써 聲母와 韻母가 “溪母 · 迄韻”이므로 이들 역시 모두 聲母가 牙音이며, “剧(劇. 豦–居)”에서의 ‘豦’는 反切이 “强魚切”로써 聲母와 韻母가 “羣母 · 魚韻”, ‘居’는 反切이 “居之切”로써 聲母와 韻母가 “見母 · 之韻”으로 聲母가 모두 牙音이며, “⿰齒義(齮. 奇–義)”에서의 ‘奇’는 反切이 “渠羈切”로써 聲母와 韻母가 “羣母 · 支韻”, ‘義’는 反切이 “宜寄切”로써 聲母와 韻母가 “疑母 · 支韻”으로 모두 聲母가 牙音이기 때문에 雙聲 關係라 할 수 있다.

(3) 舌音

⿰展鳥(鸇. 亶–展) : ‘⿰展鳥’은 正字의 聲符인 ‘亶’을 ‘展’으로 代替하여 만든 異體字이다. 이 글자에 대해서는 『中華字海 · 鳥部』에서 “⿰展鳥, 同鸇”[388]이라 기록하고 있다. 이들 聲符의 字音을 살펴보면 ‘亶’은 反切이 “多旱切”로써 “端母 · 旱韻”이고, ‘展’은 反切이 “知演切”로써 “知母 · 獮韻”이다. 反切로 보면 聲母와 韻母가 모두 다르게 나타나고 있지만, 聲母의 경우는 모두 舌音에 속하기 때문에 이 역시 넓게 보면 雙聲으로 간주할 수 있다.

이 외에도 “⿸廛鳥(鸇. 亶–廛)”의 경우, ‘亶’은 反切이 “多旱切”로써 聲母와 韻母가 “端母 · 旱韻”이고, ‘廛’은 反切이 “直連切”로써 聲母와 韻母가 “澄母 · 仙韻”으로 聲母가 약간 다르나 모두 舌音이라 雙聲으로 간주할 수 있다.

(4) 齒音

髊(骴. 此–差) : ‘髊’는 正字의 聲符인 ‘此’를 ‘差’로 代替하여 만든 異體字이다. 『類篇 · 骨部』에 의하면 “骴 · 髊, 才支切, 鳥獸殘骨. 或作髊, 亦書作⿱此骨. 髊, 又倉何切, 治牙骨也. 又並疾智切. 『說文』:‘鳥獸殘骨, 骴骴可惡’ 引明堂月令‘掩骼薶骴’, 骴又仕懈切”[389]라 했고, 『重訂直音篇』에서는 “骴, 音自. 殘腐骨. 又音恣.

388 冷玉龍 外, 『中華字海』, 中華書局.中國友誼出版公司, 北京, 1994, p.1692

髊, 同上. 胔, 同上. 又音慈"390라 말하고 있는 바, 이들에 의하면 '髊'는 '骴'의 異體字이다. 正字와 異體字의 聲符 字音을 살펴보면 '此'는 反切이 "雌氏切"로써 "清母 · 紙韻"이고, '差'는 反切이 "楚宜切"로써 "初母 · 支韻"로서, 聲母가 모두 齒音에 속하기 때문에 넓게 보면 雙聲으로 볼 수 있다.

이 외에도 "帜(幟. 戠-只)"에서의 '戠는 反切이 "之翼切"로써 聲母와 韻母가 "章母 · 職韻"이고, '只'는 反切이 "諸氏切"로써 聲母와 韻母가 "章母 · 支韻"로써, 聲母는 동일하나 韻母가 각각 曾攝과 止攝으로 서로 다르다. 또 "騌(騣. 㚇-宗)"에서의 '㚇'은 反切이 "子紅切"로써 聲母와 韻母가 "精母 · 東韻", '宗'은 反切이 "作冬切"로써 聲母와 韻母가 "精母 · 冬韻"이므로 聲母가 동일하며, "騻(驦. 霜-爽)"에서의 '霜'도 反切이 "色莊切"로써 聲母와 韻母가 "生母 · 陽韻"이고, '爽'은 反切이 "踈兩切"로써 聲母와 韻母가 "生母 · 養韻"으로 聲母가 동일한 雙聲 關係이다.

한편 "⿱髟總(鬆. 松-總)"의 경우, '松'은 反切이 "私宗切"로써 聲母와 韻母가 "心母 · 冬韻"이고, '總'은 反切이 "作孔切"로써 聲母와 韻母가 "精母 · 東韻"으로 聲母가 약간의 차이가 있으나 모두 齒音이므로 雙聲으로 볼 수 있다.

(5) 喉音

鮟(鰋. 匽-安) : '鮟'은 '鰋'의 聲符인 '匽'을 '安'으로 代替해 만든 異體字이다. 『正字通 · 魚部』에 의하면 "鮟, 俗字. 鰋一作鰀. 鮟卽鰀之譌"391라 말하고 있는 바, 이에 의하면 '鮟'은 '鰋'의 異體字로 볼 수 있다. 聲符의 字音을 보면 '匽'은 反切이 "於幰切"로써 聲母와 韻母가 "影母 · 元韻"이고, '安'은 反切이 "烏寒切"로써 聲母와 韻母가 "影母 · 寒韻"으로서 韻母는 다르나 聲母는 동일한 喉音으로서 이 둘은 雙聲 關係라 할 수 있다.

이 외에도 "鶕(鵪. 奄-音)"에서의 '奄'은 反切이 "衣儉切"로써 聲母와 韻母가 "影母 · 鹽韻"이고, '音'은 反切이 "於金切"로써 聲母와 韻母가 "匣母 · 侵韻"으로

389 司馬光, 『類篇』, 中華書局, 北京, 1984, p.144
390 章黼撰, 吳道長重訂, 『續修四庫全書 · 重訂直音篇』, 上海古籍出版社, 上海, 1995, p.68
391 張自烈, 『續修四庫全書 · 正字通』, 上海古籍出版社, 上海, 1995, p.773

서 韻母는 각각 咸攝과 深攝으로 다르지만 聲母는 모두 동일한 喉音이고, "䶃(䶃. 音-含)"에서의 '音'도 反切이 "於金切"로써 聲母와 韻母가 "影母 · 侵韻"이고, '含'은 反切이 "胡男切"로써 聲母와 韻母가 "匣母 · 覃韻"으로, 이 역시 韻母는 각각 深攝과 咸攝으로 서로 다르지만 聲母는 모두 喉音으로서 雙聲이라 말할 수 있다.

(6) 半舌音

鹿魚(鱳. 樂-鹿) : '鹿魚'은 正字의 聲符인 '樂'을 '鹿'으로 代替하여 만든 異體字이다. 『說文解字 · 魚部』에 의하면 "鱳, 魚名. 出樂浪潘國. 從魚, 樂聲. 盧各切"[392]이라 하였고, 『集韻 · 入聲 · 屋韻』에서는 "鱳 · 鹿魚, 『說文』魚名, 出樂浪潘國. 或從鹿"[393]이라 하였으며,『類篇 · 魚部』에서도 "鱳 · 鹿魚, 盧谷切. 『說文』魚名. 出樂浪潘國. 或從鹿"[394]이라 말하고 있는 바, 이들에 의하면 '鹿魚'은 '鱳'의 異體字로 보아야 할 것이다. 聲符의 字音 關係를 살펴보면 '樂'은 反切이 "盧各切"로써 "來母 · 鐸韻"이고, '鹿'은 反切이 "盧谷切"로써 "來母 · 屋韻"이다. 이것도 聲母와 韻母가 모두 다르지만, 聲母의 경우는 둘 다 모두 半舌音에 속하기 때문에 넓게 보면 雙聲으로 간주할 수 있다.

이 외에도 聲符가 모두 半舌音에 속하는 것으로는 "魀(魑. 离-力)"가 있는데, 여기에서 '离'는 反切이 "呂支切"로써 聲母와 韻母가 "來母 · 支韻"이고, '力'은 反切이 "林直切"로써 聲母와 韻母가 "來母 · 職韻"으로 이들의 韻母는 각각 止攝과 曾攝으로 전혀 다르나 聲母는 동일하므로 雙聲 關係이다. 그리고 "魿(鱗. 粦-令)"의 경우도, 이들의 聲符인 '粦'은 反切이 "良刃切"로써 "來母 · 眞韻"이고, '令'은 反切이 "力延切"로써 "來母 · 仙韻"이므로 이들은 雙聲 關係라 할 수 있다.

3) 疊韻關係

疊韻關係는 본래의 偏旁과 代替된 偏旁의 字音이 韻母만 같은 것들이다. 여기에 속하는 글자도 역시 적지 않기 때문에, 위의 경우와 마찬가지로 분류의 편의상

---

392 許愼撰 · 段玉裁注, 『說文解字注』, 漢京文化, 臺北, 民國69, p.585
393 丁度 等, 『字典彙編 · 集韻』, 國際文化出版公司, 北京, 1993, p.309
394 司馬光, 『類篇』, 中華書局, 北京, 1984, p.431

이들을 韻母別로 나누되, 각 攝에 귀속된 것 중에서 임의로 일부의 攝만 선택하고, 이에 속하는 예를 한 두개씩 살펴보고자 한다.

(1) 遇攝

䊀(糊. 古-胡) : '䊀'는 '糊'의 異體字로서, 正字의 形符인 '米'를 '黍'로 바꾸기도 했지만, 聲符인 '胡'도 '古'로 代替하여 만든 글자이다. 『說文解字 · 黍部』에 의하면 "黏, 黏也. 從黍古聲. 䊀, 䊀或從米作"[395]이라 하였고, 또 『廣韻 · 平聲 · 模韻』에서는 "䊀, 黏也. 粘, 上同. 𪏮, 糊並俗"[396]이라 말하고 있는 바, 이에 의하면 '䊀'는 '糊'의 異體字임이 분명하다. 이들 聲符의 字音을 살펴보면 '古'는 反切이 "公戶切"로써 "見母 · 模韻"이고, '胡'는 反切이 "戶吳切"로써 "匣母 · 模韻"으로서, 聲母는 모두 다르나 韻母는 모두 遇攝에 속하므로 疊韻으로 간주할 수 있다.

䲅(魼. 去-虛) : '䲅'는 正字가 '魼'로서, 聲符인 '去'를 '虛'로 代替하여 만든 異體字이다. 『說文解字 · 魚部』에 의하면 "魼, 魚也, 從魚, 去聲. 去魚切"[397]이라 하고, 『集韻 · 平聲 · 魚韻』에서는 "魼 · 䲅,『說文』魚也. 一曰比目, 或作䲅"[398]라 하였으며, 『四聲篇海 · 魚部』에서도 "丘於切, 魚名. 亦作䲅. 又他合切"[399]이라 하고, 『重訂直音篇 · 魚部』에서 "魼, 音墟, 魚也. 䲅, 同上. 一曰比目魚"[400]라 말하고 있는 바, 이에 의하면 '䲅'는 '魼'의 異體字로 볼 수 있다. 이들 聲符의 字音을 살펴보면 '去'는 反切이 "羌舉切"로써 "溪母 · 魚韻"이고, '虛'는 反切이 "朽居切"로써 "曉母 · 魚韻"이다. 즉 이들은 韻母가 모두 遇攝에 속하는 疊韻이라 할 수 있다. 한편 '虛'는 '去'와 똑같이 "去魚切"로써 "溪母 · 魚韻"인 字音도 있는데, 만일 '䲅'를 만들 때 이 字音을 취했다면 同音字 關係라고 보아야 할 것이다.

이 외에도 "䵚(黏. 古-互)"는 聲符인 '古'의 反切이 "公戶切"로써 聲母와 韻母

395 許愼撰 · 段玉裁注, 『說文解字注』, 漢京文化, 臺北, 民國69, p.333
396 陳彭年 等 撰, 余迺永 校著, 『互註校正宋本廣韻』, 聯貫出版社, 臺北, 1980, p.81
397 許愼撰 · 段玉裁注, 『說文解字注』, 漢京文化, 臺北, 民國69, p.581
398 丁度 等, 『字典彙編 · 集韻』, 國際文化出版公司, 北京, 1993, p.162
399 韓孝彦 等, 『續修四庫全書 · 四聲篇海』, 上海古籍出版社, 上海, 1995, p.300
400 章黼撰, 吳道長重訂, 『續修四庫全書 · 重訂直音篇』, 上海古籍出版社, 上海, 1995, p.266

가 "見母 · 模韻"이고, '互'는 反切이 "胡誤切"로써 聲母와 韻母가 "匣母 · 模韻"이라 모두 韻母가 遇攝이며,

"𥢬(黏. 古-乎)"에서의 '古'는 反切이 "公戶切"로써 聲母와 韻母가 "見母 · 模韻"이고, '乎'는 反切이 "戶吳切"로써 聲母와 韻母가 "匣母 · 模韻"이므로 韻母는 모두 遇攝이며, "𦓑(纑. 盧-戶)"에서의 '盧'도 反切이 "落胡切"로써 聲母와 韻母가 "來母 · 模韻"이고, '戶'는 反切이 "侯古切"로써 聲母와 韻母가 "匣母 · 模韻"이기 때문에 모두 韻母가 遇攝에 속하는 疊韻 關係이다.

(2) 蟹攝

騚(騠. 是-帝) : '騚'는 '騠'의 異體字로서 聲符인 '是'를 '帝'로 代替하여 만든 것이다. 『龍龕手鑑 · 馬部』에서는 "騚俗騠正"이라 했고[401], 『正字通 · 馬部』에서도 "俗騠字"[402]라 했으며, 『中文大辭典 · 馬部』에서도 "騚, 騠之俗字"[403]라 말하고 있는 바, 이는 '騠'의 異體字로 볼 수 있다. 이들 聲符의 字音을 살펴보면 '是'는 反切이 "承紙切"로써 "常母 · 紙韻"이고, '帝'는 反切이 "都計切"로써 "端母 · 齊韻"이다. 즉 聲母도 다르고 韻母도 止攝과 蟹攝으로 나뉘고 있다. 그러나 止攝과 蟹攝의 齊韻은 中古後期에 합류되고 있기 때문에 疊韻으로 보는 것이 타당하다. 위와 같은 경우로서 또 "鵜(鶗. 是-帝)"가 있다.

이 외에도 "齥(齛. 世-栧)"와 같은 경우, '世'는 反切이 "舒制切"로써 "書母 · 祭韻"이고, '曳'는 反切이 "餘制切"로써 "以母 · 祭韻"이므로, 이 둘은 모두가 蟹攝에 속하는 疊韻이라 할 수 있다.

(3) 假攝

鵶(鴉. 牙-亞) : '鵶'는 '鴉'의 聲符인 '牙'를 '亞'로 代替하여 만든 異體字이다. 『廣韻 · 平聲 · 麻韻』에 의하면 "烏別名 , 於加切"[404]이라 했고, 『干祿字書 · 平聲』에서는 "鴉鵶, 並上俗下正"[405]이라 말하고 있는 바, 이들을 종합하면 '鵶'는

401 行均, 『龍龕手鏡』, 中華書局, 北京, 1985, p.290
402 張自烈, 『續修四庫全書 · 正字通』, 上海古籍出版社, 上海, 1995, p.748
403 林尹 · 高明 主編, 『中文大辭典』,10卷, 中國文化學院出版部, 臺北 , 民國69, p.373
404 陳彭年 等撰, 余迺永 校著, 『互註校正宋本廣韻』, 聯貫出版社, 臺北, 1980, p.167

'鴉'의 異體字임이 분명하다. 聲符의 字音을 보면 '牙'는 反切이 "五加切"로써 "疑母 · 麻韻"假攝이고, '亞'는 反切이 "衣嫁切"로써 "影母 · 麻韻"이기 때문에 이 둘은 서로 聲母는 다르나 韻母는 모두 假攝인 疊韻 關係라 할 수 있다.

(4) 梗攝

𠋺(偵. 貞-聖) : '𠋺'은 '偵'의 聲符인 '貞'을 '聖'으로 代替하여 만든 異體字이다. 『字彙補』에 의하면 "音未詳, 『鶡冠子』: 𠋺諜足以相止"[406]라 말하고, 또 『正字通』에서 "𠋺偵同"[407]이라 말하고 있는 바, 이들을 종합하면 '𠋺'은 '偵'의 異體字가 된다. 이들 聲符의 字音을 살펴보면 '貞'은 反切이 "陟盈切"로써 "知母 · 淸韻"이고, '聖'은 反切이 "式正切"로써 "書母 · 淸韻"이므로, 聲母는 다르나 韻母는 모두 梗攝에 속하는 것들이며, 이에 따라 이 둘은 疊韻 關係라 할 수 있다.

(5) 其他

위에서 언급된 것 외에도 "瓮(甕. 雍-公)""雍'은 反切이 "於容切"로써 "影母 · 鍾韻"이고, '公'은 反切이 "古紅切"로써 "見母 · 東韻"이기 때문에 이들의 韻母는 모두 通攝에 속하는 疊韻 關係이다. 또, "鮧(鯷. 是-夷)"에서의 '是'는 反切이 "承紙切"로써 "常母 · 支韻"이고, '夷'는 反切이 "以脂切"로써 "以母 · 脂韻"이기 때문에 韻母는 모두 止攝에 속한 것으로서 疊韻 關係이며, "鱣(鱔. 善-亶)"의 경우에 '善'은 反切이 "常演切"로써 "禪母 · 仙韻"이고, '亶'은 反切이 "多旱切"로써 "端母 · 寒韻"으로서, 韻母가 모두 山攝에 속하는 疊韻이다. 그리고 "駿(駮. 爻-复)"에서의 '爻'는 反切이 "胡茅切"로써 "匣母 · 肴韻", '复'는 反切이 "敷救切"로써 "滂母 · 宥韻"이므로 韻母가 모두 效攝이다. 그러나 '复'은 "奉母 · 屋韻"의 字音도 갖고 있어, '駮'의 字音을 더욱 명확하게 해주고 있다. 또 "䲒(鮥. 咎-曹)"에서의 '咎'도 反切이 "古勞切"로써 "見母 · 豪韻"이고, '曹'는 反切이 "昨勞切"로써 "從母 · 豪韻"이므로 이 역시 韻母는 效攝에 속한다. 이 외에도 "䶢(鹼. 僉-臽)"에서의 '僉'은 反切이 "七廉切"로써 "淸母 · 鹽韻"이고, '臽'은 反切이 "苦感切"

405 顔元孫, 『字典彙編 · 干祿字書』, 國際文化出版公司, 北京, 1993, p.4
406 吳任臣, 『續修四庫全書 · 字彙補』, 上海古籍出版社, 上海, 1995, p.463
407 張自烈, 『續修四庫全書 · 正字通』, 上海古籍出版社, 上海, 1995, p.80

로써 聲母와 韻母가 "溪母 · 感韻"이므로 이들은 모두 咸攝에 속하는 疊韻 關係이다.

4) 기타

이 외에도 偏旁을 代替한 것 중에는 代替偏旁과 被代替偏旁의 字音이 유사하여 마치 聲符를 代替하여 만들어진 異體字로 보이지만, 실제로는 두 偏旁의 字音은 同音字도 아니고 雙聲이나 疊韻도 아닌 것들이 있다. 이는 마치 形符代替異體字 중의 일부는 두 偏旁의 關係가 전혀 의미상으로 관련이 없고 오직 字形만 유사한 것에 불과한 것인데도 마치 形符를 代替한 것처럼 보이는 것과 같다. 즉 여기에 속하는 것들은 엄밀히 말하면 聲符를 代替하기는 했으나 字音上으로 약간 유사할 뿐 사실상 아무런 관련이 없는 것들이다. 여기에 속하는 예를 들면 다음과 같다.

黬(黯. 音-敢) : '黬'은 '黯'의 聲符인 '音'을 '敢'으로 代替하여 만든 異體字이다. 『說文解字 · 黑部』에 의하면 "黯, 深黑也. 從黑, 音聲"[408]이라 하였고, 『中文大辭典 · 黑部』에서도 "黯, 與黶 · ⿰黑咸 · 黬同. 『六書故』黯……別作⿰黑咸 · 黬"[409]이라 하고, 또 『中文大辭典 · 黑部』에서 "黬, 深黑也. 與黯同.『六書故』黯, 深黑也. 別作黬"[410]이라 말하고 있는 바, 이에 의하면 '黬'은 '黯'의 異體字이다. 두 聲符의 字音을 보면 '音'은 反切이 "於金切"로써 "影母 · 侵韻"이고, '敢'은 反切이 "古覽切"로써 "見母 · 談韻"이기 때문에, 聲母도 喉音과 牙音으로 서로 다르고, 韻母도 深攝과 咸攝으로 서로 다르다. 그렇기 때문에 이들은 사실상 字音上으로는 직접적으로는 관련이 없고, 오로지 유사한 字音으로 代替한 것에 불과하다.

이 외에도 이와 유사한 것이 있는데, 이들을 묶어서 살펴보면 다음과 같다. 먼저 "鱏(鱘. 尋-覃)"에서의 '尋'은 反切이 "徐林切"로써 "邪母 · 侵韻"이고, '覃'은 反切이 "徒含切"로써 "定母 · 覃韻"으로 聲母는 각각 齒音과 舌音이고, 韻母도 深攝과 咸攝으로 다르다. 그리고 "⿰風卯(飀. 留-卯)"에서도 '留'는 反切이 "力求切"로써 "來母 · 尤韻"이고, '卯'는 反切이 "莫飽切"로써 "明母 · 肴韻"이지만, 聲母는 半

408 許愼撰 · 段玉裁注, 『說文解字注』, 漢京文化, 臺北, 民國69, p.492
409 林尹 · 高明 主編, 『中文大辭典』, 中國文化學院出版部, 臺北 , 民國69, 卷10, p.1034
410 林尹 · 高明 主編, 『中文大辭典』, 中國文化學院出版部, 臺北 , 民國69, 卷10, p.1040

舌音과 脣音으로 서로 다르고 韻母도 流攝과 效攝으로 차이가 난다. 이 외에도 "傀(傀. 鬼-褱)"에서의 '鬼'는 反切이 "居偉切"로써 "見母 · 微韻"이고, '褱'는 反切이 "戶乖切"로써 "匣母 · 皆韻"이기 때문에 聲母가 牙音과 喉音으로 다르고, 韻母도 역시 각각 止攝과 蟹攝으로 다르다.

4.2.3 被代替偏旁과의 字音 離隔度

代替된 聲符와 代替한 聲符의 字音 關係는 서로 완전한 同音이면 異體字의 字音을 인식하기가 가장 좋겠지만, 사실은 그렇지 못한 경우가 적지 않다. 즉 어떤 것들은 字音이 일치하지만 어떤 것들은 雙聲인 경우도 있고, 疊韻인 경우도 있으며, 어떤 것은 字音이 비슷하지만 雙聲이나 疊韻 어느 것도 아닌 경우도 있다. 또 같은 雙聲이라 할지라도 聲符의 聲母가 완전 일치하는 것도 있는가 하면 어떤 것은 造音 位置만 같은 것도 있고, 韻母의 경우에도 韻目이 완전 일치하는 것도 있지만 어떤 것은 韻目이 다르고 同攝에 속하는 것도 있다.

이들의 字音 關係를 層位別로 분류하고, 그것들이 속한 位置에 따라 代替와 被代替偏旁의 字音 차이가 어느 정도인지에 대한 분석을 하는 것이 필요하다. 이 분석을 통하여 字音의 離隔度에 따라 여러 단계로 구분하고, 단계별로 이들을 귀속시켜 異體字의 연구 과정에 적용한다면, 이러한 유형의 異體字를 考釋하는데 많은 도움이 될 것이다. 이를 위해 다음에서는 먼저 字音의 層位를 나누고, 이어서 이를 근거로 하여 離隔度別 등급을 정한 후, 聲符代替異體字를 해당 등급에 귀속시키기로 한다.

1) 字音 層位의 區分 및 離隔度 設定

앞에서도 언급된 바와 같이 字音은 서로 완전히 일치된 것만이 있는 것이 아니다. 그래서 이들을 字音의 유사도에 따라 등급을 나눌 필요가 있다. 즉 동일한 字音부터 유사한 字音까지의 등급을 정할 필요가 있다. 이에 다음에서는 字音을 聲母와 韻母로 나누어 각각 등급을 분류하기로 한다.

먼저 聲母의 등급은 다음과 같이 처리한다. 즉 聲母의 등급 기준은 우선 守溫의

三十六字母를 기본 聲母로 하고, 이를 다시 造音 位置에 따라 脣·牙·舌·齒·喉·半舌·半齒의 七聲으로 묶는다. 그리고는 脣音의 경우는 重脣音과 輕脣音, 舌音은 舌上音과 舌頭音, 齒音은 齒頭音와 正齒音으로 나누고, 모든 聲母는 淸濁으로 구분한다. 이렇게 하여 代替와 被代替 偏旁의 聲母를 비교하여 造音 位置가 같으면서 三十六字母의 聲母까지 同一한 것은 1등급, 造音 位置가 같으면서 淸濁의 차이가 있거나 혹은 脣·舌·齒音에서 重脣·輕脣, 舌上·舌頭, 齒頭·正齒의 차이가 있지만 淸濁이 동일한 경우는 2등급, 造音 位置도 달라 雙聲으로 볼 수 없는 것을 3등급으로 구분한다.

韻母의 경우는 『廣韻』의 206韻目을 기본 韻目으로 하고, 이를 다시 16攝으로 묶는다. 이를 바탕으로 韻目이 같은 것은 1등급, 韻目은 다르나 동일한 攝에 속한 것은 2등급, 攝도 다른 경우를 3등급으로 정한다.

이와 같이 聲母와 韻母를 각각 3등급으로 나눈 후, 代替와 被代替聲符의 字音을 聲母와 韻母를 구분하여 각각 등급을 정한 것을 결합하여 적용하면 결국 字音이 11과 12나 21, 22, 13이나 31, 23이나 32, 33의 여섯 단계로 구분된다. 그러나 여기의 어느 곳에도 속하지 않지만 그렇다고 字音이 완전히 다른 것도 아닌 특이한 경우가 존재한다. 그래서 이를 포함하여 字音 離隔度를 七段階로 정하고 聲符代替異體字의 字音離隔度를 살펴보고자 한다.

2) 字音 離隔度別 分類

위에서 字音別 層位 구분에 따라 설정된 離隔度를 일곱 단계로 구분하면 聲母와 韻母가 모두 1등급이어서 완전 同音字로 볼 수 있는 것은 超低段階離隔度, 聲母와 韻母 중 하나가 2등급이면서 同音字인 低段階離隔度, 聲母와 韻母 모두 2등급이면서 同音字로 볼 수 있는 것은 低上段階離隔度, 聲母와 韻母 중, 하나가 1등급, 다른 하나는 3등급인 雙聲 혹은 疊韻인 것은 中段階離隔度, 聲母와 韻母 중 하나가 2등급이면서 다른 하나가 3등급인 雙聲 혹은 疊韻은 中上段階離隔, 異體字의 聲符가 正字의 偏旁이 아닌 正字 자체와 字音關係가 있는 高段階離隔度, 字音이 비슷하나 聲母와 韻母가 각각 3등급인 超高段階離隔度로 나뉠 수 있다. 다음에서는 이들을 단계별로 분류하고 이에 속하는 異體字들을 살펴보도록 한다.

(1) **超低段階離隔度.** 이 단계는 代替偏旁과 被代替偏旁의 字音이 聲母의 字母도 같고, 韻母의 韻目도 같기 때문에 두 글자는 진정한 同音字라 말할 수 있는 단계이다. 즉 동일한 字音이기 때문에 偏旁을 바꾸어 써도 별 무리없이 異體字를 이해할 수 있는 경우이며, 그 예로는 다음과 같다.

[illegible](鵩. 服-伏) : '服'과 '伏'은 모두 聲母와 韻母가 "奉母 · 屋韻"인 同音字.

[illegible](鴒. 今-金) : '今'과 '金'은 모두 聲母와 韻母가 "見母 · 侵韻"인 同音字.

[illegible](鼯. 吾-吳) : '吾'와 '吳'는 모두 聲母와 韻母가 "疑母 · 模韻"인 同音字.

[illegible](頂. 丁-鼎) : '丁'과 '鼎'은 모두 聲母와 韻母가 "端母 · 青韻"인 同音字.

魣(鱮. 與-予) : '與'와 '予'는 모두 聲母와 韻母가 "以母 · 魚韻"인 同音字.

(2) **低段階離隔度.** 이 단계는 代替와 被代替偏旁들의 字音이 聲母와 韻母 중 하나는 완전 일치하고 다른 하나는 완전히 일치하지는 않는 경우를 말한다. 그러나 聲母가 일치하지 않는 경우라도 造音의 位置가 脣 · 牙 · 舌 · 齒 · 喉 중에서 동일한 位置에 있고, 韻母가 일치하지 않는 경우라도 同攝이기 때문에 사실상 同音字로 간주될 수 있는 단계를 말하는데, 그 예는 다음과 같다.

[illegible](麩. 夫-孚) : '夫'는 "並母 · 虞韻", '孚'는 "滂母 · 虞韻". 聲母인 "並母"와 "滂母"는 모두 脣音, 韻母는 "虞韻"으로서 韻目이 同一.

[illegible](鮒. 付-璷) : '付'는 "幫母 · 虞韻", '莩'는 "滂母 · 虞韻". 聲母인 "幫母"와 "滂母"는 모두 脣音, 韻母는 "虞韻"으로서 韻目이 同一.

鸀(鸀. 蜀-屬) : '蜀'은 "常母 · 燭韻", '屬'은 "章母 · 燭韻". 聲母인 "常母"와 "章母"는 모두 齒音, 韻母는 "燭韻"으로 韻目이 同一.

騻(驦. 霜-爽) : '霜'은 "生母 · 陽韻", '爽'은 "生母 · 養韻" 聲母는 字母가 "生母"로 同一, 韻母인 "陽韻"과 "養韻"은 모두 "宕攝".

(3) **低上段階離隔度.** 이 단계는 聲母와 字母가 같지는 않지만 造音 位置가 같은 것이며, 韻母의 경우에도 韻目은 다르나 同攝에 속하는 것들을 말한다. 어쨌든 聲母가 雙聲이고, 韻母도 疊韻이기 때문에 이들은 同音字라고는 간주할 수는 있

지만, 同音字 중에서는 字音의 긴밀도가 가장 떨어지는 단계인데, 그 예는 다음과 같다.

鵮(鶕. 奄-含) : '奄'은 "影母 · 鹽韻", '含'은 "匣母 · 覃韻". 聲母인 "影母"와 "匣母"가 모두 喉音, 韻母인 "鹽韻"과 "覃韻"은 모두 "咸攝".

⿰魚重(鮦. 同-重) : '同'은 "定母 · 東韻", '重'은 "澄母 · 鍾韻". 聲母인 "定母"와 "澄母"는 모두 舌音, 韻母인 "東韻"과 "鍾韻"은 모두 "通攝".

鴄(鵯. 卑-匹) : '卑'는 "幫母 · 支韻", '匹'은 "滂母 · 質韻". 聲母인 "幫母"와 "滂母"는 모두 脣音, 韻母인 "支韻"과 "質韻"은 모두 "止攝".

⿺走⿰夫甫(麩. 夫-甫) : '夫'는 "並母 · 虞韻", '甫'는"幫母 · 麌韻". 聲母인 "並母"와 "幫母"는 모두 脣音, 韻母인 "虞韻"과 "麌韻"은 모두 "遇攝".

⿰魚普(鯆. 甫-普) : '甫' "幫母 · 虞韻", '普'는 "滂母 · 模韻". 聲母인 "幫母"와 "滂母"는 모두 脣音이나, 韻母인 "虞韻"과 "模韻"은 모두 "遇攝".

(4) 中段階離隔度. 이 단계는 聲母의 字母가 일치하지만 韻母가 전혀 다르거나, 혹은 韻母에 있어서 韻目이 일치하지만 聲母가 전혀 다른 것으로서, 강한 수준의 雙聲이거나 강한 수준의 疊韻에 속하는 것들이며, 그 예는 다음과 같다.

鋼(缸. 工-岡) : '工'은 "見母 · 東韻", '岡'은 "見母 · 唐韻". 聲母는 모두 "見母"로 字母가 同一, 韻母는 각각 "通攝"과 "宕攝"으로 전혀 다름.

⿰鬼力(魑. 离-力) : '离'는 "來母 · 支韻", '力'은 "來母 · 職韻". 聲母는 모두 "來母"로 字母가 同一, 韻母는 각각 "止攝"과 "曾攝"으로 전혀 다름.

⿰魚戶(鱸. 盧-戶) : '盧'도 "來母 · 模韻", '戶'는 "匣母 · 模韻". 聲母는 각각 "來母"와 "匣母"로 전혀 다르나, 韻母는 모두 "模韻"으로 韻目이 同一.

⿰齒曳(齛. 世-栧) : '世'는 "書母 · 祭韻", '曳'는 "以母 · 祭韻". 聲母는 각각 "書母"와 "以母"로 전혀 다르나, 韻母는 모두 "祭韻"으로 韻目이 同一.

(5) 中上段階離隔度. 이 단계는 聲母와 韻母 중, 聲母의 造音 位置가 같지만 韻母는 同攝도 아니거나, 韻母가 同攝이지만 聲母는 전혀 다른 것들을 말한다.

이 단계에 속한 글자들은 약한 수준의 雙聲 關係이거나 약한 수준의 疊韻 關係라 할 수 있는데, 그 예는 다음과 같다.

鷬(黚. 甘-禽). '甘'은 "見母 · 談韻", '禽'은 "羣母 · 侵韻". 聲母인 "見母"와 "羣母"는 모두 牙音이나, 韻母인 각각 "咸攝"과 "深攝"으로 전혀 다름.

鮧(鯷. 是-夷). '是'는 "常母 · 支韻", '夷'는 "以母 · 脂韻". 聲母인 "常母"와 "以母"는 각각 "齒音"과 "喉音"으로 서로 다르나, 韻母인 "支韻"과 "脂韻"은 모두 "止攝".

駁(駁. 爻-复). '爻'는 "匣母 · 肴韻", '复'는 "滂母 · 宥韻". 聲母인 "匣母"와 "滂母"는 각각 "喉音"과 "脣音"으로 서로 다르나, 韻母인 "肴韻"과 "宥韻"은 모두 "效攝".

瓮(甕. 雍-公). '雍'은 "影母 · 鍾韻", '公'은 "見母 · 東韻". 聲母인 "影母"와 "見母"는 각각 "喉音"과 "牙音"으로 서로 다르나, 韻母인 "鍾韻"과 "東韻"은 모두 "通攝".

(6) 高段階離隔度. 이 단계는 代替偏旁이 본래의 被代替 偏旁字義와는 직접적으로 전혀 상관이 없지만, 代替偏旁의 字音이 본래 正字의 被代替 偏旁의 字音이 아니라, 正字 그 전체 字音과 연관되어있는 매우 특이한 것으로서, 그 예는 다음과 같다.

詶(呪. 呪-州). 異體字인 '詶'는 正字인 '呪'의 形符를 '言'으로 代替하고, 또 다른 形符를 '州'로 代替하면서 이 '州'를 聲符로 삼은 특이한 경우이다. 즉 '呪'는 字音이 "章母 · 尤韻"인데, 異體字를 만드는 과정에서 이와 동일한 "章母 · 尤韻"의 字音을 가진 '州'로 기존의 偏旁을 代替하면서 동시에 이를 聲符로 삼아 '詶'를 만든 것이다. 그렇기 때문에 正字는 形聲이 아니기 때문에 聲符를 代替한 경우가 아니지만, 異體字가 聲符를 가지게 되면서 正字의 字音을 표시할 수 있도록 한 것이다. 이와 비슷한 것으로서 "訷(呪. 呪-由)"의 경우가 있는데, 이 '訷'는 反切이 "以周切"이면서 "以母 · 尤韻"의 字音을 가진 '由'로 聲符를 삼았다. 그런데, '呪'와 '由'는 聲母는 다르고 韻母만 同一한 音을 가진 疊韻이다.

⿱古貝(賈. 賈－古). 본래 正字인 ‘賈’의 聲符는 ‘襾’로서 “影母 · 麻韻”이나, 異體字의 聲符인 ‘古’는 “見母 · 模韻”으로서 聲母도 喉音과 牙音으로 다르고, 韻母도 假攝과 遇攝으로 다르다. 그런데 正字인 ‘賈’는 “見母 · 模韻”으로 異體字 ‘⿱古貝’의 聲符인 ‘古’와 字音이 동일하다. 즉 異體字인 ‘⿱古貝’에서 聲符로 사용된 ‘古’는 비록 正字의 聲符인 ‘襾’를 代替한 것이지만, 字音은 ‘襾’와는 아무 관련없이 正字인 ‘賈’의 字音과 관련있는 것으로 代替된 것이다. 이 외에도 “⿺辶敔(御. 御－敔)”에서 正字인 ‘御’와 異體字의 偏旁인 ‘敔’는 모두 反切이 “魚巨切”로써 聲母와 韻母가 “疑母 · 魚韻”인 同音字이며, “征(徵. 徵－正)”에서의 ‘徵’과 ‘正’은 모두 反切이 “諸盈切”로써 聲母와 韻母가 “章母 · 清韻”인 同音字이다.

한편 “⿰石席 (席. 席－石)”에서의 ‘席’은 反切이 “商署切”로써 聲母와 韻母가 “書母 · 魚韻”, ‘石’은 反切이 “常隻切”로써 聲母와 韻母가 “禪母 · 淸韻”으로 역시 聲母가 모두 齒音인 雙聲 關係이다.

(7) 超高段階離隔度. 이 단계는 字音에서 어느 정도 유사한 면이 있는 것 같아 마치 字音 關係가 있는 듯이 보이지만, 실제로는 聲母도 다르고, 韻母도 다르기 때문에 사실상 字音 關係가 전혀 없는 것으로서, 그 예는 다음과 같다.

鱏(鱘. 尋－覃) : ‘尋’은 “邪母 · 侵韻”, ‘覃’은 “定母 · 覃韻”. 聲母는 각각 齒音과 舌音이고, 韻母도 深攝과 咸攝으로 다르다.

⿺風卯(飀. 留－卯) : ‘留’는 “來母 · 尤韻”, ‘卯’는 “明母 · 肴韻”. 聲母는 각각 半舌音과 脣音이고, 韻母도 流攝과 效攝으로 다르다.

이상으로 離隔度에 따른 각 段階에 속하는 글자에 대해 간략히 살펴보았다. 실제로 聲符를 代替해 만든 異體字들은 매우 많은데, 이들을 각 段階類型別로 나누어 각 단계에 속하는 글자들을 일부 선택해 정리하여 도표로 나타내면 다음과 같다.

段階 區分	例　　字
超低段階離隔度	⿰魚㒼(鰻. 曼－㒼) : 曼, 母官切, 明母 · 桓韻..㒼, 母官切, 明母 · 桓韻. ⿰巫隹(鷡. 無－巫) : 無, 武夫切, 明母 · 虞韻..巫, 武夫切, 明母 · 虞韻.

𩹉(鮅. 必–畢) : 必, 卑吉切, 幫母 · 質韻..畢, 卑吉切, 幫母 · 質韻.
鵩(鵬. 服–伏) : 服, 房六切, 奉母 · 屋韻..伏, 房六切, 奉母 · 屋韻.
𧟘(覆. 復–伏) : 復, 房六切, 奉母 · 屋韻..伏, 房六切, 奉母 · 屋韻.
鵭(鳹. 今–金) : 今, 居吟切, 見母 · 侵韻..金, 居吟切, 見母 · 侵韻.
𩿧(鬲鳥. 鬲–革) : 鬲, 古核切, 見母 · 麥韻..革, 古核切, 見母 · 麥韻.
饑(飢. 几–幾) : 几, 居履切, 見母 · 脂韻..幾, 居依切, 見母 · 微韻.
𧇡(麚. 叚–加) : 叚, 古疋切, 見母 · 麻韻..加, 古牙切, 見母 · 麻韻.
䱱(鯃. 吾–吳) : 吾, 五乎切, 疑母 · 模韻..吳, 五加切, 疑母 · 麻韻.
𪖈(鼩. 句–瞿) : 句, 其俱切, 羣母 · 虞韻..瞿, 其俱切, 羣母 · 虞韻.
𪕷(鼯. 吾–吳) : 吾, 五乎切, 疑母 · 模韻..吳, 五乎切, 疑母 · 模韻.
𪐝(黔. 今–金) : 今, 居吟切, 見母 · 侵韻..金, 居吟切, 見母 · 侵韻.
𠊳(价. 介–戒) : 介, 古拜切, 見母 · 皆韻..戒, 古拜切, 見母 · 皆韻.
鸜(鴝. 句–瞿) : 句, 九遇切, 見母 · 虞韻..瞿, 九遇切, 見母 · 虞韻.
𩔍(頂. 丁–鼎) : 丁, 當經切, 端母 · 青韻..鼎, 都挺切, 端母 · 青韻.
鞉(鞀. 召–兆) : 召, 直照切, 澄母 · 宵韻..兆, 治小切, 澄母 · 宵韻.
𩟐(飥. 乇–橐) : 乇, 他各切, 透母 · 鐸韻..橐, 他各切, 透母 · 鐸韻.
驝(馲. 乇–橐) : 乇, 他各切, 透母 · 鐸韻..橐, 他各切, 透母 · 鐸韻.
𪗍(齠. 召–兆) : 召, 直照切, 澄母 · 宵韻..兆, 治小切, 澄母 · 宵韻.
鱓(鱔. 善–單) : 善, 常演切, 禪母 · 仙韻..單, 常演切, 禪母 · 仙韻.
𩣡(駩. 全–泉) : 全, 疾緣切, 從母 · 仙韻..泉, 疾緣切, 從母 · 仙韻.
𩶅(鯛. 周–舟) : 周, 職流切, 章母 · 尤韻..召, 直照切, 澄母 · 宵韻..
舟, 職流切, 章母 · 尤韻.
𩦈(騜. 皇–黃) : 皇, 胡光切, 匣母 · 唐韻..黃, 胡光切, 匣母 · 唐韻.
𡨥(宇. 于–禹) : 于, 羽俱切, 云母 · 虞韻..禹, 王矩切, 云母 · 虞韻.
魣(鱮. 與–予) : 與, 羊洳切, 以母 · 魚韻..予, 以諸切, 以母 · 魚韻.
鱅(鰫. 容–庸) : 容, 餘封切, 以母 · 鍾韻..庸, 餘封切, 以母 · 鍾韻.
𩐗(響. 鄉–向) : 鄉, 許良切, 曉母 · 陽韻..向, 許亮切, 曉母 · 陽韻.
𥻆(鬻. 鬻–育) : 粥, 余六切, 以母 · 屋韻, 之六切, 章母 · 屋韻..
育, 余六切, 以母 · 屋韻.

	⿰馬夭(騕. 要−夭) : 要, 於霄切, 影母 · 宵韻..夭, 於喬切, 影母 · 宵韻.
	麐(麟. 粦−吝) : 粦, 良刃切, 來母 · 震韻..吝, 良刃切, 來母 · 震韻.
	⿰魚裏(鯉. 里−裏) : 里, 良士切, 來母 · 之韻..裏, 良士切, 來母 · 之韻.
	⿰魚蠡(鱧. 豊−蠡) : 豊, 盧啓切, 來母 · 齊韻..蠡, 盧啓切, 來母 · 齊韻.
	⿱髟需(鬚. 須−需) : 須, 相俞切, 心母 · 虞韻..需, 相俞切, 心母 · 虞韻.
	⿰魚童(鮦. 同−童) : 同, 徒紅切, 定母 · 東韻..重, 直容切, 澄母 · 鍾韻.. 童, 徒紅切, 定母 · 東韻.
	⿰飠異(飴. 台−異) : 台, 與之切, 以母 · 之韻..以, 羊己切, 以母 · 之韻.
	⿰食壺(餬. 胡−壺) : 胡, 戶吳切, 匣母 · 模韻..壺, 苦本切, 溪母 · 魂韻.
低段階離隔度	⿺麥孚(麩. 夫−孚) : 夫, 防無切, 並母 · 虞韻..孚, 芳無切' 滂母 · 虞韻.
	⿰母鳥(䳇. 武−毋) : 武, 文甫切, 微母 · 虞韻..母, 莫厚切, 明母 · 侯韻.
	⿰魚男(鮒. 付−璷) : 付, 方遇切, 幫母 · 虞韻..男, 芳無切, 滂母 · 虞韻.
	庁(廳. 聽−丁) : 聽, 他丁切, 他定切, 透母 · 青韻.. 丁, 中莖切, 知母 · 耕韻, 當經切, 端母 · 青韻.
	⿰禹頁(顒. 禺−禹) : 禺, 虞俱切, 疑母 · 虞韻..禹, 王矩切, 云母 · 虞韻.
	鰌(鰍. 秋−酋) : 秋, 七由切, 清母 · 尤韻..酋, 自秋切, 從母 · 尤韻.
	⿰魚寺(鰣. 時−寺) : 時, 市之切, 常母 · 之韻..寺, 祥吏切, 邪母 · 之韻.
	⿱制魚(鰶. 祭−制) : 祭, 子例切, 精母 · 祭韻..制, 征例切, 章母 · 祭韻.
	⿰魚倉(鯧. 昌−倉) : 昌, 尺良切, 昌母 · 陽韻..倉, 七岡切, 清母 · 唐韻.
	鱂(鯧. 昌−將) : 昌, 尺良切, 昌母 · 陽韻..將, 即良切, 精母 · 陽韻.
	鸀(鸀. 蜀−屬) : 蜀, 市玉切, 常母 · 燭韻..屬, 之欲切, 章母 · 燭韻.
	騻(驦. 霜−爽) : 霜, 色莊切, 生母 · 陽韻..爽, 踈兩切, 生母 · 養韻.
低上段階離隔度	⿰含鳥(鵪. 奄−含) : 奄, 衣儉切, 影母 · 鹽韻..含, 胡男切, 匣母 · 覃韻.
	⿰魚重(鮦. 同−重) : 同, 徒紅切, 定母 · 東韻..重, 直容切, 澄母 · 鍾韻.
	鴄(鵯. 卑−匹) : 卑, 府移切, 幫母 · 支韻..匹, 譬吉切, 滂母 · 質韻.
	⿺麥甫(麩. 夫−甫) : 夫, 防無切, 並母 · 虞韻..甫, 方矩切, 幫母 · 麌韻.
	飰(飯. 反−卞) : 反, 孚袁切, 滂母 · 元韻, 府遠切, 幫母 · 元韻.. 卞, 皮變切, 並母 · 仙韻.
	⿰魚普(鯆. 甫−普) : 甫, 方矩切, 幫母 · 虞韻..普, 滂古切, 滂母 · 模韻.
中段階離隔度	⿰飠缶(飽. 包−缶) : 包, 布交切, 幫母 · 肴韻..缶, 方久切, 幫母 · 尤韻.

[illegible](髮. 皮–比) : 皮, 符羈切, 並母 · 支韻..比, 房脂切, 並母 · 脂韻.
[illegible](鯆. 甫–布) : 甫, 方矩切, 幫母 · 虞韻..布, 博故切, 幫母 · 模韻.
鰵(鮸. 免–敏) : 免, 亡辨切, 明母 · 仙韻..敏, 眉殞切, 明母 · 眞韻.
鰟(魴. 方–旁) : 方, 符方切, 並母 · 陽韻..旁, 步光切, 並母 · 唐韻.
[illegible](魅. 未–眉) : 未, 無沸切, 明母 · 微韻..眉, 武悲切, 明母 · 脂韻.
㑂(仿. 方–丙) : 方, 府良切, 非母 · 陽韻, 符方切, 奉母 · 陽韻,
妃罔切, 敷母 · 唐韻..丙, 兵永切, 非母 · 梗韻.
[illegible](鯨. 京–畺 : 京, 舉卿切, 見母 · 庚韻..畺, 居良切, 見母 · 陽韻.
鵾(鶤. 軍–昆) : 軍, 擧云切, 見母 · 文韻..昆, 古渾切, 見母 · 魂韻.
[illegible](鮪. 有–爲) : 有, 云久切, 云母 · 尤韻..爲, 薳支切, 云母 · 支韻.
[illegible](釭. 工–岡) : 工, 古紅切, 見母 · 東韻..岡, 古郎切, 見母 · 唐韻.
饑(飢. 几–幾) : 几, 居履切, 見母 · 脂韻..幾, 居依切, 見母 · 微韻.
勌(勸. 雚–卷) : 雚, 古玩切, 見母 · 桓韻, 胡官切, 匣母 · 桓韻..
卷, 居轉切, 見母 · 仙韻.
餫(餛. 昆–軍) : 昆, 古渾切, 見母 · 魂韻..軍, 擧云切, 見母 · 文韻.
騌(騣. 嵏–宗) : 嵏, 子紅切, 精母 · 東韻..宗, 作冬切, 精母 · 冬韻.
鮟(鰋. 匽–安) : 匽, 於幰切, 影母 · 元韻..安, 烏寒切, 影母 · 寒韻.
[illegible](魑. 离–力) : 离, 呂支切, 來母 · 支韻..力, 林直切, 來母 · 職韻.
[illegible](糊. 古–胡) : 古, 公戶切, 見母 · 模韻..胡, 戶吳切, 匣母 · 模韻.
[illegible](魼. 去–虛) : 去, 羌舉切, 溪母 · 魚韻..虛, 朽居切, 曉母 · 魚韻.
[illegible](黏. 古–互) : 古, 公戶切, 見母 · 模韻..互, 胡誤切, 匣母 · 模韻.
[illegible](黏. 古–乎) : 古, 公戶切, 見母 · 模韻..乎, 戶吳切, 匣母 · 模韻.
[illegible](鱸. 盧–戶) : 盧, 落胡切, 來母 · 模韻..戶, 侯古切, 匣母 · 模韻.
[illegible](齛. 世–曳) : 世, 舒制切, 書母 · 祭韻..曳, 餘制切, 以母 · 祭韻.
鵶(鴉. 牙–亞) : 牙, 五加切, 疑母 · 麻韻..亞, 衣嫁切, 影母 · 模韻.
[illegible](偵. 貞–聖) : 貞, 陟盈切, 知母 · 淸韻..聖, 式正切, 書母 · 淸韻.
鰽(鮥. 咎–曹) : 咎, 古勞切, 見母 · 豪韻..曹, 昨勞切, 從母 · 豪韻.
[illegible](鹼. 僉–臽) : 僉, 七廉切, 淸母 · 鹽韻..臽, 苦感切, 溪母 · 感韻.
[illegible](黚. 甘–禽) : 甘, 古三切, 見母 · 談韻..禽, 巨金切, 羣母 · 侵韻.

	[illegible](鵡. 武-母) : 武, 文甫切, 微母 · 虞韻.. 母, 莫厚切, 明母 · 侯韻.
中上段階離隔度	[illegible](飽. 包-孚) : 包, 布交切, 幫母 · 肴韻.. 孚, 芳無切, 滂母 · 虞韻. [illegible](黻. 犮-弗) : 犮, 蒲撥切, 並母 · 末韻.. 弗, 分勿切, 幫母 · 物韻. 鬉(鬆. 松-悤) : 松, 私宗切, 心母 · 冬韻.. 總, 作孔切, 精母 · 東韻. [illegible](韍. 犮-發) : 犮, 蒲撥切, 並母 · 末韻.. 發, 方伐切, 幫母 · 月韻. [illegible](鶻. 骨-乞) : 骨, 古忽切, 見母 · 沒韻.. 乞, 去訖切, 溪母 · 迄韻. 剧(劇. 豦-居) : 豦, 强魚切, 羣母 · 魚韻.. 居, 居之切, 見母 · 之韻. [illegible](齮. 奇-義) : 奇, 渠羈切, 羣母 · 支韻, 居宜切, 見母 · 支韻.. 義, 宜寄切, 疑母 · 支韻. 鸇(鸇. 亶-展) : 亶, 多旱切, 端母 · 旱韻.. 展, 知演切, 知母 · 獮韻. [illegible](鸇. 亶-廛) : 亶, 多旱切, 端母 · 旱韻.. 廛, 直連切, 澄母 · 仙韻. [illegible](骴. 此-差) : 此, 雌氏切, 清母 · 紙韻.. 差, 楚宜切, 初母 · 支韻. 帜(幟. 戠-只) : 戠, 之翼切, 章母 · 職韻.. 只, 諸氏切, 章母 · 支韻, 章移切, 章母 · 支韻. 鶕(鵪. 奄-音) : 奄, 衣儉切, 影母 · 鹽韻.. 音, 於金切, 匣母 · 侵韻. [illegible](韽. 音-含) : 音, 於金切, 影母 · 侵韻.. 含, 胡男切, 匣母 · 覃韻. [illegible](鱳. 樂-鹿) : 樂, 盧各切, 來母 · 鐸韻.. 鹿, 盧谷切, 鹿母 · 屋韻. [illegible](鱗. 粦-令) : 粦, 良刃切, 力珍切, 來母 · 眞韻.. 令, 力延切, 來母 · 仙韻. [illegible](騠. 是-帝) : 是, 承紙切, 常母 · 紙韻.. 帝, 都計切, 端母 · 霽韻. 瓮(甕. 雍-公) : 雍, 於容切, 影母 · 鍾韻.. 公, 古紅切, 見母 · 東韻. 鮧(鯷. 是-夷) : 是, 承紙切, 常母 · 支韻.. 夷, 以脂切, 以母 · 脂韻. 鱣(鱔. 善-亶) : 善, 常演切, 禪母 · 仙韻.. 亶, 多旱切, 端母 · 寒韻. [illegible](駮. 爻-复) : 爻, 胡茅切, 匣母 · 肴韻.. 复, 敷救切, 滂母 · 宥韻. [illegible](鮥. 咎-臼) : 咎, 古勞切, 見母 · 豪韻.. 臼, 其九切, 羣母 · 尤韻. [illegible](鴟. 氐-至) : 氐, 丁尼切, 知母 · 脂韻.. 至, 脂利切, 章母 · 虞韻. 軻(軩. 合-可) : 合, 侯閤切, 匣母 · 合韻.. 可, 枯我切, 溪母 · 歌韻.
高段階離隔度	詶(咒. 咒-州) : 咒, 職救切, 章母 · 尤韻.. 州, 職流切, 章母 · 皆韻. [illegible](咒. 咒-由) : 咒, 職救切, 章母 · 尤韻.. 由, 以周切, 以母 · 尤韻.

	𧶜(賈. 賈-古) : 賈, 公户切, 見母 · 模韻..古, 公户切, 見母 · 模韻.
	征(徵. 徵-正) : 徵, 諸盈切, 章母 · 淸韻..正, 諸盈切, 章母 · 淸韻.
	磶(席. 席-石) : 席, 商署切, 書母 · 魚韻..石, 常隻切, 禪母 · 淸韻.
	匭(簋. 簋-軌) : 簋, 居洧切, 見母 · 脂韻..軌, 居洧切, 見母 · 脂韻.
	遾(御. 御-敔) : 御, 魚巨切, 疑母 · 魚韻..敔, 魚巨切, 疑母 · 魚韻.
	揵(建. 建-乾) : 建, 居万切, 見母 · 元韻..乾, 古寒切, 見母 · 寒韻.
超高段階離隔度	黵(黯. 音-敢) : 音, 於金切, 影母 · 侵韻..敢, 古覽切, 見母 · 談韻.
	鱏(鱘. 尋-覃) : 尋, 徐林切, 邪母 · 侵韻..覃, 徒含切, 定母 · 覃韻.
	𩗗(飀. 留-卯) : 留, 力求切, 來母 · 尤韻..卯, 莫飽切, 明母 · 肴韻.
	𠐊(傀. 鬼-褢) : 鬼, 居偉切, 見母 · 微韻..褢, 户乖切, 匣母 · 皆韻.

4.2.4 聲符代替偏旁의 特徵

이상과 같은 聲符代替異體字는 다른 異體字와 공통으로 갖는 특징도 있지만 나름대로의 특징도 갖고 있는 등 여러 가지가 있는데, 이를 열거하면 다음과 같다.

첫째, 異體字 생성의 원인 중 가장 중요한 하나가 簡化이지만, 실제 聲符代替異體字에서는 簡化되지 않은 것들이 상당히 많이 나타난다. 이것은 앞에서 언급된 바와 같이 자신의 知的 優越을 과시하기 위해 故意로 字形이 더 복잡하여 잘 사용하지 않는 글자를 偏旁으로 선택하는 과정에서 생겨난 것일 수도 있고, 또는 기존의 偏旁보다 常用되는 偏旁을 선택하는 과정에서 常用되는 偏旁이 오히려 筆劃이 더 늘어나는 경우도 있다. 예컨대 "鬆(鬆. 松-悤)"과 같은 것은 筆劃 수로 보나 글자의 사용도로 보나 聲符를 바꿀 이유가 없는데도 '松'을 '悤'으로 바꾸면서 오히려 繁化가 이루어졌고, "齥(齛. 世-曳)"나 "黬(黚. 甘-禽) · 鱣(鱔. 善-亶)"과 같은 글자도 이와 비슷한 경우라 할 수 있다. 이 외에도 "顁(頂. 丁-鼎)"이나 "㝢(宇. 于-禹) · 鱂(鯧. 昌-將) · 𪈟(鸀. 蜀-屬) · 鰽(鮥. 咎-曹) · 鱣(鱔. 善-亶) · 鱑(鯉. 里-裏) · 鵭(䳜. 今-金)"과 같은 글자들은 비록 代替한 聲符도 많이 사용하고 있는 글자들이지만, 본래의 聲符에 비해 筆劃數가 적지 않게 증가된 것들이다.

둘째 원인은 常用字의 選好이다. 形符와 聲符로 이루어진 形聲字의 경우, 合體

를 이루는 偏旁들의 의미만 보아도 그 글자의 字音을 대충 가늠할 수 있다. 그런데 여기에서 聲符로 사용된 글자가 일상에서 자주 쓰이는 글자가 아닌 경우에는 해당 글자의 字音을 추정하는 것이 쉽지 않을 수도 있다. 심지어는 그 聲符가 偏旁으로는 자주 사용되지만 따로 독립해서는 거의 사용되지 않는 경우도 있다. 이러한 경우에 해당 偏旁을 동일한 字音을 가지면서 일상적으로 사용하는 글자로 代替하게 되면 그 글자의 字音을 유추하는데 있어서 보다 편리할 수 있다.

예컨대 "麐(麟)"의 경우, 본래 偏旁으로 사용된 '粦'도 일상적으로는 잘 사용되지 않기 때문에 보다 자주 사용되는 '吝'으로 바꾸어 '麐'을 만들었다. 또 "勌(勸)"과 같은 경우에도 偏旁인 '雚'이 따로 독립해서 사용되는 경우가 거의 없어 일상적으로 사용되면서 字音이 유사한 '卷'으로 代替하여 해당 글자의 字音을 쉽게 파악할 수 있도록 했다. 또 "騌(騣)"은 '㚇'이 자주 사용되지 않으므로 이를 '宗'으로 代替했으며, "鮟(鰋)"의 경우에도 잘 사용되지 않는 '匽' 대신에 '安'을 聲符로 삼았다. 또 "[illegible](鸇)"은 '亶'이 常用되는 글자가 아니므로 이를 '展'으로 代替하고 있다. 이 외에도 "[illegible](犛)"의 경우도 마찬가지여서 正字의 偏旁으로 사용된 '𠩺'의 상단부는 실제로는 단독으로 거의 사용하지 않는 글자인데 이것을 常用字로 볼 수 있는 '來'로 代替하여 字音의 유추가 쉽도록 하였다.

셋째는 常用音의 選好이다. 일부 形聲字의 경우 多音字가 聲符로 사용된 것들이 있다. 그 중에는 후대까지 常用되는 字音을 취하지 않고, 이미 거의 사용되지 않는 字音을 선택해 만든 形聲字가 있는데, 그 字音을 선택한 形聲字의 경우는 후대에 字音을 파악하기가 쉽지 않다.

예컨대 "[illegible](飴)"의 경우, 聲符인 '台'는 본래 多音字로서 字音이 "與之切"과 "土來切"이었다. '飴'는 이 중에서 '台'의 "與之切" 字音을 취해 만든 形聲字이다. 그러나 '台'는 현재 주로 "土來切"의 字音으로만 사용되기 때문에 '飴'의 字音을 "土來切"로 잘못 이해할 수가 있다. 그래서 聲符인 '台'를 "與之切"의 字音을 가진 '以'로 代替하여 '[illegible]'를 만들어 字音을 쉽게 파악할 수 있도록 하였다. 또 "[illegible](黟)"의 경우도 마찬가지이다. '黟'는 聲符인 '多'가 多音字로서 字音이 "章移切"과 "得何切"이었다. '黟'는 이 중에서 '多'의 "章移切" 字音을 취해 만든 形聲字이다. 그러나 지금 '多'는 주로 "得何切"의 字音으로만 사용되기 때문에 이 역시 '黟'의

字音을 "得何切"로 잘못 이해할 수가 있다. 그래서 聲符인 '多'를 "章移切"의 字音을 가진 '伊'로 代替하여 '⿰黑伊'를 만들어 字音을 쉽게 파악할 수 있도록 하였다.

"⿰革鳥(鷊)"의 경우, 聲符로 사용된 '鬲'은 字音이 "來母 · 錫韻"과 "見母 · 麥韻"의 두 字音을 가지고 있다. 그런데 이 글자는 단독으로 자주 사용되지 않기 때문에 이 글자의 字音을 파악하기는 쉽지 않다. 그래서 이 '鬲' 대신에 "見母 · 麥韻"으로 '鬲'과는 疊韻이면서도 일상에서 보다 자주 사용되고 있는 '革'으로 聲符를 代替하여 '⿰革鳥'을 만들었다. 또 "⿰齒義(齮. 奇－義)"의 경우 '齮'는 字音이 "疑母 · 支韻"으로 聲母는 喉音이고 韻母는 止攝이다. 그런데 聲符로 사용된 '奇'는 "見母 · 支韻"과 "群母 · 支韻"의 두 字音을 갖고 있기 때문에 聲符로서는 문제가 없다. 그러나 '奇'가 단독으로 사용될 때는 일반적으로 "見母 · 支韻"을 사용하기 때문에 본래 글자인 '齮'의 字音을 쉽게 파악하지 못한다. 그래서 "疑母 · 支韻"의 字音을 가지면서 '奇'의 또 다른 字音인 "群母 · 支韻"과 같이 喉音이며 韻母도 동일한 '義'로 聲符를 代替하고 있다.

그리고 "鴄(鵯. 卑－匹)"의 字音은 "幫母 · 支韻"으로 聲母는 脣音이고 韻母는 止攝이다. 그런데 聲符로 사용된 '卑'는 "滂母 · 質韻"로서 聲母가 脣音이고 韻母가 臻攝이기 때문에 이들은 雙聲關係에 불과하다. 그래서 聲符인 '卑'와 같이 "滂母 · 質韻"의 字音도 갖고 있지만, 일상적으로는 正字인 '鵯'과 같이 "幫母 · 支韻"의 字音을 동시에 갖고 있는 '匹'로서 기존의 聲符인 '卑'를 代替하여, 동시에 正字의 字音을 쉽게 인식하도록 한 것도 있다.

한편 "⿰魚虛(魼. 去－虛)"는 이와 약간 다르다. 즉 정반대의 현상으로서, 代替되는 聲符가 아니라 代替하는 聲符가 두 개의 字音을 갖는 경우이다. 즉 '魼'는 字音이 "溪母 · 魚韻"인데, 聲符인 '去'는 "溪母 · 魚韻"으로 字音이 동일하다. 그렇기 때문에 구태여 代替할 필요는 없는데도 불구하고 "溪母 · 魚韻"과 "曉母 · 魚韻"의 字音을 가진 '虛'로 代替하고 있는데, 여기에서 "溪母 · 魚韻"의 字音이 기존의 聲符와 字音이 동일하다.

넷째, 字音을 알려주기 위해서이다. 形聲과 달리 無聲字의 경우는 字音을 표시하는 부분이 존재하지 않는다. 그래서 한자의 발전 과정에서 보이듯이 일부의 글자에서는 그 글자의 字音을 나타내는 偏旁을 추가하여 새로운 形聲字를 만들어 낸다.

예를 들어 '齒'나 '鳳'과 같은 경우, 본래의 字形에 聲符인 '止'나 '凡'을 추가하여 새로운 形聲字로 발전해갔다. 異體字에서도 字音을 밝히는 聲符를 만들어내는 경우가 있는데, 會意字와 같이 字音을 표시하는 偏旁이 없는 글자에서 하나의 偏旁을 다른 偏旁으로 代替하면서, 그 代替한 偏旁이 正字의 字音을 표현할 수 있는 것으로 바꾸는 경우이다.

예컨대 '咒'는 形聲이 아님에도 불구하고 異體字를 만드는 과정에서 '咒'와 字音이 동일한 '州'를 聲符로 삼아 '詶'를 만들므로써 '咒'의 字音을 쉽게 알 수 있도록 했다. 또한 "匭(簋)"의 경우도 正字는 形聲이 아니라 聲符가 없기 때문에 正字 '簋'의 字音을 알기가 쉽지 않다. 그래서 이것도 역시 正字의 字音인 "見母 · 脂韻"와 동일한 音을 가진 '軌'를 취하여 이를 聲符로 삼는 새로운 形聲異體字인 '匭'를 만들어 '簋'의 字音을 알기 쉽도록 해주었다.

다섯째, 聲符로 사용된 偏旁을 代替했기 때문에 聲符代替라고 볼 수는 있지만 사실은 字音이 다른 것들도 존재한다. 예컨대 "⿰亻褱(傀. 鬼-褱)"의 경우, 본래 聲符인 '鬼'의 字音은 "見母 · 微韻"으로 聲母는 牙音이며 韻母는 止攝이다. 그러나 이것을 代替한 '褱'는 "匣母 · 皆韻"으로 聲母는 喉音이고 韻母는 蟹攝이다. 비록 止攝과 蟹攝이 비슷한 면은 있지만 엄밀히 하면 이 둘의 字音은 서로 다른 것이다.

4.3 形符와 聲符 모두 代替

偏旁을 대체한 異體字 중에는 形符와 聲符를 모두 대체한 경우도 있다. 물론 形符를 대체하는 경우에는 대체하는 偏旁과 대체되는 偏旁의 字義가 유사하거나 同一字族에 속하는 것이어야 하고, 聲符도 그들간의 字音이 같거나 類似해야 한다. 다음에서는 이에 속하는 글자들을 대상으로 正字와 異體字에 사용된 聲符 字音의 유사도에 따라 세 종류로 나누어, 이들이 具體的으로 어떻게 대체되고 있는지를 살펴보기로 한다.

1) 聲符가 同音 관계인 경우

⿺辶予(徐. 余-予) : 『字彙 · 辵部』에 의하면 "⿺辶予, 見周宣王石鼓文注,⿺辶予,今作

徐"[411]라 기록되어 있는 바, 이에 의하면 '迂'는 '徐'의 異體字이다. 異體字인 '迂'는 正字인 '徐'의 偏旁에서 形符와 聲符를 모두 대체한 것이다. 즉 形符인 '彳'을 '辵'으로 대체했고, 聲符인 '余'를 '予'로 대체했다. 본래 形符인 '彳'은 "길거리"를 뜻하는 '行'이 분리되어 만들어진 글자로서, 의미는 "길거리"와 관련이 있다. 이를 대체한 '辵'은 '彳'과 "사람의 발"을 표현한 '止'가 합쳐 만들어진 글자로서 역시 길거리를 오가는 의미를 지닌 글자이다. 이런 측면에서 볼 때 '彳'과 '辵'은 意味上으로 통한다고 할 수 있으며, 그렇기 때문에 形符를 '彳'을 '辵'으로 대체해도 字義上으로는 전혀 문제가 없게 된다.

聲符의 경우는 正字의 偏旁인 '余'를 '予'로 대체했다. '余'와 '予'의 字音을 살펴보면, '余'는 反切이 "羊諸切"로써 "喻母 · 魚韻"이고, '予'도 反切이 "演女切"로써 "喻母 · 魚韻"이다. 즉 이 두 글자는 聲母와 韻母가 같은 것으로서 同音 관계라 할 수 있다. 그렇기 때문에 '余'를 '予'로 대체해도 字音面에서는 전혀 문제가 되지 않는다.

蹻(骹. 交-高) : 『集韻 · 平聲』에 의하면 "骹, 膝骨也...骹骹跤蹻, 說文脛也, 或作骹跤蹻, 通作校"[412]라 하고 있고, 또 『正字通 · 足部』에는 "蹻,...說文本作骹, 集韻或作髇蹻跤"[413]라 말하고 있다. 이에 의거하면 '蹻'는 '骹'의 異體字로서, '骹'의 形符인 '骨'을 '足'으로 대체하고 聲符인 '交'를 '高'로 대체한 것이다. 正字와 異體字의 形符로 사용된 '骨'과 '足'은 字義가 모두 인체의 일부를 이루는 것이기 때문에, 여기에서는 同一字族이라 할 수 있으며, 이에 따라 이들은 形符로서 서로 통용될 수 있다.

한편 聲符로 사용된 '交'와 '高'의 字音 관계를 살펴 보면, '交'는 反切이 "古肴切"로써 "見母 · 肴韻"이고, '高'는 反切이 "古勞切"로써 "見母 · 豪韻"이다. 이들의 聲母는 모두 "見母"로서 같은 聲母에 속한다. 韻母의 경우, '交'는 "肴韻"이고, '高'는 "豪韻"으로서 韻目은 다르다. 그러나 "肴韻"이나 "豪韻"은 모두 "效攝"에 속하는 것이기 때문에 韻母도 역시 같다고 할 수 있다. 즉 '交'와 '高'는 聲母와 韻母가 모두 같은 것으로서, 이 둘은 字音이 같은 것이라 할 수 있다.

---

411 梅膺祚, 『字典彙編 · 字彙』, 國際文化出版公司, 北京, 1993, 第14卷, p.486
412丁度, 『字典彙編 · 集韻』, 北京: 國際文化出版公司,第29卷 p.194
413 張自烈, 『續修四庫全書 · 正字通』, 上海古籍出版社, 上海, 1995, p.553

穀(敲. 高-堯) : '𣫜'에 대해 『康熙字典 · 殳部』에 "字彙補, 與敲同, 見蒼頡篇"[414]라 말하고 있는데, 이에 의하면 '𣫜'는 '敲'의 異體字이다. '𣫜'는 '敲'의 形符와 聲符를 모두 대체해 만든 異體字로서, 形符인 '殳'를 '攴'으로 바꾸고 聲符인 '高'는 '堯'로 대체했다. 이 중에서 形符로 사용된 '殳'와 '攴'은 모두 "때린다"는 뜻과 관련이 있기 때문에 偏旁에서 서로 바꾸어 써도 전체 字義에는 전혀 문제가 되지 않는다.

聲符는 字音과 관련된 것이므로 이들의 字音을 살펴 보아야 한다. 먼저 '高'는 反切이 "古勞切"로써 "見母 · 豪韻"이고, '堯'는 反切이 "五聊切"로써 "疑母 · 蕭韻"이다. 이들의 字音을 비교해보면 聲母는 각각 "見母"와 "疑母"로서 聲母가 다르지만 모두 牙音에 속하기 때문에 유사 聲母로 이루어졌다고 볼 수 있다. 韻母의 경우는 각각 "豪韻"과 "蕭韻"으로서 비록 韻目이 다르지만 모두 "效攝"에 속하므로 이들은 疊韻 관계에 있다고 할 수 있다. 그러므로 '高'와 '堯'는 字音 上에서 유사한 面이 있으므로 서로 대체해 쓸 수가 있는 것이다.

糚(饋. 皇-黃) : 『正字通 · 米部』에 의하면 "糚, 俗饋字"[415]라 말하고 있는 바, 이에 의하면 '糚'의 異體字이다. '糚'은 正字인 '饋'의 形符와 聲符를 모두 대체하여 만든 글자로서, 形符는 '食'을 '米'로 바꾸었고, 聲符는 '皇'을 '黃'으로 대체해 만들었다. 이 중 正字와 異體字에서 形符로 사용된 '食'과 '米'는 모두 음식과 관련된 글자이다. 즉 하나는 음식을 만드는 재료이고, 다른 하나는 음식을 먹는다는 의미이다. 그래서 '食'과 '米'는 여기에서 同一字族으로 간주되어 서로 대체해도 전체 字義에는 전혀 문제가 되지 않는다.

聲符의 경우는 字音과 관련이 있는 것이기 때문에, 이들의 字音을 살펴보면, '皇'은 反切이 "胡光切"로써 "匣母 · 唐韻"이고, '黃'도 反切이 "胡光切"로써 "匣母 · 唐韻"이다. 즉 '黃'과 '皇'은 聲母와 韻母가 완전히 동일한 同音字이다. 그렇기 때문에 이들이 聲符로 사용되는 경우에는 서로 대체해도 전체 글자의 字音을 표시하는데 있어서 어떠한 문제점도 없다.

414 陳廷敬 等『康熙字典』, 中華書局, 北京, 1997, p.588

415 張自烈, 『續修四庫全書 · 正字通』, 上海古籍出版社, 上海, 1995, p.245

2) 聲符가 雙聲 관계인 경우

甌(缸. 工-岡) : 『正字通 · 瓦部』에 의하면 "甌, 瓨缸同"[416]이라 하고 있고, 또 『正字通 · 缶部』에서는 "缸, 或作甌"[417]이라 하고 있다. 이에 의하면 '甌'은 '缸'의 異體字이다. 異體字인 '甌'은 正字인 '缸'의 偏旁 중에서 形符인 '缶'는 '瓦'로 대체되었고, 聲符인 '工'은 '岡'으로 대체되었다. 異體字의 形符인 '瓦'는 正字의 形符인 '缶'와 의미상으로 통하고 있다. 엄밀히 말한다면 '瓦'와 '缶'가 동일한 의미를 갖는 것은 아니다. 그렇지만 이들 모두가 흙으로 빚어 만드는 물건이라는 측면에서 본다면 의미 면에서 어느 정도 통할 수 있는 관계로 볼 수 있다. 그렇게 때문에 이렇게 대체한 것으로 보인다.

한편 正字의 聲符인 '工'은 異體字에서 '岡'으로 대체되었다. 이들의 字音을 살펴보면 '工'은 反切이 "古紅切"로써 "見母 · 東韻"이고, 岡은 反切이 "古郎切"로써 "見母 · 唐韻"이다. '工'과 '岡'의 韻母는 각각 通攝과 宕攝에 속하는 것으로서 서로 같거나 유사하다고 볼 수 없지만, 聲母는 모두 "見母"로서 똑같다. 즉 '工'과 '岡'은 聲母가 같은 雙聲字이 때문에 이들의 字音은 유사하다고 할 수 있다. 그래서 '岡'으로 '工'을 대체한 것이다.

榆(箋. 戔-前) : '榆'에 대하여 『字彙 · 木部』에서는 "榆, 與箋同"[418]이라 말하고 있는 바, 이에 의하면 '榆'은 '箋'의 異體字이다. 즉 '箋'의 形符인 '竹'을 '木'으로 대체하고, 聲符인 '戔'을 '前'으로 대체하여 만들었다. 여기에서 形符로 사용된 '木'과 '竹'은 字義가 모두 식물을 나타내는 것이기 때문에 合體字의 偏旁에서 서로 대체해서 사용해도 전체 字義에는 영향을 주지 않는다. 그렇기 때문에 이와 같이 形符를 대체한 것으로 보인다.

聲符의 경우, 正字의 聲符인 '戔'은 反切이 "昨干切"로써 "從母 · 寒韻"이고, '前'은 反切이 "昨先切"로써 "從母 · 先韻"이다. 즉 '戔'과 '前'은 聲母가 동일하다. 이에 반해 韻母는 "寒韻"과 "先韻"으로 각각 淸攝과 山攝에 속해 서로 다르다. 즉 '戔'과 '前'은 聲母만 같은 雙聲이라 할 수 있다. 그렇지만 雙聲이기 때문에

416 張自烈, 『續修四庫全書 · 正字通』, 上海古籍出版社, 上海, 1995, p.117
417 張自烈, 『續修四庫全書 · 正字通』, 上海古籍出版社, 上海, 1995, p.272
418 梅膺祚, 『字典彙編 · 字彙』, 國際文化出版公司, 北京, 1993, 第14卷, p.217

聲符로 사용될 때 서로 代替가 가능하다.

猍(貍, 里－來) : 『集韻 · 平聲 · 之韻』에 "貍 · 狸 · 貅 · 猍, 說文伏獸似貙, 或作狸 · 貅 · 猍"[419]라 말하고 있는 바, 이에 의하면 '猍'는 '貍'의 異體字이다. 즉 正字인 '貍'의 形符인 '豸'를 '犭'으로 대체하고, 聲符인 '里'는 '來'로 대체해 만든 異體字이다. 여기에서 形符로 사용된 '豸'와 '犭'은 모두 동물을 뜻하는 글자로서, 의미상으로 서로 통하는 관계이다. 그래서 合體字의 偏旁으로 사용될 때 서로 바꾸어 사용해도 전체 字義에는 별다른 영향을 주지 않는다.

聲符의 경우 '里'는 反切이 "良似切"로써 "來母 · 止韻"이고, '來'는 反切이 "落哀切"로써 "來母 · 咍韻"이다. '里'와 '來'는 聲母는 같고, 韻母는 "止韻"과 "咍韻"으로 각각 止攝과 蟹攝에 속해 서로 다르다. 즉 '里'와 '來'는 雙聲이다. 그렇기 때문에 合體字의 聲符로 사용될 때는 서로 바꾸어 사용해도 字音을 표현하는데는 전혀 문제가 없다.

3) 聲符가 疊韻 관계인 경우

迣(跇, 世－曳) : '迣'에 대해 『正字通 · 辵部』에는 "迣, 俗跇字. 舊註音誓, 踰也"[420]라 말하고 있는 바, 이에 의하면 '迣'는 '跇'의 異體字이다. 즉 '迣'는 正字인 '跇'의 形符인 '足'을 '辵'으로 대체하고, 聲符인 '世'를 '曳'로 대체해 만든 글자이다. 正字와 異體字에서 形符로 사용된 '足'과 '辵'은 意味上으로 연관성이 존재한다. '足'은 사람의 "다리"를 뜻하고, '辵'은 사람이 걸어서 이리저리 "다니다"라는 의미를 갖는 글자이기 때문에 '足'과 '辵'은 偏旁으로 사용할 때 서로 바꾸어 써도 본래 글자의 意味를 표현하는데는 전혀 문제가 없다.

聲符의 경우를 보면, '世'는 反切이 "舒制切"로써 "書母 · 齊韻"이고, '曳'는 反切이 "餘制切"로써 "以母 · 齊韻"이다. '世'와 '曳'는 聲母가 서로 다르다. 그렇지만 韻母의 경우 둘 다 모두 "齊韻"으로서 같다. 즉 '世'와 '曳'는 字音이 疊韻 관계이다. 그렇기 때문에 이들은 偏旁에서 聲符로 사용될 때는 서로 대체해 사용해도 본래 글자의 字音을 표현하는데는 큰 문제가 발생하지 않는다.

419 丁度, 『字典彙編 · 集韻』, 北京: 國際文化出版公司, 第29卷 p.160
420 張自烈, 『續修四庫全書 · 正字通』, 上海古籍出版社, 上海, 1995, p.578

遺(跡. 亦-責) : '遺'과 관련하여 『說文解字 · 辵部』에서는 "迹, 步處也. 從辵亦聲. 蹟, 或從足責"[421]라 말하고 있고, 『類篇 · 辵部』에서는 "迹,.. 或作遺"[422]이라 말하고 있으며, 『字辨 · 上列者爲正 · 體辨一』에서는 "跡 · 迹, 亦同蹟"[423]이라 말하고 있다. 이에 의하면 '遺'는 '跡'의 이체자이다. 즉 '跡'의 形符인 '足'을 '辵'으로 대체하고, 聲符는 '亦'을 '責'으로 대체하면 만든 것이다. 形符로 사용된 '足'과 '辵'은 서로 의미상으로 통하는 것이 있으므로, 偏旁으로 사용될 때 서로 대체해도 전체 字義에는 영향을 주지 않는다. 그렇기 때문에 이 둘을 서로 호용하는 것은 그리 문제가 되지 않는다.

한편 聲符로 사용된 편방의 字音을 살펴 보면, 正字의 聲符인 '亦'은 反切이 "羊益切"로써 "以母 · 昔韻"이고, 異體字에서 대체된 '責'은 反切이 "側革切"로써 "莊母 · 麥韻"이다. 이들의 音을 비교하면 聲母의 경우는 각각 "以母"와 "莊母"로서 서로 字音이 다르다. 그러나 韻母의 경우 '亦'은 "昔韻"이고 '責'은 "麥韻"으로서, 이들은 비록 韻目은 다르지만 모두 "梗攝"에 속하는 것이기 때문에 유사한 字音을 가졌다고 할 수 있다. 그렇기 때문에 '以'와 '責'은 疊韻에 속하는 것으로 볼 수 있다.

趚(踣. 音-不) : 『龍龕手鏡 · 足部』에 의하면 "踣, 蒲北反, 斃也, 到也"[424]라 하고 있고, 『龍龕手鏡 · 走部』에서는 "趦 · 趦 · 趚, 三或作趏, 今芳遇 · 匹候 · 蒲北三反"[425]이라 말하고 있다. 위의 설명에 의하면 '踣'과 '趦'는 聲符가 같으면서 字音이 같다. 그리고 또 形符인 '足'과 '走'는 서로 의미가 통하는 글자이다. 그렇게 본다면 '趦'는 '踣'의 異體字라 할 수 있다. 또 '趦'과 '趚'도 서로 異體字가 된다. 그러므로 '趚'은 '踣'의 異體字로 볼 수 있다. 즉 '趚'은 正字인 '踣'의 形符인 '足'을 '走'로 대체하고, 聲符인 '咅'를 '不'로 대체해 만들었다. 正字와 異體字의 形符로 사용된 '足'과 '走'는 위에서 말한 바와 같이 의미상에 있어서 서로 통하는 바가 있다. 그렇기 때문에 合體字의 偏旁으로 사용될 때 서로 바꾸어 써도 전체적인

---

421 許愼撰 · 段玉裁注, 『說文解字注』, 漢京文化, 臺北, p.70
422 司馬光, 『類篇』, 中華書局, 北京, 1984, p.64
423 中華民國教育部, 『異體字字典』(http://dict.variants.moe.edu.tw/), a04012-005에서 再引用
424 行均, 『龍龕手鏡』, 中華書局, 北京, 1985, p.466
425 行均, 『龍龕手鏡』, 中華書局, 北京, 1985, p.325

字義에 있어서는 별 문제가 없다.

聲符로 사용된 偏旁인 '咅'와 '不'의 字音 관계를 살펴 보자. '咅'는 反切이 "他侯切"로써 "透母 · 候韻"이고, '不'은 反切이 "甫鳩切"로써 "幇母 · 尤韻"이다. 反切로 볼 때 이들은 聲母가 다르다. 그러나 韻母의 경우는 각각 "候韻"과 "尤韻"으로서 韻目은 다르지만 모두 "流攝"에 속하기 때문에 이들은 疊韻이라 할 수 있다. 즉 이 둘은 字音이 유사하므로 聲符로 사용될 때 서로 代替가 가능하다.

이상에서 異體字가 正字의 形符와 聲符를 모두 대체하여 만든 異體字에 대해 살펴보았다. 이와 같은 유형에 속하는 異體字는 위에서 거론된 것 외에도 "䛆(咒) · 麱(黏) · 粚(黐) · 鍿(鯔) · 蚲(鱷) · 䣷(鹼) · 醎(鹼) · 醎(鹼) · 踲(鈍) · 閦(閔) · 梂(斛) · 襢(詛) · 挾(隊) · 犺(豚) · 狛(貊) · 𨇁(跛) · 轥(蹸) · 楯(輴) · 𣤌(醑) · 𩚵(粄) · 𦁨(糊) · 餹(糖) · 䵂(糙) · 㙈(罅) · 磷(罅) · 栱(舼) · 猶(蛑) · 猿(蝯) · 𡚸(襪) · 絑(襪) · 楇(輠) · 粖(餔)"와 같은 글자들이 있다.

4.4 形似偏旁으로 代替

앞에서는 偏旁을 代替하는 경우에 形符나 聲符를 代替하거나 혹은 形符와 聲符를 모두 代替하는 경우에 대해 살펴보았다. 그런데 偏旁을 代替해 만들어진 異體字 중에는 字義가 類似한 形符도 아니고, 또한 字音이 類似한 聲符도 아닌 偏旁으로 代替된 것들이 있다. 이들은 字形이 類似한 관계로 代替한 것들인데, 字形만 類似할 뿐, 字音이나 字義는 전혀 관련이 없다. 그렇기 때문에 이들의 正字를 파악하려면 상당한 어려움을 겪게 된다. 그렇기 때문에 이러한 것들은 통상적으로 어떤 字形들이 서로 代替되고 있는지를 파악하여 이들의 전체적인 경향을 파악한다면 보다 쉽게 正字를 파악할 수가 있을 것이다. 다음에서는 이들의 생성 원인을 비롯하여 代替되는 偏旁들의 代替적인 경향을 알아보기로 한다. 이를 위해 이러한 異體字에 있어서 代替와 被代替 偏旁으로는 어떠한 것들이 있는가를 도표로 만들어 보기로 한다.

4.4.1 字形類似偏旁 互用 異體字의 生成原因

字形이 類似한 偏旁으로 기존의 偏旁을 代替하는 방식으로 만들어진 異體字는, 사실상 字音과 字義까지 考慮해야 하는 일반적인 漢字의 造字 原理를 완전히 무시한 것이다. 그럼에도 불구하고 이러한 異體字가 生成되는 原因은 무엇인가? 이 문제의 해답을 얻기 위해서는 먼저 이러한 異體字가 생성되는 과정을 살펴볼 필요가 있다.[426]

이러한 유형의 異體字들이 만들어진 경로를 추적해보면 처음부터 字形이 類似한 偏旁으로 기존의 偏旁을 代替하는 경우는 매우 드물다. 다시 말해 이들 대부분은 筆寫의 과정에서 筆寫의 편리를 추구하기 위해 일부 筆劃을 변형시켰고, 그 변형이 반복되어 字形의 변화를 가속화하면서 본래 字形이 마침내는 아예 그와 類似한 字形으로 代替되기까지 하는 것이다. 예컨대 異體字인 ‘坻’에서 偏旁인 ‘氐’는 “坻→伍(低)→“抵(抵)·邸(邸)→佀(低)·坧(坻)→侷(低)→郈(邸)→埍(坻)”와 같은 과정을 거치면서 ‘局’으로 변화되었으며, ‘殺’의 異體字인데 ‘䅌’은 “殺→殺→殺→殺→殺→䅌”의 과정을 거치면서 偏旁인 ‘杀’이 ‘禾’로 바뀌었다.

위의 과정을 보면 이러한 異體字들이 생성되는 原因은 遠因과 近因으로 나누어 볼 수가 있는데, 遠因으로는 “書寫의 편리성 추구”이고 近因은 “變形 과정의 累積”이라 할 수 있을 것이다. 遠因인 “書寫의 편리성 추구”는 異體字가 생성되는 원인 중 가장 일반적인 것 중의 하나이지만 여기에서도 예외는 아니다. 즉 글자를 쓰는 과정에서 偏旁의 일부를 좀 더 빠르고 편리하게 쓰다 보니 기존의 偏旁 字形을 약간 變形시키게 된 것이다. 近因인 “變形 과정의 累積”은 그 變形된 字形을 다시 조금 變形시키는 과정이 累積되다 보니 기존 偏旁이 전혀 다른 글자로 변하게 되었다. 후에는 이 변화된 다른 偏旁을 자연스럽게 받아들여 결과적으로는 字形이 類似한 偏旁으로 代替한 異體字가 만들어지게 된 것이라 할 수 있다.

426 이하 “形似偏旁의 代替”에 관련된 기술은 拙稿 “異體字字形類似偏旁的互用類型綜合字圖構建(漢字漢語研究, 2021.6)”를 바탕으로 수정과 보완을 한 것이다.

4.4.2 異體字 偏旁互用 類型 字圖 製作 過程

1) 字形類似偏旁 互用 異體字例 調査

字圖의 제작을 위해서는 字形이 類似한 偏旁으로 代替된 異體字들을 선별해내야 한다. 이제까지 조사된 자료를 근거로 그 유형에 속하는 예를 일부만 열거하면 다음과 같다.

耽(躭, 眈)
恥(𦔮, 耻)
聖(𡍼, 𡋾)
羑(𦍌, 𦍍, 𦍎)
習(𦐂)
耆(耆, 𦒿)
耐(耐, 㓘, 耐)
耘(耘, 秐)
聰(聦, 聡, 聪)
聯(聨, 聫)
聲(聲, 聲)
職(軄, 軄, 軄)
聽(躰)
肄(肄, 肄, 肄, 肄)
肅(肅, 肅, 肅, 肅)
肇(肇, 肇, 肇)
肢(躰, 躰, 躰)
肴(肴, 肴)
脈(衇, 脉, 衇)
脫(䠞)
腦(䐉)
膩(膩)
臭(臭, 臭)
短(短, 短, 短)
致(致, 致, 致)
臻(𨘼)
舊(舊, 舊)
舐(舐, 舐, 舐, 舐)
舒(舒)
般(般, 般, 般, 般)
規(規, 規, 規, 規)
覓(覔, 覔, 覔)
親(親)
諂(諂)
頭(頭)
貯(貯)
途(途)
遊(遊, 遊, 遊)
道(衜, 道, 道)
遐(徦, 遐, 遐)
逾(逾, 逾)
遠(遠, 遠, 遠)
遺(遺)
避(避, 避)
邀(邀)
邈(邈, 邈)
那(那, 那, 那)
邪(邪, 邪, 邪, 邪)
邦(邦, 邦, 邦, 邦)
邱(邱)
郊(郊)

2) 字形類似偏旁 互用 異體字 類型 分類

字形類似偏旁이 서로 代替되는 異體字를 類型別로 정리하는 작업이 진행되어야 한다. 다음은 "木 · ネ · 禾", "日 · 月 · 目", "寸 · 大 · 人 · 火" 등이 偏旁으로 사용되는 異體字들을 선택하여 그것들이 서로 代替되는 것들을 중심으로 살펴본 것이다.

1. 木-扌 : 朽(⿰扌丂), 村(⿰扌寸), 枯(⿰扌古), 柩(⿰扌匛), 根(拫), 梳(⿰扌㐬), 梓(⿰扌辛), 捿(⿰木妻), 横(⿰扌黄), 機(⿰扌幾), 扣(⿰木口), 投(杸), 抑(枊), 拔(柭), 持(⿰木寺)
2. 木-ネ : 柩(⿰礻匛), 柳(⿰礻卯), 棺(⿰礻官), 禋(⿰木垔), 蚩(⿱礼虫)
3. ネ-禾 : 禎(⿰禾貞), 福(稫), 祥(⿰禾羊), 祕(秘), 祠(⿰禾司), 祐(⿰禾右), 神(⿰禾申), 祚(秨), 祉(⿰禾止), 社(⿰禾土), 私(⿰礻厶), 秋(⿰礻火), 移(⿰礻多), 程(⿰礻呈), 稱(⿰礻爯)
4. 木-禾 : 椒(⿰禾叔), 橯(⿰禾労), 菌(⿱艹困)
5. 木-耒 : 橯(耮), 耕(⿰木異), 耜(梠), 耨(槈)
6. 耒-禾 : 穫(⿰耒蒦), 種(⿰耒重), 耘(秐), 耕(⿰禾井), 耜(稆), 耨(⿰禾辱), 耬(⿰禾婁)
7. 禾-米 : 糠(穅), 糯(穤)
8. 光-米 : 輝(⿰米軍)
9. 米-釆 : 糞(⿱釆異), 番(⿱米田), 潘(⿰氵⿱米田), 悉(⿱米心)
10. 方-ネ : 遊(⿺辶⿰礻斿), 旄(⿰礻⿱𠂉毛), 旂(⿰礻⿱𠂉斤), 族(⿰礻⿱𠂉矢), 旗(⿰礻⿱𠂉其)
11. 方-衤 : 旅(⿰衤⿱𠂉𧘇), 旋(⿰衤⿱𠂉疋), 旌(⿰衤⿱𠂉生), 族(⿰衤⿱𠂉矢)
12. 方-扌 : 遊(⿺辶⿰扌斿), 於(扵), 斿(⿰扌⿱𠂉子), 施(⿰扌⿱𠂉也), 旃(⿰扌⿱𠂉丹), 旂(⿰扌⿱𠂉斤)
13. ネ-衤 : 禎(⿰衤貞), 祥(⿰衤羊), 祀(⿰衤巳), 祉(⿰衤止), 祇(⿰衤氏), 初(⿰礻刀), 袖(⿰礻由), 被(⿰礻皮), 補(⿰礻甫)
14. 衤-禾 : 初(⿰禾刀), 裕(⿰禾谷)
15. 扌-ネ : 擅(⿰礻亶)
16. 扌-爿 : 擬(⿰爿疑)
17. 扌-牛 : 振(⿰牛辰), 物(⿰扌勿), 牧(⿰扌攵), 牽(⿰扌牽)
18. 扌-巾 : 拭(⿰巾式)
19. 木-方 : 遊(⿺辶⿰木斿), 族(⿰木⿱𠂉矢)
20. 朮-木 : 述(⿺辶木), 術(⿲彳木亍)
21. 朮-米 : 術(⿲彳米亍)
22. 朮-禾 : 術(⿲彳禾亍)

23. 木－夫 ： 模(𢻹)

24. 夫－矢 ： 矯(撟), 短(䂓), 矩(規), 知(𥎿), 矣(美), 規(䂓)

25. 矢－失 ： 雉(𨿅), 矩(䂓)

26. 矢－扌 ： 短(掟)

27. 矢－ネ ： 短(裋)

28. 耒－米 ： 耘(粈), 耦(糯)

29. 夫－失 ： 規(䂓)

30. 牛－爿 ： 牝(牝), 物(物), 牧(牧), 特(特), 犧(犧), 狀(狀)

31. 耳－身 ： 耽(躭), 聒(𨈓), 聘(䠙), 職(軄), 躬(耶), 窮(竆)

32. 耳－貝 ： 耽(眈)

33. 耳－牙 ： 穿(窜), 邪(耶)

34. 身－牙 ： 穿(穿), 邪(躯)

35. 身－月 ： 服(躹)

36. 月－舟 ： 服(舣), 朕(舼), 勝(艕), 朝(𦨴), 騰(艜), 般(股), 船(胎)

37. 舟－丹 ： 般(般)

38. 舟－角 ： 船(觛), 觝(舣)

39. 舟－自 ： 船(舡)

40. 月－貝 ： 膩(贜)

41. 自－血 ： 衄(鼬)

42. 血－月 ： 衄(肚)

43. 血－而 ： 衄(衄)

44. 而－再 ： 耐(耐)

45. 而－面 ： 耐(耐), 衈(衈)

46. 月－目 ： 脂(眲), 盟(盟)

47. 目－日 ： 盟(盟), 懼(懼)

48. 白－目 ： 皎(皎)

49. 白－自 ： 惶(惶)

50. 目－自 ： 懼(懼)

51. 月－日 ： 脂(晧), 盟(盟)

52. 日－白 ： 皆(皆), 皎(皎), 皖(皖), 皓(皓)

53. 目－甘 ： 甛(睹)

54. 甘－日 ： 甛(晧)

55. 甘－月 ： 甛(胡)

56. 自－豆 ： 短(矣)

57. 目－豆 ： 短(矩), 省(省)

58. 日－豆 ： 短(短)

59. 白－豆 ： 短(短)

60. 又－寸 ： 付(仅), 封(圭又), 守(㝍), 叟(㝍), 曼(㬅), 射(躳), 尉(叞)

61. 又－万 ： 鰻(鰻)

62. 又－夂 ： 隻(隻), 客(客)

63. 又－乚 ： 取(耴)

64. 又－人 ： 取(耿)

65. 又－方 ： 曼(曼)

66. 寸－刂 ： 耐((刷), 到(對), 剋(尅), 剛(對), 罰(罸)

67. 寸－欠 ： 射(欸)

68. 寸－攵 : 謝(㵶)

69. 寸－木 : 導(䆃)

70. 寸－子 : 鋝(鋝)

71. 刂－力 : 剋(勊), 劈(劈)

72. 刂－刃 : 劍(釼)

73. 刂－勿 : 利(物)

74. 力－刃 : 力(刃), 劫(刧), 勁(剄)

75. 力－刀 : 功(切), 劣(劣), 劫(刧), 勁(剄), 協(協), 分(分), 切(切)

76. 力－勿 : 男(男)

77. 刀－刃 : 契(契)

78. 攵－又 : 收(収), 改(改), 故(故)

79. 寸－斗 : 廚(廚)

80. 寸－丁 : 紵(紵), 羜(羜)

81. 丁－丂 : 町(町)

82. 力－斤 : 觔(觔)

83. 斤－片 : 新(新), 蜥(蜥)

84. 丑－刃 : 忸(忸)

85. 攵－支 : 收(收), 攻(攻)

86. 攴－支 : 攻(攻), 改(改), 攸(攸)

87. 攴－攵 : 寇(寇, 寇)

88. 攵－丩 : 收(収)

89. 攵－文 : 攻(攻), 改(改), 攸(攸), 故(故), 閔(閔), 紋(紋)

90. 攵－殳 : 改(毀), 救(救), 般(般), 殷(殷), 殺(殺)

91. 殳－支 : 般(般)

92. 殳－攴 : 般(般), 殺(殺)

93. 犮－友 : 魃(魃), 髮(髮), 拔(拔), 鈸(鈸)

94. 犮－文 : 跋(跋)

95. 殳－犬 : 般(般)

96. 犮－支 : 祓(祓)

97. 欠－攵 : 篏(篏)

98. 九－攵 : 勼(敂)

99. 九－丸 : 仇(仇), 骫(骫)

100. 九－兀 : 鳩(鳩)

101. 丸－凡 : 孰(孰), 骫(骫)

102. 几－凡 : 飢(飢), 汎(汎)

103. 几－九 : 飢(飢), 氿(氿)

104. 几－丸 : 飢(飢)

105. 儿－几 : 禿(禿), 兕(兕)

106. 卂－九 : 訊(訊)

107. 巳－九 : 範(範)

108. 巳－几 : 範(範)

109. 凡－巳 : 帆(帆)

110. 兀－尢 : 尳(尳)

111. 兀－元 : 軏(軏)

112. 尤－尢 : 訧(訧)

113. 攴－支 : 敧(敧), 攸(攸), 政(政), 勅(敕·敕)

114. 大－廾 : 奕(弈), 弊(弊), 奧(奧), 契(契)

115. 大－夭 : 奔(奔)

116. 夭－天 : 喬(喬)

117. 大－木 : 奈(柰), 樊(樊)

118. 而－大 : 儒(儒), 餪(餪), 需(需)

119. 雨－而 : 儒(儒), 儒(儒), 鑐(鑐),

需(㬮), 需(需), 孺(𡦹)

120. 雨-丙 : 霍(𩂐)

121. 而-火 : 礝(碝)

122. 襾-雨 : 㲍(霰)

123. 天-夫 : 奏(奏), 癸(癸)

124. 天-大 : 癸(癸)

125. 天-矢 : 癸(𥎦)

126. 大-六 : 奚(奚), 奠(奠), 奪(奪), 奧(奧)

127. 大-犬 : 伏(伏), 猷(猷)

128. 太-犬 : 駄(駄)

129. 友-天 : 髮(髮)

130. 友-火 : 髮(髮)

131. 友-戊 : 髮(髮)

132. 友-大 : 髮(髮)

133. 友-夭 : 拔(扶), 黻(黻)

134. 犬-友 : 黙(黙), 猷(猷), 跋(跋)

135. 大-火 : 尖(尖), 耿(耿), 談(談), 縹(縹)

136. 火-半 : 叛(叛)

137. 火-犬 : 黙(黙), 猷(猷)

138. 犬-尤 : 黙(黙)

139. 大-太 : 犇(犇), 軟(軟)

140. 犬-夭 : 突(突)

141. 犬-友 : 獸(獸), 獻(獻)

142. 犬-火 : 默(默)

143. 犬-丈 : 獄(獄), 默(默), 獻(獻)

144. 夭-爻 : 突(突)

145. 尤-冘 : 就(就)

146. 允-尤 : 銃(銃)

147. 亢-允 : 航(航)

148. 亢-冗 : 蚢(蚢), 頏(頏), 笐(笐)

149. 亢-元 : 蚢(蚢)

150. 元-禾 : 冠(冠)

151. 冘-亢 : 鴆(鴆)

152. 冘-冗 : 鴆(鴆), 黕(黕), 鈂(鈂)

153. 兌-允 : 鋭(鋭), 閱(閱)

154. 乚-人 : 孔(孔)

155. 匕-亻 : 化(化)

156. 乚-巳 : 匙(匙)

157. 乚-匕 : 乳(乳), 亂(亂)

158. 丨-乚 : 引(引)

159. 𠃊-乚 : 斛(斛)

160. 人-卜 : 臥(臥)

161. 丨-人 : 引(引)

162. 卜-卩 : 外(外)

163. 卩-阝 : 即(即), 卻(卻), 卿(卿), 仰(仰)

164. 人-牛 : 伐(伐), 你(你)

165. 人-扌 : 仿(仿), 撦(撦)

166. 人-彳 : 伏(伏), 仲(仲), 何(何), 侵(侵), 往(往), 征(征), 彼(彼), 後(後)

167. 氵-彳 : 衍(衍), 微(微), 覆(覆)

168. 人-犭 : 侍(侍), 保(保)

169. 人-子 : 信(信)

170. 犭-彳 : 嶽(嶽)

171. 尤-犭 : 尨(尨)

172. 犭-大 : 獄(獄)

173 子-矛 : 矜(矝), 務(矝), 序(序)

174. 予-矛 : 預(矠), 序(序), 矜(矝)

175. 牙-予 : 鴉(鴉)

176. 歹-子 : 薤(韰)

177. 爿-子 : 狀(狀)

178. 匕-土 : 傾(傾)

179. 匕-工 : 傾(傾)

180. 匕-乙 : 齔(齓)

181. 匕-戈 : 齔(齔)

182. 丩-斗 : 糾(糾)

183. 忄-犭 : 悍(猂), 猜(悇)

184. 忄-卜 : 悔(卜)

185. 忄-人 : 悖(侼), 憧(僮), 憮(僫), 憄(憄)

186. 犭-戈 : 獝(獝)

187. 貝-頁 : 贔(贔), 頞(賫)

188. 負-頁 : 賴(頼·頼), 穎(穎), 預(預)

189. 員-負 : 韻(韻)

190. 貞-頁 : 禎(禎), 顯(顯)

191. 眞-貞 : 顚(顚), 鎭(鎭), 禎(禎)

192. 皃-頁 : 邈(邈)

193. 頁-見 : 題(題), 規(規)

194. 目-頁 : 眶(頣)

195. 見-目 : 覷(覷), 靦(靦), 睹(覩)

196. 貝-目 : 貤(貤·貤), 貰(貰·貰), 睇(睇)

197. 且-目 : 趄(趄), 瞢(瞢)

198. 且-貝 : 助(助)

199. 且-耳 : 助(助)

200. 且-具 : 趄(趄)

201. 且-旦 : 趄(趄), 組(組)

202. 豆-且 : 謯(謯)

203. 豆-足 : 豐(豐)

204. 目-豆 : 短(短), 省(省)

205. 皀-且 : 鄕(鄕), 即(即)

206. 皃-艮 : 邈(邈)

207. 完-皃 : 筦(筦), 晼(晼)

208. 兒-耳 : 弭(弭)

209. 耳-酋 : 聝(聝)

210. 酋-酉 : 遒(遒), 酹(酹)

211. 耳-首 : 聝(馘)

212. 皀-目 : 即(即)

213. 月-耳 : 胇(胇)

214. 月-角 : 筋(筋)

215. 月-酉 : 腩(腩)

216. 角-酉 : 觥(觥)

217. 月-片 : 肢(肢)

218. 甘-酉 : 甜(甜)

219. 罔-目 : 網(網)

220. 目-耳 : 睔(睔), 聏(聏)

221. 目-日 : 盟(盟), 督(督)

222. 日-田 : 蒔(蒔)

223. 白-田 : 翫(翫)

224. 白-自 : 惶(惶)

225. 自-豆 : 短(短)

226. 豆-己 : 豈(豈)

227. 己-自 : 跽(跽)

228. 己-巳 : 記(記), 起(起), 配(配)
229. 己-已 : 起(起)
230. 己-尺 : 起(起·起)
231. 己-弓 : 誋(誋), 跽(跽)
232. 巳-匕 : 匙(匙)
233. 田-臼 : 葸(葸)
234. 田-毌 : 貫(貫·貫)
235. 囱-田 : 聰(聰)
236. 囱-公 : 謥(謥), 總(總), 聰(聰)
237. 囱-匆 : 聰(聰)
238. 公-谷 : 訟(訟)
239. 㕣-公 : 船(船)
240. 谷-各 : 郤(郤)
241. 谷-去 : 卻(却)
242. 尤-九 : 訧(訧)
243. 九-兀 : 豚(豚), 尪(尪)
244. 兀-元 : 軏(軏), 刓(刓)
245. 宂-尤 : 就(就)
246. 亢-宂 : 鴆(鴆)
247. 宂-兄 : 耽(耽)
248. 宂-冗 : 紞(紞), 耽(耽)
249. 亢-冗 : 笎(笎)
250. 天-大 : 癸(癸)
251. 天-夫 : 奏(奏), 規(規)
252. 天-矢 : 癸(癸), 侯(侯)
253. 夫-矢 : 矯(矯), 短(短), 規(規)
254. 矢-失 : 雉(雉), 矩(矩), 迭(迭)
255. 失-先 : 迭(迭)
256. 先-夫 : 贊(贊), 規(規)
257. 先-旡 : 譖(譖), 筅(筅)
258. 耒-糸 : 誄(誄)
259. 米-朱 : 迷(迷)
260. 米-糸 : 醿(醿)
261. 米-釆 : 糞(糞), 釋(釋)
262. 釆-采 : 釉(釉), 采(采), 綵(綵)
263. 赤-亦 : 赦(赦)
264. 赤-示 : 赦(赦)
265. 赤-夫 : 赫(赫·赫)
266. 又-火 : 躩(躩), 炎(炎)
267. 米-火 : 糜(糜), 眯(眯)
268. 火-半 : 叛(叛)
269. 火-六 : 冥(冥)
270. 土-大 : 詩(詩)
271. 大-廾 : 奕(奕), 契(契), 弄(弄)
272. 土-士 : 詰(詰)
273. 而-大 : 糯(糯·糯), 剘(剘)
274. 雨-而 : 醹(醹), 鞲(鞲)
275. 雨-兩 : 雨(雨), 漏(漏·漏)
276. 面-丏 : 緬(緬)
277. 面-而 : 緬(緬), 耐(耐)
278. 雨-罒 : 罶(罶·罶), 羀(羀)
279. 火-尤 : 黕(黕)
280. 九-兀 : 鳩(鳩)
281. 九-攵 : 軓(軓)
282. 攵-交 : 致(致)
283. 攵-反 : 致(致)
284. 交-爻 : 較(較), 絞(絞)
285. 攵-欠 : 簌(簌), 耽(耽), 敵(敵)

286. 九-卂 : 訊(訅)
287. 巳-九 : 範([illegible])
288. 巳-丸 : 範([illegible])
289. 巳-几 : 範([illegible])
290. 几-九 : 飢([illegible]), 軌([illegible])
291. 大-火 : 尖([illegible]), 耿([illegible])

3) 偏旁代替類型 綜合字圖의 製作

偏旁 代替의 유형을 전체적인 면에서 보여주는 字圖를 제작한다는 것은 매우 복잡하고 커다란 작업이다. 그래서 이를 체계적으로 만들기 위해서는 먼저 큰 틀에서 서로 직접적으로 연결되는 글자들을 모두 묶는 작업을 진행하고, 이들을 중심으로 다시 骨幹을 표시하는 字圖를 제작해야 한다. 그리고 이것을 바탕으로 각 글자마다 서로 互用되는 글자들을 모두 표시해야 하는 상세하면서도 종합적인 字圖를 만들어나가는 것이 합당하다. 이를 위해 아래에서는 두 단계로 나누어 字圖를 제작하도록 한다.

(1) 基礎連結字圖의 制作

偏旁 字形이 호용되는 종합유형字圖는 매우 복잡한 형태로 나타날 수 밖에 없으므로, 먼저 전체의 骨格을 이루는 주요 偏旁들을 중심으로 이들이 어떻게 연결되는지를 알 수 있는 기초 字圖를 만들기로 한다. 다만 이것뿐만 아니라 종합적인 字圖를 만들기 위해서는 위의 2)에 보이는 자료들을 종합적으로 정리할 필요가 있다. 즉 위의 자료를 분석하여 각 偏旁마다 그것들이 어떤 偏旁의 字形과 통용되는지를 정리해야 할 것이다. 그래서 다음에서는 위의 자료에 근거하여 다른 字形과 통용되는 偏旁 중에 많은 字形과 직접 통용되거나 혹은 다른 유형으로 연결고리가 되는 글자 62종을 선택하여 정리했으며, 이것과 직접적으로 통용되는 글자 수에 따라 정리하면 다음과 같다.

夂 ↔ 反, 欠, 文, 攴, 支, 木, 又, 交, 犮, 殳, 九, 寸, 刂
木 ↔ 朮, 耒, 夂, 禾, 寸, ネ, 方, 扌, 夫, 大, 火
大 ↔ 戈, 犭, 天, 土, 而, 夭, 犬, 木, ++, 六, 火

人 ↔ 又, 匕, 扌, 犭, 牛, 彳, 忄, 小, 卜, 子

目 ↔ 月, 見, 皀, 且, 甘, 貝, 耳, 自, 日, 白

月 ↔ 爿, 角, 舟, 豆, 血, 身, 酉, 貝, 甘, 目

火 ↔ 大, 六, 丈, 犬, 半, 尢, 又, 犮, 木

寸 ↔ 刂, 丁, 血, 夂, 欠, 木, 又, 斗, 子

匕 ↔ 犭, 工, 乙, 丩, 巳, 乚, 土, 戈, 人

犭 ↔ 忄, 小, 彳, 人, 戈, 大, 匕, 尢

扌 ↔ 矢, 巾, 人, 牛, 爿, ネ, 方, 木

禾 ↔ 元, 爻, 米, 朮, 耒, 木, 礻, ネ

犮 ↔ 夂, 支, 友, 攴, 文, 火, 夭, 天

耳 ↔ 貝, 首, 身, 酓, 自, 皃, 日, 目

自 ↔ 目, 耳, 白, 己, 血, 豆, 舟

己 ↔ 已, 自, 豆, 尺, 血, 巳, 弓

犬 ↔ 太, 夭, 大, 丈, 火, 殳, 尤

豆 ↔ 足, 月, 且, 日, 白, 自, 己

夫 ↔ 失, 矢, 先, 殳, 木, 赤, 天

ネ ↔ 禾, 朮, 木, 方, 礻, 扌

又 ↔ 人, 乚, 寸, 方, 夂, 火

頁 ↔ 負, 員, 見, 貝, 皃, 貞

刂 ↔ 丩, 歹, 刀, 勿, 夂, 寸

兀 ↔ 冗, 兄, 九, 丸, 元, 尢

九 ↔ 卂, 几, 夂, 巳, 丸, 兀

方 ↔ 木, 又, 礻, 扌, ネ, 彳

日 ↔ 目, 甘, 耳, 豆, 田, 白

且 ↔ 具, 皀, 目, 旦, 貝, 豆

矢 ↔ 扌, 礻, 夫, 失, 天

尤 ↔ 犬, 火, 允, 尢, 犭

血 ↔ 面, 寸, 己, 自, 月

貝 ↔ 月, 且, 頁, 目, 耳

身 ↔ 月, 牙, 首, 耳, 兒

白 ↔ 目, 日, 田, 豆, 自

几 ↔ 巳, 凡, 丸, 儿, 九

殳 ↔ 夊, 支, 攴, 犬, 夫

支 ↔ 夊, 友, 攴, 犮, 殳

攴 ↔ 支, 夊, 女, 犮, 殳

甘 ↔ 月, 目, 日, 酋, 酉

天 ↔ 矢, 犮, 夫, 夭, 大

夭 ↔ 天, 大, 犮, 太, 犬

卜 ↔ 人, 子, 卩, 忄, 小

子 ↔ 人, 卜, 矛, 寸, 爿

彳 ↔ 人, 小, 氵, 方, 犭

雨 ↔ 而, 丙, 罒, 西, 丐

爿 ↔ 子, 月, 扌, 牛

失 ↔ 矢, 先, 夫, 旡

衤 ↔ 禾, 礻, 矢, 方

而 ↔ 再, 大, 雨, 面

舟 ↔ 丹, 角, 月, 自

酉 ↔ 甘, 酋, 角, 月

刃 ↔ 刂, 刄, 刀, 力

丘 ↔ 氐, 氏, 亙, 斤

小 ↔ 卜, 彳, 犭, 人

刀 ↔ 刂, 片, 刃, 力

田 ↔ 臼, 日, 白, 毋

谷 ↔ 合, 去, 公, 各

丸 ↔ 几, 凡, 九, 兀

女 ↔ 攴, 亥, 玄, 幺

糸 ↔ 朱, 光, 耒, 采

耒 ↔ 禾, 糸, 米, 木

牙 ↔ 先, 予, 身

위의 정리 결과에서 알 수 있듯이 하나의 偏旁이 다른 偏旁과 서로 호용되는 경우는 매우 많다. 특히 夂 · 木 · 大 · 人 · 目 · 月과 같은 字形들은 무려 10개 이상의 다른 字形들과 서로 바꾸어 쓰고 있으며, 특히 夂의 경우는 이것과 직접적으로 호용되는 字形이 무려 13개나 된다. 다음에서 위의 내용을 근거로 이들 62개의 글자들과 연결되는 글자와의 관계를 도표로 만들면 다음과 같다.

基礎字圖

主要偏旁62個基礎字圖

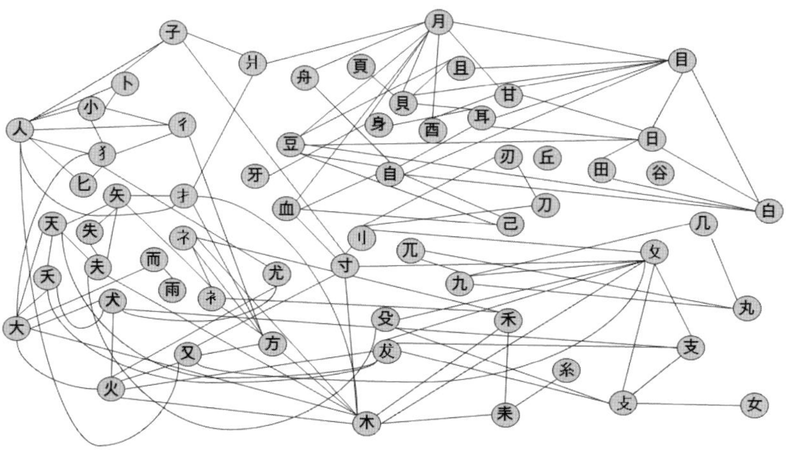

(2) **綜合字圖의 製作**

다음에서는 위의 基礎 圖表를 根幹으로 하고 2)에서 나타나는 모든 유형을 모아 하나의 종합적인 字圖를 만들어야 한다. 그렇게 된다면 字形이 類似한 글자들이 偏旁으로 사용될 경우 異體字에서 어떻게 서로 代替되면서 나타나는지를 전체적으로 살펴볼 수가 있다. 여기에 사용된 글자는 대략 160종 정도가 된다. 물론 이 외에도 "車 · 革 · 朿 · 韋"나 "卯 · 卬 · 印 · 死 · 夗", "山 · 心 · 止 · 正" 등이 나름대로 서로 호환되고 있는데, 여기에서 거론된 절대 다수의 字形들과는 연결고리가 없어 종합적인 字圖에서는 생략하기로 한다. 이런 방법으로 綜合 字圖를 만들면 다음과 같다.

綜合字圖

綜合字圖

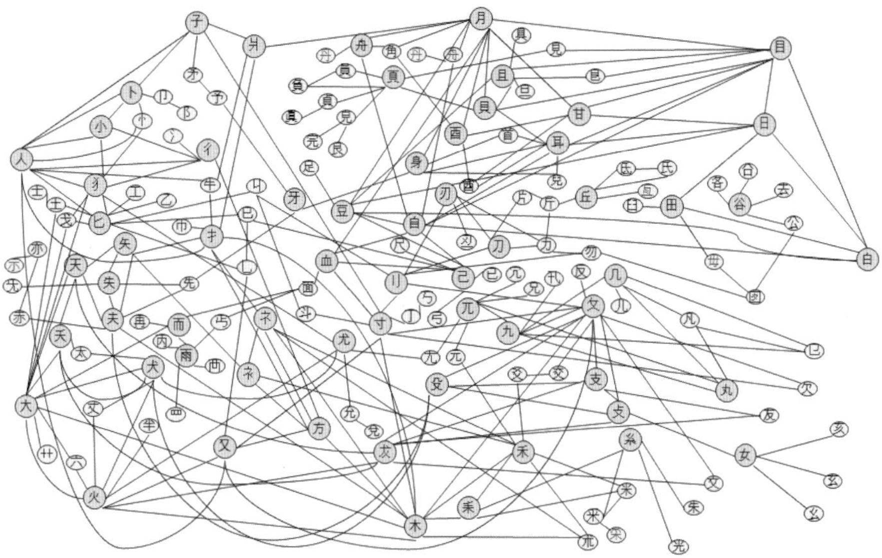

(3) 分割連結 字圖의 제작

앞에서 기초적인 骨幹을 이루는 字形 관계의 字圖와 상세하고도 종합적인 字圖를 그렸다면 다음에서는 부분적으로 상세한 字圖를 제작하고자 한다. 이는 基礎字圖는 상세하고도 정확한 관계를 알기가 어렵고, 綜合字圖는 비록 상세하면서도 정확한 관계를 알 수는 있지만, 너무나 크고 복잡하여 우리가 하나의 글자가 어떤 字形과 호환되었는지를 파악하려면 꽤 신경을 써야 하기 때문이다.

다음에서는 이와 같은 문제점을 해결함과 동시에 전체적인 綜合字圖의 복잡함을 해결하는 分割字圖를 만들고자 한다. 다만 위의 基礎字圖와 綜合字圖, 그리고 이전의 字圖들이 가지고 있는 모든 단점을 극복하기 위해 分割字圖는 크게 세 개로 나누어 만들되, 다른 字形과의 연결고리를 파악하기 쉽도록 이들 각각의 字圖에서는 일부에서 서로 중첩되는 부분이 존재하도록 한다.

이와 같은 字圖를 만들기 위해서는 우선 위의 글자들이 어떻게 상호간에 연결되고 있는가를 파악하여 크게 세 부류로 나누는 작업이 선행되어야 한다. 다음은 위의 주요 글자들이 연결되는 고리를 중심으로 나눈 것이다.

第1類型

木 : 朮, 耒, 攵, 禾, 寸, 礻, 方, 扌, 夫, 大, 火

大 : 戈, 犭, 天, 土, 而, 夭, 犬, 木, 艹, 六, 火

犬 : 太, 夭, 大, 丈, 火, 殳, 尤

火 : 大, 六, 丈, 犬, 半, 尤, 又, 犮, 木

寸 : 刂, 丁, 血, 攵, 欠, 木, 又, 斗, 子

扌 : 矢, 巾, 人, 牛, 爿, 礻, 方, 木

禾 : 元, 爻, 米, 朮, 耒, 木, 衤, 礻

天 : 矢, 犮, 夫, 夭, 大

夫 : 失, 矢, 先, 殳, 木, 赤, 天

夭 : 天, 大, 犮, 太, 犬

攵 : 反, 欠, 文, 攴, 支, 木, 又, 交, 犮, 殳, 九, 寸, 刂

矢 : 扌, 衤, 夫, 失, 天

失 : 矢, 先, 夫, 旡

犮 : 攵, 支, 友, 攴, 文, 火, 夭, 天

方 : 木, 又, 衤, 扌, 礻, 彳

礻 : 禾, 朮, 木, 方, 衤, 扌

衤 : 禾, 礻, 矢, 方

糸 : 朱, 光, 耒, 采

耒 : 禾, 糸, 米, 木

雨 : 而, 內, 罒, 襾, 丏

而 : 再, 大, 雨, 面

尤 : 犬, 火, 允, 尢, 犭

支 : 攵, 友, 攴, 犮, 殳

攴 : 支, 攵, 女, 犮, 殳

又 : 人, 乚, 寸, 方, 攵, 火

刀 : 刂, 片, 刄, 力

刄：刂, 刅, 刀, 力

刂：丩, 刄, 刀, 勿, 夂, 寸

九：丮, 几, 夂, 巳, 丸, 兀

丸：几, 凡, 九, 兀

兀：冗, 兄, 九, 丸, 元, 尢

几：巳, 凡, 丸, 儿, 九

殳：夂, 支, 攴, 犬, 夫

丘：氐, 氏, 亙, 斤

女：攴, 亥, 玄, 幺

第2類型

人：又, 匕, 扌, 犭, 牛, 彳, 忄, 小, 卜, 子

匕：犭, 工, 乙, 丩, 巳, 乚, 土, 戈, 人

犭：忄, 小, 彳, 人, 戈, 大, 匕, 尤

卜：人, 子, 卩, 忄, 小

子：人, 卜, 矛, 寸, 爿

彳：人, 小, 氵, 方, 犭

小：卜, 彳, 犭, 人

爿：子, 月, 扌, 牛

第3類型

目：月, 見, 皀, 且, 甘, 貝, 耳, 自, 日, 白

月：爿, 角, 舟, 豆, 血, 身, 酉, 貝, 甘, 目

自：目, 耳, 白, 己, 血, 豆, 舟

白：目, 日, 田, 豆, 自

田：臼, 日, 白, 毋

日：目, 甘, 耳, 豆, 田, 白

且：具, 皀, 目, 旦, 貝, 豆

甘：月, 目, 日, 酓, 酉

耳：貝, 首, 身, 酋, 自, 兒, 日, 目

貝：月, 且, 頁, 目, 耳

身：月, 牙, 首, 耳, 兒

舟：丹, 角, 月, 自

豆：足, 月, 且, 日, 白, 自, 己

己：已, 自, 豆, 尺, 血, 巳, 弓

頁：負, 員, 見, 貝, 皃, 貞

酉：甘, 酋, 角, 月

血：面, 寸, 己, 自, 月

牙：先, 予, 身

谷：合, 去, 公, 各

위와 같이 나눈 유형에 따라 분할하여 字圖를 제작하면 다음과 같다.

分割字圖 1,2,3

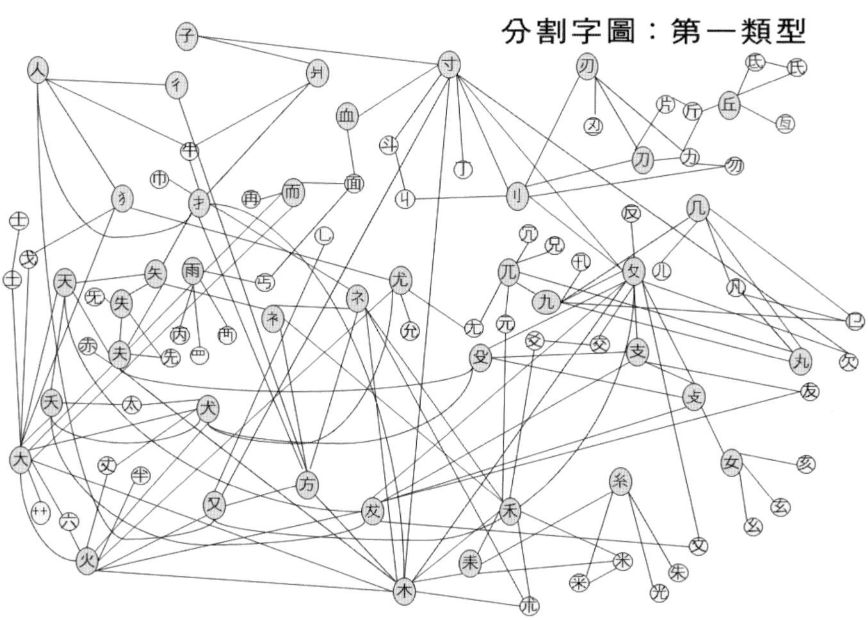

分割字圖：第二類型

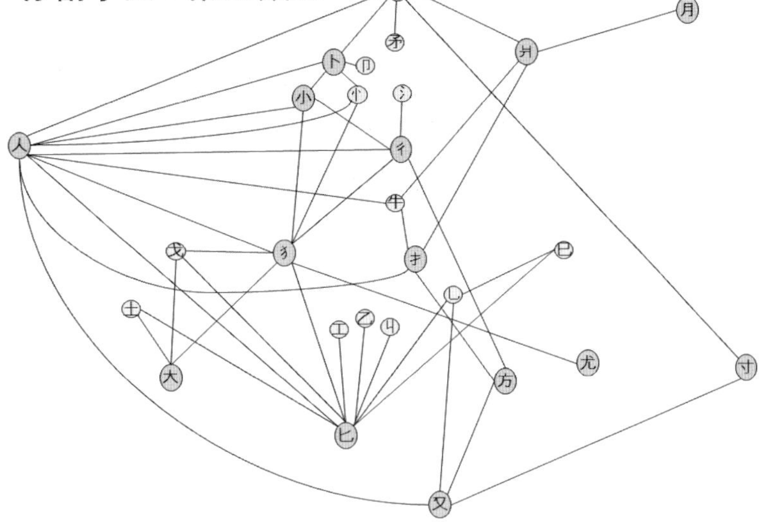

分割字圖：第三類型

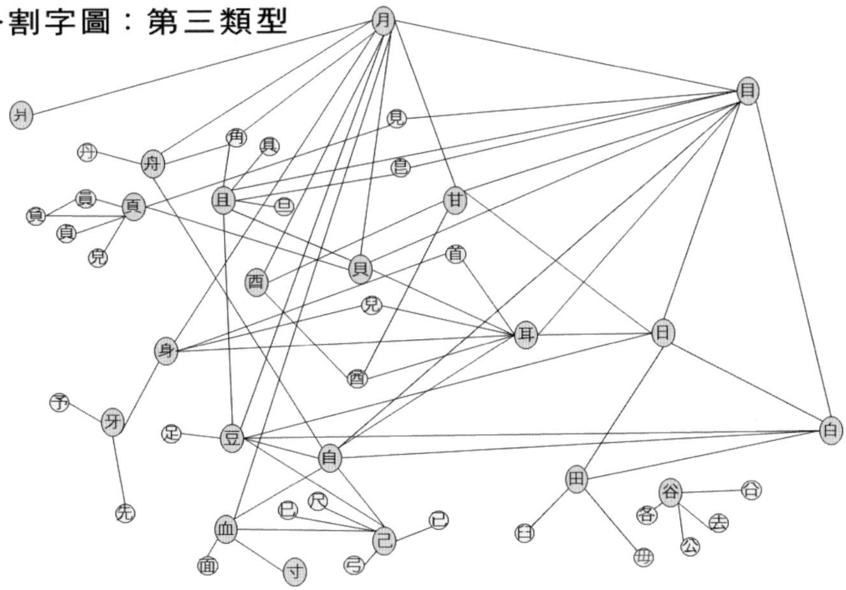

4.4.3 偏旁代替字圖上에 나타난 특성

위의 字圖를 통해 우리는 字形이 비슷한 글자들이 偏旁으로 사용될 때 서로 바꾸어 쓰는 것이 어느 것들인가를 한 눈에 볼 수 있다. 그러면 다음에서는 위의 字圖를 통하여 이들 사이에 어떠한 특징이 있는가를 살펴보도록 한다.

첫째, 두 글자 사이가 서로 직접 연결되는 것들은 字形상으로 서로 가장 흡사한 것들이다. 그래서 이런 경우 字音이나 字義가 서로 관련이 없음에도 불구하고 통상적으로 서로 偏旁을 代替하여 사용하고 있다.

둘째, 두 글자 사이가 한 단계를 거쳐야만 연결되는 것들은 서로 통용되는 것도 있고, 그렇지 않은 것들도 존재한다. 예컨대 矢와 先, 夫와 火, 几와 兀, 大와 尤, 刀와 勿, 子와 予, 豆와 目, 頁과 負, 月과 耳등은 한 단계를 거치면서도 서로 통용되는 것들이다. 그러나 面과 大, 身과 先, 才와 失, 豆와 爿, 田과 耳, 又와 皿, 而와 戈, 方과 氵, 斗와 欠과 같은 것들은 비록 한 단계만을 거쳐야 하는 가까운 관계임에도 불구하고 실질적으로 서로 代替되는 경우가 거의 보이지 않는다. 이는 이들 사이의 단계가 비록 한 단계를 거치는 것이지만 실제 字形上으로는 많은 차이를 보이기 때문이라 할 수 있다.

셋째. 두 단계를 거쳐야 연결되는 경우는 거의 互換이 안된다. 이는 단계를 많이 거치는 만큼 字形의 변화가 많고, 이로 인해 서로 互換하기에는 字形上의 차이가 너무 많이 나서 正字의 판별이 더욱 어려워짐에 따라 해당 字形을 사용하는 것을 꺼렸기 때문으로 보인다. 다만 大와 失, 禾와 夊의 경우처럼 매우 드물게는 서로 통용될 가능성이 높은 것들도 있다. 이러한 것들은 비록 위의 字圖上으로는 두 단계를 거치는 것이지만, 字形上으로 상당히 類似한 경우에 속하는 것들이다.

이와 같이 字形上으로 매우 類似함에도 불구하고 위의 字圖上에서 직접 연결되거나 혹은 한 단계만 거치면서 연결되지 않고 두 단계를 거치게 된 원인은 무엇인가? 이는 현재까지 그런 用例가 실제로 존재하지 않기 때문일 수도 있고, 혹은 실제로는 그런 用例가 존재함에도 불구하고 아직 발견하지 못했기 때문에 위의 字圖上에 표시하지 못했을 가능성도 있다. 물론 후에 그 용례를 발견할 경우 이는 자연스럽게 字圖上에서 직접 연결되거나 혹은 한 단계만 거쳐 서로 互用되는 형태로 수정하면 될 것이다. 이러한 가능성이 높은 것으로는 다음과 같은 것들이 있다.

넷째, 서로 통용되는 무리를 만들 수 있다. 字圖上에서 서로 근접한 것들은 상호간에 자주 호용될 가능성이 높은 것들이다. 이런 것들을 유형별로 모은다면 몇 개의 무리로 모을 수가 있다. 예컨대 위에서 만든 세 개의 分割字圖와 같이 세 개로 나눌 수도 있고, 좀 더 세분화해서 무리를 짓도록 정리할 수도 있다. 그러나 좀 더 세분화하여 직접 연결되는 고리를 기준으로 하여 무리를 만든다면 그들 사이가 더욱 긴밀하다는 것을 보여주는 예가 될 수가 있을 것이다.

그런 기준으로 한다면 대략 “木·朮·耒·夂·禾·寸·ネ·方·扌·夫·大·火·犬·夭·丈”와 “糸·朱·光·耒·采·米”, “雨·而·丙·罒·襾·丏·而·再·面”, “尤·允·九·犭·支·攵·友·攴·犮·殳”, “刀·刂·片·刃·力·刂·丩·勿”, “九·卂·几·巳·丸·兀·凡·冗·兄·元”, “丘·氐·氏·亙·斤”, “女·亥·玄·幺”, “人·匕·彳·忄·小·卜·子·乙·巳·乚”, “目·月·見·皀·且·甘·具·貝·耳·自·日·白·舟·豆”, “頁·負·身·員·皃·牙·貞·酉·晉·血·面”과 같이 묶을 수가 있다. 물론 이들 사이에 비록 분리되었지만 다시 중복되게 할 수도 있는 것들도 있기 때문에 반드시 위와 같이 분류할 필요는 없지만, 대략적으로 보면 위와 같이 분류해도 무난하다고 할 수 있다. 이렇게 분리해놓고 보면 후에 字形 관계를 살펴보고자 할 경우, 이들 사이의 관계를 대략적으로 알고 있다면 비교적 쉽게 찾아볼 수가 있을 것이다.

다섯째, 字音이나 字義上으로 전혀 관련이 없음에도 불구하고 字形의 類似라는 이유로 偏旁이 서로 代替되면서 사용되는 異體字가 상당히 많았다. 이로 인해 과거에는 書寫에 있어서 正字의 筆劃을 정확하게 써야만 하는 엄격한 기준을 지키지 않았다는 것을 알 수가 있다. 이는 漢字를 쓰는 書寫 道具가 붓이라는 특성 때문인 것으로 추정되는데, 이러한 書寫 습관이 오랜 기간 지속되다보니 지금에 있어서도 붓으로 쓰는 경우에 이와 같이 쓰는 경우가 적지 않게 보이고 있다.

4.4.4 類型字圖의 活用

위에서 만든 字圖는 偏旁의 代替 관계를 보여주는 것이다. 그렇기 때문에 이 字圖를 활용하면 어떤 字形이 어떤 字形과 서로 代替되는지를 알 수 있다. 이를 이용하면 古文獻에 나타나는 異體字의 正字를 밝히는데 도움을 줄 수 있는 도구가 될 수 있다. 예컨대 “袨(美人董氏墓誌銘)”이라는 글자가 있을 경우, 이 글자는

字形이 매우 단순함에도 불구하고 正字도 아니며, 또한 이와 비슷한 字形을 가진 '袪'으로 본다고 해도 文脈上 의미가 전혀 통하지 않아 이것의 正字가 무엇인지를 파악하기는 쉽지 않다. 이럴 경우에 '袪'의 偏旁인 '礻'와 호용되는 "木·朩·耒·攵·禾·寸·礻·方·扌·夫·大·火·犬·夭·丈"의 字形으로 代替하여 글자를 만든 후, 이를 본래의 문맥과 연결해보면 이 '袪'이 '炫'의 異體字임을 알 수 있게 된다. 즉 '袪'의 좌측 偏旁인 '礻'는 본래의 偏旁인 '火'와 字形이 비슷하여 이를 代替한 것이라는 사실을 알 수 있게 된다.

위의 예는 본래 글자에서 하나의 偏旁이 代替된 것이기 때문에 비교적 쉽게 正字를 찾을 수가 있다. 그러나 극히 일부의 글자 중에는 두 개의 偏旁이 모두 字形이 代替된 경우가 있다. 예컨대 "秆(大薩遮尼乾子所說經十卷)"은 두 개의 偏旁이 모두 비슷한 字形으로 代替되었다. 사실 본래의 字形인 '秆'은 두 개의 偏旁 모두가 字音이나 字義와 관련된 偏旁에 의해 代替된 것이라 아니라서 이것이 무슨 글자인지를 파악한다는 것은 매우 어렵다. 그래서 이것도 역시 위와 같은 방법을 연속해서 적용시켜야만 한다. 즉 좌측 偏旁인 '禾'는 "木·朩·耒·攵·禾·寸·礻·方·扌·夫·大·火·犬·夭·丈"의 字形들과 代替시켜 적용하고, 우측 偏旁인 '幵'은 비록 그 예가 적고 위의 글자들과 연결되는 것이 없어 字圖에는 표기하지 않았지만, 이 역시 함께 무리지을 수 있는 字形인 '井'과 代替한 후에 이를 本文에 적용시켜보면, 이 '秆'은 '耕'의 異體字라는 것을 알 수 있게 된다. 즉 좌측 偏旁인 '禾'는 '耒'를 대신한 것이고, 우측 偏旁인 '幵'은 '井'을 대신한 것이다.

다음은 실제 文獻이나 碑文에 나타난 異體字를 이러한 방식에 의해 字形이 類似한 偏旁을 대입시켰을 때 正字가 쉽게 판명되는 예들이다.

穠(襛) 禾→衤 (元公夫人姬氏墓誌銘)
職(軄) 耳→身 東魏(敬史君碑)
邯(郘) 甘→日 漢(禮器碑陰)
斛(斛) 角→百 (大乘楞伽經七卷第一卷)
雅(䧚) 牙→身 清 何紹基 (臨張遷碑)[427]

427 이 예는 拙稿 "異體字 字形類似偏旁의 互用類型 地圖 構築-木·衤·禾 等과 日·月·目 等을 중심으로-"에서 일부 발췌한 것임.

第3章

筆劃과 偏旁의 複合 變化

異體字 중에는 그것이 만들어지는 과정에서 비교적 어떤 원칙을 가지고 만들어진 것이 있어서 그것을 익히기가 쉬운 것들도 있는가 하면, 어떠한 원칙도 발견할 수가 없어 그것의 正字가 무엇인지 알기가 매우 어려운 것들이 매우 많다. 그것들은 모두 字形의 일부 성분 형체가 바뀜으로 인해 만들어지는 것들인데, 그 중에서 기존의 偏旁이 변하는 과정에서 하나의 偏旁이 두 개 이상의 字形 成分(偏旁일 수도 있고, 偏旁을 이루지 못한 상태의 筆劃들일 수도 있음)으로 분리되어 만들어진 異體字도 있는가 하면, 그 반대로 두 개 이상의 字形 성분이 통합되어 하나의 字形 성분으로 변화되는 異體字도 있다. 즉 筆劃과 偏旁이 복합적으로 변화되면서 생겨나는 異體字들이 존재한다.

다음에서는 이러한 偏旁과 筆劃들이 분리 혹은 통합되면서 만들어지는 異體字에 대해 살펴보고자 한다. 대체적으로 볼 때 正字의 일부 성분이 분리될 때는 대부분 그 성분이 단독으로 글자를 이룰 수 있는 것들이 있다. 즉 하나의 偏旁 안에서는 단독으로는 글자로 성립될 수 없는 극히 작은 성분이 그 偏旁에서 분리되었을 때 다른 글자들로 만들어지는 것들도 있다.

통합의 경우도 마찬가지이다. 기존의 글자로 성립될 수 있는 字形 성분들, 즉 筆劃들이 통합이라는 과정을 거치면서 새로운 글자, 즉 하나의 偏旁으로 만들어지는 경우가 있다. 이러한 경우에 다른 異體字의 한 성분으로 만들어지는 것이 대다수이다. 그런데 어쨌든 이들은 결국 모두가 筆劃이라는 기초적인 成分의 변화에 의한 것이다. 그래서 먼저 筆劃과 偏旁의 複合 變化와 筆劃 變化에 의한 偏旁의 生成과 解體 현상에 대한 전반적인 것을 알아보고, 다음으로 이들의 유형에 대해 살펴보기로 한다.

1 筆劃 變化에 의한 偏旁의 生成 및 解體

筆劃의 변화로 인한 異體字 중에는 단순히 筆劃의 增減이나 혹은 變形을 통하여 기존의 正字形과 字形을 달리하는 것들이 많다. 그런가 하면 筆劃의 增減이나 혹은 變形으로 인해 새로운 형태의 전혀 다른 偏旁이 만들어지는 것들도 있다. 그러나 이 偏旁들은 본래의 字形과는 관련이 없기 때문에 正字의 字義에는 전혀 영향을 주지 못한다. 다음에서는 이러한 異體字들이 어떤 方法으로 만들어지고, 또 이러한 異體字들은 어떠한 類型이 있으며, 그 원인과 특징은 무엇인지 살펴보기로 한다.[1]

1.1 複合 變化의 生成 原因

주지하다시피 異體字의 생성 원인 중에 가장 중요한 것은 書寫의 편리성 추구와 字形의 균형 혹은 안정감을 위한 것이다. 筆劃의 변화로 인해 偏旁이 해체되거나 생성되는 異體字의 경우에도 역시 그것이 만들어지는 가장 중요한 원인은 이 두 가지이다. 그런데 이 偏旁의 해체와 생성의 현상을 보여주는 異體字에서는 그것 외에도 또 다른 것이 존재하는데, 그 원인을 유형별로 살펴보면 다음과 같다.

첫째, 字形의 균형 혹은 안정감을 위한 것이다. 여기에서는 字形을 균형을 이루기 위해 筆劃을 추가하거나 혹은 변형함으로써 기존의 偏旁이 다른 偏旁으로 바뀌는 경우가 대부분이다. 예컨대 "矜(矜)"과 같은 글자의 경우, 우측 偏旁인 '今'의 하단부에 筆劃을 하나 추가함으로서 이를 '令'으로 변화시켜 字形이 전체적인 면에서 균형감을 갖도록 하는 것이다. 또 "弈(弈)"의 경우에도 하단부에 橫劃을 추가함으로서 字形의 안정감을 提高시켰으며, "匠(匠)"도 동일한 모습을 보여주고 있다. 한편 "府(府)"는 字形의 구조를 변형시킴으로서 새로운 偏旁의 형태로 바뀌면서 전체적으로 字形의 안정감을 추구했다고 할 수 있다. 이 외에도 "兄(兄)"과 같은 경우는 筆劃을 추가하여 字形을 분리시키면서 균형미를 추구한 경우라 할 수 있다.

둘째, 筆寫의 편리성을 추구하기 위한 것이다. 예컨대 "虎(虎)"와 "九(九)"는 모두 筆寫의 편리성을 추구하기 위해 筆劃을 변형 혹은 추가시키는 과정에서 기존의 偏旁이 偏旁으로서의 기능을 상실하게 되었다. "羿(羿)"의 경우도 상단부의 偏旁인 '羽'를 筆寫의 편리성을 추구하기 위해 字形을 변형시켰다. 한편 "覓(覓)"도 상단부의 偏旁인 '爪'를 쉽게 쓰기 위해 '不'로 바꾸었고, "仰(仰)"은 우측 偏旁인 '卬'이 좌우로 분리된 것을 통합하여 '币'으로 바꾸었다. "完(完)"도 상단부의 偏旁

1 이하 "筆劃과 偏旁의 複合 變化"에 관한 記述은 拙稿 "異體字 偏旁의 分離 및 統合 現象 考察(中國語文學論集 第30號, 2005.2)"와 "筆劃變化異體字的偏旁生成與解體現象考察"(漢字研究 第19號, 2017.12)의 내용을 바탕으로 수정 보완한 것임.

인 '宀'과 하단부 偏旁의 상단을 통합 및 변형시켜 결과적으로 '皃'의 형태로 바꾸었는데, 이 역시 筆寫의 편리성을 추구한 것이라 할 수 있다. 이 외에도 "講(講)·原(原)·棄(棄)·安(安)"도 모두 여기에 속한다고 할 수 있다.

이와 같은 筆寫의 편리성을 추구하기 위해 만들어진 異體字들은 결과적으로 偏旁과 관련된 두 부류의 유형을 만들고 있다. 하나는 본래 偏旁이었던 것이 偏旁이 해체되면서 단순한 筆劃의 결합에 그친 것이고, 다른 하나는 偏旁이 다른 偏旁으로 바뀌는 것들이다. 위에서 거론된 것 중 "虎(虎)·九(九)·羿(羿)"와 같은 것들은 前者에 속하고 "覓(覓)·仰(仰)·講(講)·完(完)·原(原)·棄(棄)·安(安)"과 같은 경우는 後者에 속한다고 할 수 있다.

셋째, 글자가 아닌 것을 글자로 만들고자 하는 욕구이다. 이는 기존의 다른 異體字들과는 달리 筆劃의 변화로 새로운 偏旁이 만들어지는 異體字들이 갖는 가장 특이한 요인 중의 하나이다. 즉 본래는 단순한 筆劃의 결합체로서 독립된 偏旁을 구성하지 못하고 있던 것이었으나, 여기에 筆劃의 추가나 혹은 筆劃의 변형을 통해 偏旁의 형태로 만들고자 하는 욕구이다. 일반적으로 合體字들의 경우는 偏旁들의 결합체로 되어 있다. 또한 이들 偏旁들은 해당 合體字에서 분리되었을 때 대부분 단독으로도 사용되는 글자들이다.

그런데 일부 合體字 중에는 해당 合體字를 구성하는 성분 중의 일부가 따로 독립되면 현실적으로는 단독으로 사용되지 않는 것들이 존재한다. 이러한 글자들은 일반적으로 사용하지 않는 것들이기 때문에, 그 글자가 偏旁으로 사용될 때 그것을 다른 것으로 바꾸는 것보다 불편한 경우가 많다. 그래서 이러한 부분을 일반적으로 사용하는 偏旁의 형태로 바꾸면 해당 글자의 認知하고 사용하는데 상당히 도움이 될 수 있다. 그래서 이 부분을 다른 偏旁으로 만들려는 욕구가 발생하면서 이와 같은 유형의 異體字가 만들어진다.

예컨대 "害(害)"와 같은 경우, 하단부의 偏旁은 따로 독립하면 사실상 전혀 사용하지 않는 글자이다. 그래서 이를 '告'로 변형시킴으로서 마치 항상 독립적으로도 사용되는 偏旁의 결합체인 일반적인 合體字의 형태로 변형시키고 있다. 또 "弃(棄)"의 경우 下段에 위치한 偏旁은 사실상 독립적인 글자로는 사용되지 못하는 것이다. 그래서 이를 일반적으로 사용하는 偏旁의 형태인 '木'으로 변형시키고 있다. 이 외에도 "𩣡(䮶)"의 경우, 우측 偏旁도 단독으로 사용되지 않을 뿐만 아니라 우측 偏旁의 상단부는 더욱 더 사용되지 않는다. 그래서 이 부분을 보다 많이 사용되는 偏旁의 형태로 변형시키고 있다.

한편 이러한 욕구는 合體字에서만 일어나는 것이 아니다. 獨體文의 경우에 字形이 복잡하면, 이를 분리시키면서 마치 여러 개의 偏旁으로 구성된 合體字와 같이 변형시키는 것들이다. 예컨대 "鼡(鼠)"의 경우, 본래 전체가 하나의 獨體文으로서 분리될 수가 없는 것이다. 그렇지만 異體字에서는 字形의 하단부를 '用'과 같은 형태로 변형시키면서 하나의 독립된 글자와 같이 만들었다. 또 "𧆓(龍)"의 경우 본래는 하나의 獨體文이었으나, 여러 차례의 字形 변화 과정을 거치면서 우측 부분이 '尤'의 형태로 되면서, 전체 字形이 마치 偏旁의 결합체인 合體字 같이 변화되었다.

이 외에도 본래부터 偏旁으로서 독립적으로 사용될 수 있는 글자이나, 실제로 독립되어서는 사실상 거의 사용되지 않는 偏旁들을 변형시켜 실제에도 많이 사용하는 偏旁으로 변화시킨 것들도 있다. 예컨대 "𫲹(勢)"의 경우, 左上段의 偏旁인 '坴'은 확실히 하나의 偏旁임이 분명하다. 다만 이것은 주로 다른 合體字의 일부 偏旁으로는 자주 사용되지만 단독으로는 거의 사용되지 않는다. 그래서 異體字에서는 이를 단독으로도 자주 사용되는 字形인 '幸'으로 변형시켰다.

넷째, 단독으로 구성된 偏旁이거나 혹은 두 개의 偏旁이 相接되어 마치 하나로 인식될 수도 있는 字形을 작은 단위로 분리하는 욕구이다. 예컨대 "宍(肉)"의 경우, 이것은 분명히 獨體文임에도 불구하고 字形의 변화를 거치면서 결과적으로는 '宀'과 '六'이라는 두 개의 偏旁으로 구성된 合體字의 형태로 변화되었다. 또 "𡰪(身)"도 본래는 獨體文인데, 이 역시 字形의 변화를 거치면서 본래의 字義와는 전혀 관련이 없는 '尸'와 '弓'이라는 두 개의 偏旁 형태로 분리되었다. 이 외에도 "厺(去)"는 '大'와 'ᄉ'의 형태로 분리되었으며, "𡴅(帝)"도 '土'와 '手'의 결합체인 것과 같은 형태로 변화되었다. 또 "鼑(鼎)"도 역시 "目 · 句 · 斤"의 형태로 변형 분리시킴으로서 이것들이 마치 偏旁처럼 변화되었다.

한편 이러한 것은 獨體文에서만 나타나는 것은 아니라 合體字에서도 나타난다. 즉 合體字를 구성하는 하나의 偏旁에서 字形의 변화가 일어나면서 그 偏旁이 다른 두 개의 偏旁으로 분리되는 것이다. 예컨대 "㧕(拆)"의 경우, 우측 偏旁인 '斥'은 본래 하나의 글자이었는데, 이것이 字形의 변화를 거치면서 '广'과 '千'이라는 두 개의 偏旁 형태로 분리되어 나타나게 된 것이다. 또 "誅(誅)"의 우측 偏旁인 '耒'도 본래는 하나의 偏旁이었던 것이 후에 字形의 변화를 거치면서 '丰'와 '木'이라는 두 개의 偏旁 형태로 분리되었다.

이들과는 달래 본래 두 개의 偏旁으로 구성된 글자였는데, 그 두 개의 偏旁이 相接하고 있음에 따라 마치 하나의 글자로 인식될 수 있는 것들이 두 개의 偏旁으로 확실하게 구분되어 나타나는 것들도 있다. 예컨대 "赤(赤)"과 같은 경우, 이는 본래 두 개의 偏旁이지만, 두 偏旁이 相接되어 마치 하나의 偏旁과 같이 誤認될 수 있다. 그래서 이를 '土'와 '火'로 확실하게 분리하여 두 개의 偏旁으로 나뉘게 되었다. 이 외에도 "亮 · 袁 · 泉 · 克(克) · 兇(兇) · 覞(覞) · 統(統) · 交(交) · 充(充)"과 같은 경우, 이들이 비록 두 개의 偏旁으로 구성된 것이 아니라 하나의 偏旁과 다른 筆劃들의 결합체로 이루어진 것이나, 이 역시 하단부의 偏旁 부분을 상단부와 분리시켜 그것이 하나의 偏旁임을 확실하게 보여주고 있다.

1.2 偏旁의 生成과 解體 方法

筆劃의 변화로 인해 異體字形에서 새로운 형태의 偏旁이 만들어지거나 解體되는 方法은 여러 가지가 있으나 이를 크게 나누면 네 가지로 나뉜다. 즉 筆劃의 增加로 인한 것을 비롯하여, 省略으로 인한 것, 變形으로 인한 것, 그리고 이들이 복합적인 원인이 되는 것들이 있다. 다음에서는 이들에 대해 類型別로 간단히 살펴보기로 한다.

1.2.1 筆劃 增加에 의한 偏旁의 生成과 解體

異體字 중에는 筆劃이 增加됨에 따라 기존에 존재하지 않았던 새로운 형태의 偏旁이 만들어지는 경우가 있다. 예컨대 "宰(宰)"와 같은 경우, 본래 이 글자는 '宀'과 '辛'으로 구성된 것이었는데, 이 '辛'에 橫劃이 하나 추가되어 '辛'이 '幸'이라는 偏旁으로 바뀌게 되었다. 즉 이것은 새로 偏旁이 추가된 것은 아니나 筆劃의

추가로 인해 기존의 偏旁이 사라지고 새로운 偏旁이 生成되었다고 할 수 있다. 이와 같은 類型에는 또 "駒(駉)·矜(矜)·託(託)·準(準)"과 같은 글자들이 있는데, 이들은 모두 筆劃의 增加를 통하여 "駒(駉)"에서는 '冋'이 '向'으로, "矜(矜)"에서는 '今'이 '令'으로, "託(託)"에서는 '乇'이 '毛'로, "準(準)"에서는 '十'이 '廾'으로 偏旁이 바뀌고 있다.

이와는 달리 "兄(兄)·允(允)"과 같은 경우는 두 개의 偏旁이 결합된 형태로 존재하고 있었는데, 중간에 橫劃이 하나 추가되면서 두 偏旁이 분리되고, 또한 그 偏旁도 전혀 다른 偏旁으로 바뀌게 된 경우이다. 즉 위의 두 글자는 모두 본래의 偏旁은 '儿'이었으나 橫劃의 추가와 더불어 새로운 偏旁인 '兀'로 生成된 경우이다. 한편 "亘(亘)"의 경우, 이것은 본래의 偏旁이 '二'였으나 垂劃이 추가되면서 '匚'라는 偏旁이 새로 만들어졌다.

한편 筆劃이 변하면서 偏旁이 解體되는 경우도 있다. 예컨대 "宙(宙)"의 경우, 하단부에 筆劃이 추가됨으로서 본래의 偏旁인 '由'는 偏旁이 아닌 것으로 바뀌었으며, "白(白)"의 경우도 하단부에 垂劃이 추가됨으로서 偏旁의 모습은 사라지게 되었다. 이 외에도 "訝(訝)·力(力)·百(百)"과 같은 글자들이 모두 이러한 類型에 속한다.

1.2.2 筆劃 省略에 의한 偏旁의 生成과 解體

일반적인 상황에서 볼 때, 筆劃이 增加되거나 變形되어 새로운 偏旁이 生成되는 것은 충분한 개연성이 있다. 그러나 異體字 중에는 筆劃이 省略되면서 전혀 다른 偏旁이 만들어지는 것도 존재한다. 즉 이것도 역시 기존의 偏旁이 다른 偏旁으로 바뀌게 되는 것이라 할 수 있는데, 이에 속하는 예로는 "宮(宮)·柬(柬)·係(係)·鯀(鯀)"과 같은 글자들이 있다. 여기에서 "宮(宮)"의 경우, 본래의 偏旁은 '呂'이었으나, 이 偏旁의 중간에 있는 筆劃이 하나 省略되면서 두 개의 '口'라는 偏旁이 만들어진 것으로 되었다. 또 "柬(柬)"도 중간의 橫劃이 省略되면서 '束'라는 전혀 다른 偏旁이 만들어졌다. 한편 "係(係)·鯀(鯀)"의 경우는 본래의 '系'에서 상단부의 撇劃이 省略되면서 '糸'라는 새로운 형태의 偏旁이 生成되었다.

이와 반대로 筆劃이 省略되면서 기존의 偏旁이 解體되는 경우도 있다. 예컨대

"詌(詍)"의 경우, 우측 偏旁인 '世'는 본래 하나의 偏旁이었으나 두 개의 筆劃이 省略되면서 偏旁으로서의 기능을 상실하게 되었다. 또 "商(商)"의 경우도 하단부의 내부에 있는 筆劃들이 省略됨에 따라 본래의 偏旁은 解體되었으며, "絃(絃)"와 "齣(齠)"도 모두 筆劃의 省略과 더불어 기존의 偏旁이 바뀐 경우라 할 수 있다.

1.2.3 筆劃 變形에 의한 偏旁의 生成과 解體

단순히 筆劃의 變形만으로 새로운 偏旁이 生成되기도 한다. 예컨대 "鹵(鹵)"와 같은 경우, 본래 '鹵'의 내부에 있는 筆劃들인 '※'는 變形을 통하여 '幺'라는 偏旁으로 만들어졌다. 또 "賚(賚)"의 경우도 본래 하단부의 '奈'가 筆劃의 變形을 거치면서 '木'과 '貝'라는 두 개의 새로운 偏旁으로 바뀌게 되었다. 이 외에 "耏(耐) · 弭(弘) · 絽(組) · 配(配) · 勁(勁)"과 같은 글자들도 筆劃의 變形을 통하여 새로운 偏旁을 生成해내고 있다. 즉 "耏(耐)"에서는 '寸'이 변하여 '彡'이 되었고, "弭(弘)"에서는 '厶'가 '口'로 바뀌었고, "絽(組)"에서는 '且'의 筆劃이 변하여 '旦'으로 바뀌었으며, "配(配)"에서는 '己'가 '巳'로 변하고 있다. 한편 "勁(勁)"에서는 '巠'이 '至'로 바뀌고, '力'은 '刀'로 바뀌어 偏旁 두 개가 모두 變形되면서 새로운 偏旁을 生成해내고 있다.

筆劃의 변화와 함께 偏旁이 解體되는 경우로는 "虎(虎)"를 들 수 있다. 본래의 偏旁이었던 '虍'가 筆劃의 변화와 함께 偏旁이 解體되었으며, "九(九)"도 筆劃이 변화되면서 본래의 字形을 찾아보기 어렵게 되었다. 또한 "常(常)"의 경우도 상단부 偏旁인 '尙'에서 '口' 부분이 변하면서 偏旁의 형태를 잃게 되었으며, "去(去)"나 "市(市)"도 모두 이와 동일한 類型을 보여주고 있다.

1.2.4 복합 요인으로 인한 偏旁의 生成과 解體

偏旁이 生成되는 方法으로는 위의 세 가지가 각각 요인이 되는 경우도 있지만, 위의 세 가지 중에 두 가지 이상이 복합적으로 작용하여 새로운 偏旁을 만들어내는 경우도 있다. 예컨대 "倶(俱)"와 같은 경우, 본래의 偏旁인 '具'는 중간의 橫劃이 하나 省略되고, 동시에 垂劃의 일부가 짧은 형태로 變形되는가 하면, 한편으로는 중간에 點劃이 추가되면서 전체적으로는 '日'과 '六'이라는 두 개의 偏旁으로 구성되는 형태가 되었다. 또 "逅(逅)"의 경우에는 '后'의 상단부 筆劃이 省略과 變形이라는 두 가지 방식을 거치면서 '石'이라는 偏旁으로 바뀌었다. 그리고 "㔟(勢)"에서는 상단 좌측 偏旁인 '坴'이 省略과 變形이라는 방식을 통하여 '丰'과 같은 偏旁으로 바뀌었고, 또 상단 좌측의 경우도 '刃'으로 변하고, 하단부의 '力'도 '乃'로 變形되었다. 한편 "兆(兆)"의 경우는 중간의 撇劃은 省略되고, 양쪽의 筆劃들은 모두 '土'로 변하면서 새로운 偏旁을 生成해내고 있다.

위의 여러 경우가 복합적으로 작용하는 경우는 偏旁의 解體에도 적용된다. 예컨대 "銭(錢)"에서의 우측 偏旁은 省略과 變形이 복합적으로 이루어지면서 전혀 새로운 字形으로 되어 偏旁으로서의 기능을 상실하였고, "阜(阜)"도 省略과 變形이 겹치면서 偏旁이 解體되었다. 또 "夢(夢)"의 경우도 變形과 筆劃의 중복과 같은 과정을 거치면서 기존의 偏旁을 상실하게 된 경우라 할 수 있다.

2 偏旁의 生成과 解體 類型

異體字가 筆劃의 변화로 인해 새로운 偏旁으로 만들어지는 類型은 매우 다양하다. 본래 偏旁의 일부에 해당하는 단순한 筆劃 수준에 불과한 것이었는데 偏旁으로 만들어지는 것을 비롯하여, 偏旁이었던 것이 다른 偏旁으로 바뀌는 것도 있고, 또 다른 偏旁으로 만들어짐과 동시에 일부 筆劃은 따로 분리되어 筆劃으로 남게 되는 것도 있는 등, 상당히 복잡한 양상을 나타내고 있다. 다음에서는 이들을 하나씩 類型別로 나누어 살펴보기로 한다.

2.1 偏旁의 부분 筆劃에서 독립된 偏旁으로

원래는 偏旁의 일부분을 구성하는 筆劃으로서, 단독으로는 글자를 이룰 수 없는 字形 성분이었는데, 이것이 筆劃의 변화와 함께 異體字에서는 형체가 바뀌면서 하나의 偏旁으로 만들어지는 경우가 있다. 이들은 기존의 글자에서는 그 자체로는 글자로 성립될 수 없기 때문에 하나의 독립된 偏旁으로 될 수 없었던 구성 성분이었다. 그렇지만 異體字에서는 그것이 두 개 혹은 그 이상으로 분리되면서 다른 글자와 동일한 형체로 나타나기 때문에 마치 두 개 혹은 그 이상의 偏旁으로 구성된 것처럼 만들어진 것이다.

예컨대 "[illegible] · [illegible](鼎)"과 같은 경우, 본래 이 글자는 하나의 偏旁으로 구성된 글자였으나, 일부 筆劃의 모양이 변하면서 새로운 偏旁을 만들어내고 있다. 즉 '鼎'에서 상단 중간의 '目'을 감싸고 있는 筆劃들은 독립된 偏旁이 아니고 단순한 筆劃에 불과한 것이었다. 그런데 이 字形이 변하여 '句'와 '斤' 혹은 '勿'과 '斤'과 같은 독립된 偏旁의 형태를 취하게 되었다. 또 "[illegible](害)"와 같은 경우는 하단부 偏旁의 字形이 바뀌면서 '告'가 되었고, "[illegible](棄)"는 하단부의 筆劃이 변하여 '木'이 生成되었으며, "[illegible](刊)"에서도 하단부의 筆劃이 변하여 '手'라는 새로운 偏旁을 만들어냈다. 또한 "[illegible](鼠)"의 경우에도, 하단부의 筆劃은 독립된 偏旁이 아님에도 불구하고 字形이 변하면서 '用'이라는 偏旁을 만들어냈다. 다음에서 이에 해당하는 글자들에 대해 자세히 살펴보기로 한다.

[illegible](曏) : 이 글자의 正字는 크게 보면 '日'과 '鄉'으로 구성된 글자이다. 그런데 異體字는 '鄉'의 좌측 성분인 '[illegible]'에 해당되는 부분이 '[illegible]'으로 되어 있는데, 본래 '鄉'에서의 '[illegible]'은 독립적으로 글자를 이룰 수 있는 성분이 아니다. 그런데 그것이 '[illegible]'으로 되면서 마치 '厶'와 '夕'의 결합으로 이루어진 것으로 바뀌었다. 어쨌든 異體字에서와 같이 변화된 부분인 '厶'와 '夕' 부분은 독립되어도 글자를 이룰 수 있는 것들이기 때문에 결과적으로는 일부 筆劃에 불과했던 부분이 분리되면서 두 개의 偏旁 형태로 바뀌게 되었다. '鄉'의 異體字 중에는 좌측이 '[illegible]'이 이와 같이 분리되면서 두 개의 偏旁 형태로 변화된 것도 있지만, '[illegible]'과 같이 분리되지는 않고, 오직 字形의 변화과정만을 거쳐 'ろ'의 모양으로 바뀌기도 한 것도 있다. 異體字의 발전과정이라는 측면에서 '[illegible]'과 '[illegible]'의 字形을 고찰한다면, 書寫의 습관상 '鄉'이라는 글자는 먼저 '[illegible]'의 字形을 거쳐 '[illegible]'로 발전된 것으로 추정된다.

[illegible](曹) : 이 글자의 小篆은 '[illegible]'으로, 본래 두 개의 '東'과 '曰'로 구성된 글자이다. 그런데 이것이 楷書로 넘어오면서 上段의 두 '東'이 변하여 '曲'가 되었으며, 이에

따라 楷書에서의 '曲'는 실질적으로 단독으로는 글자를 이루지 못하는 형체가 되어 버렸다. 그런데 異體字에서는 이 '曲'가 소전의 형체로 회귀하여 본래의 모습인 두 개의 '東'으로 바뀌게 된 것이다. 이와 같이 楷書에서는 正字에서 글자를 이루지 못하는 부분이 異體字에서 小篆의 본래 형태로 돌아가면서 글자를 이루게 되는 예는 다른 글자들에서도 보인다. 예컨대 '散'의 異體字인 '㪚'의 경우, 正字의 좌측 偏旁 상단부인 '龷'가 소전의 형체로 돌아가 두 개의 '木'으로 구성되었으며, '晉'의 異體字인 '晉'도 正字의 상단부인 '亞'이 異體字에서는 소전의 형태이었던 두 개의 '至'로 바뀌었다. 반면에 小篆의 형태로 돌아가면서 異體字가 되는 경우에는 '藉'와 같이 異體字가 '藉'로서, 字形이 소전의 형태로 돌아갔지만, 그 변환된 부분인 '㸚'는 단독으로 글자를 이루지 못하는 것도 있다.

繼(繼) : 이 글자의 우측 偏旁인 '㡭'은 楷書에서 글자를 이룰 수 없는 부분이다. 그런데 그것이 異體字에서는 '繼'의 형태로 바뀌면서 매우 복잡한 字形을 이루고 있다. 즉 단독으로 글자를 이루는 두 개의 '幺'와 두 개의 '刎', 그리고 두 개의 '凵'등, 총 여섯 개의 성분으로 구성되었다. 이렇게 볼 때 異體字에서는 '繼'의 우측 偏旁 부분이 분리의 과정을 거치면서 확실한 字形으로 만들어 졌다고 볼 수 있다. 이 글자의 또 다른 異體字로서 '繼'가 있는데, 여기서는 '繼'에서의 '凵' 부분 하나가 '山'의 형태로 바뀌어져 있다. 물론 위에서 '凵'이나 '山'과 같은 부분은 'ㄴ'와 마찬가지의 非字形 성분으로 판단되지만, 어쨌든 드러난 모양이 정상적인 字形으로 성립되기 때문에 이 범주에 포함시킨다.

이 외에도 "㓝(刑)·来(來)·座(座)·衆(衆)·形(形)·直(直)·麗(麗)"와 같은 글자들이 모두 筆劃들이 변하여 본래 偏旁이 아니었던 부분이 偏旁으로 바뀌는 형태를 보여주는 예들이라 할 수 있다.

2.2 偏旁이 筆劃으로

위와는 정반대의 現象으로 보여주는 것들도 있다. 즉 본래 偏旁이었던 것이 字形의 변화와 더불어 偏旁이 解體되어 筆劃으로 전락되는 경우들이다. 예컨대 "個(個)"의 경우는 우측 偏旁인 '固'에서 하단부의 筆劃이 하나 省略됨에 따라

偏旁이 解體되어 筆劃으로 전락한 경우이고, "禮(禮)"는 우측 偏旁의 상단부에 筆劃이 하나 增加되어 偏旁의 기능을 하지 못하고 筆劃의 단계로 돌아간 것이라 할 수 있다. 또 "羿(羿)"의 경우도 상단부의 偏旁인 '羽'가 字形이 변하면서 偏旁의 기능을 하지 못하는 筆劃으로 변하였고, "奔(奕)"도 상단부의 偏旁이 解體되어 그 기능을 할 수 없게 되었다.

한편 "魔(魔)"의 경우, 이는 '麻'와 '鬼'로 나뉘고, '麻'는 다시 '广'과 두개의 '朩'로 나뉜다고 볼 수 있다. 그런데 異體字에서는 이 두 개의 '朩'로 이루어진 부분이 통합되면서 '林'의 형태로 바뀌었는데, 이 '林'는 단독으로 글자를 이루지 못하는 성분에 해당된다. 또한 偏旁인 '鬼'도 상단부의 點劃이 異體字에서는 탈락되었다. "稽(稽)"도 正字는 '禾'와 '尤', '上', '日'로 구성된 글자이다. 그런데 異體字에서는 본래 글자의 좌측 偏旁의 상단부에 위치한 두 개의 偏旁, 즉 '尤'와 '上'이 합친 모양인 '𡯁'가 하나로 통합되면서 '厷'의 형태로 바뀌고 말았다. 이 '厷'은 상단부가 '太'이고, 하단부는 좌우로 길다란 획으로 구성된 것으로서 본래의 '上'이 筆寫의 과정에서 변화된 것으로 보인다.

이 외에도 '競'의 異體字인 '竸'은 본래의 字形에서 각 偏旁의 하단부에 속하는 두 개의 '兄' 모양이 하나로 통합되면서 '㒫'의 형태로 바뀌어버렸다. 물론 이 '㒫'는 글자가 되지 못하는 것이기 때문에 위의 글자들과는 다른 측면에서 고찰되어야 할 것이다. 그런데 '競'은 사실 두 개의 '竟'이 합쳐지면서 만들어진 글자이다. 이것이 합쳐지면서 본래 字形인 '竟'의 하단부에 속하는 '㒫'의 모양이 '兄'의 모양으로 바뀌면서 지금의 '競'이 된 것이다. 그런데 異體字인 '竸'에서는 이 두 개의 '競'을 다시 하나로 통합하면서 상단부인 '立'에 해당하는 부분은 그대로 두고, 하단부에 속하는 것을 본래의 모양인 '竟에서의 하단부와 같은 모양인 '㒫'의 형태로 복원한 것이라 할 수 있다.

그런가 하면 "能(能)"의 경우는 좀 특이하다. 이 글자는 본래 象形으로 獨體文이었으나, 楷書로 오면서 우측 부분이 '⺋'의 형태를 취하게 되었는데, 이는 결과적으로 두 개의 '匕'로 이루어진 글자가 되었다. 이 두 개의 '匕'는 異體字로 오면서 두 字形이 통합되면서 '去'으로 바뀌게 되었는데, 이는 단독으로는 사용될 수 없는 성분이다.

이 외에도 "䟦(踆)·䶈(鮑)·閒(間)·閩(閩)·閲(閥)"과 같은 글자들이 모두 字形이 변하면서 본래 偏旁이었던 것들이 解體되어 偏旁이 되지 못하고 있다. 한편 "䫀(願)"의 경우도 동일한 類型에 속하는데, 이것은 두 개의 偏旁이 모두 解體되어 筆劃들로만 구성된 異體字라 할 수 있다.

2.3 偏旁이 다른 偏旁으로

본래의 偏旁이 筆劃의 변화를 거치면서 다른 偏旁으로 바뀌는 경우가 있다. 이러한 偏旁이 다른 偏旁으로 바뀌는 경우는 筆劃이 추가되거나 省略됨으로서 만들어지는 경우도 있고, 筆劃이 變形되어 만들어지는 경우도 있으며, 이들이 모두 복합적으로 작용하여 만들어지는 경우도 있다.

먼저 筆劃이 추가되어 만들어진 것으로는 "寒(寒)"을 들 수 있다. 이는 본래 두 개의 점으로 구성된 偏旁에 다시 두 개의 筆劃을 더하여 '心'이라는 偏旁을 만들어낸 것이라 할 수 있다. 또 "匠(匠)"의 경우에는 '斤'의 하단부에 筆劃을 하나 추가하여 새로운 偏旁인 '丘'로 변하였고, "盟(盟)"도 하단부의 '皿'에 점획을 하나 추가함으로서 '血'이라는 전혀 다른 偏旁으로 탄생되었으며, "矜(矜)"의 우측 偏旁인 '今'도 하단에 捺劃이 추가되어 '令'으로 바뀌게 되었다. 이 외에도 이와 동일한 방식으로 만들어진 것으로서 "亘(亘)·彝(彝)·抑(抑)·扃(扃)·弈(弈)·男(男)"과 같은 것들이 있다.

또 筆劃이 省略되어 다른 偏旁이 만들어진 것도 있다. 예컨대 "客(客)"과 같은 것은 筆劃이 하나가 省略되면서 본래의 偏旁인 '夂'가 '又'로 변했다.

한편 筆劃이 變形됨에 따라 본래의 偏旁이 다른 偏旁으로 만들어지는 경우가 있다. 예컨대 "訴(訴)"의 경우, 본래의 偏旁인 '斥'이 '片'으로 變形되었다. 또 "安·安(安)"에서 상단부의 偏旁인 '宀'은 筆寫法의 변화에 따라 字形이 변하면서 '小'나 '山'의 형태로 바뀌었고, "覓(覓)"에서의 상단부 偏旁인 '爪'는 字形이 유사한 '不'로 바뀌었으며, "刷(刷)"에서의 '尸'는 '又'로, "記(記)"에서의 '己'도 '弓'으로 바뀌었다. 또 "怪(怪)"의 경우는 우측 偏旁이 '在'로 바뀌었으며, "霍(霍)"에서의 '雨'는 '丙'으로 바뀌었다. 또 "詣(詣)"는 우측 상단의 偏旁이 바뀌었는데, 이러한 예는 아주 자주 보이는 경우라 할 수 있다.

이 외에도 字形의 變形을 통해 새로운 偏旁으로 바뀌는 것으로는 "冣(最) · 詆(詆) · 胄(冑) · 亘 · 宜(宜) · 耏(耐) · 辱(辱) · 密(密) · 湏(須) · 弘(弘) · 雪(雪) · 霎(霎) · 侫(佞) · 駮(駁) · 呪(咒) · 列(列) · 剎(刹) · 魚(魚) · 鳩(鳩) · 氐(氐) · 禽(禽) · 鴟(鴟) · 底(底) · 譯(譯) · 貞(貞) · 近(近) · 遝(遝) · 試(試) · 筅(筅) · 素(素) · 終(終) · 絳(絳) · 虩(虩) · 思 · 思 · 思 · 思(思) · 壬(王) · 抑(抑) · 是(是) · 春(舂) · 勢(勢) · 質(質) · 諫(諫)" 등 있다.

그런가 하면 "台(公)"의 경우는 하단부의 '厶'가 '口'로 변하고 있는데, 이것 외에도 "儼(儼) · 譟(譟) · 彈(彈) · 參(參) · 邑(邑)"과 같이 '厶'가 '口'로 변한다든지 그 반대로 변하는 것은 異體字에서 매우 자주 보이는 現象이라 할 수 있다.

筆劃의 增減이나 變形이 복합적으로 작용하여 만들어지는 것들도 있다. 예컨대 "孔(孔)"에서 '乚'이 추가와 變形을 통하여 '人'으로 바뀐 것이 그것이다. 또 "兄(兄)"에서는 筆劃이 增加함과 동시에 變形됨으로서 전혀 다른 '九'라는 偏旁이 生成되었고, "舛 · 舛(舛)"에서도 筆劃의 增加와 變形이 복합적으로 작용하면서 새로운 偏旁으로 변했다. 이 외에도 이러한 類型에 속하는 것으로는 "豊(豐) · 魅(魅) · 惡(惡) · 截(截) · 俳(俳)"와 같은 것들이 있다.

한편 두 개의 偏旁이 통합되면서 하나의 偏旁으로 바뀌는 경우도 있다. 물론 이는 통합의 과정에서 筆劃의 변화가 일어나기 때문이며, 이를 통해 결과적으로는 두 개이었던 偏旁이 하나로 변화되는 것이다. 예컨대 "皃(完)"의 경우, 이는 본래 '宀'과 '元'의 두 偏旁으로 구성된 것이었다. 그러나 '宀'과 '元'의 상단부 두 橫劃이 합쳐지고, 또 '宀'의 상단부에 있는 點劃의 위치가 바뀌면서 새로운 偏旁의 형태인 '皃'가 되었다. 이와 동일한 것으로서 "莞(莞)"이 있다. 다음에서 이러한 글자들이 어떻게 변화되고 있는지 살펴보기로 하자.

開(關) : 여기서 異體字인 '開'은 '關'의 偏旁 중에서 내부에 있는 '丱'이 '弁'으로 통합된 경우이다. 본래의 偏旁인 '丱'은 '丝'와 '丱'으로 구성된 것이었는데, 상단부인 '丝'가 '厶'로 통합되고, 하단부인 '丱'은 '廾'으로 字形이 바뀌었다. 이와 같은 변화의 과정을 볼 수 있는 다른 異體字로 '關'과 '關'이 있다. 이들의 偏旁인 '丱'과

'弁'의 字形을 살펴보면, 최초의 偏旁은 '䜌'이고, 여기서 하단부만 형체가 간략하게 바뀌어 '䜌'의 형태를 띠게 되었다가 다시 상단부가 통합되어 '弁'의 형태가 되었다. 그리고 다시 상단부가 다시 簡化되어 '弁'의 모양으로 바뀐 것으로 보인다. 이상을 정리하면 '關'의 異體字인 '閞'의 경우, 그 偏旁 부분인 '弁'은 본래의 '䜌'에서 상단부가 통합되어 '厶'가 된 것이다. 다만 하단부인 '丱'은 통합의 과정을 거친 것이 아니라 書寫의 편리성을 추구하는 과정에서 筆劃이 簡化됨으로서 그 형체가 바뀐 것이라 판단된다.

溟(溟) : 이 글자의 異體字는 '溟'의 우측 偏旁인 '冥'의 하단부에 있는 '日'과 '六'이 하나의 '具'로 통합된 경우이다. '日'과 '六'이 '具'의 字形으로 통합되는 현상은 異體字에서 흔히 일어나는 것으로서, 이는 書寫의 과정에서 잘못 변해 일어난 현상으로 볼 수 있다. 즉 '日'과 '六'을 쓸 때, '日'의 양쪽에 있는 두 개의 垂劃을 길게 늘어뜨려 '目'로 쓰고, 그 아래에 바짝 붙여 '六'을 쓰게 되면 그 字形이 '具'가 되는데, 이 '具'에 붙어 있는 '六'의 상단부 點劃이 가로로 바뀌면서 '具'의 모양으로 바뀌게 된 것이다.

歰(歰) : 正字는 본래는 네 개의 '止'로 구성된 것으로, 그 중에 아래 두 개의 '止'는 본래의 모습이고, 위의 두 '刃'은 '止'를 뒤집어놓은 모양이었다. 그것이 楷書로 오면서 상단부의 두 '止'의 모양이 두 개의 '刃' 모양으로 바뀌게 된 것이다. 異體字에서는 다시 두 개의 '刃'이 하나로 겹쳐지면서 '刅'의 모양으로 바뀌었다. 이는 두 '刃'의 합친 모양을 한꺼번에 아우르는 과정에서 중간의 撇劃들이 중복되어 결과적으로 '刅'의 형체로 바뀌었기 때문이다.

誌(誌) : 正字의 우측 偏旁인 '志'는 '士'와 '心'의 결합으로 된 것이다. 그런데 그것이 異體字에서는 하나로 통합되어 '走'의 형체가 되었다. 즉 본래 글자의 상단부인 '士'는 그대로 있는데 하단부에 있는 '心'의 字形이 '士'와 붙어버리고, 아울러 그것이 書寫의 과정에서 '⻍'과 같이 변함에 따라 결과적으로는 '走'와 동일한 字形으로 바뀌게 된 것이다.

荘(莊) : 이 글자의 異體字는 본 글자의 상단부 偏旁인 '艹'와 좌측 偏旁인 '爿'이 결합되면서 만들어진 것이다. 즉 正字의 字形에서 앞의 두 偏旁이 결합되면서 '莊'의 형체로 변하고, 다시 그것이 '庄'의 모양으로 바뀌었다. 여기서 다시 '爿'의 좌측에 해당되는 筆劃이 點劃의 모양으로 바뀌면서 위와 같은 '庄'의 형태로 바뀌게 되었다.

2.4 하나의 偏旁이 두 개 偏旁으로

偏旁 중에는 본래 獨體文으로서 더 이상 분리가 불가능한 가장 작은 단위의 偏旁도 있지만, 이러한 偏旁들이 합쳐져서 보다 큰 규모의 偏旁을 이루는 경우도 있다. 그런데 異體字들 중에는 筆劃의 변화로 인해 가장 작은 단위의 偏旁은 물론, 보다 큰 단위의 偏旁들도 본래의 偏旁과 다른 새로운 偏旁을 만들어내면서 결과적으로 다시 두 개의 작은 偏旁으로 분리되는 것들이 있다. 예를 들어 "共(共)"은 본래 하나의 偏旁으로 간주되던 것인데, 筆劃이 추가되고 字形이 분리되면서 '廿'과 '丌'라는 偏旁으로 분리되었다. 그런가 하면 "誄(誅)"에서의 '未'도 본래 하나의 偏旁이었으나, 筆劃의 추가와 함께 字形이 분리되면서 '丰'과 '木'이라는 偏旁을 만들어내고 있고, 또 "駠(駫)"에서의 '允'도 본래는 '厶'와 '儿'의 두 偏旁이 합쳐 만들어진 偏旁이었는데, 여기에 다시 筆劃이 추가되고 字形이 분리되면서 '厶'와 '兀'이라는 두 개의 偏旁으로 분리되었으며, "兢(兢)"은 본래 '儿'과 '古'가 합쳐 만들어진 偏旁이었으나, 이 역시 筆劃의 增加와 함께 '士'와 '兄'이라는 偏旁으로 분리되었다. 그리고 "騞(騞)"은 우측 상단부에 있는 偏旁 '丰'이 字形의 변화를 거치면서 '士'와 '冖'이라는 두 개의 偏旁을 만들어내고 있다. 한편 "克(克)"은 筆劃의 增加와 더불어 變形도 이루어지면서 '右'와 '兀'이라는 偏旁을 生成해내고 있다.

한편, 筆劃의 增加보다는 주로 變形에 의해 기존의 偏旁이 解體와 재통합의 과정을 거치면서 두 개의 偏旁으로 변하게 되는 것들도 상당히 많다. 예컨대 "厺(去)"의 경우, 이것이 분리되면서 '大'와 '厶'라는 두 개의 偏旁을 만들어내고 있고, "具(具)"는 '目'과 '六'으로 분리되었다. 또 "宍(肉)"도 본래는 獨體文이었으나, 字形의 변화와 함께 字形이 분리되어 결과적으로는 '宀'과 '六'이라는 偏旁을 만들어 냈고, "身(身)"도 '尸'와 '弓'이라는 偏旁으로 분리되어 나타나게 되었다. 이 외에도

“兊(兌)”와 같은 경우는 하나의 偏旁이 變形되면서 ‘公’과 ‘儿’으로 구성되었고, “㐬(充)”도 마찬가지로 變形의 과정을 거치면서 ‘亠’과 ‘兄’이라는 偏旁을 만들어내고 있으며, 이와 유사한 경우로서 “克(克) · 剋(剋) · 兇(兇) · 睨(睨) · 統(統) · 交(交) · 絞(絞)”가 있다. 그런가 하면 “亨(克) · 泉(克)”의 경우는 字形의 變形이 심하여, 새로 生成된 偏旁이 기존의 字形과는 거리가 먼 형상으로 바뀌었다.

또 “迄(迄)”의 우측 偏旁인 ‘乞’도 상단부의 筆劃이 변하면서 ‘上’과 ‘乙’이라는 偏旁으로 분리되었는데, 이와 동일한 것으로서 “乞(乞) · 訖 · 訖(訖)”이 있다. 그리고 “兕(兕) · 罵(罵)”도 상단부가 본래 하나의 偏旁이었는데, 이것이 분리되어 두 개의 ‘口’를 형성하고 있고, “容(容)”의 偏旁인 ‘谷’도 다시 ‘夂’와 ‘厶’로 재편되었다. “穀(穀)”의 우측 偏旁인 “殳(殳)”는 상단부가 ‘口’의 형체로 바뀌었고, 하단부인 ‘又’는 분리되어 두 개의 字形으로 구성된 ‘支’의 형태에서 ‘攵’의 형체로 변화되었다. 이 ‘殳’가 ‘殳’의 형태로 변화되는 중간 과정을 보여주는 것으로서는 ‘殷’과 ‘般’, ‘般’이 있는데, ‘殷’의 우측 偏旁인 ‘殳’에서 ‘般’의 우측 偏旁인 ‘殳’을 거쳐 ‘殳’로 발전된 것으로 보인다. “敝(敝)”은 좌측 偏旁인 ‘㡀’가 異體字에서는 ‘山’과 ‘而’가 上下로 결합된 형태로 바뀌고 있다.

한편 “拆(拆)”의 경우는 좌측 偏旁인 ‘斥’에 點劃이 상단부에 추가되고, 다시 이것이 분리되면서 결과적으로는 ‘广’과 ‘千’의 두 개의 偏旁으로 변함에 따라 본래의 字形을 찾기가 쉽지 않게 되었다. 이와 같이 본래의 字形을 찾기 어렵게 된 경우로서는 “馬(馬) · 隈(隈) · 達(達)”과 같은 것들이 있다. 이들은 모두 본래의 字形에 筆劃이 추가됨으로서 이미 복잡해진 字形을 變形시킨 후, 다시 이를 여러 개의 偏旁으로 분리시킴에 따라 본래 正字의 모습은 찾아보기가 매우 어렵게 되었다.

다음에서는 이와 같이 하나의 偏旁이 분리되어 두 개의 偏旁으로 만들어지는 글자들이 어떻게 만들어지는가에 대해 몇 개의 예를 들어 좀 더 자세히 살펴보기로 한다.

“奭(奭)”은 異體字에서 正字의 ‘百’이 ‘日’로 변했을 뿐만 아니라, ‘大’도 ‘亠’과 ‘大’로 분리되어 있다. 즉 하나의 ‘大’가 두 개의 글자로 분화된 것이 특징이다. 이와 동일한 형태로 나타나고 있는 異體字로서 ‘奭’이 있다.

"訴(訴)"는 우측 偏旁인 '斥'이 '庠'으로 되었는데, 이는 결과적으로 '斥'이라는 하나의 글자가 '广'과 '干'의 字形으로 분리된 형국이 되었다. 물론 이것이 처음부터 이렇게 분리된 것은 아니고 중간의 字形 변형 과정을 거치면서 위와 같이 분리된 형상으로 변화된 것으로 보이는데, 그것을 보여주는 자료로서 '訴'를 들 수 있다. '訴'에서 우측 偏旁인 '厈'은 '斥'이 筆寫 과정에서 字形이 변형된 것인데, 그것이 다시 '厂'과 '亍'으로 분리되고, 다시 여기서 '厂'은 '广'의 형태로 변하고, '亍'은 '干'의 형태로 변화된 것으로 보인다.

"粹(粹)"는 우측 偏旁이 '卆'로 되면서 '九'와 '十'이라는 두 글자의 결합체 모양으로 바뀌었다. 그러나 이것 역시 처음부터 그렇게 바뀐 것이 아니라 중간 단계를 거쳐 위와 같이 변한 것으로 보이는데, 그것을 보여 주는 實例로서 '瘁'의 異體字인 '瘁'와 '瘁'를 들 수가 있다. 여기서 '瘁'는 위와 동일한 경우로서 역시 '九'와 '十'의 결합 형태를 취하고 있지만, '瘁'에서는 안쪽에 있는 偏旁인 '卒'의 모양이 '六'과 '十'의 결합인 '卒'의 형태를 취하고 있는데, 이는 사실상 '卒'의 小篆 모양인 '卒'과도 흡사한 형체이다. 이러한 字形을 종합해 본다면, 소전의 '卒'이 楷書로 넘어오면서 '卒'로 발전한 것이 가장 적합하게 변화된 반면, 한편으로는 字形이 흡사한 '卒'로도 변하면서 하나의 異體字를 형성하고, 다시 여기서 상단부의 '六'이 筆寫의 과정에서 字形上 유사한 '九'로 변형되어 위와 같은 異體字로 발전된 것으로 보인다.

"野(野)"는 우측 偏旁인 '予'가 '㔾'의 형태로 바뀌었다. 본래는 '予'라는 하나의 글자였는데, 형체가 바뀌면서 '口'와 'ㄗ'이라는 두 글자의 결합 형태로 바뀌었다고 볼 수 있다. 그러나 그 異體字 역시 처음부터 그렇게 바뀐 것은 아니고 변화의 중간 단계를 거친 것으로 보인다. 그러한 예로서 '野'와 '野'가 있는데, '野'에서의 우측 偏旁인 '予'는 본래의 '予'에서 상단부가 '々'로 바뀌었지만 그래도 본래의 字形에서 그리 많은 변화된 것으로 보이지는 않는다. 그러나 또 다른 異體字인 '野'에서는 우측 偏旁의 형체가 '予'로 변했는데, 이는 '予'의 상단부인 '々'의 筆劃이 이어지면서 새로운 글자인 '口'의 형체로 바뀐 것이다. 그러나 '野'에서는 아직까지 우측 偏旁의 하단부인 '了'은 字形의 변형이 이루어지지 않았으나, 그것이 '野'로 오면서 그 부분마저도 변하여 결과적으로 '㔾'의 형체로 바뀌면서 전체적으로는 '野'의 字形

으로 바뀌게 되었다.

“誡(誡)”는 우측 偏旁인 ‘戒’가 ‘戒戒’의 형체로 바뀐 것이다. 楷書라는 측면에서 본다면 이 ‘戒’는 ‘廾’과 ‘戈’ 로 이루어진 것인데, 異體字에서는 ‘廾’에 해당되는 부분이 ‘𠀃’로 되면서 ‘工’과 ‘八’로 분리되는 양상을 보여주고 있다. 이것이 이렇게 변하게 된 원인으로는 筆寫의 과정에서 그렇게 변화되지 않았는가 하는 의문은 있지만, 아직까지 그것이 분명하게 어떤 원인으로 인해 위와 같이 변화되었는지에 대해서는 확실한 근거를 찾기가 어려운 상황이다.

“𡱈(局)”의 小篆은 ‘局’로서 본래 ‘尺’과 ‘口’로 이루어진 글자였는데, 楷書로 오면서 ‘局’의 字形으로 바뀌게 되었다. 異體字인 ‘𡱈’은 ‘尸’와 ‘𠕒’이 內外로 결합된 모양을 하고 있는데, 여기서 내부인 ‘𠕒’은 사실상 ‘冂’과 ‘古’의 두 字形으로 이루어진 것이다. 이는 본래의 ‘局’에서 ‘尸’의 형체를 하고 있는 부분의 하단부 筆劃이 분리되면서 ‘口’를 둘러싼 筆劃인 ‘㇆’과 결합되어 ‘𠕒’이 된 것이다. 이와 유사한 변화를 보이는 異體字로 ‘扃’이 있다. 이 역시 내부가 전혀 다른 글자인 ‘句’의 형태로 나타나고 있다. 위의 ‘𡱈’과 비교해볼 때 ‘扃’은 외부가 ‘戶’로 바뀌었을 뿐만 아니라 내부도 하나의 글자로 이루어진 것으로서 楷書의 발전과정이라는 측면에서 본다면 비교적 정착 단계라 할 수 있다.

“𨚓(郤)”도 小篆의 字形을 그대로 이어받은 형태이다. 異體字인 ‘𨚓’은 좌측 偏旁인 ‘谷’이 ‘㕡’으로 바뀌어 있는데, 이는 ‘谷’을 筆寫하는 과정에서 상단부의 모양이 바뀐 것이다. 하단부인 ‘口’의 형태도 ‘厶’으로 변화되었는데, 여기에서 하단부인 ‘厶’는 ‘口’의 異體字에서 자주 보이는 것으로서 역시 書寫의 편리를 위해 변형된 것으로 보인다. 다만 이 부분의 상단부인 ‘𠂇’는 본래 ‘谷’에서 ‘人’의 일부였는데, 그것이 異體字 ‘㕡’의 상단부인 ‘乂’와 ‘𠂇’로 분리되어 전혀 다른 형체로 바뀌게 된 것이다. 어쨌든 전체적으로 볼 때 ‘谷’이라는 하나의 글자가 異體字로 바뀌면서 ‘乂’와 ‘厷’으로 분리 형성되었다고 할 수 있다.

“纍(累)”는 하단부가 본래 ‘糸’ 하나로 구성된 것이다. 그러나 異體字에서는 그것이 중첩되면서 ‘𦅫’와 같은 형체로 바뀌고 있다. 字形의 발전 과정은 繁化보다는

簡化가 대세이며, 동일한 偏旁이 두 개씩 있던 字形들의 경우, 그 중의 하나가 탈락하는 것이 일반적인 현상이다. 그러나 이 글자는 그것과 정반대로 오히려 偏旁이 중첩되면서 하나가 둘로 분리되는 특이한 양상을 보여주고 있다.

“秊(年)” 異體字는 본래는 ‘年’의 本字라 할 수 있다. 즉 小篆의 단계에서는 현재의 ‘年’은 ‘秊’의 형체를 하고 있었는데, 그것이 楷書로 오면서 지금의 字形으로 바뀌었다. 그렇기 때문에 엄밀히 본다면, 異體字인 ‘秊’은 하나의 字形이 둘로 분화된 것이 아니라, 두 개이었던 본래의 모습으로 돌아갔다고 할 수가 있다. 그러나 楷書가 정착된 이후의 관점에서 볼 때, 正字가 기준이 되고, 異體字는 새롭게 생성된 것이라는 측면에서 본다면 異體字인 ‘秊’은 하나의 字形이 둘로 분화된 것으로 해석될 수도 있다.

이 외에 하나의 偏旁이 분리되어 두 개의 偏旁으로 된 異體字로는 “𢂐(帝)·趒(逃)·𩃔(彪)·𨄅(蹛)·𠂔(仰)·𠬢(及)·𠅁(亟)·𤆍(赤)·駮(駁)·㐫(匈)·𣀳(黻)·罵(罵)·𦵔(菁)·詩(詩)·跈(跡)·𨞢(鄉)·𢀪(平)·序(序)·𢊁(府)·外(升)·征(征)·亦(亦)·仕(仕)·𠈇(侯)·踤(踤)·䜌(譝)·顛(顚)·㔁·𢦝(勞)·劉·劉(劉)·對(劉)”와 같은 것들이 있다.

2.5 하나의 偏旁이 다른 偏旁과 筆劃으로

본래 하나의 偏旁이었으나 筆劃의 추가나 혹은 變形 등으로 인해 위와 같이 기존의 偏旁과 다른 하나 혹은 두 개의 偏旁으로 만들어지는 것도 있는가 하면, 본래 偏旁이 다른 偏旁으로 바뀌면서 새로운 筆劃이 생겨나는 것들도 있다. 즉 본래 하나의 偏旁이었으나 그것이 변하면서 새로운 偏旁과 筆劃으로 분리되는 것이다. 예컨대 "逅(逅)"의 경우, 우측 偏旁인 ‘后’에서 상단부의 筆劃이 變形되면서 ‘右’와 撇劃의 구성으로 바뀌었다. 본래 ‘后’라는 하나의 偏旁이었던 것이 異體字에서는 하나의 偏旁인 ‘右’와 偏旁을 구성하지 못하는 筆劃들의 결합체로 변한 것이다.

이러한 것들은 다른 것에서도 많이 나타난다. 예컨대 “亾(亡)”은 字形의 變形

과정을 거치면서 偏旁인 '工'과 筆劃인 點劃의 결합체로 바뀌었고, "㔾(己)"도 變形 과정을 통하여 본래 하나이었던 偏旁이 '亡'이라는 偏旁과 橫劃의 결합체로 변했다. 그런가 하면 "徦(假)"의 우측 偏旁인 '叚'도 筆劃이 變形되면서 '長'과 다른 筆劃들의 결합체로 變形되었는데, 이와 동일한 것으로 "假(假)"가 있다. 이 외에도 "覭(覭)"은 좌측 偏旁이 '工'과 다른 여러 筆劃들의 결합 체로 변하였고, "全(全)"의 경우도 하단부의 偏旁인 '王'이 '工'과 점획의 구성체로 바뀌었으며, "野(野)"에서의 '予'는 '口'와 나머지 筆劃의 결합체로 변했는데, 이러한 類型으로는 "凝(凝)·弧(弧)·矣(矣)·購(購)·講(講)·食(食)·誶(誶)·諛(諛)·紉(紉)·兆(兆)·役(役)"과 같은 것이 있다.

한편 "疋(匹)"과 같은 것은 본래 正字가 '疋'이고 '匹'은 異體字이었는데, 지금은 '匹'이 正字로 간주되고 있는 경우이다. 그래서 위의 경우를 정확히 말하면 '匹'에서 '疋'로 변한 것이 아니라, '疋'이 '疋'을 거쳐 '匹'로 바뀐 것이라 할 수 있다. 즉 "疋·疋→疋→疋·疋→匹→匹→匹"의 과정을 거친 것이다. 그런데 현재는 '匹'이 正字이므로, 결과적으로는 '匹'의 異體字는 '辶'과 나머지 筆劃들의 결합체로 구성된 것이라 말할 수밖에 없는 것이다. 그런데 이와 유사한 형태가 다른 異體字에서 많이 나타나는데, 이들은 위의 경우와 정반대의 과정을 거치는 것으로 보인다. 예컨대 "近(匠)"나 "連(匣)·違·進(匯)·遺(匱)"와 같은 글자들은 모두 '匹'과 동일한 偏旁인 '匚'을 가지고 있는 "匠·匣·匯·匱"가 본래부터 正字이다. 즉 '匹'이 나중에 변해서 된 것인데 반해, 이들은 본래부터 이러한 字形을 가지고 있었다. 그렇기 때문에 이들의 異體字形들이 모두 '辶'과 다른 筆劃들인 橫劃의 결합체로 된 것은 위와는 정반대의 과정을 나타내는 것이라 할 수 있다. 이는 위의 異體字들 중에 '辶'이라는 偏旁으로 만들어지는 중간 과정을 보여주는 "匠(匠)·匯(匯)·匱(匱)"와 같은 것들이 출현하는 것에서도 추정할 수가 있다.

위와는 약간 다르게 기존의 偏旁이 變形되기만 하는 것이 아니라 筆劃이 추가되거나 감소, 그리고 變形이라는 과정이 복합적으로 나타나면서 결과적으로 다른 偏旁과 筆劃의 결합체로 바뀌는 것들도 상당수 존재한다. 예컨대 "伸(伸)"의 경우, 본래 偏旁인 '申'은 하나의 偏旁이었으나, 字形이 變形되고, 또한 撇劃과 點劃이 추가되면서 '曳'라는 偏旁과 點劃으로 구성된 字形이 되었다. 또 "是(是)"의 경우에는 하단부의 '疋'이 '正'으로 회귀하고, 橫劃이 추가된 형태가 되었으며, "迋(廷)"은 偏旁인 '壬'이 '丰'으로 변하고 點劃이 추가되었으며, "亰(原)"은 變形과 省略의 과정을 거치면서 '京'과 橫劃의 결합체로 변했다.

이 외에도 "㔹(匳)"은 본래 '匸'과 '僉'으로 구성된 글자이다. 그런데 異體字에서는 '匸'이 분해되면서 '匸'에서의 윗 筆劃 부분인 '一'의 형태가, '僉'의 상단부에 있는 '人' 부분이 결합되어 '大'의 형태로 변하고, 나머지 부분인 'ㄴ'만 남게 되었다. 글자의 전체 형체로 보다면, 결과적으로 이 글자는 'ㄴ'와 '奩'의 결합 형태로 바뀌게 되었으며, 또한 '僉'도 상단부가 분리되어 나가면서 나머지 부분인 '㒳'은 상단부의 筆劃이 감소되고, 하단부의 筆劃도 변하여 '品'의 형태로 바뀌어 버렸다. 이 외에 "克(克)·弃(棄)·呪(咒)"도 모두 이러한 예에 속한 글자들이다.

2.6 하나의 偏旁과 다른 筆劃이 다른 하나의 偏旁으로

본래 하나의 偏旁과 筆劃으로 구성되었던 것들이 筆劃의 변화를 거치면서 통합되어 하나의 새로운 偏旁으로 만들어지는 것들이 있다. 예컨대 "㞫(局)"의 경우 하단부의 '口'를 제외한 부분은 偏旁인 '尸'와 筆劃에 불과한 'ㄱ'으로 구성된 것이었다. 그러나 이들이 字形의 변화를 거치면서 통합되어 '弓'이라는 새로운 偏旁을 만들어내고 있다. 이와 동일한 것으로서 '跼(跼)'이 있는데, 이 역시 동일한 과정을 거치고 있지만 새로 만들어진 偏旁은 '弔'이다. 또 "隆(隆)"의 경우, 우측 하단부는 橫劃과 '生'이라는 偏旁으로 구성된 것인데, 이것이 변하여 '甠'이라는 새로운 偏旁을 만들어내고 있고, "諷(諷)"도 '風'의 안쪽에 있는 偏旁 '虫'과 橫劃이 통합되고 變形되면서 異體字에서는 새로운 偏旁인 '百'을 生成해내고 있다. 다음에서는 이러한 예에 속하는 글자에 대해 좀 더 자세히 살펴보기로 한다.

"複(複)"은 正字의 우측 상단부에 있는 성분인 '𠂉'는 '𠂉'와 '日'이라는 성분으로 구성되어 있으며, 여기에서 '日'과는 달리 '𠂉'는 단독으로 글자가 될 수 없는 성분이다. 그런데 異體字에서는 이 두 개의 성분이 통합되면서 '百'의 字形으로 바뀌게 되었는데, 이는 '𠂉'의 형체가 약간 바뀌고 그것이 다시 아래의 '日'에 접합되면서 결과적으로는 '百'의 형태가 된 것이라 할 수 있다.

“䙷(犀)”의 우측 偏旁인 ‘犀’는 異體字에서 ‘犀’로 바뀌었다. 사실 본래 의 偏旁인 ‘犀’는 ‘尸’와 ‘牛’로 구성된 것인데, 異體字에서는 본 글자의 ‘尸’에서 하단부인 ‘⺜’과 그 아래에 있는 다른 偏旁인 ‘牛’가 통합되면서 한 글자인 ‘辛’으로 변화되었다. 여기서 통합의 한 성분인 ‘⺜’은 단독으로 글자가 되지 못하는 성분이고, 다른 한 성분인 ‘牛’는 본래부터 하나의 글자로 성립된 것이었는데 그것이 변화되어 새로운 기존 字形과 동일한 형체로 바뀌게 된 것이다. 이와 동일한 예로서 ‘遅’가 있다.

“辝(辭)”의 좌측 偏旁은 본래 ‘爪’와 ‘𠃬’로 구성된 것이다. 여기서 ‘爪’는 단독으로 글자를 이룰 수 있지만 ‘𠃬’은 그렇지 못하다. 그런데 이것이 異體字에서는 전체를 하나로 통합하면서 ‘台’로 바꾸어 놓았는데, 이 ‘台’는 본래의 字形에서 전체적인 윤곽만을 그림으로서 만들어진 것으로 보인다.

2.7 기타

이 외에도 본래 두 개의 偏旁이었던 것이 字形의 분리와 통합이라는 과정을 거치면서 전혀 다른 두 개의 偏旁 혹은 그 이상의 偏旁을 만들어내는 경우도 있다. 예컨대 “䳚(顚)”과 같은 경우, 좌측의 偏旁은 본래 두 개의 偏旁으로 구성되어 있었던 것이었는데, 이것이 變形과 분리의 과정을 거치면서 ‘上’과 ‘貝’라는 전혀 다른 두 개의 偏旁으로 만들어졌다. 또 “蹾(蹬)”의 경우도 본래 正字의 우측 偏旁이 여러 개의 偏旁으로 구성되었지만, 이것이 다시 字形상의 통합과 분리 과정을 거치면서 ‘放’과 다른 筆劃의 결합 형태로 바뀌었다.

또 “崇(專)”의 경우, 본래 두 개의 偏旁으로 구성되어 있었지만, 이것이 분리와 變形을 거치면서 ‘山’과 ‘冖’ · ‘云’이라는 세 개의 偏旁으로 재편되었으며, “遴(遴)”에서도 右上段의 偏旁이 ‘火’가 세 개인 偏旁으로 바뀌었으며, “侫(俟)”도 ‘亡’과 ‘大’로 바뀌었다. 다만 이들의 경우, 본래 두 개의 偏旁으로 구성된 것이라 하더라도, 그것이 이미 正字에서 하나의 偏旁으로 간주될 수 있기 때문에 이를 반드시 두 개 이상의 偏旁이 변한 것이라고 말하기는 어렵고, 이를 하나의 偏旁이라고 설명해도 틀린 것이라 말할 수는 없다.

앞에서 筆劃의 변화로 인해 만들어지는 異體字 중에서 正字의 偏旁이 解體되거나 또는 전혀 다른 偏旁을 生成해내는 方法과 類型에 대해 알아보았다. 위에서 알 수 있듯이 正字의 筆劃이 增減 혹은 變形됨으로 인해 異體字에서는 새로운 偏旁이 生成되기도 하고 解體되기도 하는 것은 아주 빈번하게 나타나는 現象임을 알 수 있다. 이와 같은 現象에 나타나는 몇 가지 특징을 살펴보면 다음과 같다.

첫째, 正字에 있는 기존의 偏旁이 異體字에서 다른 偏旁 형태로 바뀌는 경우는 筆劃의 增減에 의한 것보다는 變形의 과정을 거치면서 生成되는 것이 압도적으로 많다. 이는 筆劃의 增減이 가져오는 字形의 변화는 그 한계가 있어서 筆劃의 變形이 일으키는 字形의 변화보다 그 범위가 적을 수밖에 없기 때문이라 할 수 있다.

둘째, 단순히 하나의 偏旁이 해체되는 것에서 끝나는 것보다는, 본래의 偏旁이 解體되면서 다른 偏旁을 만들어내거나, 혹은 전혀 다른 偏旁과 筆劃의 결합체로 분리되는 경우가 훨씬 많이 보인다. 단순히 筆劃의 變形되면서 다른 偏旁을 만들어 낼 필요는 없지만, 실제로는 다른 偏旁을 만들어내거나 혹은 偏旁과 筆劃을 함께 구성하는 경우가 자주 발견된다.

셋째, 偏旁에 筆劃들이 추가된 후, 다시 變形과 분리를 거쳐 두 개의 偏旁으로 만들어진 字形들은 다른 경우에 비해 正字를 유추하기가 상당히 어렵다. 예컨대 “騗(馬)·隗(隈)·逹(達)”과 같은 경우, 正字의 字形에서 너무 많이 바뀌었기 때문에 正字를 유추한다는 것은 실로 어려운 일이다.

넷째, 두 개의 偏旁이 결합과 재분리의 과정을 거치면서 전혀 다른 형태의 偏旁을 生成하는 경우도 존재하는데, 이는 字形의 균형을 위한다든가 혹은 筆寫의 편리함을 위한 것으로 보인다.

다섯째, 筆劃 중에서 “㕣(公)·来(來)·㘴(座)·儼(儼)·謲(譟)·彈(彈)·叅(參)·邑(邑)”에서와 같이 ‘厶’와 ‘ㅅ’의 형태를 취하는 것들은 자주 ‘口’로 바뀌며, 또한 그 반대의 경우도 많이 보이는데, 이 역시 筆寫의 편리함이나 字形의 균형을 위한 것으로 보인다.

여섯째, 간단한 筆劃들로 구성된 글자는 복잡하게 만들고, 筆劃이 복잡하게 구성된 글자들은 간단하게 바꾸려는 경향이 있다. 예컨대 “亾(亡)”과 같은 경우, 단순히 三劃으로 구성된 것인데, 末劃을 둘로 나눔으로서 劃數도 늘어나고 글자의 구조도 약간 복잡하게 만들었다. 또 “及(及)”의 경우도 字形을 둘로 분리하면서 글자의 구조가 복잡해졌으며, 이 외에도 "𠦃(升)·兙(克)·匹(匹)"과 같은 것들이 모두 이와 같은 특징을 가지고 있다. 한편 그 반대의 현상도 존재한다. 즉 筆劃이 복잡한 구조로 이루어진 글자들을 간단하게 바꾸려는 경향을 보이는 것들도 있다. 예컨대 "䛇(譝)"과 같은 경우에 우측 偏旁인 '黽'은 筆劃의 구성이 상당히 복잡하다. 그래서 異體字에서는 이를 보다 간단하게 처리한 흔적이 엿보이고 있다. 또 "𨔶(遴)"과 같은 경우도 우측 偏旁인 '粦'의 구조가 복잡하기 때문에 이를 '火'를 세 개 중첩시키는 방식으로 단순화 시켰고, "㔟(勢)"도 左上段의 偏旁을 대폭 간화시켰다. 이 외에도 "㑨(侯)·𠎝(棄)와 같이 이러한 것들은 매우 많이 발견되고 있다.

* 偏旁 生成 및 解體 異體字 類型表

類型	異體字形
단순 筆劃이 偏旁으로 되는 경우	㓙(鹵)·賨(寮)·㓝(刑)·來(來)·㘴(座)·衆(衆)·𢒈(形)·直(直)·䴡(麗)鼒·鼑(鼎)·鼡(鼠)·害(害)·弃(棄)·丮(丮)
偏旁이 해체되는 경우	常(常)·厺(去)·市(市)·虎(虎)·九(九)·宙(宙)·白(白)·商(商)·詍(詍)·齠(齠)·絃(絃)·訝(訝)·力(力)·百(百)·個(個)·禮(禮)·羿(羿)·奕(奕)·願(願)·踆(踆)·鮑(鮑)·闇(闇)·闉(闉)·閥(閥)·阜(阜)·錢(錢)·夢(夢)
偏旁이 다른 偏旁으로 되는 경우	耏(耐)·弘·弘(弘)·組(組)·配(配)·勁(勁)·逅(逅)·兄(兄)·允(允)·駉(駉)·矜(矜)·託(託)·準(準)·宰(宰)·豊(豐)·魅(魅)·惡(惡)·截(截)·俳(俳)舛·舛(舛)·兄(兄)·孔(孔)·冣(最)·詆(詆)·胄(胄)·宜·宜(宜)·耏(耐)·辱(辱)·密(密)·須(須)·雪(雪)·㝱(霙)·伝(伝)·駁(駁)·呪(呪)·列(列)·剎(刹)·魚(魚)·鳩(鳩)·氐(氐)·禽(禽)·鴟(鴟)·底(底)·譯(譯)·貞(貞)·近(近)·遻(遻)·試(試)·笼(笼)·紊(紊)·終(終)·絳(絳)·蕙(藺)·思·思·思·思(思)·王(王)·抑(抑)·是(是)·春(春)·勢(勢)·質(質)·諫(諫)·詣(詣)·霍(霍)·怪(怪)·記(記)·刷(刷)·覓(覓)·安·安(安)·訴(訴)·儼(儼)·譟(譟)·彈(彈)·參(參)·邑(邑)·客(客)·亘(亘)·彝(彝)·抑(抑)·扃(扃)·弈(弈)·男(男)·寒(寒)·匠(匠)·盟(盟)·矜(矜)·束(束)·係(係)·緐(緐)

하나의 偏旁이 다른 두 개의 偏旁으로 되는 경우	啇(帝)・趒(逃)・髟(彪)・蹛(躝)・仰(仰)・及(及)・亟(亟)・赤(赤)・駮(駁)・匈(匈)・黻(黻)・罵(罵)・冓(冓)・詩(詩)・跈(跈)・鄉(鄕)・平(平)・序(序)・府(府)・升(升)・征(征)・亦(亦)・仕(仕)・侯(侯)・踤(踤)・譝(譝)・顚(顚)・勞・勞(勞)・劉・劉(劉)・劉(劉)・馬(馬)・隈(隈)・達(達)・拆(拆)・容(容)・兕(兕)・罵(罵)・乞(乞)・訖・訖(訖)・迄(迄)・克・克・克・克(克)・剋(剋)・兇(兇)・覞(覞)・統(統)・交(交)・絞(絞)・充(充)・兌(兌)・身(身)・肉(肉)・具(具)・去(去)・騞(騞)・共(共)・誅(誅)・駛(駛)・兢(兢)・俱(俱)
하나의 偏旁이 다른 偏旁과 筆劃의 결합체로 되는 경우	克(克)・棄(棄)・呪(呪)・原(原)・廷(廷)・是(是)・伸(伸)・凝(凝)・弧(弧)・矣(矣)・購(購)・講(講)・食(食)・誶(誶)・諛(諛)・翫(翫)・兆(兆)・役(役)・野(野)・全(全)・逅(逅)・亡(亡)・己(己)・徾・假(假)・覘(覘)・匹(匹)・匠(匠)・匣(匣)・匯・匯(匯)・匱(匱)・亘(亘)・兆(兆)
하나의 偏旁과 筆劃이 다른 偏旁으로 되는 경우	局(局)・跼(跼)・隆(隆)・諷(諷)
기타	專(專)・遴(遴)・俟(俟)・完(完)・筦(筦)・蹬(蹬)・鷏(鷏)・勢(勢)

第4章

特殊 類型 異體字

異體字는 대체적으로 筆劃이나 偏旁의 변화에 의해 만들어진 것이다. 그런데 異體字 중에는 방법상으로는 위와 같은 방식에 의해 만들어진 것이기는 하지만, 단순히 앞에서 거론된 類型의 하나로만 설명하기에는 부족한 類型들이 존재한다. 그뿐만이 아니다. 異體字 중에는 아예 새로운 글자를 만들어 본래의 正字를 대신하는 경우도 있다. 이러한 類型에는 서로 다른 正字의 異體字가 동일한 字形으로 된 것도 있고, 어떤 異體字는 그것이 어떤 正字의 異體字인 동시에 다른 正字의 字形과 동일한 것도 있다.

그런가 하면 어떤 異體字의 偏旁은 그것이 正字의 偏旁에서 변형된 것인데, 그 변형된 후의 字形은 일반 偏旁과 달리 단독으로 쓰일 수 없는 字形으로 바뀌었는데도, 거의 固定化되어 마치 偏旁과 같이 된 것도 있다. 또 어떤 것은 아예 正字와 뜻이 통하는 글자를 다시 만들어 異體字로 사용하기도 한다. 다음에서는 이러한 특이한 유형들을 몇 가지로 나누어 이들에 대해 집중적으로 알아보기로 한다.

1 同形異體字

異體字 중에는 하나의 異體字가 두 개 이상의 正字를 갖는 경우가 있다. 즉 A라는 正字의 異體字形이 다른 正字인 B의 異體字形과 동일하게 나타나는 경우가 존재한다. 다시 말해 A의 異體字인 C는 다른 正字인 B의 異體字와 동일한 형태가 되는 것이다. 이러한 경우 C는 A의 異體字가 되기도 하고, B의 異體字가 되기도 한다. 이때 C를 同形異體字라 한다.

이러한 異體字形을 만나게 되면 그것의 正字形을 밝히는 것이 다른 異體字에 비해 어려워질 수밖에 없다. 예를 들어 “[illegible]”이라는 字形은 “旦”의 異體字이면서(『漢隷字源 · 去聲 · 翰韻 · 旦字』引〈孫叔敖碑〉)[1] 동시에 “且”의 異體字가 되기도 한다.(『碑別字新編 · 五畫 · 且字』引〈隋張囧妻蘇恒墓誌〉)[2] 그런데 이를 모르고 “[illegible]”이 “旦”으로 쓰였는데 이를 “且”로 해석하거나, 반대로 “[illegible]”가 “且”로 쓰인

1 『異體字字典 · 日部』 A01772-001 參照.
2 『異體字字典 · 一部』 A00014-003 參照.

것인데 "旦"으로 해석하게 되면 그 결과는 심각한 오류로 남게 될 것이다.

다음에서는 이러한 異體字들을 대상으로 그것들의 면모를 여러 각도에서 살펴보고, 이러한 異體字들이 갖고 있는 특성에 대해 설명하고자 한다. 이를 위해 먼저 살펴볼 것은 이러한 異體字들이 몇 개 正字의 異體字인지를 살펴보고, 또 이들이 異體字로 만들어지게 된 것이 筆劃에 의한 것인지 아니면 偏旁의 변화에 의한 것인지에 대해서 알아보기로 한다. 아울러 이들이 변화하는 始初는 어느 시기부터인지에 대해서도 유형별로 나누어 알아보고자 한다.[3]

1.1 歸屬 正字의 數에 따른 분류

하나의 正字는 여러 개의 異體字를 갖는 경우가 많이 있지만, 반대로 하나의 異體字는 대부분 正字가 하나이다. 그러나 어떤 경우에는 두 개 이상 서로 다른 正字들의 異體字가 동일한 형체인 경우도 있다. 이 중에서 두 개의 正字에 歸屬될 수 있는 異體字形이 대부분이나 일부에서는 세 개의 正字에 歸屬될 수 있는 경우도 있고, 심지어는 네 개의 正字에 歸屬될 수 있는 것도 있는데, 이들을 나누어 살펴보면 다음과 같다.

1.1.1 2개의 正字에 歸屬될 수 있는 경우

𠄻 : 이 글자는 "事"의 異體字인 동시에 "爭"의 異體字이기도 하다. 『龍龕手鑑·雜部』에 의하면 "𠄻"는 "事"의 異體字라 하고 있으며,[4] 『字學三正·體製上·古文異體』에서는 "爭"의 異體字라 말하고 있다.[5] 즉 이 글자는 "事"의 異體字인 동시에 "爭"의 異體字이기도 하다. 正字인 "事"와 異體字 "𠄻"의 차이점은 "事"에서의 "亅"획이 "乙"획으로 바뀌었다는 것인데, 이는 字形의 균형을 위해 變形시킨 경우이며, 이와 類似한 예로는 "申"을 "电"으로 쓰는 것들이 있다.

3 이하 "同形異體字"에 대한 記述은 拙稿 "同形異體字의 類型 및 造字過程 考察(中國言語研究 第37號, 2011.11)"을 바탕으로 대폭 수정과 보완을 한 것임.
4 行均, 『龍龕手鏡』, 中華書局, 北京, 1985, p.552 參照.
5 『異體字字典 · 爪部』 A02468-010 參照.

한편 字形이 매우 다른 "亊"이 "爭"의 異體字로 변화된 과정은 약간 복잡하다. 즉 "爭"에서 "亊"으로 단번에 바뀐 것이 아니라 字形이 조금씩 변화하는 과정을 거친 것으로 볼 수 있다. "爭"의 또 다른 異體字들에는 "争 · 㨨 · 争 · 事 · 爭 · 事 · 亊"이 있다. 이들을 통해 "爭"이 "亊"으로 변화되는 과정을 추정해보면 "争→㨨→争→事→爭→事→亊"이 된다. 이와 같은 결과로 "亊"는 "事"의 異體字인 동시에 "爭"의 異體字가 되었다. 이러한 영향 때문인지는 분명하지 않지만 "事"의 또 다른 異體字로서 "爭"과 類似한 형체인 "争"도 존재하고 있다.

沿 : "沿"는 〈隋晉王祭酒車誅墓誌〉에서 "沼"의 異體字로 사용되고 있다.[6] 正字인 "沼"가 "沿"로 바뀐 것은 偏旁 중의 "刀"가 "口"로 바뀌었기 때문인데, 이는 筆劃의 변화에 의해 생겨난 것으로서 "沒(沒) · 畱(留)"와 같이 異體字들에서는 자주 보이는 현상이다.

"沿"는 또 "治"의 異體字로도 사용되고 있는데, 이에 대해 季旭昇은 "『玉篇·水部』: 治 : 除之、除既二切。又脩治也。出城陽縣曲山。其異體或作沿，見『隸辨·去聲·至韻』引〈堯廟碑〉: 沿。『字彙補·水部』: 沿 : 與治同。〈漢靈臺碑〉: 復沿黃屋。蓋隸書厶形與口形可以互作。據此，沿為治之異體."[7]라 말하고 있다. 이에 의하면 문헌 기록상의 증거는 물론이거니와 "治"에서의 "厶"는 隸 · 楷書에서 종종 筆劃의 변화로 인해 "口"로 바뀌기 때문에 "沿"는 "治"의 異體字라는 것이다. 이와 동일한 방식에 만들어진 異體字인 "雄(雄) · 吴(矣) · 哭(哭) · 絹(絹) · 圖(圖) · 厶(吝) · 單(單)"과 같은 글자들이 그 증거가 될 수 있다. 어쨌든 이러한 筆劃의 변화과정을 거쳐 만들어진 "沿"는 결국 "沼"의 異體字인 동시에 "治"의 異體字가 된 것이라 할 수 있다.

1.1.2 3개의 正字에 歸屬되는 경우

擥 : 이는 『正字通 · 手部』에서 "掔"의 異體字로 규정되어 있다.[8] "擥"은 "掔"에

6 『異體字字典·水部』A02165-003 參照.

7 『異體字字典·水部』A02179-002 參照.

8 張自烈,『正字通』, 中國工人出版社, 北京, 1996, p.423

偏旁인 "手"가 추가되어 그 의미를 강조하는 용도로 사용된 異體字로서, 이와 같이 기존의 글자에 偏旁을 추가하는 것은 異體字 생성의 보편적인 방식 중의 하나이며, 이러한 예로는 "𡉚(壯) · 𡉏(歪)"가 있다.

또『類篇』에서는 "掔"의 異體字라 말하고 있는데,[9] 이는 외형적으로는 단순히 "手"로 "土"를 代替한 것처럼 보이지만, 그보다는 "掔"과 "堅"의 字音이 동일하여 "堅"을 "掔"으로 바꾼 것으로 간주해야 할 것이다.

한편『集韻考正·卷八·去聲·霰韻』에서는 "牽"의 異體字로 보고 있는데,[10] 이것 역시 字音이 동일한 다른 偏旁으로 代替해 만든 것이라 할 수 있다. "牽"의 異體字 중에는 "撁"의 형태로 된 것이 있는데, 이 "撁"에서 偏旁인 "牽"을 字音이 동일한 "掔"으로 代替해 만들어진 異體字가 바로 "𢹛"이다. 즉 이것은 "牽→撁→𢹛"의 과정을 거쳐 만들어진 것이라 할 수 있다. 이와 같이 偏旁追加와 偏旁代替라는 서로 다른 방식으로 만들어진 "𢹛"은 결과적으로 세 개의 서로 다른 正字들인 "掔"과 "掔" · "牽"의 異體字가 되었다.

巫 : 이는 〈魏廣陽王妃墓誌〉에서 "巫"의 異體字로 사용되었다.[11] 이는 "巫"의 중간 양쪽에 있는 "从"의 모양이 譌變되면서 만들어진 異體字이다. 한편『正字通·土部』에서는 이 "巫"를 "基"의 異體字로 소개하고 있다.[12] "基"가 "巫"로 변화된 것은 筆劃의 대폭적인 생략과정을 거쳤기 때문인데, 그것을 "基"의 다른 異體字들인 "𡋯 · 𡊮 · 𡈽 · 𡉅"와 비교해보면 "基→𡋯→𡊮→𡈽→𡉅→巫"의 과정을 거치면서 생성된 것이라 할 수 있다.

"巫"은 또 "巠"의 異體字로도 사용되는데, 이에 대해 周小萍은 "『四聲篇海·工部』以巠、巠、巫相同，並云：三音經，直波曰巫。古文，胡頂切。水脈也。『正字通·巛部』引晉姜鼎作巠，總要：亚，水平流也，又過也，歷也，或作巫。又『異體字例』凡巠形多作巫（巫）。故以巫為巠之異體也."[13]라 하여, 古籍의 기록을 근거로 "巫"이 "巠"의 異體字임을 밝히고 있다. 이 "巫"이 만들어진 것은

---

9 司馬光, 『類篇』, 中華書局, 北京, 1984, p.444
10 『異體字字典·牛部』A02498-024 參照.
11 『異體字字典·工部』A01152-007 參照.
12 『異體字字典·土部』A00781-010 參照
13 『異體字字典·巛部』C03026-004 參照.

筆劃의 變形에 의한 것이며, "巠"의 다른 異體字인 "丞"과의 비교를 통해 살펴보면 이는 "巠→丞→丕"의 과정을 거치며 변해간다는 것을 알 수 있다. 위와 같이 서로 다른 과정을 거치면서 만들어진 것이지만 "丕"은 결국 "基"의 異體字가 됨과 동시에 "巫"와 "巠"의 異體字가 되었다.

亨 : 이 글자에 대해 許錟輝는 "亨，見『廣韻·上聲·養韻』，云：亯，獻也。……亨，上同，亦作享。『類篇·亯部』：亯，獻也。……篆文作亯，隸作享。『四聲篇海·亠部』：亯，虛掌切，……獻也。……亨，同上，享，同上，俗作享。據此，亨,享並為亯之異體，亯，隸作享，則亨可為享之異體無誤."[14]라 하여 "亨"이 "享"의 異體字라 말하고 있다. 즉 "亯"이 楷書化된 것이 "享"인데, "亨 · 享"이 "亯"의 異體字이므로 "亨"은 바로 "享"의 異體字라 것이다. 사실 "享"은 "亯"의 篆文인 "亯"에서 발전되어 나온 것이기 때문에 당연히 "亯"과는 동일한 글자이다. 이 "享"의 古文인 "亯"에서 "亨"으로 변화되는 것을 다른 異體字와의 비교를 통해 살펴보면 "亯→享 · 亨→享→享→亨"의 과정을 거친 것으로 보인다.

한편 이러한 "享"에서 파생되어 나온 後起字의 하나가 "亨"인데, 이와 관련하여 曾榮汾은 "文獻中亦通行作亨，如『隸辨·平聲·庚韻』：亨：華山亭碑『字彙·亠部』及『正字通·亠部』等亦都以亨為正字。今標準字體既以亨為正，亨自可收為異體."[15]라 하여, "亨"이 "亨"의 異體字로도 사용되었음을 증명하고 있다. 正字인 "亨"과 異體字인 "亨"은 모두 "享"의 篆文에서 파생된 것으로 보이며, 그 과정도 위의 "亨"이 만들어지는 과정과 거의 동일해서 "亯→享 · 亨→享→亨 · 享→亨"의 순서를 거치고 있다. 다만 이것의 字音과 字意를 독립시켜 별도의 "亨"이라는 글자를 만들었다고 판단된다. 이 과정에서 만들어진 "亨" 역시 "亨"의 異體字로 사용된 것으로 보인다.

그리고 『廣韻·庚韻』에 "亨、煮也，俗作烹."[16]라 말하고 있는 바, 이에 의하면 "亨"은 "烹"의 異體字로도 사용되었음을 알 수 있다. 그런데 "烹"의 異體字에도 "享"과 "亨"의 異體字로 많이 등장하는 "亨 · 亯 · 享 · 亯"등이 있는 것으로 보아 "享" · "亨" · "烹"은 서로 正字이면서 상대의 異體字로 쓰이기도 하고, 또한 동일

14 『異體字字典·亠部』A00064-011 參照.

15 『異體字字典·亠部』A00063-002 參照.

16 陳彭年等撰, 余迺永校, 『互註大宋重修廣韻』, 聯貫出版社, 臺北, 1979, p.185

한 字形의 異體字를 保有하기도 한 것으로 보인다.

1.1.3 4개의 正字에 歸屬된 경우

佗. 이는 "他"의 異體字인 동시에 "它"와 "駄"·"駝"의 異體字이다. 또한 "佗"는 자체 正字이기도 하다. 그런데 "佗"에 대해 『正字通·人部』에서는 "他"의 異體字로 규정하고 있고[17], 『玉篇·它部·它字』[18]와 『四聲篇海·宀部』[19]에서는 "它"의 異體字로 규정하고 있으며, 『正字通·馬部』에서는 "駄"로[20], 『康熙字典·馬部』에서는 "駝"의 異體字로 규정하고 있다.[21]

원래 小篆의 "[illegible]"는 "也"와 "它"의 初文이며, "也"에서 파생된 것이 "他"이다. 그런데 "也"와 "它"는 서로 혼용되었기 때문에 偏旁인 "也" 대신에 "它"를 사용해 만든 "佗"는 "他"의 異體字가 된다. 즉 偏旁의 代替로 만들어진 異體字라 할 수 있다. 또 "它"의 異體字로 사용된 "佗"는 偏旁追加에 의한 異體字로 볼 수 있다.

"駄"의 異體字로 쓰인 것은 音近인 偏旁과 同一字族인 偏旁으로 代替됨에 따라 만들어진 것이다. 다른 異體字와의 비교를 통한다면 "駄→駄→佗"가 되는데, "佗"는 "駄"의 偏旁 중 音近인 "大"가 "它"로 바뀌고, 同一字族인 "人"이 "馬"를 代替한 것이다. 또 "駝"의 異體字인 "佗"도 비슷한 과정으로서, "駝"에서 "馬"가 同一字族인 "人"으로 代替되었다. 이와 같이 하나의 字形이 偏旁 追加나 代替라는 원인으로 인해 동시에 "他"·"它"·"駄"·"駝"라는 글자의 동일한 형체를 갖는 異體字로 만들어지게 되었다.

1.2 異體字의 變形成分에 따른 분류

異體字는 正字에서 字形이 변화된 것이므로, 異體字는 결국 正字의 字形을 이루는 구성 성분인 筆劃이나 偏旁 중에서 어느 것을 變形시켰는가에 따라 크게

17 張自烈,『正字通』, 中國工人出版社, 北京, 1996, p.35
18 顧野王,『玉篇』, 臺灣中華書局, 臺灣, 1977, 卷下38上.
19 韓孝彦 等, 『續修四庫全書 · 四聲篇海』, 上海古籍出版社, 上海, 1995, p.358
20 張自烈,『正字通』, 中國工人出版社, 北京, 1996, p.1310
21 陳廷敬 等『康熙字典』, 中華書局, 北京, 1997, p.1434

筆劃을 變形시킨 것과 偏旁을 變形시킨 것, 그리고 筆劃과 偏旁을 모두 變形시킨 것으로 나누어 볼 수 있다. 다음에서는 이러한 기준에 따라 異體字들을 분류하고, 이 글자들이 生成되어가는 과정을 살펴보기로 한다.

1.2.1 變形 成分이 筆劃인 경우

서로 다른 두 개 이상의 正字가 變形되어 가는 과정에서, 각각의 正字形 모두가 筆劃 成分이 變形되어 異體字로 만들어지는 경우가 여기에 속한다. 筆劃의 變形에도 여러 가지 유형이 있을 수 있는데, 가장 대표적인 것으로는 각각의 正字形 모두가 단순한 筆劃의 變形이 이루어진 경우와, 하나는 筆劃의 變形이나 다른 하나는 筆劃의 省略인 경우, 하나는 筆劃의 變形이나 다른 하나는 筆劃의 增加인 경우, 하나는 筆劃의 增加이나 다른 하나는 筆劃의 省略인 경우로 나뉘게 된다. 다음에서는 이들 각 유형에 속하는 글자들이 각각 다른 正字의 異體字이면서 동일한 字形을 가진 異體字로 만들어지는 과정에 대해 살펴보기로 한다.

1) 각 正字形을 모두 단순히 筆劃 變形시킨 경우

匃 : 이는 "丐"의 異體字인 동시에 "匈"의 異體字이다. "匃"에 대해 許錟輝는 "匃為丐之異體。見於『玉篇·罒部·匃字』、『廣韻·去聲·泰韻』、『集韻·去聲·泰韻, 入聲·曷韻』。『龍龕手鑑·罒部』: 匄、今匃 ; 、正。古太反。乞也、求也。從人亾聲。人有亡失，則求行乞匃也。又據『玉篇·罒部·匃字』，匃　同丐，可知匃為丐之異體."[22]라 하여 "匃"가 "丐"의 異體字임을 증명하고 있다. 이 "匃"는 "丐"의 筆劃이 변화되어 만들어진 것으로서, 그것이 생성되는 과정을 "丐"의 다른 異體字와의 비교를 통해 보면 "丐→丏→𠀀→匃→匄"로 변화되는 중간 단계에 속한다고 할 수가 있다.

한편 『彙音寶鑑·恭上平聲』에 의하면 이 "匃"은 "匈"의 異體字로 규정되어 있다[23]. "匈"의 異體字로 "匃"이 만들어진 것도 역시 筆劃의 변화에 의한 것이다.

22 『異體字字典 · 一部』A00009-002 參照.
23 『異體字字典 · 勹部』A00410-009 參照.

"匃"의 다른 異體字에 "匂"이 있는데, 이것이 만들어지는 과정도 약간 복잡하다. 이를 위해 또 다른 異體字들과의 비교를 통해 "匃"에서 "匂"으로 발전되는 과정을 살펴보면 "匃→匃→匃→勾→匂"이라 할 수 있으며, "勾"은 그 발전되는 중간 과정에 위치하고 있다. 위와 같은 "丐"와 "匃"의 異體字 생성과정에서 "勾"이라는 동일한 형체가 만들어짐에 따라 "勾"은 결국 두 개의 正字를 保有하게 되었다.

庹 : "庹"는 〈唐故隋左龍驤驃騎王協墓誌〉에서 "庶"의 異體字로 쓰이고 있는 반면[24], 〈魏三級浮圖頌〉에서는 "度"의 異體字로 사용되었다.[25] "庶"의 異體字가 "庹"로 된 것은 "庶"의 하단부인 偏旁 "灬"가 "父"로 바뀌어 이루어진 것인데, 이는 "灬"에서 직접 "父"의 형태로 바뀐 것이 아니라, 먼저 "灬"가 중간 단계인 "火"로 바뀌고, 이것이 다시 字形이 類似한 "父"로 바뀌면서 전체 字形이 "庹"로 변화된 것이다. 이러한 것은 그 중간 단계의 형태를 취하고 있는 "庶"의 또 다른 異體字인 "庻"가 존재하는 것으로 미루어 "庶→庻→庹"의 단계를 거쳐 만들어진 것으로 추정할 수 있다.

"度"의 異體字인 "庹"의 경우도 비슷한 과정을 거치고 있다. 즉 "度"의 하단부인 "又"가 직접 "父"의 형태로 바뀐 것이 아니라, "又"와 字形이 비슷한 중간단계인 "夂"와 "攵"을 거치면서 마지막에 "父"의 형태로 발전된 것으로 보인다. 예컨대 "度"의 또 다른 異體字인 "度"와 "度", "度"가 존재하고 있다. 이들과 "度 · 庹"를 연계해서 분석한다면, "庹"는 "度→度→度→度→庹"의 단계를 거치면서 만들어진 것으로 추정할 수 있다. 이와 같이 異體字의 偏旁에서 "又"가 "父"로 바뀌는 또 다른 예로서 "殿"의 異體字인 "殿"이 있는데, 이러한 것은 異體字의 변화과정에서 자주 보이는 일반적인 현상이라 할 수 있다.

위의 내용을 종합해보면 "庹"는 서로 다른 正字인 "庶"와 "度"가 각각 筆劃의 變形이라는 방법을 통해 異體字를 만들어내는 과정에서, 서로 다른 과정을 거쳤음에도 불구하고 결과적으로 동일한 모양을 가진 異體字를 만들었다고 할 수 있다.

玡 : "玡"는 〈隋姚恭公墓志〉에서 "牙"의 異體字로 사용되고 있다.[26] 한편 『字

24 『異體字字典 · 广部』A01216-027 參照.
25 『異體字字典 · 广部』A01210-020 參照.
26 『異體字字典 · 牙部』A02485-011 參照.

彙·牙部』에서는 "㸦"를 "互"의 異體字로 규정하고 있고, 또한 李旭昇은 "㸦為互之異體。......此字自古即與牙字相混，......前人於此多或為形近而訛，如桂馥『說文義證』引劉貢父云：唐人書互作㸦，故㸦牙易誤。（卷二下迦字條下）；或以為二字互用，如陳祥道『禮書』云：『互』、『牙』古字通用。（卷七十六葉七下）惟章太炎先生『小斆答問』以為互本牙之或字（見第十五頁），其說甚是。季旭昇作〈說互〉一文，證成其說，......據此，互本為牙之分化字，故其字或體多與牙字相近，如『敦煌俗字譜．二部』作㸦；『龍龕手鑑．雜部』作㸦，注云俗；『字彙．牙部』作㸦，注云：與互同，見釋藏。說皆可從。據此，㸦當為互之異體字."[27]라 하여 "㸦"가 "互"의 異體字임을 다시 한번 증명하고 있다. 이 "㸦"가 "牙"의 異體字가 된 것은 단순한 筆劃의 변화에 의해 이루어진 것이나, "互"의 異體字가 되는 과정은 점차적인 변화의 과정을 거쳐 이루어진 것으로 보인다. 예컨대 "互"의 異體字에는 "互·𤔡·乐·㸦"가 있는데, 이들은 바로 筆法의 차이에 의해 "互"에서"互→𤔡→乐→㸦"의 과정을 거친 것으로 추정되며, 그 과정에서 "牙"의 異體字와 동일한 異體字形이 만들어지게 되었다고 할 수 있다.

㒳 : "㒳"는 『六朝別字記新編·少林寺碑』에서는 "雨"의 異體字로 사용되었으며[28], 〈高睽脩周公禮殿記〉에서는 "兩"의 異體字로 사용되었다.[29] 이 "㒳"가 "雨"의 異體字로 사용된 것은 필법의 차이로 인해 "雨"의 가운데 양쪽 부분인 두 점들이 字形이 類似한 "人"의 형체로 바뀌었기 때문인 것으로 보인다. 또한 "雨"의 異體字 중에는 두 점이 "入"의 형체로 변해 완전한 "兩"과 같은 글자로 변한 異體字도 존재한다.

이 "㒳"이 "兩"의 異體字로 된 것은 위와 마찬가지로 字形의 類似에 의해 "入"을 "人"으로 쓰게 됨에 따라 "㒳"으로 바뀐 것이라 할 수 있다. 이와 같이 "人"과 "入"이 筆法에 따라 서로 자주 혼용되었기 때문에 『干祿字書．上聲』에서는 "兩"의 正字形을 "㒳"으로 규정하기도 했다.[30]

27 『異體字字典·牙部』A02485-011 參照.
28 『異體字字典·入部』A04468-007 參照.
29 『異體字字典·入部』A00284-005 參照.
30 『異體字字典·入部』A00284-005 參照.

𣎴 : 이 글자는 "丕"의 異體字인데, 이 "𣎴"에 대해 張文彬은 "𣎴為丕之異體。『說文．一部』小篆作丕，云：大也。從一不聲。『隸辨．平聲．脂韻』引〈劉熊碑〉作𣎴，『字彙補．十部』載〈漢祝睦碑〉亦作𣎴，『康熙字典．十部』、『漢語大字典．十部』皆據『字彙補』而引之。考隸書丕字，或作𣎴、作𣎴、作𣎴，其下部形體皆作十形，則作𣎴者，當是隸書變體。『異體字字典』收𣎴為丕之異體字，可信."[31]이라 하여, "𣎴"가 小篆과 隸書에서 유래한 "丕"의 異體字임을 증명하고 있다.

한편 "𣎴"는 〈酸棗令劉熊碑〉에서 "本"의 異體字로 사용되고 있다.[32] "𣎴"이 "本"의 異體字로 된 것도 역시 筆劃의 점진적인 변화를 거치면서 이루어진 것이다. "本"의 다른 異體字들과의 비교를 통해 "𣎴"의 생성과정을 살펴보면 "本→夲→𣎴→𣎴→𣎴"의 변화과정을 거치며, 이러한 과정에서 "丕"의 異體字形과 동일한 "𣎴"이 생겨나게 되었다.

乗 : 『玉篇·乗部·乗字』에 의하면 "乗"는 "乖"의 異體字로 기록되어 있는 바[33], 이는 正字인 "乖"의 筆劃이 변하면서 만들어진 것이다. "乖"의 다른 異體字 중에는 "乖·乖·乗"가 있는데, 이들 자형과의 비교를 통한다면 "乖"가 "乗"로 변하는 과정은 "乖→乖→乖→乗→乗"로 추정된다.

"乗"는 또 『四聲篇海·乗部』[34]와 『重訂直音篇·卷二·乗部』에서 "垂"의 이체로 규정하고 있다.[35] "垂"의 異體字인 "乗"도 筆劃의 변화에 의해 생성된 것으로서, "垂"의 다른 異體字인 "垂·垂·埀·乗"와의 비교할 때, 이 역시 "垂→垂→垂→埀→乗→乗"와 같은 과정에 의해 만들어진 것으로 추정된다. 결국 "乗"는 이와 같이 "乖"와 "垂"라는 서로 다른 正字에서 출발했지만 각각의 筆劃 변화 과정을 거쳐 동일한 異體字形으로 만들어졌다.

丠 : 이는 "丘"의 異體字로서, 王初慶은 이 "丠"와 "丘"에 대해 "丘，『說文解字·丘部』篆體作丠，從北從一。『龍龕手鑑·一部』於丘、丠、𠀉下云：三古文，音

31 『異體字字典 · 一部』A00013-002 參照.
32 『異體字字典 · 木部』A01855-008 參照.
33 顧野王, 『玉篇』, 臺灣中華書局, 臺灣, 1977, 卷上52下
34 韓孝彦 等, 『續修四庫全書 · 四聲篇海』, 上海古籍出版社, 上海, 1995, p.460
35 『異體字字典·土部』A00764-050 參照.

丘。另於『龍龕手鑑·草部』丠下曰：音丘。謹按『玉篇·北部』以𠀉、丠、丘同，丠當係丠之訛變，𠁥當係𠁥之訛變。又虛字『說文解字·丘部』篆體作𧆨，從丘虍聲。『干祿字書·平聲』作虗、虚；邱字『說文解字·邑部』篆體作𨚍，從邑丘聲，『龍龕手鏡·邑部』以𨛫為邱之古文。依類推之原則，丠當係丘之異體字無疑."[36]라 하여, "丘"가 譌變되어 "丠"가 되고, 다시 譌變되어 "丠"가 된 것이라 설명하고, 동시에 "𧆨(虛)", "虗 · 虚(虛)", "𨛫(邱)"의 예를 들어 증명하고 있다. 즉 이는 "丘→丠→丠"의 과정을 거치면서 만들어진 것이라고 한다.

한편 이 "丠"는 『佛教難字字典·匕部』에서 "北"의 異體字로 규정하고 있는데[37], 字形上으로 볼 때 이는 正字인 "北"의 筆劃이 變形되어 위와 같이 된 것으로 판단된다. 어쨌든 결과적으로 보아 "丠"는 "丘"의 異體字인 동시에 "北"의 異體字가 되었다.

丗 : 이 글자는 "世"의 異體字인 동시에 "卌"의 異體字이기도 하다. 〈韓丗兩側題名〉에서 "丗"는 "世"의 異體字로 사용되고 있고,[38] 동시에 〈石經論論殘碑〉에서는 "卌"의 異體字로 사용되고 있다.[39] 이는 "丗"의 字形이 "世"와도 비슷하고 또한 "卌"과도 비슷하여, 字形의 類似에 의해 생성된 "世"의 異體字인 동시에 "卌"의 異體字가 되기도 한 것으로 보인다. "世"의 異體字 중에는 字形 類似의 원인으로 생겨난 異體字로 "丗"가 있고, 또한 "卌"의 異體字로 역시 동일한 원인으로 만들어진 "卌"이 있어, 위의 "丗"이 字形의 類似에 의해 같은 모양을 가진 "世"와 "卌"의 異體字形으로 만들어졌다는 것을 알 수 있다.

2) 各 正字形을 하나는 筆劃變形, 하나는 筆劃省略시킨 경우

烝 : 〈杜榮墓誌〉에서는 "烝"이 "丞"의 異體字로 쓰이고 있고,[40] 『龍龕手鏡·火部』에서는 "烝"을 自體 正字로 보고 있으나[41] 사실은 "烝"의 異體字이다. "丞"과

36 『異體字字典 · 一部』A00015-011 參照.
37 『異體字字典 · 匕部』A00416-004 參照.
38 『異體字字典 · 一部』A00012-021 參照.
39 『異體字字典 · 十部』B00272-002 參照.
40 李圭甲 外,『韓中歷代時期別漢字字形表稿』, 學古房, 서울, 2007, p.8
41 行均,『龍龕手鏡』, 中華書局, 北京, 1985, p.238 參照.

그 異體字인 "烝"과의 차이점은 正字인 "丞"의 하단부인 "一"이 "灬"로 바뀐 것이다. 이것은 字形의 類似에서 오는 것으로서, 이와 동일한 예로는 "亟"과 그 異體字인 "亟"이 있다.

"烝"과 그 異體字인 "烝"이 다른 점은 중간에 筆劃 "一"이 생략되었다는 것인데, 이러한 筆劃의 생략 현상은 異體字에는 자주 등장하는 것이며, 이러한 예로는 橫劃을 생략한 "烽"의 異體字 "烽", 撇劃을 생략한 "悉"의 異體字 "悉"이 있다. 즉 "烝"은 正字들인 "丞"과 "烝"에서 서로 다른 방법으로 만들어진 異體字임에도 불구하고 결국에는 동일한 字形이 됨에 따라 "烝"은 두 개의 正字를 가진 결과가 되었다.

豕 : 이 "豕" 『集韻·上聲·海韻』에서 "亥"의 異體字로 규정하고 있으며,[42] 또한 『集韻·上聲·紙韻』에서는 "豕"의 異體字라 말하고 있다.[43] "豕"가 "亥"의 異體字가 된 것은 필법의 변화에 의해 字形이 類似한 모습으로 바뀐 것으로 보인다. "亥"의 다른 異體字들에는 "亥 · 豕 · 豕"가 있는데 이들의 중간 변화과정에 "豕"가 끼어 있는 것으로 보인다. 즉 "亥"가 "亥"로 바뀐 다음, 筆劃의 감소로 인해 "豕"가 되고, 다시 "豕"의 우측 두 획이 독립하여 "豕"으로 변한 후, 다시 좌측은 원래의 "豕"로 환원되어 "豕"가 된 것으로 추정된다. 이를 정리하면 "豕"는 "亥→亥→豕→豕→豕"의 중간 과정에 있는 것으로 보인다. "豕"가 "豕"의 異體字로 된 것은 異體字에서 자주 보이는 筆劃의 省略에 의한 것으로서, "豕"의 다른 異體字와 비교하여 그것의 생성 과정을 추정해보면 "豕→豕→豕"라 할 수가 있다. 그 과정에서 생겨난 "豕"는 결국 "亥"의 異體字이면서 "豕"의 異體字가 되기도 한다.

衺 : 이 "衺"는 〈唐太府寺主簿楊逈墓誌〉에서 "哀"의 異體字로 사용되었고,[44] 〈魏巨始光造象〉에서는 "喪"의 異體字로 사용되었다.[45] "哀"의 異體字로서의 "衺"는 "哀"의 筆劃이 變形되면서 만들어진 것으로서, "哀"의 다른 異體字들인 "哀 · 哀 · 衺"와의 비교를 통해 보면 "哀→哀→哀→衺→衺"의 과정을 거치면서 이루어진 것으로 보인다.

42 『異體字字典 · 亠部』A00062-019 参照
43 『異體字字典 · 豕部』A03912-008 参照.
44 『異體字字典 · 亠部』A00564-025 参照.
45 『異體字字典 · 口部』A00629-019 参照.

한편 "喪"의 異體字로서의 "𠸶"은 "喪"의 筆劃이 탈락과 變形을 거쳐 생성된 것으로서, "喪"의 다른 異體字인 "䘮"을 거쳐 "𠸶"이 된 것이라 할 수 있다. 이렇게 만들어진 "𠸶"은 결국 "哀"와 "喪"의 동일한 異體字形이 되었다.

畂 : 이 "畂"은 〈徐氏紀產碑〉에서는 "町"의 異體字로 사용되었고,[46] 〈金廣延母徐氏紀產碑〉에서는 "畝"의 異體字로 사용되었다.[47] "畂"은 "町"의 筆劃이 變形되어 만들어진 異體字로서, 이와 類似한 유형으로 "工"의 筆劃이 變形되어 "丂"으로 된 것이 있다.

"畝"에서 異體字인 "畂"가 만들어진 과정은 매우 복잡하여 筆劃의 變形과 脫落이 번갈아가면서 만들어졌다. 이를 "畝"의 다른 異體字들인 "畒·畞·畆·畆·畆·畆·畂·畂·畂·畂"와 연결지어 살펴보면 "畝→畒→畞·畆·畆·畆(이상 筆劃 變形)→畆(筆劃 脫落)→畂·畂·畂·畂(筆劃 脫落과 變形)→畂(筆劃 變形)"의 과정을 거치는 것으로 보인다. 위와 같은 결과로서 "畂"의 正字는 결국 "町"과 "畝"의 두 글자가 된 것이다.

仝 : 이 "仝"은 "同"의 異體字이다. 이와 관련하여 黃沛榮은 "同，……『廣韻·平聲·東韻』下有仝字，徒紅切，云：古文，出道書。則仝為同之異體。『說文解字·入部』又云：仝，完也。從入從工。全，篆文仝，從玉。純玉曰全。則仝字本從入，楷書作仝，與仝本不相同。『字彙·人部』：仝，古同字。從人從工，與仝字異。仝音全，從入。可證。然而字書，亦有混用者，如『集韻·平聲·仙韻』：全，完也，具也。……仝，上同。見『說文』。故仝字又為仝之訛字"라[48] 하여, "仝"은 "同"의 異體字이고, "仝"은 "全"의 異體字로서, 별개의 글자였으나 지금은 혼용하는 경우가 있다고 설명하고 있다.

한편 『集韻·平聲·仙韻』에서는 "仝"을 "全"의 異體字로 규정하고 있다.[49] 사실 "仝"은 자체 正字였으나, "同"의 異體字로 쓰이게 된 것은 "同"의 또 다른 異體字인 "冋"의 영향을 받아, 筆劃이 변화되어 "仝"의 모양이 되었기 때문으로 보이나

46 『異體字字典 · 田部』B02718-001 參照.
47 『異體字字典 · 田部』A02642-011 參照
48 『異體字字典·口部』A00501-001 參照.
49 『異體字字典·人部』A00283-013_1 參照.

정확한 것은 알 수 없다. “全”의 異體字로 만들어진 것은 筆劃의 변화와 탈락을 거치면서 만들어진 것으로 보이는데, 이를 다른 異體字와 비교하면 “全→全→仝仝→仝→仝”의 단계를 거치고 있다. 위와 같은 결과로서 “仝”은 “同”의 異體字인 동시에 “全”의 異體字가 되었다고 할 수 있다.

3) 正字形을 하나는 筆劃變形, 하나는 筆劃增加시킨 경우

京 : 이 글자는 “京”의 異體字로서, 許錟輝는 이에 대해 “京，見『隸辨·平聲·庚韻』引〈韓勅碑〉，云：魯相河南京韓君。又『新加九經字樣·口部』：音驚，人所居高丘也，從高省。就字從之，作京訛。據此，則京為京之異體無誤.”50라 하여, 용례를 근거로 “京”이 “京”의 異體字임을 밝히고 있다. 또한 그는 “京，『增廣字學舉隅·卷二·古文字略』云：俗原字。今考『正字通．厂部』云：京，原本字。……京與京別，京與原同，後人不知京即原字。據此，則京可確知為原之異體.”51라 하여, 이 “京”이 “原”의 異體字라 말하고 있다.

異體字에는 “景(景)”이나 “就(就)”와 같이 기존의 字形에 筆劃이 추가되어 이루어지는 것도 아주 일반적인 상황이라는 점을 감안하면 “京”이 “京”의 異體字라는 것은 전혀 문제가 없다. 한편 “原”의 異體字 중에 “原·原”과 같은 異體字가 있으므로 “京”이 “原”의 異體字일 가능성은 충분하다. 즉 “京”은 正字인 “原”이 筆劃의 변화 과정을 거쳐 만들어진 것으로서, “原→原→原→京”과 같은 과정을 거쳐 이루어진 것으로 추정된다. 이렇게 생성된 “京”은 결국 “京”의 異體字인 동시에 “原”의 異體字가 되었다고 할 수 있다.

伏 : 이 “伏”은 “伏”의 異體字이다. 曾榮汾은 이에 대해 “伏之小篆作𠈁，『說文解字·人部』云：司也。從人從犬。文獻上右旁之犬或混為犮，『碑別字新編·六畫』引〈隋寇熾墓誌〉即作伏形。此形當從伏另一異體伏演變而來，『隸辨·入聲·屋韻』引〈白石神君碑〉，伏作伏，顧藹吉按云：說文伏從犬，碑變從犮。以犮、犮形近，故又變為伏形.”52이라 하여 筆劃의 變形에 의해 생성된 “伏”의 異

50 『異體字字典·亠部』A00065-001 參照.
51 『異體字字典·厂部』A00461-007 參照.
52 『異體字字典·人部』A00096-005 參照.

體字라 설명하고 있다. "伏"의 偏旁인 "犬"은 쉽게 "犮"으로 譌變된다. 이에 따라 "伏"의 異體字 중에 "伐"의 형태인 것도 만들어지게 되었으며, 이것이 다시 變形되어 "仗"이 되었다. 즉 "仗"은 "伏→伐→仗"의 과정을 거쳐 만들어진 것이다.

한편 "仗"에 대해서도 曾榮汾은 "仗字，『廣韻·上聲·養韻』：仗：憑仗。直兩切又音去聲。本無加點，俗寫丈旁，或益點作丈，如『隸辨·上聲·養韻』引〈郙閣頌〉，元、李文仲『字鑑·上聲·養韻』丈下注云：俗加點非。『俗書刊誤·卷三·去聲·漾韻』：丈，俗作丈非。是丈作丈之證。然則，仗依此例，亦可作仗，『書法字彙·人部』引宋、米芾書法即作仗，收為異體可也."[53]하여, 각종 字典의 설명을 근거로 이것이 "仗"의 異體字이기도 한다고 말하고 있다. 즉 "仗"에서의 "丈"은 우측 상단이 點이 없어야 하는데, 俗體에서는 이 點이 잘못 추가되어 있는 것들이 존재하고 있다는 기록을 근거로 "仗"이 "仗"의 異體字로 사용되었음을 증명하고 있다. 이러한 설명은 "丈"이 偏旁으로 사용된 "杖"의 異體字에도 역시 "杖"이 있다는 사실에서 나름대로 타당한 설명임을 알 수 있다. 결과적으로 "仗"은 筆劃의 變形이나 增加에 의해 동시에 "伏"과 "仗"의 異體字가 된 것이다.

4) 各 正字形을 하나는 筆劃 增加, 하나는 筆劃 省略시킨 경우

凡：“凡”은 〈魏元欽墓誌〉에서 "凡"의 異體字로 사용되었다.[54] 그러나 이 "凡"에 대해 曾榮汾은 "瓦之小篆作瓦，隸變形體多作凡，『隸辨·卷六·偏旁』：凡，瓦。『文』作『瓦』，象形。隸變如上。『金石文字辨異·上聲·馬韻．瓦字』引〈唐梁守謙功德銘〉：『墜凡難全。』亦可證也。此形於六朝隋唐時仍甚通行，故如『敦煌俗字譜』所載，即多見此形。『五經文字·瓦部』云：作凡訛。蓋後世漸以瓦形為正，今標準字體亦如此，遂可以凡為異也."[55]라 하여 여러 典籍의 기록을 인용하여 "凡"이 "瓦"의 異體字로도 사용되었음을 증명하고 있다.

먼저 "凡"이 "凡"의 異體字로 만들어진 경위를 보면, "凡"은 正字인 "凡"에 비해 筆劃이 하나 추가된 경우이다. "凡"의 또 다른 異體字인 "凡"에서도 볼 수 있듯이 이러한 예는 많은 異體字들에서 나타나고 있다.

53 『異體字字典·人部』A00083-003 參照.
54 『異體字字典·丶部』A00023-007 參照.
55 『異體字字典·瓦部』A02614-002 參照.

또 다른 正字인 "瓦"의 異體字로서의 "凡"는 正字에서 단순히 筆劃의 추가나 혹은 생략에 의해 만들어진 것이 아니다. 이는 처음에는 "瓦"의 筆劃이 變形되어 "瓦"가 되었다가, 다시 상단부의 筆劃이 분리되어 "瓦"가 되었고, 여기에서 다시 상단부의 筆劃 "一"이 탈락되어 "凡"의 형태로 된 것이다. 즉 이것은 "瓦→瓦→瓦→凡"와 같이 筆劃의 變形과 탈락과 같은 여러 과정을 거치면서 지금과 같은 異體字形이 만들어진 것이며, 결과적으로 "凡"의 異體字形과 동일한 형상이 됨으로서 "凡"은 "凡"과 "瓦"라는 두 개의 正字를 保有하게 되었다.

坧 : "坧"는 『字彙補 . 土部』에서 "垓"의 異體字로 규정하고 있는데 반해[56], 『龍龕手鑑·土部』에서는 "坻"의 異體字로 설명하고 있다.[57] 여기에서 "坧"가 어떻게 해서 "垓"의 異體字로 만들어졌는지에 대해서는 명확한 설명을 하기 어렵다.

반면에 "坧"가 "坻"의 異體字로 된 과정은 추정이 가능하다. 즉 筆法의 변화에 의해 "坻"의 字形이 조금씩 변화되는 과정을 거쳐서 만들어진 것이다. 예컨대 "坻"의 偏旁부분인 "氐"가 偏旁으로 들어간 "低"·"抵"·"邸"·"坻"의 異體字들을 보면 正字形의 偏旁인 "氐" 부분이 조금씩 바뀌면서 "低(低)"가 되고, 다시 "低(低)"·"抵(抵)"·"邸(邸)"가 되더니, 또 다시 바뀌어 "低(低)"·"坻(坻)"로 되었다가, 다시 "低(低)"가 된 다음 "邸(邸)"를 거쳐 "坧(坻)"로 변화된 것이다. 즉 "坻"의 偏旁인 "氐"는 "坻→低(低)→"抵(抵)·邸(邸)→低(低)·坻(坻)→低(低)→邸(邸)→坧(坻)"와 같은 과정을 거치고 있는데, 결과적으로는 이러한 과정을 통해 "垓"의 異體字와 동일한 字形이 만들어진 것이다. 이렇게 볼 때, 두 개의 서로 다른 正字에서 변화되어 동일한 형체가 된 "坧"는 그것이 만들어진 과정이 하나는 筆劃의 變形이라는 것을 알 수 있지만 다른 하나는 불확실하다.

𡰥 : "𡰥"은 "仁"의 異體字로서, 李鍌은 이에 대해 "『古文字類編』引〈戰國中山王鼎〉即書作𡰥，從尸從二。𡰥，今楷書寫作𡰥。『玉篇·尸部』云：𡰥，『說文』古文仁字。『類篇·人部』、『集韻·平聲·真韻』，於仁字下並收有𡰥字為仁之古文，然則𡰥為仁之異體可以確定矣."라[58]하여, "𡰥"은 古文字에서 변화되어 온

---

56 『異體字字典 · 土部』B00518-001 參照.
57 行均,『龍龕手鏡』, 中華書局, 北京, 1985, p.p.245-246 參照.
58 『異體字字典·人部』A00069-003 參照.

異體字라 말하고 있는 바, 매우 합당한 주장이라 할 수 있다. 즉 "𡰥(仁)"에서의 사람 부분을 가리키는 "𠆢" 부분이 "尸"로 바뀌어 "𡰥"이 되었다고 볼 수 있다.

이와는 별도로 李鎏은 또 "𡰥為夷之異體。....『玉篇·尸部』：𡰥，余脂切，古文夷字。說文：古文仁字。.....『字學三正·體製上·古文異體』𡰥、夷重文."[59]라 하여 "𡰥"가 "夷"의 異體字라 말하고 있다. 문헌의 기록에 의해 "夷"의 異體字임을 밝히고 있지만 "𡰥"가 어떤 과정을 거쳐서 만들어진 "夷"의 異體字가 되는지에 대해서는 증명하지 못하고 있다.

이 "𡰥"는 또 "尼"의 異體字가 되기도 한다. 季旭昇은 이에 대해 "『說文解字·尸部』：𡰪：從後近之。從尸、匕聲。其異體或作𡰥，見『敦煌俗字譜』。『經典文字辨證書·尸部』：尼正𡰥別：『說文』以𡰥為古文仁字。『漢書』有司馬𡰥，音夷。據此，𡰥為尼之異體，又兼仁字、夷字之異體，三者為同形異字."[60]라 말하고 있는 바, 이 역시 타당한 설명이다. "𡰥"는 "尼"의 筆劃이 변하면서 만들어진 異體字로서 "𡰥"의 다른 異體字들과 비교해보면 이는 "尼→尼→𡰥→𡰥→𡰥"의 과정을 거쳐 이루어진 것으로 보인다. 이렇게 볼 때 "𡰥"는 그 생성 과정과 원인은 서로 다르지만 결국 "仁"과 "尼"·"夷"의 공통적인 異體字가 된다.

乱：이 글자에 대해 李鎏은 "『碑別字新編·十二畫·亂字』引〈隋王弘墓誌〉作乱。『偏類碑別字·乙部·亂字』引〈唐程村造橋碑〉作乱。『佛教難字字典·乙部』亦收有乱。按亂字『偏類碑別字·乙部』引〈魏鄭義碑〉作乱，『碑別字新編·乙部』引〈魏元恭墓誌〉作乱，乱殆又乱之訛。乱，唐『干祿字書·去聲』、『字彙·乙部』、『正字通·乙部』並以為乃亂之俗字，則乱亦可以為亂之異體可知矣。作乱者，亦乱之訛也."[61]라 하여, 古籍의 기록을 근거로 "乱"이 "亂"의 異體字라 말하고 있다. 異體字가 만들어지는 일반적인 근거라는 측면에서 보면 "亂"이 "乱"으로 변하게 된 근거나 그 원인을 찾기란 매우 어렵다. 오직 "乱" 외에도 "乱·乱"과 같은 異體字가 존재했다는 古籍의 기록만을 근거로 삼을 뿐이다.

李鎏은 또 "『集韻·上聲·止韻』：始乱乱𠃬，首止切，『說文』：女之初也。古

59 『異體字字典·大部』A00855-002 參照.
60 『異體字字典·尸部』A01078-002 參照.
61 『異體字字典·乙部』A00045-017_1 參照.

作⿰𠮛乚,乨,⿺辶台。『類篇·女部』同。『四聲篇海·乙部』：乨，古文，音始，初也。又乨詩止切，初也。『字彙·乙部』：乨，詩止切，音始，初也。『正字通·女部』：始，古文作乨,⿰𠮛乚，亦作⿺辶台，無深義。是知乨乃始之古文，其為始之異體可定矣."[62]라 하여, "乨"가 "始"의 異體字라고 주장하고 있는데 그 근거도 역시 위와 동일한 古籍의 기록일 뿐이다. 어쨌든 "乨"는 "亂"의 異體字인 동시에 "始"의 異體字로 사용되고 있다.

1.2.2 變形 成分이 偏旁인 경우

다음은 두 개 이상의 서로 다른 正字가 變形되어 가는 과정에서, 각각의 正字形 모두가 偏旁 成分이 變形되어 異體字로 만들어지는 경우가 여기에 속한다. 偏旁의 變形에도 여러 가지 유형이 있을 수 있는데, 가장 대표적인 것으로는 각각의 正字形 모두가 偏旁의 代替로 變形이 이루어진 경우이다. 이 외에 하나는 偏旁代替이나 다른 正字는 偏旁의 位置變化로 이루어진 것, 하나는 偏旁代替이나 다른 正字는 偏旁追加로 이루어진 것, 各各의 正字 모두 偏旁의 省略으로 이루어진 것들이 있다. 다음에서는 異體字形이 각각 다른 正字의 異體字이면서 동일한 字形으로 만들어지는 과정에 대해 각 유형별로 살펴보기로 한다.

1) 각각의 正字를 모두 偏旁 代替시켜 만든 경우

⿱人足 : 이 "⿱人足"에 대해『玉篇·人部』에서 "企"의 異體字로 규정하고 있다.[63] "⿱人足"는 正字인 "企"의 偏旁을 同一字族인 다른 偏旁으로 代替해 만들어진 것이다. 즉 "企"에서 "止"를 "足"으로 代替한 것이다.

또 "⿱人足"는 "跂"의 異體字가 되기도 한다. 葉鍵得은 "跂，『說文·足部』：[illegible]，足多指也。從足，支聲。『古文四聲韻·上聲 . 紙韻』跂下列⿱亼止,⿱𠆢⿴口止，云：並『說文』,⿱人足蓋由上一古文楷化而成."[64]라 하여, "⿱人足"는 "跂"의 古文인 "⿱亼止 · ⿱𠆢⿴口止"가 楷書로 바뀌면서 만들어진 異體字라 설명하고 있다. 다만 古文인 "⿱亼止 · ⿱𠆢⿴口止"도 이미 "跂"에

62 『異體字字典·女部』A00908-001 參照.
63 顧野王,『玉篇』, 臺灣中華書局, 臺灣, 1977, 卷上19上 參照.
64 『異體字字典·人部』B04869-001 參照.

서 偏旁을 代替한 것이다. 즉 "跂"의 "支"를 "人"으로 바꾼 것이라 할 수 있다. 이렇게 볼 때 "𠈃"는 서로 다른 正字인 "企"나 "跂"가 偏旁 代替를 통해 異體字를 만드는 과정에서 동일한 字形으로 나타난 것으로 볼 수 있다.

逰 : "逰"는 "游"의 異體字이다. 林炯陽은 이에 대해 "『重訂直音篇·辵部』: 遊，音由，遊行也，遨遊，通作游。逰，同上。『字彙補·辵部』: 逰，同𨓏。按：段注本『說文解字·㫃部』: 𨒪，古文游。則逰、𨓏二形，蓋由𨒪字隸變而得，是逰同𨓏。𨓏即為游之異體，故逰亦當為游之異體."65라 말하고 있다. 그에 따르면 "逰"는 "𨓏"와 같고, 또한 "游"의 古文 "𨒪"에서 발전된 것이므로, "逰"와 "𨓏"는 모두 "游"의 異體字가 된다는 말이다. 사실 "逰"와 正字인 "游"는 偏旁인 "辵"이 "㫃"으로 바뀐 것이다. 이 두 偏旁 의미는 모두 "움직인다"와 통하므로 "逰"는 正字 "游"에서 偏旁을 代替해 만든 것으로 보인다. 그러나 사실은 먼저 "逰"가 있고, 후에 偏旁을 代替한 "游"가 만들어진 것이나, 현재의 기준으로 보기 때문에 "游"가 正字가 되었고 "逰"가 異體字가 된 것이라 할 수 있다. 즉 "𨒪→𨓏→逰→游"의 과정을 거치면서 만들어진 것이다.

"逰"는 또 "遊"의 異體字이기도 하다. 林炯陽은 "『重訂直音篇·卷三·辵部』: 遊，音由，遊行也，遨遊，通作游。逰，同上。『字彙補·辵部』: 逰，與𨓏同。又：𨓏，古遊字。『康熙字典·辵部』:『集韻』: 遊古作逰。『漢語大字典·辵部』: 逰同𨓏（遊）。『字彙補·辵部』:『逰，與𨓏同。』按：逰同𨓏，為遊之古字."라66 하여 "逰"는 "遊"의 古字라 말하고 있다. 그렇다면 "逰"는 "遊"의 古字인 동시에 "游"의 古字가 되므로 "遊"와 "游"는 同源字라는 말이 된다. 즉 字形의 변천 과정상 "𨒪→𨓏→逰→游 · 遊"가 되는데, 추측컨대 "遊"는 "逰"에서 직접 변화된 것이 아니라 중간에 "游"의 영향을 받아 偏旁인 "水"가 탈락하고 "游"에서의 "㫃"을 취함으로서 만들어진 글자로 보는 것이 타당할 것이다. 그렇다면 "遊"의 생성과정은 "𨒪→𨓏→逰→(游)→遊"이 되면서 "游"와는 별개의 글자로 성립되었고, 이에 따라 "逰"는 "游"의 異體字인 동시에 "遊"의 異體字가 되었다.

65 『異體字字典·水部』A02249-001_2 參照.
66 『異體字字典·辵部』A04158-003 參照.

佋. 이는 자체 正字이면서도 『字彙·人部』에는 "昭"의 異體字로 기록되어 있다.[67] 즉 偏旁인 "日"이 "人"으로 代替되어 있는데, 이 두 偏旁은 "昭"에서의 의미로도 연관성이 없고, 字音도 다르기 때문에 일반적인 偏旁代替에 의한 異體字의 성립 여건과는 거리가 멀다.

한편 이 "佋"는 또 『正字通·人部』에서는 "紹"의 異體字로 기록되어 있는데[68], 역시 偏旁인 "糸"가 "人"으로 代替된 것이다. 여기에서도 "糸"와 "人"의 연관 관계를 밝히기가 어렵기 때문에 "佋"가 "紹"의 異體字로 사용된 원인을 밝히기는 어렵다. 다만 현실적으로 "佋"는 "昭"의 異體字가 되는 동시에 "紹"의 異體字가 되기도 한다는 상황만 존재한다는 것이다.

2) 한 正字는 偏旁 代替로, 다른 正字는 偏旁 位置變化로 만든 경우

膈: 이 "膈"는 『重訂直音篇·卷二·肉部』에 "膏"의 異體字로 규정되어 있으며[69], 『字彙·肉部』에서는 "犒"의 異體字라 말하고 있다.[70] "膏"가 "膈"로 된 것은 偏旁位置의 變化에 의한 것인데, 異體字에서 이러한 변화는 아주 일반적인 현상이다. 예컨대 "悲(怫)·砌(砮)·聾(聾)·㴱(酒)"와 같은 異體字들은 모두 正字의 偏旁이 位置 變化를 일으키면서 異體字가 된 것들이다.

한편 "膈"는 "犒"의 異體字이기도 하다. 이는 偏旁이 代替되어 만들어진 것으로서, 正字의 偏旁 "牛"가 同一字族인 "肉"으로 代替되면서 만들어진 것이다. 이와 비슷한 예로는 "犒"의 또 다른 異體字인 "餻"가 있는데, 이것도 역시 偏旁인 "牛"가 同一字族인 "食"으로 代替된 것이며, 다른 異體字인 "躲"은 正字인 "聆"에서 "耳"가 同一字族인 "身"으로 代替되면서 만들어진 것이다. 이와 같이 偏旁의 代替되면서 만들어진 "膈"은 결국 동시에 "膏"와 "犒"의 異體字가 되었다.

3) 한 正字는 偏旁 代替, 다른 正字는 偏旁 追加로 만든 경우

蓄 : 이는 『集韻·入聲·屋韻』에 "畜"의 異體字로 설명하고 있다.[71] "蓄"은 "畜"에

67 『異體字字典·日部』A01788-009 參照.
68 『異體字字典·水部』A02311-013 參照.
69 『異體字字典·肉部』A03356-011 參照.
70 梅膺祚,『字典彙編 · 字彙』, 國際文化出版公司, 北京, 1993, p.384

서 偏旁 "玄"이 중첩되어 만들어진 異體字로서, 이는 字意를 강조하거나 字形美를 위해 만들어진 것으로 보인다. 이러한 현상은 다른 異體字에서도 어렵지 않게 찾을 수가 있으며, 그 예로는 "武(武) · 炏(炊) · 祼(祼)"가 있다.

한편 "畜"는 『集韻』과 『康熙字典』에서 "畜玆"의 異體字라 말하고도 있는데, 이는 偏旁의 위치 변화에 의해 만들어진 異體字라 할 수 있다. 즉 "畜玆"의 좌우 구조가 "畜"의 상하 구조로 바뀌면서 만들어진 異體字라 할 수 있다. 이렇게 서로 다른 원인과 방법으로 만들어진 "畜"는 결국 "畜"과 동시에 "畜玆"의 異體字로서 동일한 字形을 갖게 된 것이라 할 수 있다.

跂 : 이는 "企"의 異體字이다. 李添富에 의하면 "跂為企的異體。企，『說文解字·人部』作 企，云：舉踵也，從人止。 企，古文企從足。跂形首見於『龍龕手鑑』，注云：俗。去智反。正作跂。按『說文』云：跂，足多指也。與舉踵之企字無涉，故清．朱駿聲『說文通訓定聲』定文獻中以跂為企者屬假借。然考諸『集韻』：企，去智切，『說文』：舉踵也。古從足，或作跂。則跂、企無別；『四聲篇海』跂、企音義全同，『字彙』亦以跂同企；『正字通』更云：跂，俗字，企，集韻亦作跂。按企從止，止即踵也。加足，贅。"라[72] 하여 "跂"가 "企"의 異體字임을 밝히고 있다. 사실 위에서 언급된 바와 같이 "跂"는 기존의 "企"에 形符인 "足"이 추가되어 만들어진 異體字이다. 이와 같이 本義의 강조를 위해 形符를 추가하는 것은 異體字에 자주 보이는 현상이며, 그 예로는 "企(企) · 妊(妊) · 武(武) · 泥(泥) · 津(津)"과 같은 異體字들이 있다.

한편, 이것과 별도로 『龍龕手鑑·足部』에서는 "跂"를 "跂"의 異體字라 규정하고 있다.[73] "跂"의 異體字 중에는 古文(企 · 企)에서 유래한 "企"가 있는데, 이 "企"는 동시에 "企"의 異體字이기도 하다. 이 때문에 "企"와 "企"의 통합현상이 이루어지면서 "跂"라는 異體字가 만들어진 것으로 보인다. 즉 "跂→企→(企+企)→跂"의 과정을 거친 것이라 판단된다. 이러한 결과로 "跂"는 "企"와 동시에 "跂"의 異體字가 된 것이다.

71 『異體字字典·田部』A02643-001 參照.
72 『異體字字典·足部』A00103-004 參照.
73 行均,『龍龕手鏡』, 中華書局, 北京, 1985, p.463 參照.

4) 各各의 正字를 모두 偏旁 省略시킨 경우

⿱女心 : 이는 “怒”의 異體字인 동시에 “恕”의 異體字로 사용되었다. 이에 대해 王初慶은 “⿱女心為恕之異體，亦為怒之異體。恕，『說文解字·心部』云：恕，仁也，從心如聲。商署切。⿱女心，古文省。篆文隸變為恕，古文隸變為⿱女心。『集韻·去聲·御韻』曰：恕、⿱女心：商署切，『說文』：『仁也。』古作⿱女心。故⿱女心為恕之異體無疑。怒，『說文解字·心部』云：怒，恚也，從心奴聲。『集韻·去聲·莫韻』曰：怒、⿱女心、⿱⿰亻女心：『說文』：『恚也。』古作⿱女心、⿱⿰亻女心。『類篇·心部』云：恕、⿱女心：商署切，『說文』：『仁也。』古作⿱女心。⿱女心又奴故切，恚也。『字彙·心部』逐謂：奴古切，音弩；恚也，思也。故⿱女心亦為怒之異體字”라[74] 하여, 여러 典籍의 내용을 근거로 “⿱女心”가 “怒”의 異體字인 동시에 “恕”의 異體字라 말하고 있다.

“⿱女心”는 위의 내용과 같이 “怒”와 “恕”의 異體字로 동시에 사용되고 있는데, 이는 “怒”와 “恕”에서 일부 偏旁이 생략되면 모두 동일한 “⿱女心”가 되기 때문이다. 사실 일부 偏旁이 생략되어 異體字가 되는 것은 그리 생소한 것이 아니어서, “県(縣) · 緫(總) · 衰(蓑)”와 같은 예에서도 이러한 현상을 쉽게 찾아볼 수 있다.

1.2.3 變形 成分이 筆劃과 偏旁의 變形으로 나뉜 경우

다음은 두 개 이상의 正字가 各各 變形되어 가는 과정에서, 正字形이 하나는 筆劃 成分의 變形에 의해, 그리고 다른 하나는 偏旁 成分이 變形되어 異體字로 만들어지는 경우가 여기에 속한다. 이들의 유형도 여러 가지가 있는데 가장 대표적인 것으로는 한 正字가 筆劃 變形으로 異體字를 만들고 다른 正字는 偏旁 代替의 방식으로 異體字를 만드는 것이다. 이 외에도 하나는 筆劃 變形이나 다른 正字는 偏旁 追加인 것, 하나는 筆劃 變形이나 다른 正字는 偏旁 省略인 것, 하나는 筆劃 變形이나 다른 正字는 偏旁의 위치 변화에 의한 것이 있다. 다음에서는 이들 각 유형에 속하는 글자들이 각각 다른 正字의 異體字이면서 동일한 字形으로 만들어지는 과정에 대해 살펴보기로 한다.

74 『異體字字典·心部』A01349-001 參照.

1) 各各의 正字를 하나는 筆劃 變形, 다른 하나는 偏旁 代替시킨 경우

綾 : "綾"에 대해 『中華字海·糸部』에서는 "接"의 異體字라 기록하고 있는 반면[75], 〈魏皇甫驎墓誌銘〉에서는 "綏"의 異體字로 사용되었다.[76] "接"의 異體字로서의 "綾"은 偏旁의 代替에 의해 만들어진 것이다. 그러나 正字의 偏旁 "扌"와 이를 代替한 "糸"는 서로 字音이나 字義에 있어서 어떠한 연관성도 보이지 않기 때문에 왜 "糸"로 代替되었는지에 대한 원인은 분명치 않다.

한편 "綾"는 "綏"의 異體字이기도 하다. 이는 筆劃의 變形에 의해 만들어진 것이다. "綏"의 또 다른 異體字들인 "綏 · 綾"와의 字形 비교를 통한 생성 과정을 유추하면, 이는 "綏→綏→綾→綾"의 과정을 거쳤을 것으로 보인다. 이와 같이 "綾"는 "接"과 "綏"라는 서로 다른 正字에서 서로 다른 경로를 통해 만들어진 異體字이나 결국은 동일한 字形을 취하게 되었다.

溙 : 이는 자체적으로 正字이기도 하지만, 『集韻·去聲·泰韻』과 『正字通·水部』에는 "汰"의 異體字로 기록되어 있다.[77] 즉 "溙"는 正字인 "汰"의 偏旁인 "太"를 同音字인 "泰"로 代替한 形聲異體字라 할 수 있다.

한편, 이 "溙"은 또 『龍龕手鑑·水部』에 "漆"의 異體字로 되어 있는 바[78], 이는 筆劃의 변화 과정을 거쳐 만들어진 異體字로 보인다. "漆"의 다른 異體字인 "漆 · 漆 · 溙"과 연계해서 비교할 때, 이는 "漆→漆→漆→溙→溙"의 과정을 거친 것으로 보이며, 결과적으로 "汰"의 異體字인 "溙"와 동일한 字形이 되었다.

攸 : "攸"는 『偏類碑別字·攴部·攸字』에서 "攸"의 異體字로 기록하고 있다.[79] "攸"가 "攸"로 된 것은 筆劃의 변화 과정을 거친 것이다. 이렇게 변하게 된 과정을 "攸"의 다른 異體字인 "攸 · 攸 · 攸 · 攸"와의 비교를 통해 보면 "攸→攸→攸→攸→攸→攸"로 추정할 수 있는데, 여기에서 "攸→攸"로 되는 과정은 "修"(從彡, 攸聲)의 異體字인 "修 · 修"의 영향으로 訛變된 것으로 추정된다.

---

75 『中華字海』, 中華書局, 北京, 1996, p.1325 參照.
76 『異體字字典·糸部』A03128-002 參照.
77 『異體字字典·水部』A02147-007 參照.
78 行均,『龍龕手鏡』, 中華書局, 北京, 1985, p.237 參照.
79 北川博邦編, 『偏類碑別字』, 法仁文化社, 서울, 1990, p.90 參照.

"𠌊"은 또 『四聲篇海·彳部』와 『字彙補·彳部』에서는 "修"의 異體字로 사용되고 있다.[80] 異體字에서의 偏旁으로 사용되는 "人"과 "彳"은 字形의 類似로 인해 자주 혼용되는 것이기 때문에 "修"이 "𠌊"으로 변한 것은 매우 자연스러운 것으로 보인다. 어쨌든 이 "𠌊"은 "攸"와 "修"이라는 서로 다른 正字에서 서로 다른 경로로 만들어진 異體字이지만 결국은 字形이 동일하게 되었다.

䟽 : "䟽"는 『俗書刊誤·卷一·平聲·模韻』에는 "疏"의 異體字로 규정하고 있지만[81], 『宋元以來俗字譜·足部』에 인용된〈古今雜劇〉에서는 "跡"의 異體字로 사용되고 있다.[82] "疏"에서 偏旁인 "⻊"은 본래 "足"이었으나, 후에 독립된 글자로 파생된 것이기 때문에 "⻊"과 "足"은 서로 偏旁代替가 가능하며, "㐬"는 筆劃이 점차 변하여 "束"의 형체로 譌變된 것이다. 이러한 측면에서 "疏"에서 "䟽"가 만들어지는 과정을 보면 "疏→蹠→踈 · 䟽→䟽"의 과정을 거치는 것이라 할 수 있다.

한편 "跡"이 "䟽"으로 변해가는 과정은 전형적인 筆劃의 점진적인 변화로서 이를 다른 異體字와의 비교를 통해 보면 "跡→跡→跡→跡→踈→䟽"의 과정을 거쳐 만들어진 것으로 볼 수 있다. 어쨌든 이러한 과정들을 거쳐 만들어진 "䟽"는 결국 "疏"의 異體字도 되면서 동시에 "跡"의 異體字가 되었다.

勑 : 이는 "徠"의 異體字이다. 이에 대해 季旭昇은 "『廣韻·去聲·代韻』：徠：勞也。勑：上同。是『廣韻』以勑為徠字第二義之異體字也。然詳考其實，則適為倒反，蓋勑字見『說文』，本義即為勞，『說文解字·力部』：勑：勞也。從力、來聲。而徠字不見『說文』，足見徠字後起，當為勑之後起字。然文字演變多方，孰為正字、孰為異體，不同時代可有不同之認定，『廣韻』時代以勑為徠之異體。據此，勑可為徠之部份異體."라[83] 하여, 본래 "勑"가 먼저 존재하고, 후에 "徠"가 출현했기 때문에 "徠"가 "勑"의 後起字이나, 시대에 따라 正字의 기준이 다를 수 있기 때문에 "勑"를 "徠"의 異體字로 삼는다고 말하고 있다. 다만 "勑"가 어떻게 "徠"로 변천했는지, 즉 偏旁인 "力"이 어떻게 "彳"으로 代替되었는지에

80 『異體字字典·人部』B00044-001 參照.
81 『異體字字典·疋部』A02658-005 參照.
82 劉復 · 李家瑞, 『宋元以來俗字譜』, 亞細亞文化社, 서울, 1976, p.89
83 『異體字字典·彳部』B01031-003 參照.

대해서는 연관 관계를 밝히기가 어렵다. 한편 "勑"은 『集韻·入聲·職韻』에 "敕"의 異體字로 기록되어 있다.[84] "敕"이 "勑"으로 변하는 과정은 字形의 譌變과 同一字族 偏旁의 代替가 거듭되면서 이루어진 것이다. 본래 "敕"에서의 "束"과 "朿"는 분명히 다른 것임에도 불구하고 "敕"이 譌變되어 "敇"이 되었다. 여기에서의 "朿"는 또 "來"와 字形이 비슷함에 따라 譌變되어 "敇"이 되었으며, 다시 偏旁인 "攵"은 同一字族인 "力"으로 代替되어 "勑"이 된 것이다. 즉 "敕→敇→敇→勑" 이라는 과정을 거쳐 만들어졌다고 할 수 있다. "勑"은 결국 "敕"의 異體字인 동시에 또 다른 글자인 "徠"의 異體字가 된 것이다.

2) 各各의 正字를 하나는 筆劃變形, 다른 하나는 偏旁追加시킨 경우

葛 : 이 글자는 "亟"의 異體字인 동시에 "苟"의 異體字가 되기도 한다. 林炯陽은 "亟，『說文解字·二部』作亟，云：敏疾也。從人，從口，從二。二，天地也。『集韻·入聲·職韻』：亟，訖力切。『說文』：『敏疾也。從人，從口，從二。二，天地也。』或作葛、茲。是葛為亟之或體。（按，亟同亟。）"[85]라 하여 "葛"이 "亟"의 異體字임을 밝혔고, 동시에 "『字彙·艸部』：葛，紀力切，音急。激也。疾也。『正字通·艸部』：葛，蒚字之訛。舊註音切與蒚同，誤從局。又艸部蒚字，注云：蒚，訛作葛，尤非。是葛即蒚之訛字。又蒚既為苟之異體，故葛亦可收為苟之異體."[86]라 하여 "葛"이 "苟"의 異體字가 되기도 한다고 말하고 있다.

그런데 "亟"이 "葛"으로 변화된 과정에는 중간에 "亟"의 다른 異體字인 "亟·亟·茲·茲"이 있다. 이들의 관계를 살펴보면 "亟"이 "亟"으로 변하고, 그것이 다시 "亟"으로 변한 다음, 또 상단부의 "一"이 "++"로 바뀌면서 "茲"이 되고, 이것은 다시 독립되어 "茲"이 되었다. 즉 여기까지의 "亟→亟→茲→茲"으로 변화되는 과정은 쉽게 연결된다. 그러나 다시 하단부가 變形되어 "葛"가 된 과정은 명확하게 설명할 만한 자료가 없다.

한편 "苟"가 "葛"로 된 것은 "苟"의 다른 異體字들인 "蒚·蒚"와 비교해보면 이는 "苟→蒚·蒚→葛"의 과정을 거친 것으로서, 중간의 "蒚·蒚"에서는 일부 偏

84 『異體字字典·支部』B01471-003 参照.
85 『異體字字典·二部』A00058-006_3 参照.
86 『異體字字典·艸部』B00317-004 参照.

旁이 추가된 것이 있는데, 이러한 偏旁의 追加는 異體字에서 흔히 보이는 현상이다. 어쨌든 이와 같은 과정을 거쳐 생성된 "亟"과 "苟"의 異體字인 "葛"은 결과적으로 동일한 하나의 형체로 나타나게 되었다.

3) 各各의 正字가 하나는 筆劃 變形, 다른 하나는 偏旁 省略된 경우

𥝌 : 이는 "穀"의 異體字인 동시에 "殺"의 異體字이다. "𥝌"에 대해 金周生은 "『四聲篇海·禾部』𥝌下云：音穀。『字彙補·禾部』𥝌下亦云：公禿切，音穀，義闕。然『康熙字典·備考·禾部』𥝌下則云：『餘文』與穀同。……按：𥝌為穀之省，當為穀之異體字."[87]라 하여 "穀"의 偏旁이 생략되어 만들어진 異體字라 말하고 있다. 이는 "穀"의 異體字로서의 "𥝌"에 대한 정확한 이해라고 말할 수 있지만, 이 "𥝌"이 처음부터 偏旁이 모두 생략된 것은 아니고 처음에는 "𣪌"과 같이 筆劃이 생략되었다가 후에 "𥝌"과 같이 다시 偏旁이 생략된 것이다. 또한 "穀"의 異體字 중에는 다른 偏旁인 "殳"가 생략되어 "稾"으로 나타난 것도 있다.

한편 『四聲篇海·殳部』에서는 "𣪠、𣫁，二音殺."[88]이라 했는데, 여기에서 "𥝌"은 字音이 "殺"과 같을 뿐만 아니라 字形 面에서도 관련성이 있어 "殺"의 異體字일 가능성은 충분하다. 즉 "殺"의 다른 異體字들인 "𣪘·殺·𣪠·𥞊"과 비교하면 이 "𥝌"은 "殺→𣪘→殺→𣪠→𥞊→𥝌"의 과정을 거치면서 "杀"이 "禾"로 바뀌었을 것으로 판단된다. 그 결과 "𥝌"은 "穀"의 異體字가 되는 동시에 "殺"의 異體字가 되었다고 할 수 있다.

㐬 : 이 자형에 대해 曾榮汾은 "巟之小篆作𡿪，段注本『說文解字·巛部』云：巟，水廣也。從川亡聲。隸變字形或作㐬，『隸辨·平聲·唐韻』引〈孔耽神祠碑〉，形作㐬，顧靄吉注云：按『五經文字』云：『巟，經典相承作㐬。』『六書正誤』云：『㐬音突，上從𠫓；巟，上從亡。』碑蓋以㐬為巟字。是可為證"[89]라 하여 각종 기록을 근거로 "㐬"이 "巟"의 異體字라 하고, 또 "不字小篆作𣎵，隸變後或作丕，（如：『隸辨·上聲·有韻』引〈堯廟碑〉），或作帝，如『隸辨·上聲·有

87 『異體字字典·禾部』A02940-003 參照.
88 韓孝彦 等, 『續修四庫全書 · 四聲篇海』, 上海古籍出版社, 上海, 1995, p.460
89 『異體字字典·巛部』B00914-004_2 參照.

韻』引〈司農劉夫人碑〉）顧靄吉按云：『說文』𠀚從一，碑變加點。亦見由此形再衍變之𠂿形，見『金石文字辨異·入聲·物韻·不字』引〈漢韓仁銘〉：𠂿幸𢪃（短）命。𠂿即不字。𠂿形顯由𠀚形衍異楷化而成，『偏類碑別字』及『碑別字新編』所引之〈齊畢文造象記〉亦皆見此形"[90]라 하여, 이는 "不"의 異體字이기도 한다고 말하고 있다. 한편 『集韻·平聲·尤韻』에는 이 "𠂿"가 "旒"의 異體字라 설명하고 있다.[91]

이 "𠂿"을 "㐬"·"不"·"旒"와 비교해보면 "㐬"의 筆劃을 약간 變形시킨 것이 "𠂿"이고, "不"의 古文인 "𠀚"이 變形된 것이 "𠂿"이며, "旒"에서 偏旁을 생략시킨 것이 "𠂿"이다. 즉 서로 다른 正字에서 서로 다른 변화의 과정을 거쳐왔지만 결국에는 "𠂿"라는 동일한 字形이 됨으로서, 이 "𠂿"은 "㐬"·"不"·"旒"라는 세 글자의 공통된 異體字가 되었다.

4) 各各의 正字를 하나는 筆劃 變形, 다른 하나는 偏旁 位置變化시킨 경우

𠆳：이 "𠆳"는 『精嚴新集大藏音·人部』에 "企"의 異體字라 기록되어 있는데,[92] 이는 正字인 "企"의 字形에서 偏旁인 "人"의 위치가 상단에서 좌측으로 바뀌면서 만들어진 글자라 할 수 있다.

한편 "𠆳"은 "仙"의 異體字이기도 하다. 이에 대해 季旭昇은 "漢碑或從𡕝、或從山。漢〈郊祀志〉『僊人羨門』，師古曰：『古以僊為仙。』『聲類』曰：『仙，今僊字。』蓋仙行而僊廢矣。按：漢代文字中仙（僊）字多見，於漢鏡銘中皆作仙，而漢碑則僊、仙並見。後世仙行而僊廢。仙字之草體寫法作𠆲，見『偏類碑別字．人部』引〈魏皇甫驎墓誌銘〉，草字楷化則作𠆳，見『偏類碑別字·人部』引〈齊陑赤齊造象〉."[93]라 하여, "仙"은 본래 "僊"이나 후에 "仙"으로 바뀌면서 이것이 正字가 되었으며, 다시 正字인 "仙"의 草書 "𠆲"이 變形되어 만들어진 것이 "𠆳"이라 말하고 있다. 사실 異體字形에서 "山"과 "止·𠃊"는 서로 혼용되는 현상이 자주 보인다. 이러한 것은 "岳"의 異體字인 "𡴀·𡶳"이나, "島"의 異體字인 "𡷎"

90 『異體字字典·一部』A00010-021 參照.
91 『異體字字典·方部』B01510-001 參照.
92 『異體字字典·人部』A00103-009 參照
93 『異體字字典·人部』A00086-007 參照.

같은 것에서도 나타나는 현상이기 때문에 "⿰亻止"이 "仙"이라는 설명은 그리 문제될 것이 없다. 위의 내용들을 종합하면 "⿰亻止"은 서로 다른 원인으로 만들어진 것이지만 결국은 "企"의 異體字인 동시에 "仙"의 異體字가 되기도 한다.

⿰糸丂 : 이 글자는 "弦"의 異體字인 동시에 "紀"의 異體字이며, 자체 正字이기도 하다. 이 "⿰糸丂"은 〈漢孫叔敖碑〉에서 "弦"의 異體字로 사용되었고[94], 〈山陽太守祝睦碑〉에서는 "紀"의 異體字로 사용되었다.[95] "⿰糸丂"이 "弦"의 異體字가 된 것은 筆劃의 변화와 偏旁 位置의 변화에 따른 것으로 보이는데, "弦"의 다른 異體字와의 비교를 통해 보면 이는 "弦→⿰弓玄→⿰弓系→⿰弓系→⿰糸丂"의 과정을 거친 것으로 보인다.

한편 "⿰糸丂"이 "紀"의 異體字가 된 것은 "己"의 筆劃이 變形되었기 때문이며, 이러한 예는 "⿰言丂(記) · ⿱丂心(忌)"에서도 동일하게 나타나고 있다. 이와 같은 과정으로 인해 "⿰糸丂"은 결국 "弦"과 "紀"의 공통적인 異體字가 되었다.

⿰忄尢 : "⿰忄尢"는 "忧"의 異體字로서, 『龍龕手鑑』에 의하면 이 "⿰忄尢"는 "⿰忄乇"와 같은 글자이다.[96]그런데 "⿰忄乇"가 "忧"의 異體字이므로 "⿰忄尢"는 자연히 "忧"의 異體字가 된다. "⿰忄尢"는 "忧"에서 점획의 위치가 바뀌어 만들어진 異體字로서, 이와 같은 점획의 위치 변화로 인한 異體字로는 "⿰京尢(就)"나 "⿺弋止 · ⿺弋正(武)"와 같은 것들이 있다.

한편 "⿰忄尢"는 『精嚴新集大藏音·心部』에서는 "怪"의 異體字로 쓰이고 있는바[97], 이는 筆劃의 변화과정을 거치면서 생겨난 것이다. "怪"의 다른 異體字들인 "恠 · ⿰忄左"와 비교해보면 "⿰忄尢"는 "怪→恠→⿰忄左→⿰忄尢" 의 과정을 거친 것으로 보인다. 어쨌든 이러한 筆劃의 변화과정을 거쳐 만들어진 "⿰忄尢"는 결국 "怪"의 異體字인 동시에 "忧"의 異體字가 되었다.

1.2.4 기타

仅 : 이 글자는 "付"의 異體字인 동시에 "奴"와 "僅"의 異體字이다. "仅"가

94 『異體字字典·糸部』A01252-005 參照.
95 『異體字字典·糸部』A03084-001 參照.
96 行均,『龍龕手鏡』, 中華書局, 北京, 1985, p.61 參照.
97 『異體字字典·心部』A01325-008 參照.

"付"의 異體字라는 것에 대해 曾榮汾은 "付，段注本『說文解字·人部』作[illegible]，云：予也。從寸持物以對人。仅形見於『六書正譌·去聲·遇韻』、『字彙·人部』、『正字通·人部』等，注皆同付。『六書正譌』並云：從手持物以對人曰仅，又，手也、授也，俗作付。今考之金文，付字多見從又（如散盤、鬲攸比鼎、[illegible]鼎，見『金文編·卷八』），可見仅形甚早，周伯琦之說或可信之。仅宜收為付之異體."라[98] 하여 金文과 小篆([illegible])을 비롯한 字典의 기록까지 근거로 하여 "仅"가 "付"의 異體字임을 밝히고 있다. "付"가 "仅"로 변한 것은 필획의 변화에 의한 것으로 볼 수도 있고, 同一字族에 의한 偏旁 代替로도 볼 수 있다.

한편으로 그는 "奴，段注本『說文解字·女部』作[illegible]，云：奴婢皆古女人……從女又。古文作⿰亻女，隸定作⿰亻女。仅，『龍龕手鑑·人部』云：仅，古文奴字。『集韻·平聲·模韻』：奴，或作仅。『四聲篇海·人部』：仅，乃都切。人之下也。皆為仅為奴之異體字證據。然『正字通·人部』云：⿰亻女，古文奴，篆作⿰亻女總要篇海訛從又作仅。據此，則仅為奴之古文⿰亻女之訛字，不宜視為奴字之異."라[99] 하여 "仅"가 "奴"의 異體字임을 주장하고 있다. 즉 "奴"의 고문인 "⿰亻女"가 楷書에서 "⿰亻女"가 되고 이것이 다시 譌變되어 "仅"가 되었다고 말하고 있다. 그러나 이것은 단순한 譌變이 아니라 "奴"와 古文의 隸體인 "⿰亻女"가 偏旁 중복과 탈락 현상을 일으키며 "仅"가 된 것이다. 즉 "奴→⿰亻女 · 奴→仅(女탈락)"의 과정을 거친 것으로 보인다. 왜냐하면 異體字에는 "𣪊(穀) · ⿱女心(怒)"와 같이 偏旁이 탈락되어 만들어지는 현상도 있기 때문이다.

이 외에 그는 또 "段注本『說文解字·人部』云：僅，材能也。從人堇聲。後來俗字凡從對－寸、堇、雚、奚者皆可省形作又，清．吳沃堯『二十年目睹之怪現狀』第十二、十三回已提及漢可作汉、雞可作鸡、觀可作观等"이라[100] 하여, "仅"은 "僅"의 異體字가 되기도 한다고 말하고 있는데, 이 역시 타당한 주장이라 할 수 있다. 위와 같은 현상들을 종합해보면 "仅"는 筆劃의 변화를 거치든, 혹은 偏旁의 代替나 偏旁의 탈락이라는 과정을 거치든 결국 "付"와 "奴", "僅"이라는 각기 다른 세 正字의 공통적인 異體字가 된다.

98 『異體字字典·人部』A00079-001 參照.
99 『異體字字典·女部』A00878-002 參照.
100 『異體字字典·人部』A00229-008 參照.

1.3 異體字의 變形 始點에 따른 분류

正字의 개념이 아직 완전하게 정착되지 않은 甲骨文과 金文 시기에는 수많은 異體字들이 생성되고 있었으며, 이 시기의 字形들은 그 중의 어느 字形이 正字이고 어느 字形이 異體字라고 말하기가 쉽지 않은 상태로 존재하고 있었다. 그러나 隸 · 楷書의 정착과 함께 正字의 개념이 확립되자 異體字에 대한 개념도 자연스럽게 정립되었다. 이에 따라 새로운 개념에 부합되는 異體字의 생성과 유형에 대한 고찰이 필요하게 되었다.

새로운 개념에 부합되는 隸 · 楷書의 異體字는 그것의 正字形도 대부분 隸 · 楷書의 正字形에서 시작되었다. 그러나 일부의 글자는 그 이전의 字形에서 변화가 시작되어 隸 · 楷書의 正字形으로 발전되는 것과는 다른 경로와 과정으로 변화된 異體字들이 있다. 즉 異體字로 만들어지는 變形이 隸·楷書의 正字形에서 시작된 것이 아니라 그보다 더 오래된 字形에서 변화되어 만들어진 것들도 존재하고 있다. 예컨대 異體字形이 甲 · 金文 형태에서 變形이 시작되어 隸 · 楷書의 正字形과 다른 각도로 變形의 과정을 거친 것도 있고, 小篆이나 古文 형태에서 變形이 시작된 것들도 있다.

그런데 일부 異體字 중에는 그 異體字의 正字가 두 개인 것들이 있다. 이러한 異體字는 正字가 어느 것이냐에 따라 그 正字의 異體字의 생성 시작점이 다른 것들이 있다. 즉 A라는 異體字가 있는데, 이 A의 正字는 B와 C이다. 다시 말해 B와 C는 모두 서로 다른 正字인데, 이 B와 C의 異體字가 字形이 동일한 A인 경우가 있다. 이 때 지금의 관점에서 본다면 B와 C의 異體字인 A는 하나의 자형이지만, A가 만들어진 시기를 거슬러 올라가면 B의 異體字로서의 A와 C의 異體字로서의 A(이하 편의상 A`로 함)는 그것이 처음 만들어진 시기와 처음 만들어진 시기의 字形이 반드시 일치하지는 않는다. 즉 A는 甲骨文 시기부터 만들어진 것이고, A는 小篆 단계에서 만들어지기 시작한 것일 수가 있으며, 시작 시기에는 字形이 달랐으나 현재에 이르러서는 모두 동일한 A의 형태가 된 것일 수가 있다.

이러한 것은 반드시 甲骨文 시기부터 발생한 것은 아니고, 異體字마다 다양한 시기에 생성되기 시작한 것들이다. 그래서 다음에서는 이와 같은 서로 다른 正字를 가진 異體字의 시작이 어느 시기부터인가에 따라 두 개의 正字가 모두 隸 · 楷書인 경우를 비롯하여, 하나는 隷·楷書이나 다른 하나는 小篆에서 시작되는 것, 하나는 隷·楷書이나 다른 하나는 古文에서 시작되는 것, 하나는 小篆에서 시작되고 다른 하나는 古文에서 시작되는 것으로 나누어, 이 異體字들의 變形 過程에 대해 살펴 보고자 한다.

1.3.1 變形이 모두 隷·楷書에서 시작된 경우

敨 : "敨"은 〈泰山都尉孔宙碑〉에서는 "敏"의 異體字로 사용되었고[101], 〈孔宙碑〉에서는 "畝"의 異體字로 사용되었다.[102] "敨"을 "敏"의 또 다른 異體字인 "敄"과 비교해보면 이는 "敏→敄→敨"의 과정을 거쳐 "敏"의 異體字가 된 것으로 판단된다.

한편 "敨"가 '畝'의 異體字로 된 것은 字形의 類似로 인해 偏旁인 "久"가 "攵"으로 代替된 것으로 보이지만, 偏旁인 "久"가 "攵"이 되는 과정도 사실은 筆劃의 變形으로 인해 점진적인 변화의 과정을 거친다. 예컨대 "畝"에서의 "久"는 "畒(畝)·敀(故)→夂(灸)→玖(玖)→攷(故)→敨(畝)"의 과정을 거쳐 "攵"으로 된 것이라 할 수 있다. 어쨌든 이러한 과정을 거치면서 "敨"은 "敏"과 "畝"를 正字로 하는 異體字가 되었다

拾 : "拾"은 『碑別字新編·九畫·拾字』에서 "拾"의 異體字로 사용되었고,[103] 『中國書法大字典·手部』에는 "指"로 기록되어 있다.[104] "拾"이 "拾"으로 된 것은 筆劃의 변화에 의한 것으로서 "拾"에서의 우측 하단에 있는 偏旁 "口"이 상하로 연결되면서 "日"의 형체로 바뀌어 만들어진 것이다. 이렇게 두 개의 部件이 연결되는 경우는 異體字에서 가끔 나타나는 현상의 하나로서, "旦"의 경우도 筆劃이 상하로 연결되어 새로운 異體字인 "且"를 만들어내기도 한다.

"拾"가 "指"의 異體字가 된 것도 역시 筆劃이 점차 변화되면서 이루어진 것인데, "指"의 또 다른 異體字와의 비교를 통하면 "指→指→拾"의 과정을 거쳐 만들어진

101 『異體字字典·攴部』A01729-006 参照.
102 『異體字字典·田部』A02642-010 参照.
103 『異體字字典·手部』A01566-002 参照.
104 林宏元, 『中國書法大字典』, 中外出版社, 홍콩, 1976, p.648 参照.

것임을 알 수 있다. 결과적으로 이 "捨"는 正字인 "拾"과 "指"의 筆劃들이 변화되어 동일한 형태로 생성된 異體字라 할 수 있다.

商 : "商"은 〈唐劉元超墓誌〉에서 "商"의 異體字로 사용되었고[105], 『古文四聲韻·平聲·文韻』에서는 "君"의 異體字로 규정되어 있다.[106] "商"의 異體字로서의 "商"은 "商"의 중간 두 筆劃이 變形되어 하나로 이어지면서 만들어진 것이다. "君"의 異體字로서의 "商"은 正字形인 "君"에서 變形된 것이 아니라, 武后字이면서 동시에 "君"의 또 다른 異體字인 "𡆠"에서 筆劃의 변화를 거친 것이다. 즉 "君"의 다른 異體字들인 "𡆠 · 㖵 · 𠷎 · 商"과 비교해 볼 때 "商"의 생성과정은 "君→𡆠(武后字)→㖵→𠷎→商→商"의 과정을 거치면서 만들어진 것이라는 것을 알 수 있으며, 이러한 과정을 통해 만들어진 "商"은 결국 "商"의 異體字形과 동일하게 되었다.

1.3.2 變形이 小篆에서 시작된 경우

不 : 〈三公山碑〉의 기록에 의하면, "不"은 "不"의 異體字로 사용되고 있고,[107] 〈隋密長盛造橋碑〉에서는 "牙"의 異體字로 사용되고 있다.[108] "不"이 "不"의 異體字로 만들어지게 된 것은 그 형체가 "不"의 小篆에서 발전되어 되었기 때문인데, "不"의 다른 異體字들인 "不 · 不 · 不 · 不"과의 비교를 통해 볼 때 그 字形의 변천 과정은 "不→不→不→不→不"로 추정된다. 한편 "牙"의 異體字로 사용된 "不"도 역시 筆劃의 變形을 통해 "牙→牙 · 牙→不"의 과정을 거치면서 이와 같은 字形으로 만들어졌는데, 결과적으로 이 "不"은 "不"의 異體字인 동시에 "牙"의 異體字가 되었다.

亦 : "亦"은 "亦"의 異體字인데, 이에 대해 許錟輝는 "亦為亦之異體。亦，『龍龕手鑑·亠部』云：亦，古文亦字。『四聲篇海·亠部』、『字彙補·亠部』等並同，

105 『異體字字典·肉部』A03356-011 參照.
106 『異體字字典·口部』A00526-015_3 參照.
107 『異體字字典 · 一部』A00010-007 參照.
108 『異體字字典 · 牙部』A02485-013 參照.

故亣為亦之異體無誤."[109]라 하여, 각종 字典의 내용을 근거로 "亣"이 "亦"임을 증명하고 있다.

한편 "亣"는 "衣"의 異體字가 되기도 하는바, 이에 대해 葉鍵得은 "亣為衣之異體。衣,『說文解字·衣部』:𧘇,依也。上曰衣,下曰裳,象覆二人之形。段注本『說文解字·衣部』篆文作𧘇益像象覆二人之形矣。『字學三正·體製上·古文異體』:亣,衣。部件由𠄌,楷化作从。『古文四聲韻·平聲·微韻』引〈道德經〉作𧘇,引〈汗簡〉作𧘇,引〈籀韻〉作亣,亦足見二人之形楷化成从矣。故可定亣為衣之異體."[110]라 하여 "亣"가 小篆 "𧘇"에서 발전되어 온 "衣"의 異體字임을 증명하였다.

"亣"이 "亦"의 異體字가 된 것은 筆劃의 變形에 의한 것으로 보인다. "亦"의 다른 異體字인 "亣"과의 비교를 통해 보면 "亣"은 "亦→亣→亣"의 과정을 거치면서 만들어진 것이라고 할 수 있다. 또 "亣"가 "衣"의 異體字가 된 것도 단순한 筆劃의 變形에 의한 것으로서, "衣"의 다른 異體字인 "衣"와 비교해 보면 역시 "衣→衣→亣"의 과정을 거쳐 이루어진 것으로서, 결과적으로 볼 때 "亣"은 "亦"의 異體字인 동시에 "衣"의 異體字라 할 수 있다.

1.3.3 變形이 古文에서 시작된 경우

佸 : 이 글자는『四聲篇海·人部』에 "但"의 異體字로 기록되어 있다[111]. "但"의 異體字에는 이것 외에도 "伹 · 伹 · 伹"의 字形이 있는데, "佸"은 마지막의 "伹"에서 변화된 것으로 보인다. 즉 "佸"은 "但"의 筆劃이 변화되면서 만들어진 것으로서, "但→伹→伹→伹→佸"의 과정을 거친 것이라 할 수 있다.

이 "佸"은 또 "剛"의 異體字이기도 하다. 이에 대해 李殿魁는 "『說文解字·刀部』:剛:彊斷也。從刀岡聲。𠇍,古文剛如此。『古文字類編·剛字』:剛:佸.戰國.璽錄.四.二;佸,戰國.陶.紀王城。『集韻·平聲·唐韻』:剛.伹;『說文』:彊斷也。古作伹,或書作佸。『四聲篇海·人部』:伹:居郎切,彊

109 『異體字字典 · 亠部』A00061-001 參照.
110 『異體字字典 · 衣部』A03708-001 參照.
111 韓孝彦 等,『續修四庫全書 · 四聲篇海』, 上海古籍出版社, 上海, 1995, p.513

也。佁：音但，義同。『正字通·人部』：佁：古文剛，見『說文解字·刀部』……省作佁。按：此為『說文』古文."[112]라 하여, "佁"는 바로 "剛"의 古文인 異體字라 설명하고 있는데, 매우 설득력이 있다. 어쨌든 이 "佁"는 서로 다른 과정을 거치면서 "但"의 異體字인 동시에 "剛"의 異體字가 되었다.

1.3.4 變形이 古文과 小篆에서 시작된 경우

⿸尸巾 : 이 글자는 "豕"의 異體字로서, 이에 대해 許錟輝는 "⿸尸巾，『四聲篇海·尸部』云：古文豕字。『字彙補·尸部』、『康熙字典·尸部』皆同。究其字形當從『說文』所載古文𠂢演變而來。則⿸尸巾為豕之異體無誤."[113]라 하여, 이것이 古文 "𠂢"에서 발전되어 온 것으로 보고 있다. 사실 "豕"의 다른 異體字에는 "豖 · 帀"와 같은 것들이 있어, "⿸尸巾"의 생성 과정을 유추하면 "𠂢(豕의 古文)→豖→帀→⿸尸巾"와 같은 筆劃의 變形 과정을 거친 것으로 보인다.

한편 "⿸尸巾"는 "此"의 異體字가 되기도 한다. 이에 대해 季旭昇은 "其異體或作⿸尸巾，見『古文四聲韻·上聲·紙韻』：⿸尸巾：崔希裕『纂古』。『正字通·止部』：……『六書統』『此』篆作𣥠，尤非。 按：此字自甲骨文以來，皆從止匕，除異體字筆勢小變外，並無結構上之不同。『六書統』『此』篆作𣥠，其偏旁⿱尸匕或係匕之訛變；巾則或止之訛變"[114]라 하여, "此"는 篆文인 "𣥠"에서 變形된 것이라 말하고 있다. 즉 篆文 "𣥠"에서 "⿱尸匕"는 "匕"의 譌變이고, "巾"는 "止"의 譌變이라는 것이다. 이는 나름대로 설득력이 있다고 보인다. 즉 異體字인 "⿸尸巾"에서의 "尸"는 篆文 "⿱尸匕(匕)"의 變形이고, "巾"은 "巾(止)"가 變形된 것으로서, 결국 "⿸尸巾"는 "此"의 異體字가 된다. 이와 같이 서로 다른 古文과 篆文에서 유래된 것이지만, 결과적으로 "⿸尸巾"는 "豕"의 異體字인 동시에 "此"의 異體字가 되었다.

112 『異體字字典·刀部』A00362-001 參照.
113 『異體字字典·尸部』A03912-001 參照.
114 『異體字字典·尸部』A02068-003 參照.

2 正字兼異體字

과거에 만들어진 文獻은 지금과 같은 正字가 아닌 異體字를 사용한 것이 엄청나게 많다. 그래서 지금과 같이 正字를 위주로 배우고 사용한 사람들이 古籍을 읽을 때에 여전히 많은 어려움을 겪게 된다. 이와 같은 어려움을 해결하기 위해 그동안 적지 않은 字典에서 正字와 함께 이러한 異體字를 함께 수록하고 있다. 그러나 모든 異體字를 字典에 수록할 수도 없었기 때문에 최근에는 異體字만을 전문적으로 연구하고 수록한 字典이 만들어지기도 하였다. 異體字 연구의 핵심은 그 異體字의 正字가 무엇인지를 밝히는 것인데 그 과정에서 어려운 점 중의 하나가 바로 正字兼異體字로 사용되는 字形이다.

正字兼異體字란 하나의 字形이 그 자체로 正字이면서, 동시에 그 字形은 다른 글자의 異體字가 되는 것을 말한다. 예컨대 '炤'는 그 自體가 正字이면서, 동시에 '昭'의 異體字로도 사용되는데, 이러한 경우에 '炤'는 正字兼異體字가 된다. 이와 같은 正字兼異體字는 두 개의 正字를 갖는 異體字와 같이 하나의 字形이 두 개의 서로 다른 字音과 字義를 나타내고 있다. 그래서 文獻에 이러한 글자가 있을 때 이것을 판독하는 것은 결코 쉽지 않다. 특히 正字兼異體字의 경우에 字形 그 자체가 하나의 正字形과 완전 일치하기 때문에 누구든지 쉽게 이를 正字로 간주할 뿐, 다른 글자의 異體字라 생각하지 않는다. 이것이 어떤 글자의 異體字인 경우에 이를 해당 글자의 異體字로 판단하지 않고, 그 字形을 갖는 그 자체의 正字로 판단하여 이를 문맥의 해석에 적용시킨다면 전후 문장이 결코 순조롭게 이어지지 않는다는 점이다.

이와 같은 문제점을 해결하기 위해서는 正字兼異體字에 대한 연구가 이루어져야 하며, 또한 각 글자마다 그 異體字의 正字를 考釋하고 정리하는 작업이 필요하다. 다음에서는 正字兼異體字의 생성 유형을 살펴보고, 생성 유형에 따라 각 유형에 해당하는 異體字들의 예를 들어서 각 異體字의 正字를 명시하여 이러한 異體字形이 생성되는 과정을 고찰하고자 한다.[115]

115 이하 "正字兼異體字"에 관한 記述은 李圭甲·金殷嬉 "正字兼異體字生成過程研究(中國語言文字研究集刊, 2012.9)"의 내용을 바탕으로 수정 및 보완한 것임.

2.1 正字兼異體字의 生成 類型

正字兼異體字는 하나의 字形 그 자체가 특정한 字音과 字義를 나타내는 正字임에도 불구하고, 그것과는 다른 字音과 字義를 나타내는 글자의 異體字가 되는 것이다. 예컨대, 예를 들어 '惚'은 '홀'이라는 字音과 '황홀하다'는 字義를 가진 正字形인데, 그것과 동시에 '뇌'라는 字音과 '괴로워하다'라는 字義를 가진 '惱'의 異體字이기도 하다. 즉 '惚'은 正字임과 동시에 '惱'의 異體字가 되는 것이다.

이와 같은 正字兼異體字는 어떠한 과정을 거치면서 생성되는가? 이들의 생성 유형은 대체적으로 다음의 두 가지로 구분된다. 하나는 偏旁이 代替되거나 추가 혹은 생략되는 경우이고, 다른 하나는 筆寫의 誤謬가 累積되면서 만들어지는 경우이다. 이들을 유형별로 간략하게 살펴보면 다음과 같다.

첫째, 偏旁이 代替되거나 추가되어 생성되는 경우이다. 이 중에서도 偏旁의 代替에 의한 경우가 일반적이고, 偏旁의 추가에 의한 것은 상대적으로 적다. 우선 偏旁이 代替되는 전형적인 예로는 "科(料)"와 "緂(毯)"이 있다. 이 두 글자에서 正字의 偏旁이 다른 偏旁으로 대체될 수 있는 이유는 대체하고 대체되는 偏旁들끼리 서로 의미가 서로 통하거나 혹은 字音이 비슷한 경우이기 때문이다.

그런데 앞의 "偏旁의 代替"에서 살펴보았듯이 偏旁이 대체되는 것에는 偏旁의 字義 혹은 字音이 서로 통하지도 않으면서 代替되는 경우가 있는데, 이러한 예에는 "票(栗)", "治(冶)", "杒(初)", "析(折)"이 있다. 이들의 偏旁이 대체되는 원인은 그 偏旁들의 字形이 유사하다는 것 외에는 또 다른 단서를 찾을 수가 없다. 이와 같이 字形 유사에 의한 偏旁 대체의 경우는 엄밀히 말하자면 다음에 거론되는 筆寫 誤謬의 累積에 의해 字形이 비슷한 다른 字形으로 변한 후에 변화된 字形을 일반적으로 사용하게 된 것이다. 결과적으로는 다른 偏旁으로 대체된 것이므로 마치 처음부터 偏旁이 代替되어 생성된 것처럼 보이는 것이다. 그 외에도 "價(賈)", "厓(睚)"와 같은 경우는 偏旁의 추가 또는 생략으로 생성된 것이다. 이들이 偏旁의 추가나 생략에도 불구하고 전혀 字義나 字音의 변화 없이 사용될 수 있는 것은 이들의 初文이 같기 때문이다.

둘째, 筆寫 誤謬의 累積에 의해 생성되는 경우이다. 예컨대 "巠(巫)", "首(酋)", "皃(完)", "夘(卵)", "永(乖)", "四(皿)"과 같은 글자들은 본래 正字인 '巫', '酋',

‘完’, ‘卯’, ‘乖’, ‘皿’인 글자를 쓰는 과정에서 筆劃을 하나씩 끊어서 정확하게 쓰지 않고 약간 흘려서 行書로 쓰는 과정에서 일부의 筆劃들이 그 모양이 바뀌거나 혹은 다른 筆劃과의 혼합되거나 생략되는 현상이 나타난 것이다. 또한 그것이 여러 차례 반복되면서 나중에는 본래의 글자와 전혀 다른 모양이면서 오히려 다른 글자의 正字形과 동일한 모양으로 바뀐 것이다.

이밖에도 合體字의 구조로 되어 있는 “羗(叐)”나 “扰(拔)”, “頷(頷)”, “冗(宂)”와 같이 일부 偏旁이 위와 동일한 현상을 보이면서 전혀 다른 正字와 字形이 같게 된 글자들도 있다. 이러한 글자들은 외형적으로만 볼 때 결과적으로는 偏旁이 바뀐 것이라고도 말할 수 있다. 그러나 다른 각도에서 보면 첫 번째 유형인 偏旁의 代替에 의해 생성된 正字兼異體字로 간주될 수도 있다. 그렇지만 이러한 글자들은 이와 같이 字形이 바뀐 이후에 바뀐 字形이 일반적으로 자주 사용되지 않는다는 점에서 첫 번째 유형과 다르다.

2.2 正字兼異體字 類型

正字兼異體字의 類型은 그 형성 과정에서 볼 때 위에서 언급한 바와 같이 偏旁이 代替된 경우와 筆寫의 誤謬가 累積되어 만들어지는 경우이다. 다음에서는 이들을 유형별로 나누어 여기에 속하는 異體字들에 대해 설명하기로 한다.

2.2.1 偏旁이 代替된 경우

饋(饋ㅡ鎧)116 : ‘饋’는 『藏經音義隨函錄』에 “德饋”라는 단어에 나오며, 본문에서 “苦改反, 甲, 別名也.”라고 설명하였다.117 그 字形만 보면 ‘饋’는 ‘보리를 서로 먹다’는 뜻과 ‘온’(五困切)이라는 音을 지닌 ‘饋’이나, 제시된 설명의 字音과 字義에 의하면 여기에서 ‘饋’는 ‘鎧’의 異體字로 쓰였다. 따라서 “德饋”는 “德鎧”로 읽어야 한다. “德鎧”는 공덕의 갑옷이라는 뜻이며, 불교 경전에서 자주 나온다.

116 본문에 제시된 例字에서 왼쪽은 異體字이고, 오른쪽은 正字이다.
117 『高麗大藏經』(東國大譯經院, 1976), 34卷, p.646

'饋'는 '鎧'의 偏旁 '金'이 '食'으로 대체된 것이다. '金'과 '食'은 音義의 관련이 없으며, 楷書 字形으로 볼 때, 字形의 유사도가 매우 높은 편은 아니다. 筆寫 과정에서 '金'이 '食'과 유사한 형태로 변형되면서 '食'으로 筆寫하게 된 것이며, 결과적으로 볼 때 偏旁이 대체된 것이다.

'金'의 '食'으로 변형되는 과정은 '金'의 書體 변화와 '金'을 偏旁으로 하는 글자들의 異體字를 통해서 살펴볼 수 있다. '金'의 小篆은 '金'이며, 후에 이 小篆 字形의 필선이 약간 변화되면서 여러 가지 異體字가 형성되었는데, '金'[118], '金'[119], '金'[120], '金'[121] 등이 그 예이다. '金'의 이러한 異體字 중에 마지막 글자 '金'에서 하단의 '幺'가 '厶'의 형태로 생략되기도 하였는데, '釗'의 異體字인 '釗'[122], '欽'의 異體字인 '欽'[123]의 偏旁 '金'이 그 예가 되며, 이것은 '食'과 형태가 유사하다. 또한 '金'의 小篆 '金'은 隷變 과정에서 '金'[124]과 같이 쓰기도 하였는데, 이 字形 역시 '食'과 字形이 유사하다. 이와 같이 필사 과정에서 변형된 '金', '金'과 같은 字形을 통해서 '金'이 '食'으로 변형되는 과정을 "金(金) → 金 → 金 → 金 → 金 → 金 → 食"으로 유추할 수 있다. 이밖에 偏旁 '金'이 '食'으로 대체된 예에는 '鑠'[125]의 異體字인 '饑'[126]와 '銀'의 異體字인 '餛'[127] 등이 있으며, "餛(餛)"은 正字兼異體字이다.

輊(輊ㅡ輕) : '**輊**'은 『隨函錄』에 "輊微"라는 단어에 나오며, "上詰盈反, 又音致悟"라고 설명하였다.[128] '**輊**'은 '수레 앞이 무거워 기울다'는 뜻과 '지'라는 音의 '輊'[129]로 볼 수 있으나, 『隨函錄』의 설명과 단어 의미로 볼 때, 여기에서는 '가볍다'는 뜻의 '輕'의 異體字로 쓰였다. 따라서 "輊微"는 "輕微"라고 읽어야 한다. '輊'은 그

118 『偏類碑別字 · 金部 · 金字』.(『異體字字典 · 金部』 A04261 金 參照)
119 『碑別字新編 · 八畫 · 金字』.(『異體字字典 · 金部』 A04261 金 參照)
120 『古文四聲韻 · 平聲 · 侵韻』.(『異體字字典 · 金部』 A04261 金 參照)
121 『古文四聲韻 · 平聲 · 侵韻』.(『異體字字典 · 金部』 A04261 金 參照)
122 『古文四聲韻 · 平聲 · 宵韻』.(『異體字字典 · 金部』 A04264 釗 參照)
123 『偏類碑別字 · 欠部 · 欽字』.(『異體字字典 · 金部』 A02058 欽 參照)
124 『書法字典』 金(馬王堆帛書) 참고.(http://www.shufazidian.com/)
125 『說文 · 14篇 · 金部』 : "鑠(鑠), 銷金也, 从金樂聲."
126 『龍龕手鑑 · 食部』, 『中華字海 · 食部』.(『異體字字典 · 金部』 A04362 鑠 參照)
127 『高麗大藏經』(東國大譯經院, 1976), 35卷, p.530
128 『高麗大藏經』(東國大譯經院, 1976), 34卷, p.640
129 『龍龕手鑑 · 車部』: "輊, 車前重也."(『異體字字典 · 金部』 A04075 輊 參照)

자체가 正字이면서 '輕'의 異體字이다.

'輕'을 '**輊**'으로 쓴 것은 결과적으로는 偏旁 '巠'이 '至'로 대체된 것이나, '巠'과 '輕'의 異體字와 서체 변화를 통해서 살펴보면 筆寫 과정에서 偏旁 '巠'이 '至'로 변형된 것이다.

'巠'은 '𢀗' 또는 '坙'으로 쓰기도 한다.[130] '巠'에서 '巛'을 '小'으로 쓰면 '𢀗'과 같이 되며, '𢀗'에서 '小'의 중앙 세로획을 '工'과 연결하여 쓰면 '坙'과 같이 된다. '巠'의 異體字 '𢀗', '坙'은 각각 '輕'의 異體字 '軽'[131]과 '輊'[132]에서 볼 수 있다. '坙'에서 '丷'을 빠르게 연결해서 쓰고 중앙의 세로획을 짧게 쓰면 '至'와 같은 형태가 된다. '巠'의 간체자 '𢀖'은 '巠'의 상반부의 필획을 빠르게 연결하여 쓴 行書를 채택한 것이다. 이러한 필법은 '輕'의 行書 '**軽**', '**軽**', '經'의 行書 '**经**', '**经**'에서도 볼 수 있다.

이와 같이 '輕'의 異體字 '**輊**'은 筆寫 과정에서 偏旁 '巠'이 '至'로 변형되면서 형성된 것이며, 그 과정은 "巠 → 𢀗 → 坙 → 至"로 유추할 수 있다. 偏旁 '巠'을 '至'로 쓰는 현상은 '巠'을 偏旁으로 하는 여러 글자들의 異體字에서 자주 볼 수 있다. '經'의 異體字 '絰'[133], '徑'의 異體字인 '逕'[134], '勁'의 異體字인 '剄'[135], '涇'의 異體字인 '洷'[136] 등이 그 예이다.

頑(頑—規) : '**頑**'는 『隨函錄』에 "欲頑"라는 단어에 나오며, "古隨反, 圖也, 謀計也, 求也. 正作規也"라고 설명하였다.[137] 여기에서 '**頑**'는 '완고하다'는 뜻을 가진 '頑'[138]이 아닌 '規'의 異體字로 쓰인 것이므로, "欲頑"은 "欲規"로 읽어야 한다.

'規'는 '夫'와 '見'으로 구성된 글자이며, '**頑**'은 '元'과 '頁'로 구성된 글자이다.

---

130 『四聲篇海 · 工部』.(『異體字字典 · 巛部』 C03026 巠 參照)
131 『隸辨 · 平聲 · 清韻 · 軽字』.(『異體字字典 · 車部』 A04078 輕 參照)
132 『隸辨 · 平聲 · 清韻 · 輊字』.(『異體字字典 · 車部』 A04078 輕 參照)
133 『偏類碑別字 · 糸部 · 經字』.(『異體字字典 · 糸部』 A03124 經 參照)
134 『偏類碑別字 · 彳部 · 徑字』.(『異體字字典 · 彳部』 A01289 徑 參照)
135 『佛教難字字典 . 力部』.(『異體字字典 · 力部』 A00391 勁 參照)
136 『偏類碑別字 · 水部 · 涇字』.(『異體字字典 · 水部』 A02202 涇 參照)
137 『高麗大藏經』(東國大譯經院, 1976), 34卷, 932쪽
138 頑은 본래 '자르기 힘든 통나무'를 뜻하는 글자이며, '무디다', '고집스럽다'는 뜻으로 의미가 확장되었다. 『說文 · 9篇 · 頁部』 : "頑(頑), 梱頭也. 從頁元聲."

‘規’의 偏旁 ‘夫’, ‘見’은 각각 ‘**頑**’의 偏旁 ‘元’, ‘頁’과 유사하다. 字形이 유사하여 ‘夫’가 ‘元’으로 변형되고, ‘見’이 ‘頁’로 바뀌면서 ‘規’가 ‘**頑**’의 형태로 된 것이다. ‘**頑**’는 ‘規’의 偏旁 두 개가 모두 대체되어 형성된 異體字이다. 이러한 변화는 ‘規’의 異體字를 통해서 살펴볼 수 있다. 『異體字字典 · 見部』에 ‘規’의 異體字 중에 ‘䂓’139와 ‘䪼’140가 수록되어있다. ‘䂓’는 ‘夭’와 ‘見’으로 구성된 글자이며, ‘䪼’은 ‘䂓’에서 ‘見’을 ‘頁’로 대체한 글자이다. 偏旁 ‘夭’는 筆寫 과정에서 ‘夫’에서 변형된 것이다. 偏旁 ‘夫’의 ‘人’에서 ‘ノ’의 起筆이 첫 번째 필획 ‘一’의 안쪽에서 시작되고, ‘㇏’이 ‘𠃊’의 형태로 필사되면서 ‘夭’로 변형되었다. ‘夫’에서 ‘ノ’의 起筆이 ‘二’의 두 번째 필획 안쪽에서 시작되었다면 ‘元’의 형태가 될 것이다. ‘規’의 異體字 중에는 偏旁 ‘見’을 ‘頁’로 대체하여 쓴 여러 글자들이 있는데, ‘䪼’141, ‘䪼’142, ‘䪼’143, ‘䪼’144 등이 그 예이다. 이러한 異體字에서 偏旁 ‘夭’, ‘夭’, ‘夭’, ‘夭’은 모두 ‘夫’의 변형으로 형성된 것이다.

慄(票一栗) : ‘**慄**’은 『隨函錄』에 “佛票”이라는 단어에 쓰였으며, 본문의 “力日反, 正作栗”이라는 설명을 통해서 이 단어에서 ‘**慄**’이 ‘栗’의 異體字로 쓰였다는 것을 알 수 있다.145 ‘栗’은 ‘밤나무’의 뜻과 ‘율’이라는 音을 나타내는 글자이며, ‘栗’의 異體字로 쓰인 ‘**慄**’은 字形만 보면 ‘흔들리다(搖動)’는 뜻과 ‘표’라는 音을 지닌 자체 正字이다.146

‘栗’을 ‘**慄**’로 쓴 것은 ‘木’과 ‘示’가 字形이 유사하여 筆寫 과정에서 혼용된 것이다. 偏旁 ‘木’이 ‘示’로 쓰인 것은 주로 상하 구조에서 볼 수 있다. ‘木’에서 ‘示’로

139 『金石文字辨異 · 平聲 · 支韻 · 規字』.(『異體字字典 · 見部』 A03768 規 參照)
140 『偏類碑別字 · 見部 · 規字』.(『異體字字典 · 見部』 A03768 規 參照)
141 『金石文字辨異 · 平聲 · 支韻 · 規字』.(『異體字字典 · 見部』 A03768 規 參照)
142 『偏類碑別字 · 見部 · 規字』.(『異體字字典 · 見部』 A03768 規 參照)
143 『偏類碑別字 · 見部 · 規字』.(『異體字字典 · 見部』 A03768 規 參照)
144 『龍龕手鑑 · 頁部』.(『異體字字典 · 見部』 A03768 規 參照)
145 『高麗大藏經』(東國大譯經院, 1976), 35卷, 242쪽 參照
146 票는 『說文解字』에 ‘불똥이 튀다’는 뜻의 㶾로 수록되어있다.(『說文 · 10篇 · 火部』: “㶾, 火飛也. 從火”) 『字彙』에 의하면 票는 본래 ‘흔들리다’이라는 뜻을 지닌 글자이며(『字彙 · 示部』: “票, 批招切, 音飄, 搖動也”), 㶾와 다른 글자로 수록되어 있다.(『字彙 · 火部』: “㶾, 批招切, 音飄, 火飛也.”) 票와 㶾는 본래 동음이의의 두 개의 글자였으며, 隷變 과정에서 㶾가 票로 변화되어 한 글자로 병합되었다. 票의 異體字를 통해서 그 변화 과정을 㶾 → 㶾 → 㶾 → 票로 유추할 수 있다.(『異體字字典 · 示部』 參照)

筆寫되는 과정은 "木 ⋯→ 朩 ⋯→ 𣎳"로 유추해볼 수 있다. 상하 구조의 글자에서 '木'이 아래에 위치할 때 '朩'과 같이 쓰이기도 하였다. 간체자의 "杀(殺)", "杂(雜)"이 그 예이다. '木'의 양쪽에 있는 '丿'과 '乀'이 세로획에서 분리되어 '朩'로 쓰였고, '朩'에서 중앙에 있는 세로획의 상단이 분리되어 '𣎳'의 형태로 된 것이다.

이와 같이 '木'과 '示'의 字形의 유사성으로 인해 '栗'을 '票'로 쓰게 되었고, 자체 정자인 '票'가 '栗'의 異體字가 되었다. 각종 異體字에서 '木'은 字形의 유사성으로 인해 "示 · 禾 · 扌" 등의 글자와 자주 통용되었다.[147] 한 글자의 偏旁으로서 '木'과 '示'가 통용된 예는 "柔一柔", "條一條", "栽一栽", "梁一梁", "禁一禁", "榮一榮" 등의 여러 異體字에서 살펴볼 수 있다.

杒(杒一初) : '**杒**'는 『隨函錄』에 "杒煮"라는 단어에 나오며, '杒'를 "上楚魚反, 正作初"라고 설명하였다.[148] 여기에서 '**杒**'는 '初'의 異體로 쓰였으나, '杒'는 '도'라는 音과 '나무의 속심'이라는 뜻을 지닌(또는 '목'이라는 音과 '뽕나무'라는 뜻을 지닌) 자체 正字이다. 『龍龕手鑑 · 木部』에서 "音刀, 木心也."라고 하였다. 『玉篇』에는 '杒'가 刀部와 木部에 각각 수록되어 있으며 刀部에서는 "杒, 刀勞切, 木名"이라고 하였으며, 木部에서는 "杒, 莫鹿切, 杒桑也."라고 하였다.[149]

'初'는 『說文 · 4篇 · 衣部』에서 篆文은 '𧘇'로 쓰며[150], 楷書 단계에서 '初'로 쓰게 되었다. '初'를 '**杒**'로 쓴 것은 왼쪽 偏旁인 '衤'와 '木'의 字形의 유사성으로 인해 필사과정에서 필획이 생략되고 연결되면서 형성된 것이다. '衤'를 '木'으로 쓰게 된 것은 '初'의 異體字와 偏旁 '衤'의 필사 과정으로 유추해볼 때, "衤 ⋯→ 礻 ⋯→(木)⋯→ 木"의 轉寫 과정에서 형성된 것이다. '礻'는 '初'의 異體字인 '初'[151]와 같이 오른쪽의 한 획을 생략하여 '礻'로 쓰기도 하였으며, '祺'의 異體字인 '祺'[152]와 같이 '木'의 형태로 쓰기도 하였다. '木'에서 상단의 한 획을 중앙의 세로획과 연결

147 金愛英 · 李圭甲(2009) 참고. 字形의 유사성으로 인해 "木 · 示 · 禾 · 米"의 偏旁이 통용된 상황은 '稟'의 異體字 '稾', '禀', '稾'에서 살펴볼 수 있다.(『異體字字典 · 火部』A02935 稟 參照)

148 『高麗大藏經』(東國大譯經院, 1976), 35卷, p.494

149 『異體字字典 · 木部』 C05004 '杒' 參照.

150 『說文 · 4篇 · 衣部』 : "初, 始也. 从刀从衣. 裁衣之始也."

151 『碑別字新編 · 七畫』.(『異體字字典 · 木部』 A03709 '初' 參照)

152 『隸辨 · 平聲 · 之韻 · 祺字』.(『異體字字典 · 示部』 A02897 '祺' 參照)

하여 쓰면 '木'의 형태가 된다. 偏旁 '衤'를 '木'으로 쓴 것은 '褐'의 異體字인 '榻'[153]에서도 볼 수 있다.

惟(惟一帷) : '惟'는 字形 자체만 보면 "생각하다"는 뜻의 '惟'이나, 『隨函錄』의 "惟幄"이라는 단어에서 '帷'의 異體字로 쓰였다. 『隨函錄』에서는 '惟'와 '幄', 이 두 글자에 대해서 "上千誰反, 下烏角反, 正作帷幄"라고 설명하였다.[154] 이 설명에 의하면 "惟幄"은 "帷幄"이며, '군영의 장막'을 뜻한다.

'惟'와 '幄'은 異體字로 쓰였으며, 두 글자 모두 偏旁 '巾'이 '忄'으로 대체되어 형성되었다. 다른 점은 '惟'는 자체 正字로 사용되지만, '幄'은 '幄'의 異體字[155]일 뿐 자체 正字가 아니라는 것이다. 偏旁 '巾'이 '忄'으로 필사되는 과정은 "巾 →〔巾〕→忄"과 같이 유추해볼 수 있다. 이러한 과정의 중간 단계는 '帷'와 '幄'의 行書인 '帷', '幄'[156]에서 살펴볼 수 있다. 筆寫 과정에서 '巾'의 部件 '冂'을 쓸 때 첫 번째 垂劃을 쓰고, 두 번째 折劃을 첫 번째 획과 연결하지 않고 짧게 끊어서 쓰면서 '巾'이 '忄'의 형태로 된 것이다. 正字의 偏旁 '巾'이 '忄'으로 대체된 異體字는 '帆'의 異體字인 '帆'[157], '幅'의 異體字인 '愊'[158], '帙'의 異體字인 '怢'[159], '幃'의 異體字인 '愇'[160] 등에서도 볼 수 있다.

이상 字形이 유사하여 筆寫 과정에서 유사한 편방으로 대체된 正字兼異體字의 생성 과정을 분석하였다. 『隨函錄』의 正字兼異體字인 글자 중에 위에서 예로 든 "金-食", "巠-至", "木-示", "元-夫", "示-木", "衤-木", "巾-忄" 외에도 "扌-木", "冫-氵" 등이 혼용된 현상으로 살펴볼 수 있다. '扌'가 '木'으로 대체된 '折'의 異體字인 '析', '木'이 '扌'로 대체된 '楥'의 異體字인 '援', '冫'이 '氵'로 대체된 '冶'의 異體字인 '治'가 그 예이다.

153 『偏類碑別字 · 衣部 · 褐字』.(『異體字字典 · 衣部』 A03743 '褐' 參照)
154 『高麗大藏經』(東國大譯經院, 1976), 35卷, p.612
155 『龍龕手鏡 · 巾部』.(『異體字字典 · 巾部』 B00932 幄 參照)
156 『書法字典』 帷, 幄 참고. (http://www.shufazidian.com/)
157 『中文大辭典 · 心部』 : "帆, 帆之訛字."(『異體字字典 · 巾部』 A01163 帆 參照)
158 『敦煌俗字譜 · 巾部』 : "幅俗字作愊."(『異體字字典 · 巾部』 A01179 幅 參照)
159 『偏類碑別字 · 巾部 · 帙字』.(『異體字字典 · 巾部』 B00921 帙 參照)
160 『異體字字典 · 巾部』 B00933 幃 參照.

2.2.2 筆寫 誤謬가 累積된 경우

渥(渥ㅡ泥) : '渥'은 字形으로 판단할 때 '두텁다'는 뜻의 '渥'이다. 그런데 『隨函錄』 본문에서는 "汙渥, 下奴計反, 正作埿"라고 하여 이 글자가 '渥'이 아닌 '埿'라고 설명하였다. 여기서 말하는 '埿'는 "汙渥"라는 단어의 일부라는 사실로 미루어 볼 때, '흙 바르다'라는 뜻의 '埿'가 아니라 진흙을 뜻하는 '泥'의 異體字로 보는 것이 타당하다.

'渥'는 '泥'의 異體字이자 자체 正字이다. '泥'가 '渥'로 筆寫되는 과정은 '泥'의 異體字를 통해서 살펴볼 수 있다. '泥'의 異體字에는 '泟'161, '屔'162, '埿'163, '㘿'164, '𡰪'165가 있다. 이중에 첫 번째 異體字인 '泟'는 우측 하단부의 '匕'가 '工'의 모양으로 바뀐 것이고, '屔'는 '水'가 '土'로 대체되면서 위치까지 변화된 것이다. 이 두 異體字는 '泥'에 변형된 것이나 나머지 異體字는 偏旁이 부가되면서 생성된 것이다. '埿'는 泥의 하단부에 '土'가 부가되었고, '㘿'는 '埿'에서 '土' 위치에 점이 부가된 것이다. 위의 마지막 異體字인 '𡰪'는 '㘿'에서 '匕'가 '工'의 형태로 바뀐 것이다. '泥'의 異體字로 쓰인 '渥'는 마지막 異體字 '𡰪'의 오른쪽 偏旁 '屋'가 '屋'의 형체와 유사하여 '渥'으로 변형된 것이다. 이와 같이 '泥'가 '渥'으로 필사되는 과정은 "泥 → 泟 → 屔 → 埿 → 㘿 → 𡰪 → 渥"로 유추할 수 있다. 이러한 자형의 변화 과정을 통해서 '渥'는 그 자체의 모양으로는 '渥'이라는 正字가 되면서 동시에 '泥'의 異體字가 된 것이다.

淴(淴ㅡ澀) : '淴'은 『隨函錄』에 "淴滑"라는 단어에 나오며, 字形만 보면 '물 흐르는 모양'을 뜻하는 '淴'이다.166 『隨函錄』에는 이 단어에 대한 註解에 "上所立反"이라고 하였으므로, '淴'이 아니라는 것을 알 수 있다. "淴滑"에서 '淴'의 字音(所立反)과 字形으로 미루어 볼 때, 字音이 '삽'인 '澀'의 異體字이며, "淴滑"는 "澀滑"로 읽어야 된다. 여기에서 '澀'은 '미끄러지지 않다'이고, '滑'은 '미끄러지다'

161 『碑別字新編 · 八畫』.(『異體字字典 · 水部』 A02161 泥 參照)
162 『集韻 · 平聲 · 齊韻』.(『異體字字典 · 水部』 A02161 泥 參照)
163 『廣韻 · 平聲 · 齊韻』.(『異體字字典 · 水部』 A02161 泥 參照)
164 『廣碑別字 · 八畫 · 泥字』.(『異體字字典 · 水部』 A02161 泥 參照)
165 『廣碑別字 · 八畫 · 泥字』.(『異體字字典 · 水部』 A02161 泥 參照)
166 『高麗大藏經』(東國大譯經院, 1976), 35卷, 224쪽

의 뜻이다. 이것은 '內外'나 '多少', '出入'과 같이 서로 대비되는 의미를 가진 글자들로 생성된 단어이다. 이렇게 볼 때 '㴔'은 '淴'이라는 正字이면서 동시에 '澀'의 異體字라 할 수 있다. '澀'을 '㴔'로 쓴 것은 언뜻 보아서는 그 생성 과정을 이해할 수 없으나 그 異體字를 통해서 字形의 변화 과정을 살펴볼 수 있다.

'澀'의 異體字에는 '澁'167, '盈'168, '㴔'169, '㴔'170 등이 있다. '澀'은 '水'와 '歰'이 결합된 글자이다. 여기에서 '歰'은 본래 사람의 발을 뜻하는 '止'가 두 개씩 위아래로 마주 보도록 하여 발이 미끄러지지 않음을 나타낸 글자이다. 후에 상단부에 방향이 아래로 향한 두 개의 '止'가 '刃'의 형태로 되어 지금의 '歰'이 된 것이다. 이 '歰'에서 상단부에 두 개의 '刃'으로 구성된 '刅'이 연결되어 '勿'과 같은 字形으로 변형되기도 하였는데, 偏旁 '水'가 생략된 '澀'의 異體字인 '盈'이 그 예이다.

'歰'의 하단부에 있는 '止'는 '心'의 형태로 바뀌기도 하였는데, '止'를 '心'으로 쓰는 것은 異體字에서 자주 볼 수 있는 현상 중의 하나이다. '止'의 異體字에는 '心'의 형태와 유사한 '㣺'171가 있으며, '止'가 구성요소로 쓰인 '歪'의 異體字인 '歪'172도 그 예이다. 이와 같이 '止'의 異體字形들은 모두 '心'과 유사한 '㣺'으로 변형되었다가 후에 '心'으로 바뀌게 되는데, 이것은 '澀'의 異體字인 '㴔'과 '㴔'에서도 살펴볼 수 있다.

'澀'의 異體字인 '淴'은 '澀'의 오른쪽 偏旁인 '歰'이 '忽'로 변형되어 생성되었다. '澀'의 오른쪽 偏旁인 '歰'의 상단부가 통합되어 '盈'로 변형되었으며, '澀'의 하단부가 생략된 '𣥠'173에서 '止'가 '心'으로 변형되어 '忽'의 형태로 된 것이다. 이와 같이 偏旁 '歰'가 '忽'로 변화 과정은 "歰 → 盈 → 𣥠 → 忽"로 유추할 수 있다.

𣱵(永－乖) : '𣱵'는 『隨函錄』에 "𣱵離"라는 단어에 나오며 字形으로만 보면 '길다'는 뜻을 가진 '永'이다. 그러나 "𣱵離, 上古懷反, 正作乖"라는 註解에 의하면 '𣱵'는 '永'이 아닌 '乖'의 異體字임을 알 수 있다.174 즉 '𣱵'는 '永'의 正字이자

167 『龍龕手鑑 · 水部』 : "正. 色入反. 澀, 不滑也."(『異體字字典 · 水部』 A02360 澀 參照)
168 『龍龕手鑑 · 止部』.(『異體字字典 · 水部』 A02360 澀 參照)
169 『四聲篇海 · 水部』.(『異體字字典 · 水部』 A02360 澀 參照)
170 『干祿字書 · 入聲』.(『異體字字典 · 水部』 A02360 澀 參照)
171 『干祿字書 · 上聲』.(『異體字字典 · 止部』 A02066 止 參照)
172 『四聲篇海 · 不部』.(『異體字字典 · 止部』 A02072 歪 參照
173 『重訂直音篇 · 止部』.(『異體字字典 · 水部』 A02360 澀 參照)

'乖'의 異體字이다.

'永'와 '乖'는 그 외부 구조에서 볼 때 전혀 관련이 없는 글자처럼 보이지만 자세히 살펴보면 '永'와 '乖'의 필획의 일부를 변형시켜 만든 異體字라는 것을 알 수 있다. '乖'가 '永'의 형태로 필사되는 과정은 '乖'의 異體字를 통해서 살펴볼 수 있다. '乖'의 하단부에 양쪽으로 나뉘어 있는 '北'은 '水'의 좌우 양쪽에 있는 '八'의 형태로 변형되기도 하였는데, 이것은 '乖'의 異體字인 '汞'175에서 볼 수 있다. '汞'에서 두 번째 가로획을 짧게 쓰면서 세로획과 연결하면 '永'의 형태가 된다. 이와 같이 '永'의 異體字를 통해서 '永'이 '乖'로 필사되는 과정은 "乖 → 汞 → 永"로 유추할 수 있다. 이와 반대로 '永'의 異體字에서는 '永'을 '乖'와 유사한 형태로 변형된 것을 볼 수 있다. '永'의 異體字인 '永'176은 본래 '永'의 하단부인 '水'의 우측 부분이 마치 '北'의 오른쪽 부분(匕)과 같이 변형되었다. 또 다른 '永'의 異體字인 '乖'177은 좌우 양쪽의 모양이 '北'과 유사하게 변형되었는데, 이 字形은 乖와 유사하다.

洸(洸－澆) : '洸'는 字形 그 자체로는 '씻다'는 뜻의 洗이다. 『隨函錄』에서는 "血洸"이라는 단어에 쓰였으며 "血洸, 古堯反, 正作澆"이라는 註解에 의하면 '洸'는 '澆'의 異體字로 쓰인 것이다.178 만약 그 註解에 "高澆反"이라는 字音에 대한 설명이 없다면 '洸'가 '澆'의 異體字라는 것을 이해하기가 쉽지 않다. 字音에 대한 설명과 字形의 類似性, "血洸(血澆)"라는 단어 의미를 종합하면 '洸'가 '澆'의 異體字로 쓰였다는 것을 이해할 수 있다.

'澆'를 '洸'로 쓰게 된 과정은 '澆'의 異體字인 '浇'179, '浇'180, '浇'181와 '堯'가 偏旁으로 사용된 '曉'의 異體字인 '晓'182, 그리고 堯의 草書를 楷書化한 '尧'를 통해서 살펴볼 수 있다. 앞에서 제시한 '澆'의 異體字는 偏旁 '堯'의 변화로 생성된 것이다. 偏旁인 '堯'의 字形 변화 과정을 살펴보면 '浇'는 '堯'의 상단부인 세 개의

174 『高麗大藏經』(東國大譯經院, 1976), 35卷, 304쪽
175 『金石文字辨異 · 平聲 · 佳韻 · 乖字』.(『異體字字典 · 丿部』 A00036 乖 參照)
176 『漢隸字源 · 上聲 · 梗韻 · 永字』.(『異體字字典 · 水部』 A02125 永 參照)
177 『碑別字新編 · 五畫 · 永字』.(『異體字字典 · 水部』 A02125 永 參照)
178 『高麗大藏經』(東國大譯經院, 1976), 35卷, p.332
179 『玉篇零卷 · 水部 · 浇字』.(『異體字字典 · 水部』 A02331 澆 參照)
180 『宋元以來俗字譜 · 水部』.(『異體字字典 · 水部』 A02331 澆 參照)
181 『敦煌俗字譜 · 水部 . 澆字』.(『異體字字典 · 水部』 A02331 澆 參照)
182 『碑別字新編 · 十六畫 · 曉字』.(『異體字字典 · 日部』 A01823 曉 參照)

土 중에서 아래의 두 개가 연결되었다. 두 번째 異體字인 '浇'는 '澆'에서 가장 위에 있는 土의 필획이 생략되어 十의 형태로 되었으며, 그 오른쪽 偏旁 '尭'의 상단의 필획이 생략되어 '浇'와 같은 형태로 되었다. '曉'의 異體字인 '晓'에서는 '浇'의 오른쪽 偏旁 '尧'에서 그 상단의 '卉'가 생략되어 '土'로 되었다. '堯'의 이러한 字形 변화는 필획을 빠르게 연결하면서 쓰는 草書의 영향으로 볼 수도 있다. '堯'의 草書는 상단부의 土 세 개를 한꺼번에 쓰려는 욕구에 의해 필획을 대폭 줄이는 과정을 거치게 되었으며, 그 줄어든 필획 모양을 楷書化하면 '晓'에서의 우측 偏旁과 같은 모양이 되며, '尧'의 형태로 변형될 수도 있다. '尧'를 좀 더 빨리 쓰면 字形이 筆法에 따라 '先'과 유사한 모양으로 바뀌기도 하는데, '澆'의 異體字로 쓰인 '洗'는 이러한 필사 과정에서 생성된 것이다.

洽(洽—浛) : '洽'은 『隨函錄』에 "羅洽"이라는 단어에 나오며, "戶紺反, 正作浛"이라는 설명을 통해 洽이 '浛'의 異體字임을 알 수 있다.183 '洽'은 '적시다'는 뜻과 '흡'이라는 音을 지닌 글자이며(『說文 · 水部』 : "洽, 霑也. 從水合聲."), 여기에서는 '잠기다'라는 뜻과 '함'이라는 音을 지닌 '浛'의 異體字로 사용되었다.(『玉篇 · 水部』 : "水和泥也.")

『異體字字典』에 '浛'이 '洽'과 '浛', 이 두 글자의 異體字로 모두 수록되어 있는 것으로 볼 때, 두 글자가 筆寫 과정에서 서로 혼용될 가능성이 크다는 것을 알 수 있다.

'含'의 異體字를 살펴보면, 상단의 '今'에서 '乛'이 '丶丿'와 같이 두 개의 필획으로 나뉘어 '含'으로 쓰고 있지만, 한 획으로 생략되어 '含'과 같이 쓰기도 하였다. '含'의 중앙의 두 획은 다시 한 획으로 쓰여 '合'으로 筆寫될 수 있다. 이와 같이 『異體字字典』에 수록된 含의 몇 가지 異體字를 통해서 '浛'이 '洽'으로 필사되었을 가능성을 살펴볼 수 있다.

한편 다른 각도에서 보면 '浛'이 '洽'으로 된 것은 결과적으로는 '含' 대신 '合'으로 쓴 偏旁의 代替로 볼 수도 있다. 그 가능성은 '含'과 '合', 이 두 글자가 지닌 의미의 관계로 살펴볼 수 있다. '含'은 입 안에 넣고 뱉지도 삼키지도 않은 채 '머금다'는

183 『高麗大藏經』(東國大譯經院, 1976), 35卷, 409쪽

뜻을 나타내는 글자이다. 劉熙의 『釋名 · 釋飮食』에서 "含, 合也. 合口亭之也."라고 하여, '含'을 "合也"로 訓釋하였다. 洽의 '적시다'는 뜻과 '洽'의 '잠기다'는 뜻은 의미상 연관이 있다. '含'과 '合'의 偏旁 代替 현상은 '頷'과 '頜'의 관계에서도 살펴볼 수 있다. 『集韻 · 平聲 · 覃韻』의 '頷'字 다음에 "面黃也. 或作頜"이라고 하였으며, 『集韻 · 上聲 · 感韻』의 '頷'字 다음에 "『說文』低頭也. 从頁金聲. ……或作頜 · 頷."이라고 하였다.[184] 이와 같이 '頷'과 '頜'은 異體字 관계의 글자로서 '含'과 '合'이 서로 통용되었음을 알 수 있다. 그러나 '合'과 '含'의 偏旁 代替의 異體字의 예는 다른 글자에서 거의 살펴볼 수 없으므로 筆寫 과정의 오류로 생성된 異體字로 분류한다.

羌(羌ㅡ羑) : '**羌**'은 『隨函錄』에 "羌里"라는 단어에 나오며, '羌'를 "上音酉, 正作羑"라고 설명하였다.[185] 그 註解에 의하면 여기에서 '**羌**'은 '종족의 이름'[186]을 나타내는 '羌'이 아닌 '羑'의 異體字로 쓰였다. '羌'은 그 자체가 正字이면서 다른 글자의 異體字가 된 것이다. '羑'는 '羊'과 '久'로 구성된 글자이며, 문헌에서 "羑里"라는 地名에 사용되었다. 『說文 · 4篇 · 羊部』에서 "羑(羑), 進善也. 从羊久聲文. 王拘羑里, 在湯陰."이라고 하였다. '羑'의 異體字로 쓰인 '羌'는 筆寫 과정에서 '羑'의 偏旁 '久'의 필획이 생략되어 '儿'의 형태로 변형되면서 형성된 것이다. 이는 '久'와 '羑'의 異體字를 통해서 그 생성과정을 살펴볼 수 있다. '久'의 첫 번째 획은 '久'와 같이 끊어져 쓰거나, '久'와 같이 꺾음 획으로 쓰기도 하였다.[187] 이러한 '久'의 異體字는 '羑'의 異體字에서도 살펴볼 수 있는데 '羑'가 그 예이다. '羑'[188]에서 '久'의 필획 'ㄥ'이 생략되면서 '人'의 형태로 되어 '羑'의 異體字 '美'[189]가 생성된 것이다.

子(子ㅡ兮) : '**子**'는 『隨函錄』에 수록된 "詵詵子"라는 구절에 나오며, 여기에서 '子'에 대해서 "下音兮, 正作兮"라고 설명하였다.[190] 이 註解에 의하면, '子'는 그

184 『異體字字典 · 頁部』 A04554 頷 參照.
185 『高麗大藏經』(東國大譯經院, 1976), 35卷, p.472
186 『說文 · 4篇 · 羊部』 : "羌(羌), 西戎牧羊人也. 从人从羊, 羊亦聲."
187 『隸辨 · 卷六 · 偏旁』 久 : "筆迹小異亦作久, 或作久."(『異體字字典 · ノ部』 A00027 久 參照)
188 『龍龕手鑑 · 羊部』, 『集韻 · 上聲 · 有韻』.(『異體字字典 · 羊部』 B03533 羑 參照)
189 『龍龕手鑑 · 羊部』, 『中華字海 · 羊部』.(『異體字字典 · 羊部』 B03533 羑 參照)

자체가 正字이면서 '兮'의 異體字로 쓰인 것이다. 여기에서 '子'는 '아들'이라는 뜻으로 사용된 것이 아니라, '어조사' '兮'로 쓰인 것이므로 "詵詵子"는 "詵詵兮"로 읽어야 한다. "詵詵兮"는 『詩經 · 國風 · 周南 · 螽斯』에도 나오며, '많은 모양'을 뜻한다.[191]

'兮'가 '子'로 筆寫되는 과정은 '兮'의 다른 異體字와 行書의 필법을 통해서 살펴볼 수 있다. '兮'는 筆寫 과정에서 部件 '八'을 '丷'과 같이 쓰기도 하였는데, '兮'의 異體字인 '兮'[192], '兮'[193]가 그 예이다. '丷'은 필법에 따라서 두 필획이 연결되어 '∨' 형태로 쓸 수 있는데, 그 예는 行書 '兮'[194]에서 볼 수 있다. 또한 '兮'의 하단의 部件 '丂'은 折劃이 垂劃으로 되어 '丁'의 형태로 되었다. 이와 같이 '兮'가 '子'로 筆寫되는 과정은 "兮 → 兮 → 兮 → 兮 → 子"로 유추할 수 있다.

首(首－酋) : '首'는 『隨函錄』의 "首矛"이라는 단어에 나오며, 그 字形만 보면 '머리'를 뜻하는 '首'로 읽을 수 있으나 『隨函錄』의 "首矛, 上疾由反, 正作酋"라는 註解에 의하면 여기에서 '首'는 '酋'의 異體字로 쓰였다.[195] 따라서 "首矛"는 '고대 兵器'의 일종인 "酋矛"로 읽어야 한다.

'首'는 '酋'와 字形이 유사하므로 '酋'의 異體字로 쓰일 가능성이 매우 높다. '酋'가 '首'로 필사되는 과정은 '酋'의 異體字를 통해서 살펴볼 수 있다. '酋'의 異體字에 '酋'[196]가 있다. '酋'와 '首'의 상단부는 동일한 형체이며, 그 아래에 있는 '酉'는 '自'와 약간 차이가 있으나, 전체적으로 볼 때, 이 두 字形은 매우 유사하다. '首'의 異體字에도 '酋'의 異體字인 '酋'와 동일한 형태인 '酋'[197]가 있은 것으로 볼 때 '酋'가 '酋'와 '首'의 異體字로 사용되었음을 알 수 있다. '首'는 『隨函錄』의 註解에 의하면 酋와 같은 "疾由反"이라는 讀音을 가지고 있으며. 字形도 '酋'와 거의 유사하기 때문에 '酋'의 異體字가 확실하다.

互(互－氐) : '互'는 『隨函錄』에서 "互宿"이라는 단어에 나오며, 그 註解에서

190 『高麗大藏經』(東國大譯經院, 1976), 35卷, p.475
191 『詩經 · 國風 · 周南 · 螽斯』 : "螽斯羽, 詵詵兮." 『傳』 : "衆多也. 又和集貌."
192 『隷辨 · 平聲 · 齊韻 · 兮字』.(『異體字字典 · 八部』 A00287 兮 參照)
193 『碑別字新編 · 四畫 · 兮字』.(『異體字字典 · 八部』 A00287 兮 參照)
194 『書法字典』 兮 參照.(http://www.shufazidian.com/)
195 『高麗大藏經』(東國大譯經院, 1976), 35卷, p.494
196 『偏類碑別字 · 酉部』.(『異體字字典 · 酉部』 A04226 酋 參照)
197 『金石文字辨異 · 上聲 · 有韻 · 首字』.(『異體字字典 · 首部』 A04615 首 參照)

'互'의 발음을 "上丁兮, 丁禮二反."이라고 설명하였다.[198] 여기에서 '互'는 '서로'라는 뜻의 '互'가 아니라, '氐'의 異體字로 쓰인 것이므로, "互宿"은 "氐宿"으로 읽어야 한다. "氐宿"은 28宿의 하나로 東方 蒼龍 七宿의 第三宿에 해당하며, 天根이라고도 한다.

'氐'는 '氏'와 '一'로 구성된 글자이다. 小篆은 '𣱾'[199]로 쓰며, 隷變 과정에서 '氏'의 마지막 획 '㇏'과 연결되었던 '一'이 분리되어 '氐'[200]와 같이 되었다. '互'는 '氐'의 첫 번째 획과 두 번째 획을 'ㄱ'와 같이 한 획으로 연결해서 쓰고, 'ㄴ'의 꺾어진 끝부분을 '乚'과 같이 쓰고, 다시 세 번째 획인 橫劃과 마지막 획인 '㇏'을 한 획으로 연결해서 '丿'의 형태로 써서 형성된 글자이다. 『干祿字書 · 平聲』에는 '互'의 형태인 '互'[201]가 '氐'의 異體字로 수록되어 있다. '互'는 자체 정자이면서 '氐'의 異體字이다. 筆寫 과정에서 필획과 필획이 빠르게 연결되면서 '氐'를 '互'와 같이 쓰게 된 것이다. '氐'의 이러한 필법은 '氐'의 草書 '互'[202]를 통해서 확인할 수 있다. '氐'를 '互'로 쓴 예는 『隨函錄』(35.724.30.2.8)의 '邳山(邸山)'에 나오는 '邸'의 異體字 '邳'에서도 볼 수 있다.

最(最一勖) : '最'는 『隨函錄』에서 "以最"라는 단어에 나오며 그 字形만 본다면 '제일'이라는 뜻의 '最'로 볼 수 있다. 그러나 『隨函錄』의 "許玉反, 勉也. 正作勗"라는 註解에 의하면 '最'는 '最'가 아니라 '勗'의 異體字로 쓰였다.[203] 이 註解에서 '最'의 正字로 밝힌 '勗'은 '힘쓰다'는 뜻의 '勖'의 異體字이므로, '最' 역시 '勖'의 異體字이다.

'勖'을 '最'로 쓰게 된 과정은 '勖'의 다른 異體字들을 통해서 살펴볼 수 있다. '勖'의 異體字에는 위의 『隨函錄』 註解에 나온 '勗'[204] 외에도 '勖'[205], '勗'[206]이

198 『高麗大藏經』(東國大譯經院, 1976), 35卷, p.504
199 『설문 · 12편 · 氏部』 : "𣱾(氐), 至也. 从氏下箸一. 一, 地也."
200 『書法字典』 氐(『曹全碑』) 참고.(http://www.shufazidian.com/)
201 『干祿字書 · 平聲』.(『異體字字典 · 氏部』 A02110 氐 参照)
202 『書法字典』 氐(王羲之 草書) 참고.(http://www.shufazidian.com/)
203 『高麗大藏經』(東國大譯經院, 1976), 35卷, p.568
204 『異體字字典 · 力部』 B00256 勖 参照.
205 『碑別字新編 · 十一畫 · 勖字』.(『異體字字典 · 力部』 B00256 勖 参照)
206 『經典文字辨證書 · 力部』.(『異體字字典 · 力部』 B00256 勖 参照)

있다. 이 중에서 '⿰⿱日且力'는 '勖'의 偏旁인 '目'이 '且'로 되고, '力'의 위치가 옮겨져 상하 구조에서 좌우 구조로 바뀌면서 형성된 異體字이다. 이와 같이 '目'을 字形이 비슷한 '且'로 쓰는 것과, 字形의 構造가 바뀌는 것은 異體字의 字形에서는 자주 보이는 현상이다. 위에서 제시한 '勖'의 두 번째 異體字인 '⿰⿱罒且力'은 '⿰⿱日且力'와 구조적으로 유사하나, 상단부에 있는 '日'이 字形이 유사한 '四'의 형태로 바뀌었으며, '且'는 '勖'의 본래 모양인 '目'의 형태를 취하였다. 세 번째 異體字인 '⿰⿱日耳力'은 '⿰⿱日且力'의 偏旁인 '且'가 '耳'로 변형되어 생성된 것이다. 이와 같이 字形이 유사한 偏旁 '目', '且', '耳'는 각종 異體字에서 통용되는 것을 자주 볼 수 있다.

이와 마찬가지로 偏旁으로 쓰인 '力'도 字形이 유사한 '又'로 대체되는 경우가 있는데, 『隨函錄』에서 '勖'의 異體字로 나온 '**最**'가 바로 '⿰⿱日耳力'에서 偏旁 '力'이 '又'로 대체되어 생성된 것이다. '勖'이 '**最**'의 형태로 筆寫된 과정은 "勖→⿰⿱日且力→⿰⿱日耳力→**最**"으로 유추할 수 있다. 이 변화 과정에서 세 번째 단계에 있는 '勖'의 異體字인 '⿰⿱日耳力'은 '最'의 異體字[207]로 쓰이기도 하였다. 즉 '⿰⿱日耳力'은 두 개의 正字를 공유하고 있는 異體字이다. 이 변화과정에서는 '⿰⿱日耳力'의 偏旁 '力'이 '又'로 변형되어 '勖'의 또 다른 異體字인 '**最**'이 생성된 것이나, 그 반대로 '最'의 異體字인 '⿰⿱日耳力'는 '最'의 偏旁 '又'가 '力'으로 변형되면서 생성된 것이다.

旡(旡-無) : '旡'는 『隨函錄』에 "旡貫"라는 단어에 나오며, 正字는 '無'로서 일반적으로 많이 사용되는 異體字이다. 그러나 이 字形은 본래 "목이 메다"라는 뜻을 가진 正字 '旡'와 字形이 동일한데, 正字 '旡'는 단독으로 잘 쓰이지 않고, '旣'와 같은 글자에서의 偏旁으로 자주 나타나고 있다.

卬(卬-印) : '卬'은 『隨函錄』에 "空卬"이라는 단어로 나오는데, 注釋에 "以進反"이라 注音한 것으로 보아 이는 正字가 '印'이다. 즉 正字인 '印'의 筆劃 일부를 생략한 字形이다. '卬'과 '印'은 字形이 유사하여 자주 '印'의 異體字로 사용되며, 특히 偏旁으로 사용될 때 이러한 현상이 자주 나타난다.

207 『碑別字新編 · 十二畫 · 最字』.(『異體字字典 · 力部』 A00302 最 參照)

3 固定性非文字偏旁異體字

異體字 중에는 筆劃의 변화를 거치면서 다른 字形으로 변화되는 것들이 매우 많다. 그런데 그 중에는 변화된 형체가 항상 고정적으로 변화되면서, 변화된 자형이 마치 하나의 독립된 偏旁과 같이 사용되는 것들도 적지 않다. 그런데 이 변화된 자형은 非文字이기 때문에 이를 偏旁으로 볼 수도 없는 것들이다.

예컨대 '銛'의 異體字인 '[illegible]', '踐'의 異體字인 '[illegible]', 그리고 '螳'의 異體字인 '[illegible]', '勁'의 異體字인 '[illegible]', '諕'의 異體字인 '[illegible]'는 본래 각 正字들의 偏旁이었던 "舌 · 戔 · 當 · 巠 · 虎"의 형태가 非文字形으로 바뀐 것들이다. 그러나 이 바뀐 자형은 그것이 非文字形임에도 불구하고 "銛 · 踐 · 螳 · 勁 · 諕"가 아닌 다른 글자에서 동일한 偏旁을 가진 글자의 異體字로 사용될 때도 위와 같은 자형으로 나타나는 경우가 상당히 많다. 즉 異體字에서 변형된 자형이 어느 정도 고정적으로 사용되고 있는 것이다. 다음에서는 이러한 유형의 異體字들에 대해 전반적으로 살펴보고자 한다.[208]

3.1 生成 原因

이런 유형에 속하는 異體字들이 만들어지는 원인은 대체적으로 筆寫의 편리성 추구와 均衡美의 추구로 나뉠 수가 있다. 한자의 변화 과정을 큰 틀에서 본다면 簡化의 과정이라 할 수 있으며, 異體字의 생성도 크게 본다면 한자의 변화 과정에 있는 글자에 속하기 때문에 이 역시 簡化를 위해 簡化의 과정을 거치고 있는 것이라 할 수 있다. 즉 簡化는 변화의 과정이기도 하면서 동시에 원인이 되기도 한다. 물론 일부 글자들의 경우, 오히려 繁化된 글자도 있지만, 그것들은 특수한 목적, 예를 들어 자형의 균형미를 위한 목적으로 만들어지는 것들이다. 다음에서는 이러한 유형에 속하는 예를 살펴보기로 한다.

208 이하 "固定性非文字偏旁異體字"에 관한 記述은 拙稿 "非文字形 偏旁이 固定的으로 사용되는 異體字의 생성 고찰(中國言語研究57輯,2015.4)"와 "固定性非文字形態偏旁的異體字變化特徵考(中國文字研究. 2016.12)"의 내용을 기반으로 대폭적인 수정과 보완을 거친 것임.

3.1.1 書寫의 편리성 추구

이러한 유형의 異體字를 만들어내게 되는 원인 중 가장 중요한 것이 바로 書寫의 편리성을 추구하기 위한 것이라 할 수 있다. 글자를 쓸 때 어떻게 하면 편리하면서도 빠르게 쓸 수 있을 것인가를 講究하는 것은 글자를 쓰는 사람들에게 있어서는 매우 자연스러운 욕구이다. 그래서 書寫할 때 보다 편리하게 쓰기 위한 방향으로 자형을 변형시키는 것이 아주 많았다. 그 결과로 인해 많은 異體字들이 생성되었는데 다음에서 이들에 대해 살펴보기로 하자.

麦 :『龍龕手鑒 · 麥部』에서 "麦, 俗麥. 正音脈. 白虎通云, 金王而生, 火王而死. 亦姓也"[209]이라 말하고 있는 바, 이에 의하면 이는 '麥'의 異體字이다. 이 '麥'의 자형 중에서 상단부는 筆劃의 모양이 하나의 橫劃 아래에 垂劃이나 橫劃이 아닌, 撇劃과 捺劃으로 이루어진 '人'의 형체가 셋이나 있어서 글씨를 쓸 때 상당히 신경을 쓰지 않을 수가 없는 부분이다. 그렇기 때문에 이 부분을 쓰려면 시간이 많이 걸릴 뿐만 아니라, 글자의 균형도 맞추기가 쉽지 않다. 그래서 이 부분을 과감히 橫劃과 垂劃으로 바꾸어 글자를 쓰기 편하게 만들었다. 이러한 '麥'의 異體字인 "麦"은 이미 고정화되어 그것이 단독으로 쓰일 때 뿐만 아니라, "麪(麱) · 麺(麵)"과 같은 글자의 偏旁으로 쓰일 때도 같은 형태로 나타난다. 이는 또 偏旁이 "麥"인 "崚(崚)"에서와 같이 전혀 다른 글자의 異體字로 사용될 때도 동일한 형태로 자주 사용된다.

數 :『四聲篇海 · 攴部』에서 이 글자를 '數'의 異體字로 기록하고 있는바[210], 이 자형은 正字의 좌측 偏旁인 '婁'의 상단부가 변화된 형태를 취하고 있다. '婁'의 상단부는 口의 형태가 두 개나 상하로 배치되고, 그 口의 중앙을 橫劃과 垂劃이 관통하는 형태이다. 그렇기 때문에, 이 口의 위치를 가지런히 하면서 이들을 관통하는 筆劃을 균형있게 긋는 것은 상당히 까다로운 일이다. 그래서 이 偏旁의 모양을 과감히 해체하여 상단부의 형태를 바꿈으로서 書寫에 있어서 편리함을 도모하였다. 결과적으로 상단부는 非文字인 '婁'의 윗부분과 같은 형태로 재편성되었다. 이 자형 역시 "褸(褸) · 膢(膢)"에서와 같이 다른 글자의 偏旁에서도 자주 보인다.

---

209 行均,『龍龕手鏡』, 中華書局, 北京, 1985, p.504
210 韓孝彦 等,『續修四庫全書 · 四聲篇海』, 上海古籍出版社, 上海, 1995, p.355

廾 : 『集韻 · 平聲 · 蒸韻』에서 이 글자를 '升'의 異體字로 기록하고 있는 바[211], 이것은 正字인 '升'의 좌측에 있는 두 개의 撇劃을 하나의 筆劃으로 처리하여 쓴 異體字이다. 이와 같이 처리한 것은 書寫가 편리할 뿐만 아니라 書寫의 속도도 매우 빨라질 수가 있기 때문인 것으로 보인다. 또 '升'의 異體字 중에는 '廾'이 있는데, 이는 위의 경우와 완전히 동일하지는 않지만, 正字의 좌측 상단부 撇劃을 點劃으로 처리함으로서 書寫의 편리함을 추구하고 있다.

諛 : 『碑別字新編 · 十六劃 · 諛字』에서는 〈魏東平王元略墓誌〉의 기록을 인용하여 이것이 '諛'의 異體字라 말하고 있다[212]. '諛'의 우측 偏旁인 '臾'의 상단부인 '臼'와 이 '臼'를 관통하는 '人'의 筆劃이 매우 복잡하게 구성되어 있다. 異體字에서는 이를 대폭 수정하여 '臼'를 '曰'로 처리하고, '人'을 垂劃과 點劃으로 바꾸어 劃數도 줄이면서 書寫의 편리함을 도모하였다. 이와 동일한 유형을 보이는 글자로는 "瘐(庾) · 萸(萸)"가 있다.

縌 : 『重訂直音篇 · 卷七 · 糸部』에 의하면 "縌,..綈 · 縌, 並同上"이라 하여, 이를 '縌'의 異體字라 말하고 있는데, 이 '縌'은 正字의 우측 偏旁인 '逆'의 자형이 변한 것이다. 즉 '逆'의 右上段의 '屰'에서 '屮'의 모양을 '巾'으로 바꾸었는바, 이는 '凵'의 형태를 '冂'로 바꾸고, 또 중간의 삐침을 垂劃으로 함으로써 運筆의 편리함을 추구한 것이다. 이와 동일한 유형을 보이는 異體字로는 "蕨(蕨) · 㔸(㔸)"이 있다.

充 : 『增廣字學擧隅 · 卷二 · 正譌平聲』에 의하면 "充, 充帖充 · 充均非, 昌中切. 塞也, 滿也, 上也, 美也, 備也, 當也. 承作充. 統字準此"[213]라 하여 이 글자가 '充'의 異體字임을 밝히고 있다. 이 異體字는 正字의 上段에 있는 點부터 시작하여 橫劃, 그리고 中段에 있는 折劃 · 點劃과 하단의 撇劃을 두 획으로 처리하여 글씨를 빠르게 쓸 수 있도록 변형시킨 것이다.

脂 : 『碑別字新編 · 十劃 · 脂字』에 의하면 脂는〈唐游石室新記〉에 기록된 '脂'의 異體字이다.[214] 異體字形은 正字의 좌측 偏旁인 '月'이 '日'로 대체되기도 했지

211 丁度 等, 『字典彙編景 · 集韻』, 國際文化出版公司, 北京, 1993, p.210
212 秦公, 『碑別字新編』, 文物出版社, 北京, 1985, p.366
213 鐵珊 輯,『中華漢語工具書書庫 · 增廣字學擧隅』, 安徽教育出版社, 合肥, 2002, p.491

만, 이는 여기에서 다룰 것이 아니므로 다른 偏旁 부분, 즉 우측 偏旁인 '旨'의 상단부가 변형된 것에 대해 설명하고자 한다. 위의 경우는 '旨'의 上段인 '匕'가 마치 '亠'와 같이 변화시킨 것이다. 물론 획수는 전혀 변화되지 않았지만, 자형의 구조가 변경됨으로써 書寫에 있어서 한결 편하게 되었다고 할 수 있다. 이와 동일한 유형의 글자로는 "指(指) · 詣(詣)"가 있다.

對 : 『碑別字新編 · 十四劃 · 對字』에 의하면 '對'는 <唐曲阜縣文宣王廟記>에서 '對'의 異體字로 기록되었는 바[215], 이에 의하면 이는 '對'의 異體字로서, '對'의 좌측 偏旁에서 상단과 중단부가 변화된 것이다. 즉 좌측 偏旁에서 하단의 '土'를 제외한 윗부분은 상당히 복잡하면서도 筆劃의 균형을 잡기가 쉽지 않게 되어 있다. 그래서 이를 일반적으로 많이 사용하는 '++'의 형태로 바꾸고 중단부와 하단부를 한꺼번에 묶어서 '至'로 만들어 쓰기 편하도록 만든 것이다.

顢 : 『玉篇 · 頁部』에서 이를 '顢'의 異體字로 수록하고 있다[216]. 正字의 좌측 偏旁인 '**𡿨**'의 하단부는 구조가 매우 복잡하여 書寫에 불편함이 매우 많다. 이는 그 筆劃들이 撇劃과 捺劃의 연결인 "入"이 작은 공간 안에서 두 번씩이나 사용되기 때문이다. 그래서 이를 橫劃으로 바꾸고 전체를 변형하여 '雨'의 형태로 만들어 書寫의 편리함을 도모하였다. 이에 속하는 글자로는 "滿(滿) · 樠(樠) · 瞞(瞞) · 懣(懣)"이 있다.

螢 : 이 글자는 『龍龕手鑒 · 虫部』에서 '螢'의 異體字로 수록하고 있다[217]. 正字形은 상단 좌측 부분의 偏旁이 본래 '++'의 형태이나, 異體字에서는 이를 簡化시켜서 書寫에 편리하도록 변형시켰다. 기존의 '++'가 그리 복잡하거나 쓰기가 어려운 것은 아니나, 그것이 하단부의 '句'와 上下로 결합하면서, 이를 빠르면서도 균형있게 쓰기가 어렵게 되어 있다. 그래서 상단부에 긴 橫劃을 만들어 筆寫와 균형에 도움이 되도록 만든 것이라 할 수 있다. 이와 동일한 예로는 "驚(驚) · 警(警) · 憨

---

214 秦公, 『碑別字新編』, 文物出版社, 北京, 1985, p.136
215 秦公, 『碑別字新編』, 文物出版社, 北京, 1985, p.284
216 顧野王 撰, 陳彭年 等 重修,『景印文淵閣四庫全書 · 重修玉篇』, 臺灣商務印書館, 臺灣, 1986, p.41
217 行均, 『龍龕手鏡』, 中華書局, 北京, 1985, p.222

(慗)"과 같은 글자들이 있다.

頚 :『隸辨 · 上聲 · 靜韻 · 頚字』에서는 〈李翊夫人碑〉를 인용하여 이를 '頸'의 異體字로 간주하고 있는데[218], 異體字에서는 좌측 偏旁인 '巠' 부분이 간화되어 '丞'의 형태를 취하고 있다. 본래 '巠'은 간화되어 '丞'의 형태를 취하고 있는 것이 있으며, 이것이 '頸'의 偏旁으로 사용되면서도 동일한 모양을 하고 있다. 이러한 현상은 다른 글자의 偏旁에서도 동일하게 나타나고 있는데, 예를 들면 "経(經) · 軽(輕) · 逕(逕) · 勁(勁)"과 같은 異體字들이 모두 여기에 속한다고 할 수 있다. 물론 '巠'이 간화된 異體字에는 '丞'만 있는 것이 아니고 "圣 · 巠"과 같은 것도 있으며, 이것들이 偏旁으로 사용된 글자에도 "軽(輕) · 逕 · 逕(逕) · 勁 · 勁(勁) · 脛 · 脛(脛)"과 같은 것이 있는데, 이 역시 동일한 원인으로 나타나는 異體字라 할 수 있다.

厥 :『干祿字書 · 入聲』에 의하면 "厥 · 厥,闕 · 闕,發 · 發, 上俗下正"[219]이라 하여 이 글자가 '厥'의 異體字라 말하고 있다. 正字는 본래 외부의 '厂'과 내부의 偏旁 '欮'으로 구성되어 있는데, 異體字에서는 '欮'의 일부분인 '屰'의 자형이 '丯'과 같은 형태로 簡化됨에 따라 '欮'이 非文字의 형태로 바뀌었다. 물론 '屰'의 자형만 본다면, 이는 '丯'이라는 문자로 변화된 것이기 때문에 非文字로 簡化된 것이라 할 수는 없지만, '欮'이라는 偏旁의 전체 측면에서 본다면 이것도 역시 非文字로 변한 것이라 말할 수 있다. 이와 동일한 현상을 나타내는 글자로는 "厥(厥) · 闕闕(闕)"이 보이고 있다.

銭 :『重訂直音篇 · 卷五 · 金部』에 의하면 "錢, 才仙切. 財也. 又音剪. 銭俗"[220]이라 하여 이 글자가 '錢'의 異體字임을 밝히고 있다. 이 글자도 역시 正字의 우측의 偏旁인 '戔'의 형태가 異體字에서는 簡化된 형태로 나타나고 있다. 즉 본래의 '戔'은 '戈'가 상하로 중첩되어 만들어진 것이지만, 여기에서는 상단의 '戈'가 '土'와 같은 형태로 변하면서 '戔'의 전체 형태가 非文字의 모양으로 변한 것이다. 물론 이것도 경우에 따라서는 '土'와 '戈'라는 두 개의 문자 결합이라고

218 顧藹吉, 『隸辨』, 中華書局, 北京, 2009, p.113
219 顔元孫, 『干祿字書』, 臺灣商務印書館, 臺灣, 民國54, p.29
220 章黼 撰, 吳道長 重訂, 『續修四庫全書 · 重訂直音篇』, 上海古籍出版社, 上海, 1995, p.184

볼 수도 있다. 그러나 '戔'이라는 하나의 커다란 偏旁이라는 측면에서 본다면 非文字로 간주해야만 할 것이다. 이 변형된 偏旁도 역시 다른 글자에서 동일한 모양으로 자주 발견되고 있는데, 그 예로는 "箋(箋)·餞(餞)·殘(殘)"과 같은 글자들이 보인다.

蚦 :『正字通·虫部』에서 "蚺, 俗蚦字. 舊本音義與蚦同"[221]이라 하여 이 글자가 '蚺'의 異體字라 말하고 있다. 異體字의 자형은 正字의 우측 偏旁인 '冉'이 간화된 형태이다. 즉 '冉'에서 중앙에 있는 垂劃의 筆劃이 생략되면서 簡化됨으로서 非文字의 형태로 바뀌었다. 이것도 역시 다른 글자의 偏旁으로 사용될 때 동일한 형태로 나타나는 것이 많다. 그래서 이미 변형된 자형의 固定化가 이루어진 것으로 간주할 수 있는데, 여기에 속하는 글자들로는 "珃(珃)·袡(袡)·苒(苒)·姌(姌)" 등이 있다.

鱄 :『龍龕手鑒·魚部』에서 이 글자를 '鱄'의 異體字로 수록하고 있는데,[222] 正字의 우측 偏旁인 '專'의 筆劃이 異體字에서는 일부 생략되어 '専'의 형태로 簡化되었다. 본래 '專'은 偏旁으로 쓰일 때는 물론, 단독으로 쓰일 때도 '専'의 형태로 출현하고 있고, 또 어떤 것은 '叀'과 같이 簡化된 형태로 나타나기도 한다. 어쨌든 '鱄'에서와 같이 偏旁에서 '專'이 '専'으로 簡化된 것으로는 이 외에도 "傳(傳)·轉(轉)·磚(磚)·縛(縛)·塼(塼)·膊(膊)"이 있는데, 이들은 모두 簡化를 위해 자형이 변하고, 동시에 그 자형도 固定化되었다고 할 수 있다.

위와 동일한 원인으로 인해 偏旁이 간화되어 만들어진 異體字들은 수없이 많다. 예컨대 "詮(詮)·遘(遘)·摠(摠)·滿(滿)·濮(濮)·萃(萃)·發(發)"과 같은 것들이 바로 그것이다. 여기에서의 偏旁들은 모두 筆劃의 감소에 의해 簡化되면서 자형이 非文字로 바뀌었을 뿐만 아니라, 그 非文字의 형체가 다른 글자의 偏旁으로 사용될 때도 동일한 형태를 취하고 있다는 점에서 모두 동일한 유형에 속한다고 할 수 있다.

221 張自烈,『續修四庫全書·正字通』, 上海古籍出版社』, 上海, 1995, p.415
222 行均,『龍龕手鏡』, 中華書局, 北京, 1985, p.169

3.1.2 字形의 均衡美 추구

한자는 대체적으로 方形을 이루면서 균형을 이루는 모양을 취하고 있다. 그러나 方形을 이루고는 있지만 하단부가 橫劃으로 끝나지 않거나 혹은 하단부가 좌우로 나누어 적절하게 筆劃이 배치되지 않음으로 인해 시각적인 면에서 균형을 잃은 것들이 없지 않다. 本考에서 다루는 유형의 異體字 중에는 이러한 자형의 시각적인 불균형을 해소하기 위해 筆劃을 변형시키거나 증감하여 좀 더 균형 감각을 유지시키려는 것들이 있다. 그러나 그러한 목적에서 자형을 변형시키다보니 筆劃이 늘어나는 경우가 적지 않게 발생하고 있다. 書寫의 편리성에서 簡化의 경향을 보인다면, 여기에서는 繁化하는 것이 상당히 많다는 점이 다른 점이다. 다음에서 이들에 대해 살펴보기로 한다.

[illegible] : 『重訂直音篇 · 卷四 · 艸部』에서 "蓼, 音了. 馬蓼. 又音六. [illegible]俗"223이라 말하고 있는 바와 같이 이 글자는 '蓼'의 異體字이다. 그런데 '蓼'의 하단부인 '彡'의 자형은 좌우의 균형이 맞지 않아 시각적으로 평형을 유지하기 어려운 모양을 하고 있다. 그래서 하단부의 자형을 '彡'의 형태에서 '小'의 형태로 바꿈으로서 전체적인 자형의 좌우 균형감이 생겨나도록 만든 異體字가 '[illegible]'이다. 이러한 유형에 속하는 異體字로는 이 외에도 "[illegible](飂) · [illegible](繆) · [illegible](摎) · [illegible](蓼) · [illegible](憀) · [illegible](寥)"가 있다. 그런데 위 글자의 異體字들 중에는 下段部를 더 강화하여 '尛'의 형태를 취하는 "[illegible](繆) · [illegible](摎) · [illegible](蓼) · [illegible](憀)"도 보이고 있다.

[illegible] :『佛教難字字典 . 金部』에서 이를 '錘'의 異體字로 수록하고 있다224. 여기에서 正字의 우측 偏旁인 '垂'는 하단부가 橫劃으로 되어 있어서 그 나름대로 균형감을 갖추고 있다고 할 수 있다. 그런데 異體字形에서는 이 단순한 형태의 橫劃을 변형시켜 '山'의 모양을 만듦으로써 보다 안정감이 들도록 만들었다. 그러면서 이러한 안정감을 위해 자형을 변형시키는 과정에서 부득이 筆劃數의 증가가 수반되었다. 이와 동일한 유형을 보이는 다른 글자로는 "[illegible](唾) · [illegible](倕) · [illegible](垂) · [illegible](埵)"가 있다.

---

223 章黼 撰, 吳道長 重訂, 『續修四庫全書 · 重訂直音篇』, 上海古籍出版社, 上海, 1995, p.161
224 李琳華, 『佛教難字字典』, 常春樹書坊, 臺北, 民國79, p.348

僞 : 『龍龕手鏡 · 人部』에서는 "像, 徐兩切, 倣也... 僞俗"[225]이라 하여, 이를 '像'의 異體字로 수록하고 있다. 그런데 우측 偏旁인 '象'의 가장 하단부는 筆劃이 橫劃으로 배열되지 않고 斜線으로 배열됨에 따라 시각적인 면에서 안정감이 떨어지고 있다. 그래서 이를 보완하기 위해 하단부의 여러 筆劃을 변형시켜, 여러 개의 점을 橫劃으로 배열함으로써 균형감을 보완한 '爲'을 만들었다. 이와 동일한 유형의 글자로는 "襐(襐)"이 있다.

絯 : 이는 '絯'의 異體字이다[226]. 그런데 우측 偏旁인 '亥'의 하단부도 역시 撇劃과 捺劃이 어울어지면서 시각적인 면에서 안정감을 주지 못하고 있다. 그래서 이들의 筆劃을 변형시키고 또한 筆劃의 위치를 약간 바꾸어 글자의 하단부가 좌우로 안정적으로 벌어지는 형상을 취하게 하였다. 그 결과 본래의 자형에 비해 시각적인 안정감이 확보되었다고 할 수 있는데, 이러한 유형의 글자로는 "駭(駭) · 骸(骸) · 孩(孩) · 該(該)"가 있다.

3.2 生成 方法

다음에서는 이러한 자형 변화가 출현하는 유형에는 어떠한 것이 있는가에 대해 살펴보고자 한다. 자형 변화는 대체적으로 筆劃의 변화와 偏旁의 변화로 생겨나는 것인데, 구체적으로는 단순한 筆劃의 생략이나 추가, 혹은 변형이나 통합과 같은 변화가 있고, 다른 한편으로는 偏旁에서 筆劃이 변화하면서 偏旁이 소멸되거나 다른 偏旁이 생성되기도 하는 형태가 나타난다. 다음에서는 아래에서는 이들에 대해 좀 더 구체적으로 예를 들어 살펴보기로 한다.

3.2.1 筆劃의 변화

筆劃의 변화에는 필획의 생략과 추가 및 변형을 통한 방식이 가장 일반적이다. 다음에서 이러한 방법을 통해 만들어진 異體字의 예를 살펴보기로 하자. 먼저 筆劃

225 中華民國教育部, 『異體字字典』 : http://dict.variants.moe.edu.tw/ a00242-033-1 再引用.
226 顧野王, 『續修四庫全書 · 玉篇(殘卷)』, 上海古籍出版社, 上海, 1995, p.655

의 생략에 의해 만들어진 예는 다음과 같다.

鶷 :『重訂直音篇 · 卷六 · 鳥部』에서 "鶷, 音轄. 鶷 · 鶷似伯勞. 鶷同上"[227]이라 하여 이것이 '鶷'의 異體字라 말하고 있다. 異體字의 자형은 正字의 좌측 偏旁인 '害'의 筆劃이 일부 생략된 것이다. '害'의 異體字는 단독으로 사용될 때도 '害'의 형태로서 자주 사용될 뿐만 아니라, 다른 글자의 偏旁으로 사용될 때도 이와 같은 筆劃의 생략이 아주 많이 출현되고 있다. 이러한 예로는 "豁(豁) · 割(割)"이 있다.

위의 예는 筆劃의 생략을 통한 字形의 簡化가 이루어진 것이다. 그런데 이 簡化는 앞에서 거론된 簡化와는 약간 다른 성격을 갖는다. 일반적으로 簡化는 筆劃의 생략뿐만 아니라 변형과 생략을 복합적으로 활용하는 방법에 의해 전체적인 면에서 筆劃이 감소되어 簡化된 것을 말하나, 위의 예는 筆劃의 생략이란 筆劃의 변형과정은 전혀 없이 오로지 단순한 筆劃의 생략에 의해서만 이루어진 것을 말한다. 예컨대 "傳(傳) · 轉(轉) · 磚(磚) · 縳(縳) · 塼(塼) · 膞(膞)"과 "聃(聃) · 甜(甜) · 珊(珊) · 神(神) · 苒(苒) · 姌(姌)"같은 것은 단순한 筆劃의 생략에 의한 簡化라 할 수 있다.

다음은 筆劃의 추가에 의해 만들어지는 경우이다. 이런 유형에 속하는 글자들은 대부분이 자형의 균형미를 추구하기 위한 것들이 많은데, 이에 속하는 글자를 예를 들어 살펴보기로 하자.

錙 :『正字通 · 金部』에 의하면 "錙, 錙本字, 篆作錙. 六書故篆作錙, 本譌省作錙"[228]라 하여, 이것이 '錙'의 異體字라 말하고 있다. 異體字인 '錙'는 正字의 우측 偏旁인 '甾'의 상단부인 '巛'에 橫劃을 추가하여 書寫에 있어서의 균형을 유지하기 편리하도록 한 것이라 보인다. 이와 동일한 유형을 보이는 글자로는 "錙(錙) · 菑(菑) · 淄(淄) · 緇(緇) · 崰(崰) · 輜(輜) · 鯔(鯔)"가 있다.

震 :『碑別字新編 · 十五劃 · 震字』에서는 〈唐桑嵦墓誌〉를 인용하여 '震'이 '震'의 異體字라 말하고 있다.[229] 正字의 하단 偏旁인 '辰'에 해당하는 異體字의

227 章黼 撰, 吳道長 重訂, 『續修四庫全書 · 重訂直音篇』, 上海古籍出版社, 上海, 1995, p.261
228 張自烈, 『續修四庫全書 · 正字通』, 上海古籍出版社』, 上海, 1995, p.637
229 秦公, 『碑別字新編』, 文物出版社, 北京, 1985, p.340

字形을 보면 중간에 垂劃이 하나 추가되어 있음을 알 수 있다. 이는 그 위의 짧은 橫劃과 그 아래의 약간 길게 된 橫劃을 연결하는 垂劃으로서, 시각적으로 볼 때 불안정해 보이는 상단의 짧은 橫劃을 하단의 긴 橫劃에 연결하여 고정시킴으로서 안정감 있게 하기 위한 방편으로 보인다. '辰'은 단독으로 사용될 때도 '[illegible]'과 같은 모양으로 자주 사용된다. 偏旁으로 사용될 때 이와 동일한 자형을 보이는 것으로는 "[illegible](農) · [illegible](䡴) · [illegible](鎒) · [illegible](賑) · [illegible](蜃)"이 있다.

이와 같이 筆劃의 추가에 의해 만들어지는 偏旁들은 대부분이 자형의 균형을 통한 시각적인 안정감을 확보하기 위한 것이라고 볼 수 있다. 본래 자형의 변천 과정으로 보면 대체적으로 繁化의 경우는 자형의 혼동을 방지하기 위한 것이 가장 일반적이다. 그런데 위에서 본 바와 같이 이러한 異體字들에게서 나타나는 가장 중요한 현상은 시각적인 자형의 균형미를 추구하고자 하는 것에서 비롯된 것이라 할 수 있다.

다음은 筆劃의 변형으로 이러한 異體字들이 만들어지는 것에 대해 알아보기로 한다. 여기에는 斜線으로 된 것을 垂直線이나 水平線으로 바꾸거나, 혹은 垂直線이나 水平線으로 된 것을 斜線으로 바꾸는 것, 그리고 方形의 자형을 삼각형의 자형으로 바꾸는 것등 다양한 유형이 있다. 먼저 斜線을 垂直線이나 水平線으로 바꾼 것들에 대해 알아 보기로 한다. 한 글자에서 撇劃이나 捺劃과 같은 斜線이 여러 차례 사용될 경우 書寫하는 과정에 있어서 자형의 균형을 맞추기가 쉽지 않다. 이러한 단점을 보완하기 위해 이 斜線들을 모두 垂直이나 水平線으로 처리하는 경우들이 있는데, 그 예를 들면 다음과 같다.

[illegible] : 『字彙補 · 言部』에 의하면 "[illegible],同諝"230라 하여, 이것이 '諝'의 異體字라 말하고 있다. 正字의 우측 偏旁인 '胥'의 상단부에 해당하는 '疋'의 아래쪽에는 撇劃과 捺劃으로 된 斜線이 있다. 異體字에서는 이를 直線으로 바꾸어 꺾음으로 통합함으로서 書寫의 편리함을 도모한 것으로 보인다. 또한 이 '胥'는 단독으로 사용될 때도 이와 같은 '[illegible]'의 형태로 사용되기도 한다. 어쨌든 偏旁에서 통용되는 이러한 유형의 異體字로는 "[illegible](諝) · [illegible](糈) · [illegible](縃)" 등이 있다.

230 吳任臣, 『續修四庫全書 · 字彙補』, 上海古籍出版社, 上海, 1995, p.664

崚 : 『重訂直音篇 · 卷六 · 山部』에서 "崚, 音陵. 崚 · 嶒山貌. 夌 · 陵 · 崚 · 崚並同上"[231]라 하여 이것이 '崚'의 異體字라 말하고 있다. 그런데 異體字의 자형을 보면 正字인 '崚'의 우측 偏旁인 '夌'의 자형이 변형되었다. 즉 '夌'의 中段에 있는 두 개의 삐침과 파임이 통합되면서 橫劃인 직선으로 변하고, 상단에서부터 垂劃이 연장되어 橫劃에 연결된 형태로 변형되었다. 이는 書寫의 편리성을 추구하기 위한 것으로 보이며, 이와 동일한 유형의 글자로는 "蔆(蔆) · 菱(菱) · 踜(踜) · 鯪(鯪) · 陵(陵) · 崚(崚)"이 있다.

異體字 중에는 위와 정반대의 현상도 나타난다. 즉 筆劃의 변형을 통해 垂直線이나 水平線을 斜線化되는 경우도 있다. 그런데 이것들은 대부분 筆劃의 간소화를 위해 筆劃數를 줄이는 과정에서 만들어지는 것들이다. 이에 속하는 例를 살펴보면 다음과 같다.

遠 : 『碑別字新編 · 十四畫 · 遠字』에서는 〈魏隗天念墓誌〉를 인용하여 이 '遠'이 '遠'의 異體字라 말하고 있는 바"[232], 正字의 우측 偏旁인 '袁'의 中段에 있는 直線들이 異體字에서 여러 개의 斜線으로 변화되었다. 즉 直線으로 이루어진 方形의 筆劃들이 분해되어 획수를 줄이면서 斜線으로 변화되었는데, 이는 書寫의 편의를 위해 筆劃을 변형시킨 것으로 보인다. 이와 동일한 예로는 "薳(薳) · 園(園) · 轅(轅) · 猿(猿)"이 있다.

麓 : 『重訂直音篇 · 卷四 · 林部』에 "麓, 音鹿. 山足, 又守山林吏也. 禁 · 麓同上"[233]라 말하고 있는 바와 같이 이는 '麓'의 異體字로서, 偏旁인 '鹿'의 하단부가 異體字에서는 '鹿'으로 바뀌었다. 즉 동일한 折劃이지만 본래는 직선에 의한 折劃이었던 것들이 斜線에 의한 折劃으로 변화된 것이다. 이와 동일한 자형을 사용하는 예로는 "簏(簏) · 摝(摝) · 漉(漉) · 蔍(蔍) · 螰(螰)" 등이 있으며, 偏旁이 동일한 글자는 아니나 하단부가 동일한 형태인 '崑(崑)'도 같은 현상을 보여주고 있다.

231 章黼 撰, 吳道長 重訂, 『續修四庫全書 · 重訂直音篇』, 上海古籍出版社, 上海, 1995, p.231
232 秦公, 『碑別字新編』, 文物出版社, 北京, 1985, p.308
233 章黼 撰, 吳道長 重訂, 『續修四庫全書 · 重訂直音篇』, 上海古籍出版社, 上海, 1995, p.146

한편, 위와는 다르게 본래 方形의 直線으로만 구성되었던 것이 三角形의 형체로 바뀌는 것도 있다. 예컨대 '鰇(鱢)'는 우측 偏旁의 상단이 모두 方形으로 구성되었으나, 이를 삼각형의 자형으로 바꾸어 劃數를 줄이면서 書寫의 편리성을 도모한 것이라 할 수 있다. 이와 동일한 예로서는 "跺(躁)·腂(臊)·蒅(藻)·璪(璪)"가 있다.

筆劃의 변화에는 이 외에도 "樸(襆)"과 같이 우측 偏旁의 상단부에 있는 두 개의 垂劃과 두 개의 撇劃 및 捺劃을 통합하거나, "陥(陷)"과 같이 우측 하단의 偏旁을 통합하는 등 수많은 경우가 보이고 있다. 이렇게 통합하는 이유는 대부분이 筆劃의 結構가 書寫에 불편하게 되어 있어서, 그 불편을 해소하기 위한 것이라 할 수 있다.

위에서 살펴보았듯이 筆劃을 변형시키는 것들은 대부분 筆寫의 편리성과 자형의 균형미를 동시에 추구하는 것들이 많다는 것이다. 그런데 이 방법은 단순히 筆劃을 생략하거나 추가하는 방식보다 훨씬 더 다양한 자형을 만들어낼 수 있다는 점에서 매우 많이 활용되었다고 할 수 있다. 즉 단순한 변형도 있지만 筆劃의 생략과 추가의 방식을 함께 혼용하면서 다양한 자형으로 만들어지고 있는 것이다. 그래서 異體字에 있어서 筆劃에 변화가 있는 경우에는 이 방법을 사용한 것이 가장 많은 부분을 차지하고 있다.

3.2.2 偏旁의 통합

자형 변화의 유형에는 偏旁의 통합에 의한 것도 있다. 즉 두 偏旁이 통합되어 새로운 형태로 나타나는 것을 말하는데 그 예는 다음과 같다.

騋 : 이 글자는 '騬'의 異體字로서[234], 偏旁인 '乘'의 중단부인에 양측으로 분리되어 있던 '北'의 형태가 통합되면서 자형이 변형된 것이다. 이와 동일한 유형을 보이는 것으로는 "崍(嵊)·剩(剩)"이 있으며, 일부의 경우 '乘'의 橫劃이 하나 생략되어 '来'으로 변화되는 것도 있다.

蹻 : 이 글자와 관련하여『偏類碑別字·足部·躡字』에서는〈魏涼州刺史元維

234 章黼 撰, 吳道長 重訂,『續修四庫全書·重訂直音篇』, 上海古籍出版社, 上海, 1995, p.465

墓誌〉를 인용하여 이것의 正字는 '躡'임을 밝히고 있다. 즉 이 글자는 우측 偏旁 아래에 있는 두 개의 '耳'가 하나로 통합된 것이다. 경우에 따라서는 "鑷(鑷)"과 같이 두 '耳'의 한 획만 통합된 경우도 있지만, '讘(讘)'과 같이 위쪽의 '耳' 하단부 筆劃과 아래의 '耳' 상단부 横劃이 하나로 통합되는 경우도 있는데, 이러한 유형을 보이는 글자들로는 "攝攝(攝) · 懾(懾)"과 같은 형태로 나타나고 있다.

眥 :『龍龕手鑑 · 目部』에 의하면, "眥通, 眥正, 在詣反, 視也, 又目際也, 又才賜反, 亦目眥也"[235]라 말하고 있는 바, 이는 '眥'의 異體字로서, 상단부의 偏旁인 '此'에서 筆劃이 통합되면서 이와 같은 형체를 나타내게 되었다. 즉 본래 '此'도 두 개의 偏旁으로 구성된 것인데, 筆寫의 편리성을 위해 筆劃을 통합하면서 위와 같이 되었는데, 이와 동일한 유형을 보여주는 것으로는 "齜(齜) · 觜(觜) · 疵(疵) · 紫紫(紫) · 庛(庛)"가 있다.

다음은 위의 내용을 전체적으로 요약하여 圖表로 만든 것이다.

* 生成原因別 異體字例

生成原因	固定性偏旁形態異體字例
書寫의 便利性 追求	麦(麥)·麩(麫)·麪(麵)·崚(崚)
	數(數)·褸(褸)·膢(膢)
	諛(諛)·瘐(庾)·萸(萸)
	瘲(瘲)·蓯(蓯)·豵(豵)
	縱(縱)·蕨(蕨)·勞(勞)
	充(充)·允(允)·沇(沇)
	脂(脂)·指(指)·詣(詣)
	顢(顢)·滿(滿)·樠(樠)·瞞(瞞)·懣(懣)
	螢(螢)·驚(驚)·警(警)·憼(憼)
	驄(驄)·蟌(蟌)·璁(璁)·摠(摠)·總(總)
	錢(錢)·箋(箋)·餞(餞)·牋(牋)
	揔(摠)·聰(聰)·聰(聰)·揔(摠)·蔥(蔥)·總(總)
	濮(濮)·襆(襆)·纀(纀)·僕(僕)·墣(墣)·醭醭(醭)

235 釋行均,『龍龕手鏡』, 中華書局, 北京, 1985, p.422

	盧(盧)·蘆蘆(蘆)·濾(濾)·櫨櫨(櫨)·壚(壚)·蘆(蘆)·蠦(蠦)·艫艫(艫)·轤(轤)
	斻(斻)·抗(抗)·航(航)·魧(魧)·亢(亢)·炕(炕)·魧(魧)·骯(骯)·沆(沆)·杭(杭)·坑(坑)
	夾(夾)·俠(俠)·陜(陜)·峽(峽)·頰(頰)·狹(狹)·挾(挾)
	錙錙(錙)·菑菑(菑)·淄淄(淄)·緇緇(緇)·輜(輜)·鯔(鯔)
	宛(宛)·怨(怨)·苑(苑)·鴛(鴛)·蜿(蜿)·婉(婉)·葬(葬)·鯇(鯇)
	設設(設)·役(役)·段段(段)·般(般)·殿殿殿(殿)·段(段)·殺(殺)·毀(毀)
	購(購)·溝(溝)·媾(媾)·遘(遘)
字形의 均衡美 追求	蓼(蓼)·飂(飂)·繆(繆)·摎(摎)·蓼(蓼)·憀(憀)·寥(寥)
	繆(繆)·摎(摎)·蓼(蓼)·憀(憀)
	錘(錘)·唾(唾)·倕(倕)·垂(垂)·埵(埵)
	像(像)·橡(橡)
	絯(核)·駭(駭)·骸(骸)·孩(孩)·該(該)
	頸(頸)·經(經)·輕(輕)·逕(逕)·勁(勁)·逕(逕)
	蠟(蠟)·骰(骰)·骹(骹)·䯊(䯊)·䯓(䯓)·鑞(鑞)·獵(獵)·躐(躐)·鬣(鬣)
	誡(誡)·誡(誡)·械(械)·戒戒戒戒(戒)
	帆(帆)·訊(訊)·羸(羸)
	脂(脂)·指指(指)·詣詣(詣)·者(者)
	絺(絺)·郗(郗)·絺(絺)·郗(郗)·郗(郗)·稀(稀)·晞晞(晞)·唏(唏)·欷(欷)

* 生成方法別 異體字例

生成方法		固定性偏旁形態異體字例
筆劃變化	筆劃省略	鯫(鯫)·輒(輒)·齱(齱)·趣(趣)·娶(娶)
		鶷(鶷)·豁(豁)·割(割)
		蚺(蚺)·珃(珃)·袡(袡)·苒(苒)·姌(姌)
		鱄(鱄)·傳(傳)·轉(轉)·磚(磚)·縳(縳)·塼(塼)·膞(膞)
		厥(厥)·厥(厥)·闕闕(闕)
		武(武)·征(征)·歷(歷)·靂(靂)·歪(歪)·歸(歸)
		趫(趫)·鱎(鱎)·矯(矯)·僑(僑)·蹻(蹻)·驕(驕)·蹻(蹻)·蟜(蟜)
	筆劃追加	庲(庲)·憖(憖)·徠(徠)淶(淶)
		錙(錙)·錙(錙)·菑(菑)·淄(淄)·緇(緇)·崰(崰)·輜(輜)·鯔(鯔)
		震(震)·農(農)·[illegible]([illegible])·鎒(鎒)·賑(賑)·蜃(蜃)
		壇(壇)·繵(繵)·蟺(蟺)·檀(檀)
		鰻(鰻)·蟃(蟃)·縵(縵)·鬘(鬘)·饅(饅)·鏝(鏝)·縵縵(縵)·蟃(蟃)

		兆(兆)·眺(眺)·逃逃(逃)·鮡鮡(鮡)·䨓(䨓)·駣駣(駣)·銚(銚)·䨓(䨓)·誂(誂)
		蘠(蘠)·蔣(蔣)
	筆劃變形	諝(諝)·諝(諝)·糈(糈)·縃(縃)
		驞(驞)·繽(繽)·矉(矉)·臏(臏)·鬢(鬢)·鑌(鑌)·臏(臏)·蠙蠙(蠙)·璸(璸)
		崚(崚)·薐(薐)·菱(菱)·踜(踜)·鯪(鯪)·陵(陵)·崚(崚)
		鶵鶵(鶵)·鄒鄒(鄒)·趨趨(趨)·騶(騶)
		錙(錙)·菑菑(菑)·淄淄淄淄(淄)·緇緇緇(緇)·輜(輜)·鯔(鯔)
		絪(絪)·裀(裀)·姻(姻)·咽(咽)·茵(茵)·欭(欭)·洇(洇)
		褋(褋)·韘(韘)·蹀(蹀)·葉(葉)·諜(諜)·鍱(鍱)·鰈(鰈)·蹀(蹀)·葉(葉)·褋(褋)·楪(楪)·褋(褋)·牒(牒)·堞(堞)
		遠(遠)·薳(薳)·園(園)·轅(轅)·猿(猿)
		冓(冓)·韝(韝)·購(購)·溝(溝)·傋(傋)·遘(遘)·搆(搆)
		麓(麓)·簏(簏)·摝(摝)·漉(漉)·蔍(蔍)·螰(螰)
		互 互(互)·阺(阺)扺(扺)
		鷜(鷜)·簍(簍)·髏(髏)·數(數)
		鱢(鱢)·躁(躁)·臊(臊)·藻(藻)·璪(璪)
偏旁變化		莊 莊(莊)·臟(臟)
		鐃(鐃)·鐃(鐃)·繞(繞)·驍(驍)·蟯(蟯)·襓(襓)·饒(饒)·僥(僥)·遶(遶)·顤(顤)·饒(饒)
		乘(乘)·騬(騬)·嵊(嵊)·剩(剩)
		錢(錢)·賤(賤)·踐踐(踐)·淺(淺)·箋(箋)·餞(餞)·棧(棧)·盞(盞)
		躡(躡)·鑷(鑷)讘(讘)攝攝(攝)·懾(懾)
		皆(皆)·齜(齜)·鴜(鴜)·疵(疵)·紫紫(紫)·庛(庛)
		輕(輕)·勁(勁)·脛(脛)·逕(逕)·經(經)·頸(頸)
		乘(乘)·騬(騬)·頳(頳)·嵊(嵊)·剩剩(剩)
		郤(郤)·谻谻(谻)·綌(綌)·卻(卻)
		綷(綷)·瘁(瘁)·萃(萃)·醉(醉)·踤(踤)·迅(迅)·粹(粹)·脺(脺)
		鍭(鍭)·鯸(鯸)·餱(餱)·候(候)·猴(猴)·篌(篌)
		黵(黵)·蟾(蟾)·瞻瞻(瞻)·蟾蟾(蟾)·聸聸(聸)·贍贍(贍)·蟾(蟾)

3.3 變化의 特徵

이와 같은 異體字가 만들어지는 과정과 결과에서 몇 가지 특징을 발견할 수 있다. 이 중 가장 기본적인 것은 文字의 非文字化이다. 그리고 非文字化가 되는 과정에서 자형의 변형에 의해 새로운 偏旁이 생성되는 것도 있고, 서로 다른 자형들이 동일한 자형으로 변하는 類化 現象도 나타난다. 또 변형된 모양이 일정한 틀로 고정되는 것은 물론, 하나의 異體字가 둘 이상의 자형으로 분화되어 틀을 형성하기도 한다. 다음에서는 이들을 분야별로 나누어 살펴보기로 한다.

3.3.1 文字의 非文字化

자형의 변화에 의해 만들어진 異體字는 그것이 기존의 다른 자형과 동일한 형태를 취하지 않는 경우, 그 중의 상당수는 非文字로 변한 것들이다. 즉 문자의 非文字化가 발생한 것으로 볼 수 있는 것이다. 그런데 이들 중에도 한 글자의 偏旁으로 사용되는 글자의 자형이 변했을 때, 그 변한 부분이 非文字로 되는 경우가 많다. 그런가 하면, 偏旁에서도 일부분만이 변하여 그 변한 부분은 기존의 다른 자형과 동일한 형태가 되어 文字로 간주될 수 있는 것들도 있다. 하지만 그 변한 일부분만으로는 文字라고 볼 수 있지만, 그것이 偏旁의 하나로서 기능하면서 기존 偏旁의 일부로 귀속되었을 때, 그 偏旁은 이미 非文字가 되는 것들이다. 이들을 구분하여 하나씩 예를 들어 설명하면 다음과 같다.

1) 偏旁 중의 일부가 변하여 偏旁이 非文字化 된 경우

[illegible] :『偏類碑別字 · 止部 · 武字』에서는 〈漢校官碑〉를 인용하여 이것이 '武'의 異體字임을 설명하고 있다.[236] 이는 '武'의 偏旁인 '止'의 자형이 非文字인 '[illegible]'의 형태로 바뀌었는데, 이는 書寫의 편리함을 강구하기 위한 것으로 보인다. 이와 동일한 유형을 보이는 것으로서 "[illegible](征) · [illegible](歷) · [illegible](靂) · [illegible](歪) · [illegible](歸)"가 있다.

[illegible] : 이는 '絪'의 異體字로서,『玉篇零卷 · 糸部 · [illegible]字』에 의하면 "於神反, 周易, 天地[illegible]縕[237], 萬物化醇"[238]이라 말하고 있다. 이는 偏旁인 '因'의 자형이 변하

236 北川博邦,『偏類碑別字』, 法人文化社, 서울, 1990, p.116

237 王弼 注,『續修四庫全書 · 周易注疏 · 繫辭下』上海古籍出版社, 上海, 1995, p.479. "天地絪縕, 萬物化醇 ; 男女構精, 萬物化生"

238 顧野王,『續修四庫全書 · 玉篇(殘卷)』, 上海古籍出版社, 上海, 1995, p.660

여 非文字인 '囙'으로 바뀐 것이다. 그런데 이것이 '囙'으로 바뀌게 된 원인이 불투명하다. 기존의 '因'에 비해 비록 획수는 줄었으나, 書寫에 있어서는 결코 편리하다고 볼 수 없으며, 또한 字形의 균형미를 위한 것으로도 볼 수가 없으며, 오히려 균형미를 해치고 있다. 그럼에도 불구하고 이 字形이 偏旁으로 사용될 때는 거의 고정적으로 사용되고 있다. 이와 동일한 예로는 "裀(裀)·姻(姻)·咽(咽)·茵(茵)·欭(欭)·洇(洇)"과 같은 것들이 있다.

鑢 :『中國書法大字典·金部』에서는 이를 '鑢'의 異體字로 수록하고 있는데[239], 偏旁인 '慮'의 상단부에 속하는 '虍'의 형태가 非文字로 바뀌었다. 즉 '虍'가 偏旁으로 쓰일 때는 "慮慮(慮)"나 "盧盧(盧)"의 경우처럼 그 자형이 非文字의 형태로 바뀌어 사용되는 경우가 매우 많다. 그래서 '慮'나 '盧'가 偏旁으로 사용된 경우에도 마찬가지의 현상이 자주 발생하고 있는데, 그 예로는 "藘藘(藘)·濾(濾)·櫨櫨(櫨)·壚(壚)·蘆(蘆)·蠦(蠦)·艫艫(艫)·轤(轤)" 등이 있다.

鵖 :『康熙字典·鳥部』에서는 "鵖,海篇同鶵"[240]라 하여 이것이 '鶵'의 異體字라 말하고 있다. 즉 正字의 좌측 偏旁인 '芻'가 매우 복잡한 구조로 되어 있는데, 異體字에서는 이 복잡한 부분이 筆劃의 생략과 통합을 통하여 撇劃이나 斜線의 꺾음이었던 것들이 모두 橫劃이나 直線의 꺾음으로 변형되면서 전체적인 면에서 대폭 簡化되었다. 대폭적인 簡化라는 측면에서 볼 때 이 글자도 역시 書寫의 편리성을 도모하기 위해 위와 같은 변형의 과정을 거치도록 한 것으로 보이며, 이와 동일한 유형의 글자로는 "鄒(鄒)·趨趨(趨)·趨趨·(騶)騶"가 있다. 또 동일한 자형은 아니지만 이와 유사한 경우로는 "㑄(侈)"이 있다.

驞 : 이는 '驞'의 異體字이며[241], 正字의 우측 偏旁인 '賓'의 중단부에 있는 '丏'의 자형이 변형되었다. 즉 '丏'의 자형을 전체를 변형시켜 우측의 삐침이 좌측으로 이동되는 등의 대폭적인 변형이 이루어져 우측의 斜線은 直線이 되는 변화를 가져왔다. 이와 같은 변화를 보이는 글자로는 "繽(繽)·矉(矉)·臏(臏)·鬢(鬢)·鑌(鑌)

239 『中國書法大字典』, 大通書局, 民國65年, p.1297
240 張玉書 等,『康熙字典』, 中華書局, 北京, 1997, p.1489
241 章黼 撰, 吳道長 重訂,『續修四庫全書·重訂直音篇』, 上海古籍出版社, 上海, 1995, p.466

臏 · (臏) · 蠙 蠙(蠙) · 璸(璸)"이 있는데, 이 중에는 자형이 변형되면서 중간의 垂劃이 생략되는 경우도 많이 보이고 있다.

이상에서 살펴본 예들은 모두 偏旁의 한 부분이 변화되어 그 부분을 포함하여 偏旁 자체가 非文字化 된 것이라 할 수 있다.

2) 偏旁 일부가 변화되어 部分的인 文字가 되나 偏旁 全體로는 非文字化되는 경우

여기에 해당되는 異體字들은 偏旁의 자형이 바뀌어 非文字가 된다는 측면에서 보면 위의 경우와 다를 바가 없다. 다만 이들은 偏旁에서 변화되어 자형이 바뀐 부분을 따로 떼어 놓고 본다면 그 부분은 文字가 될 수 있는 경우이다. 하지만, 그 바뀐 부분을 포함하는 偏旁의 전체 자형이 非文字라는 점에서는 위와 같은 경우이다.

宛 : 이것은 '宛'의 異體字로서, 偏旁인 '夗'에서 좌측 부분인 '㔾'이 변하여 'ㄴ'의 형태를 갖게 된 것이다. 그런데 이 'ㄴ'의 형태만 놓고 본다면 문자의 모습을 갖춘 것이라고 말할 수 있지만, 그것이 포함된 '夗'이라는 偏旁으로 돌아오면 이는 '死'이 되어 결과적으로 偏旁인 '夗'은 非文字가 되는 것이다. 이와 동일한 예로는 "葬(葬) · 鯇(鯇) · 怨(怨) · 苑(苑) · 鴛(鴛) · 蜿(蜿) · 婉(婉)" 등이 있다

郤 : 이는 '郤'의 異體字로서, 『龍龕手鏡 · 邑部』에 의하면, "郤郤二俗, 郤三. 丘逆反. 人姓"이라 설명하고 있다.[242] '郤'은 偏旁인 '谷'의 상단부가 '㕚'의 형태로 변하였고, 또 하단부도 '厷'의 형태로 바뀌어, 그 자체들만 본다면 각각 문자가 된다고 할 수 있다. 그러나 이들이 모여 이루어진 偏旁은 하나의 문자라고 볼 수 없는 非文字이다. 또한 이들은 경우에 따라서 하단부만 '厷'으로 변하기도 하거나 상단부만 '㐅의 형태로 변하기도 하는데, 이러한 것 역시 偏旁 전체로는 非文字라 할 수 있다. 이와 같은 예에 속하는 글자로는 "谻谻(谻) · 綌(綌) · 卻(卻)"이 있다.

趫 : 『龍龕手鑑 · 走部』에 의하면, "趫俗趫正, 去遙 · 巨憍二反, 善走, 又緣水

242 行均, 『龍龕手鏡』, 中華書局, 北京, 1985, p.457

也"[243]라 하여, 이것이 '趫'의 異體字임을 밝히고 있다. 즉 이 글자는 偏旁인 '喬'의 상단부가 '右'와 같이 바뀌어 문자의 형태를 취하고 있다. 그러나 이 역시 본래의 偏旁에 귀속되면 '𫞨'의 모양이 되어 偏旁 전체로는 非文字에 속하는 것이다. 이와 같은 예로는 "鷮(鱎)·犞(矯)·僑(僑)·蹻(蹻)·驕(驕)·蹻(蹻)·蟜(蟜)" 등이 있다.

綷 : 『康熙字典·糸部』에 의하면, "綷, 海篇俗綷字"[244]라 하여 이 글자의 正字는 '綷'임을 밝히고 있다. '綷'는 正字의 우측 偏旁인 '卒'의 상단부가 변화되어 '九'의 형태를 취하고 있다. 그래서 이것만 놓고 본다면 그것은 문자라 할 수 있겠지만, 이 역시도 偏旁의 하나로 귀속되면, 偏旁의 모양이 '卆'가 되어 非文字가 된다. 이러한 유형에 속하는 글자로는 "瘁(瘁)·萃(萃)·醉(醉)·踤(踤)·迖(迅)·粹(粹)·脺(脺)"등이 있다.

絺 : 이는 '絺'의 異體字이다. 『隷辨』에서는 〈婁壽碑〉를 인용하여 "麓絺大布之衣 (按)卽絺字, 絺從希, 碑則變希爲希字, 原誤書作絺"[245]라 설명하고 있다. 그런데 우측 偏旁인 '希'는 상단부가 변하여 '夂'로 되는 경우가 많고, 또 다른 것으로는 '又'나 '文', 혹은 '父'·'土' 등으로 바뀌는 것들이 있다. 이들도 모두 그것만 보면 문자가 되지만, 偏旁의 하나로 귀속되면 "希·希"와 같이 되어, 결과적으로 모두 非文字가 된다. 이에 속하는 글자들로는 "郗(郗)·絺(絺)·郗(郗)·郗(郗)·稀(稀)·睎晞(晞)·唏(唏)·欷(欷)" 등이 있다.

設 : 이 글자는 '設'의 異體字로서, 『宋元以來俗字譜·言部』에서 〈嶺南逸事〉를 인용하여 '設'이 '設'의 異體字임을 설명해주고 있다.[246] 異體字에서는 우측 偏旁인 '殳'의 자형중 상단부가 'ㅁ'로 변화되었다. '殳'의 異體字形은 상단부가 위와 같이 바뀌는 것 외에도, '巳'나 '上' 혹은 '己'로도 바뀌고, 하단부도 '夂'과 같이 바뀌어, 이러한 상하의 여러 변형들이 서로 엇갈려 상하로 조합되면서 매우 많은 異體字形을 만들어내고 있다. 이들 역시 上下 각각으로는 문자의 형태라

243 行均, 『龍龕手鏡』, 中華書局, 北京, 1985, p.324
244 張玉書 等, 『康熙字典』, 中華書局, 北京, 1997, p.919
245 顧藹吉, 『隷辨』, 中華書局, 北京, 2009, p.12
246 劉復 · 李家瑞, 『宋元以來俗字譜』, 亞細亞文化社, 서울, 1973年, p.82

할 수 있지만, 그것들이 결합된 것들은 모두 非文字인 것들이다. 이러한 유형을 보여주는 글자로는 "設(設)·役(役)·段段(段)·般(般)·殿殿殿(殿)·股(股)·殺(殺)·毁(毁)" 등이 있다.

3) 두 偏旁이 統合되어 새로운 偏旁이 되나 그 偏旁이 非文字化되는 경우

이 외에도 기존에 존재했던 두 개의 偏旁이 자형의 변화를 거치면서 하나의 偏旁으로 통합되어 새로운 偏旁으로 만들어지나, 그 새로 만들어진 偏旁이 사실상 非文字가 되는 경우도 있는데, 그 예를 들면 다음과 같다.

鍭 :『重訂直音篇·卷五·金部』에 의하면 "鍭, 音侯, 矢金鏃. 又音候. 鍭 同上"[247]이라 하여, 이 글자가 '鍭'의 異體字임을 설명하고 있다. '鍭'의 우측 偏旁인 '侯'는 본래 두 개의 偏旁으로 구성된 合體字이다. 그런데 그 자형이 변하면서 두 개의 偏旁이 하나로 통합되어 새로운 偏旁인 '矦'가 생성되었다. '侯'에서 '矦'로 통합되어 가는 것은 "侯→侯→侯→矦→矦"의 과정을 거치는 것으로 추정된다. 즉 좌측의 '人'과 우측 상단의 筆劃이 통합되는 과정을 거쳐 '产'과 같은 형태로 바뀜에 따라 이 글자는 결국 '矦'가 되며, 이는 사실상 非文字가 되는 것이다. 어쨌든 이렇게 만들어진 '矦'는 다른 글자의 偏旁에서도 자주 사용되고 있으며, 그 예로는 "鯸(鯸)·糇(餱)·候(候)·猴(猴)·篌(篌)"가 있다.

鐃 :『正字通·金部』에 의하면 "鐃,...篆作鐃俗作鐃"[248]라 하여, 이 글자는 '鐃'의 異體字이다. 본래 正字의 偏旁인 '堯'의 중간에 있는 두 개의 偏旁 '土'가 異體字에서는 하나로 통합되어 '廾'의 형태로 바뀌면서 '堯'가 '尭'와 같이 변하였다. 그런데 새로 바뀐 형태의 편방인 '尭'도 역시 非文字이다. 또한 일부의 경우에는 '廾' 아래의 橫劃을 생략한 것도 있는데, 이러한 것들은 모두 書寫의 편리성과 자형의 균형미를 동시에 추구한 것으로 보이는데, 이와 동일한 자형을 사용하는 것으로는 "鐃(鐃)·繞(繞)·驍(驍)·蟯(蟯)·襓(襓)·饒(饒)·僥(僥)·遶(遶)·顤(顤)·饒(饒)"가 있다.

247 章黼 撰, 吳道長 重訂,『續修四庫全書·重訂直音篇』, 上海古籍出版社, 上海, 1995, p.186
248 張自烈,『續修四庫全書·正字通』, 上海古籍出版社』, 上海, 1995, p.642

銭 : 이 글자는 '錢'의 異體字이다[249]. 偏旁인 '戔'은 본래 두 개의 '戈'로 구성된 것이나, 이것의 筆劃들이 하나로 통합되어 위와 같은 형태를 갖게 되었으며, 통합된 형태의 偏旁은 非文字가 되었다. 이와 동일한 예로는 "賎(賤) · 践践(踐) · 浅(淺) · 笺(箋) · 餞(餞) · 桟(棧) · 盏(盞)"이 있다.

이상에서 偏旁의 자형이 변하여 非文字가 되는 예들에 대해 살펴보았다. 그런데 偏旁이란 그 자체로도 하나의 글자가 되어야 하는 것이기 때문에 이렇게 자형이 변화된 偏旁들은 엄밀히 말하면 偏旁이라 말할 수 없다. 그럼에도 불구하고 이것을 偏旁으로 간주할 수 밖에 없다. 왜냐하면 그것이 偏旁이 아니라 할 경우, 이 偏旁이 들어간 글자 자체가 非文字로 간주될 수 밖에 없으며, 이는 곧 異體字가 非文字라는 말로 귀결되기 때문이다. 이는 결국 異體字가 正字가 아닐 뿐이지 역시 한자의 한 종류라는 논리와 위배되는 것이다.

3.3.2 字形 固定化 傾向

合體字인 正字의 한 구성요소인 偏旁은 그것 자체가 하나의 문자이기 때문에, 그것이 다른 合體字의 偏旁으로 사용되어도 자형은 변화되지 않는다. 즉 合體字로 된 正字들은 이미 존재하는 글자들의 결합에 의해 만들어진 것이기 때문에 부분적으로 사용되는 偏旁들은 이미 자형이 고정된 것이라 할 수 있다. 그러나 正字와는 달리 일부 자형이 바뀌어 만들어진 특정 異體字의 경우는 그 바뀐 부분이 다른 글자의 구성요소로 사용될 때도 반드시 동일한 자형으로 사용될 이유는 전혀 없다. 왜냐하면 異體字는 특정 글자의 자형 변화에만 적용되어 생겨난 것이지, 모든 글자에게 일어나는 현상이 아니고, 또 특정 글자의 異體字에 어느 한 종류의 異體字形만 존재하는 것도 아니기 때문이다.

그런데 異體字가 오랜 기간에 걸쳐 많이 만들어지다 보니, 偏旁의 자형이 변화되어 만들어진 異體字에 있어서, 그 변형된 偏旁이 다른 글자의 偏旁에서도 동일하게 사용되는 것들이 점차 늘어나게 되었다. 즉 偏旁의 모양이 특정한 모양으로 바뀌고, 또한 그것은 동일한 偏旁을 사용하는 다른 合體字에도 적용되는 것이

249 劉復 · 李家瑞, 『宋元以來俗字譜』, 亞細亞文化社, 서울, 1973, p.97

많게 되면서, 변형된 偏旁 자형의 고정화가 이루어진 것이다. 그리고 특정 글자에 있어서 해당 글자의 異體字가 하나일 필요는 없듯이, 偏旁의 자형 변화도 한 가지만으로 고정화될 필요도 없었다. 그러나 또한 여러 글자의 동일한 偏旁에 공통으로 적용될 수 있는 고정화된 偏旁은 많이 출현하기도 어려웠다. 왜냐하면 여러 合體字에 공통으로 적용되기 위해서는 고정화된 자형이 적을수록 유리했기 때문이다. 그래서 異體字 偏旁 자형의 고정화는 대체적으로 여러 異體字形 중에 주류를 이루는 한 종류로 귀결되었다.

그런데 여기에서 우리가 고정된 자형의 범주를 어떻게 설정해야 할 것인가에 대한 명확한 설정이 있어야 할 것이다. 正字는 오직 하나의 자형이어야 하는 반면에, 그 글자의 異體字는 하나의 자형이 아니라 여러 개, 혹은 수십 개의 자형으로 만들어지기도 한다. 그렇기 때문에 異體字 偏旁의 자형은 筆劃의 구성에서 일부 차이가 있는 경우가 많이 발생할 수밖에 없다. 예를 들어 '箋'의 異體字인 "[illegible] · [illegible] · [illegible]"과 '聸'의 異體字인 "[illegible] · [illegible]"이 있는데, 이들의 偏旁은 筆劃上의 차이점이 약간씩 존재하나 큰 틀에서는 같은 자형이기 때문에 이를 하나의 고정화된 偏旁으로 간주할 수가 있다. 즉 異體字의 고정화된 偏旁 자형의 범주는 그것이 異體字라는 특성을 고려하여 좀 더 포괄적으로 설정할 필요가 있는 것이다.

그래서 여기에서 異體字 偏旁의 고정화 범주를 설정한다는 것은 바로 構造上에 있어서 큰 차이가 없이 일부 筆劃의 차이가 있는 것까지도 포함한다는 것은 전제로 해야 하는 것이다. 다음에서는 이들에 대해 예를 들면서 설명하기로 한다.

[illegible] : 이는 '黵'의 異體字로서, 『重訂直音篇 · 卷七 · 黑部』에 의하면, "黵, 音膽, 垢黑大汚, [illegible], 同上"[250]이라 말하고 있다. 偏旁인 '詹'의 異體字形은 여러 종류가 있는데, 偏旁에서 사용될 때는 이와 같이 사용되는 것이 가장 많고, 또한 "[illegible] · [illegible]"와 같이 筆劃상에 있어서 약간의 변화가 있는 것도 있다. 그러나 전체적인 면에서 위와 같은 자형으로 고정된 것이 많이 사용되고 있으며, 그러한 예로는 "[illegible](蟾) · [illegible][illegible](瞻) · [illegible][illegible](蟾) · [illegible][illegible](聸) · [illegible][illegible](贍) · [illegible](蟾)" 등이 있다.

[illegible] : 『龍龕手鏡 · 金部』에 의하면, "[illegible], 戶加反, 鋞一也"[251]라 말하고 있는 바,

250 章黼 撰, 吳道長 重訂, 『續修四庫全書 · 重訂直音篇』, 上海古籍出版社, 上海, 1995, p.296

이는 '鍜'의 異體字이다. 偏旁으로 사용된 '叚'의 異體字形은 수많은 종류가 있지만 이와 같은 사용되는 경우가 가장 많으며, 또한 筆劃에 있어서 이와는 달리 약간의 변형된 것도 있으나, 큰 틀에서는 거의 같고 확연한 차이점을 보여주지 않는데, 이러한 예에 속하는 글자로는 "騢(騢)·霞霞(霞)·瑕(瑕)·假(假)"가 있다.

釘 : 『中國書法大字典·金部』[252]에서 이 글자를 '釘'의 異體字로 간주하고 있는데, 異體字의 자형에서는 '金'의 자형이 고정화되는 경향을 보여주고 있다. '金'도 역시 많은 異體字形이 있으나, 이 偏旁에서와 같은 형태로 나타나는 것이 매우 많은데, 書寫의 관점에서 본다면 正字보다 오히려 획수가 많아 불편함이 더 가중된다. 그럼에도 이렇게 쓰는 것이 많은 것은 아마도 자형의 아름다움을 추구하고자 한 것이 아닌가 추정된다. 어쨌든 이러한 예에 속하는 글자로는 "釗(釗)·銘(銘)·鈞(鈞)·鋁(鋁)·鈀(鈀)·欽(欽)·鉤(鉤)·鉞(鉞)·嶔(嶔)" 등이 있는데, 역시 筆劃上에 있어서의 약간의 차이는 존재한다.

鰻 : 이 글자의 正字는 '鰻'으로서, 『四聲篇海·魚部』에 의하면, "鰻鰻, 二莫官切, 鰻鱺, 魚名"[253]이라 하여 이것이 '鰻'의 異體字임을 밝히고 있다. 이는 우측 偏旁인 '曼'의 하단부가 약간 변형되었으며, 偏旁으로 사용될 때는 이 자형을 그대로 사용하는 것이 가장 많다. 또한 하단부에 있는 偏旁의 筆劃이 중단부 偏旁의 아래 筆劃과 통합된 형태의 자형도 많이 사용되는데, 이 두 자형은 사실상 고정된 것이라 할 수 있다. 이에 속하는 예로는 "鰻(鰻)·蟃(蟃)·縵(縵)·鬘(鬘)·饅(饅)·鏝(鏝)·縵縵(縵)·蟃(蟃)" 등이 있다.

黻 : 『重訂直音篇·卷六·黹部』에 의하면, "黻 音黻同. 黻黼 同上. 黻 俗"[254]이라 말하고 있다. 이는 바로 '黻'의 異體字임을 말해주고 있는 것으로서, 正字의 우측 偏旁이 약간 변형되어 非文字가 되었다. 그런데 이것도 역시 偏旁으로 사용될 때는 비록 완전히 동일한 자형은 아니지만, 큰 틀에서 보면 고정된 자형으로 보여주고 있으며, 그 예로는 "黻(黻)·軷軷(軷)·魃(魃)·飫(飫)·詨(詨)·趺(趺)·紱

251 行均, 『龍龕手鏡』, 中華書局, 北京, 1985, p.13

252 『中國書法大字典』, 大通書局, 民國65年, p.1297

253 韓孝彦 等, 『續修四庫全書·四聲篇海』, 上海古籍出版社, 上海, 1995, p.302

254 章黼 撰, 吳道長 重訂, 『續修四庫全書·重訂直音篇』, 上海古籍出版社, 上海, 1995, p.232

(紱)·㕍(肢)·蚑蚑(蚑)" 등이 있다.

騬 : 『重訂直音篇·卷六·馬部』에 의하면, "騬, 音乘, 犗馬, 又音繩"[255]이라 하여 이것이 '騬'의 異體字임을 밝히고 있다. 즉 이 글자는 우측 偏旁인 '乘'의 자형이 '桒'과 흡사하게 이루어진 異體字이다. 이 역시 筆劃 上에 있어서 약간씩의 차이가 있지만, 위와 같은 구조로 된 異體字形이 가장 많은데, 이러한 예로는 "賴(顙)·嵊(嵊)·剩剩(剩)" 등이 있다.

壇 : 『隸辨·平聲·寒韻·壇字』에서 〈魏受禪表築靈〉을 인용하여 '壇'이 '壇'의 異體字"라 말하고 있다.[256] 異體字의 자형을 보면 우측 偏旁인 '亶'의 가장 위에 짧은 橫劃이 하나 추가되어 있다. 이 橫劃의 추가는 시각적인 편안함을 주기 위해 만들어진 것으로 추정되지만, 이것이 없다고 해도 시각적으로 커다란 영향을 주는 것은 아니기 때문에 정확한 원인을 파악하기는 쉽지 않다. 어쨌든 이 異體字形은 단독으로 사용될 때에도 '亶'으로 사용되기도 하며, 다른 글자의 偏旁으로 사용될 때도 "繵(繵)·蟺(蟺)·檀(檀)"과 같이 동일한 자형을 사용하고 있다.

이 외에도 이러한 유형에 속하는 글자로는 '甾'가 偏旁으로 사용된 "錙(錙)·菑(菑)·淄(淄)·緇(緇)·輜(輜)·鯔(鯔)"와 '夾'이 偏旁으로 사용된 "俠(俠)·陜(陜)·峽(峽)·頰(頰)·狹(狹)", 그리고 '戔'이 偏旁으로 사용된 "錢錢(錢)·賤賤(賤)·箋(箋)·踐踐(踐)·淺(淺)·淺箋箋(箋)·餞餞(餞)·帴(帴)·棧(棧)·盞(盞)", '冉'이 偏旁으로 사용된 "蚺·(蚺)·聃(聃)·甜(甜)·珃(珃)·袡(袡)·苒(苒)·姌(姌)", '冘'가 偏旁으로 사용된 "黕黕(黕)·紞(紞)·沈沈(沈)·枕(枕)·鈂(鈂)·抌(抌)", '䍃'가 偏旁으로 사용된 "搖搖(搖)·鷂(鷂)·遙遙(遙)·繇繇(繇)·颻颻(颻)·嗂嗂(嗂)·媱媱(媱)·謠(謠)", '鼠'가 偏旁으로 사용된 "鼣(鼣)·鼥(鼥)·鼨(鼨)·鼷(鼷)" 등을 비롯해 적지 않은 종류의 異體字가 非文字의 상태로 고정화의 경향을 보여주고 있다.

255 章黼 撰, 吳道長 重訂, 『續修四庫全書·重訂直音篇』, 上海古籍出版社, 上海, 1995, p.247
256 顧藹吉, 『隸辨』, 中華書局, 北京, 2009, p.40

3.3.3 類化 現象

앞에서 이미 다룬 바와 같이 일부 異體字의 경우 그 異體字形은 본래 어떤 正字의 異體字이면서 동시에 正字가 되는 것도 있다. 즉 正字인 A의 異體字가 B의 형체를 갖게 되었는데, 이미 B라는 다른 正字가 존재하게 되는 경우가 있는데, 이때의 B라는 형체는 A의 異體字가 됨과 동시에 B라는 正字가 되는 것이다.

그런데 이와는 약간 다르게 偏旁만이 바뀌어 서로 같은 자형을 갖게 되는 경우가 있다. 合體字로 된 正字인 AB에서 B라는 偏旁이 일부 변하여 非文字인 C의 형태를 취하면서 AC라는 새로운 異體字가 된 것이 있다. 그런데 다른 正字인 DE라는 글자도 偏旁인 E가 변하여 C의 형태를 취하면서 결국 DC의 형태로 된 異體字로 되는 경우가 있다. 즉 AB와 DE는 본래 전혀 다른 자형을 가진 正字들이었는데, 일부 偏旁의 자형이 바뀌면서 결국 C라는 똑같은 형태의 偏旁을 공유하는 현상, 즉 偏旁에 있어서 자형의 類化 現象이 출현하고 있는 것이다. 異體字 중에는 이러한 예들이 적지 않은데, 다음에서는 이러한 현상을 보여주는 異體字에 대해 살펴보기로 한다.

⿰衤⿱云木 · ⿰氵⿱云冉 :『字彙 · 衣部』에 "⿰衤⿱云木, 同褋"[257]이라 말하고 있는 바와 같이, 이는 '褋'의 異體字이다. 正字의 우측 偏旁인 '枼'의 상단부가 直線으로 구성되어 있었는데, 異體字에서는 書寫의 편의성을 추구하기 위해 전체적인 자형을 대폭 변형시켜 筆劃數를 줄이면서 直線을 斜線으로 처리한 것으로 보인다. 그런데 결과적으로는 '世'의 모양이 '云'과 유사한 자형으로 바뀌면서 균형미도 갖추는 효과를 얻고 있다. 이와 동일한 예로는 "⿰韋⿱云木(韘) · ⿰𧾷⿱云木(蹀) · ⿱艹⿰氵⿱云木(葉) · ⿰言⿱云木(諜) · ⿰金⿱云木(鍱) · ⿰魚⿱云木(鰈) · ⿰𧾷⿱云木(蹀) · ⿱艹⿰氵⿱云木(葉) · ⿰衤⿱云木(褋) · ⿰木⿱云木(楪) · ⿰衤⿱云木(褋) · ⿰片⿱云木(牒) · ⿰土⿱云木(堞)"이 있다. 그런데 "⿰氵⿱云冉(溝)"의 경우, 우측 편방의 상단부도 역시 '云'의 형태로 바뀌어 편방인 '冓'는 '⿱云冉'가 되었다. 이와 동일한 예로는 "⿰韋⿱云冉(韝) · ⿰亻⿱云冉(傋) · ⿺辶⿱云冉(遘) · ⿰扌⿱云冉(搆)"이 있다. 즉 偏旁으로 사용된 '枼'과 '冓'는 모두 偏旁의 일부분인 상단부가 '云'의 형태로 바뀌어 동일한 형태를 보여주고 있다.

---

257 梅膺祚, 『續修四庫全書 · 字彙』, 上海古籍出版社, 上海, 1995, p.243

麸·崚 : 『重訂直音篇 · 卷四 · 麥部』에 의하면, "麫, 下没切. 麥中不破者. 麸同上"258라 하고, 또 『龍龕手鑑 · 山部』에서는 "崚, 今音陵, 崚嶒山貌也"259라 말하고 있는 바, 이들은 각각 '麫'과 '崚'의 異體字이다. 그런데 이들은 모두 '麦'을 偏旁으로 사용하고 있는데, 正字를 기준으로 한다면 '麫'의 偏旁은 '麥'이고, '崚'의 偏旁은 '夌'으로서, 본래 서로 다른 형태이다. 그런데 이것들이 偏旁으로 사용된 異體字에서는 자형이 모두 '麦'으로 변화되어 같은 형태를 취하고 있다. 즉 이들이 본래 다른 자형에서 동일한 자형으로 類化된 것이다. 이 자형은 다른 글자의 偏旁에서도 동일하게 사용되는 경우가 많이 있는데, 그 예로는 '麥'이 偏旁인 것으로서 "麸(麰) · 麺(麵)" 등이 있고, '夌'이 偏旁인 글자로는 "𨻳(菱) · 菱(菱) · 踜(踜) · 鯪(鯪) · 陵(陵)" 등이 있다.

肫 · 託 : 『漢簡文字類編 · 肉部』260에서는 '肫'을 '肫'의 異體字로 수록하고 있고, 또 『碑別字新編』에서는 隋의 〈張儉墓誌〉를 인용하여 261 '託'을 '託'의 異體字로 수록하고 있다. 즉 이들은 각각 '肫'과 '託'의 異體字임에도, 異體字形에서는 모두 '乇'을 偏旁으로 사용하고 있다. 그러나 이들도 역시 正字인 '肫'과 '託'의 偏旁은 본래 '屯'과 '乇'으로서 본래 서로 다른 형태이었던 것이 異體字의 偏旁으로 사용될 때 자형이 변하면서 '乇'의 형태를 취하게 되었다. 그런데 '乇'이 '乇'으로 변하는 것은 거의 변화가 이루어지지 않은 정도라고 할 수 있을 것이다. 그러나 '屯'은 '乇'으로 변하는 과정에서 일부 筆劃에 변형을 가하게 되었는데, 이는 書寫에 있어서 많은 편리함을 얻기 위한 것으로 보인다. 어쨌든 '乇'은 筆劃의 변화가 거의 없는 경우이기 때문에 이와 같이 偏旁이 변한 예도 매우 드물어 "宅(宅)" 정도가 보이나, '屯'이 변화된 것으로는 "迍(迍) · 黗(黗) · 頓(頓) · 鈍(鈍) · 軘(軘)" 등이 있다.

伭 · 鮌 : 『玉篇 · 人部』에 의하면, "低, 丁泥切, 垂也. 伭 同上, 俗"262이라 하고, 또 『龍龕手鑑 · 魚部』에서는 "鮌䲆二或作, 鮔, 今昌脂反, 魚名"263이라 말

258 章黼 撰, 吳道長 重訂, 『續修四庫全書 · 重訂直音篇』, 上海古籍出版社, 上海, 1995, p.174
259 行均, 『龍龕手鏡』, 中華書局, 北京, 1985, p.71
260 王夢鷗, 『漢簡文字類編』, 藝文印書館, 臺北, 民國63年, p.86
261 秦公, 『碑別字新編』, 文物出版社, 北京, 1985年, p.140
262 顧野王, 『玉篇 · 卷上』, 臺灣中華書局, 臺北, 民國66, p.22
263 行均, 『龍龕手鏡』, 中華書局, 北京, 1985, p.167

하고 있는 바, 이에 의하면 이들은 각각 '低'와 '魱'의 異體字이다. 이들의 偏旁도 본래 '氐'와 '互'인데, 각각 자형이 변하여 모두 같은 형태의 偏旁을 사용하고 있다. 사실 '氐'나 '互'는 偏旁으로 사용될 때 위와 같은 형태 뿐만 아니라, 이것보다 筆劃이 하나 부족한 '𠄠'를 쓰기도 한다. 즉 '氐'와 '互'가 異體字의 偏旁으로 사용될 때는 자주 이러한 두 가지 형태로 類化되는 경우가 많다. 이와 같은 예에 속하는 것으로서 '氐'가 偏旁인 경우는 "阹(阺)·羝(羝)·軧軧(軧)·觝(觝)·低(低)" 등이 있고, '互'가 偏旁인 경우로는 "觝(觝)·枑枑(枑)·沍(沍)·魱(魱)" 등이 있다. 이와는 별도로 '氐'와 '互'는 서로 類化될 정도로 자형이 유사하다 보니 일부 異體字 중에는 '氐'가 偏旁으로 사용될 때 아예 '互'의 형태로 바뀌는 것이 적지 않으며, 그 예로는 "阹(阺)·羝(羝)·軧(軧)·觝(觝)"가 있다.

唾·錘 : 『佛敎難字字典·口部』264에서는 '唾'를 '唾'의 異體字로 수록하고 있고, 또『龍龕手鑑·卷一·金部』에 의하면, "錘, 丑輒反, 級衣針, 又楚洽反, 鍬也. 錘俗, 錘正, 錘今, 楚洽反. 鍫也"265이라 하여, 이들이 각각 '唾'와 '錘'의 異體字임을 밝히고 있다. 그런데 이 역시 본래 '唾'와 '錘' 偏旁은 '垂'와 '臿'으로 엄연히 다른 것이었으나, 그것들이 위와 같이 偏旁으로 사용되면서 모두 '垂'로 類化되었다. 이 역시 '垂'와 '臿'이 偏旁으로 사용될 때 동일한 자형으로 類化되는 것은 그것들의 자형이 본래 유사했기 때문인 것으로 보인다. 이러한 예를 나타내는 글자로는 "䟽(衜)"과 "唾(唾)·倕(倕)·埵(埵)"가 있다.

璪·襂 : 『龍龕手鑑·玉部』에 의하면, "璪·璪, 音早, 玉色也. 二同"266이라 하고, 또『四聲篇海·衣部』에서는 "襂, 所今切"267이라 말하고 있는 바, 이 글자들은 각각 '璪'와 '襂'의 異體字이다. 역시 본래 偏旁은 '喿'·'參'인데, '喿'는 상단부와 하단부가 모두 바뀌고, '參'은 하단부만 바뀌면서 모두 '桼'의 형태가 되었다. 또한 이것들이 偏旁으로 사용될 때는 마찬가지의 현상이 나타나고 있으며, 그 예로는 "慘(慘)·墋(墋)·寥(寥)·驂(驂)·糝(糝)·蔘(蔘)"과 "鱢(鱢)·躁(躁)·臊(臊)·藻(藻)"

264 李琳華, 『佛敎難字字典』, 常春樹書坊, 臺北, 民國79年, p.47
265 行均, 『龍龕手鏡』, 中華書局, 北京, 1985, p.20-22
266 行均, 『龍龕手鏡』, 中華書局, 北京, 1985, p.436
267 韓孝彦 等, 『續修四庫全書·四聲篇海』, 上海古籍出版社, 上海, 1995, p.491

가 있다. 한편 이것과 완전히 동일한 것은 아니지만, 하단만 위의 '尜'과 동일한 자형으로 類化된 것도 있는데, 대표적인 것이 '翏'가 偏旁으로 사용되는 경우이다. 이러한 예로는 "穋(穋)·憀(憀)·蟉(蟉)·廖(廖)·蓼(蓼)·鏐(鏐)" 등이 있다.

糈·楫 : 『龍龕手鑑·米部』에 의하면, "糈糈二俗, 糈糈二正, 私以反, 說文云粱米也"268라 하고, 또 『偏類碑別字·木部·楫字』에서는 〈唐處士張義墓誌〉를 인용하여269 '楫'이 '楫'의 異體字임을 표시하고 있는 바, 이들은 각각 '糈'·'楫'의 異體字이다. 이들도 正字의 본래 偏旁은 '胥'와 '咠'으로서 서로 다른 자형이었던 것이 모두 '胥'로 변하면서 같은 자형이 되었다. 또한 이러한 예로는 "諝(諝)·湑(湑)"와 "葺(葺)·濈(濈)·緝(緝)·揖(揖)"이 보인다. 그런데 이 '咠'은 偏旁으로 사용될 때 위와 달리 '骨'와 같이 바뀌는 경우도 있는데, 또 다른 글자인 '骨'도 偏旁으로 사용될 때 '骨'와 같은 자형으로 類化되기도 한다. 예를 들어 "楫(楫)"과 "滑(滑)·緝(緝)"은 正字의 偏旁이 서로 다른 것이었으나, 모두 '骨'과 같은 자형으로 類化되었다.

傅·賻 : 『玉篇·貝部』에 의하면, "賻, 扶句切, 以財助喪也"270라 말하고 있다. 이들은 모두 正字가 '傳'과 '賻'이다. 그런데 여기에서 偏旁으로 사용된 '專'과 '尃'는 자형의 유사성으로 인해, 그것들이 偏旁으로 사용되면서 새로운 異體字로 만들어질 경우에는 모두 '尃'와 같이 동일한 모양으로 변하는 경우가 매우 흔히 보인다. 즉 '專'이나 '尃' 모두 筆劃이 일부 생략되면서 위와 같은 자형으로 변하였다. 이러한 자형을 취하는 예로는 "轉(轉)·磚(磚)·縛(縛)·塼(塼)·膞(膞)·鱄(鱄)"과 "膊(膊)·鄟(鄟)·篿(篿)·傅(傅)"이 있다.

이들 외에도 偏旁의 자형이 類化 현상에 의하여 동일한 형태로 바뀌는 것들은 상당히 많다. 예를 들어 '谷'과 '粦'이 偏旁으로 사용되면서 類化되어 "卻(卻)·綌(綌)·谻(谻)"과 "麟(麟)"과 같이 동일한 자형으로 만들어지는 것도 있고, '亢'과 '冘'가 類化되어 "航(航)"과 "黕(黕)·紞(紞)·沈(沈)·枕(枕)·鈂(鈂)·抌(抌)"

268 行均, 『龍龕手鏡』, 中華書局, 北京, 1985, p.304
269 北川博邦, 『偏類碑別字』, 法人文化社, 서울, 1990, p.110
270 顧野王, 『玉篇·卷下』, 臺灣中華書局, 臺北, 民國66, p.39

의 偏旁이 동일하게 나타나기도 한다. 또 '當'과 '嘗'도 경우에 따라 '㝵'으로 類化되어 "蟷(蟷)·鱨(鱨)"과 같이 偏旁에서 같은 자형으로 나타나고 있으며, 심지어 "禾·未·來·束"도 자형의 유사함으로 인해, 偏旁에서 '朿'로 類化되어 "黧(黧)·䵒(䵒)·愸(慦)·遫(遬)·整(整)"과 같은 字例를 보여주기도 한다. 또 '釜'의 하단부는 '正'의 異體字인 '㱏'과 같은 자형으로 되고, '瓷'는 하단부인 '瓦'가 변화되어 '缶'의 異體字인 '㱏'와 같이 변화되었는데, 이들도 모두 類化의 하나로 볼 수가 있을 것이다.

3.3.4 分化 現象

앞의 固定化 부분에서 偏旁 자형의 고정된 형태 범위를 어떻게 설정해야 할 것인가에 대해 이미 언급된 바와 같이, 異體字의 자형 범주는 좀 더 포괄적인 범위에서 설정해야 한다. 예컨대 위에서 보이는 바와 같이 '箋'의 異體字인 "浅·笺·笺"과 '瞻'의 異體字인 "瞻·瞻"이 있는데, 이들의 偏旁은 筆劃에 있어서 차이점이 약간씩 존재하나 큰 틀에서는 같은 자형이기 때문에 이를 하나의 고정화된 偏旁으로 간주해야 할 것이다.

그런데 '總'의 異體字인 "総·緫"과 '溝'의 異體字인 "溝·𣸧"와 같은 경우는, 이들의 偏旁이 字形上에 있어서 현격한 차이를 보여주고 있다. 그렇기 때문에 이들을 하나의 고정된 것이라 할 수가 없고, 두 개의 서로 다른 형태로 간주해야만 할 것이다. 즉 이들의 경우는 異體字의 字形이 생성되는 과정에서 서로 자형이 상당히 차이가 나는 두 개의 유형으로 分化된 것이라 할 수 있다. 다음에서는 이러한 유형에 속하는 것들에 대해 예를 들어 살펴보기로 한다.

褛·褸 : '褛'는『宋元以來俗字譜．衣部』에서 〈嶺南逸事〉를 인용하여 '褸'의 異體字임을 밝히고 있다.[271] 또 '褸'와 관련해서는『龍龕手鑑·衣部』에서 "褸俗, 褸正, 褸今音樓, 衣襟也"[272]라 하여 이것이 '褸'의 異體字임을 밝히고 있다. 즉 이들은 모두 '褸'의 異體字임에도 불구하고, 偏旁인 '婁'의 자형이 "娄·婁"의 두

271 劉復 · 李家瑞,『宋元以來俗字譜』, 亞細亞文化社, 서울, 1973年, p.71
272 行均,『龍龕手鏡』, 中華書局, 北京, 1985, p.102

가지 형태로 나뉘어져 있다. 본래 이 '婁'의 자형은 위의 두 자형 외에도 '𡝤'도 있고, 이들의 변형도 많아 매우 다양하지만, 그래도 다른 偏旁에서 가장 많이 사용되는 것은 위의 두 자형이다. 이 중에서 앞의 偏旁 자형과 동일한 예로는 "鷜(鷜)·簍(簍)·髏(髏)·數(數)"가 있고, 뒤의 자형과 동일한 예로는 "膢(膢)·簍(簍)·髏(髏)·數(數)"가 있다.

蠟·蝎 : 『干祿字書·入聲』에 의하면, "臘,蠟 上臘祭, 下蜜. 俗字从葛非也"[273]이라 하여 '蠟'이 '蠟'의 異體字임을 밝히고 있고, 『偏類碑別字』에서는 〈齊道興造象記〉를 인용하여 '蝎'이 '蠟'의 異體字라 말하고 있다[274]. 즉 이 글자의 正字인 '蠟'은 偏旁인 '巤'의 異體字形이 크게 두 종류로 나뉘어져 있다. 이 역시 이와 다른 형태로 쓰여진 異體字形이 무수히 많이 있지만, 그래도 대표적인 것이 위의 두 자형이라 할 수 있다. 이러한 자형을 偏旁으로 하고 있는 글자로서 前者와 같은 자형을 취하고 있는 것으로는 "鑞(鑞)·獵(獵)·躐(躐)·鬣(鬣)" 등이 있고, 後者의 경우에는"臈(臘)·鍻(鑞)·猲(獵)·蹋(躐)·鬝(鬣)"과 같은 것들이 있다.

褋·襟 : 『字彙·衣部』에 의하면 "褋, 同襟"[275]이라 하고, 『重訂直音篇·衣部』에서는 "襟 音牒, 禪衣. 襟褋褋 並同上"[276]이라 말하고 있는 바, 이에 의하면 이들의 正字는 '褋'이며, 또한 여기에서 偏旁인 '枼'의 異體字形이 두 가지로 나뉘고 있다. 역시 前者의 유형을 따르는 예로는 "韘(韘)·諜(諜)·鍱(鍱)·鰈(鰈)·蹀(蹀)·葉(葉)·褋(褋)·蝶(蝶)·楪(楪)·牒(牒)·堞(堞)"이 있고, 後者의 偏旁 자형을 취하는 것으로는 "韘(韘)·諜(諜)·鍱(鍱)·鰈(鰈)·蝶(蝶)·蝶(蝶)·楪(楪)·艓(艓)·蹀(蹀)·牒(牒)·堞(堞)"이 있다.

그런데 흥미로운 사실은 '冓'가 偏旁으로 사용될 때도 이와 동일한 현상이 나타난다는 것이다. 예컨대 '搆'의 異體字인 "搆·搆"가 바로 이와 같은 모습을 보여주고 있다. 즉 위의 前者와 동일한 경우로서 "韝(韝)·溝(溝)·傋(傋)·遘(遘)"가 있고, 後者인 偏旁의 자형과 같은 것으로서 "購(購)·溝(溝)·媾(媾)·遘(遘)"

273 顔元孫, 『干祿字書』, 臺灣商務印書館, 臺灣, 民國54年, p.30
274 北川博邦, 『偏類碑別字』, 法人文化社, 서울, 1990, p.206
275 梅膺祚, 『續修四庫全書·字彙』, 上海古籍出版社, 上海, 1995, p.243
276 章黼 撰, 吳道長 重訂, 『續修四庫全書·重訂直音篇』, 上海古籍出版社, 上海, 1995, p.303

등이 있다. 즉 '茱'과 '苒'가 偏旁으로 사용되는 異體字는 그 형태가 두 종류 자형으로 고정될 뿐만 아니라, 고정된 자형조차도 類化가 이루어짐에 따라 결과적으로는 동일한 형태로 나타난다는 점이 흥미롭다.

緫·緫 :『龍龕手鏡·系部』에서 "緫, 作孔反, 聚束. 又倉紅反. 色青黃也"[277] 라 하고, 또한『宋元以來俗字譜·糸部』에서 〈白袍記〉를 인용하여 '緫'이 '總'의 異體字임을 표시하고 있는 바[278], 이에 의하면 이 글자의 正字는 '總'으로서, 偏旁인 '悤'의 자형이 두 가지로 나타난다. '悤'이 偏旁으로 사용되는 경우에는 각각의 異體字形에서 筆劃의 차이가 약간씩 존재하고 있지만, 대체적으로는 이 두 종류의 자형이 주류를 이루고 있다. 이러한 예로서 前者에 속하는 것으로는 "聡(聰)·聡(聰)·揔(摠)·葱(蔥)"이 있고, 後者에 속하는 것으로는 "謥(謥)·驄(驄)·謥(謥)·蟌(蟌)·璁(璁)·揔(摠)·蔥(蟌)"이 있다.

慮·慮 :『佛教難字字典·心部』[279] 에 의하면 '慮'는 '慮'의 異體字이며, 또 '慮'도 '慮'의 異體字이다. 그런데 偏旁으로 사용된 '虍'의 자형이 두 가지로 나타나고 있다. 즉 '虍'의 자형이 약간 변형된 前者의 경우와 상당히 많은 변화의 과정을 거친 後者의 형태이다. 후자의 형태는 전자의 좌측 撇劃의 길이가 짧아지면서 생겨난 것으로서, 변화의 과정으로 본다면 변화가 좀 더 진행된 것이라 할 수 있다. 이 과정이 더 진행되어 '虍'의 자형은 아예 '雨'로 바뀐 것도 있는데 "霦(彪)·雩(虖)"와 같은 것이 그것이다. 그러나 여기에서는 변화된 偏旁이 非文字形인 것만 다루기 때문에 이에 대해서는 따로 설명하지 않기로 한다. 어쨌든 前者에 속하는 것으로는 "彪(彪)·媫(婋)·虒(虒)·號(號)·驢(驢)·盧(盧)·蘆(藘)·蘆(蘆)·蠦(蠦)"등이 있으며, 후자의 경우로는 "虎(虎)·處(處)·虛虛(虛)·鑢(鑢)" 등이 있다.

이 외에도 두 가지 종류의 고정화된 자형을 보여주는 것으로는 "朔朔(朔)"이 있는데, 전자에 속하는 것으로는 "厥厥(厥)·闕闕(闕)·逆(逆)·槊(槊)·蕨(蕨)"이 있고, 後者에 속하는 것으로는 "逆(逆)·縌(縌)·蒴(蒴)·蕨(蕨)·勶(勞)"이

277 行均,『龍龕手鏡』, 中華書局, 北京, 1985, p.401
278 劉復 · 李家瑞,『宋元以來俗字譜』, 亞細亞文化社, 서울, 1973年, p.80
279 李琳華,『佛教難字字典』, 常春樹書坊, 臺北, 民國79年, p.108

있다. 또 偏旁 '斥'의 자형이 둘로 나뉘면서 "謗(訴)·滂(泝)·趻(跅)·㮄(柝)·坼(坼)·蜯(蚸)"과 "訢(訴)·蚚(蚸)"의 유형을 보여주고 있고, '卒'은 偏旁으로 사용될 때 "酔(醉)·綷(綷)綷(綷)"와 "粋(粹)·綷(綷)·脺(脺)綷(綷)"의 형태로 나뉘고 있다. '巠'도 偏旁으로 사용되면서 크게 "経(經)·軽(輕)·逕(逕)·勁(勁)·脛(脛)·頸(頸)"과 "輕(輕)·逕(逕)·頸(頸)"으로 분리되어 사용되고 있고, '臿'은 "啮(唽)·插(插)·偛(偛)·徆(徆)·歃(歃)"과 "鍤(鍤)·唽(唽)·揷(插)·偛(偛)·徆(徆)·扁(扁)·歃(歃)"의 두 종류로 나뉘어 사용되고 있다.

附錄 : 類化와 分化類型例

類化類型	麥	麸(麧)·麰(麰)·麪(麵)	
	夌	崚(崚)·蔆(蔆)·菱(菱)·踜(踜)·鯪(鯪)·陵(陵)	
	屯	肫(肫)·迍(迍)·黗(黗)·頓(頓)·鈍(鈍)·軘(軘)	
	乇	託(託)·宅(宅)	
	氐	低(低)·阺(阺)·羝(羝)·軧 軧(軧)舐(舐)·低(低)	
	互	魱(魱)·舐(舐)·桓 栕(桓)·洹(洹)·魱(魱)	
	垂	唾(唾)·倕(倕)·埵(埵)	
	臿	鍤(鍤)·徆(徆)	
	喿	璪(璪)·鱢(鱢)·躁(躁)·臊(臊)·藻(藻)	
	參	襂(襂)·慘(慘)·墋(墋)·寥(寥)·驂(驂)·糝(糝)·蔘(蔘)	
	胥	糈(糈)·諝(諝)·湑(湑)	
	咠	葺(葺)·濈(濈)·緝(緝)·揖(揖)	
	專	傳(傳)·轉(轉)·磚(磚)·縛(縛)·塼(塼)·膞(膞)·鱄(鱄)	
	尃	賻(賻)·膊(膊)·郙(郙)·簙(簙)·傅(傅)	
	谷	卻(卻)·綌(綌)·谻(谻)	
	粦	麟(麟)	
	亢	航(航)	
	冘	黕(黕)·紞(紞)·沈(沈)·枕(枕)·鈂(鈂)·抌(抌)	
	當	蟷(蟷)	
	嘗	鱨(鱨)	
	禾未 來束	檾(檾)·穄(穄)·愸(愸)·遬(遬)·整(整)	

分化類型	婁	褛(褸)·鷜(鷜)·篓(簍)·髅(髏)·数(數)
		褸(褸)·膢(膢)·簍(簍)·髏(髏)·數(數)
	巤	蠟(蠟)·鑞(鑞)·獵(獵)·躐(躐)·鬣(鬣)
		蠟(蠟)·臘(臘)·鑞(鑞)·獵(獵)·躐(躐)·鬣(鬣)
	枼	褋(褋)·韘(韘)·諜(諜)·鍱(鍱)·鰈(鰈)·蹀(蹀)·葉(葉)·褋(褋)·蝶(蝶)·楪(楪)·牒(牒)·堞(堞)
		褋(褋)·韘(韘)·諜(諜)·鍱(鍱)·鰈(鰈)·蠂(蠂)·蝶(蝶)·楪(楪)·艓(艓)·蹀(蹀)·牒(牒)·堞(堞)
	冓	韝(韝)·溝(溝)·傋(傋)·遘(遘)
		購(購)·溝(溝)·媾(媾)·遘(遘)
	悤	総(總)·聡(聰)·聡(聰)·捴(摠)·葱(蔥)
		縂(總)·謥(謥)·驄(驄)·謥(謥)·蟌(蟌)·璁(璁)·揔(摠)·葱(蟌)
	慮	慮(慮)·彪(彪)·虓(虓)·虒(虒)·號(號)·驢(驢)·盧(盧)·藘(藘)·蘆(蘆)·蠦(蠦)
		慮(慮)·虎(虎)·處(處)·虛 虛(虛)·鑢(鑢)
	屰	朔(朔)·厥 厥(厥)·闕 闕(闕)·逆(逆)·槊(槊)·蕨(蕨)
		朔(朔)·逆(逆)·縌(縌)·蒴(蒴)·蕨(蕨)·𠢕(𠢕)
	斥	訴(訴)·泝(泝)·跅(跅)·柝(柝)·坼(坼)·蚸(蚸)
		訴(訴)·蚸(蚸)
	卒	醉(醉)·綷(綷)綷(綷)
		粹(粹)·綷·(綷)·脺(脺)綷(綷)
	巠	経(經)·軽(輕)·逕(逕)·勁(勁)·脛(脛)·頸(頸)
		輕(輕)·逕(逕)·頸(頸)
	臿	喢(喢)·插(插)·偛(偛)·𢓭(𢓭)·歃(歃)
		鍤(鍤)·喢(喢)·插(插)·偛(偛)·𢓭(𢓭)·𢨲(𢨲)·歃(歃)

4 會意型 異體字

偏旁이 代替되어 만들어진 異體字 중에는 偏旁끼리만 비교한다면 字音이나 字義에는 전혀 관련이 없지만, 偏旁이 아닌 글자 전체 字義라는 측면에서 본다면 본래의 글자와 새로 만들어진 異體字는 서로 의미 관계가 연결되는 異體字들이 있다. 이들은 앞에서 언급한 일반적인 偏旁 代替에 의한 異體字, 즉 字義가 유사한 形符에 의한 대체나 字音이 유사한 聲符에 의한 代替, 혹은 形似偏旁의 代替에 의한 것이 아닌 특이한 유형의 대체이다. 이들은 기존 글자에 있는 偏旁과는 字義

이나 字音, 심지어 字形의 類似性과도 전혀 관련없는 새로운 偏旁들을 조합하여 만들어진 異體字들이다.

이들은 단순히 보아서는 그것의 正字를 전혀 가늠할 수가 없고, 새로운 하나의 正字인 것으로 쉽게 착각하도록 만들어진 異體字로서, 會意型 異體字의 한 부류에 속하는 것들이다. 예컨대 '穩'의 異體字로서 '𡨴'이 있는데, 본래 '穩'은 평온하다는 뜻을 갖고 있는 글자이다. 그래서 그 뜻을 보다 쉽게 파악하도록 하기 위해 그것과 관련이 있는 의미인 '安'과 '坐'를 선택하여 '𡨴'이란 異體字를 만들어 낸 것이다. 또 '佛'의 異體字에 '𦫳'이 있는데, 佛敎에서 가장 커다란 목표로 삼는 것이 成佛이고, 이 成佛은 바로 자기 자신이 무엇인지를 깨닫는 것이기 때문에 '自'와 '覺'을 합쳐 '𦫳'이라는 異體字를 만들었다. 또 "無"의 異體字인 "𡕳"라든가, "仁"의 異體字인 "忎", "漫"의 異體字인 "㵘"등이 모두 여기에 속한다고 할 수 있다.

또 다른 예로는 '埊'가 있다. 이것은 武后字 중의 하나로서 '땅'을 뜻하는 글자이다. 즉 '地'라는 글자를 "山·水·土"라는 세 글자를 조합하여 다시 만든 것이다. 즉 산과 물과 흙이 합쳐서 "땅"이라는 의미를 갖게 된다는 것이다. 한편 則天武后의 本名은 "武照"이다. 그래서 그녀가 황제가 된 후에 여러 글자를 만들면서 자기 이름을 나타내는 "照"의 異體字인 "曌"를 만들었다. "曌"는 "明"과 "空"이 結合되어 만들어진 글자로서, 하늘에서(空) 해와 달처럼(明) 지상에 있는 백성을 비롯한 모든 만물을 밝게 비추는 사람이라는 뜻으로 만든 것이다. 이와 같은 목적으로 "曌"를 만들어 자기 이름의 "照"를 대신하게 만든 글자이다. 또 한 해를 뜻하는 "年"은 "𠡦"으로 바꾸었는데, 이는 자신이 세운 周(唐)나라가 천년만년 지속되기를 기원하는 마음에서 "千"과 "万"(萬)을 병합해 만든 글자이다.

또 나라를 뜻하는 "國"은 八方을 아우르는 것이라는 뜻에서 "口"에 "八"과 "方"을 결합하여 "圀"이라는 글자를 만든 것도 있다. 다만 이 "圀"은『玉篇』口부에 "圀圀, 古文國字"라 수록되어 있는 것으로 보아 則天武后 이전부터 이미 존재했던 자형으로서 則天武后는 단지 이를 차용했을 뿐이다.[280] 그러나 지금 우리가 보는『玉篇』이 南北朝 시기의 원본이 아니라 則天武后 시기보다 늦은 宋代에 만들어진 것이기 때문에, 宋代에 만들어진『玉篇』에서 增補되어 수록했을 가능성도 배제할 수는

280 李圭甲·金愛英(2005), 韓國 所藏 華嚴經 版本 異體字形 考察,『中國語文學論集』第33號, p.30.

없다. 만일 增補된 것이라면 이 "圀"은 則天武后 때 새로 만들어진 武后字라 할 수 있다. 여기에서 武后造字들은 則天武后의 시기가 지나가면서 異體字로 남게 되었다. 그러나 이러한 武后造字들의 생명력이 어떠했든 이것이 만들어진 과정이나 방법을 보면 기존의 會意型 異體字와는 전혀 다른 의도와 방식으로 만들어졌다.

이러한 유형에 속하는 異體字는 그리 많은 수는 아니다. 그렇지만 이러한 異體字들은 다른 것들과는 그 유형이 너무 다르기 때문에 이에 대한 알아볼 필요가 있다. 다음에서 일반적인 會意型 異體字의 전반적인 특성이 무엇이고 이에 속하는 글자들은 어떤 것들이 있는지에 대해 살펴보고자 한다.[281]

4.1 會意型 異體字의 生成 原因

會意型 異體字들은 수량이 아주 적은 편이다. 이러한 유형의 異體字 중에 가장 많은 수를 차지하는 것은 특정한 목적보다는 단순히 새로운 偏旁들을 결합함으로서 字義를 보다 쉽게 드러나도록 만든 異體字들이다. 그러한 측면에서 본다면 이러한 유형의 異體字가 생성되는 가장 큰 원인은 字義를 쉽게 파악하도록 하기 위한 字義의 再生産이라 할 수 있을 것이다. 다음에서는 이러한 유형의 異體字 生成 原因을 크게 세 가지로 나누고, 각각에 속한 예들을 살펴보기로 한다.

4.1.1 字義의 明確性 具現

漢字가 처음 만들어졌을 때는 偏旁의 구성만을 보고도 해당 글자의 字義를 쉽게 파악할 수가 있었다. 이는 초기의 漢字 字形이 본래의 모습을 그대로 간직하고 있었기 때문이다. 그러나 후대로 오면서 字形이 많이 바뀜에 따라 漢字 중에는 그 글자를 구성하고 있는 偏旁들만 보고서는 字義가 쉽게 드러나지 않는 것들도 적지 않게 되었다. 이러한 단점을 피하려면 해당 글자의 字義를 쉽게 드러낼 수 있도록 새로운 偏旁들을 결합해 새로운 字形을 만들면 字義 파악이 보다 쉽게

281 이하 "會意型 異體字"에 대한 記述은 拙稿 "異文 結合에 의한 會意型 異體字 研究(中國言語研究, 2013.8)"와 "會意型異體字和類似會意型異體字的界限(中國文字研究, 2020.11)"를 기반으로 수정과 보완을 거친 것이다.

될 것이다. 이것이 會意型 異體字들이 만들어지게 된 가장 큰 원인이며 또한 여기에 속한 글자들이 가장 많다. 그 예들을 살펴보면 다음과 같다.

忎 : 이 글자는 "仁"의 異體字로 "千 · 心"이 결합되어 만들어진 글자이다. 『說文解字 · 人部』에 "仁, 親也.. 從人二. 忎, 古文仁, 從千心作"[282]이라 하고, 『龍龕手鏡 · 心部』에 "忎, 音人, 今作仁"[283]이라는 기록으로 미루어 보아 '忎'은 '仁'의 異體字이다. 사실 "仁"의 의미는 사람과 사람 사이에서 일어나는 마음 상태의 하나로서 상대방에게 포근함을 느끼도록 할 수 있는 마음일 것이다. 그런 면에서 본다면 좀 더 편안하고 안정적인 사회를 위해서는 "많은" 사람들이 모두 가져야만 하는 "마음"이라는 뜻에서 "千"과 "心"을 합쳐 만든 "忎"으로 "仁"을 대신하는 것은 자연스러운 것일 수 있다. 그런 면에서 "忎"이 "仁"의 異體字라는 주장은 충분한 설득력을 갖는다.

⿱少大 : 이 글자는 "少 · 大"가 결합되어 만들어진 글자로서 "些"의 異體字이다. 이 글자에 대해 『集韻 · 平聲 · 麻韻』에는 "些 · ⿱少大, 思嗟切, 少也. 或作⿱少大."[284]라 하고, 『字彙 · 小部』에서는 "⿱少大下曰 : 同些, 少也.故以⿱少大為些之異體字可信."[285]라 말하고 있다. 즉 『集韻』과 『字彙』등에 의하면 "⿱少大"는 "些"의 異體字이다. "些"의 의미는 "적다 · 조금" 등의 의미를 지니는 것이므로 "少 · 大"로 이루어진 "⿱少大"와는 의미상으로 통하고 있고, 또한 『集韻』에서 밝힌 바와 같이 字音도 같으므로, "⿱少大"가 "些"의 異體字라는 주장은 타당하다.

⿰勿少 : 이 글자도 역시 "些"의 異體字로 "勿 · 少"가 결합되어 만들어진 글자인데, 『龍龕手鏡』에는 단지 "少也"라 하여 의미만을 표시하고, 字音은 전혀 언급하지 않고 있다. 이에 반해 『正字通』에서는 "舊註, 息邪切, 音些, 少也. 按些集韻作⿱少大, 俗作⿰勿少."[286]라 하여 이것이 "⿱少大"와 마찬가지로 "些"의 異體字라 말하고 있다. 그런데 앞의 "⿱少大" 설명 부분에서 이미 언급된 바와 같이 "些"의 뜻이 "많지 않은" 의미를

282 許愼撰 · 段玉裁注, 『說文解字注』, 漢京文化, 臺北, p.369
283 行均, 『龍龕手鏡』, 中華書局, 北京, 1985, p.61
284 丁度, 『字典彙編 · 集韻』, 北京: 國際文化出版公司.第29卷 p.198
285 梅膺祚, 『字典彙編 · 字彙』, 國際文化出版公司, 北京, 1993, 第14卷p.120
286 張自烈, 『續修四庫全書 · 正字通』, 上海古籍出版社, 上海, 1995, p.308

담고 있는 것이기 때문에 "𰀀"가 갖는 "勿少"의 뜻, 즉 "적지 않은"의 뜻과는 서로 통한다고 할 수 있다. 또한 字音의 측면에서 볼 때도 이 "𰀀"는 "息邪切"로서 "些"와 같기 때문에 "𰀀"를 "些"의 異體字로 보는 것은 전혀 무리가 없을 것으로 보인다.

𣴎 : 이 글자는 "漫"의 異體字로 "平 · 水 · 水"의 세 글자가 결합되어 만들어진 글자이다. 이에 대해 『玉篇 · 水部』에서는 "漫, 莫半切. 水漫漫平遠貌, 又散也"[287]라 하고, 『四聲篇海 · 水部』에서는 "𣴎, 音漫"[288]이라 하며, 『字彙補 · 水部』에서는 "𣴎, 音義與漫同"[289]이라 말하고 있다. 이로 미루어 보아 "𣴎"은 "漫"의 異體字임을 추정할 수 있다. 사실 "漫"은 물이 넘쳐 질펀하게 흐르는 것을 뜻하는데, 그 모양은 마치 물이 평지에서 서서히 넓게 퍼져가는 모습을 연상시킨다. 그래서 "平"과 두 개의 "水"를 더해 "漫"의 異體字를 만든 것이다. 단순한 字義만의 결합으로 본다면 "平"에 하나의 "水"만 덧붙여도 될 것이나, 두 개의 "水"를 덧붙인 것은 물이 천천히 퍼지면서도 넓게 퍼져나간다는 것을 강조하기 위한 것으로 판단된다.

𩐁 : 이 글자는 "添"의 異體字로서 "更 · 益"이 결합되어 만들어진 글자이다. 『重訂直音篇 · 更部』에 의하면 "𩐁, 與添同, 益也. 𩐁 · 𩐁 · 𩐁 · 𩐁, 並同上"[290]라 하여, "𩐁"이 "添"과 동일한 글자이며, "𩐁 · 𩐁 · 𩐁 · 𩐁"도 마찬가지임을 밝히고 있다. 사실 "添"은 "더하다"는 뜻을 가지고 있는 것이다. 그런데 "添"이 갖는 "더하다"는 뜻이 강조되면 무엇인가 그것이 양이 더 늘어난다는 것이 되며, 이 강조된 의미를 표현하기 위해 새롭게 동원된 글자가 "更"과 "益"이다. 즉 이 "更 · 益"을 결합하여 강조된 의미의 "添"을 뜻하도록 한 것이라 할 수 있다.

𡵓 : 이 글자는 "流"의 異體字로서 "山 · 水"가 결합되어 만들어진 글자이다. 이 글자에 대해 『龍龕手鏡 · 山部』에서는 단순히 "𡵓, 音流"[291]라 말하고 있지만, 『字彙補 · 山部』에서는 "𡵓, 音義與流同"[292]라 하여, "𡵓"가 "流"의 異體字라 설명하고

287 顧野王, 『玉篇』, 臺灣中華書局, 臺灣, 1977, 卷上57上
288 韓孝彦 等, 『續修四庫全書 · 四聲篇海』, 上海古籍出版社, 上海, 1995, p.454
289 吳任臣, 『續修四庫全書 · 字彙補』, 上海古籍出版社, 上海, 1995, p.567
290 章黼撰, 吳道長重訂, 『續修四庫全書 · 重訂直音篇』, 上海古籍出版社, 上海, 1995, p.318
291 行均, 『龍龕手鏡』, 中華書局, 北京, 1985, p.72
292 吳任臣, 『續修四庫全書 · 字彙補』, 上海古籍出版社, 上海, 1995, p.513

있다. “㳅”는 물이 흐르는 모양이다. 그 중에서도 이것은 산골짜기에서 물이 흐르는 모습이 쉽게 연상되기 때문에 그 의미를 지니는 글자인 “山·水”를 결합하여 “流”의 異體字를 만들었다고 할 수 있다. 이와 동일한 방식으로 만들어진 “流”의 또 다른 異體字로는 “𡶴”가 있다. 이것은 “𡵓”의 左右構造를 上下構造로 바꾸기만 한 것이다. 그런데 “𡶴”와 “𡵓”의 가장 큰 차이는 “𡵓”는 “流”의 異體字로 제한되는데 반해, “𡶴”는 “流”의 異體字가 되는 동시에 “池”의 異體字가 되기도 한다는 점이다.

𡦕 : 이 글자는 “朗”의 異體字로서 “孔”과 “明”이 결합하여 만들어진 것이다. 『四聲篇海·子部』에서는 단순히 “音朗”[293]이라 말하고 있지만, 『字彙補·子部』에서는 “音義與朗同”[294]이라 하여 이 “𡦕”이 “朗”의 異體字임을 밝히고 있다. “朗”은 “밝고 환하다”는 뜻을 가진 글자이다. 그러나 이 글자의 偏旁인 “良”과 “月”에서는 이러한 뜻이 쉽게 드러나지 않는다. 그래서 매우 크다는 뜻을 가진 “孔”과 밝다는 뜻을 가진 “明”을 합쳐서 “郞”의 의미가 쉽게 드러나도록 만든 것이라 할 수 있다.

𤯓·𤯍·𤯒 : 이 글자들은 모두 “嫩”의 異體字로서, “始·少·初”가 각각 “生”과 결합되어 만들어진 異體字이다. 『龍龕手鏡·生部』에 의하면 “𤯓𤯍𤯒, 奴困反. 正作嫰, 弱也”[295]라 말하고 있는데, 여기에서 “嫰”는 “嫩”의 訛字로 보인다. 또 『重訂直音篇·生部』에 의하면 “𤯓, 與嫩同. 𤯒·𤯍, 並同上”[296]라 말하고 있는 바, 이들을 종합하면 “𤯓·𤯍·𤯒”는 모두 “嫩”의 異體字라 할 수 있다. “嫩”은 태어난 지 얼마 되지 않아 어리면서도 예쁜 것을 지칭하는 말이다. 그러나 “嫩”의 偏旁 구성을 보면 이러한 의미를 파악하는 것은 쉽지 않다. 그렇기 때문에 “𤯓·𤯍·𤯒”는 모두 “어리다”거나 “처음” 혹은 “시작”을 뜻하는 “少·初·始”를 “生”과 덧붙여서 “嫩”이 갖는 본래의 뜻이 쉽게 드러나도록 만든 異體字라 할 수 있다.

이 외에도 이와 유사한 방식으로 만들어진 “嫩”의 異體字에 “𦞦”이 있다. 이는 “𤯒”에 “肉”이 덧붙여진 것으로서, 『四聲篇海·肉部』에 의하면 “𦞦, 音嫩”[297]이

293 韓孝彦 等, 『續修四庫全書·四聲篇海』, 上海古籍出版社, 上海, 1995, p.395
294 吳任臣, 『續修四庫全書·字彙補』, 上海古籍出版社, 上海, 1995, p.506
295 行均, 『龍龕手鏡』, 中華書局, 北京, 1985, p.187
296 章黼撰, 吳道長重訂, 『續修四庫全書·重訂直音篇』, 上海古籍出版社, 上海, 1995, p.233
297 韓孝彦 等, 『續修四庫全書·四聲篇海』, 上海古籍出版社, 上海, 1995, p.525

라 기록되어 있는데, “嫰”은 “嫩”의 異體字이므로 “[⿰翌肉]”도 역시 “嫩”의 異體字가 된다. 이 “[翌]”에 “肉”이 덧붙여진 것 “[⿰翌肉]”은 “嫩”이 갖는 형상을 강조하는 의미를 갖기 위한 것으로 보이는데, 이렇게 偏旁을 추가하는 것은 會意型 異體字에서 자주 보이는 현상이다.

4.1.2 宗教的 意味 强调

앞에서 살펴보았듯이 會意型 異體字는 字義를 쉽게 드러나도록 하기 위한 것이 가장 중요한 원인이다. 그런데 여기에서 더 나아가 특정한 분야에서 그 字義를 더욱 강조하기 위해 만든 會意型 異體字들도 존재한다. 이 중에서 종교적인 목적에서 字義을 강조하기 위한 것들이 적지 않은데, 이들에 대해 살펴보면 다음과 같다.

[⿰自反] : 이 글자는 “歸”의 異體字로 “自 · 反”이 결합되어 만들어진 글자이다. 이 글자는 佛家에서 만들어진 글자로 보이지만, 자료에서 처음 출현하는 것은 隋 大業年間(A.D.616年)의 “☒澈墓誌”이다.[298] 이 字形에 대해 李添富는 “[⿰自反]為皈之異體. 皈字未見於『說文』, 蓋出自梵書. 『字彙補 · 白部』云 : 皈 , 古奎切 , 音歸. 『釋典』皈依今考『廣碑別字 · 九畫』引〈唐處士王君墓誌〉作[⿰自反] 按『隸辨 · 卷六 · 偏旁』云 : 白 ,『說文』作[篆文白] , 亦自字也. 『隸辨 · 卷六 · 偏旁』云 : 自 ,『說文』作[篆文自] , 鼻也 , 象形. 隸省如上 (自) , 亦作[自]. 從自之字[皇] 作皇 , 白亦自字 , 非從白也. 『康熙字典 · 白部』引『字彙補』云 : 皈 , 同歸. 並引『魏書 · 釋老志』云 : 佛道其始修心 , 則依佛法僧 , 謂之三歸. 是皈字亦當從自也. 今以皈為正字 , 故可收[⿰自反]字為其異體.”[299]라 하여, “[⿰自反]”는 “皈”의 異體字라 설명하고 있다. 즉 그는 『說文解字』를 근거로 “皈”에서의 “白”은 “희다”는 뜻을 가진 “白”이 아니라 “코”의 뜻을 가진 “自”이며, 이에 따라 “皈”는 “[⿰自反]”이며, 또한 “皈”는 佛家에서 말하는 “歸”를 뜻하는 것이라 하였다. 아울러 “[⿰自反]”와 “皈”에서 “皈”를 正字로 한다고 설명하고 있다. 그렇다면 “[⿰自反]”는 “皈”이며, 이 “皈”는 “歸”이므로, 결국 “[⿰自反]”는 “歸”의 異體字가 된다. 그런데 “歸”는 “돌아간다”는 뜻을 가진 글자이다. 그렇기 때문에 佛教에서 이것을 뜻하기 위해 스스로(自) 돌아보는(反)

298 李圭甲 外編, 『韓中歷代時期別漢字字形表稿』, 學古房, 서울, 2007, p.1079
299 『異體字字典 · 老部』 A02727 皈 參照.

의미로서 “⿰自反”이라는 글자를 만들어 “歸”의 異體字로 사용한 것이라 할 수 있다. 다만 이 “⿰自反”에서 “自”의 형체가 “白”을 변화되어 “皈”가 되었고, 후에는 오히려 이 “皈”가 “⿰自反”의 1차 正字로 인정되었다고 할 수 있다.

⿰靈覺 : 이 글자는 “性”의 異體字로서 “靈 · 覺”이 결합되어 만들어진 글자이다. 『字彙補 · 見部』에 의하면 “⿰靈覺, 與性同”[300]이라 하여, 이 글자가 “性”의 異體字임을 밝히고 있다. 본래 “性”은 성품을 뜻하지만 佛敎에서는 인간을 비롯한 모든 생명체들이 갖고 있는 자기 스스로의 본질을 말한다. 그래서 佛敎에서는 모든 생명들이 자기 스스로의 본질은 바로 보고 깨달음을 얻어 부처가 되는 것을 목표로 하고 있다. 즉 “見性成佛”이 佛敎에서 최고로 추구하는 목표이다. 이러한 목표의 대상이 되는 “性”이다. 그러나 ‘性’은 글자만으로 본다면 “깨달음의 대상”이 아니라 단순히 “마음(心)이 생겨난(生)” 것이라는 뜻이다. 그래서 이를 보다 쉽게 설명하기 위해서 마음을 뜻하는 “靈”과 깨달음을 뜻하는 “覺”을 결합하여 “⿰靈覺”이라는 異體字를 만든 것이라 할 수 있다.

⿱佛國 : 이 글자는 “天”의 異體字로 “佛 · 國”이 결합되어 만들어진 글자이다. 『四聲篇海 · 弗部』에 의하면 “⿱佛國, 音天”[301]이라 하여, 이 “⿱佛國”이 “天”임을 밝히고 있는데, 사실 “天”은 직접적으로는 “佛國”과는 관련이 없다. 그러나 佛家에 있어서 최고의 理想鄕은 “極樂世界”이고, 이 “極樂世界”를 世俗에서 표현하자면 理想的인 “天上世界”가 되는데, 이곳이 바로 佛國이 되는 것이다. 그래서 佛家에서 自然界로서가 아닌, 理想鄕으로서의 “天”을 보다 쉽게 표현하기 위해 “佛 · 國”의 두 글자를 결합하여 “天”의 異體字로 삼은 것으로 보인다.

⿰身丹 : 이 글자는 “爐”의 異體字로서 “身 · 丹”이 결합되어 만들어진 글자이다. 『字彙 · 身部』에 의하면 “⿰身丹, 與爐同. 太上作. 身中陰陽旣濟爲⿰身丹也”[302]라 말하고 있는 바, 이에 의하면 이 “⿰身丹”는 道家에서 “爐”의 異體字로 만든 것임을 알 수 있다. 道家에서는 不老長生의 염원을 이루기 위해 呼吸을 조절하는 調息, 意念

300 吳任臣, 『續修四庫全書 · 字彙補』, 上海古籍出版社, 上海, 1995, p.661
301 韓孝彦 等, 『續修四庫全書 · 四聲篇海』, 上海古籍出版社, 上海, 1995, p.390
302 梅膺祚, 『字典彙編 · 字彙』, 國際文化出版公司, 北京, 1993, 第14卷, p.478

을 조절하는 調心, 신체를 움직여 운동하는 調身이라는 三調를 연마함과 동시에 丹藥을 복용하기도 한다. 丹藥의 제조는 水銀을 비롯한 여러 재료를 배합하여 솥과 같은 곳에서 法製의 과정을 거치게 된다. 이러한 丹藥 제조에 있어서 중요한 역할을 하는 器具가 바로 "爐"이고, "爐"는 바로 丹藥을 만들어 사람(身)이 복용토록 해주고 있는 것이다. 그래서 "爐"를 나타내는 글자로서 "身"과 "丹"을 결합하여 새로운 "䑵"라는 異體字를 만든 것으로 보인다.

𠌯 : 이 글자는 "可"의 異體字로서 "同 · 佛"이 결합되어 만들어진 글자이다. 『字彙補 · 人部』에 의하면 "𠌯, 與可同, 涵虛子作, 見『道經』"[303]이라 하여 "𠌯"가 "可"의 異體字임을 밝히고 있다. "可"는 "올바르다"의 뜻을 갖는 글자이다. 그런데 "可"의 字形에서는 이러한 의미가 쉽게 드러나지 않는다. 그래서 "無分別"이라는 부정적인 의미를 갖는 "侗"과 否定의 의미가 있는 "弗"을 합쳐서 긍정적인 의미인 "可"를 나타내도록 한 글자가 바로 "𠌯"라 할 수 있다. 위의 『字彙補 · 人部』에 의하면 이 글자는 涵虛子가 만든 글자라 하고, 또한 『道經』에 출현하는 글자이다. 『道經』이 道家의 文獻이고, 涵虛子 또한 道學者이며, 또한 "可"도 철학 사상을 설명하는 과정에서 자주 사용되는 글자이다. 그래서 위와 같은 이유만으로 반드시 단정할 수는 없지만, 정황상으로 볼 때 涵虛子가 "可"의 의미가 쉽게 드러나도록 하기 위해 이와 같은 異體字를 만들었다고 추측할 수 있다.

𠐪 : 이 글자는 "興"의 異體字로서 "人 · 水 · 去 · 心"이 결합되어 만들어진 글자이다. 『四聲篇海 · 人部』에 의하면 "𠐪, 音興. 太上作張道忠添注, 使用義理不興同也. 從人從水從去從心, 人能用水洗去心上穢汚, 常用潔淨, 不染酒色財氣, 用治心猿意馬, 不能走逸也"[304]라 하고 있다. 즉 "𠐪"는 사람이 물을 사용하여 마음에 있는 더러운 때를 벗겨내면 흥이 생겨난다는 뜻에서 "人 · 水 · 去 · 心"을 결합하여 "興"의 異體字를 만들었다고 하며, 또한 이는 老子가 만든 것이라 말하고 있다. 이로 미루어 보아 "𠐪"는 道家에서 보는 "興"의 개념을 보다 쉽게 이해할 수 있도록 하기 위해 만든 異體字라 할 수 있다.

303 吳任臣, 『續修四庫全書 · 字彙補』, 上海古籍出版社, 上海, 1995, p.463
304 韓孝彦 等, 『續修四庫全書 · 四聲篇海』, 上海古籍出版社, 上海, 1995, p.517

𡘥 : 이 글자는 "無"의 異體字로 "法 · 空"이 결합되어 만들어진 글자이다. 이 글자에 대해 李添富는 『字彙補 · 工部』의 "𡘥, 武夫切, 與無同義 ; 涵虛子作."과 『康熙字典 . 備考.工部』 및 『中文大辭典 · 工部』등에서 『字彙補』를 인용하여 "𡘥 , 與無同."라 한 것에 근거하여 "𡘥 · 無同義而不必同字 , 唯『康熙字典』等後世字書則定二字為同 , 故以字書有據 , 可視𡘥字為無字之異體"[305]라 말하고 있다. 즉 『字彙補』의 설명에 의하면 이 "𡘥"가 반드시 "無"와 同字라고 단정할 수는 없지만, 후대의 『康熙字典』과 같은 여러 字典에서는 이 두 글자가 의미도 같고 字音도 같은 것을 근거로 이를 "無"와 同字라 설명하고 있다. 그래서 그는 "𡘥"를 "無"의 異體字로 간주한다는 논리이다.

사실 字意로 볼 때 "無"라는 것은 아무것도 없는 상태를 말한다. 즉 "無"란 실물세계가 아닌 정신 세계에서 보면, 그 의미는 공간 속에서 텅 비어 있는 상태의 "空"과 통한다. 더 나아가 道家에서 말하는 만물의 움직임을 규정하는 "法"이라는 것조차도 없는 "空"한 상태가 바로 "無"이기 때문에, 이와 같이 "法 · 空"을 합하여 "𡘥"가 만들어진 것으로 보인다.

𢥞 : 이 글자는 "空"의 異體字로 "觀 · 心"이 결합되어 만들어진 것이다. 『字彙補 · 心部』에 의하면 "𢥞, 與空同, 涵虛子作"[306]이라 하여, "𢥞"은 涵虛子가 만든 글자로서 "空"과 같은 글자라 말하고 있다. 그런데 앞에서도 언급된 바와 같이 涵虛子는 道家에 정통한 사람으로서 道家에 매우 심취해있기 때문에, 그와 관련된 글자라면 道家와 관련되었을 가능성이 매우 높다. 더욱이 道家에서는 "空"과 같이 만물의 움직임이 없이 비어있는 상태를 고찰하기 위한 수련방법인 調心法도 있기 때문에, 마음(心)을 제대로 보면(觀) "空"이 무엇인지를 알 수 있다는 뜻에서 위와 같이 만들었다고 추정할 수 있다.

䫻 : 이 글자는 "旋"의 異體字로서 "風 · 鬼 · 遂 · 遂"가 결합되어 만들어진 글자이다. 『四聲篇海 · 風部』에 의하면 "䫻, 旋字"[307]라 하여 "䫻"이 "旋"임을 밝히고 있다. 이 "旋"은 "돌다"는 뜻인데, 이것을 나타내기 위해 "風 · 鬼 · 遂 · 遂"를 결합

305 『異體字字典 · 火部』 A02416 無 參照.
306 吳任臣, 『續修四庫全書 · 字彙補』, 上海古籍出版社, 上海, 1995, p.529
307 韓孝彦 等, 『續修四庫全書 · 四聲篇海』, 上海古籍出版社, 上海, 1995, p.389

하여 “[illegible]”으로 만든 것은 아마도 巫俗에서 사용하는 符籍과 관련이 있을 것으로 추정된다.

4.1.3 政治的 目的

武后字는 則天武后 시기에 만들어진 글자로서, 鄭樵의 『通志 · 六書略』에는 지금 사용하는 正字를 기준으로 天 · 地 · 日 · 月 · 星 · 臣 · 載 · 初 · 年 · 正 · 照 · 證 · 聖 · 授 · 戴 · 國의 16種 18字(月과 正은 각 2자씩 있음), 『唐史』에서는 天 · 地 · 日 · 月 · 星 · 臣 · 載 · 年 · 正 · 照 · 君 · 吹의 12字를 수록하고 있다. 여기에 『集韻』에 의거하여 추가된 人 · 國을 합치면 모두 14字이다. 이들 중에 중복된 것을 제외하면 총 19種 21字인데, 이 중에서 會意型 異體字에 속하는 것으로는 地 · 臣 · 載 · 初 · 年 · 正 · 照 · 證 · 聖 · 授 · 戴 · 國 · 君 · 吹 · 人의 14字이다. 이 중에 이미 위에서 설명이 이루어진 글자를 비롯하여 예전부터 존재했던 글자의 筆劃만 약간 수정해 만든 글자들을 제외하고 나머지에 대해 간략히 살펴보고자 한다.

𠺞 : 이 글자는 “天 · 大 · 吉”의 세 글자로 이루어진 “君”의 異體字이다. 이 글자의 의미는 임금이란 보통 사람이 아니라 반드시 “하늘에서 大吉을 내린” 사람이기 때문에, 어느 누구도 감히 넘볼 수 없는 힘과 권위를 지니고 있다는 뜻이다. 그 뜻을 강조하기 위해 이와 같이 “天 · 大 · 吉”의 세 글자를 이용하여 “君”을 대체하는 글자를 만든 것으로 보인다.

𢘑 : 이 글자는 “一 · 忠”으로 이루어진 “臣”의 異體字이다. 무릇 신하란 변함없는 한가지 마음으로 왕에게 충성을 다해야 한다는 뜻에서 이와 같이 “一”과 “忠”을 덧붙여 “臣”을 나타내는 글자를 만들었다.

𡔈 : 이 글자는 “初”로서, “天 · 明 · 人 · 土”의 네 글자를 한 글자로 조합하여 “천하의 광명이 인간계를 비추다”란 의미를 갖도록 한 것이다. 이것은 則天武后가 아직 황제가 되기 전인 689년에 皇太后의 신분으로 있을 때, 年號를 “載初”로 바꾸면서 “初”를 태초에 하늘의 광명이 인간계를 비추는 것에서 시작한다는 의미를 갖도록 하기 위해 이렇게 만든 것이다.

𢑱 : 이 글자는 "証"의 異體字로, "永 · 主 · 全"의 세 글자를 합해 만든 글자이다. 이것은 측천무후가 황제가 된 후인 695년에 다시 年號를 "証聖"으로 바꾸면서는 "証"을 나타내는 글자로 만든 것이다. 즉 "永 · 主 · 全"의 세 글자를 합하여 자기가 이 세상의 주인으로서 영원하면서도 온전하도록 한다는 뜻을 갖도록 한 것이다.

𨲢 : 이 글자는 "聖"의 異體字로, "証"과 마찬가지로 年號로 사용하면서 만든 글자이다. 이것은 "長 · 正 · 主"의 세 글자로 이루어져 있는데, 그 뜻은 역시 측천무후 자신이 正統한 君主로서 오래도록 존재하리라는 염원을 담은 것이다.

𤯔 : 이 글자는 "人"의 異體字로서, "一 · 生"의 두 글자로 이루어진 것이다. 사람이란 누구든지 예외 없이 태어나서 자라고 어른이 되며, 후에는 늙어서 죽게 되는 일생의 과정을 겪게 된다. 이와 같이 사람이란 한평생을 살아가는 존재라는 뜻에서 "一"과 "生"을 합하여 "人"이라는 글자를 만들어낸 것이다.

4.2 會意型 異體字의 意味 生成 方式

새로운 偏旁의 結合에 의해 생성되는 異體字는 意味의 生成 方式이 偏旁의 결합 방법에 따라 敍述構造結合과 修飾構造結合, 並列構造結合으로 나뉠 수가 있다. 아울러 모든 會意型 異體字는 이러한 意味 生成 方式을 벗어날 수가 없다. 그런데 단순히 이러한 의미 결합 방식에 따라 의미가 생성될 뿐 다른 어떠한 附加的인 條件이나 制約이 따르지 않는 異體字가 가장 일반적인 不特定 形式이라면, 이와는 다른 특이한 結合構造로서 字形構造가 意味의 生成에 영향을 미치는 것도 있다. 즉 의미의 생성 방식은 위의 세 가지 중의 하나를 취하지만, 글자를 이루고 있는 合體字 字形의 形體構造를 바꾼다면 異體字의 字義가 다르게 나타나는 것들이다. 그리고 또 다른 특이한 것으로는 역시 意味生成構造는 위의 세 가지 유형에서 벗어나지 못하지만, 偏旁 중에 否定意味를 가진 글자를 활용하여 異體字의 字義를 生成하는 유형이다.

다음에서는 意味의 生成 方式에 어떠한 다른 조건이 따르지 않는, 다시 말해 별다른 특징을 보이지 않는 不特定 形式의 會意型 異體字, 그리고 意味生成方式

에 있어서 字形構造가 매우 중요한 요인인 되는 경우, 그리고 偏旁에 否定意味를 활용하는 경우로 나누어 설명하기로 한다.

4.2.1 不特定 形式

여기에 속하는 會意型 異體字는 가장 일반적인 방식으로 의미를 생성하는 경우이다. 즉 두 개 이상의 偏旁이 결합하면서 의미상으로 敍述構造나 혹은 修飾構造, 並列構造를 이루면서 글자의 意味를 생성해내는 경우이다. 다음에서는 이들에 대해 분야별로 순서대로 예를 들어 살펴보기로 한다.

䛩 :『說文解字 · 言部』에 의하면 "計, 會也, 筭也. 從言從十"[308]이라 하였고, 『龍龕手鏡 · 言部』에 의하면 "䛩, 古文計字"[309]라 하였다. 즉 '計'는 본래 말들을 모아서 헤아린다는 뜻을 가진 글자이다. 그렇기 때문에 말을 뜻하는 '言'과 모두 바쳐 모은다는 뜻을 가진 '供'을 합쳐 '䛩'이라는 글자를 만들어 '計'의 異體字로 삼은 것이다. 즉 이것은 처음부터 '計'라는 字義에 부합되도록 '言'과 '供'을 선택하여 만든 것이라 할 수 있다.

䦶 :『字彙 · 至部』에 의하면 "䦶, 思留切, 音修. 習也, 進也. 出太上老君碑"[310]라 하였고, 『正字通 · 至部』에 의하면 "䦶, 舊註音修. 習也, 又進也. 出太上老君碑. 按音義與修近, 改作䦶非"[311]라 말하고 있다. 이에 의하면 '䦶'는 그 자체가 正字로서, 字音이 공교롭게도 '修'이며, 또한 字義도 "習也, 進也"로서 '修'의 字義와 서로 통하는 바가 있다. 그래서『字學三正 · 體制上 · 古文異體』에 '䦶'를 '修'의 異體로 수록하고 있다.[312] '修'는 "꾸미다"의 뜻도 있지만, '다스리다'의 뜻도 가진 글자이다. 마음을 다스릴 수도 있고, 몸을 다스릴 수도 있는 것이다. 그것이 무엇이든 지극한 정성을 가지고 몸과 마음을 다스리다 보면 결국에는 자기가 생각한 바를 이룰 수가 있는 것이다. 그래서 생각한 바를 "이룰 수가 있는 곳에

308 許愼撰 · 段玉裁注, 『說文解字注』, 漢京文化, 臺北, p.94
309 行均, 『龍龕手鏡』, 中華書局, 北京, 1985, p.50
310 梅膺祚, 『字典彙編 · 字彙』, 國際文化出版公司, 北京, 1993, 第14卷 p.388
311 張自烈, 『續修四庫全書 · 正字通』, 上海古籍出版社, 上海, 1995, p.321
312 異體字字典, a00194-005 參照.

다다르다"라는 뜻을 표시하고 있는 '至'와 '成'을 합쳐서 '修'의 異體字로 삼았다고 볼 수도 있다. 즉 이것은 자체적으로 正字이면서, 동시에 동일한 자음과 비슷한 자의를 가진 '修'의 異體字로 간주될 수도 있는 것이다.

⿰邑有 : 이 글자는 "都"의 異體字로 "邑 · 有"가 결합되어 이루어진 글자이다. 『字彙補 · 邑部』에 "⿰邑有, 音義與都同"[313]라 하여, "⿰邑有"는 "都"의 異體字임을 밝히고 있다. "都"의 기준은 天子가 살고 있는 곳이라든가 諸侯가 사는 곳, 혹은 卿大夫가 사는 곳까지를 지칭하는 등, 역사기록마다 약간씩의 차이가 있다. 그러나 대체적으로 볼 때 많은 사람이 모여 사는 곳이라는 점에서는 공통점을 갖는다. 그런 측면에서 본다면 바로 사람들이 사는 곳(邑)이 있는(有) 지역이 바로 "都"라 할 수 있을 것이다. 그래서 "邑 · 有"를 결합하여 "都"를 지칭하게 되었으며, "都"의 의미를 생성하는 "邑"과 "有"는 의미상으로 볼 때 敍述 構造로 결합되었다고 할 수 있다.

⿰身⿱安吉 : 이 글자는 "樂"의 異體字로 "身 · 安 · 吉"이 결합되어 이루어진 글자이다. 『字彙補 · 身部』에 "⿰身⿱安吉, 與喜樂之樂同"[314]이라 하여, "⿰身⿱安吉"은 "樂"의 異體字임을 밝히고 있다. "樂"은 "즐거움"을 뜻하는 것인데, 사람에게 있어서 몸이 편안하고 좋은 일이 있으면 즐겁지 않을 수가 없을 것이다. 그래서 "身 · 安 · 吉"을 결합하여 "樂"의 의미를 만들어냈는데, 이들의 의미 결합 방식은 敍述 構造로 이루어진 것이라 할 수 있다.

⿰身老 : 이 글자는 "爺"의 異體字로서 "身 · 老"의 結合으로 이루어진 글자이다. 『重訂直音篇 · 身部』에 의하면 "⿰身老, 音耶, 父也"[315]라 되어 있는 바, 字音과 字義로 미루어 볼 때 "⿰身老"는 "爺"의 異體字가 분명하다. "爺"는 아버지를 지칭하는 말이다. 偏旁인 "父"와 "耶"로서 이 글자의 字音과 字義를 쉽게 파악할 수 있다. 그런데도 이것을 "⿰身老"로 표현한 것은 이미 나이가 많이 드신 아버지라는 의미를 강조하기 위한 것으로 보인다. 즉 아버지란 바로 신체적으로 볼 때 이미 늙은 사람이라는 뜻이며, 그렇게 본다면 이는 "身 · 老"의 의미가 敍述 構造로 결합된 것이라

313 吳任臣, 『續修四庫全書 · 字彙補』, 上海古籍出版社, 上海, 1995, p.683
314 吳任臣, 『續修四庫全書 · 字彙補』, 上海古籍出版社, 上海, 1995, p.675
315 章黼撰, 吳道長重訂, 『續修四庫全書 · 重訂直音篇』, 上海古籍出版社, 上海, 1995, p.24

할 수 있다.

⿰身災 : 이 글자들은 "禍"의 異體字로서 "身 · 災"가 結合되어 이루어진 글자이다. 『重訂直音篇 · 身部』에 의하면 "⿰身災, 同禍"[316]라 하여, "⿰身災"가 "禍"의 異體字임을 밝히고 있다. 사람의 몸에 재난이 있으면 이것이 곧 "禍"이다. 그렇기 때문에 이와 같이 "身"과 "災"의 의미를 敍述構造로 결합하여 "禍"의 異體字를 만든 것이다.

이와 유사한 경우로서 "⿰身鬼"를 들 수 있다. 『重訂直音篇 · 身部』에 의하면 "⿰身責, 音瘦. ⿰身鬼, 同上"[317]이라 말하고 있는 바, 이 역시 "身 · 鬼"가 결합한 것은 사람의 몸에 귀신이 붙어 그 사람이 병이 나게 되어 몸이 몹시 야위게 되었음을 표현했다.

⿱井水 : 이 글자는 "淨"의 異體字로서 "井 · 水"가 결합되어 이루어진 글자이다. 『字學三正』에 의하면 "⿱井水"은 "淨"의 古文이라 말하고 있다.[318] "淨"은 맑고 깨끗함을 뜻하는 글자이다. 그러나 "淨"의 字形을 분석하더라도 이러한 의미를 파악한다는 것은 결코 쉽지 않다. 그래서 우물(井) 속의 물(水)에 빗대어서 "맑고 깨끗함"을 뜻하는 글자를 만든 것으로 보인다.

⿱安坐 : 이 글자는 "穩"의 異體字로서 "安 · 坐"가 結合되어 이루어진 글자이다. 『字彙補 · 宀部』에 의하면 "⿱安坐, 與穩同"[319]라 하여, "⿱安坐"은 "穩"의 異體字라 설명하고 있다. "穩"은 평온하다는 뜻을 갖는 글자이다. 그래서 의미를 좀 더 쉽게 파악하도록 하기 위해 "安"과 "坐"를 취해 "⿱安坐"이란 글자를 만든 것이다. 사실 편안하게 앉아있다는 것은 바로 평온함을 뜻할 수 있다는 점에서 "⿱安坐"은 "穩"의 異體字로서 적절하다고 할 수 있다.

⿱聖大 : 『四聲篇海 · 大部』에 의하면 "⿱聖大, 音聖"[320]이라 하였고, 『重訂直音篇 · 卷三 · 大部』에서는 "⿱聖大, 聖同"[321]이라 하였다. 본래 '聖'의 金文은 '[illegible]'이다. 이는 사람의 입과 귀를 그려 남의 말을 듣고 있는 모습을 표현한 것으로서, 남의 말을

316 章黼撰, 吳道長重訂, 『續修四庫全書 · 重訂直音篇』, 上海古籍出版社, 上海, 1995, p.24
317 章黼撰, 吳道長重訂, 『續修四庫全書 · 重訂直音篇』, 上海古籍出版社, 上海, 1995, p.24
318 『異體字字典 · 水部』 A022245 淨 參照.
319 吳任臣, 『續修四庫全書 · 字彙補』, 上海古籍出版社, 上海, 1995, p.507
320 韓孝彦 等, 『續修四庫全書 · 四聲篇海』, 上海古籍出版社, 上海, 1995, p.327
321 章黼撰, 吳道長重訂, 『續修四庫全書 · 重訂直音篇』, 上海古籍出版社, 上海, 1995, p.98

잘 새겨들을 줄 아는 사람을 표현한 것이다. 즉 성인이란 남의 말을 잘 듣고 판단하여 행동하는 매우 현명한 사람을 뜻하는 것이다. 그렇기 때문에 '聖'을 표시하는 또 다른 방식으로 '大'와 '賢' 취해 '⿱大賢'이라는 글자를 만든 것이다. 다시 말해 '⿱大賢'은 매우 현명한 사람이며, 이는 곧 '聖'과 같은 의미가 되는 것이다. 그래서『重訂直音篇 · 壬部』에서 이를 동일한 글자로 판단하고 있다. 의미의 생성 구조로 볼 때는 修飾 構造라 할 수 있다.

⿰孔山 :『字彙補 · 山部』에 의하면 "⿰孔山, 音義與谷同"[322]이라 말하고 있는 바, 이에 근거한다면 이 글자는 "孔 · 山"이 결합되어 만들어진 "谷"의 異體字이다. "谷"은 산골짜기를 뜻하는 글자이기 때문에 산을 뜻하는 "山"과 커다란 공간인 "孔"이 합쳐지면 "谷"의 의미를 쉽게 살릴 수가 있다. 그래서 이 "孔 · 山"을 결합하여 "谷"의 異體字로 만들었는바, "孔 · 山"의 두 글자로서 "谷"의 의미를 생성하기 위해 修飾 構造의 결합방식을 취하고 있다.

靝 : "靑 · 氣"가 결합되어 만들어진 "靝"에 대해『正字通 · 靑部』에서는 "天"의 異體字이라 말하고 있다.[323]자형상으로 볼 때 "天"이 하늘을 의미하는 것인지를 한눈에 파악하기는 쉽지 않다. 그런데 하늘은 항상 높고 푸르며 맑다는 것이 가장 큰 인상일 것이다. 그런 면에서 볼 때 "靑"과 "氣"를 합쳐 파란 기운이 넘쳐 있는 공간이라는 뜻에서 만든 "靝"은 "天"의 字義를 대신하기에 매우 적절하다고 할 수 있다.

⿱夭門 :『重訂直音篇 · 卷三 · 天部』에 의하면 "⿱夭門..,並乾同"[324]이라 하여 '⿱夭門'이 '乾'의 異體字임을 밝히고 있다. 사실『周易』에 의하면 '乾'은 天文으로는 '天'에 속하고, '坤'은 '地'을 뜻하는 것으로서, "乾坤"은 곧 "天地"와 "陽陰", "男女"를 의미한다. 즉 '乾'은 곧 하늘이며, 이 하늘로 들어가는 門이 곧 '乾'으로 가는 門이다. 그래서『周易』의 의미에 근거하여 '乾'을 의미하는 새로운 글자를 만들기 위해 '天'과 '門'을 합하여 '⿱夭門'을 만든 것이다. 그런데 異體字의 자형은 상단부에 '天'이 '夭'와 같이 쓰여 있어,『重訂直音篇』에서 이를 "夭部"에 귀속시켰다. 그러나 '天'

322 吳任臣,『續修四庫全書 · 字彙補』, 上海古籍出版社, 上海, 1995, p.512
323 張自烈,『續修四庫全書 · 正字通』, 上海古籍出版社, 上海, 1995, p.p.696-697
324 章黼撰, 吳道長重訂,『續修四庫全書 · 重訂直音篇』, 上海古籍出版社, 上海, 1995, p.99

는 '天'의 誤字임이 분명하므로 '[illegible]'는 사실상 '天'과 '門'이 합쳐진 글자로 보아야 할 것이다. 意味의 생성 구조로 볼 때는 修飾 構造라 할 수 있다.

또 '乾'의 異體字 중에는 이와 동일한 이치로 만들어진 '[illegible]'이 있는데, 『周易』에 의하면 地理라는 측면에서 '乾'은 西北方에 속한다. 그래서 '西'와 '北'을 합하여 '[illegible]'이라는 異體字를 만들었으며, 이를 뒷받침하는 것으로서 『字彙補 · 乙部』에서도 "[illegible], 集韻, 古乾字...俗作[illegible]"[325]이라 말하고 있다.

[illegible] : 『字彙補 · 日部』에 의하면 "[illegible], 『字學指南』, 與著同"[326]라 하여, 『字學指南』에 근거해 이는 '著'의 異體字임을 밝히고 있다. '著'는 본래 "드러내다"라는 뜻을 가진 것이므로 '明'과 '者'가 합쳐 만들어진 '[illegible]'는 '著'의 의미를 아주 잘 표현하고 있다고 할 수 있다. 즉 '[illegible]'는 본래의 의미를 표현하기 위해 일부러 처음부터 '明'과 '者'를 취해 새로운 글자를 만든 것이라 할 수 있다. 이와 유사한 것으로서 '[illegible]'가 있다. 이것은 '耀'의 異體字로서 '耀'가 밝음을 표시하는 것이기 때문에 '明'과 '白'을 합쳐 '[illegible]'를 만든 것이다.

[illegible] : 『字學三正 · 體製上 · 古文異體』에 의하면 "[illegible], 集. 以上史籒文"[327]이라 하여 '[illegible]'가 '集'의 異體字라 말하고 있다. '集'은 여러 마리의 새들이 나무 위에 모여 앉아 있는 모습을 표현한 것이다. 여러 마리의 새들이 나무 위에 모여 앉아있기 위해서는 새들이 하나둘씩 나무 위로 모여야만 한다. 즉 많은 새들이 나무 위로 날아와야 하는 것이다. 그런 측면에서 본다면 '來'를 중첩시켜 "여럿이 함께 모이다"의 의미를 표시하는 것은 나름대로 합리적인 표현법이 될 수 있다. 의미의 생성 구조로 본다면 並列 構造에 속한다고 할 수 있다.

[illegible] : 하나의 국가는 국토가 없으면 성립이 될 수가 없다. 그리고 국토는 산과 강과 들로 이루어져 있다. 그런 면에서 볼 때 "山 · 水 · 田"으로 구성된 글자는 국가의 뜻을 표현하기에 부족함이 없다. 물론 則天武后는 "山 · 水 · 土"를 결합하여 "埊"를 만들어 이것이 "地"를 뜻하게 하기도 하고, 八方을 아우르는 것이라는

325 吳任臣, 『續修四庫全書 · 字彙補』, 上海古籍出版社, 上海, 1995, p.460
326 吳任臣, 『續修四庫全書 · 字彙補』, 上海古籍出版社, 上海, 1995, p.546
327 『異體字字典 · 玉部』 A04455 '集' 參照.

뜻에서 "口"에 "八"과 "方"을 결합하여 "囶"이라는 글자를 만들어 "國"을 대신하도록 하기도 했다. 그러나 "山 · 水 · 田"을 결합한다고 해도 전혀 문제가 없으며, 설사 여기에서 "水"가 빠진 채 "山 · 田"을 결합하여 "邦"의 의미를 나타내게 한다고 해도 크게 모자란다고 할 수는 없다. "山 · 田"이 결합되어 만들어진 "峀"에 대해 『字彙補 · 山部』에서는 "峀, 古邦字"라 말하고 있는데, 이는 "峀"이 "邦"의 異體字임을 설명해주는 말이다.

𣊡 : 이 글자는 "빛난다"의 의미를 갖는 "耀"의 異體字이다. "耀"의 偏旁인 "光"에서는 이러한 의미를 쉽게 찾아낼 수가 있지만, 다른 偏旁인 "翟"에서는 그 의미가 잘 드러나지 않는다. 그래서 밝고 환하다는 뜻을 가진 "明"과 "白"을 결합한 "𣊡"를 만들어 "耀"의 異體字로 삼은 것이다. 文獻上의 기록으로 보면 『字彙 · 白部』에서 "𣊡, 與耀同, 出廣說志"[328]라 하여, 이것이 "耀"의 異體字임을 말해주고 있다.

𡪎 : 『字彙補 · 宀部』에 의하면 "𡪎, 俗擠字"[329]라 하여, '𡪎'는 '擠'의 異體字라 말하고 있다. 본래 '擠'는 많은 무리를 한쪽으로 밀쳐서 모아 놓는다는 뜻을 가진 글자이다. 그렇기 때문에 '擠'는 기본적으로 많은 무리가 있다는 것이 전제되어 있다. 그래서 손님을 뜻하는 '客'을 세 개 모아 놓아 만든 '𡪎'는 많은 사람들을 한군데로 모았다는 뜻과 통하므로 '擠'의 의미를 적절하게 다시 표현한 것이라 할 수 있다.

이 외에도 意味의 生成에 있어서 어떠한 特定 形式이 없는 會意型 異體字로는 "𣶒 · 毓 · 𤪌" 등이 있다. 이 중에서 "𣶒"는 "水"의 異體字로서, 이는 "井 · 泉"이 결합된 것으로 보아 맑은 물을 나타내기 위한 異體字로 추정된다. "毓"은 "育"의 異體字인데, "生 · 母"로 구성된 것으로 보아 낳아주고 길러주는 어머니란 뜻에서 "生 · 母"를 결합한 것으로 보인다. "𤪌"은 "玉"의 異體字로서 "身 · 寶"의 結合으로 이루어졌는데, 이는 "玉"이 몸에 지니는 아주 귀한 보물이란 뜻에서 "身 · 寶"를 결합한 것으로 보인다.

328 梅膺祚, 『字典彙編 · 字彙』, 國際文化出版公司, 北京, 1993, 第14卷 p.307
329 吳任臣, 『續修四庫全書 · 字彙補』, 上海古籍出版社, 上海, 1995, p.508

4.2.2 結合 位置의 重視

會意型 異體字 중에는 偏旁으로 사용된 글자들이 結合되면서 갖게 되는 位置가 그 글자의 字義를 생성하는데 중요한 역할을 하는 것들이 있다. 예컨대 上下 構造로 이루어진 글자에서 위에 위치한 偏旁과 아래에 위치한 偏旁의 위치를 바꿀 경우에 字義가 전혀 살아나지 않게 되는 것들이다. 다음에서는 이러한 유형에 속하는 글자들에 대해 예를 들어 살펴보기로 한다.

宷 : 이는 "雨"의 異體字로 "宀 · 水"이 결합되어 이루어진 글자이다. 『龍龕手鑑 · 宀部』에서는 "宷, 音雨"[330]라 하고, 『四聲篇海. · 宀部』에서는 "宷, 音雨. 義同"[331]라 말하고 있는데, 이로 미루어 보아 "宷"는 "雨"의 異體字로 보인다. 이러한 사실은 "宷"의 偏旁들이 갖는 의미와 "雨"의 의미를 비교한다면 충분히 확인이 가능하다. "雨"는 본래 하늘에서 비가 오는 모양을 그려 만든 象形字이다. 그러므로 "宷"를 하늘 높이 있는 집에서 내려오는 비로 여겨 偏旁의 하나를 집을 뜻하는 "宀"으로 취하고, 그 하늘에 있는 "집(宀)"에서 내려오는 "물(水)"이 바로 "비"라고 생각하여 "雨"를 "宷"로 표시한 것으로 보인다.

囦 : 이는 "淵"의 異體字로서 "口 · 水"가 결합되어 만들어진 글자이다. 이 글자에 대해 『說文解字 · 水部』에서는 "淵, 回水也, 從水象形, 左右岸也, 中象水貌。 · · · 囦古文從口水"[332]라 하고, 『玉篇 · 水部』에서는 "淵, 烏玄切, 水停, 又深也. 囦, 古文"[333]이라 하여 "囦"이 古文에서 발전되어 나온 "淵"의 異體字임을 밝히고 있다. 사실 『說文解字』의 古文에 보이는 "淵"은 분명히 "口 · 水"가 결합된 모양이다. 그것을 楷化하면 "囦"이 되므로, "囦"은 "淵"의 異體字가 틀림없다. 그런 측면에서 본다면 "囦"은 古文 단계에서 이미 만들어진 글자이며, 그 偏旁 構成은 연못의 실제 모습처럼 물을 가두고 있는 모습을 형상화함으로서 正字의 字義를 새롭게 표현한 것이라 할 수 있다.

---

330 行均, 『龍龕手鏡』, 中華書局, 北京, 1985, p.157
331 韓孝彦 等, 『續修四庫全書 · 四聲篇海』, 上海古籍出版社, 上海, 1995, p.358
332 許愼撰 · 段玉裁注, 『說文解字注』, 漢京文化, 臺北, p.p.555-556
333 顧野王, 『玉篇』, 臺灣中華書局, 臺灣, 1977, 卷上57上

氼 : 이 글자는 "溺"의 異體字로서 "水 · 人"이 결합되어 만들어진 글자이다. 이 글자와 관련하여 『字彙 · 水部』에서는 "氼, 如溺同…人在水上爲汆, 人在水下爲溺 "[334]이라 말하고 있다. 즉 사람이 물 위에 있으면 "浮"의 의미를 갖게 되고, 사람이 물 아래에 있으면 "溺"의 뜻을 갖게 된다는 말이다. 이치상으로 볼 때도 이는 매우 합당한 말이라 할 수 있다. 그렇기 때문에 이 異體字는 偏旁의 위치가 매우 중요하며, 만일 그 위치를 바꾼다면 正字의 字義를 제대로 살릴 수가 없게 된다.

⿴囗兔 : 이 글자는 "月"의 異體字로서 달의 모양을 형상화 한 "囗"와 토끼를 뜻하는 "兎"를 결합해 만든 글자이다. 『字彙補 · 囗部』에서는 "⿴囗兔, 道經, 月字"[335]라 하여 『道經』을 인용하여 "⿴囗兔"이 "月"의 異體字임을 밝히고 있다. 사실 달에 보이는 무늬에 대해 姮娥의 전설과 함께 계수나무와 옥토끼의 전설이 함께 존재하는데, "⿴囗兔"은 달에 있는 것이 옥토끼라고 생각하여 "囗" 안에 "兎"를 넣어 만든 異體字라 할 수 있다. 그렇기 때문에 "⿴囗兔"에서 "兎"의 위치는 매우 중요하다. 만일 이 "兎"가 "囗"의 바깥에 있다면 이것은 "月"의 의미를 전혀 표현하지 못하게 될 것이다.

⿱花亂 : 봄이 오면 나무에 꽃이 피고, 또 시간이 지나면서 꽃이 지면서 열매를 맺게 된다. 그런데 꽃이 피는 과정을 보면, 먼저 꽃봉오리가 생겨나고, 얼마 후에는 꽃이 만개하게 되며, 다시 시간이 지나면 꽃잎들이 떨어지게 된다. 특히 마지막의 꽃잎이 떨어지는 단계에서 바람이라도 불면 꽃잎들은 우수수 떨어지게 되며, 그 모습은 바람의 강도에 따라 매우 어지럽게 되기도 한다. 그래서 "떨어진다"는 뜻의 "落"을 꽃잎이 어지러이 떨어지는 형상에 비유하여 "花 · 亂"의 結合 형태인 "⿱花亂"을 만들어 "落"의 異體字로 만들었다. 문헌상으로도 『重訂直音篇 · 艸部』에 "落, 音洛, 墮也, 又始也…⿱花亂, 竝同上"[336]라 하여, "⿱花亂"은 "落"의 異體字임을 밝히고 있다. 그런데 바람에 의해 꽃이 어지러이 떨어질 때는 아래로 떨어진다. 그래서 "落"의 의미를 표현하기 위해 "⿱花亂"에서는 偏旁인 "亂"을 "花"의 아래로 위치하도록 만들었다.

334 梅膺祚, 『字典彙編 · 字彙』, 國際文化出版公司, 北京, 1993, 第14卷 p.240
335 吳任臣, 『續修四庫全書 · 字彙補』, 上海古籍出版社, 上海, 1995, p.489
336 章黼撰, 吳道長重訂, 『續修四庫全書 · 重訂直音篇』, 上海古籍出版社, 上海, 1995, p.163

⿱一日 :『字彙補 · 日部』에 의하면 “⿱一日, 古昏字.『代醉編』, 日出一上為旦, 日出一下為昏, 一, 地也”337이라 하여 “⿱一日”은 “昏”의 異體字라 설명하고 있다. 그리고『代醉編』의 말을 인용하여 태양을 가리키는 “日”이 땅을 뜻하는 “一”의 위에 있으면 해가 떠오르는 아침을 의미하는 “旦”이 되고, 반대로 “一”의 아래에 있으면 해가 진 다음이므로 “昏”이라고 설명하고 있다. 그러나 본래 “旦”은 甲骨文은 “” 이고, 金文은 “”으로서, 윗부분은 태양을 가리키고 아래 부분은 지상에 비친 해무리를 나타내는 圖形이다. 다시 말해 ‘旦’에서의 “一”은 본래 글자가 아닌 圖形이라 할 수 있다. 그렇기 때문에 “旦”은 會意字가 아니다. 그렇다면 “⿱一日”에서의 “一”도 글자가 아니라 말할 수 있다. 그러나 “⿱一日”을 만든 사람은 이미 “旦”에서의 “一”을 글자로 간주하고 “⿱一日”을 만든 것으로 보이기 때문에 여기에서도 會意로 처리한다. 어쨌든 “⿱一日”에서 “日”의 위치는 매우 중요하다. 이 역시 위치가 바뀐다면 “昏”의 뜻을 나타낼 수가 없다.

4.2.3 否定 形式의 重用

會意型 異體字 중에는 異體字 意味를 生成해내는 과정에서 특이하게도 異體字에 사용되는 偏旁의 하나를 否定의 의미를 가진 글자를 활용하는 경우가 있다. 예컨대 “조용하다”는 뜻을 가진 글자를 만들 때 “시끄럽지 않다”는 식의 표현을 사용하는 것이다. 다음에서는 이러한 글자들에 대해 예를 들어 설명하기로 한다.

⿱弗甦 : 이 글자는 否定을 뜻하는 “弗”과 다시 살아난다는 뜻을 가진 “甦”를 결합하여 만든 “死”의 異體字이다.『字彙補 · 弓部』에 의하면 “⿱弗甦, 與死同”338이라 하여 “⿱弗甦”가 “死”의 異體字임을 밝히고 있다. 일부 종교적인 측면에서 있을 수 있는 특수한 의미를 제외한다면 사람을 비롯한 모든 생명체는 원칙적으로 한번 죽으면 다시 살아나지 못한다. 그렇기 때문에 “죽음”이란 것을 “다시 살아나지 못함”이란 否定形式으로 표현해도 크게 틀린 말은 아니다. 그래서 “弗 · 甦”를 結合하여 “死”의 異體字를 만든 것이다.

337 吳任臣,『續修四庫全書 · 字彙補』, 上海古籍出版社, 上海, 1995, p.545
338 吳任臣,『續修四庫全書 · 字彙補』, 上海古籍出版社, 上海, 1995, p.523

⿰不到 : 이 글자는 "遠"의 異體字로서 "不 · 到"가 結合되어 이루어진 글자이다. 『字學三正』에 의하면 "遠, 俗作⿰不到"[339]라 하여, "⿰不到"은 "遠"의 異體字라 말하고 있다. "遠"은 멀다는 뜻을 가지고 있기 때문에, 어느 지역으로 가고자 할 때 그 지점을 기준으로 먼 곳에서는 가까운 곳보다는 쉽게 도달할 수가 없다. 그렇기 때문에 도달한다는 의미와 否定의 뜻을 결합하여 "遠"의 의미를 은유적으로 표현하였다.

⿰不明 : 이 글자는 否定의 의미인 "不"과 밝음을 뜻하는 "明"을 합쳐 만든 글자이다. 그렇다면 이 글자의 뜻은 "밝지 않음"이 될 것이다. 그런데 『龍龕手鑑 · 不部』에 의하면 "⿰不明, 烏紺反"[340]라 하여, 이 글자는 讀音이 "烏紺反"임을 밝히고 있다. 讀音이 "烏紺反"이면서 字義가 "밝지 않음"인 글자로 "暗"이 있다. 이로 미루어 보아 "⿰不明"은 "暗"의 異體字로 보는 것이 타당하다.

⿱不善 : 이 글자는 "不"과 "善"으로 이루어진 글자이다. 『四聲篇海 · 不部』에 의하면 "⿱不善, 音惡"[341]이라 하여 "⿱不善"의 讀音이 "惡"이라 말하고 있다. 그런데 『四聲篇海』나 『字彙補』 · 『字彙』 · 『龍龕手鑑』 · 『重訂直音篇』과 같은 字書에서 한 글자에 대해 字義나 字音에 관한 별다른 설명이 전혀 없이 단순히 "音某"라는 두 글자만 있을 경우, 해당 標題字는 일반적으로 正字가 아닌 異體字이며, 그 글자의 正字는 "音某"의 "某"가 바로 그것인 경우가 많다. 그런데 "⿱不善"의 讀音은 "惡"이 되며, 또한 "⿱不善"의 字義는 "착하지 않음"이므로, "惡"의 의미와도 일치되고 있다. 이러한 점으로 미루어 볼 때 "⿱不善"은 "惡"의 異體字로 보는 것이 합당하다. 또한 이것은 『重訂直音篇 · 不部』에서 "⿱不善, 惡同"[342]이라 밝히고 있는 것에서도 증명될 수 있다.

⿱不整 : 이 글자는 "不"과 "整"이 결합되어 이루어진 "亂"의 異體字로서, 『重訂直音篇 · 不部』에 "⿱不整, 亂同"[343]이라 말하고 있다. "亂"이란 매우 지저분하고 어지러운 것을 나타내는 말이기 때문에, 가지런하게 정리가 잘된 것을 뜻하는 "整"과

339 『異體字字典 · 老部』 A04172 遠 참고
340 行均, 『龍龕手鏡』, 中華書局, 北京, 1985, p.543
341 韓孝彦 等, 『續修四庫全書 · 四聲篇海』, 上海古籍出版社, 上海, 1995, p.390
342 章黼撰, 吳道長重訂, 『續修四庫全書 · 重訂直音篇』, 上海古籍出版社, 上海, 1995, p.318
343 章黼撰, 吳道長重訂, 『續修四庫全書 · 重訂直音篇』, 上海古籍出版社, 上海, 1995, p.318

否定을 뜻하는 "不"이 結合되면 그 의미가 "亂"과 같게 된다.

⿱不高 · ⿱不長 : 이 글자는 "高 · 長"이 각각 "不"과 結合되어 이루어진 "矮"의 異體字이다. 『字學三正』에 "矮, 俗作⿱不長"[344]이라 말하고 있고, 또 『清稗類鈔』에 "⿱不高, 音矮. 人不長也"[345]라 하여, 이들이 모두 "矮"의 異體字임을 밝히고 있다. "高"와 "長"은 모두 높거나 길다는 뜻을 나타내기 때문에, 이것들의 否定形이라 할 수 있는 "⿱不高 · ⿱不長"는 각각 높지 않고, 길지 않음을 표현하게 된다. 이러한 의미를 사람의 身長에 비유한다면 이는 결국 "矮"와 의미가 통하게 된다.

4.3 會意型 異體字의 特性

會意型 異體字는 合體字이지만, 合體字로 만들어진 다른 異體字들과는 구별되는 특징이 몇가지 존재한다. 이에 대해 설명하면 다음과 같다.

첫째, 異體字가 만드는 목적이 대체적으로 뚜렷한 편이다. 合體字로 이루어진 일반적인 異體字는 앞에서 살펴본 바와 같이 字形의 簡化를 위해 字意가 相通하는 다른 글자로 일부 偏旁을 대체하거나 혹은 字形의 變形이 누적되어 다른 모양이 됨으로서 異體字가 만들어진다. 이들은 모두 글자를 사용하는 과정에서 좀 더 편리한 문자사용을 추구하는 과정에서 자연스럽게 만들어진다.

이에 반해 새로운 偏旁의 결합에 의해 만들어지는 會意型 異體字들은 처음부터 그 異體字를 만드는 목적이 뚜렷한 경우가 많다는 것이다. 예컨대 武后字의 경우는 모두가 則天武后의 권위를 나타내기 위해 기존의 글자와 다른 글자를 만들어 구별성을 확보하고자 한 것이다. 이러한 글자들은 당시는 새로운 正字의 지위를 부여받았을지라도 후대에 와서는 자연히 異體字의 지위로 떨어지게 된 것이다. 武后字를 제외한 것 중에도 "[illegible] · 皈 · [illegible]"와 같이 철학이나 종교적인 의미를 나타내기 위한 목적으로 "無 · 歸 · 棄"와 같은 기존 글자의 의미를 살리는 과정에서 출현하게 된 異體字들이다. 이 외에도 "空"의 異體字인 "[illegible]"이나, "天"의 異體字인 "[illegible]"과 같은 글자들도 모두 종교적인 의미를 구체적으로 드러내기 위한 목적에서 새롭게 만들어

344 『異體字字典 · 老部』A02821 矮 參照.
345 『異體字字典 · 老部』A02821 矮 參照.

진 것이라 할 수가 있을 것이다.

둘째, 正字의 字形에 비해 繁化되는 경향이 있다. 漢字가 처음 만들어진 이후 지금의 字形까지 변화되는 과정은 크게 簡化와 繁化를 반복하기도 하지만 대체적으로는 簡化의 방향으로 진행된다. 서로 다른 글자이지만 字形이 유사한 경우에는 이들의 구별을 위해 어느 하나가 繁化되기도 하지만, 전체 한자의 커다란 변화과정은 대체적으로 書寫의 편리성을 위해 簡化되는 경향을 띠게 된다. 異體字가 생겨나는 과정도 이와 비슷해서 書寫의 편리성을 위한 簡化의 과정을 겪는 것이 대부분이다. 또한 이 異體字도 다른 글자들과의 구별성을 위해 繁化되어 만들어지는 것들이 일부 존재한다. 그러나 이와 같은 목적이 아니라 그 正字의 의미를 새롭게 해석하여 그것에 알맞는 새로운 字形의 개발을 위해 전혀 다른 글자들을 결합하여 만든 會意型 異體字는 결과적으로 筆劃數의 증가와 함께 字形이 繁化될 수 밖에 없는 것들이 대부분이다.

셋째, 使用度가 상당히 낮게 떨어진다. 일반적으로 異體字는 문자 생활의 편리성을 추구하는 과정에서 만들어진 것이다. 그렇기 때문에 특별한 이유가 없는 한 그것이 사용되는 범위는 제한되어 있는 것이 아니고 모든 분야라고 할 수 있다. 그런 측면에서 볼 때 이러한 일반적인 異體字는 그 使用度가 매우 높다고 볼 수 있다. 이에 반해 會意型 異體字는 대부분이 특정 목적을 가지고 만들어진 것이다. 그렇기 때문에 그 목적에 부합되는 곳에서는 아주 자연스럽게 사용되고 있지만, 그 범위를 벗어난 곳에서는 전혀 사용되지 않는 경향이 있다. 예컨대 武后字는 시간적인 측면에서 則天武后 시기에만 자주 사용되었을 뿐, 그 시기를 벗어나면 거의 사용되지 않고 도태되어 버린다. 또 "[illegible]·[illegible]·[illegible]"와 같은 異體字들은 종교적인 목적에서 만들어진 것이기 때문에 역시 그 범위를 벗어난 곳에서는 잘 사용되지 않는 경향을 보이고 있다. 물론 모든 會意型 異體字가 다 그런 것은 아니지만 대체적인 면에서 본다면 이러한 흐름을 벗어나지 못한다고 할 수 있다.

4.4 類似會意型 異體字

合體字로 이루어진 異體字 중에는 會意型 異體字도 있지만, 이와 유사한 異體字도 있다. 언뜻 보기에는 會意型 異體字로 보이나 자세히 살펴보면 會意型 異體

字가 아닌 것들이 있다. 會意는 본래부터 새로운 두 개의 偏旁을 합쳐 만든 것이다. 그래서 처음부터 새로운 偏旁을 결합하여 만든 異體字를 會意型 異體字라 한다. 이에 반해 일부 異體字 중에는 결과적으로는 會意型 異體字와 같은 모양이 되었지만, 그것이 만들어지는 과정을 보면 처음부터 새로운 偏旁을 결합한 것이 아니라, 기존의 字形이 점차 변하면서 결과적으로는 새로운 偏旁과 같은 형태로 됨에 따라 會意型 異體字로 誤認될 수 있는 것들이다. 이러한 것을 편의상 類似會意型 異體字라 하고, 다음에서 會意型 異體字와 類似會意型 異體字의 차이점과 나아가 類似會意型 異體字의 實例에 대해 살펴보기로 한다.

4.4.1 會意型 異體字와 類似會意型 異體字의 區別

會意型과 類似會意型 異體字는 매우 흡사한 형태를 갖고 있기 때문에 서로 다르면서도 한편에서는 공통점도 함께하고 있다. 그래서 이들의 공통점과 차이점에 대해 살펴보고자 한다.

먼저 이들 두 유형의 공통점이다. 이들은 각각 異體字의 偏旁은 그것과 대응되는 正字의 偏旁들과 字義나 字音에서 유사한 점이 전혀 없지만, 偏旁들의 결합으로 이루어진 異體字는 正字의 字意를 직접적 혹은 간접적으로 보여주고 있다. 예컨대 會意型의 경우 '著'의 異體字인 '⿱明看'이나 '乾'의 異體字인 '[illegible]', 혹은 '禍'의 異體字인 '[illegible]', 그리고 類似會意型인 '棄'의 異體字 '[illegible]', '髮'의 異體字인 '⿰女首' 같은 것은 異體字를 구성하는 偏旁들의 결합이 나타내는 의미가 正字의 의미를 직접적 혹은 간접적으로 표현하고 있다.

한편 이들은 위와 같은 공통점을 갖고 있는 반면, 서로 다른 특징이 존재하는데 이를 살펴보면 다음과 같다.

첫째, 會意型은 처음부터 새로운 偏旁을 결합하여 異體字를 만드는 반면에, 類似會意型은 처음부터의 偏旁 결합이 아니라 正字의 筆劃이 점진적인 변화의 과정을 거쳐 마침내 전혀 새로운 자형으로 변한 것들이다. 예컨대 會意型의 경우 '集'의 異體字인 '⿰來來'은 처음부터 두 개의 '來'를 결합하여 만든 것인데 반해, 類似會意型인 '[illegible]'는 正字인 '老'의 자형이 점차 변하여 만들어진 것이다.

둘째, 會意型은 자형상으로 볼 때 그 글자의 다른 異體字와도 유사한 부분이 전혀 없다. 이에 반해 類似會意型은 正字의 筆劃이 점진적으로 변하면서 만들어진 것이기 때문에 字形 면에서 유사한 異體字가 다수 존재한다. 예컨대 會意型 異體字의 경우를 보자. '聖'의 異體字인 '𦔻'은 '聖'의 다른 異體字인 "𦔶·𦔷·𡈼·𡈼·左·圣·垩·𡈼·聖·𡈼·𨾑·𡈼·𡈼·𡈼·𡈼·聖·聖·𡈼·𡈼·𡈼·𡈼·𡈼·𡈼·𡈼·𡈼·𡈼·𡈼·𡈼·𡈼·𦗘·聠·𦗘·𦗘·聖·聖·聖·𡈼·𡈼·𡈼·𡈼·𡈼·𡈼·𡈼·𡈼·𡈼·𡈼·𡈼·𡈼·𡈼·𡈼·𡈼·𡈼·𡈼"과 비교해볼 때 字形上으로 유사한 것이 전혀 없다. 또 '乾'의 異體字인 '𠦝'과 '𠦝'도 다른 異體字인 "𠃞·乹·乹·𠃵·𠃵·𠃵·乾"과 자형상으로 매우 다르다. '著'의 異體字인 '署'도 이것의 다른 異體字인 "着·者·𦍒·𥃦·着·着·着·着·著·著·著·著·著"와 다르고, '修'의 異體字인 '𢧄'도 다른 異體字인 "脩·修·修·脩·脩·脩·脩·修·脩·修·脩·脩·脩·脩·脩"와 현저하게 차이가 난다. 반면에 다음에서 거론되겠지만 類似會意型의 경우는 모두 해당 正字가 갖고 있는 다른 異體字와 비교할 때 자형상으로 유사한 면이 분명하게 드러나고 있다. 예컨대 '棄'의 異體字인 '𠅽'의 경우, 그것이 正字인 '棄'와는 상당히 다를 수 있으나, '棄'의 또 다른 異體字인 "弃·弃·𠅽·𠅽·𠅽"와는 字形面에서 유사한 면이 상당히 많다.

셋째, 會意型인 경우 異體字의 자형이 簡化와 繁化가 혼재하지만, 특별한 경우에는 繁化의 경향을 보이고 있다. 반면에 類似會意型은 대폭 簡化되는 경향이 강하다. 이는 筆劃이 변하는 것이 대체적으로 簡化의 경향을 보이는 것과 관련이 있는 것으로 보인다.

넷째, 會意型인 경우는 특수 목적의 異體字가 많으며 부정의 형식을 취하고 있는 것들도 많이 보이나, 類似會意型은 단순한 자형의 변화에 그치고 있다. 예컨대 會意型 異體字에는 종교와 관련된 異體字로서 '佛'의 異體字인 '𠈓', '空'의 異體字인 '𡦷'이라든가 武后가 정치적 목적으로 만든 것으로서 '國'의 異體字인 '圀'과 같은 것들이 있다. 또 '遠'의 異體字인 '𨖸'이나 '暗'의 異體字인 '𣇅', '惡'의 異體字인 '𢙣'과 같이 否定의 형식을 빌어 만든 會意型 異體字도 보인다.

4.4.2 類似會意型 異體字 擧例

類似會意型 異體字는 본래 正字의 筆劃 일부가 조금씩 변하면서 이루어진 偏旁이 전혀 다른 偏旁의 모습으로 변한 異體字이다. 그런데 이렇게 변화된 偏旁의 자형이 마치 처음부터 새로운 偏旁을 합쳐 만든 것과 착각하도록 하면서, 동시에 새로 구성된 異體字 偏旁의 의미로 볼 때도 正字의 의미를 잘 표현해주고 있다. 다음에서는 이에 속하는 예들에 대해 살펴보도록 한다.

⿱上人 : 『四聲篇海 · 人部』에 의하면 "⿱上人, 古文長字"346라 하여, 이는 '長'의 異體字라 말하고 있다. 이 글자는 마치 '上'과 '人'이 합쳐 만들어진 것으로서 "윗사람" 즉 "어른"을 뜻하는 것과 같이 되어 있다. '長'은 본래 甲骨文이 '[甲骨文]'이고, 金文은 '[金文]'으로서, 머리카락이 길게 늘어진 사람의 모습을 형상화한 것이다. 후대로 오면서 자형이 점차 바뀌어 『說文解字 · 長部』에서는 "[篆文], 久遠也. 從兀從匕, 亡聲, 兀者高遠意也, 久則變化, [亡]者, 到亡也.......... [古文], 古文長"347이라 말하고 있다. 즉 이는 '兀'과 '匕', 그리고 '亡'으로 구성된 글자로 잘못 풀이하고 있다. 사실 異體字인 '⿱上人'은 說文의 古文인 '[古文]'이 변한 것으로 보아야 한다. '長'의 異體字에는 '⿱上人' 외에도 "[異體字] · [異體字] · [異體字] · [異體字] · [異體字] · [異體字] · [異體字] · [異體字] · [異體字] · 长 · [異體字] · [異體字] · [異體字] · [異體字] · [異體字]" 등이 있는데, 이 중에 "[異體字] · [異體字] · [異體字]"은 說文의 古文인 '⿱上人'의 자형이 변화된 것이며, "[異體字] · [異體字] · [異體字] · [異體字] · [異體字] · [異體字] · 长 · [異體字] · [異體字] · [異體字] · [異體字] · [異體字]"은 '長'의 자형이 변화된 것으로 보인다. 즉 '⿱上人'은 비록 형체가 '上'과 '人'의 결합 형태이지만, 이는 처음부터 '上'과 '人'이 결합된 것이 아니라, 기존 자형의 筆劃이 점차 변하면서 이와 같이 두 개의 偏旁으로 구성된 것과 같은 형태로 된 것이다.

⿱有心 : 『重訂直音篇 · 卷二 · 心部』에 "惠, ...[異體字]⿱有心, 並同上"348이라 하여, 이는 '惠'의 異體字라 말하고 있다. '惠'는 字意가 "仁也"이다. 그런데 '⿱有心'는 '有'와 '心'으로 이루어진 것이기 때문에 이들의 字義는 '惠'와 통할 수 있다. 그렇기 때문에 처음부터 "仁也"의 뜻을 나타내기 위해 '有'와 '心'을 합하여 새로운 異體字인 '⿱有心'

346 韓孝彦 等, 『續修四庫全書 · 四聲篇海』, 上海古籍出版社, 上海, 1995, p.512

347 許愼撰 · 段玉裁注, 『說文解字注』, 漢京文化, 臺北, p.457

348 章黼撰, 吳道長重訂, 『續修四庫全書 · 重訂直音篇』, 上海古籍出版社, 上海, 1995, p.79

를 만든 것처럼 볼 수도 있다. 그런데 '惠'의 다른 異體字로 "恵·惠·惠·惠·惠·恩"와 같은 것들이 있다. 이 중에서 "恵·惠·惠·惠"는 '惠'에서 변한 것임을 쉽게 알 수 있다. 그러나 "惠·恩"는 字形上으로볼 때 '惠'에서 변한 것이라기보다는 오히려 "惠·惠"에서 변한 것으로 보인다. '恵'는 後者인 "惠·恩"의 자형이 변한 것으로 추정된다. 즉 처음부터 '有'와 '心'을 합쳐서 만들었다기 보다는 筆劃의 모양이 점차 변하면서 마침내 전혀 다른 형태의 자형으로 바뀐 것인데, 공교롭게도 그 자형의 의미가 正字의 의미와 통하는 면이 없지 않아, 마치 처음부터 두 개의 偏旁을 합쳐 異體字를 만든 것으로 오인하게 된 것으로 보인다.

𡍔 : 『字彙補·田部』에 의하면 "𡍔, 音義與豐同"349라 말하고 있는바, '𡍔'은 '豐'의 異體字이다. '豐'의 의미는 "多也, 盛也"이다. 그런데 異體字인 '𡍔'은 '田'과 '足'으로 구성되어 있으므로 밭에서 생산된 곡식이 풍족함을 뜻하는 것으로 해석될 수 있다. 그렇기 때문에, '𡍔'는 처음부터 '田'과 '足'을 결합해 만든 異體字로 생각할 수도 있다. 그러나 '豐'의 異體字 중에는 이 외에도 "豊·豊·豊·豊·豊·豊·豊·豊·豊·豐·豊·豐·豐"과 같은 것들이 있다. 이 중에서 "豊·豊·豊"이 처음부터 '豐'의 筆劃을 일부 생략하고 筆劃을 변화시킨 것이라면 "豐·豐·豊·豐·豊·豊·豊·豊"은 筆劃을 생략시키지는 않은 채, 筆劃이 변하면서 자형이 바뀐 것으로 보인다. 특히 마지막 "豊·豊"은 '𡍔'과 자형이 가장 유사한 것으로 보아, '𡍔'은 "豊·豊"에서 변한 것으로 보인다. 즉 '𡍔'은 비록 '田'과 '足'으로 구성되고, 이 "田·足"의 의미가 '豐'과 통한다고 하지만, 이것이 처음부터 이렇게 만들어진 것은 아니고, '豐'의 筆劃이 조금씩 변하면서 만들어진 것으로 보아야 할 것이다.

𠅊 : 『金石文字辨異·上聲·皓韻』에 "北魏張猛龍碑, 晉大夫張𠅊, 案老作𠅊"350이라 말하고 있는 바, 이에 의하면 '𠅊'는 '老'의 異體字이다. '老'는 먼저 태어났기 때문에 나이가 든 어른을 말한다. '𠅊'는 공교롭게도 글자가 '先'과 '人'으로 구성되었기 때문에, "나이가 든 어른"의 의미와 통할 수 있다. 그래서 '𠅊'는 처음부터 '先'과 '人'을 결합하여 '老'의 異體字로 만든 것처럼 볼 수가 있다. 그러나

349 吳任臣, 『續修四庫全書·字彙補』, 上海古籍出版社, 上海, 1995, p.591
350 邢澍, 『金石文字辨異』,卷之八, 聚學軒叢書第一集, 貴池劉世珩校刊.

'老'의 異體字 중에는 이 외에도 "耂·老·耂·耂·耂·老·老·㐌·老·先·先"와 같은 것들이 있다. 이 중에서 "耂·老·耂·耂·耂·老·老·老"는 상단부가 본래의 자형인 '老'와 차이가 크지 않다. 반면에 "㐌·先·先"는 상단부가 '老'와 약간 다른데, 이는 '老'의 상단이 먼저 '㐌'의 상단부 같이 변하고, 그것이 다시 "先·先"와 같이 변한 것으로 추정된다. 또한 '先'의 경우는 본래의 '老'가 "老·老·㐌·老·先"와 같이 변하면서 이들의 영향을 받아 '先'로 변하고, '先'가 다시 '𠈓'로 바뀌면서, 결과적으로 '先'과 '人'으로 구성된 것과 같이 된 것이라 추정된다. 즉 이 '𠈓'는 '老'의 의미를 표현하기 위해 처음부터 '先'과 '人'을 결합하여 만든 것이 아니라 '老'의 자형이 점차 변하면서 만들어진 異體字라 할 수 있다.

𢜪 : 『龍龕手鏡·心部』에 의하면 "𢜪, 俗. 㤅, 正音愛, 惠也"[351]라 말하고 있는 바, 이에 의하면 '𢜪'는 '愛'의 異體字이다. '愛'의 字意는 "惠也", 즉 친밀의 감정을 갖고 베푸는 것을 말한다. 異體字인 '𢜪'는 '心'과 '及'이 합쳐진 것이므로 "마음이 미치도록 하는" 뜻을 갖기 때문에 '愛'의 字意와 상통한다고 할 수 있다. 이로 인해 '𢜪'는 처음부터 '心'과 '及'을 결합하여 異體字를 만든 것으로 볼 수도 있다. 그러나 '愛'의 異體字에는 이것 외에도 "愛·爱·爱·爱·爱·爱·爱·𢜪·㤅·㤅·㤅·爱·爱·爱·爱·爱·爱·爱·爱·爱·爱·愛·愛·爱·爱·愛·爱·爱·爱·爱·爱·爱·爱"와 같은 것들이 있다. 이 중에서 자형의 상단부를 기준으로 본다면 "愛·愛·愛·爱·爱·爱·爱·爱·爱·爱·愛"가 본래의 자형에 가장 가까운 모습을 취하고 있고, "爱·爱·爱·爱·爱·爱·爱·爱·爱·爱"는 위의 異體字들에서 자형이 일부 변해 만들어진 것으로 볼 수 있으며, "爱·爱·爱·爱·爱·爱·㤅"는 다시 위에서 자형이 변한 것이라 할 수 있다. 그리고 다시 이것들이 변해서 "㤅·爱"가 되었으며, 여기에서 다시 자형의 일부가 생략되고 하단부의 자형이 변화되면서 "𢜪·𢜪"가 된 것으로 추정된다. 즉 '𢜪'는 '愛'의 字意를 표현하기 위해 처음부터 '心'과 '及'을 합하여 만든 것이 아니라, 본래의 자형에서 筆劃의 모양이 점차 변하면서 이와 같은 모양으로 변하게 된 異體字라 할 수 있다.

351 行均, 『龍龕手鏡』, 中華書局, 北京, 1985, p.67

𭁈 :『精嚴新集大藏音 · 雜部』에 "𭁈 , 棄正"[352]라 말하고 있는데, 이에 의하면 '𭁈'는 '棄'의 異體字이다. '棄'의 字意가 "버리다"인데, '去'와 '世'로 이루어진 '𭁈'는 "세상을 떠나다"는 의미로 해석될 수 있다. 그래서 '𭁈'는 처음부터 '去'와 '世'를 결합하여 '棄'의 의미를 나타내도록 만든 異體字로 간주될 수도 있다.

그러나 '棄'의 異體字에는 이것 외에도 "[illegible] · [illegible] · [illegible] · [illegible] · [illegible] · 弃 · [illegible] · [illegible] · 𭁈 · [illegible] · [illegible] · [illegible] · 弃 · 弃 · [illegible] · [illegible] · [illegible] · [illegible] · [illegible] · [illegible] · [illegible] · [illegible] · [illegible] · [illegible] · [illegible] · [illegible] · [illegible] · [illegible] · [illegible] · [illegible]" 등이 있다. 이 중에서 "[illegible] · [illegible] · [illegible] · [illegible] · [illegible] · [illegible] · [illegible] · [illegible] · [illegible] · [illegible] · [illegible] · [illegible]"는 正字보다 繁化한 경우에 속한다면, "[illegible] · [illegible] · [illegible] · [illegible] · [illegible]"와 같은 것들은 하단부의 筆劃을 최소한으로 변형시킨 것이며, "[illegible] · [illegible] · [illegible] · [illegible] · [illegible] · [illegible] · 弃"는 위에서 筆劃이 좀 더 변화된 것으로 것이다. 반면에 "[illegible] · [illegible] · [illegible] · [illegible] · 弃 · [illegible]"와 같은 것들은 상단부의 偏旁인 '云'의 자형도 '去'의 형태로 변하고, 하단부도 다시 일부 筆劃이 생략되거나 변형되면서 만들어진 異體字形이다. '𭁈'는 바로 위의 "[illegible] · [illegible]"와 같은 것에서 변형되었을 가능성이 매우 높다. 그렇다면 '𭁈'는 본래부터 '去'와 '世'가 결합되어 만들어진 것이라기 보다는 '棄'의 자형이 점차 변하면서 만들어진 異體字라 보는 것이 타당하다. 그런가하면 '棄'의 異體字 중에 '甭'가 있는데, 이것은 '不'과 '用'이 결합되어 "사용치 않게 되어" 결과적으로 "버리는" 의미를 갖게 한 것으로서, 이는 처음부터 '不'과 '用'을 결합시켜 만든 會意型 異體字라 할 수 있다.

𡜊 :『說文解字 · 髟部』에 의하면 "[illegible] , 髮或從首"라 하고, 『字彙 · 女部』에서는 "𡜊 · [illegible] , 並同髮"[353]이라 말하고 있는 바, 이에 의하면 '𡜊'은 '髮'의 異體字이다. '髮'은 머리털을 뜻한다. 그런데 '女'와 '首'가 합쳐진 '𡜊'은 여자의 머리를 말한다. 통상적으로 여자의 머리는 길다란 머리카락을 동반하고 있기 때문에 쉽게 "머리털"을 연상할 수 있다. 그러므로 결과적으로 '𡜊'을 '髮'의 字意와 연결될 수 있다. 그래서 '𡜊'은 처음부터 '髮'을 의미하는 異體字로서 '女'와 '首'를 합해 만든 글자라고 생각할 수 있다.

그런데 '髮'의 異體字에는 이 외에도 "[illegible] · 𡜊 · [illegible] · [illegible] · [illegible] · [illegible] · [illegible] · [illegible] ·

352 『異體字字典 · 木部』 棄. a01944-007에서 再引用.
353 梅膺祚, 『字典彙編 · 字彙』, 國際文化出版公司, 北京, 1993, 第14卷 p.107

頍 · 頍 · 頍 · 𡞷 · 𡟥 · 䭫 · 𡟯 · 𩯭 · 𡡉 · 𡡉 · 𤜪 · 𩯭 · 髮 · 髮 · 髮 · 髮 · 髮 · 髮 · 髮 · 髮 · 髮 · 髮 · 髮 · 髮 · 髮 · 髮 · 髮”가 있다. 이를 분석해보면 “髮 · 髮 · 髮 · 髮 · 髮 · 髮 · 髮 · 髮 · 髮 · 髮 · 髮 · 髮 · 髮 · 髮 · 髮 · 髮 · 髮 · 髮 · 髮”은 자형의 일부가 正字와 같이 ‘镸’ 혹은 ‘髟’의 형태를 유지하거나 일부만 약간 변형된 반면에, “𩯭 · 𡡉 · 𡡉 · 𤜪 · 𩯭 · 𡞷 · 𡟥” 등은 ‘髟’에 해당하는 부분이 ‘首’의 古文 형태인 ‘𦣻’로 대체되어있다. 이는 ‘髟’의 字意가 “머리카락”이기 때문에, 이와 의미가 통하는 偏旁으로 대체했기 때문으로 보인다. 한편으로 “頍 · 頍 · 頍 · 䭫 · 𡟯”과 같은 것들도 보이는데, 이는 ‘𦣻’가 古文이기 때문에 아예 후대 자형인 ‘首’로 바꾸거나 혹은 ‘首’와 같은 의미를 갖는 ‘頁’로 대체한 것이다.

한편 위의 異體字의 유형을 ‘髮’의 다른 偏旁인 ‘犮’의 형태와 관련된 부분으로 본다면 새로운 분석이 될 수 있다. 즉 “頍 · 頍 · 䭫 · 𡟯 · 𩯭 · 𡡉 · 髮 · 髮 · 髮 · 髮 · 髮 · 髮 · 髮 · 髮”와 같은 것들은 사실상 正字의 偏旁 자형과 동일한 자형이다. 이에 반해 “髮 · 𡟥 · 髮 · 𡡉 · 𩯭”은 ‘犮’의 자형이 ‘友’ 혹은 그와 유사한 것들로 변화되었다. 즉 “髮 · 髮 · 髮”에서는 ‘大’로, “髮 · 髮 · 髮 · 髮 · 髮 · 𤜪”에서는 ‘火’나 ‘天’ 등으로 변했고, “髮 · 髮 · 頍 · 𡞷”은 ‘爻’나 ‘女’로 변한 것이다. 사실 異體字에서 偏旁의 자형이 비슷한 것들은 서로 통용해서 쓰는 경우가 매우 자주 보인다. 이는 처음에는 書寫의 과정에서 자형이 조금씩 변하면서 다른 자형과 비슷하게 된 것들이었는데, 후대로 오면서 아예 자형이 비슷한 다른 글자로 바꾸어 쓰기도 한다.

예컨대 위와 관련된 것으로서 “犮 · 夭 · 天 · 火 · 支 · 女 · 支 · 友 · 攵 · 殳”와 같은 것들은 자형의 유사성으로 인해 異體字에서 偏旁을 서로 바꾸어 쓰는 것들이 자주 보인다. 그래서 ‘髮’에서의 ‘犮’이 ‘𡟯’에서의 ‘女’로 바뀐 것은 자형이 조금씩 변화하는 과정에서 나타난 결과일 수도 있고, 아예 자형이 비슷하므로 고의로 ‘犮’을 ‘女’로 대체한 것일 수도 있다. 그러나 어떤 것에 속하든 ‘女’를 사용한 것은 그것의 의미를 취한 것이 아니라 字形 면에서 ‘犮’과의 유사성으로 인한 것이다. 그러므로 이를 처음부터 偏旁의 의미를 고려해 만든 會意型 異體字로 보기는 어렵다.

𢗊 : 『龍龕手鏡 · 心部』에 의하면 “𢗊, 古文念字”354이라 말하고 있는데, 이에 의하면 ‘𢗊’은 ‘念’의 異體字이다. ‘念’은 “思念”의 의미를 갖고 있는데, ‘言’과 ‘心’이

결합된 '𧥥'은 "마음의 말"이라는 뜻이 되기 때문에 一面 '念'의 의미와 통한다고 할 수 있다. 즉 '念'의 異體字를 만들기 위해 처음부터 '言'과 '心'을 결합하여 '𧥥'을 만든 것이라 생각할 수 있다. 그러나 '念'의 異體字에는 이 외에도 "念 · 𧥥 · 念 · 𧥥 · 念 · 念 · 念 · 念"이 있다. 이 중에서 "念 · 念 · 念"이 본래의 正字 자형에서 가장 가깝고, 그것에서 약간 변형된 것이 "念 · 念"으로 보이며, 여기에서 다시 상단부 筆劃인 '人'의 모양이 바뀌면서 "𧥥 · 𧥥"과 같은 형태가 되었고, '𧥥'은 바로 이 "𧥥 · 𧥥"에서 변화된 것으로 판단된다. 그렇다면 '𧥥'은 처음부터 '言'과 '心'이 합쳐져서 만들어진 것이 아니라, 正字인 '念'의 자형이 조금씩 바뀌면서 생성된 것이라 할 수 있다.

354 行均, 『龍龕手鏡』, 中華書局, 北京, 1985, p.68

參考文獻目錄

漢語大字典編輯委員會(1993), 『漢語大字典(縮印本)』, 湖北辭書出版社.四川辭書出版社, 成都

江藍生.曹廣順(1998), 唐五代語言詞典, 上海 : 上海教育出版社

顧南原, 『景印文淵閣四庫全書 · 隸辨』, 臺灣商務印書館, 臺灣, 1986

高麗大藏經知識基盤, http://kb.sutra.re.kr/ritk/index.do

高明(1987), 『中國古文字學通論』, 北京 : 文物出版社

古文字詁林編纂委員會(2004), 『古文字詁林』1-12책, 上海 :上海世紀出版集團 등.

顧藹吉(2009), 『隸辨』, 中華書局, 北京.

顧野王(1985). 『原本玉篇殘卷』 北京 : 中華書局

顧野王, 『玉篇』, 臺灣中華書局, 臺北, 民國66年

顧野王, 『續修四庫全書 · 玉篇(殘卷)』, 上海古籍出版社, 上海, 1995

顧野王 撰, 陳彭年 等 重修,『景印文淵閣四庫全書 · 重修玉篇』, 臺灣商務印書館, 臺灣, 1986

高亨(1989). 『古字通假會典』 濟南 : 齊魯書社

郭錫良(1986). 『漢字古音手冊』 北京 : 北京大學出版社.

裘錫圭(1996), 『文字學概要』, 北京 : 商務印書館

歐昌俊.李海霞(2004), 『六朝唐五代石刻俗字研究』,成都 : 巴蜀書社

金福順(2001) 「華嚴寺 華嚴石經의 造成 背景과 史的 意義」 華嚴石經 復原을 위한 세미나 發表論文.서울:高麗大藏經研究所

金始衍(2000) 「異體字의 定義.分類 및 考釋方法에 關하여」 『中國語文學論集』 第15號.

金愛英(2002), 「白紙墨書大方廣佛花嚴經字形研究」 『中國言語研究』 第15集.

金愛英.金始衍(2000),「原本玉篇殘卷淺探」,『中國語文學論集』, 第14號, 中國語文學研究會

金愛英(2008) 「英國圖書館藏本『六祖壇經』異體字 研究」 『中國語文學論集』53輯 7-24.

金愛英(2004) 「慧苑音義字形研究」 『中國言語研究』 第19集.

金愛英.金始衍(2003), 「韓國所在 異體字의 生成原因 研究-高麗 以前時期를 中心으로,

『中國語文學論集』第23號.
金愛英(2001)「華嚴石經과 木版本 華嚴經의 字形比較」『中國言語研究』第13集
金愛英 · 李圭甲(2009),『敦煌本「六祖壇經」俗字例考察』,『중국어문학논집』제58호.
金禧東(1999)『설명이 있는 草書字典』서울 : 이화문화출판사
김경숙(1999),「兩類 諧聲字 研究」,『중국학보』제40집, 서울: 한국중국학회
羅常培(1933),『唐五代西北方音』, 臺北 : 國立中央研究院歷史語言研究所單刊甲種之十二
羅振玉(1990), 偏類碑別字, 北川博邦 編, 法人文化社 影印本, 서울
冷玉龍 外(1994),『中華字海』, 北京 : 中華書局.中國友誼出版公司
臺灣教育部編(2004)『異體字字典』http://140.111.1.40/main.htm
戴召萃,『異體字字典』, 南京: 南京大出版社, 1991.
大正一切刊行會(大正17年), 大正新修大藏經, 東京
東國大學校譯經院(1976), 高麗大藏經, 東國大, 서울
東國譯經院(2001) 한글대장경『華嚴經』60卷本 서울
董同和(1968),『漢語音韻學』, 臺北 : 學生書局
董作賓.王恒餘(1952)「唐武后改字考」『中央研究院歷史語言研究所集刊』34本
羅振玉著, 北川博邦編(1990),『偏類碑別字』, 서울, 法仁文化社
劉復 · 李家瑞(1976),『宋元以來俗字譜』, 서울: 亞細亞文化社.
馬文熙(1996)『古漢語智識詳解辭典』北京 : 中華書局
梅膺祚,『續修四庫全書 · 字彙』, 上海古籍出版社, 上海, 1995
梅膺祚,『字典彙編 · 字彙』, 國際文化出版公司, 北京, 1993
明惠晶, 鄭蓮實(2012),「初雕本玄應音義와의 比較를 通한 Φ230考察」,『中國言語研究』第38輯.
潘重規(1994)『敦煌壇經新書』「敦煌壇經校記」臺北 : 佛陀教育基金會
方述鑫(1993),『甲骨金文字典』, 巴蜀書社
北京圖書館金石組 外(1987),『房山石經題記彙編』, 北京, 書目文獻出版社
司馬光(1984),『類篇』, 北京: 中華書局
徐時儀(2000),『古白話詞滙研究論稿』, 上海 : 上海教育出版社
徐時儀(1997),『慧琳音義研究』, 上海 : 上海社會科學院出版社
徐在國(2002),『隸定古文疏證』, 合肥:安徽大學出版社.
徐中舒(1980). 『漢語古文字字形表』 成都 : 四川人民出版社
釋慧琳.釋希麟(1986),『正續一切經音義』, 上海 : 上海古籍出版社

陝西省博物館 外(1992),『西安碑林書法藝術』, 陝西省, 陝西人民美術出版社
性徹(2008)『성철스님 법어집 2집1권 敦煌本 六祖壇經』서울 : 장경각
孫海波(1982),『甲骨文編』,京都 : 中文出版社
顔元孫(1965),『干祿字書』, 臺灣商務印書館, 臺灣.
楊家駱(1983),『說文解字詁林』台北 : 鼎文書局
楊紹廉,『金石異體字典』, 東京: 雄山閣出版株式會社, 1980.
楊曾文「六祖壇經版本介紹」(http://ccbs.ntu.edu.tw/FULLTEXT/JR-AN/102692.htm)
譯經委員會 譯(1994),『華嚴經』, 서울, 東國譯經院
吳任臣(1995),『續修四庫全書 · 字彙補』, 上海: 上海古籍出版社.
王建(1997),『史諱辭典』愛知大學文學會叢書Ⅱ, 東京:汲古書院.
王力(1985),『漢語語音史』, 북경 : 中國社會科學出版社
王力(2000),『王力古漢語字典』, 北京: 中華書局
王力(2001), 漢語史稿, 北京 : 中華書局
王夢鷗,『漢簡文字類編』, 藝文印書館, 臺北, 民國63年
王鳳陽(1992),『漢字學』, 長春 : 吉林文史出版社
王三慶(1986)「敦煌寫卷中武后新字之調查研究」『漢學硏究』第4卷 第2期
王云路.方一新 編(2000),『中古漢語硏究』, 北京 : 商務印書館
汪維輝(2000),『東漢隋常用詞演變硏究』, 南京 : 南京大學出版社
王弼 等注,『續修四庫全書 · 周易注疏』上海古籍出版社, 上海, 1995
龍宇純 校注(1982),『韻鏡』, 臺北 : 藝文印書館
于省吾(1996),『甲骨文字詁林』, 北京 : 中華書局
劉復 · 李家瑞,『宋元以來俗字譜』, 亞細亞文化社, 서울, 1973年
李景遠(1997). 『隋唐字樣學硏究』 台北 : 國立臺灣師範大學 博士學位論文
李圭甲(1995),「高麗大藏經의 異體字硏究」,『中國語文學論集』第7號, 中國語文學硏究會
李圭甲(2000),『高麗大藏經異體字典』, 서울 : 高麗大藏經硏究所出版部
李圭甲(2012),「異體字 字形類似偏旁의 互用 類型 地圖 構築」,『中國言語硏究』第43輯, 韓國中國言語學會
李圭甲.金愛英(1992),「高麗大藏經의 異體字 處理方案」, 中國語文學論集 第11號, 中國語文學硏究會, 서울
李圭甲(1995),「高麗大藏經의 異體字 硏究」, 中國語文學論集 第7號, 中國語文學硏究會, 서울

李圭甲 外(2007),『韓中歷代時期別漢字字形表稿』, 서울: 學古房
李圭甲(2009),『漢字學教程』, 서울: 차이나하우스
李圭甲 外(2011),『敦煌文獻總覽』, 首爾, 高麗大藏經研究所出版部
李圭甲·金愛英(2005),「韓國 所藏 華嚴經 版本 異體字形 考察」,『中國語文學論集』第33號
李圭甲(1992),「漢字의 淘汰研究」,『中國學論叢』創刊號, 忠淸中國學會
李圭甲(2002),「藏經音義隨函錄의 標題字 字形 淺探」,『中國語文學論集』第19號
李圭甲.金愛永.金始衍(2004),「中國所在 異體字의 生成原因 研究」『中國語文學論集』第27號.
李道業(2001)「韓國佛教의 華嚴信仰에 대하여」『華嚴寺.華嚴石經을 위한 綜合的 考察』서울 : 高麗大藏經研究所
李琳華,『佛教難字字典』, 常春樹書坊, 臺北, 民國79年
李文仲,『景印文淵閣四庫全書·字鑑』, 臺灣商務印書館, 臺灣, 1986
李文仲,『字典彙編·字鑑』, 國際文化出版公司, 北京, 1993
林宏元(1976),『中國書法大字典』, 香港: 中外出版社.
慈怡 主編(1995), 佛光大辭典, 佛光出版社, 臺北
章黼撰, 吳道長重訂(1995),『續修四庫全書·重訂直音篇』, 上海, 上海古籍出版社.
張三植(1996), 大漢韓辭典, 教育圖書 ,서울
張玉書 等,『康熙字典』, 中華書局, 北京, 1997年
張玉書 等,『中華漢語工具書書庫·康熙字典』, 安徽教育出版社, 合肥, 2002
張涌泉(1996), 敦煌俗字研究, 上海教育出版社, 上海
張自烈(1995),『續修四庫全書·正字通』, 上海 : 上海古籍出版社.
장재웅(2001),「說文解字注에 보이는 段玉裁의 合韻 유형 연구」,『중국어문학논집』제17호
田福月(1994),『雲居寺春秋』, 北京 : 北京市房山區文化文物局
鄭求福(1994),「高麗朝의 避諱法에 관한 研究」『李基伯先生古稀記念韓國史學論叢』서울:一朝閣
丁度 等(1993),『字典彙編·集韻』, 北京, 國際文化出版公司
程邦雄 外(2012),『中國文字研究輯刊』, 新北, 花木蘭文化出版社.
丁福保(1999),『佛學大辭典』, 上海:上海佛學書.
鄭樵(1976),『通志·六書略』, 臺北 : 藝文印書館.
趙炳舜(2002)『朝鮮日報』 文化 2002.10.01

趙平安(1993), 『隷變研究』, 河北 : 河北大學出版社
中國佛教協會(2000),『房山石經』, 北京 : 華夏出版社
中文大辭典編纂委員會(1985), 中文大辭典, 中國文化大學, 臺北
中華民國教育部, 『異體字字典』(http://dict.variants.moe.edu.tw/)
秦公(1985), 『碑別字新編』, 北京 : 文物出版社(서울: 東文選 影印本).
陳彭年 等 撰, 余迺永 校著, 『互註校正宋本廣韻』, 聯貫出版社, 臺北, 民國69
陳彭年 等 (1987) 『大廣益會玉篇』 北京 : 中華書局
鐵珊 輯,『中華漢語工具書書庫 · 增廣字學擧隅』, 安徽教育出版社, 合肥, 2002
祝敏申(1998), 『說文解字與漢字古文字學』, 復旦大學出版社
湯可敬(1998) 『說文解字今釋』 長沙 : 岳麓書社
編者未詳, 『中國書法大字典』, 大通書局, 民國65年
韓國文化財研究會(2000) 『新羅白紙墨書大方廣佛花嚴經』 서울 : 文化財廳
漢語大字典編輯委員會(1993), 『漢語大字典(縮印本)』, 湖北辭書出版社.四川辭書出版社, 成都
韓耀隆,〈漢字義符[刀]之通變研究〉〈〈中語中文學〉〉第11輯,(嶺南中語中文學會,1986).
韓耀隆,〈漢字義符[阜]之通變研究〉〈〈中語中文學〉〉第12輯,(嶺南中語中文學會,1986).
韓耀隆,〈漢字義符[广]之通變研究〉〈〈中語中文學〉〉第10輯,(嶺南中語中文學會,1985).
韓耀隆,〈漢字義符[衣]之通變研究〉〈〈中語中文學〉〉第13輯,(嶺南中語中文學會,1987).
韓孝彦 等(1995), 『續修四庫全書 · 四聲篇海』, 上海: 上海古籍出版社.
行均(1985), 『龍龕手鏡』, 中華書局.
許愼 撰, 徐鉉 校定, 『說文解字』, 中華書局, 北京, 2004
許愼 撰.段玉裁注(1988), 『說文解字注』, 上海 : 上海古籍出版社
玄應撰(1962) ,『一切经音義』, 台北 , 中央研究院歷史語言研究所
玄應撰(2006),『金剛寺一切經本』, 東京, 國際佛教大學院大學.
刑一中(1997), 『雲居寺』, 北京 : 北京出版社
邢澍.楊紹廉(1980) 『金石異體字典』 東京 : 雄山閣出版社
慧琳·希麟(1986), 『正續一切經音義』, 上海:上海古籍出版社.
黃錫全(1990), 『漢簡注釋』, 武漢大學出版社
黃錫全(1993), 『汗簡注釋』, 長沙:武漢大學出版社.

索引